सनातन बुद्ध
शाश्वत योगी

सनातन बुद्ध शाश्वत योगी

शशांक महलवाल

प्रभात पेपरबैक्स
www.prabhatbooks.com

प्रकाशक
प्रभात पेपरबैक्स
प्रभात प्रकाशन प्रा. लि. का उपक्रम
4/19 आसफ अली रोड, नई दिल्ली–110002
फोन : 23289777 • हेल्पलाइन नं. : 7827007777
इ–मेल : prabhatbooks@gmail.com ❖ वेब ठिकाना : www.prabhatbooks.com

संस्करण
प्रथम, 2022

SANATAN BUDDHA, SHASHVAT YOGI
by Shri Shashank Mahalwal

Published by **PRABHAT PAPERBACKS**
An imprint of Prabhat Prakashan Pvt. Ltd.
4/19 Asaf Ali Road, New Delhi-110002

ISBN 978-93-5521-286-3

परिचय

नमस्कार

आज के इस आधुनिक समाज में हम जीवन की आधुनिक व्याख्या देख और समझ सकते हैं, परंतु यदि हम जीवन के इतिहास पर प्रकाश डालें तो इतिहास में जीवन की भिन्न-भिन्न व्याख्या उपस्थित थी और सभी जीव-जंतु जीवन को अपनी चेतना के स्तर के अनुसार अनुभव करते रहे थे। आदिकाल में जीवन की व्याख्या होने के पश्चात् भी आदिकालीन मनुष्य जीवन को पूर्ण रूप से समझ नहीं पाए थे और आज के आधुनिक युग में जीवन की आधुनिक व्याख्या होने के पश्चात् भी आधुनिक मनुष्य जीवन को पूर्ण रूप से समझ नहीं पा रहा है। पौराणिक काल में भी जीवन एक रहस्य था और आज के आधुनिक जगत् में भी जीवन एक रहस्य ही है। अनेक महापुरुषों ने जीवन की अपने ज्ञान के अनुसार व्याख्या दी है, परंतु पूर्ण रूप से जीवन की शब्दों के सहारे कोई भी व्याख्या नहीं कर पाया है। हम शब्दों के सहारे 'जीवन की प्रणाली' की व्याख्या तो कर सकते हैं, परंतु 'जीवन' की व्याख्या नहीं कर सकते, जीवन को तो केवल अनुभव किया जा सकता है। पृथ्वी पर जब आधुनिक मनुष्य उपस्थित नहीं थे, उस समय भी जीवन उपस्थित था और जब मनुष्य की कोई भी प्रजाति उपस्थित नहीं थी, उस समय भी जीवन उपस्थित था और सभी जीव-जंतु जीवन की अनुभूति अपने तंत्र और अपनी प्रणाली के अनुसार कर रहे थे। पृथ्वी पर जीवन-चक्र किस समय और किस प्रकार प्रारंभ हुआ, यह आज के आधुनिक वैज्ञानिक सटीकता से नहीं बता सकते। पृथ्वी पर जीवन के प्रारंभ होने से संबंधित अनेक सिद्धांत बुद्धिजीवियों ने और वैज्ञानिकों ने विकसित किए हैं, परंतु कोई भी आधुनिक बुद्धिजीवी जीवन की उत्पत्ति से संबंधित सटीक सिद्धांत निर्मित नहीं कर सका है। कुछ आधुनिक सिद्धांत कहते हैं कि जीवन पृथ्वी पर ही विकसित हुआ है और कुछ सिद्धांत यह दरशाते हैं कि जीवन का उल्का पिंड के सहारे पृथ्वी पर अवतरण हुआ था। जीवन की उत्पत्ति पर वाद-विवाद आधुनिक वैज्ञानिक जगत् में आज भी चल रहा है। भले ही हमें जीवन के निर्माण की निश्चित प्रक्रिया न पता हो, परंतु हमें यह अवश्य पता

है कि पृथ्वी के निर्माण के पश्चात् पृथ्वी पर एक क्षण वह आया जब पृथ्वी पर जीवन का चक्र प्रारंभ और जीवन का नृत्य आरंभ हुआ। प्राचीन काल में भी बुद्धिजीवियों ने जीवन से संबंधित सिद्धांत विकसित किए थे। ऐसा नहीं है कि प्राचीन काल में मनुष्य के पास वैज्ञानिक दृष्टि नहीं थी, प्राचीन काल में भी मनुष्य प्रकृति को वैज्ञानिक दृष्टिकोण के सहारे अनुभव करता था। अपनी इस कहानी में हम जीवन से संबंधित आज के आधुनिक जगत् के सिद्धांतों पर भी प्रकाश डालेंगे और प्राचीन जगत् के सिद्धांतों पर भी प्रकाश डालेंगे। प्राचीन काल में भी कुछ संकल्पना के सहारे जीवन की व्याख्या की गई है और आज के आधुनिक जगत् में भी कुछ संकल्पना के सहारे जीवन को समझाया गया है, परंतु जीवन के सत्य को जानने हेतु हमें संकल्पनाओं के पार जाना होता है, जिसका मार्ग भारत के आदिकालीन योगियों ने और गुरुओं ने हजारों वर्ष पूर्व ही बता दिया था।

जीवन की उत्पत्ति से संबंधित हम अधिक कुछ नहीं जानते, परंतु हम यह जानते हैं कि संभवत: जीवन एक कोशिका से प्रारंभ होकर मानव के स्तर तक पहुँचा है। मानव की भी विभिन्न प्रजातियाँ पृथ्वी पर उपस्थित रही हैं और उन्हीं प्रजातियों में से एक प्रजाति है आज का आधुनिक मानव। आधुनिक मानव के इतिहास में कुछ-एक ऐसे महान् सिद्ध मानवों ने जन्म लिया, जिन्होंने तथाकथित आधुनिकता की परिभाषा ही परिवर्तित कर दी और मानव समाज को आधुनिकता का सही ज्ञान समझाया। उन्हीं महान् सिद्ध मनुष्यों में से एक थे सिद्धार्थ, गौतम बुद्ध। भारत में अनेक अवतारों ने जन्म लिया है, जैसे आदियोगी, कृष्णा, महावीर, राम इत्यादि और उन्हीं महान् सिद्ध मानवों में से एक थे सिद्धार्थ, गौतम बुद्ध। हम अपनी इस कहानी में सिद्धार्थ, गौतम बुद्ध के जीवन को और उनकी आध्यात्मिक यात्रा को तो समझेंगे ही, इसके साथ-ही-साथ हम सिद्धार्थ, गौतम बुद्ध के जीवन के सहारे जीवन की लीला और चेतना के रहस्य को भी समझेंगे। सिद्धार्थ, गौतम बुद्ध के जीवन के सहारे हम प्रकृति की प्रवृत्ति को भी समझेंगे और जीवन से संबंधित और इस माया जगत् से संबंधित तथ्यों और सिद्धांतों पर भी प्रकाश डालेंगे। सिद्धार्थ, गौतम बुद्ध का जीवन कोई साधारण जीवन नहीं था, वह एक अवतार का जीवन था, जिसके साथ अनेक रहस्य जुड़े हैं। यदि हम सिद्धार्थ, गौतम बुद्ध के जीवन की प्रक्रिया को समझ जाते हैं तो हम माया जगत् की लीला को समझ काल और महाकाल को प्राप्त कर सकते हैं। अपनी इस कहानी में हम सिद्धार्थ, गौतम बुद्ध के जीवन के सहारे चेतना और जीवन से जुड़े अज्ञात रहस्यों पर प्रकाश डालेंगे और समझेंगे कि यह जीवन की लीला इस माया जगत् में किस प्रकार कार्य कर रही है और क्यों कर रही है। अपनी कहानी में हम जानेंगे कि कैसे जिज्ञासा समय और आकाश (स्पेस एंड टाइम) में अपनी लीला रचती है और क्यों इस माया जगत् का अस्तित्व है। अपनी कहानी में हम माया जगत् को वैज्ञानिक और आध्यात्मिक दृष्टिकोण के सहारे समझने का प्रयास करेंगे और

जानेंगे कि वास्तव में वास्तविकता का वास्तविक अस्तित्व तो है ही नहीं और जो कुछ भी हम अनुभव करते हैं, वह तो केवल माया मात्र है। हम माया और वास्तविकता के विरोधाभास को पूर्ण रूप से समझेंगे और द्वैत और अद्वैत के सत्य को भी जानेंगे।

अपनी इस कहानी में हम जानेंगे कि सिद्धार्थ, गौतम बुद्ध ने जो शिक्षा दी थी और पौराणिक भारतीय ग्रंथों में जो शिक्षा उपलब्ध है, उसका वैज्ञानिक प्रमाण क्या है और उस शिक्षा की वास्तविकता क्या है। हम यह भी जानेंगे कि क्यों आधुनिक वैज्ञानिक इस माया जगत् की वास्तविकता को समझ नहीं पा रहे हैं और क्यों और कैसे प्राचीन भारतीय योगियों ने इस माया जगत् की वास्तविकता को समझ लिया था। अपनी कहानी में हम जीवन से संबंधित तथ्य और सत्य तो जानेंगे ही, इसके साथ-साथ हम जीवन के पार जो सत्य है, उसके अस्तित्व को भी समझेंगे।

आज के आधुनिक मानव ने और आज के आधुनिक विज्ञान ने ब्रह्मांड और जीवन के प्रारंभ और अंत से संबंधित अनेक सिद्धांत विकसित किए हैं, परंतु कोई भी सिद्धांत वास्तविकता की पूर्ण रूप से व्याख्या नहीं कर पाया है। अपनी इस कहानी में हम मानव जीवन से संबंधित वास्तविकता के साथ-साथ प्रकृति और सत्य की वास्तविकता भी जानेंगे, अर्थात् हम जानेंगे कि सत्य और प्रकृति से संबंधित जो सिद्धांत आज के आधुनिक मानव ने विकसित किए हैं, वह वास्तविकता में सत्य के कितने समीप हैं और इस माया जगत् में मनुष्य क्या भूमिका निभाता है। सत्य से संबंधित आज के आधुनिक सिद्धांतों में और कुछ प्राचीन सिद्धांतों में भी व्याख्या की रिक्तता है, अपनी इस कहानी में हम व्याख्या की उस रिक्तता की पूर्ति करने का प्रयास करेंगे। हम आज के आधुनिक विज्ञान के कुछ उदाहरणों के सहारे, आध्यात्मिक उदाहरणों के सहारे और कुछ नए वैज्ञानिक और आध्यात्मिक उदाहरणों और सिद्धांतों के सहारे इस माया जगत् को और मानव जीवन को जानने का प्रयास करेंगे।

भारत में प्राचीन काल से ही वाद-विवाद की परंपरा है, जिसका उपयोग बुद्धिजीवी सत्य को जानने और समझने के लिए करते थे। वाद-विवाद के सहारे ही तथ्यों की तुलना की जा सकती है और तथ्यों की तुलना करके सत्य और वास्तविकता को समझा जा सकता है। अपनी इस कहानी में हम भी सत्य और वास्तविकता को जानने और समझने के लिए वाद-विवाद का ही सहारा लेंगे। हमारी यह पूरी कहानी एक महा वाद-विवाद के रूप में ही प्रस्तुत की गई है। सिद्धार्थ, गौतम बुद्ध के जीवन को यदि समझना है तो हमें वैज्ञानिक और आध्यात्मिक दोनों ही दृष्टिकोण से सिद्धार्थ, गौतम बुद्ध के जीवन को देखना होगा और उसी के लिए हमने अपनी कहानी को एक महा वाद-विवाद का रूप प्रदान किया है। हम इस वाद-विवाद के सहारे सिद्धार्थ, गौतम बुद्ध के जीवन को और बुद्धत्व को पूर्ण रूप से वैज्ञानिक और आध्यात्मिक दृष्टिकोण के सहारे समझ

सकते हैं। माइंड एंड लाइफ संस्थान और श्री दलाई लामाजी के बीच दशकों से एक वाद-विवाद का आयोजन किया जा रहा है। यह वाद-विवाद वैज्ञानिकों और श्री दलाई लामाजी के बीच होता है, जिसमें अन्य आध्यात्मिक गुरु भी भाग लेते हैं। यह वैज्ञानिकों और आध्यात्मिक गुरु के बीच वाद-विवाद प्रकृति की प्रवृत्ति और सत्य को जानने के लिए ही किया जाता है। हम अपनी कहानी में उस वाद-विवाद में रखे गए वैज्ञानिक और आध्यात्मिक तथ्यों का सहारा लेंगे और उन तथ्यों को कुछ नए सिद्धांतों के साथ मिलाकर प्रकृति और सत्य को एक नए दृष्टिकोण के सहारे देखने का प्रयास करेंगे। हम सिद्धार्थ, गौतम बुद्ध के जीवन को और माया जगत् के सत्य को वाद-विवाद की सहायता से ही समझने का प्रयास करेंगे। माइंड एंड लाइफ संस्थान और श्री दलाई लामाजी के बीच जो वाद-विवाद होता है उसमें वैज्ञानिक अपने तथ्य भी रखते हैं और प्रश्न भी पूछते हैं। वैसे तो आध्यात्मिक गुरुओं ने और श्री दलाई लामाजी ने वैज्ञानिकों के सभी प्रश्नों के उत्तर दिए, परंतु वैज्ञानिक उन उत्तरों से संतुष्ट प्रतीत नहीं होते थे। अपनी इस कहानी में हम वैज्ञानिकों को संतुष्टिपूर्ण उत्तर देने का प्रयास करेंगे और साथ-ही-साथ माया जगत् को और सिद्धार्थ, गौतम बुद्ध के जीवन को भी जानेंगे।

माइंड एंड लाइफ संस्थान और श्री दलाई लामाजी के बीच जो वाद-विवाद होता है, वह दोनों पक्षों (वैज्ञानिक और आध्यात्मिक) के साथ न्याय करता प्रतीत नहीं होता। माइंड एंड लाइफ संस्थान के कुछ वैज्ञानिक थे जिन्होंने आध्यात्मिक पक्ष भी धैर्यपूर्वक सुना और समझा और वह वैज्ञानिक अपने तथ्यों को पूर्ण सत्य नहीं समझ रहे थे, जैसे कि मिशेल, रिची, आर्थर और इन जैसे ही कुछ और वैज्ञानिक, परंतु माइंड एंड लाइफ संस्थान के कुछ वैज्ञानिक वाद-विवाद के समय अपने विज्ञान और अपने तथ्य को ही पूर्ण सत्य मानकर आध्यात्मिक दृष्टिकोण को पूर्णतः अनदेखा करते दिखे और उन्हीं वैज्ञानिकों को आध्यात्मिक दृष्टिकोण समझाने के लिए हमने काल्पनिक योगी x के सिद्धांतों का सहारा लिया है। हमने अपनी कहानी में माइंड एंड लाइफ संस्थान और श्री दलाई लामाजी के बीच वाद-विवाद में जो तथ्य वैज्ञानिक और आध्यात्मिक गुरुओं ने रखे थे, उन्हें ज्यों-का-त्यों इस कारण से लिया है ताकि हम जो व्याख्या की रिक्तता है, उसे पूर्ण कर सकें और आज के आधुनिक विज्ञान को और आज के आधुनिक समाज को आध्यात्मिक जगत् और माया जगत् के सत्य से परिचित करवा सकें। माइंड एंड लाइफ संस्थान के वैज्ञानिक अपने श्री दलाई लामाजी के साथ वाद-विवाद के समय मानव जीवन, प्रकृति और बुद्धत्व के संदर्भ में जानना और समझना चाहते थे, जिसे संभवतः उन्होंने कुछ स्तर तक समझा भी हो, परंतु अपनी इस कहानी में हम वैज्ञानिकों को प्रकृति और सिद्धार्थ, गौतम बुद्ध से जुड़े रहस्य को पूर्ण रूप से समझाने का प्रयास करेंगे, वैज्ञानिक और आध्यात्मिक तथ्यों के सहारे।

माइंड एंड लाइफ संस्थान के वैज्ञानिक दल में से हमने 'वैज्ञानिक त्रिमूर्ति' चुनी है, जो वैज्ञानिक मिशेल, आर्थर और रिची से मिलकर बनी है। यह तीनों वैज्ञानिक अन्य वैज्ञानिकों से कुछ अलग हैं। यह वैज्ञानिक जगत् की वास्तविकता को भी समझते हैं और आध्यात्मिक जगत् की वास्तविकता को भी समझते हैं और स्वीकारते भी हैं। माइंड एंड लाइव संस्थान के कुछ वैज्ञानिक थे, जो अपने वैज्ञानिक तथ्यों को और वैज्ञानिक सिद्धांतों को ही पूर्ण सत्य मानते हैं और सृष्टि को भी उसी दृष्टिकोण से देखते हैं, परंतु यह तीनों वैज्ञानिक, जो हमारी त्रिमूर्ति हैं, वह वैज्ञानिक जगत् के सत्य के साथ-साथ आध्यात्मिक जगत् के सत्य को भी महत्त्व देते हैं। वह जानते हैं कि वैज्ञानिक जो कुछ भी समझ और जान पा रहे हैं, वह अस्तित्व में तो है, परंतु वह पूर्ण सत्य नहीं है और वह यह भी समझते हैं कि आध्यात्मिक गुरु जिस आध्यात्मिक जगत् की बात करते हैं, वास्तविकता में उस जगह का अस्तित्व भी हो सकता है। इन तीनों वैज्ञानिकों की अध्यात्म के प्रति आस्था के कारण ही हमने इन्हें 'वैज्ञानिक त्रिमूर्ति' कहा है।

हम अपनी कहानी में केवल वाद-विवाद में उपयोग किए गए तथ्यों को ही नहीं देखेंगे, हम अपनी कहानी में वाद-विवाद में उपयोग किए गए तथ्यों को जोड़कर एक काल्पनिक आधुनिक योगी X के दृष्टिकोण से सत्य और वास्तविकता को देखने का प्रयास करेंगे। योगी X ने वैज्ञानिक और आध्यात्मिक तथ्यों और सिद्धांतों को जोड़कर कुछ नए सिद्धांतों का निर्माण किया है, जिसके सहारे हम वास्तविकता के एक नए आयाम को समझ सकते हैं और वास्तविकता के अधिक समीप जा सकते हैं। काल्पनिक आधुनिक योगी X ने वैज्ञानिकों द्वारा पूछे गए प्रश्नों का उत्तर तो दिया ही है, इसके साथ-ही-साथ X ने कुछ नए सिद्धांत भी प्रस्तुत किए हैं, जिसके सहारे हम आधुनिक मानव इस माया जगत् को और जीवन चक्र को अधिक समझ सकते हैं और जीवन और प्रकृति से जुड़े छुपे हुए रहस्य भी जान सकते हैं। हमने अपने काल्पनिक योगी का नाम X इसी कारण से रखा है, क्योंकि नाम जो होता है, वह किसी भी वस्तु, व्यक्ति, स्थान इत्यादि की विशेषता के संदर्भ में बताता है और योगी जो शब्द है, वह स्वयं में ही अनेक विशेषताओं को दरशाता भी है और 'योगी' शब्द की संपूर्ण विशेषताएँ सभी जानते भी नहीं हैं और इसी कारण से 'योगी' शब्द जो है, वह स्वयं में ही अज्ञात विशेषताओं को समाए हुए है और हम 'योगी' का नामकरण किसी अन्य शब्द के साथ नहीं कर सकते और जो अक्षर X है, वह भी आज के आधुनिक समाज में अज्ञात के लिए उपयोग किया जाता है और इसी कारण से योगी की जो अज्ञात विशेषताएँ होती हैं, उन्हें दरशाने के लिए अक्षर X का प्रयोग किया गया है।

आदिकाल से भारतीय योगी और गुरु हमारे इस जगत् को माया जगत् कहते आए हैं। प्राचीन भारतीय योगी, गुरुओं और बुद्धिजीवियों ने हमारे इस जगत् के मायावी स्वरूप को योग और ध्यान की सहायता से जाना और समझा और समाज के प्रत्येक

वर्ग को समझाने का प्रयास भी किया। इसी प्रकार आज के आधुनिक जगत् के आधुनिक वैज्ञानिक भी हमारे इस जगत् को माया या इंद्रियों का भ्रममात्र बताते हैं। आज के आधुनिक वैज्ञानिकों का यह मानना है कि हमारा यह जगत् 'संभावित तरंगों' से बना है और दृष्टा अपने निरीक्षण के कारण उन तरंगों का पतन कर एक निश्चित माया को जन्म देता है, जिसको वैज्ञानिकों ने 'तरंग पतन' (वेव कॉलेप्स) के सिद्धांत के सहारे समझाया है। ऐसा ही कुछ भारत के प्राचीन काल के योगी भी कहते थे कि यह जगत् माया जगत् है, यह परम सत्य नहीं है और 'समाधि' के सहारे उन्होंने इस माया के पार जाने का मार्ग भी समझाया था। भारतीय प्राचीन योगियों ने यह पूर्ण रूप से समझाया था कि किस प्रकार हमारी इंद्रियाँ और हमारी चेतना इस माया जगत् के अस्तित्व का कारण है। सिद्धार्थ, गौतम बुद्ध की इस कहानी में हम इस माया जगत् के सत्य पर भी प्रकाश डालेंगे और यह भी समझेंगे कि कैसे सिद्धार्थ, गौतम बुद्ध ने समाधि प्राप्त कर इस सत्य को समझा और समाज को भी समझाने का प्रयास किया।

हम अपनी कहानी में यह जानेंगे कि चेतना कैसे जन्म से समाधि की यात्रा तय करती है और कैसे वह समाधि से विपरीत इस माया जगत् में भी उलझ सकती है। समय-समय पर वैज्ञानिकों ने और आध्यात्मिक गुरुओं ने और आध्यात्मिक बुद्धिजीवियों ने चेतना की इस यात्रा को और इस माया जगत् को अपने-अपने अनुसार समझाने का प्रयास किया है, परंतु इसके पश्चात् भी माया जगत् की व्याख्या में कुछ रिक्तता प्रतीत होती है और संभवत: यह रिक्तता सदा बनी रहेगी, क्योंकि समाधि को और परम सत्य को केवल अनुभव किया जा सकता है, शब्दों के सहारे, भाषा के सहारे और कुछ संकल्पना के सहारे परम सत्य की व्याख्या पूर्ण रूप से नहीं की जा सकती, क्योंकि परम सत्य संकल्पना के आयाम के पार है। इस सत्य के पश्चात् भी अपनी कहानी में हम शब्दों के सहारे और संकल्पना के सहारे ही परम सत्य को समझने का प्रयास करेंगे और यह जानेंगे कि कैसे शब्दों और संकल्पना के पार जाकर योग और ध्यान की सहायता से परम सत्य की अनुभूति की जा सकती है।

यदि हमें परम सत्य को समझना है तो हमें आधुनिक विज्ञान और अध्यात्म को जोड़कर देखना होगा, तभी हम इन दोनों के बीच के मध्यम मार्ग के सहारे परम सत्य को जान और समझ सकते हैं। सिद्धार्थ, गौतम बुद्ध की आध्यात्मिक यात्रा के सहारे हम इस माया जगत् को वैज्ञानिक और आध्यात्मिक, दोनों ही दृष्टिकोण से देख और समझ सकते हैं। आज का आधुनिक विज्ञान मस्तिष्क और चेतना के आयाम में उतना संपन्न और ज्ञानी नहीं है जितना प्राचीन काल में भारतीय बुद्धिजीवी और भारतीय योगी थे। हम अपनी कहानी में प्राचीन ज्ञान और आधुनिक ज्ञान को जोड़कर परम सत्य को समझने का प्रयास करेंगे।

सिद्धार्थ, गौतम बुद्ध का जीवन वह रहस्य है जिसे यदि हम जान और समझ लेंगे तो हम परम सत्य और परमात्मा के समीप जा सकेंगे। सिद्धार्थ, गौतम बुद्ध का जीवन किसी सामान्य मनुष्य या सामान्य आत्मा का जीवन मात्र नहीं, सिद्धार्थ, गौतम बुद्ध का जीवन एक पवित्र तत्त्व की यात्रा है, जिसे हम 'बुद्धत्व' कहते हैं। सामान्यत: बुद्धत्व अद्वैत में एकवचनत्व (सिंगुलेरिटी) की अवस्था में रहता है, परंतु समय अनुसार वह द्वैत में निश्चित रूप धारण कर अपना निर्धारित कार्य करता है और आज से लगभग 4000 वर्ष पूर्व बुद्धत्व ने मानव रूप धारण कर भारत के 'लुंबिनी' नामक राज्य में जन्म लिया और समय अनुसार सिद्धि प्राप्त करके मानव जाति को परम सत्य समझाया था। सिद्धार्थ, गौतम बुद्ध का जन्म एक राजा की भाँति हुआ था, परंतु सिद्धार्थ, गौतम बुद्ध ने अपने प्राण एक संन्यासी या योगी की भाँति त्यागे थे। अपनी इस कहानी में हम सिद्धार्थ, गौतम बुद्ध की राजा से सिद्ध तक की यात्रा पर प्रकाश डालेंगे और आध्यात्मिक और वैज्ञानिक दृष्टिकोण के सहारे इस यात्रा के प्रत्येक पहलू को समझने का प्रयास करेंगे। साधारण मानव से सिद्ध मानव बनने की यात्रा कोई साधारण यात्रा नहीं होती, इस यात्रा में अनेक प्राकृतिक और मानवीय रहस्य छिपे हुए होते हैं और अपनी इस कहानी में हम इन्हीं छिपे हुए रहस्यों को समझने का प्रयास करेंगे।

आज का आधुनिक विज्ञान यह सिद्ध कर चुका है कि हमारा यह भौतिकी जगत् कण (पार्टिकल) और तरंग (वेव) के द्वंद्व के पार है। अनेक आधुनिक वैज्ञानिक शोध यह सिद्ध कर चुके हैं कि पदार्थ न ही कण है और न ही तरंग है, इसी प्रकार बुद्धत्व भी न ही कण है और न ही तरंग है, बुद्धत्व भी कण और तरंग के द्वंद्व के पार अद्वैत में विद्यमान होता है। आज का आधुनिक विज्ञान भी दृष्टा और सत्य के संबंध को समझाता है और प्राचीन भारतीय योगियों ने और सिद्धार्थ, गौतम बुद्ध ने भी दृष्टा और सत्य के संबंध को ही समझाया था। आज का आधुनिक विज्ञान भी यही कहता है कि यह भौतिक जगत् परम सत्य नहीं है, दृष्टा अपने निरीक्षण अनुसार अपने भ्रमित सत्य का निर्माण करता है और आज से हजारों वर्ष पूर्व प्राचीन भारत के योगियों ने भी यही समझाया था कि भौतिक जगत् एक माया है और हम मानव अपनी इंद्रियों द्वारा, अपनी तृष्णा द्वारा और अपनी इच्छाओं द्वारा भ्रमित सत्य का निर्माण करते हैं और इस मायाचक्र में उलझे रहते हैं और आज से 4000 वर्ष पूर्व सिद्धार्थ, गौतम बुद्ध ने भी माया जगत् के इसी सत्य को समझाया था और अपनी कहानी में भी हम सिद्धार्थ, गौतम बुद्ध की जीवन यात्रा के सहारे इसी सत्य को जानने और समझने का प्रयास करेंगे। सिद्धार्थ, गौतम बुद्ध की जीवन यात्रा द्वैत से अद्वैत की ओर की गई यात्रा थी और अपनी कहानी में हम भी समझेंगे कि कैसे परम सत्य अद्वैत है और यह माया जगत् द्वैत।

आज के आधुनिक वैज्ञानिक जगत् ने ब्रह्मांड की उत्पत्ति और सृष्टि की उत्पत्ति

से संबंधित कुछ सिद्धांतों का निर्माण किया है, जैसे कि 'स्ट्रिंग थ्योरी और बिग बैंग'। उसी प्रकार आदिकालीन भारतीय योगियों ने और बुद्धिजीवियों ने ब्रह्मांड की उत्पत्ति से संबंधित काल और महाकाल के सिद्धांत का निर्माण किया था। जैसे आज का आधुनिक वैज्ञानिक जगत् यह मानता है कि ब्रह्मांड की प्रत्येक वस्तु और पदार्थ का प्रत्येक कण-कण सूक्ष्मताररूपी संरचना से बना है, जिसे वह 'स्ट्रिंग्स' कहते हैं और प्राचीन भारतीय योगी यह मानते थे कि यह भौतिक जगत् महाकाल का अंश है। सिद्धार्थ, गौतम बुद्ध के जीवन की यात्रा की अपनी इस कहानी में हम आज के आधुनिक स्ट्रिंग्स के सिद्धांत को प्राचीन महाकाल के सिद्धांत के साथ जोड़कर परम सत्य को X के दृष्टिकोण के सहारे समझने का प्रयास करेंगे। अपनी इस कहानी में हम जानेंगे कि कैसे महाकाल के भीतर इस माया जगत् का अस्तित्व है। अपनी इस कहानी में हम जानेंगे कि कैसे परम सत्य से संबंधित आज के आधुनिक वैज्ञानिक भी प्राचीन योगियों की भाँति अद्वैत का संकेत देते हैं। हम जानेंगे कि कैसे आज के आधुनिक वैज्ञानिक भी प्राचीन भारतीय योगियों की भाँति इस माया जगत् को द्वैत समझते हैं और परम सत्य को अद्वैत। अपनी इस कहानी में हम जानेंगे कि कैसे माया द्वैत के सहारे अपनी लीला रचती है और कैसे सिद्धार्थ, गौतम बुद्ध माया की इस लीला के पार अद्वैत को प्राप्त कर परम सत्य को प्राप्त कर पाए।

यह पुस्तक सिद्धार्थ, गौतम बुद्ध की आध्यात्मिक यात्रा की कहानी का पहला भाग है। सिद्धार्थ, गौतम बुद्ध की आध्यात्मिक यात्रा के इस भाग में हमने सिद्धार्थ, गौतम बुद्ध जब अपनी माता के गर्भ में थे, तब से लेकर सिद्धार्थ, गौतम बुद्ध के जीवन चक्र के उस समय तक के सत्य पर प्रकाश डाला है, जब सिद्धार्थ, गौतम बुद्ध ने संन्यास ग्रहण कर ध्यान और योग का प्रशिक्षण प्रारंभ किया था। सिद्धार्थ, गौतम बुद्ध की आध्यात्मिक यात्रा को पूर्ण रूप से हम अपनी कहानी के दूसरे अध्याय में समझेंगे और दूसरे भाग में हम चेतना, ब्रह्मांड और समाधि के सत्य पर प्रकाश डालेंगे। तो आइए, सिद्धार्थ, गौतम बुद्ध की आध्यात्मिक यात्रा की कहानी के इस भाग के सहारे हम बुद्धत्व की यात्रा को अब प्रारंभ करते हैं।

विषय सूची

1

जिज्ञासा

सिद्धार्थ, गौतम बुद्ध का जीवन एक जिज्ञासु तत्त्व का जीवन था, या कहें जिज्ञासु बुद्धत्व का जीवन था।

जिज्ञासा वह ऊर्जा है, जो हमें अज्ञात को जानने और समझने की प्रेरणा प्रदान करती है, अर्थात् जिज्ञासा हमें अज्ञात में प्रवेश करने के लिए सक्षम बनाती है। जिज्ञासा की ऊर्जा के रहस्य को हम जितना समझते हैं, वह उससे बहुत अधिक रहस्यमयी है। आज का तथाकथित आधुनिक मानव जिज्ञासा के प्रत्येक स्वरूप और प्रत्येक पहलू को समझ नहीं पाया है, इसी कारण से जिज्ञासा की ऊर्जा का पूर्ण उपयोग नहीं कर पाता। सिद्धार्थ, गौतम बुद्ध ने अपनी जिज्ञासा की क्षमता को समझा भी और उसका सही दिशा में उपयोग भी किया। हमारी कहानी जिज्ञासा की कहानी है। हम अपनी जिज्ञासा की कहानी में समझेंगे

कि कैसे जिज्ञासा जीवन को दिशा प्रदान करती है और यह भी जानेंगे कि जिज्ञासा केवल जीवन को ही नहीं, बल्कि पदार्थ और ऊर्जा को भी दिशा प्रदान करती है। जिज्ञासा हमारे ब्रह्मांड की एक रहस्यमयी ऊर्जा है, जो जीव, पदार्थ और ऊर्जा को रहस्यमयी मार्गों द्वारा संचालित करती है। जिज्ञासा से हम सभी परिचित हैं, परंतु हम जिज्ञासा के जिस स्वरूप से परिचित हैं, उस स्वरूप के अलावा भी जिज्ञासा के अन्य अनेक स्वरूप होते हैं, जो प्रकृति में भिन्न-भिन्न प्रकार की लीलाएँ रचते हैं। हम अपनी इस जिज्ञासा की कहानी में जिज्ञासा के छुपे हुए और रहस्यमयी स्वरूपों के संदर्भ में समझेंगे और जानेंगे कि कैसे जिज्ञासा जीव जगत् को संचालित करती है। जिज्ञासा की लीला हम मनुष्यों के और अन्य जीव-जंतुओं के जीवन में तो देख ही सकते हैं, बल्कि अपनी इस कहानी में हम जिज्ञासा की उन विशेषताओं के संदर्भ में जानेंगे, जो जिज्ञासा को जीवन के साथ-साथ पदार्थ और ऊर्जा से भी जोड़ती हैं। जिस प्रकार मनुष्य और जीव जगत् के सभी जीव-जंतु जिज्ञासु होते हैं या कहें कि जिस प्रकार 'जीवन' जिज्ञासु होता है, उसी प्रकार पदार्थ और ऊर्जा भी जिज्ञासु होते है। हम मनुष्यों की भाँति ही प्रकृति में उपस्थित प्रत्येक प्रकार के पदार्थ के भीतर 'जिज्ञासा का अज्ञात तत्त्व' उपस्थित होता है। जिज्ञासा का तत्त्व ब्रह्मांड में उपस्थित प्रत्येक प्रकार के पदार्थ और ऊर्जा में होता है, या हम यह भी कह सकते हैं कि यह ब्रह्मांड का ही एक भाग या रूप होता है। वास्तविकता में देखें तो यह केवल ब्रह्मांड का ही नहीं बल्कि यह तत्त्व स्पेसमॉस अर्थात् काल का एक भाग होता है। यह तत्त्व क्या है, स्पेसमॉस (काल) क्या है, पदार्थ क्या है, ऊर्जा क्या है, जीवन क्या है और मृत्यु क्या है, सजीव क्या है और निर्जीव क्या है और इन सबका जिज्ञासा के तत्त्व से क्या संबंध है और इन सबका सिद्धार्थ, गौतम बुद्ध के साथ क्या संबंध है यह सब हम अपनी कहानी में वैज्ञानिक और आध्यात्मिक दृष्टि दोनों से ही जानेंगे और समझेंगे।

वैज्ञानिक तथ्य

जिज्ञासा की ऊर्जा को समझने के लिए हम मथायस ग्रुबर (Matthias Gruber) द्वारा किया गया एक शोध देखते हैं, जो एक संज्ञानात्मक वैज्ञानिक (कॉग्निटिव न्यूरोसाइंटिस्ट) है। मथायस ने यह शोध यह जानने के लिए किया था कि हम कुछ जानकारियों को अन्य जानकारी/घटना की तुलना में अधिक अच्छे से कैसे स्मरण करते हैं। अपने शोध के सहारे वह यह जानना चाहते थे कि जिज्ञासा हमारे मस्तिष्क को कैसे ऊर्जावान करती है और हम जिज्ञासा की शक्ति को नियंत्रित कैसे कर सकते हैं, प्रतिदिन के कार्यों में उत्तम विद्या प्राप्ति के लिए।

उन्होंने यह शोध यह जानने के लिए किया था कि जब हम जिज्ञासु होते हैं तब हमारे मस्तिष्क में क्या घटित होता है। उन्होंने जिज्ञासा की भूमिका जानने के लिए शोध में

भाग लेनेवाले व्यक्तियों के साथ एक सामान्य ज्ञान परीक्षा के रूप में शोध किया। उन्होंने भाग लेनेवाले व्यक्तियों के साथ एक तीन स्तर का प्रयोग किया और शोध करते समय भाग लेनेवाले व्यक्तियों के मस्तिष्क में होनेवाली गतिविधियों को भी मापा, एफ.एम. आर.आई. (FMRI) द्वारा।

शोध को उन्होंने इस प्रकार तीन चरण में किया—

1. **प्रतिच्छादन चरण (स्क्रीनिंग स्टेज) :** इस चरण में शोध में भाग लेनेवाले व्यक्तियों ने अपनी जिज्ञासा की तीव्रता का आकलन किया।
2. **विद्या प्राप्ति चरण (लर्निंग स्टेज) :** इस चरण में वैज्ञानिकों ने शोध में भाग लेनेवाले व्यक्तियों को प्रश्नों के उत्तर दिखाए और ऐसा करते समय उनके मस्तिष्क की हलचल को एफ.एम.आर.आई. द्वारा मापा।
3. **अप्रत्याशी स्मृति परीक्षा (सरप्राइस मेमोरी टेस्ट) :** इस चरण में वैज्ञानिकों ने शोध में भाग लेनेवाले व्यक्तियों की एक स्मृति परीक्षा ली, जिसमें वैज्ञानिकों ने उनसे सामान्य ज्ञान परीक्षा में पूछे गए प्रश्नों के संदर्भ में पुनः पूछा।

शोध का महत्त्वपूर्ण भाग था विद्या प्राप्तिवाला चरण। इस चरण में प्रत्येक परीक्षण एक सामान्य ज्ञान प्रश्न के साथ प्रारंभ हुआ। प्रश्न दिखाने के पश्चात् वैज्ञानिकों ने शोध में भाग लेनेवाले व्यक्तियों को 14 सेकंड की प्रतीक्षा करवाई और 14 सेकंड पश्चात् उत्तर दिखाया। वैज्ञानिकों ने क्रमवीक्षण (स्कैन) में देखा कि जितने समय तक शोध में भाग लेनेवाले व्यक्ति उत्तर की प्रतीक्षा कर रहे थे, उतने समय में जिज्ञासा की तीव्रता कम तो हुई, परंतु वह उत्तर के प्रति संतुष्ट नहीं हुई थी और परीक्षण के अंत में उनको 14 सेकंड पश्चात् उत्तर दिखा दिया गया। इसके पश्चात् वैज्ञानिकों ने शोध के परिणाम देखे और देखा कि जिज्ञासा हमारे मस्तिष्क के साथ क्या करती है।

शोध के प्रारंभिक परिणाम यह थे कि जब जिज्ञासा प्रकट होती थी तब मगज के दो क्षेत्रों में या मगज के दो भाग में हलचल बढ़ जाती थी। एक भाग था मध्य मस्तिष्क (मिड ब्रेन) और दूसरा भाग था न्यूक्लियस एक्युंबेंस (Nucleus Accumbens)। यह दोनों भाग मस्तिष्क कि कई परतों के भीतर होते हैं। वैज्ञानिकों को इन दोनों क्षेत्रों में जिज्ञासा और तंत्रिका की सक्रियता के बीच पर्याप्त मात्रा में संबंध देखने को मिला। जितना अधिक कोई व्यक्ति उत्तर जानने के प्रति जिज्ञासु था, उतनी ही मस्तिष्क की गतिविधियाँ इन दोनों क्षेत्रों के बीच अधिक हो जाती थी। महत्त्वपूर्ण बात यह है कि आधुनिक अध्ययन हमें यह बताते हैं कि यह मगज के क्षेत्र प्रतिफल से भी संबंधित होते हैं, जैसे खाना, पैसा इत्यादि। यह अध्ययन हमें बताता है कि जिज्ञासा उन्हीं मस्तिष्क के क्षेत्र को नियुक्त करती है, जो प्रतिफल के साथ संबंधित होते हैं। दूसरे शब्दों में कहें तो

जिज्ञासा की अवस्था वह अवस्था है जहाँ आप मानसिक प्रतिफल (कॉग्निटिव रिवार्ड) के प्रति लालसा और आशा रखते हो। मगज के यह दोनों भाग, जो जिज्ञासा के साथ सक्रिय हो जाते हैं, यह डोपामाइन तंत्र का एक भाग होते हैं, जिसको हम मगज का 'इच्छा संबंधित तंत्र' (ब्रेन वांटिंग सिस्टम) भी कहते हैं।

वैज्ञानिकों ने अपने शोध के परिणामों में यह तो देखा कि मगज के यह दोनों क्षेत्र सक्रिय थे जिज्ञासा के कारण, परंतु वैज्ञानिकों ने यह भी देखा कि जिज्ञासा के सक्रिय होने के साथ ही हमारे तंत्र के अन्य इच्छा संबंधित तंत्र भी सक्रिय हो गए थे। इच्छा संबंधित तंत्र हमें अधिक जानकारी प्राप्त करने हेतु प्रोत्साहित करता है।

वैज्ञानिक अपने शोध के सहारे यह भी जानना चाहते थे कि क्या जिज्ञासा विद्या प्राप्ति में भी सहायता करती है? वैज्ञानिक वस्तुत: यह जानना चाहते थे कि क्या केवल जिज्ञासु होना मात्र ही हमारी सहायता करता है, किसी भी प्रकार की नई जानकारी को ग्रहण करने के लिए और यदि ऐसा होता है तो ऐसा कैसे होता है? एक बहुचर्चित वैज्ञानिक ने कहा था कि केवल प्रोत्साहन हमें नई जानकारी प्राप्त करने में सहायक नहीं होता, संभवत: जिज्ञासु होना सहायता करता है। इसका परीक्षण करने के लिए वैज्ञानिकों ने अपने शोध में थोड़ा सा बदलाव किया। विद्या प्राप्तिवाले चरण में जब भाग लेनेवाले व्यक्ति उत्तर की प्रतीक्षा कर रहे थे, उस समय वैज्ञानिकों ने उन्हें एक तटस्थ मुख के अव्यवस्थित चित्र दिखाए। स्मृति परीक्षा के समय वैज्ञानिकों ने दिखाए गए मुख की भी स्मृति परीक्षा ली, जो नियुक्त कार्य से संबंधित नहीं थे। स्मृति परीक्षा में वैज्ञानिकों ने पाया कि शोध में भाग लेनेवाले व्यक्ति जिस उत्तर को जानने हेतु अधिक जिज्ञासु थे, वह उस उत्तर को अच्छे से स्मरण कर पाए। इन सभी के साथ एक आश्चर्य करनेवाली खोज यह थी कि जब शोध में भाग लेनेवाले व्यक्ति जिज्ञासु थे, उस समय उन्हें जो मुख दिखाए थे, उन्होंने उन मुख को भी अच्छे से स्मरण कर लिया, जो सामान्य ज्ञान परीक्षा से संबंधित नहीं थे। यहाँ हम यह देख सकते हैं कि जब शोध में भाग लेनेवाले व्यक्ति किसी विशेष उत्तर के प्रति या विशेष जानकारी के प्रति जिज्ञासु थे उस समय उन्होंने उस उत्तर से/उस जानकारी से संबंध नहीं रखनेवाली जानकारी को भी स्मरण रखा। वैज्ञानिकों ने जब 24 घंटे पश्चात् शोध में भाग लेनेवाले व्यक्तियों की स्मृति परीक्षा ली तब वैज्ञानिकों ने पाया कि उस समय भी शोध में भाग लेनेवाले व्यक्तियों ने जो 'उच्च जिज्ञासु अवस्था' के समय मुख देखे थे, वह अच्छे से स्मरण थे, उन मुख की तुलना में जो उन्होंने तब देखे थे जब वह अधिक जिज्ञासु नहीं थे।

यह सब हमें दरशाता है कि जिज्ञासा हमारे मगज को एक ऐसी अवस्था में ले जाती है, जहाँ हम कोई भी नई जानकारी ग्रहण कर सकते हैं। आप इसे इस प्रकार देखें कि जिज्ञासा एक भँवर उत्पन्न करती है और वह भँवर जानकारी अपने भीतर खींचता

है। जिज्ञासा उस जानकारी को तो ग्रहण करती ही है जिसको हम ग्रहण करना चाहते हैं, इसके साथ-साथ वह अन्य बहुत सी जानकारी भी अपने भीतर खींच लेती है।

जिज्ञासा हमारी नई जानकारी को सीखने में कैसे सहायता प्रदान करती है ? इसका उत्तर वैज्ञानिकों को मस्तिष्क की गतिविधियों को मापने से मिला। हम मगज के वह दो भाग देखते हैं, जो संलग्न होते हैं स्मृति और जिज्ञासा की प्रक्रिया में। मगज का वह पहला भाग है हिप्पोकैंपस। यह मगज के स्मृति तंत्र का महत्त्वपूर्ण क्षेत्र है और यह नई स्मृतियाँ बनाने में महत्त्वपूर्ण भूमिका निभाता है। मगज का दूसरा भाग है मिड ब्रेन। यह क्षेत्र मगज के इच्छा संबंधित तंत्र का महत्त्वपूर्ण क्षेत्र होता है। हमने यह पाया कि जब जिज्ञासा विद्या प्राप्ति की प्रक्रिया में वृद्धि करती है, उस समय मगज के इन दोनों क्षेत्रों में हलचल अधिक हो जाती है। जिज्ञासा इन दोनों क्षेत्रों के बीच संचार बढ़ा देती है।

वैज्ञानिकों ने देखा कि जिज्ञासा इच्छा संबंधित तंत्र को नियुक्त करती है और वैज्ञानिकों ने यह भी देखा कि जिज्ञासा मध्य मस्तिष्क और हिप्पोकैंपस के बीच संचार भी बढ़ा देती है। यह हमें यह दरशाता है कि हमारा इच्छा संबंधित तंत्र हमारे हिप्पोकैंपस को उत्साहित करता है और उसको कुशल बनाता है आनेवाली जानकारी को ग्रहण करने हेतु। यहाँ यह नहीं देखा जाता कि वह जानकारी उससे जुड़ी है या नहीं जिसके प्रति हम सर्वप्रथम जिज्ञासु हुए थे।

वैज्ञानिकों का अध्ययन यह बताता है कि जिज्ञासा विद्या प्राप्ति के लिए महत्त्वपूर्ण होती है। जिज्ञासा हमें केवल वह जानकारी प्राप्त करने में ही सहायता नहीं करती जिसके प्रति हम जिज्ञासु होते हैं, बल्कि जिज्ञासा हमें उसके साथ बहुत सी जानकारी प्राप्त करने में सहायता प्रदान करती है। यदि हम किसी की जिज्ञासा जागृत कर देते हैं तो वह उस जानकारी को पूर्ण रूप से ग्रहण भी करता है और उसे स्मरण भी रखता है।

X की टिप्पणी

हमारा मध्य मस्तिष्क और न्यूक्लियस एक्युंबेंस मस्तिष्क की कई परतों के भीतर होते हैं और जब जिज्ञासा सक्रिय होती है तो इन दोनों क्षेत्रों में भी गतिविधियाँ बढ़ जाती हैं। वैज्ञानिकों के इस तथ्य से हम यह अनुमान लगा सकते हैं कि मगज के इन दोनों क्षेत्रों का क्रम विकास जीव के क्रम विकास में बहुत पहले ही हो गया था। क्रम विकास के साथ-साथ इस भाग के सूक्ष्म जटिल जोड़ (एंटेंगलमेंट) की संख्या में वृद्धि होती गई और इसकी क्रिया प्रणाली अधिक जटिल होती गई। जिज्ञासा कहीं-न-कहीं जीवन के प्रारंभिक क्षणों से ही जीवन को दिशा प्रदान कर रही है और जीवन से पूर्व किसी रूप में पदार्थ को भी यह दिशा प्रदान कर रही थी, जीवन निर्माण करने हेतु।

हमारे मगज के इन दोनों क्षेत्रों का विकास समय से बहुत पहले ही हो गया था

और इन क्षेत्रों के विकास का कारण केवल प्रतिफल ही नहीं है, मगज के यह क्षेत्र जीव के क्रम विकास में सहायता प्रदान करते हैं। आज के आधुनिक वैज्ञानिक यह समझते हैं कि प्रतिफल ही जीवन का आधार है, परंतु ऐसा नहीं है। जिज्ञासा इस माया जगत् में प्रतिफल के तंत्र का उपयोग जीव के चेतना के स्तर को उच्च बनाने के लिए करती है। जिज्ञासा केवल मनुष्य की विशेषता नहीं है, यह प्रत्येक जीव के भीतर होती है और इसी जिज्ञासा ने जीवन को एक कोशिका से बहु कोशिकावाले जीव में परिवर्तित किया और बहु कोशिकावाले जीवों का क्रम विकास करके मनुष्य तक की यात्रा तय की। वैज्ञानिकों का कहना है कि हमारे मगज के यह दोनों क्षेत्र हमारे इच्छा संबंधित तंत्र के साथ जुड़े होते हैं। इच्छा जो है, वह केवल माया जगत् और भौतिक जगत् तक ही सीमित नहीं है, व्यक्ति विशेष इस माया जगत् के पार जाने की इच्छा भी रख सकता है और परम सत्य को जानने की इच्छा भी रख सकता है। वैज्ञानिकों का यह मानना कि मनुष्य का इच्छा संबंधित तंत्र केवल भौतिक जगत् की ही इच्छा रखता है और यह केवल स्वार्थ से ही जुड़ा है, यह सत्य नहीं। जीव का इच्छा तंत्र भौतिक जगत् की इच्छा भी रखता है और आध्यात्मिक जगत् की इच्छा भी रखता है। जिज्ञासा इच्छा की इसी विशेषता के कारण इच्छा संबंधित तंत्र का प्रयोग करती है, जिसके सहारे वह जीव को प्रकृति की प्रवृत्ति समझाती है और परम सत्य में प्रवेश करने हेतु प्रोत्साहित भी करती है। इच्छा सकारात्मक और नकारात्मक के साथ-साथ तटस्थ भी हो सकती है। साधक शून्यता में प्रवेश करने की इच्छा रखता है और शून्यता सकारात्मक और नकारात्मक की संकल्पना के पार है, इसीलिए हम कह सकते हैं कि इच्छा सकारात्मक और नकारात्मक की संकल्पना के पार भी कार्य करती है और सकारात्मक और नकारात्मक के पार जाने की क्षमता भी रखती है। इच्छा की इसी विशेषता के कारण यह केवल भौतिक जगत् में ही कार्य नहीं करती और न ही यह किन्हीं निश्चित सीमाओं के भीतर रहकर कार्य करती है, यह तो बहुआयामी क्षमता अपने भीतर समाए रहती है। जिज्ञासा इच्छा के तंत्र के सहारे आत्मा को मोक्ष का मार्ग दिखाने में भी सहायता प्रदान करती है। जिज्ञासा कैसे प्रतिफल के तंत्र के पार जाकर कार्य करती है, इसे हम अपनी कहानी में आगे पूर्ण रूप से समझने का प्रयास करेंगे। जिज्ञासा और इच्छा के इसी संबंध और इसी तंत्र ने सही समय आने पर सिद्धार्थ, गौतम बुद्ध के भीतर उपस्थित बुद्धत्व को पूर्ण रूप से सक्रिय किया, ताकि सिद्धार्थ, गौतम बुद्ध अपनी मोक्ष की यात्रा पूर्ण कर सकें। यह सब कैसे हुआ इसे हम अपनी कहानी में क्रमबद्ध रूप से समझेंगे।

जिज्ञासा की भूमिका अधिक समझने के लिए आइए न्यूक्लियस एक्युंबेंस की कुछ विशेषताओं पर प्रकाश डालते हैं।

न्यूक्लियस एक्युंबेंस

न्यूक्लियस एक्युंबेंस आधारीय अग्रम मस्तिष्क (बेसल फॉरब्रेन) में एक क्षेत्र होता है। न्यूक्लियस एक्युंबेंस और ऑलफैक्ट्री ट्यूबरसिल (Olfactory Tubercle) मिलकर वेंट्रल स्ट्रैटम (Ventral Striatum) का निर्माण करते हैं। वेंट्रल स्ट्रैटम (Ventral Striatum) और डोर्सल स्ट्रेटम (Dorsal Striatum) मिलकर स्ट्रैटम (Striatum) का निर्माण करते हैं। हमारे मस्तिष्क के दोनों आधे आधे भाग में न्यूक्लियस एक्युंबेंस होता है।

यह जो आधारीय अग्रम मस्तिष्क होता है, जिसका भाग न्यूक्लियस एक्युंबेंस होता है, वह 'चेतना की प्रक्रिया' में महत्त्वपूर्ण भूमिका निभाता है। आधारीय अग्रम मस्तिष्क से संबंधित सभी क्षेत्र और भाग महत्त्वपूर्ण भूमिका निभाते हैं। ऐसीटाइलकॉलाइन (Acetylecholine) नामक न्यासर्ग (हार्मोन) के निर्माण में ऐसीटाइलकॉलाइन के बहुत से कार्य होते हैं, जैसे यह आधारीय अग्रम मस्तिष्क में जागरूकता फैलाता है और यह निर्णय लेने की क्षमता के लिए भी अत्यंत महत्त्वपूर्ण होता है। जिज्ञासा हमारे मगज के उन क्षेत्रों का भी प्रयोग करती है, जो निर्णय लेने की प्रक्रिया में महत्त्वपूर्ण भूमिका निभाते हैं। इसका अर्थ यह है कि जिज्ञासा हमें नई जानकारी को ग्रहण और स्मरण करने की क्षमता प्रदान करती ही है, इसके साथ-साथ जिज्ञासा प्राप्त जानकारी अनुसार निर्णय लेने की क्षमता भी प्रदान करती है। यह तथ्य हमें दरशाते हैं कि जिज्ञासा ने जीवन का मार्गदर्शन किस प्रकार किया है। जिज्ञासा जीव को नई जानकारी को ग्रहण करने और उसे जानकारी स्मरण रखने में कुशल भी बनाती है और जिज्ञासा प्राप्त जानकारी अनुसार उपयोगी निर्णय लेने में भी सहायता प्रदान करती है और अपनी इसी विशेषता के कारण और अपनी इसी विशेषता के सहारे जिज्ञासा ने जीव और जीवन का मार्गदर्शन किया है। जिज्ञासा का तंत्र ही है, जो जीव को प्रोत्साहित करता है नई जानकारी को जानने के लिए और जिज्ञासा का ही तंत्र नई जानकारी को पंजीकृत और स्मरण करने में भी सहायता प्रदान करता है। इसके पश्चात् जिज्ञासा का ही तंत्र जीव को उपयोगी निर्णय लेने में भी सहायता प्रदान करता है और जीव और जीवन का मार्गदर्शन करता है। जिज्ञासा जब शून्यता को प्राप्त कर लेती है, उस समय बुद्धत्व जागृत होता है। यह सब कैसे होता है, इसे हम सिद्धार्थ, गौतम बुद्ध की जिज्ञासा की यात्रा के सहारे पूर्ण रूप से समझने का प्रयास करेंगे।

आधारीय अग्रम मस्तिष्क का एक भाग होता है न्यूक्लियस बेसलिस (Nucleus Basalis)। न्यूक्लियस बेसलिस (Nucleus Basalis) महत्त्वपूर्ण भाग होता है तंत्रिका अपरिवर्तक तंत्र (Nuromodulatory System) का, जो व्यवहार को नियंत्रित करता है, एकाग्रता और उत्तेजना को नियंत्रित करके। न्यूक्लियस बेसलिस स्मृति तंत्र का भी

महत्त्वपूर्ण घटक होता है। यह भाग हमारी जागृत अवस्था के साथ भी जुड़ा होता है और हमारी निद्रा अवस्था के साथ भी जुड़ा होता है। जिज्ञासा के प्रकट होते ही हमारे मगज के जो भाग सक्रिय हो जाते हैं। उनका संबंध हमारे व्यवहार के साथ भी होता है और वह भाग हमारे व्यवहार को नियंत्रित भी करते हैं। इस तथ्य के सहारे हम यह कह सकते हैं कि जिज्ञासा हमारे व्यवहार के साथ भी जुड़ी होती है और जिज्ञासा की इसी विशेषता के कारण हम जिज्ञासु व्यवहार के सहारे अनंत जानकारी का चेतनापूर्वक निरीक्षण कर सकते हैं और एक योगी जिज्ञासा की इन्हीं सभी विशेषताओं का प्रयोग कर समस्त जानकारी भी एकत्रित करता है और समस्त जानकारी के पार शून्यता में भी प्रवेश करता है। जिज्ञासा के सक्रिय होने के पश्चात् हमारे मगज का वह भाग भी सक्रिय हो जाता है, जो हमारी एकाग्रता और हमारी उत्तेजना को नियंत्रित कर हमारे व्यवहार को दिशा प्रदान करता है। यह हमें दरशाता है कि जिज्ञासा भिन्न-भिन्न माध्यम और मार्गों के सहारे इस माया जगत् में जीव का मार्गदर्शन करती है। जीवन में पीड़ा का अनुभव करने के पश्चात् सिद्धार्थ, गौतम बुद्ध के भीतर परम सत्य को जानने हेतु प्रश्न उत्पन्न होना भी जिज्ञासा की ही लीला थी और सिद्धार्थ, गौतम बुद्ध का परम सत्य को प्राप्त करना भी जिज्ञासा की ही लीला थी। सिद्धार्थ, गौतम बुद्ध की मोक्ष यात्रा की अपनी इस कहानी में हम जिज्ञासा की लीला को वैज्ञानिक और आध्यात्मिक दृष्टिकोण के सहारे समझने का प्रयास करेंगे।

वैज्ञानिकों का कहना है कि मस्तिष्क के यह दोनों क्षेत्र प्रतिफल से भी संबंधित होते हैं। वैज्ञानिकों का कहना है कि मगज के यह दोनों भाग, जो जिज्ञासा के साथ सक्रिय हो जाते हैं, यह डोपामाइन तंत्र का एक भाग होते हैं, जिसको हम मस्तिष्क का इच्छा संबंधित तंत्र भी कहते हैं। मस्तिष्क का इच्छा संबंधित तंत्र अर्थात् 'तृष्णा का तंत्र', परंतु जिज्ञासा तृष्णा के तंत्र की सहायता क्यों लेती है ? क्या यह केवल प्रतिफल से ही संबंधित है ? नहीं, यहाँ तृष्णा का तंत्र जिज्ञासा के तंत्र के साथ सक्रिय तो हो रहा है, परंतु इसका यह अर्थ नहीं है कि जिज्ञासा केवल तृष्णा के साथ ही जुड़ी होती है। इसका यह अर्थ है कि जिज्ञासा तृष्णा के तंत्र का सहारा अवश्य लेती है, परंतु यह केवल प्रतिफल के कारण नहीं होता, यहाँ जिज्ञासा आत्मा को प्रतिफल की माया के पार मोक्ष में ले जाने का कार्य भी करती है। जिज्ञासा आत्मा को इस मायावी भौतिक जगत् की वास्तविकता समझाने हेतु प्रतिफल के तंत्र का सहारा लेती है, परंतु जिज्ञासा केवल 'प्रतिफल की लीला' तक ही सीमित नहीं होती, यह शून्यता में प्रतिफल तंत्र के पार जाकर मोक्ष का मार्ग भी खोज सकती है। जिज्ञासा प्रतिफल के तंत्र का सहारा इसलिए लेती है, क्योंकि आत्मा को सर्वप्रथम इस माया जगत् के भीतर क्षणभंगुर शरीर की वास्तविकता का ज्ञान करवाना होता है और तथाकथित स्व (सेल्फ) के क्षणभंगुर अस्तित्व का ज्ञान भी करवाना होता है। हमारा भौतिक शरीर प्रतिफल की लीला पर ही आधारित है, इसी कारण से परम ऊर्जा

हमारी आत्मा को तृष्णा के क्षणभंगुर भौतिक अस्तित्व का ज्ञान करवाने हेतु सर्वप्रथम प्रतिफल के तंत्र का सहारा लेती है और इसी प्रतिफल के तंत्र का उपयोग करके ही वह आत्मा को भौतिक जगत् के पार परम को जानने और समझने के लिए प्रेरित भी करती है। सनातन शास्त्रों में बताया गया है कि परम कभी जन्म नहीं लेता, केवल तृष्णा जन्म लेती है। हमारा तथाकथित अस्तित्व वास्तविक नहीं होता, यह केवल तृष्णा का मायावी रूप होता है। हमारा मायावी अस्तित्व ही तृष्णा पर आधारित होता है, इसी कारण से जिज्ञासा चेतना के कुछ स्तर तक तो प्रतिफल के तंत्र का उपयोग करती है, परंतु जब चेतना उच्च स्तर को प्राप्त कर लेती है, उस समय जिज्ञासा प्रतिफल के पार जाकर शून्यता में कार्य करती है। माया की लीला का आधार ही तृष्णा है और तृष्णा अपनी लीला इस माया जगत् में वस्तुतः डोपामाइन के तंत्र के साथ ही खेलती है। मगज, मस्तिष्क, शरीर, यह सब भौतिक जगत् में केवल मायावी अस्तित्व रखते हैं, परंतु आत्मा का अस्तित्व इस भौतिक जगत् के पार है। आज के आधुनिक वैज्ञानिक जो भी निरीक्षण-परीक्षण करते हैं, वह केवल भौतिक वास्तविकता का करते हैं, परम का नहीं। परम के भीतर वह कुछ भी घटित नहीं होता जिसे हम जानते हैं। हमें जिज्ञासा की लीला को प्रतिफल और इत्यादि संकल्पना के पार जाकर देखना और समझना पड़ेगा। चेतना और जिज्ञासा कैसे प्रतिफल के तंत्र के पार शून्यता में जाकर कार्य करती है, इसे हम अपनी कहानी में समझने का पूर्ण रूप से प्रयास करेंगे।

वैज्ञानिकों ने अपने शोध में पाया कि जिज्ञासा के सक्रिय होने के पश्चात् मगज के दोनों क्षेत्रों के सक्रिय होने के साथ-साथ हमारे तंत्र के अन्य इच्छा संबंधित तंत्र भी सक्रिय हो जाते हैं। इच्छा संबंधित तंत्र हमें अधिक जानकारी प्राप्त करने हेतु प्रोत्साहित करता है। जिज्ञासा तृष्णा के तंत्र का उपयोग करती है, ताकि जीव/जीवन अधिक-से-अधिक जानकारी जुटा इस माया जगत् में प्रकृति की प्रवृत्ति को समझ जाए और भौतिक जगत् के पार ब्रह्म में प्रवेश करे। इच्छा संबंधित तंत्र हमें अधिक जानकारी प्राप्त करने हेतु प्रोत्साहित करते हैं और जीव ने जीवन के निर्माण के साथ ही इसी विशेषता के सहारे इस माया जगत् की जानकारी की अनुभूति करनी प्रारंभ की और जिज्ञासा ने इसी तंत्र के सहारे हमारे वातावरण में उपस्थित जानकारी के सहारे क्रम विकास की प्रक्रिया को भी संचालित किया। जिज्ञासा जीव को केवल अधिक जानकारी प्राप्त करने हेतु प्रोत्साहित ही नहीं करती, जिज्ञासा अधिक जानकारी के सहारे जीव का क्रम विकास भी कर सकती है और यह सब कैसे होता है, इसे हम अपनी कहानी में पूर्ण रूप से समझेंगे। जिज्ञासा और जीव का संबंध केवल भौतिक जगत् तक ही सीमित नहीं है, यह संबंध आध्यात्मिक आयाम के साथ भी जुड़ा हुआ है। जिज्ञासा के ज्ञात और अज्ञात स्वरूपों ने जीव की इस माया जगत् में प्रकृति की प्रवृत्ति को समझने में सहायता प्रदान की। जिज्ञासा के सहारे

ही जीव माया जगत् से मोक्ष तक की अपनी यात्रा पूर्ण कर सकता है। जिज्ञासा के ज्ञात और अज्ञात स्वरूपों ने केवल जीव और जीवन को ही दिशा प्रदान नहीं की, जिज्ञासा के ज्ञात और अज्ञात स्वरूपों ने पदार्थ और ऊर्जा को भी दिशा प्रदान की, ताकि वह जीवन का निर्माण कर सकें। जिज्ञासा ने पदार्थ और ऊर्जा के बीच जानकारी के आदान-प्रदान में महत्त्वपूर्ण भूमिका निभाई और पदार्थ और ऊर्जा का भी क्रम विकास किया, जिसके कारण जीवन और जीव अस्तित्व में आए। अपनी कहानी में हम वैज्ञानिक और आध्यात्मिक दृष्टि, दोनों के सहारे ही समझेंगे कि कैसे जिज्ञासा के ज्ञात और अज्ञात स्वरूपों ने पदार्थ और ऊर्जा का भी मार्गदर्शन किया और जीवन का निर्माण किया।

वैज्ञानिकों के जिज्ञासावाले परीक्षण में हमने देखा कि जब वैज्ञानिकों ने परीक्षण में भाग लेनेवाले व्यक्तियों को तटस्थ मुख के चित्र दिखाए तब भाग लेनेवाले व्यक्तियों ने तटस्थ मुख को भी पंजीकृत किया और उन्हें स्मरण भी रखा। इसके सहारे हमें यह पता चलता है कि हमारी जिज्ञासा तटस्थ जानकारी को भी पंजीकृत करती है, एकाग्रता की भाँति केवल भावनात्मक उत्तेजना को ही नहीं। इसी विशेषता के कारण यह प्रतिफल के तंत्र के पार तटस्थ अवस्था में भी कार्य करती है और इसी क्षमता के कारण (तटस्थ जानकारी को चेतना में लाना) या इसी क्षमता के सहारे जिज्ञासा आत्मा का मार्गदर्शन करती है। प्रतिफल का तंत्र सकारात्मक और नकारात्मक अनुभव के अनुसार कार्य करता है, परंतु वैज्ञानिकों के इस शोध में हमने देखा कि जिज्ञासा तटस्थ जानकारी का भी चेतनापूर्वक प्रसंस्करण कर रही है। यदि हम जिज्ञासा को केवल प्रतिफल के साथ जोड़कर देखें तो जिज्ञासा को केवल सकारात्मक और नकारात्मक जानकारी को ही ग्रहण करना चाहिए था, परंतु इस शोध में हम देख सकते हैं कि जिज्ञासा ने तटस्थ जानकारी को भी ग्रहण किया, जो हमें दरशाता है कि जिज्ञासा केवल सकारात्मक और नकारात्मक जानकारी का ही प्रसंस्करण नहीं करती, अर्थात् वह केवल प्रतिफल के लिए कार्य नहीं करती, वह समस्त जानकारी को हमारी चेतना में लाना चाहती है। जिज्ञासा की यही क्षमता साधक को शून्यता में जानकारी ग्रहण करने में सक्षम बनाती है और इसी क्षमता के सहारे साधक भावनात्मक उत्तेजना के साथ-साथ तटस्थ जानकारी का चेतनापूर्ण रूप से प्रसंस्करण करता है और उसके अनुसार कार्य करता है। साधक जिज्ञासा की इसी क्षमता को साधकर सकारात्मक और नकारात्मक संकल्पना के पार जाता है, अर्थात् प्रतिफल और तृष्णा के तंत्र के पार शून्यता में प्रवेश करता है और शून्यता में इस माया जगत् में रहते हुए भी इस माया जगत् के बंधनों के पार जाकर कार्य करता है। साधारण मनोदशा में मानव वातावरण में उपस्थित केवल भावनात्मक उत्तेजना को ही ग्रहण करता है, परंतु जिज्ञासु मनोदशा में मानव वातावरण में उपस्थित समस्त जानकारी को ग्रहण कर सकता है। जिज्ञासा की इसी क्षमता के सहारे एक योगी अपने

भावनात्मक तंत्र का उपयोग किए बिना जानकारी ग्रहण भी कर सकता है और उसके अनुसार उपयुक्त कार्य/क्रिया भी कर सकता है।

जिज्ञासा हमें सभी प्रकार की जानकारी ग्रहण करने में सक्षम बनाती है। इसी क्षमता के सहारे हम शून्यता में भी विद्या प्राप्ति कर सकते हैं। वैज्ञानिकों का भी मानना है कि जिज्ञासा मानो एक भँवर का निर्माण करती है, जो अपने भीतर जानकारी को खींचता है। जिज्ञासा की इसी विशेषता के कारण साधक साधना में जिस जानकारी को प्राप्त करना चाहता है, वह उस जानकारी से जुड़ी समस्त जानकारी तो ग्रहण करता ही है, इसके साथ-साथ साधक अन्य जानकारी भी ग्रहण करता है। जिज्ञासा की यह विशेषता साधारण मानव को भी वह जानकारी ग्रहण करने के सक्षम बनाती है जिसके प्रति वह जिज्ञासु नहीं होते, परंतु योगी जिज्ञासा की इसी विशेषता को नए आयाम प्रदान करता है या कहें कि जिज्ञासा की इसी विशेषता को नए आयाम में ले जाता है। प्रकृति में उपस्थित सभी कुछ एक-दूसरे के साथ जटिलता से जुड़ा हुआ (एंटेंगल) है और जब साधक विशेष जानकारी प्राप्त करने हेतु विशेष ध्यान अवस्था में ध्यान करता है और अपनी जिज्ञासा को विशेष जानकारी प्राप्त करने हेतु तीव्र करता है और जब वह विशेष ध्यान अवस्था में वह जानकारी प्राप्त कर रहा होता है, जिसके प्रति वह सर्वप्रथम जिज्ञासु था, तब उस समय उसका तंत्र उस जानकारी के साथ-साथ वह जानकारी भी ग्रहण करता है जिसके प्रति साधक सर्वप्रथम जिज्ञासु नहीं था। प्रकृति में उपस्थित सभी कुछ एक-दूसरे के साथ जुड़ा हुआ है और इसी जोड़ के सहारे साधक समस्त जानकारी प्राप्त करता है। जब साधक वह जानकारी प्राप्त करता है जिसके प्रति वह सर्वप्रथम जिज्ञासु था तब उसका तंत्र उस जानकारी से संबंधित संकल्पनाओं का निर्माण करता है, परंतु साधक के तंत्र में प्राप्त जानकारी के साथ जुड़ी अन्य जानकारी भी प्रवेश कर जाती है, जिसकी अभी संकल्पना निर्मित नहीं हुई होती, परंतु साधक अपनी साधना के सहारे उस छुपी हुई जानकारी को भी अपनी चेतना में लाता है और उसके प्रति संकल्पना का निर्माण भी करता है और शून्यता में संकल्पना का खंडन भी करता है। साधक के तंत्र में वह जानकारी तो प्रवेश करती ही है जिसके प्रति वह सर्वप्रथम जिज्ञासु था, परंतु उसके साथ-साथ साधक के तंत्र में अन्य जानकारी भी प्रवेश करती है और साधक की जिज्ञासा उस अज्ञात जानकारी से संबंधित समस्त जानकारी प्राप्त करने हेतु तीव्र होने लगती है। इसी प्रक्रिया के सहारे साधक प्रकृति में उपस्थित किसी भी वास्तविकता के प्रति जिज्ञासु होकर उस सत्य से संबंधित जानकारी तो प्राप्त करता ही है, परंतु उसके साथ-साथ वह प्रकृति में उपस्थित समस्त जानकारी को ग्रहण कर सकता है, क्योंकि प्रकृति में सभी कुछ एक-दूसरे से जटिलता से जुड़ा हुआ है। जिज्ञासा के इसी चक्र के सहारे साधक प्रकृति की प्रवृत्ति को समझकर शून्यता में प्रवेश करता है और शून्यता में मोक्ष का मार्ग खोजकर समाधि प्राप्त करता है।

प्रकृति में उपस्थित सभी कुछ एक-दूसरे के साथ जटिलता से जुड़ा हुआ है। मानो 'क' प्रकृति में उपस्थित सभी वास्तविकताओं के साथ जटिलता से जुड़ा हुआ है।

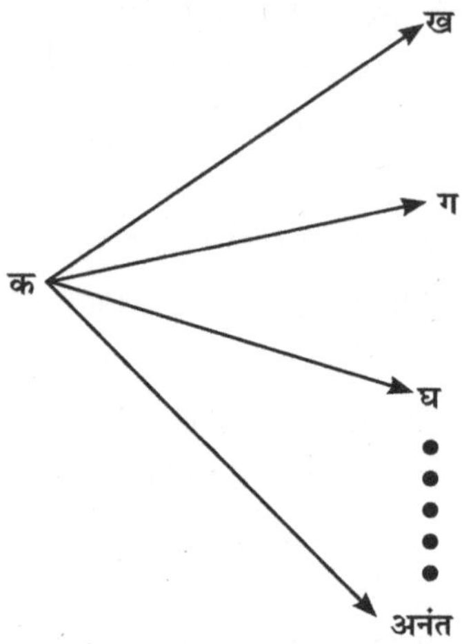

मानो साधक 'क' के प्रति जिज्ञासु है और वह 'क' से संबंधित सत्य जानने हेतु ध्यान लगाता है, तो ऐसा करने पर वह 'क' की समस्त जानकारी तो ग्रहण करता ही है, उसके साथ-साथ 'क' के साथ जुड़ी अन्य जानकारी भी ग्रहण करता है। जब 'क' से जुड़ी अन्य जानकारी साधक की चेतना में प्रवेश करती है, तब साधक उस प्राप्त अन्य जानकारी से जुड़ी हुई अन्य समस्त जानकारी ग्रहण करना भी प्रारंभ करता है और जिज्ञासा का चक्र सक्रिय हो जाता है।

'क' सभी के साथ जुड़ा हुआ है और मानो जब साधक 'क' की जानकारी ग्रहण करना चाहता है तब वह 'क' की जानकारी तो ग्रहण करता ही है, इसके साथ साथ वह 'क' से जुड़ी अन्य जानकारी भी ग्रहण कर लेता है। मानो साधक ने 'क' के साथ 'ख' की जानकारी को ग्रहण किया। ऐसा होने पर साधक की चेतना 'ख' संबंधित समस्त जानकारी प्राप्त करना चाहेगी और समस्त जानकारी को प्राप्त करने हेतु तीव्र हो जाएगी और ऐसा करने पर वह 'ख' की समस्त जानकारी के साथ-साथ 'ग' या 'घ' की जानकारी भी ग्रहण कर लेगा और इसके पश्चात् उसकी चेतना ग्रहण जानकारी से संबंधित जानकारी को प्राप्त करना चाहेगी और जिज्ञासा का चक्र इसी प्रकार कार्य करता रहेगा और साधक समाधि की ओर बढ़ता रहेगा।

मानव जीवन में भी यही होता है, जन्म के साथ जिज्ञासा शून्यता से प्रारंभ होती है और समस्त ज्ञान प्राप्त करने के पश्चात् शून्यता में ही अंत हो जाती है। सिद्धार्थ, गौतम बुद्ध के जीवन चक्र में भी यही घटित हुआ। सभी मनुष्यों की भाँति सिद्धार्थ का जीवन भी बाल रूप

में शून्यता में ही प्रारंभ हुआ और कुछ समय तक सिद्धार्थ, गौतम बुद्ध ने भी राजघराने से संबंधित जानकारियाँ एकत्रित कीं और कुछ सीमित संकल्पनाओं के साथ ही जीवन व्यतीत किया, परंतु जब सिद्धार्थ, गौतम बुद्ध को इस क्षणभंगुर मायावी जगत् की वास्तविकता का बोध हुआ, उस समय उनकी जिज्ञासा परम सत्य को जानने हेतु तीव्र हुई और वह परम सत्य से संबंधित अधिक-से-अधिक जानकारी एकत्रित करना चाहती थी और संन्यास ग्रहण कर सिद्धार्थ, गौतम बुद्ध ने ऐसा किया भी। संन्यास ग्रहण करने के पश्चात् सिद्धार्थ, गौतम बुद्ध ने प्रकृति की प्रवृत्ति से संबंधित समस्त जानकारी को ग्रहण किया और उसका विश्लेषण किया और जिज्ञासा की सहायता से समस्त जानकारी के पार जाकर शून्यता में भी प्रवेश किया और शून्यता के सहारे समाधि ग्रहण कर मोक्ष प्राप्त किया। जो मनुष्य अपनी जीवन यात्रा शून्यता से प्रारंभ करते हैं और समय अनुसार जानकारी ग्रहण करते हैं और संकल्पनाओं का निर्माण करते हैं, परंतु संकल्पना के पार नहीं जा पाते और अपना जीवन केवल निर्मित संकल्पनाओं के सहारे ही व्यतीत करते हैं, वह मनुष्य इस माया जगत् के चक्र में ही उलझे रहते हैं, परंतु जो मनुष्य जानकारी ग्रहण कर जानकारी की क्षणभंगुरता को समझकर शून्यता में प्रवेश करते हैं, वह अपने मोक्ष के मार्ग को सक्रिय करते हैं और जानकारी की लीला के पार शून्यता में प्रवेश कर बुद्धत्व को प्राप्त करते हैं।

जिज्ञासा का चक्र

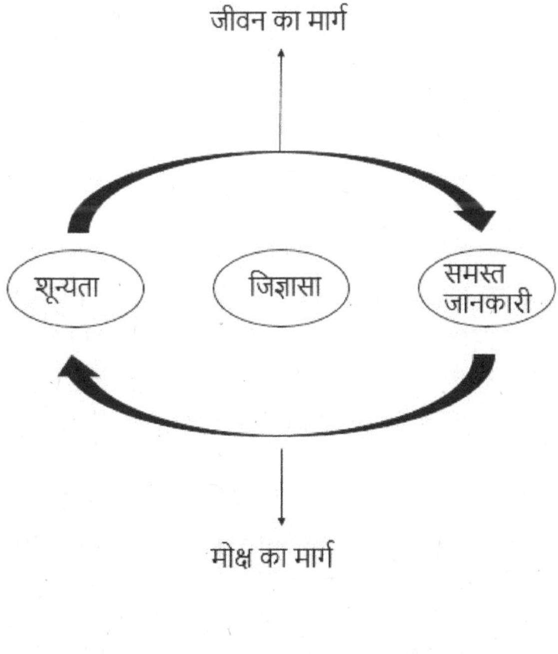

जब कोई व्यक्ति जिज्ञासु होता है तो हिप्पोकैंपस और मध्य मस्तिष्क के बीच संचार बढ़ जाता है। हिप्पोकैंपस स्मृति-तंत्र का एक महत्त्वपूर्ण क्षेत्र है, जो हमें नई स्मृतियाँ बनाने में सहायता प्रदान करता है और मध्य मस्तिष्क इच्छा संबंधित तंत्र का महत्त्वपूर्ण भाग होता है। वैज्ञानिकों ने अपने शोध में यह पाया है कि जब जिज्ञासा विद्या प्राप्ति की प्रक्रिया में वृद्धि करती है, उस समय मगज के इन दोनों क्षेत्रों में हलचल अधिक हो जाती है। क्या यह संचार वृद्धि आत्मा को प्रकृति की प्रवृत्ति समझाने में सहायता प्रदान करती है और क्या इसी को साधकर हम प्रतिफल के तंत्र के पार जाकर कार्य कर सकते हैं? संभवत: हाँ, जैसा कि वैज्ञानिकों ने कहा कि हमारा इच्छा संबंधित तंत्र हमारे तंत्र को कुशल बनाता है, आनेवाली जानकारी को ग्रहण करने हेतु। जिज्ञासा की इसी विशेषता के कारण साधक सदा जिज्ञासु बने रहकर समस्त जानकारी ग्रहण करने की क्षमता प्राप्त करते हैं। जिज्ञासा हमें समस्त जानकारी को ग्रहण करने की क्षमता प्रदान करती है और इच्छा संबंधित तंत्र और स्मृति तंत्र मिलकर यह सुनिश्चित करते हैं कि वह जानकारी हमारी चेतना में दीर्घ काल तक रहे और जानकारी के चेतना में रहने के कारण हम उस जानकारी का विश्लेषण और निरीक्षण भिन्न-भिन्न दृष्टिकोण के सहारे कर सकते हैं, जिसके सहारे हम प्रकृति की प्रवृत्ति को स्तर अनुसार समझ सकते हैं।

आज के आधुनिक विज्ञान के अध्ययन भी यह बताते हैं कि जिज्ञासा विद्या प्राप्ति के लिए महत्त्वपूर्ण होती है। आधुनिक विज्ञान के शोध के सहारे हम यह कह सकते हैं कि जिज्ञासा हमें समस्त जानकारी को ग्रहण करने हेतु सक्षम बनाती है और जिज्ञासा समस्त जानकारी को हमारी चेतना में लाती है। जानकारी ग्रहण करने की सीमा विशिष्ट के अनुसार निर्धारित होती है, परंतु योगी अपनी ध्यान और योग साधना की सहायता से इस सीमा को असीम बना देता है। यह सब कैसे होता है, इसे हम अपनी कहानी में पूर्ण रूप से समझने का प्रयास करेंगे।

सिद्धार्थ, गौतम बुद्ध की जिज्ञासा भी प्रकृति के सत्य को जानना चाहती थी। सिद्धार्थ, गौतम बुद्ध ने जब संन्यास ग्रहण करने का निर्णय लिया था, उस समय उनकी जिज्ञासा सत्य जानने हेतु अपनी चरम अवस्था में होगी और जब तक सिद्धार्थ ने प्रकृति के सत्य को समझ नहीं लिया था तब तक उन्होंने अपनी जिज्ञासा को कम नहीं होने दिया और इसी कारण से उन्होंने सत्य जानने हेतु जो भी साधना की और जो भी ज्ञान एकत्रित किया, उस सभी ज्ञान को उनके तंत्र ने पूर्ण रूप से पंजीकृत किया और उसे स्मृति में रख उससे संबंधित साधना भी की, जिसके सहारे सिद्धार्थ, गौतम बुद्ध समाधि को प्राप्त कर पाए और प्रकृति की प्रवृत्ति को भी जान और समझ पाए। हमने वैज्ञानिकों द्वारा किए गए शोध के परिणामों में देखा कि जब तक शोध में भाग लेनेवाले व्यक्तियों

को प्रश्न के उत्तर नहीं मिल गए थे तब तक उनकी जिज्ञासा बनी हुई थी और जब तक उन्हें उत्तर नहीं मिले, उस अंतराल में जिस जानकारी की उन्होंने अनुभूति की उसे भी उन्होंने पूर्ण रूप से ग्रहण किया और स्मरण भी रखा। ऐसा ही कुछ सिद्धार्थ, गौतम बुद्ध के साथ भी घटित हुआ होगा। जब सिद्धार्थ के भीतर परम सत्य को जानने की जिज्ञासा तीव्र हुई होगी और जब तक सिद्धार्थ, गौतम बुद्ध ने परम सत्य को समाधि प्राप्त कर जान नहीं लिया था, उतने अंतराल में उनकी जिज्ञासा परम सत्य के प्रति तीव्र थी और उस अंतराल में उन्होंने जितना भी ज्ञान ग्रहण किया, वह भी सिद्धार्थ, गौतम बुद्ध के तंत्र में पंजीकृत हुआ और उसके सहारे धीरे-धीरे कर सिद्धार्थ, गौतम बुद्ध ने प्रकृति की प्रवृत्ति को समझा और इस माया जगत् में मोक्ष के मार्ग को खोजते हुए समाधि प्राप्त की। सिद्धार्थ, गौतम बुद्ध की जिज्ञासा के तीव्र होने के पश्चात् और समाधि प्राप्त करने से पूर्व सिद्धार्थ, गौतम बुद्ध ने क्या ज्ञान प्राप्त किया और उस ज्ञान ने उनके तंत्र में क्या परिवर्तन किया, इसे हम अपनी कहानी में पूर्ण रूप से समझने का प्रयास करेंगे।

जिज्ञासा एक ऐसी ऊर्जा या शक्ति है, जो प्रकृति में उपस्थित लगभग सभी तंत्र के भीतर होती है। जिज्ञासा जीव जगत् में भी अपनी लीला दिखाती है और जिज्ञासा ऊर्जा और पदार्थ के जगत् में भी अपनी लीला दिखाती है। जिज्ञासा के जीव जगत् वाले स्वरूप का ज्ञान तो हमें है, परंतु हम अभी तक जिज्ञासा के पदार्थ और ऊर्जा के आयामवाले स्वरूप को अनदेखा करते आए हैं। जिज्ञासा ने जीव के क्रम विकास में तो सहायता प्रदान की ही है, जिसको हम जानते भी हैं, परंतु जिज्ञासा ने पदार्थ और ऊर्जा के क्रम विकास में भी सहायता प्रदान की है, जिसके संदर्भ में हम नहीं जानते। तो आइए, अब हम जिज्ञासा के कुछ छुपे हुए स्वरूपों के संदर्भ में जानते हैं।

आज का आधुनिक विज्ञान कहता है कि अणु कण और तरंग के द्वैत के पार एकवचनत्व (सुपर पोजीशन) की अवस्था में होता है और हमारा यह जो जिज्ञासा का तत्त्व है, वह भी तरंग-कण के द्वंद्व के पार है। ब्रह्मांड में या कहें काल में, असंभव भी संभव हो जाता है, जब उपयुक्त या विशेष वातावरण का जन्म या निर्माण होता है। जब जिज्ञासा अपना विशेष वातावरण प्राप्त कर लेती है तब बुद्ध का जन्म होता है या कहें, तब बुद्धत्व का जन्म होता है। तत्त्व के सभी सिद्धांत बुद्धत्व पर भी लागू होते हैं। सिद्धार्थ, गौतम बुद्ध ने बुद्धत्व के कार्य करने हेतु वातावरण का निर्माण समाधि की सहायता से किया। हम अपनी इस कहानी में सिद्धार्थ, गौतम की बुद्ध बनने की यात्रा को आध्यात्मिक और वैज्ञानिक दृष्टि से देखेंगे और यह जानने का प्रयास भी करेंगे कि यह तत्त्व हम सभी की चेतना से किस प्रकार जुड़ा हुआ है। सिद्धार्थ, गौतम बुद्ध और बुद्धत्व भी इस जिज्ञासा के तत्त्व से ही जुड़े हैं और इसके सहारे ब्रह्मांड और काल से भी जुड़े हैं। यह तत्त्व किसी जीवित या निर्जीव ऊर्जा या पदार्थ पर ही निर्भर नहीं रहता,

यह तत्त्व तो सूक्ष्म जगत् का एक भाग और रूप होता है। जब तक काल और महाकाल के सभी आयाम उपस्थित हैं, तब तक यह तत्त्व उपस्थित है। तत्त्व की जानकारी स्थूल रूप के अधीन नहीं होती, तत्त्वों का संबंध काल से होता है और सभी प्रकार की तत्त्वीय जानकारी काल में अवतीर्ण होती है। तत्त्व का शरीर, रूप, आकार, पदार्थ, ऊर्जा इत्यादि से अधिक कोई संबंध नहीं होता और न ही यह इनके अधीन होता है, यह तो काल और महाकाल के नियमों से संचालित होता है।

सिद्धार्थ, गौतम बुद्ध के जीवन में और मानव जीवन में जिज्ञासा की लीला को समझने से पूर्व हम पदार्थ और ऊर्जा के जगत् में जिज्ञासा की भूमिका को जानेंगे। ऐसा हम इस कारण से करेंगे, क्योंकि जब तक हम पदार्थ और ऊर्जा के जगत् में जिज्ञासा की भूमिका को नहीं समझेंगे, तब तक हम मानव के जीवन में जिज्ञासा की भूमिका की महत्ता को नहीं जान पाएँगे और चेतना के आयाम पर जिज्ञासा जो लीलाएँ रचती है, वह नहीं समझ पाएँगे, इसीलिए मानव जीवन में जिज्ञासा की भूमिका को जानने से पूर्व हम पदार्थ और ऊर्जा के आयाम में जिज्ञासा की लीला पर थोड़ा प्रकाश डालेंगे। तो आइए, अपनी कहानी में अब हम एक प्रसिद्ध और बहुचर्चित शोध का उदाहरण देखते हैं। इस शोध ने केवल वैज्ञानिक जगत् को ही आश्चर्यचकित और अचंभित नहीं कर दिया था, इस शोध ने मानव को प्रकृति का एक ऐसा रहस्य भी दिखाया जिसे हम मानव आज तक सुलझा नहीं सके हैं और इस शोध ने यह भी सिद्ध किया था कि दृष्टा वास्तविकता को प्रभावित करता है या वास्तविकता को जन्म देता है। जिस शोध ने वैज्ञानिक जगत् की मान्यताओं को परिवर्तित कर दिया था और उन्हें नया स्वरूप प्रदान किया था उसका नाम, 'डबल स्लिट एक्सपेरिमेंट' था। अधिकतर लोग यह जानते होंगे कि यह डबल स्लिट शोध क्या है और किसलिए किया गया था और कुछ लोग इस विषय में नहीं भी जानते होंगे। तो आइए, जो नहीं जानते इस शोध के संदर्भ में उन्हें, बताते हैं कि यह शोध क्या था और जो जानते हैं, उन्हें इस शोध का एक अलग पहलू दिखाते हैं, या कहें इस शोध को एक अलग दृष्टिकोण से देखने का प्रयास करते हैं। आप लोग सोच रहे होंगे कि इस शोध का सिद्धार्थ, गौतम बुद्ध के साथ, उनकी शिक्षा के साथ, सत्य के साथ और मानव जीवन के साथ क्या संबंध है? तो आइए, इस संबंध को देखते हैं और सिद्धार्थ, गौतम बुद्ध के संदर्भ में और प्रकृति के संदर्भ में अधिक जानते हैं और समझते हैं। हम इस जिज्ञासा की कहानी को डबल स्लिट के शोध से प्रारंभ करके मानव जीवन तक, सिद्धार्थ, गौतम बुद्ध के जीवन तक और सिद्धार्थ, गौतम बुद्ध के निर्वाण और समाधि पाने तक लेकर जाएँगे और समझेंगे कि जिज्ञासा का जीवन और प्रदार्थ के साथ क्या संबंध है? आइए, पहले देखते हैं कि जिज्ञासा इस डबल स्लिट के शोध के साथ

कैसे जुड़ी है? जिज्ञासा के जीवन और पदार्थ के साथ संबंध को हम अपनी कहानी में आगे अच्छे से समझेंगे।

आधुनिक वैज्ञानिक जगत् के इस शोध ने हमें बताया कि हमारा यह जगत् और प्रकृति बहुत विचित्र और रहस्यमयी है। इस शोध के सहारे सिद्ध हुआ कि जब हम इस सृष्टि का निरीक्षण दृष्टा की भाँति कर रहे होते हैं तब यह सृष्टि अलग प्रकार से कार्य करती है और जब हम निरीक्षण नहीं कर रहे होते हैं तब यह अलग प्रकार से कार्य करती है। आधुनिक जगत् के इस शोध ने वैज्ञानिकों को यह आभास करवाया कि वह प्रकृति और सत्य के संदर्भ में कुछ जानते ही नहीं हैं। इस शोध ने सिद्ध किया कि हम अपनी वास्तविकता का निर्माण स्वयं करते हैं।

आइए, इस रहस्यमयी डबल स्लिट शोध के संदर्भ में थोड़ा जानते हैं—

वैज्ञानिक शोध

थॉमस यंग द्वारा 1803 में डबल स्लिट शोध सबसे पहली बार किया गया। इस शोध को वैज्ञानिक रिचर्ड फाइनमैन ने प्रमात्रा सिद्धांत (क्वांटम मैकेनिक्स) का प्रमुख रहस्य बताया था। यह शोध हमारे जगत् की सोच और आधुनिक जगत् की मान्यताओं को बदल देनेवाला शोध सिद्ध होनेवाला था। यह शोध द्रव्य का गुणधर्म (प्रॉपर्टीज ऑफ मैटर) जानने के लिए किया गया था। वैज्ञानिक जानना चाहते थे की प्रकाशाणु (फोटोन) तरंग (वेव) है या कण (पार्टिकल) है। यह जानने के लिए वैज्ञानिकों ने एक शोध किया। ऐसा जानने के लिए वैज्ञानिकों ने प्रकाशाणु को प्रकाशाणु प्रक्षेपण यंत्र (फोटोन गन) के द्वारा प्रक्षेपित किया। उस यंत्र के सामने एक दीवार-सी थी, जिसमें दो संकीर्ण द्वार या छेद (स्लिट) थे। उन द्वार के आगे एक दूसरी बड़ी दीवार और थी, जहाँ प्रकाशाणु जाकर टकराते। यह शोध दो चरणों में किया गया—पहले चरण में एक ही द्वार खोलकर प्रकाशाणु को प्रक्षेपित किया गया और दूसरे चरण में दोनों द्वार को खोलकर शोध किया गया। शोध के पहले चरण में एक ही द्वार खुला था, जिसके सामने प्रकाशाणु प्रक्षेपण यंत्र रखा हुआ था और दूसरे चरण में वैज्ञानिकों ने यह शोध दोनों द्वार खोलकर किया और दूसरे चरण में भी प्रकाशाणु प्रक्षेपण यंत्र उसी अवस्था में और उसी स्थान पर रखा था जिस अवस्था और स्थान पर वह पहले चरण में रखा हुआ था। इस शोध के परिणाम ने वैज्ञानिकों को आश्चर्यचकित कर दिया और वैज्ञानिकों के सामने एक ऐसा सत्य प्रस्तुत किया जिसको वैज्ञानिक आज तक पूर्ण रूप से समझ नहीं पाए हैं।

आइए, देखते हैं कि जब वैज्ञानिकों ने इस शोध को एक ही द्वार खोलकर किया तो क्या हुआ और उनको इस शोध के क्या परिणाम मिले?

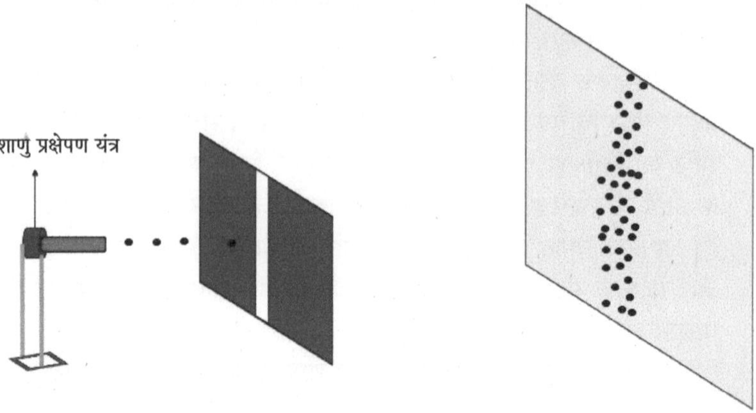

पहले चरण में वैज्ञानिकों ने प्रकाशाणु प्रक्षेपण यंत्र द्वारा कुछ प्रकाशाणु प्रक्षेपित किए, जो उस यंत्र के सामने रखी छोटी दीवार में बने एक द्वार से होकर निकले और उस छोटी दीवार के पीछे जो बड़ी दीवार थी, वहाँ जाकर टकराए। एक ही द्वार के खुले होने पर प्रकाशाणु के पीछेवाली बड़ी दीवार पर टकराने का स्वरूप निश्चित होता है, जैसा ऊपरवाले दृश्य में दरशाया गया है। पहले चरण के परिणाम देखकर वैज्ञानिकों ने यह निष्कर्ष निकाला कि प्रकाशाणु कण होते हैं।

एक ही द्वार (सिंगल स्लिट) खोलकर शोध करने की प्रक्रिया को हम एक उदाहरण से समझते हैं। मानो उस प्रक्षेपण यंत्र के स्थान पर एक लक्ष्य भेदनेवाला खिलाड़ी खड़ा है (शूटर), जिसके हाथ में शॉटगन है, जिसको चलाने पर एक ही समय में बहुत सारे छर्रे निकलते हैं। अब जब वह खिलाड़ी अपनी बंदूक से छर्रे दागेगा तो कुछ छर्रे सामने बनी दीवार से टकराकर रुक जाएँगे और कुछ छर्रे उस दीवार पर बने छेद या द्वार में से होकर पीछेवाली बड़ी दीवार पर जाकर टकराएँगे, जैसा हम ऊपर बने चित्र में देख सकते हैं। अब मानो वह खिलाड़ी अपनी शॉट गन के स्थान पर एक ऐसी बंदूक से छर्रे दागता है जिसमें से एक समय पर एक ही छर्रा निकलता है। ऐसा करने पर भी छर्रे उसके सामनेवाली दीवार पर बने छेद या द्वार में से होकर पीछेवाली दीवार पर जाकर एक निश्चित स्थान पर ही टकराएँगे। ऐसा ही वैज्ञानिकों ने प्रकाशाणु प्रक्षेपण यंत्र के सहारे किया। प्रकाशाणु प्रक्षेपण यंत्र के सहारे वैज्ञानिकों ने प्रकाशाणु को प्रक्षेपित किया और प्रकाशाणु छर्रे की भाँति ही बर्ताव कर रहा था। जब एक ही द्वार या खाना खुला था तब प्रकाशाणु एक छर्रे की भाँति ही बर्ताव कर रहा था और जैसे बंदूक से छर्रे चलने पर सीधे जाकर दीवार से टकराते हैं, एक निश्चित मार्ग पर चलकर,

वैसे ही प्रकाशाणु भी एक निश्चित मार्ग से यात्रा करके पीछेवाली दीवार से टकरा रहा था। एक ही द्वार के खुले होने पर जब यह शोध किया गया तब प्रकाशाणु का एक पूर्व अनुमानित स्थान पर अवतरण हो रहा था। वैज्ञानिकों ने इस शोध के परिणाम के सहारे यह जाना कि प्रकाशाणु एक कण है। वैज्ञानिकों ने यह शोध एक समय में एक प्रकाशाणु को प्रक्षेपित करके भी किया और एक समय में अनेक प्रकाशाणुओं को प्रक्षेपित करके भी किया और हर बार परिणाम समान थे और प्रकाशाणु एक कण की भाँति व्यवहार कर रहा था।

अब वैज्ञानिकों ने दूसरे चरण में यह शोध दूसरा द्वार खोलकर भी किया। जब वैज्ञानिकों ने ऐसा किया तो 'सत्य' बदल गया। दूसरे द्वार के खुलने पर प्रकाशाणु दूसरे द्वार में से भी होकर निकल रहा था, एक तरंग की भाँति। वैज्ञानिक यह देखकर आश्चर्यचकित थे। वह सोच रहे थे कि ऐसा कैसे संभव हो सकता है, वह यह समझ नहीं पा रहे थे कि कैसे एक प्रकाशाणु अलग मार्ग चुन सकता है, वह भी तब जब उसे एक ही यंत्र से प्रक्षेपित किया गया है, जो उसी स्थान और उसी अवस्था में है, जहाँ वह पहले था, अर्थात् पहले चरण में जिस स्थान पर वह यंत्र रखा था, वह दूसरे चरण में भी वहीं पर रखा हुआ था। दूसरे चरण में भी वैज्ञानिकों ने यंत्र द्वारा एक समय में एक प्रकाशाणु को प्रक्षेपित करके यह शोध किया और एक समय में अनेक प्रकाशाणुओं को प्रक्षेपित करके भी यह शोध किया। दोनों ही अवस्था में प्रकाशाणु एक तरंग की भाँति व्यवहार कर रहा था।

इसको भी हम उसी बंदूक और गोली के उदाहरण के सहारे समझते हैं। मानो वह बंदूक, जिससे हम पहले गोली चला रहे थे, वह उसी स्थान पर रखी है और हमारे सामने वह छोटी दीवार भी है, जिसमें एक खाना था। अब सोचो कि उस छोटी दीवार में एक खाने के नीचे एक दूसरा खाना भी हम खोल देते हैं। वह जो बंदूक थी, वह उसी स्थान और उसी दिशा और अवस्था में स्थिर रखी है, तो अब भी गोली का उन्हीं पूर्व अनुमानित क्षेत्रों में ही अवतरण होना चाहिए था और गोली या छर्रों को उसी मार्ग का चयन करना चाहिए था जिसका चयन वह पहले चरण में कर रहे थे। परंतु ऐसा हुआ नहीं। दूसरा द्वार या खाना खुलने के पश्चात् गोली पीछेवाली बनी बड़ी दीवार पर हर स्थान पर जाकर टकराने लगी, एक लहर या एक तरंग की भाँति। दूसरा खाना खोलने से चमत्कार होता है, जो पहले सत्य था, वह अब सत्य नहीं रहता। अब उस स्थिर बंदूक से चली गोलियाँ रहस्यमयी रूप से उस दूसरे खाने में से भी होकर निकल रही हैं और पीछेवाली बड़ी दीवार के हर स्थान पर जाकर टकरा रही है। आश्चर्य की बात यह है कि अब वह गोली एक ही समय में उन दो अलग-अलग खानों में से होकर जा रही है, एक तरंग या लहर की भाँति। न ही वह बंदूक हिली, जिससे गोलियाँ चल रही हैं, न ही उसकी दिशा या

अवस्था बदली, परंतु दूसरा खाना खुलते ही वह गोली रहस्यमयी रूप से एक तरंग या लहर की भाँति दोनों खानों से होकर जाने लगी और पीछेवाली बड़ी दीवार पर टकराने का उसका स्वरूप बिल्कुल बदल गया।

जब शोध के समय वैज्ञानिकों ने दूसरा द्वार खोला तो प्रकाशाणु एक ही समय में उन दोनों द्वारों से होकर निकलने लगा, जिसके कारण अवतरण के स्थान में व्यतिकरण चित्राम (इंटरफेरेंस पैटर्न) बना। व्यतिकरण चित्राम एक तरंग की विशेषता है। वैज्ञानिक आश्चर्यचकित थे कि कैसे कोई एक कण एक तरंग की भाँति बर्ताव कर सकता है।

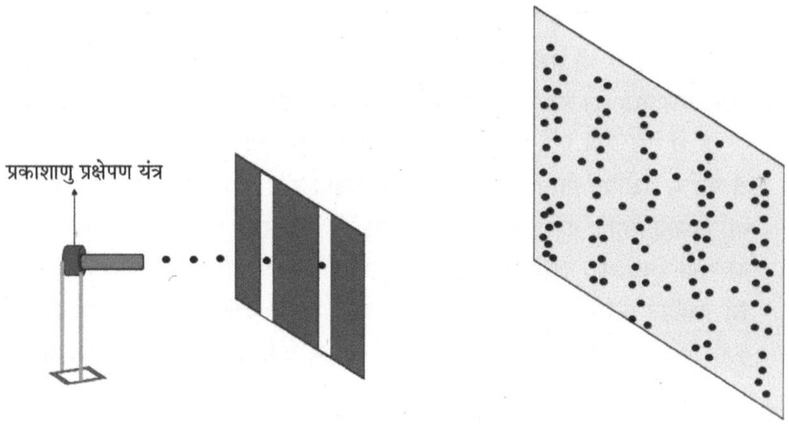

दूसरे द्वार के खुलने पर वैज्ञानिकों ने पाया कि प्रकाशाणु उन सभी संभावित अवतरण क्षेत्र पर टकरा रहा था, 'जिन पर वह टकरा सकता था'। वैज्ञानिकों ने पाया कि एक कण एक तरंग की भाँति बर्ताव कर रहा था। यदि प्रकाशाणु एक कण होता तो दूसरे द्वार के खुलने पर पीछे बनी बड़ी दीवार पर प्रकाशाणु के टकराने की दो रेखाएँ उभरकर आतीं, परंतु ऐसा हुआ नहीं। प्रकाशाणु उस प्रत्येक स्थान पर टकरा रहा था, जहाँ वह टकरा सकता था और वह एक तरंग की भाँति व्यवहार कर रहा था।

वैज्ञानिकों ने इस शोध से निम्नलिखित निष्कर्ष निकाले—

(i) प्रकाशाणु न ही तरंग है और न ही कण है, यह दोनों का मिला-जुला रूप है।

(ii) प्रकाशाणु को कहीं-न-कहीं पता है कि किस स्थान पर जाना है और किस स्थान पर नहीं जाना।

(iii) हर एक कण यात्रा के लिए अपना अलग मार्ग चुनता है, मानो प्रकाशाणु

को पता हो कि दूसरे प्रकाशाणु का किस स्थान पर अवतरण हुआ है और कहाँ अवतरण हो सकता है।

(iv) यदि हम एक ही द्वार को खुला रहने देते हैं और दूसरे को बंद कर देते हैं तो व्यतिकरण चित्राम नहीं दिखाई देता।

प्रकाशाणु कण है या तरंग, यह जानने के लिए वैज्ञानिकों ने इस शोध के पश्चात् भी अनेक शोध किए और आज भी कर रहे हैं, परंतु वैज्ञानिक पदार्थ के इस रहस्य को आज तक पूर्ण रूप से जान और समझ नहीं पाए हैं। यह शोध इतने पर ही समाप्त नहीं हो गया, या कहें कि वैज्ञानिक केवल इतना मात्र जानकर ही नहीं रुक गए, इस शोध के पश्चात् उन्होंने इस रहस्य को सुलझाने के लिए अनेक अन्य शोध भी किए। इस रहस्य से संबंधित वैज्ञानिकों ने जो शोध किए, उन्हें हम अपनी कहानी में आगे देखेंगे, अभी हमारे काल्पनिक योगी X इस शोध के संदर्भ में क्या कहते हैं, उस पर प्रकाश डालते हैं।

X का दृष्टिकोण

हमने डबल स्लिट के शोध में देखा कि प्रत्येक कण अपने मार्ग का स्वयं चयन करता है और इस शोध के आधार पर हम यह भी कह सकते हैं कि हर एक कण अपना अलग समयाकाश (स्पेस-टाइम) चुन रहा है। वैज्ञानिकों ने अपने परिणाम में पाया कि मानो प्रकाशाणु को यह ज्ञात है कि उसको किस मार्ग का चुनाव करना है और किस मार्ग का चुनाव नहीं करना। मानो कणों को पता है कि 'अन्य कणों का कहाँ पर अवतरण हुआ है और कहाँ पर अवतरण हो सकता है'। इन सब तथ्यों के सहारे हम कह सकते हैं कि कण जिस भी मार्ग से यात्रा करता है, उस मार्ग पर किसी प्रकार के कुछ चिह्न या संकेत छोड़ता है, या कहें कि एक विशेष प्रकार की जानकारी चिह्नों के रूप में छोड़ता है, जिसके कारण या जिसके सहारे अन्य कणों को पता लगता है कि उस समयाकाश से बचना है या कहें उस मार्ग से बचना है।

इन सभी प्रमाणों को देखते हुए हम यह कह सकते हैं कि कहीं-न-कहीं किसी-न-किसी रूप में कण एक प्रकार से 'नए समयाकाश' के प्रति जिज्ञासु होता है। हम यह भी कह सकते हैं कि कण अनछुए या अप्रभावित समयाकाश का अन्वेषण करना चाहता है। हम समयाकाश को एक विशेष प्रकार की जानकारी भी कह सकते हैं। इसका अर्थ हुआ कि तत्त्व नई जानकारी के प्रति जिज्ञासु होता है। हर प्रकार की जानकारी एक विशेष प्रकार के वातावरण में या एक विशेष प्रकार के वातावरण से उत्पन्न होती है, या कहें कि एक विशेष वातावरण में वास करती है, या हम यह भी कह सकते हैं कि विशेष वातावरण जो होता है, वह एक प्रकार की विशेष जानकारी ही होती है। यदि हम कण को उपयुक्त वातावरण प्रदान करवाएँ तो वह नई जानकारी, नए समयाकाश का अन्वेषण

करेगा। हमारे इस डबल स्लिट के शोध में वह विशेष वातावरण दूसरी स्लिट के खुलने के कारण उत्पन्न हुआ। दूसरी स्लिट के खुलने के कारण कण को अधिक समयाकाश के अन्वेषण का अवसर मिल जाता है, जिसके सहारे वह अपनी लीला दिखा पाया।

उपर्युक्त वातावरण में असंभव भी संभव हो जाता है।

प्रकाशाणु जो न ही कण है और न ही लहर या तरंग है, वह तत्त्व की श्रेणी में आता है। प्रकाशाणु एक तत्त्व है, जो न ही कण है और न ही तरंग। ठीक इसी प्रकार से बुद्धत्व, जो बुद्ध का तत्त्व है, वह भी न ही कण है और न ही तरंग है। बुद्ध का तत्त्व यह भी जानता है कि भूतकाल में बुद्धत्व का कहाँ-कहाँ अवतरण हो चुका है और भविष्य में कहाँ-कहाँ अवतरण हो सकता है, अर्थात् बुद्धत्व को यह भी ज्ञात है कि बुद्धत्व कहाँ-कहाँ जन्म ले चुका है और कहाँ-कहाँ जन्म ले सकता है। बुद्धत्व भी अपने मार्ग का चुनाव स्वयं ही करता है, या कहें, अपने समयाकाश को स्वयं ही चुनता है। जिस प्रकार तत्त्व अपने मार्ग का चयन स्वयं ही करता है, उसी प्रकार सिद्धार्थ, गौतम बुद्ध के भीतर के बुद्धत्व ने अपने मार्ग को भी स्वयं चुना।

जब सिद्धार्थ का जन्म हुआ तो वह एक साधारण तथाकथित मानव का जन्म नहीं था, वह बुद्धत्व ने अपने समयाकाश का चुनाव किया था, जीवन के रूप में। विशेष प्रकार के वातावरण में बुद्धत्व ने जीवन जीना प्रारंभ किया अर्थात् बुद्धत्व ने जन्म लिया (यहाँ पर वह विशेष वातावरण गौतम बुद्ध की माता का गर्भ भी हो सकता है या उनके माता-पिता की जीवित इंद्रियों द्वारा भी उस विशेष वातावरण का निर्माण हो सकता है)। हमारे डबल स्लिट के शोध में प्रकाशाणु को प्रकाशाणु प्रक्षेपण यंत्र (फोटोन गन) गतिमान कर रहा था और बुद्धत्व को प्रकृति और काल संचालित करते हैं।

हमने डबल स्लिट के शोध में यह तो जाना ही कि कण कहीं-न-कहीं नए समयाकाश के प्रति जिज्ञासु तो होता ही है, परंतु इसके साथ-साथ हमने एक महत्त्वपूर्ण तथ्य यह भी जाना कि दृष्टा भी अपने निरीक्षण द्वारा कण को प्रभावित करता है और दृष्टा द्वारा परिणामों का प्रभावित होना यह दरशाता है कि कहीं-न-कहीं दृष्टा अपनी तथाकथित वास्तविकता को निर्मित करता है, अपने निरीक्षण द्वारा। हम जीव-जंतु स्वयं ही अपनी इस तथाकथित वास्तविकता को निर्मित करते हैं और हमारे स्वयं के भीतर ही वह शक्ति विद्यमान है, जो हमें इस तथाकथित मायावी वास्तविकता के पार परम में प्रवेश करवा सकती है। दृष्टा द्वारा वास्तविकता के निर्माण की प्रक्रिया को हम अपनी कहानी में पूर्ण रूप से समझने का प्रयास करेंगे और यह भी समझने का प्रयास करेंगे कि किस प्रकार दृष्टा इस मायावी तंत्र के पार परम में लीन हो सकता है।

माइंड एंड लाइफ संस्थान के सम्मेलन में डबल स्लिट के शोध के संदर्भ में जब वैज्ञानिक यह बता रहे थे कि जब हमने यह जानना चाहा कि प्रकाशाणु किस द्वार से

होकर निकल रहा है, तो हमारे ऐसा करने पर प्रकाशाणु ने तरंग की भाँति व्यवहार न करके कण की भाँति व्यवहार करना प्रारंभ कर दिया, तब गुरुजी ने या अन्य बौद्ध गुरु ने यह कहा था—

बौद्ध धर्म के अनुसार दो ही प्रकार की घटनाएँ होती हैं—

(i) ऐसी घटनाएँ जिनको हम देख सकते हैं, (ऑब्जर्व्ड फिनोमिना), जिसमें दृष्टा अर्थात् देखनेवाले की आवश्यकता होती है।

(ii) दूसरी घटनाएँ हैं सत्य घटनाएँ (रियल फिनोमिना), यहाँ दृष्टा अर्थात् देखनेवाला उपस्थित हो या न हो, परंतु यह घटनाएँ अस्तित्व में होती हैं।

यह विभिन्न व्यक्तित्व जैसा या विभिन्न सत्ता (एन.टी.टी.) जैसा है। जैसे मनुष्य, शेर, बकरी, राक्षस इत्यादि। यह सब प्रत्येक घटना को अपनी-अपनी प्रणाली के अनुसार देखेंगे, परंतु इन सभी परिपेक्ष प्रणाली के पार भी एक सत्य घटना का अस्तित्व होता है।

X का दृष्टिकोण

बुद्धत्व को भी अपने मार्गों की जानकारी होती है। वह इस ब्रह्मांड में अपना मार्ग चुन लेते हैं। बुद्धत्व या बोधिसत्व और अन्य सभी सिद्ध तत्त्व या समयाकाश के सभी तत्त्व ब्रह्मांड में अपने मार्ग को स्वयं ही चुन लेते हैं और अपने जन्म लेने के स्थान का चुनाव भी स्वयं ही करते हैं। जन्म की घटना को भी हम अभी उसी बौद्ध धर्म की मान्यता के संदर्भ में देखते हैं, जो घटना के दो ही प्रकार बताती है।

(i) 'जन्म' आता है देखनेवाली घटनाओं के अंतर्गत (ऑब्जर्व्ड फिनोमिना)।

(ii) 'जीवन' आता है सत्य घटना के अंतर्गत, क्योंकि मनुष्यों से पहले जब जीवन का कोई निरीक्षण नहीं कर रहा था, जीवन तब भी अस्तित्व में था।

डबल स्लिट के शोध के सहारे मानव को यह आभास हुआ कि जिस वास्तविकता को हम सत्य मानते हैं, वह पूर्ण सत्य नहीं है। वैज्ञानिकों ने जब यह जानना चाहा कि प्रकाशाणु किस द्वार से होकर निकला है, तो वह ऐसा जानने में असमर्थ रहे। इसके पश्चात् उन्हें भी आभास हुआ कि हमारे इस जगत् में कुछ घटनाएँ ऐसी होती हैं जिनका हम निरीक्षण कर सकते हैं, परंतु हमारे ही जगत् में कुछ ऐसा भी घटित होता है जिसका हम निरीक्षण नहीं कर सकते, परंतु वह घटित होता है। प्रकृति के जो नियम स्थूल जगत् पर लागू होते हैं, वह नियम सूक्ष्म जगत् पर लागू नहीं होते। हमारा स्थूल जगत् सूक्ष्म कणों से मिलकर बना है, परंतु सूक्ष्म कणों की विशेषताएँ स्थूल जगत् की विशेषताओं से बिल्कुल भिन्न होती हैं। ऐसा प्रतीत होता है, मानो सूक्ष्म जगत् और स्थूल जगत् दो अलग-अलग वास्तविकताएँ हैं और यह एक साथ कार्य नहीं कर सकती, परंतु हमारे ब्रह्मांड में यह दोनों अलग-अलग वास्तविकताएँ एक साथ मिलकर कार्य करती हैं

और माया जगत् का निर्माण करती हैं। सूक्ष्म जगत् आज के आधुनिक वैज्ञानिकों को जैसा प्रतीत होता है, वह वास्तविकता में वैसा नहीं है और वास्तविकता में सूक्ष्म जगत् जैसा है, उसका हम अपनी साधारण इंद्रियों द्वारा और तथाकथित आधुनिक उपकरणों द्वारा निरीक्षण नहीं कर सकते। प्रकृति में उपस्थित सभी प्रकार की वास्तविकताओं का अस्तित्व स्थूल जगत् में भी होता है और सूक्ष्म जगत् में भी होता है, परंतु इन दोनों जगत् के नियम भिन्न-भिन्न होते हैं और इन दोनों जगह की कार्यप्रणाली भी भिन्न-भिन्न होती है। हम यह जानते हैं कि प्रत्येक जीव-जंतु के भीतर आत्मा का वास होता है और प्रकृति में उपस्थित सभी प्रकार की वास्तविकताओं के भीतर भी उनकी आत्माओं का वास होता है। शरीर और भौतिक विशेषताएँ स्थूल जगत् के अंतर्गत आती हैं और आत्मा और सर्वव्यापी ऊर्जा सूक्ष्म जगत् के आयाम में आती हैं और यह दोनों मिलकर इस माया जगत् में कार्य करती हैं। वास्तविकता में यदि देखा जाए तो न ही स्थूल जगत् का अस्तित्व है और न ही सूक्ष्म जगत् का अस्तित्व है, यह सब केवल माया है और दृष्टा या तृष्णा इस माया जगत् का निर्माण करती है और विशिष्ट की तृष्णा के अंत के साथ ही विशिष्ट के माया जगत् का भी अंत हो जाता है।

माया जगत् का अस्तित्व महाकाल के भीतर होता है। महाकाल क्या है और क्यों है, इसे हम अपनी कहानी में आगे पूर्ण रूप से समझने का प्रयास करेंगे, अभी हम महाकाल को अपनी कहानी के प्रारंभ में आधुनिक जगत् को समझने हेतु 'आधुनिक' शब्द का प्रयोग करेंगे और वह आधुनिक शब्द है—स्पेसमॉस। हमारे आज के आधुनिक जगत् ने या पश्चिमी जगत् ने ब्रह्मांड को 'कॉसमॉस' का नाम दिया है। आधुनिक जगत् ने ब्रह्मांड को प्रारंभ में कॉसमॉस कहा, परंतु इसके पश्चात् ब्रह्मांड की जटिल प्रणाली को समझाने के लिए उन्होंने ब्रह्मांड के लिए 'यूनिवर्स' शब्द का उपयोग करना प्रारंभ कर दिया। परंतु कुछ वैज्ञानिकों का मानना था कि वास्तविकता में आयाम बहुत से होते हैं और जिस वास्तविकता का भाग हम हैं, वह अनेक आयाम में फैली हुई है और इसी कारण से उन्होंने यूनिवर्स के स्थान पर 'मल्टीवर्स' शब्द का प्रयोग करना प्रारंभ किया (कुछ वैज्ञानिक मल्टीवर्स की धारणा को मानते हैं और कुछ वैज्ञानिक नहीं मानते)। परंतु 'मल्टीवर्स' शब्द भी ब्रह्मांडरूपी प्रणाली की पूर्ण रूप से व्याख्या नहीं करता, क्योंकि ब्रह्मांड की वास्तविकता तथाकथित आयाम की संकल्पना के भी पार कार्य करती है। इसी ब्रह्मांड में कुछ ऐसे स्थान हैं, जहाँ पर यह तथाकथित आयाम की संकल्पना लागू नहीं होती, इसी कारण से हम ब्रह्मांडरूपी प्रणाली को समझाने के लिए अपनी कहानी के प्रारंभ में 'स्पेसमॉस' शब्द का प्रयोग कर रहे हैं। हमारा यह ब्रह्मांड और सभी आयाम और शून्यता का आयाम भी और आयाम के पार की वास्तविकता भी इसी स्पेसमॉसरूपी प्रणाली के भीतर ही अस्तित्व रखती है। स्पेसमॉस वह प्रणाली है या वह वास्तविकता

है, जहाँ आयाम और बहुआयामीरूपी वास्तविकता का भी अस्तित्व होता है और शून्य आयाम की वास्तविकता का अस्तित्व भी होता है और कुछ अज्ञात वास्तविकता का भी अस्तित्व होता है, जिसके भीतर कुछ अज्ञात प्रणालियाँ कार्य करती हैं, जैसे आकाशीय छिद्र (वरम्होल), वह स्थान जहाँ हमारी तथाकथित वास्तविकता एकवचनत्व की अवस्था में उपस्थित होती है, वह स्थान जहाँ हमारी वास्तविकता अध्यारोपण की अवस्था में उपस्थित होती है और इस प्रणाली में कुछ ऐसे स्थान भी उपस्थित होते हैं या ऐसी वास्तविकताएँ भी उपस्थित होती हैं जिनके संबंध में हम आधुनिक मानव अभी कुछ भी नहीं जानते। जैसे वह स्थान, जो दो आकाशीय छिद्रों को जोड़ता है, उसका कहीं-न-कहीं तो अस्तित्व होगा ही और उसकी क्रिया प्रणाली साधारण ब्रह्मांड की क्रिया प्रणाली से बिल्कुल ही अलग है, जिसके संदर्भ में अभी आधुनिक विज्ञान कुछ भी नहीं जानता। आकाशीय छिद्रों का आयाम और ऐसे-ऐसे अन्य सभी स्थान स्पेसमॉस नामक प्रणाली के भीतर समाए हुए हैं। 'स्पेसमॉस' नामक प्रणाली को हम अपनी कहानी में धीरे-धीरे पूर्ण रूप से समझने का प्रयास करेंगे और जानेंगे कि महाकाल की वास्तविकता का स्वरूप कैसा हो सकता है, अभी हम केवल इतना समझ लेते हैं कि 'स्पेसमॉस' नामक एक प्रणाली है, जिसके भीतर सभी प्रकार की तथाकथित वास्तविकताएँ अपना अस्तित्व रखती हैं और माया जगत् में जो कुछ भी घटित होता है, वह इसी 'स्पेसमॉस' नामक प्रणाली के भीतर घटित होता है।

इस स्पेसमॉस के समयाकाश में अपने मार्ग का चुनाव करके बुद्धत्व ने अपना समयाकाश चुना और अखंड भारत के लुंबिनी में जन्म लिया, जो आज के नेपाल में है। सिद्धार्थ, गौतम बुद्ध के जीवन का निरीक्षण हम दृष्टा की भाँति कर सकते हैं, परंतु सिद्धार्थ, गौतम बुद्ध के जन्म लेने से पूर्व और समाधि ग्रहण करने के पश्चात् भी कुछ घटनाएँ घटित हुई थीं, जो सत्य घटनाओं की श्रेणी के अंतर्गत आती हैं, जिनका निरीक्षण हम साधारण इंद्रियों और उपकरणों द्वारा नहीं कर सकते। इन्हीं सत्य घटनाओं पर हम अपनी कहानी में आगे प्रकाश डालने का प्रयास करेंगे और साथ-ही-साथ उन घटनाओं पर भी प्रकाश डालेंगे जिनका हम निरीक्षण कर सकते हैं। जिस प्रकार प्रकाशाणु के शोध में निरीक्षण के पार भी प्रकाशाणु अपनी लीलाएँ रचता है, उसी प्रकार जीवन और बुद्धत्व भी निरीक्षण के आयाम के पार अपनी लीलाएँ रचते हैं। अपनी कहानी में इन रहस्यमयी लीलाओं को हम पूर्ण रूप से समझने का प्रयास करेंगे।

डबल स्लिट के शोध में वैज्ञानिकों ने यह पाया कि प्रकाशाणु एक ही समय में दो अलग-अलग स्थानों पर उपस्थित होता है और निरीक्षण ना करने पर तरंग की भाँति व्यवहार करता है और वैज्ञानिकों ने यह भी पाया कि कहीं-न-कहीं प्रकाशाणु को यह ज्ञात होता है कि उसे किस मार्ग का चयन करना है और किस मार्ग का चयन नहीं करना।

हम इस शोध में यह देख सकते हैं कि प्रकाशाणु किसी-न-किसी रूप में अपने आसपास के वातावरण के प्रति चेतन है, तभी तो वह यह जान पाता है कि उसे कहाँ जाना है और कहाँ नहीं जाना। हमने इस शोध के परिणामों में यह देखा कि प्रकाशाणु नए या अज्ञात समयाकाश के प्रति जिज्ञासु होता है और कहीं-न-कहीं उसका अन्वेषण करना चाहता है और कहीं-न-कहीं प्रकाशाणु को यह ज्ञात होता है कि अन्य प्रकाशाणु कहाँ अवतरित हुए हैं और कहाँ अवतरित हो सकते हैं और यह सब हमें दरशाता है कि कहीं-न-कहीं चेतना का एक स्तर प्रकाशाणु के भीतर भी कार्य कर रहा है और जिज्ञासा का कोई अज्ञात स्वरूप उसे नए समयाकाश के निरीक्षण हेतु प्रेरित भी कर रहा है। इस शोध के परिणामों को देखकर हम यह कह सकते हैं कि जिज्ञासा का कोई स्वरूप है, जो ऊर्जा और पदार्थ के जगत् में कार्य करता है और ऊर्जा और पदार्थ को दिशा प्रदान करता है तथा जिज्ञासा के इसी अज्ञात स्वरूप ने पदार्थ और ऊर्जा के क्रम विकास में महत्त्वपूर्ण योगदान दिया है और पदार्थ और ऊर्जा को चेतन रूप धारण करने में सहायता प्रदान की है।

इस शोध के पश्चात् वैज्ञानिकों ने अन्य अनेक शोध किए, जिसके सहारे वैज्ञानिकों ने यह पाया कि जब हम कण का निरीक्षण नहीं कर रहे होते तब वह एक ही समय पर सभी स्थानों पर होता है और हमारा निरीक्षण तथाकथित वास्तविकता को प्रभावित करता है या कहें कि तथाकथित वास्तविकता को जन्म देता है। बुद्धत्व भी प्रकृति के इसी नियम का पालन करता है और जब उसका निरीक्षण नहीं किया जा रहा होता तब वह भी एक ही समय पर सभी स्थानों पर उपस्थित होता है। जन्म लेने से पूर्व और समाधि प्राप्त करने के पश्चात् सिद्धार्थ, गौतम बुद्ध का बुद्धत्व भी एक ही समय पर सभी स्थानों पर उपस्थित था, अर्थात् वह काल के भीतर अध्यारोपण (सुपर पोजीशन) की अवस्था में उपस्थित था। बुद्धत्व की इस अध्यारोपणवाली अवस्था को और माया जगत् में बुद्धत्व के जीवन चक्र को हम अपनी कहानी में पूर्ण रूप से समझेंगे। अध्यारोपण की अवस्था संभवतः एकवचनत्व (सिंगुलेरिटी) के भीतर होती है, अर्थात् शून्यता के भीतर। एकवचनत्व अद्वैत सत्य है और अपनी कहानी में हम जानेंगे कि कैसे यह एकवचनत्व अद्वैत सत्य है, निरीक्षण के कारण द्वैत और द्वंद्व उत्पन्न होता है, जिसके कारण माया जन्म लेती है। अपनी कहानी में हम बुद्धत्व के मायाचक और कालचक्र को समझने का प्रयास करेंगे।

हमने अभी डबल स्लिट के शोध में यह जाना कि जब दृष्टा अपने निरीक्षण द्वारा यह जानना चाहता है कि प्रकाशाणु किस द्वार से होकर निकला है, तो प्रकाशाणु अपनी लीला नहीं दिखाता और एक कण की भाँति व्यवहार करता है, परंतु जब दृष्टा उसका निरीक्षण नहीं कर रहा होता तब वह अपनी लीला दिखाता है और तब वह एक तरंग की भाँति व्यवहार करता है। यहाँ हम यह देख सकते हैं कि जब दृष्टा प्रकृति के इस मूल रहस्य का निरीक्षण करना चाहता है तब प्रकृति अपना वास्तविक स्वरूप छुपा लेती है

और दृष्टा जो देख सकता है, वह वही देखता है, परंतु जब दृष्टा निरीक्षण नहीं कर रहा होता तब प्रकृति अपने पूर्ण स्वरूप में होती है। यह आश्चर्य की बात है कि प्रकृति के इसी सत्य से संबंधित ऋग्वेद में भी कुछ कहा गया है। ऋग्वेद में प्रकृति की इस वास्तविकता पर प्रकाश डाला गया है और यह हमें यह दरशाता है कि आज का आधुनिक विज्ञान प्रकृति के संदर्भ में जो कुछ भी जानता है, कहीं-न-कहीं किसी-न-किसी रूप में वह सब प्राचीन भारत के योगी भी जानते थे। प्रकृति के जिस स्वरूप को आज का आधुनिक विज्ञान अनुभव कर रहा है कहीं-न-कहीं किसी-न-किसी रूप में प्राचीन भारत के योगियों ने प्रकृति के उसी स्वरूप को अनुभव किया था। वैज्ञानिकों ने अपने आधुनिक उपकरणों द्वारा प्रकृति के जिस सत्य का अनुभव किया, उस सत्य का अनुभव प्राचीन भारतीय योगियों ने अपनी ध्यान अवस्था में ही कहीं-न-कहीं कर लिया था। आइए, देखते हैं कि प्रकृति के इस स्वरूप के संदर्भ में ऋग्वेद में क्या कहा गया है?

ऋग्वेद के एक मंत्र में यह कहा गया है कि "यह विश्व और ब्रह्मांड इतना विस्तृत और अनंत है कि जिसने यह विश्व बनाया है, वह भी इसे पूर्ण रूप से जानता है या नहीं, यह कौन कह सकता है। जब उसके करता के संदर्भ में भी यह संशय है तो इस अल्पज्ञ आत्मा के संदर्भ में तो कुछ कहना ही व्यर्थ है, क्योंकि जब यह आत्मा इस विश्व को देखने का प्रयास करती है तब यह विश्व उससे छिप जाता है, अर्थात् यह अल्पज्ञ आत्मा इस अनंत विश्व के तत्त्व की कल्पना तक नहीं कर सकती।"

यहाँ हम देख सकते हैं कि ऋग्वेद के ऋषि इस मंत्र के माध्यम से वही कहना चाह रहे हैं जो डबल स्लिट शोध के शोधकर्ता कहना चाहते हैं। ऋग्वेद का यह मंत्र यह बताता है कि जब दृष्टा प्रकृति के मूल तत्त्व का निरीक्षण करना चाहता है तब यह प्रकृति उससे छिप जाती है, अर्थात् जब दृष्टि प्रकृति के मूल तत्त्व का निरीक्षण करता है तब वह मूल तत्त्व अपने वास्तविक स्वरूप में न रहकर उस स्वरूप को धारण कर लेता है, जो स्वरूप दृष्टा देख सकता है या दृष्टा जिस स्वरूप का निरीक्षण कर सकता है। जब कोई प्रकृति के मूल तत्त्व का निरीक्षण करता है तब प्रकृति अपनी लीलाएँ नहीं दिखाती, इस सत्य को आज के आधुनिक विज्ञान ने डबल स्लिट के शोध के सहारे जाना और प्राचीन भारत के ऋषियों ने प्रकृति के इस सत्य को ध्यान माध्यम के सहारे ही जान लिया था। वेदों में प्रकृति के इसी स्वरूप को माया के सहारे समझाया गया है और वेदों में इस माया के पार जाने का मार्ग भी बताया गया है। प्रकृति के संदर्भ में आज का आधुनिक विज्ञान जितना जानता है, कहीं-न-कहीं किसी-न-किसी रूप में प्राचीन भारतीय योगी भी प्रकृति के उन रहस्य के संदर्भ में जानते थे, जिन्हें हम अपनी जिज्ञासु चेतना की कहानी में आगे धीरे-धीरे समझने का प्रयास करेंगे। वेदों में ऐसा बहुत-कुछ कहा गया है, जो आज का आधुनिक विज्ञान प्रकृति के संदर्भ में कहता है और वेदों में बहुत सा ज्ञान ऐसा है जिसे

आज के आधुनिक वैज्ञानिक शोध सिद्ध करते हैं और बहुत सा ज्ञान ऐसा भी है जिसके संदर्भ में आज का आधुनिक विज्ञान जानता ही नहीं है। वेदों के ज्ञान को हम अपनी कहानी में आगे आधुनिक वैज्ञानिक शोध और आधुनिक वैज्ञानिक अध्ययन की सहायता से समझने का प्रयास करेंगे।

हम सिद्धार्थ, गौतम बुद्ध के जीवन की यात्रा प्रारंभ करने से पूर्व एक और वैज्ञानिक और आध्यात्मिक सत्य के संदर्भ में जानेंगे, जिसका नाम है क्रम विकास। सिद्धार्थ, गौतम बुद्ध के जीवन की यात्रा प्रारंभ करने से पहले क्रम विकास के संदर्भ में जानना इसलिए आवश्यक है, क्योंकि यदि हम क्रम विकास की लीला को नहीं समझेंगे तो हम उत्परिवर्तन और उत्तरजीविता को भी नहीं समझ पाएँगे और जिज्ञासा के अज्ञात स्वरूपों को भी नहीं जान पाएँगे, जिसके कारण हमें जीवन की लीला, बुद्ध की लीला, जिज्ञासा की लीला और काल की लीला भी समझ नहीं आएगी। क्रम विकास की प्रक्रिया में कुछ ऐसी शक्तियाँ और कुछ ऐसी ऊर्जा और कुछ ऐसी प्रणालियाँ कार्य करती हैं, जो जीवित तंत्र को प्रकृतिरूपी तंत्र के साथ जोड़ती हैं और ऐसी ही ऊर्जा, शक्तियों और प्रणालियों को साधकर योगी प्रकृतिरूपी तंत्र के साथ जुड़कर प्रकृति की प्रवृत्ति को जानता है और परम सत्य को जान सकता है। इसी कारण से हमें जीवन की लीला को समझने से पूर्व क्रम विकास की लीला को समझना होगा। तत्त्व की लीला और बुद्धत्व की लीला को समझने के लिए हमें पहले क्रम विकास के विज्ञान को समझना होगा। आज का आधुनिक मानव अब तक क्रम विकास को पूर्णतः समझ नहीं पाया है। आज के आधुनिक मानव और आधुनिक विज्ञान ने क्रम विकास को केवल स्वार्थ के दृष्टिकोण से ही देखा है, जिसके कारण वह क्रम विकास के विज्ञान को पूर्णतः समझ नहीं पाए। जीवन की लीला और बुद्धत्व की लीला को समझने से पूर्व हमें क्रम विकास को समझना होगा, तो आइए, हम क्रम विकास के संदर्भ में अभी तक की वैज्ञानिक मान्यताओं और वैज्ञानिक तथ्यों को देखते हैं और क्रम विकास को X के दृष्टिकोण से भी समझने का प्रयास करते हैं।

□

2
क्रम विकास

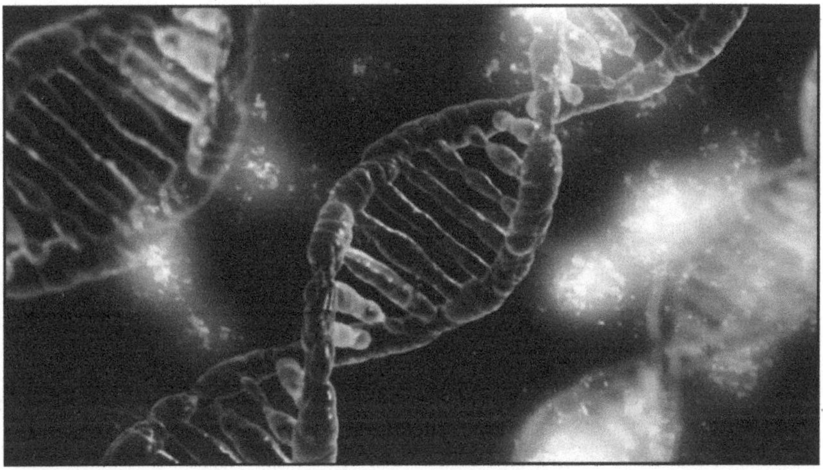

हमने डबल स्लिट के शोध में देखा कि पदार्थ न ही तरंग है और न ही कण है और हमने यह भी देखा कि पदार्थ के भीतर चेतना और जिज्ञासा के कुछ अज्ञात गुण भी समाए होते हैं, या कहें कि पदार्थ और ऊर्जा के भीतर चेतना और जिज्ञासा के कुछ अज्ञात स्वरूप उपस्थित होते हैं। जिज्ञासा के इन्हीं अज्ञात स्वरूपों और अन्य घटनाओं और क्रियाओं की सहायता से पदार्थ और ऊर्जा का भी क्रम विकास हुआ है। पदार्थ और ऊर्जा की इस लीला में अनेक परमाणुओं और अणुओं का निर्माण हुआ और कुछ विशेष अणुओं के सहारे जीवन प्रारंभ हुआ। क्रम विकास की प्रक्रिया, जो ऊर्जा और पदार्थ की लीला में अपनी भागीदारी अदा कर रही थी और पदार्थ और ऊर्जा को विशेष रूप प्रदान करवा रही थी, उसी क्रम विकास की प्रक्रिया ने जीवन में भी अपनी अहम भागीदारी अदा की। क्रम विकास की सहायता से ही एक कोशिका से मानव तक की यात्रा संभव हो पाई। क्रम विकास के संदर्भ में डार्विन का सिद्धांत हम सभी जानते हैं, परंतु वह सिद्धांत

क्रम विकास की पूर्ण व्याख्या नहीं करता। डार्विन का सिद्धांत हमें कुछ सीमाओं तक योग्यतम की उत्तरजीविता (सर्वाइवल ऑफ द फिटेस्ट) तो समझाता है, परंतु योग्यतम ही क्रम विकास का एकमात्र कारण नहीं हो सकता। डार्विन ने यह तो समझाने का प्रयास किया था कि योग्यतम किस प्रकार उत्तरजीवी रह सकता है, परंतु वह यह नहीं समझा पाए कि योग्यतम का क्रम विकास क्यों होता है और किस प्रकार होता है। डार्विन योग्यतम की उत्तरजीविता के सहारे क्रम विकास को इसी कारण से पूर्ण रूप से नहीं समझा पाए, क्योंकि योग्यतम की उत्तरजीविता का सिद्धांत क्रम विकास के सिद्धांत के साथ मेल नहीं खाता। उत्तरजीवी रहना और कर्म विकास होना, यह दोनों ही बिल्कुल अलग-अलग वास्तविकताएँ हैं, जिनके संदर्भ में डार्विन कुछ समझा ही नहीं पाए थे। तो आइए, जो डार्विन नहीं समझा पाए थे हम उसे समझने का प्रयास करते हैं और क्रम विकास को वैज्ञानिक और आध्यात्मिक दृष्टि से देखते और समझते हैं।

'वातावरण' ने क्रम विकास में अहम योगदान दिया है। पदार्थ और ऊर्जा के क्रम विकास में भी और जीव के क्रम विकास में भी। क्रम विकास के साथ-साथ वातावरण मानव जीवन पर भी प्रभाव डालता है। कुछ समय तक वातावरण ने ही सिद्धार्थ को राजमोह की माया में उलझा रखा था और सही समय आने पर वातावरण ने ही सिद्धार्थ, गौतम को सत्य प्राप्ति के मार्ग पर अग्रसर किया। सिद्धार्थ, गौतम पर वातावरण, समाज इत्यादि का प्रभाव तो पड़ा ही था, परंतु सिद्धार्थ, गौतम इस कारण से बुद्ध कहलाए, क्योंकि वह इन सभी प्रभावों के पार जा सके। सिद्धार्थ मानसिक स्तर पर साधारण मनुष्य की तुलना में क्रम विकास की वह प्रतिक्रिया और क्रिया कर पाए, जो साधारण मानव सोच भी नहीं सकते। अधिकतर प्रजाति अपनी 'उत्तरजीविता' के लिए ही जीती है और कहीं-न-कहीं आज का मानव समाज भी केवल 'अपनी उत्तरजीविता' के लिए ही जी रहा है। आज का आधुनिक मानव 'योग्यतम की उत्तरजीविता' के सिद्धांत को अपनाकर अपना जीवन निर्धारित करता है और इसी सिद्धांत का पालन करता है। जो मनुष्य इस सिद्धांत को अपनाते हैं या इस सिद्धांत के अनुसार ही अपना जीवन व्यतीत करते हैं, वह संभवतः जीवित रह जाएँ (हमने संभवतः इस कारण से उपयोग किया, क्योंकि योग्यतम 100 प्रतिशत जीवित रहेगा, यह निश्चित नहीं होता), परंतु ऐसा करने से उनका क्रम विकास नहीं हो पाएगा और वह केवल 'उत्तरजीविता की नीति' से ही कार्य करेंगे, परंतु वह जीव, जो अपने जीवन में जिज्ञासा के साथ कार्य करते हैं या कहें, जिज्ञासा की ऊर्जा से अपने जीवन को संचालित करते हैं, उनका क्रम विकास संभव होता है, या कहें कि उनका क्रम विकास होता ही है। जिज्ञासा से जीवन व्यापन करनेवाले ही बुद्ध बनते हैं। हमें क्रम विकास के सिद्धांत के लिए जिज्ञासु की उत्तरजीविता और जिज्ञासु का क्रम विकास का सिद्धांत अपनाना चाहिए।

जो मनुष्य जिज्ञासु होगा, वह जीवित तो रहेगा ही, साथ-ही-साथ उसका क्रम विकास भी हो सकता है। यह नियम ब्रह्मांड पर भी लागू होता है और जीवन पर भी। ब्रह्मांड का क्रम विकास भी एक प्रकार की जिज्ञासा की ऊर्जा से ही हुआ है और जीव के क्रम विकास को भी जिज्ञासा ही संचालित करती है। हमने डबल स्लिट के शोध में देखा कि प्रकाशाणु अपने मार्ग का चयन स्वयं ही कर रहे थे और अवतरण की संभावना भी भाँप रहे थे। हम डबल स्लिट के शोध को ध्यान में रखकर यह कह सकते हैं कि 'प्रकाशाणु' अपने वातावरण या कालाकाश (काल=समय, आकाश=अंतरिक्ष) के प्रति जिज्ञासु होता है, तभी वह 'अन्य प्रकाशाणु द्वारा चुने गए मार्ग पर जाने से बचता है'। कहीं-न-कहीं वह प्रकाशाणु अपने मार्ग से संबंधित जानकारियों का विश्लेषण करता है, या कहें, उपस्थित जानकारियों के अनुसार ही कार्य करता है या उपस्थित जानकारियों के अनुसार निर्णय लेता है। इसी प्रकार यदि 'जीव/जीवन' जिज्ञासा द्वारा संचालित होंगे तो वह भी वातावरण में उपस्थित जीवन से संबंधित जानकारियों को एकत्रित करेंगे, अर्थात् जीवन की सभी संभावनाओं का प्रक्रमण करेगा। रसायन, पदार्थ, ऊर्जा, अणु और परमाणु के बीच जो 'प्रतिक्रिया' (रिएक्शन) घटित होती है, वह भी जिज्ञासा के अज्ञात स्वरूपों के कारण ही घटित होती है। कण या पदार्थ भी अपने वातावरण के प्रति जिज्ञासु होता है और दूसरे कणों के प्रति भी, इसी कारण से वह अन्य कणों के साथ प्रतिक्रिया कर पाता है या कहें, वह अन्य कणों के साथ मिलकर नए पदार्थ को जन्म देता है, या हम यह भी कह सकते हैं कि 'जिज्ञासु मिलन' (क्यूरियस इंटरेक्शन) के कारण पदार्थ नया रूप धारण कर पाता है। ठीक इसी प्रकार जीव और जीवन भी करते हैं। हमने एक वैज्ञानिक शोध में यह भी देखा था कि जिज्ञासा हमारे तंत्र को आनेवाली जानकारी के प्रति अधिक सजग बना देती है और तंत्र को उस जानकारी को ग्रहण करने में कुशल बनाती है और हम उस जानकारी की शुद्ध अनुभूति भी करते हैं और उसे दीर्घकाल तक स्मरण भी रखते हैं। हमने यह भी देखा कि व्यक्ति जिस जानकारी के प्रति सर्वप्रथम जिज्ञासु होते हैं, वह उस जानकारी के साथ-साथ अन्य जानकारी भी ग्रहण कर लेते हैं और उनका तंत्र उस जानकारी को भी पंजीकृत करता है जिसके प्रति वह जिज्ञासु नहीं थे। जिज्ञासा की इसी विशेषता ने जीव के क्रम विकास में सहायता प्रदान की। जीव का क्रम विकास 'अधिक जानकारी' के सहारे ही हुआ है। हम जानते हैं कि हमारे तंत्र की जानकारी हमारे डी.एन.ए. में होती है और हमारा तंत्र उसी निश्चित जानकारी के साथ कार्य करता है, परंतु जब हमारे डी.एन.ए. में 'नई जानकारी' जुड़ जाती है, उस समय जीव का क्रम विकास होता है और जिज्ञासा ने जीव को इसी 'नई जानकारी' को प्राप्त करने हेतु सक्षम बनाया और उसका क्रम विकास किया। किस प्रकार जीव के तंत्र में नई जानकारियाँ जुड़ती गईं और उसका क्रम विकास होता गया, आइए इसको समझने का प्रयास करते हैं। आइए, जिज्ञासु की

उत्तरजीविता के सिद्धांत को जानते और समझते हैं। वैज्ञानिक और आध्यात्मिक दृष्टि से क्रम विकास की प्रक्रिया में जिज्ञासा की महत्त्वता को जानते और समझते हैं।

क्रम विकास को समझने के लिए भी हम माइंड एंड लाइफ संस्थान के श्री 14वें दलाई लामाजी के साथ एक सम्मेलन में हुए वाद-विवाद का सहारा लेंगे।

माइंड एंड लाइफ संस्थान के 14वें दलाई लामाजी के साथ सम्मेलन में दलाई लामाजी ने एक बार कहा था कि—

क्रम विकास की दो प्रकार की संभावनाएँ हो सकती हैं—

(i) वंशाणु का उत्परिवर्तन अनियमित रूप से हुआ होगा। यह प्रक्रिया पूर्णतः अनियमित रूप से घटित हुई है और वंशाणु का अनियमित रूप से क्रम विकास हुआ है और साथ-साथ उस प्रजाति या जीव का क्रम विकास भी।

(ii) प्रजनन सफलता के लिए प्राकृतिक चयन और करुणा संचालन करनेवाली प्रेरक शक्ति है।

इन संभावनाओं को बताने के पश्चात् गुरुजी ने कहा कि "हम मनुष्यों में अपनी दृष्टि को प्रच्छन्न करने की प्रवृत्ति होती है, जिसका निर्माण हमने सकारात्मक परिणाम के लिए स्वपूर्ति प्रवृत्ति में किया होता है, या कहें, आत्म संतुष्टि कुछ मनुष्य के लिए प्राथमिक बन जाती है।"

इसके पश्चात् वैज्ञानिकों ने क्रम विकास पर अपना दृष्टिकोण बताया। आइए, क्रम विकास पर वैज्ञानिक दृष्टिकोण को देखते हैं।

वैज्ञानिक दृष्टिकोण

वैज्ञानिकों का मानना है कि डार्विन का क्रम विकास का सिद्धांत सही है। जीव की प्रतिस्पर्धा, प्रजनन और अन्य स्वार्थी इंद्रियाँ क्रम विकास का संचालन करनेवाली शक्तियाँ थीं। वैज्ञानिक मानते हैं कि परोपकार और करुणा भी 'स्वार्थी व्यवहार' है।

क्रम विकास के लिए यह थे वैज्ञानिक और आध्यात्मिक दृष्टिकोण, अन्य आध्यात्मिक और वैज्ञानिक पहलू और दृष्टिकोण हम अपनी कहानी में अभी आगे देखेंगे, परंतु इन दोनों ही सिद्धांतों में कुछ व्याख्यात्मक रिक्तता है। डार्विन ने भी कुछ साधारण और विशेष व्यवहार को 'स्वार्थी व्यवहार' की श्रेणी में डाला है, जो सही नहीं है। क्रम विकास के अन्य वैज्ञानिक और आध्यात्मिक पहलू और तथ्य जानने से पूर्व हम यह समझेंगे कि क्यों 'स्वार्थी व्यवहार' क्रम विकास का आधार नहीं हो सकता और कैसे डार्विन द्वारा बताए गए कुछ व्यवहार, जैसे करुणा और परोपकार स्वार्थ की श्रेणी में नहीं आते। वैज्ञानिकों के क्रम विकास से संबंधित ज्ञान का आधार (स्वार्थ) ही सत्य से बहुत दूर है। आइए X के दृष्टिकोण के सहारे इन व्याख्यात्मक रिक्तता की पूर्ति करने का

प्रयास करते हैं और वैज्ञानिकों की भ्रमित धारणा या आधारहीन धारणा के पार के सत्य को समझने का प्रयास करते हैं।

X का दृष्टिकोण

डार्विन का 'योग्यतम की उत्तरजीविता' का सिद्धांत कुछ विशेष व्यवहारों का संबंध क्रम विकास का सही में संचालन करनेवाली शक्तियों के साथ सही से स्थापित नहीं कर पाया। डार्विन ने केवल 'स्वार्थी इंद्रियों' को ही क्रम विकास का आधार मान लिया। उनका सिद्धांत एक स्वार्थी सिद्धांत है, परंतु प्रकृति 'स्वार्थी रूप' से कार्य नहीं करती।

वंशाणु में परिवर्तन आया है, परंतु वह कौन-कौन से कारण हैं, जिन्होंने क्रम विकास को संचालित किया या क्रम विकास में सहयोग किया, यह कुछ भी डार्विन का सिद्धांत पूर्ण रूप से समझा नहीं पाया। आज का आधुनिक विज्ञान 'संकर प्रजाति' बना सकता है, वंशाणु में बदलाव करके; पर क्या हम उसको प्राकृतिक रूप से हुआ क्रम विकास कह सकते हैं? क्या संकर प्रजाति बनाने के पीछे मानव का केवल स्वार्थी उद्‌देश्य ही होता है या जिज्ञासा भी एक प्रेरणा का कारण या संचालन करनेवाली ऊर्जा है, जो वंशाणु में हमें संपादन करने के लिए प्रोत्साहित और प्रेरित करती है? पहले प्रश्न का उत्तर है नहीं, हम नहीं कह सकते या संभवतः कह भी सकते हैं, क्योंकि हम भी प्रकृति का भाग हैं और इसके अनुसार हम भी प्रकृति ही हैं, तो हमारे द्वारा किया गया 'संपादन' भी प्रकृति का ही कार्य कहलाएगा, परंतु दूसरे प्रश्न से यह स्पष्ट हो जाता है कि जिज्ञासा क्रम विकास को संचालित करनेवाली शक्ति है, क्योंकि मानव भी जो डी.एन.ए. में संपादन करके प्रजाति का क्रम विकास करता है, वह स्वार्थ का परिणाम नहीं होता, वह जिज्ञासा का परिणाम होता है। यदि हम स्वार्थ की ही बात करें तो आज भी धरती पर लगभग सभी जीव स्वार्थी कार्य भी करते हैं और संभोग भी करते हैं, परंतु उनमें से कितनी प्रजाति या कितने जीव का क्रम विकास हो पाता है? अनुमानतः ९९ प्रतिशत का नहीं हो पाता। यदि डार्विन का क्रम विकास का सिद्धांत सत्य है और स्वार्थी व्यवहार ही जीव के क्रम विकास का मुख्य कारण है, तो आज के समाज में स्वार्थी मनुष्य की किसी भी प्रकार से कोई भी कमी नहीं है, तो क्यों क्रम विकास घटित नहीं हो रहा है? यदि डार्विन का सिद्धांत सत्य है तो आज के आधुनिक स्वार्थी समाज में मनुष्यों का क्रम विकास अधिक गति से होना चाहिए था, परंतु ऐसा हो नहीं रहा। यह दरशाता है कि स्वार्थ का संबंध क्रम विकास के साथ नहीं है।

कुछ मानव तो संभोग के गुरु होते हैं और कुछ स्वार्थ के महाराज, परंतु उनमें से कितने मनुष्यों का क्रम विकास हो रहा है या उनमें से कितने मनुष्य क्रम में विकसित बच्चों को जन्म दे रहे हैं? लगभग कोई नहीं, सत्य में हम देखें तो आज के इस तथाकथित

आधुनिक समाज में मानव की शुक्राणु संख्या और शुक्राणु की गुणवत्ता दोनों ही घट रही है, जो हमें यह बताती है कि मनुष्य का क्रम विकास नहीं हो रहा है और संभवत: स्वार्थ किसी भी प्रकार से क्रम विकास के साथ संबंधित नहीं है, उलटा आज के तथाकथित आधुनिक मानव का क्रम पतन हो रहा है। आज का तथाकथित आधुनिक मानव स्वार्थ और संभोग की चोटियों पर है, परंतु हमने कितने क्रम विकसित बच्चों को जन्म दिया? लगभग एक भी नहीं, तो स्वार्थी व्यवहार और स्वार्थी इंद्रियाँ क्रम विकास का कारण कैसे हो सकती हैं, यह नहीं हो सकती।

क्रम विकास का संचालन करनेवाली ऊर्जा जिज्ञासा है।

हमें जिज्ञासा का सिद्धांत क्रम विकास के लिए अपनाना चाहिए।

प्रत्येक दृष्टिकोण और प्रत्येक पहलू से जिज्ञासा ही क्रम विकास को संचालित करनेवाली शक्ति है। जिन जीवों को हम आनुवंशिक रूप से संशोधित करते हैं, वह भी हमारी जिज्ञासा का ही परिणाम है। हमारी जिज्ञासा ने ही 'हम' (मानव) को संचालित किया है और हमें इतना समर्थ बनाया कि हम मानव द्वारा किए गए क्रम विकास के कार्य को संपूर्ण कर पाए। प्रत्येक प्रकार का क्रम विकास जिज्ञासा का ही परिणाम है, भले ही वह प्राकृतिक रूप से हो या मानव द्वारा किया गया हो।

जो 'योग्यतम की उत्तरजीविता' वाला सिद्धांत है, हम उस पर थोड़ा प्रकाश डालते हैं। डार्विन ने योग्यतम की उत्तरजीविता के सिद्धांत को जन्म भी दिया और इस सिद्धांत को अपनाया भी, जो कि सही नहीं है। हम अनगिनत उदाहरण देख सकते हैं जहाँ 'योग्यतम' पूरा जीवन नहीं जी पाते। या कहें कि तथाकथित योग्यतम वंशाणु उत्तरजीवी नहीं रह पाते और अपने वंशाणु अगली पीढ़ी को देंगे, यह निश्चित नहीं होता। तथाकथित योग्यतम का ही क्रम विकास होगा, इसका भी कोई प्रमाण नहीं मिलता हमें योग्यतम की उत्तरजीविता के सिद्धांत में और वास्तविक जगत् में भी। अनेक उदाहरणों में हम देख सकते हैं कि दुर्बल जीवित रह पाता है और तथाकथित योग्यतम नहीं रह पाता। जो भी प्रजाति या जो भी जीव 'लड़ो या उड़ो' की प्रणाली मैं ही कार्य करते हैं, उनका कभी भी क्रम विकास नहीं हो सकता, क्योंकि वह उपस्थित संभावनाओं को खँगालने की चेष्टा भी नहीं करेंगे। वह सीमित तंत्र में ही जीवन जिएँगे। परंतु जो जीव या प्रजाति हर परिस्थिति और वातावरण का 'जिज्ञासा से निरीक्षण' करेंगे, वह जीवित भी रहेंगे और उसका क्रम विकास भी हो पाएगा, क्योंकि जिज्ञासा के कारण वह नए समयाकाश (स्पेस-टाइम) को छू पाएँगे और अज्ञात जानकारी को भी एकत्रित करके उसका निरीक्षण भी कर पाएँगे और नई जानकारी ग्रहण करके उनका क्रम विकास हो पाएगा।

आइए, एक उदाहरण के साथ समझते हैं कि कैसे वास्तविक जगत् में तथाकथित योग्यतम का क्रम विकास नहीं हो पाया और तथाकथित दुर्बल का क्रम विकास हो गया।

आज के आधुनिक विज्ञान का मानना है कि जिस वानर या चिंपैंजी की प्रजाति से हम आज के आधुनिक मानव विकसित हुए हैं, वह पेड़ों में रहने के दृष्टिकोण से 'दुर्बल' थी। इस प्रजाति के कुछ सदस्य दुर्बल थे, जो उस प्रजाति के अन्य सदस्यों की भाँति पेड़ों में जीवन व्यतीत नहीं कर सकते थे, क्योंकि उनका शारीरिक ढाँचा थोड़ा दुर्बल था, इसी कारण से वह पेड़ों के जगत् को छोड़कर धरती के जगत् पर आए। डार्विन के सिद्धांत के अनुसार उस दुर्बल प्रजाति का विनाश हो जाना चाहिए था और उस दुर्बल प्रजाति को विलुप्त हो जाना चाहिए था, जो अपनी प्रजाति के अन्य सदस्यों की भाँति पेड़ पर नहीं रह सकते थे, परंतु ऐसा हुआ नहीं, इससे उलटा उस दुर्बल प्रजाति का क्रम विकास हुआ। इस दुर्बलता के कारण उनका विनाश नहीं हुआ या वह विलुप्त नहीं हुए, बल्कि उनकी जिज्ञासा ने उनका इस दुर्बलता के पश्चात् भी क्रम विकास करवाया और उनकी आज के तथाकथित आधुनिक मानव तक की यात्रा पूर्ण करवाई। यदि हम डार्विन के सिद्धांत को मानते हैं तो आज के आधुनिक मानव का अस्तित्व भी नहीं होना चाहिए था, क्योंकि आज का मानव जिस प्रजाति से विकसित हुआ है, वह अपनी प्रजाति के अन्य सदस्यों की तुलना में दुर्बल थे। आज के आधुनिक मानव के क्रम विकास का आधार ही 'दुर्बलता' है। जिस प्रजाति से आज के आधुनिक मानव का विकास हुआ है, वह दुर्बल थी, परंतु वह दुर्बल के साथ-साथ 'जिज्ञासु' भी थी और इसी जिज्ञासा के कारण वह दुर्बल प्रजाति विलुप्त नहीं हुई, बल्कि उसका क्रम विकास हुआ और उसने आज के तथाकथित आधुनिक मानव तक की यात्रा पूर्ण की। तो हम कैसे 'योग्यतम के क्रम विकास' के सिद्धांत को अपना सकते हैं? क्रम विकास का तथाकथित दुर्बलता से कोई सरोकार नहीं, क्रम विकास का संचालन जिज्ञासा करती है।

वह प्रजाति जिससे आज का आधुनिक मानव विकसित हुआ है, उसने तो जिज्ञासा की नीति को अपनाया था और जिज्ञासा के साथ अज्ञात का निरीक्षण करने का निर्णय लिया था और जिज्ञासा के सहारे पेड़ों के जगत् को त्यागकर धरातल पर जीवन संबंधित सामग्री की खोज प्रारंभ की और धरातल पर अपनी जीवन यात्रा भी प्रारंभ की। जिस प्रजाति से आज के तथाकथित आधुनिक मानव का क्रम विकास हुआ है, उस प्रजाति के जीवन चक्र में हम जिज्ञासा की भूमिका को भलीभाँति देख सकते हैं।

हम इसे एक और उदाहरण के सहारे समझते हैं। जैसे वह मछली या जीव, जो जीवन को 'जल से धरती' पर लाया, वह 'उत्तरजीवी या लड़ो या उड़ो की प्रणाली' मैं कार्य नहीं कर रहा था, वह तो जिज्ञासा के आयाम में कार्य कर रहा था, वह जीव या वह मछली जल के बाहर की दुनिया का अन्वेषण करना चाहती थी, अर्थात् वह मछली या वह जीव जल से बाहर की दुनिया के प्रति जिज्ञासु था। यदि वह 'लड़ो या उड़ो' की प्रणाली पर कार्य कर रही होती तो वह दोनों ही परिस्थितियों में जल में ही रहना चुनती,

लड़ो या उड़ो दोनों के लिए ही। क्योंकि भागना भी जीव सुरक्षित स्थान पर ही चाहेगा, अनजाने और नए स्थान पर या अनजाने और नए वातावरण में जीव जिज्ञासा हेतु ही जाता है। यह हो सकता है और संभवत: यही हुआ होगा कि जब भी वह जीव या मछली जल से बाहर देखती होगी तो उसकी जिज्ञासा उसको जल से बाहर जाने के लिए प्रोत्साहित करती होगी। जब भी वह मछली जल से बाहर देखती होगी या जब भी वह जल से बाहर छलाँग लगाती होगी तब तब उसे जल के बाहर के जगत् की अनुभूति होती होगी और कहीं-न-कहीं उसके भीतर की जिज्ञासा उसे अपने ज्ञात वातावरण को छोड़ अज्ञात वातावरण में प्रवेश करने के लिए प्रोत्साहित कर रही होगी। उस मछली के इच्छा संबंधित तंत्र में जल से बाहर जाने की इच्छा भी कहीं-न-कहीं पंजीकृत हो गई थी और ऐसा होने पर उसके तंत्र ने जल से बाहर जाने के लिए स्वयं को सक्षम बनाना प्रारंभ कर दिया होगा और जिज्ञासा की सहायता से उपयुक्त जानकारी एकत्रित करना भी प्रारंभ कर दिया होगा। जिज्ञासा और इच्छा संबंधित तंत्र के संबंध को हम समझ चुके हैं और इसी तंत्र ने जीव को वह क्षमता प्रदान की जिसके सहारे जीव नई जानकारी ग्रहण कर अपने तंत्र में पर्याप्त परिवर्तन कर सकता है। बाहर की दुनिया की जिज्ञासा ने ही मछली के वंशाणु में वह बदलाव लाए जिन्होंने उस मछली के भीतर फेफड़ों को जन्म दिया। यह विशेषता जीव के तंत्र के भीतर ही समाई हुई है। जीव नए वातावरण और नई जानकारी के प्रति प्राकृतिक रूप से जिज्ञासु है, जो अपना तंत्र खुला रखता है और जिज्ञासा से संचालित होता है उसका क्रम विकास हो सकता है, परंतु जो जीव सीमित संकल्पना बनाकर अपना तंत्र सीमित कर लेता है, उसका यह तंत्र क्रम विकास में बाधा उत्पन्न करता है। इन सभी तथ्यों को देखकर हम यह कह सकते हैं कि क्रम विकास का आधार और क्रम विकास को संचालित करनेवाली शक्ति जिज्ञासा ही है।

वह मछली, जो जीवन को जल से बाहर धरती पर लाई, वह जब भी जल की सतह पर आकर जलाशय के भीतर ही छलाँग लगाती होगी और बाहर की दुनिया को देखती होगी तब उसके मन-मस्तिष्क में बाहर की दुनिया के प्रति एक जिज्ञासा उत्पन्न होती होगी। उस मछली के पास न ही शब्द हैं और न ही किसी भी प्रकार की बाहरी दुनिया की कोई भी संकल्पना, परंतु इसके पश्चात् भी उसकी जिज्ञासा उसे जल से बाहर लाना चाहती थी, क्योंकि नियति में यही लिखा था। बाहर की दुनिया को देखने मात्र से ही और जिज्ञासा बल और इच्छाशक्ति के कारण उस मछली के भीतर ऐसे बदलाव आए जिन्होंने उसका क्रम विकास किया। वह मछली जब भी जल से बाहर की दुनिया को देखती होगी तो उसके भीतर का जीवन उसे जल से बाहर जाने के लिए प्रेरित करता होगा। शब्द, भाषा की संकल्पना के बिना भी वह मछली जिज्ञासु थी और इसी जिज्ञासा ने उसकी क्रम विकास में सहायता की, जिसके कारण वह जीवन को जल से धरती पर ला सकी।

जिज्ञासा की शक्ति के कारण ही वह मछली अपने भीतर फेफड़ों का भी निर्माण कर सकी। जिज्ञासा की शक्ति के कारण ही उसका क्रम विकास संभव हो पाया।

हम इसे एक और उदाहरण के सहारे समझते हैं। हम सभी जानते हैं कि शेर को गलमूँछें होती हैं, और यह कोई साधारण मूँछों के बाल नहीं होते, यह विशेष प्रकार की ज्ञानेंद्रिय है, जो शेर को संकट का आभास करवाती है। जब शेर के आसपास कोई संकट होता है तब यह गलमूँछें भीतर की ओर घूमकर कुंडली बना लेती हैं और शेर को संकेत मिलता है कि सावधान रहना है। यह क्यों और कैसे होता है, यहाँ भी जिज्ञासा का ही एक रूप है, जो आसपास के वातावरण को विपत्ति के लिए खँगालता है। यहाँ 'सुरक्षा' वाला तंत्र जिज्ञासा के तंत्र के साथ मिलकर कार्य कर रहा है। यहाँ भी जिज्ञासा का ही एक अज्ञात स्वरूप कार्य कर रहा है, जो शेर के आसपास के वातावरण की जानकारी को एकत्रित कर उसका प्रसंस्करण करता है और प्राप्त जानकारी से संबंधित संकेत भी शेर की चेतना में लाता है। यह वैज्ञानिक रूप से सिद्ध हो चुका है और इसे अपनी कहानी में हम आगे पूर्ण रूप से समझेंगे कि जीव का तंत्र एक निश्चित सीमा तक वातावरण में उपस्थित सभी जानकारी एकत्रित करके उसे पंजीकृत भी करता है। कितनी जानकारी जीव की चेतना में आएगी, यह जीव की चेतना के स्तर पर निर्भर होता है। निश्चित सीमा तक जानकारी एकत्रित करना जिज्ञासा के ही अज्ञात स्वरूप का कार्य होता है और शेरवाले उदाहरण में भी जिज्ञासा के ही अज्ञात स्वरूप के सहारे शेर की सर्वव्यापी ऊर्जा और इंद्रियाँ उसे भाँति-भाँति के माध्यमों द्वारा उपयुक्त संकेत और उपयुक्त जानकारी प्रदान करवाती है। अन्वेषण करना जिज्ञासा की ही विशेषता है और इस उदाहरण में भी हम जिज्ञासा द्वारा अन्वेषण को देख सकते हैं।

डार्विन ने यह भी कहा है कि यदि वातावरण में बदलाव होता है तो जीव के शरीर की नई आवश्यकताएँ होंगी और इस कारण से भी जीव का क्रम विकास हो सकता है। परंतु वह यह नहीं बता पाए कि जीव नए वातावरण में क्यों और कैसे जाता है और वातावरण अनुसार शरीर कैसे ढल जाता है। वातावरण शरीर के साथ क्या करता है और जीव के शरीर या तंत्र में क्या परिवर्तन आता है और कैसे? ऐसे कुछ प्रश्न हैं जिनको डार्विन अपने सिद्धांत में पूर्णतः नहीं समझा पाए।

मानो यदि जीव किसी ऐसे वातावरण में जाता है, जो उसके अनुकूल नहीं है और वह वहाँ सुखद अनुभव नहीं करता, तो जीव सबसे पहले 'उड़ान' का चुनाव करेगा। अधिकतर परिस्थितियों में जीव ऐसे वातावरण से बाहर जाना चाहेगा, जो उसके अनुकूल नहीं है। परंतु यदि जीव को ऐसे वातावरण में रहना पड़े (स्वेच्छा से या बलपूर्वक), जो उसके अनुकूल नहीं है, तो क्या हम उसके इस निर्णय को 'लड़ाई' ही कहेंगे केवल? नहीं, हम उसको केवल लड़ाई नहीं कहेंगे, हम उसे जिज्ञासा के साथ अन्वेषण करना

कहेंगे। यहाँ 'उड़ो या जिज्ञासा के सहारे अन्वेषण करो' अर्थात् 'अन्वेषण या उड़ो' वाला सिद्धांत लागू हो रहा है। क्योंकि यदि जीव को ऐसे वातावरण में रहना पड़े, जो उसके अनुकूल नहीं तो उसकी जिज्ञासा सक्रिय हो जाएगी या कहें, ऐसा होने पर जीव की जिज्ञासा उसे संचालित करना प्रारंभ कर देगी। उनकी जिज्ञासा हर संभावनाओं का अन्वेषण करेगी और जीव को जीवित रखने के लिए हरसंभव क्रिया का अन्वेषण करेगी और बदलाव अपनाएगी। अज्ञात की खोज करना जिज्ञासा की ही विशेषता है।

जिज्ञासा ही वह ऊर्जा है, जो जीव को 'भिन्न, नए, अनुकूल, प्रतिकूल इत्यादि वातावरण में उत्तरजीवी रहने की और फलने-फूलने की क्षमता प्रदान करवाती है। उत्तरजीविता ही नहीं, जिज्ञासा जीव को फलने-फूलने की क्षमता प्रदान करवाती है और उसका क्रम विकास भी कर सकती है। अपनी कहानी में हम आगे देखेंगे कि कैसे जिज्ञासा दोनों उत्तरजीवी रहने में और फलने-फूलने में सहायक होती है और इनका संचालन भी करती है।'

आइए, डार्विन के सिद्धांत पर अधिक प्रकाश डालते हैं और उनके सिद्धांत की भ्रांतियों को दूर करने का प्रयास करते हैं और उनके सिद्धांत की व्याख्यात्मक रिक्तता की पूर्ति करने का प्रयास करते हैं।

डार्विन का सिद्धांत

डार्विन के सिद्धांत के अनुसार यदि वातावरण में बदलाव आता है तो इसके पश्चात् दो संभावनाएँ हो सकती हैं, जो क्रम विकास का नेतृत्व करती हैं—

(i) सबसे उत्तीर्ण वंशाणु को चुनिए और उन पर कार्य करिए।

(ii) प्रत्येक जीव को अलग वातावरण में आने का अवसर प्रदान करें और उनके वंशाणु में उत्परिवर्तन होने दें, ऐसा करने से उत्तीर्ण उत्तरजीवी रहेंगे।

X की टिप्पणी

डार्विनजी के अनुसार योग्यतम ही उत्तरजीवी रहेगा, तो योग्यतम का अर्थ श्रेष्ठ होता है। यदि हम डार्विनजी की 'दो संभावनाओं' को ध्यान में रखें तो जीव 'योग्यतम की उत्तरजीविता' के अनुसार पहली संभावना ही चुनता, जो कहती है, 'सबसे उत्तीर्ण वंशाणु को चुनो और उन पर कार्य करो'। यदि 'योग्यतम' ही उत्तरजीवी रहेगा तो क्रम विकास के लिए सबसे उत्तम था कि वह योग्यतम का चुनाव करे और उसी पर कार्य करे, परंतु ऐसा नहीं है। यह तथाकथित योग्यतम क्रम विकास के अनुसार कुछ भी नहीं। वैज्ञानिक योग्यतम की अपनी सीमित संकल्पना के अनुसार व्याख्या करते हैं, परंतु प्रकृति ऐसे कार्य नहीं करती। डार्विन ने कहा है कि योग्यतम ही उत्तरजीवी रहेगा, तो उनके वक्तव्य

के अनुसार पहली संभावना ही पूर्ण सत्य होनी चाहिए थी, परंतु ऐसा नहीं होता। क्रम विकास ऐसे कार्य नहीं करता, प्रकृति इन तथाकथित योग्यतम वंशाणु की ओर विशेष ध्यान नहीं देती, क्योंकि वह 'सीमित तंत्र' में है, योग्यतम की संकल्पना के कारण। इस सभी को देखकर हम कह सकते हैं कि प्रकृति पहली संभावना न चुनते हुए दूसरी संभावना का चयन करती है, जिसमें तथाकथित 'योग्यतम भी होते हैं और दुर्बल भी'।

दूसरी संभावना में भी डार्विन पूर्णतः सही नहीं हैं, या हम कहें कि 'योग्यतम ही उत्तरजीवी रहेगा', जो उन्होंने प्रयोग किया है, वह सही नहीं है। यहाँ भी डार्विन 'योग्यतम वंशाणु ही उत्तरजीवी रहेंगे' यह नहीं कह सकते, क्योंकि यहाँ पर नए वंशाणु का निर्माण भी हो रहा है, यहाँ तथाकथित योग्यतम और दुर्बल पीछे ही छूट जाते हैं। क्रम विकास में ऐसा नहीं कि पुराने वंशाणु क्रम विकास करके या क्रम विकास होने के पश्चात् बच जाते हैं। हाँ, कुछ वंशाणु बच जाते हैं, परंतु जो वंशाणु क्रम विकास का कारण बनते हैं, वह नए वंशाणु होते हैं। नए वंशाणु क्रम विकास को रूप देते हैं, और इन नए वंशाणु को भी हम तथाकथित योग्यतम नहीं कह सकते क्योंकि किसी अन्य चुनौतीपूर्ण वातावरण में यह तथाकथित श्रेष्ठ वंशाणु भी प्रकृति द्वारा नकारे जा सकते हैं या अनदेखे किए जा सकते हैं। भिन्न और चुनौतीपूर्ण वातावरण में प्रकृति पुनः उपस्थित संभावनाओं की खोज करेगी और नए वंशाणु का निर्माण करेगी। तथाकथित योग्यतम और दुर्बल केवल संकल्पना मात्र हैं और प्रकृति किसी भी प्रकार की संकल्पना के अधीन नहीं होती और न ही वह किसी संकल्पना के अनुसार कार्य करती है, वह अपने अनुसार कार्य करती है।

किसी भी वातावरण में (अनुकूल या प्रतिकूल) और किसी भी परिस्थिति में जीव को जिज्ञासा ही संचालित करती है, क्रम विकास के लिए भी और जीवन व्यापन के लिए भी। जिज्ञासा ही है, जो जीव का या तंत्र की ऊर्जा का वातावरण के साथ संपर्क स्थापित करवाती है। जिज्ञासा ही तंत्र और वातावरण के बीच संपर्क का परस्पर साधन बनती है। जिज्ञासा ही है जो जीव को चेतनापूर्वक या अवचेतन अवस्था में ऊर्जात्मक उपस्थित संभावनाओं का अन्वेषण करने की क्षमता प्रदान करवाती है।

परंतु एक प्रश्न अब भी बना हुआ है, और वह प्रश्न है कि कौन है जो वंशाणु में बदलाव लाता है या वंशाणु का उत्परिवर्तन करता है? सूक्ष्म और स्थूल दोनों स्तर पर यह निर्णय कौन ले रहा है? क्या प्रकृति ऐसा करती है? क्या भगवान् ऐसा करते हैं? क्या जीव स्वयं ऐसा करता है? क्या कण ऐसा करते हैं? क्या ऊर्जाएँ ऐसा करती हैं? या कुछ और ही है जो यह सब करता है? इस प्रश्न का उत्तर है 'कुछ और'। हाँ, कुछ और ही है, जो यह सब कर रहा है, और वह है, 'जीवित जिज्ञासा'।

एक प्रकार से हम किसी एक वस्तु, पदार्थ, ऊर्जा को इन सबका कारण नहीं कह सकते। क्रम विकास में प्रकृति में उपस्थित सभी कुछ (ऊर्जा, पदार्थ) क्रम विकास और

जीवन में सहायता करते हैं। जैसे 'तरंग (शारीरिक और गुरुत्वाकर्षण तरंग भी), कण, पदार्थ, जिज्ञासा और विचार इत्यादि' भी एक प्रकार की 'मानसिक गुरुत्वाकर्षण तरंगों' (सूक्ष्म गुरुत्वाकर्षण तरंग) को जन्म देते हैं, या मानसिक गुरुत्वाकर्षण उत्पन्न करते हैं। वह गुरुत्वाकर्षण इसके पश्चात् पदार्थीय गुरुत्वाकर्षण को जन्म देता है, नए वंशाणु या उत्परिवर्तन के रूप में। यह सभी सूक्ष्म और स्थूल गुरुत्वाकर्षण तरंगें (शारीरिक और मानसिक स्तर की) उस तंत्र को बड़े विकसित तंत्र के साथ या अन्य तंत्रों के साथ सहभागिता करने की क्षमता प्रदान करवाती है। जैसे हमारी सहभागिता पृथ्वी, प्रकृति, वातावरण, अन्य प्रजातियाँ, यहाँ तक कि ब्रह्मांड और स्पेसमॉस के साथ करवाती है। आगे हम गुरुत्वाकर्षण और अन्य ऊर्जा/तंत्र का संबंध जीवन और जीव से क्या है और क्रम विकास के साथ इसके संबंध को वैज्ञानिक उदाहरणों से और वैज्ञानिक अध्ययनों के दृष्टिकोण से समझेंगे।

यह सभी तंत्र और अन्य तंत्र किस प्रकार कार्य करते हैं और किस प्रकार यह माया जगत् को यह वास्तविकता का रूप प्रदान करते हैं, यह हम अपनी कहानी में आगे पूर्ण रूप से समझेंगे। अभी आइए, हम क्रम विकास के संबंध में थोड़ा अधिक जानते हैं, माइंड एंड लाइफ संस्थान और श्री दलाई लामाजी के बीच हुए वैज्ञानिक और आध्यात्मिक वाद-विवाद के सहारे और X के दृष्टिकोण के सहारे।

वैज्ञानिक प्रश्न

एक वैज्ञानिक ने गुरुजी से पूछा कि निरुद्देश्य उत्परिवर्तन के छिपे हुए कारण क्या हैं? क्या अनियमितता को रचयिता की आवश्यकता है?

इस प्रश्न का उत्तर X के दृष्टिकोण से देखते हैं।

X का उत्तर

हमारे ब्रह्मांड और स्पेसमॉस के संदर्भ में इसका उत्तर है हाँ, निश्चित ही हाँ, क्योंकि यह तथाकथित अनियमितता भी 'सीमित संभावनाओं' में (जो हमारे ब्रह्मांड रूपी तंत्र में होती हैं) ही होती है। हम जानते हैं कि इस अनियमितता में भी एक नियम छिपा होता है और उसी नियम के सहारे ब्रह्मांड का भी विकास हुआ है। हम यह कह सकते हैं कि जब इन सब (ब्रह्मांड, स्पेसमॉस, समयाकाश) का 'नियम संग्रह' किया गया, या कहें, जब स्पेसमॉस के तंत्र का निर्माण हुआ, उस समय तो 'रचेता' की आवश्यकता अवश्य पड़ी होगी। जैसे हम जानते हैं कि हर आयाम के अपने नियम होते हैं तथा कण और तरंग उस आयाम में उन नियमों के अंतर्गत ही कार्य करते हैं। तथाकथित अनियमितता है, परंतु सीमित संभावनाओं के साथ। उन 'नियम संग्रह' में एक प्रकार का वातावरण

संबंधित ज्ञान होता है, जिसके अंतर्गत वह 'लीला' रचता है। हर कण और तरंग एक विशेष प्रकार के वातावरण में/के साथ बँधे (लॉक) होते हैं। स्पेसमॉस से जब हमारा ब्रह्मांड बना तो सभी 'अणु' विशेष विशेषताओं और वातावरण के साथ विशेष रूप में बँध गए थे। अणु, परमाणु, कण, पदार्थ, ऊर्जा और ब्रह्मांड में उपस्थित सभी प्रकार की वास्तविकता 'विशेष वातावरण' मात्र हैं, जहाँ विशेष जानकारियाँ सक्रिय हो उठती हैं या कहें, विशेष वातावरण विशेष जानकारियों को जन्म देता है और वह जानकारियाँ अणु, परमाणु, कण, पदार्थ, ऊर्जा इत्यादि का रूप धारण करती हैं। अणु, परमाणु, कण, पदार्थ, ऊर्जा और इस माया जगत् में उपस्थित सभी कुछ केवल विशेष वातावरण मात्र है। ब्रह्मांड में उपस्थित वातावरण के अनुसार प्रत्येक अणु, परमाणु अपनी लीला रचते हैं। हमने कुछ शोध में (जैसे डबल स्लिट) देखा है कि अणु/कण को अनुमान होता है कि क्या करना है या कहाँ जाना है और कहाँ नहीं जाना। डबल स्लिट के शोध में भी अणु निरुद्देश्यता से अपने आकाश (स्पेस) का चुनाव करते हैं, परंतु उस अनियमितता में भी एक 'नियम' होता है।

जब भी कोई डी.एन.ए. या वंशाणु का प्रतिरूप बनाया जाता है या संपादित किया जाता है तब कुछ कारणों से ऐसा हो सकता है कि सारी जानकारी का प्रतिरूप न बने या सही जानकारी का प्रतिरूप बनाने में भूल हो जाए, (जीव विष या दूसरे रसायनों से या अन्य कारणों से) और हम यह भी जानते हैं कि जीव की मानसिक दशा कुछ रसायनों को उत्पन्न कर सकती है और कुछ को नष्ट भी कर सकती है। वह सहायक/विरोधी रसायनों को संपादन की प्रक्रिया में भाग लेने से रोक सकती है या भाग लेने के लिए प्रेरित भी कर सकती है। जो रसायन संपादन की प्रक्रिया को प्रभावित या बाधित कर सकते हैं, उनको मानसिक दशा उत्पन्न या अनदेखा कर सकती है। मानसिक दशा विशेष रसायन को प्रतिक्रिया करने के लिए उपयुक्त वातावरण भी उत्पन्न कर सकती है और वह विशेष रसायन को सहभागिता करने से रोक भी सकती है। क्रम विकास में मनोदशा की महत्त्वपूर्ण भूमिका रही है। जैसे हमारी वह मछली, जो जीवन को जल से बाहर लाई थी, उसके भीतर जिज्ञासा ने वह मनोदशा उत्पन्न करवाई (मनोदशा भी एक प्रकार का जैविक वातावरण ही है), जिससे उस तंत्र में अनियमित उत्परिवर्तन ने ऐसे वंशाणु का निर्माण किया जिन्होंने मछली के भीतर फेफड़ों को जन्म दिया। फेफड़ों का निर्माण करनेवाले वंशाणु विशेष ही होते हैं, भले ही उनका तथाकथित अनियमितता से उत्परिवर्तन हुआ हो, परंतु यदि विशेष संकेत वर्गीकरण नहीं हुआ तो फेफड़ों का निर्माण नहीं हो पाएगा। चाहे संकेत वर्गीकरण और उत्परिवर्तन अनियमित रूप से हुआ हो या नियमबद्ध रूप से, परंतु विशेष प्रकार के प्रोटीन ही फेफड़ों के वंशाणु और फेफड़े बना सकते हैं, तो हम यह कह सकते हैं कि यहाँ एक 'तय तंत्र' कार्य कर रहा है। अनियमितता में भी एक नियम छुपा

होता है और उसी नियम के सहारे फेफड़ों का निर्माण किया जाता है।

आज के आधुनिक समाज के कंप्यूटर और विशेषकर कूट लेखन प्रणाली अनियमित रूप से कार्य करती है, तो क्या हम यह कह सकते हैं कि यह अनियमित प्रणाली स्वयं निर्मित और विकसित हो गई और इसके निर्माण में किसी रचयिता की आवश्यकता नहीं पड़ी? नहीं, हम ऐसा नहीं कह सकते। अनियमित कार्यप्रणाली यह सिद्ध नहीं करती कि रचयिता नहीं है। हम अभी परमात्मा की बात न भी करें और केवल मनुष्यों की ही या जीव-जंतुओं की ही बात करें तो मनुष्यों के संदर्भ में या उस मछली के संदर्भ में यदि देखें और 'मनोदशा' पर ध्यान दें तो हम कह सकते हैं कि 'एक जीव स्वयं ही रचयिता है' (कम-से-कम जीवन के संदर्भ में)। हम आगे देखेंगे कि कैसे जीव जीवन का रचयिता स्वयं ही है। जिस 'विशेष' अनियमितता के कारण पहली कोशिका बनी, उसमें भी एक नियम था, जिसे हम अपनी कहानी में आगे समझेंगे।

यदि रचना है, तो रचयिता कहीं-न-कहीं अवश्य उपस्थित होगा,
बिना रचयिता के रचना संभव नहीं।
'आत्मनिर्भर रचना' की भी प्रारंभ में रचना ही की गई होगी।
जो शब्द 'रचना' है, वह शब्द ही 'रचेता' को सिद्ध करता है।

उत्परिवर्तन और क्रम विकास दोनों ही जीव की मनोदशा पर निर्भर होते हैं। मनोदशा ही निर्धारित करती है कि 'चेतन कण' कौन सा समयंतरिक्ष/समयाकाश (स्पेस और समय) चुनेगा।

जिस प्रकार जीवन जीने के मार्ग अनियमित हो सकते हैं, परंतु जीवन स्वयं में ही एक नियम है। सब अलग-अलग रूप से जीवन जीते हैं, परंतु सब जीते तो 'जीवन' ही हैं न। इसी प्रकार ब्रह्मांड की और प्रकृति की क्रिया प्रणालियाँ अनियमित रूप से कार्य कर सकती हैं, परंतु वह सभी किसी एक विशेष नियम से बँधी होती हैं और वह नियम है माया।

सभी ऋषि, विद्वान्, बुद्धिजीवी, वैज्ञानिक, योगी जिज्ञासा से ही प्रोत्साहित या संचालित होते आए हैं और होते रहेंगे। सिद्धार्थ, गौतम भी इसी जिज्ञासा की ऊर्जा से संचालित हो रहे थे। यह जिज्ञासारूपी ऊर्जा केवल मानव के ही भीतर नहीं होती, यह तो सूक्ष्म और स्थूल स्तर पर पृथ्वी पर उपस्थित सभी जीव-जंतुओं के भीतर विद्यमान है, यहाँ तक कि यह तो किसी-न-किसी रूप में पदार्थ के भीतर भी विद्यमान है। अधिकतर जीव-जंतुओं के भीतर यह सूक्ष्म स्तर या सूक्ष्म अवस्था में ही होती है। डबल स्लिट के शोध में हमने देखा कि प्रकाशाणु जिज्ञासा के संकेत दे रहा है। वह प्रकाशाणु भी जिज्ञासारूपी ऊर्जा से संचालित हो रहा था। वह जो मछली धरती पर जीवन को लेकर आई थी, वह भी सूक्ष्म स्तर पर नए वातावरण को अनुभव या उसका अन्वेषण करने के लिए जिज्ञासा से ही प्रेरित हो रही थी। कण-तरंग, जीवित-निर्जीव, ब्रह्मांड-स्पेसमॉस के

चक्र को संचालित रखने के लिए जिज्ञासा स्वयं या अपने अन्य रूप में कार्य करती है या कहें कि जिज्ञासा ही चक्र को गतिमान रखती है।

सूक्ष्म और स्थूल दोनों स्तर पर सिद्धार्थ, गौतम को भी जिज्ञासा ने ही संचालित किया। सूक्ष्म अर्थात् कोशिकाओं, आभामंडल, अन्य ऊर्जा, चेतना और तत्त्व के स्तर पर, और स्थूल अर्थात् बुद्धि के और भौतिक शरीर के स्तर पर। हम अपनी कहानी में आगे देखेंगे कि कैसे जिज्ञासा ने सूक्ष्म स्तर पर कार्य किया (सिद्धार्थ के बचपन, यौवन अवस्था और पूरे जीवन काल में) और उनके स्थूल स्तर को दिशा दी। जिज्ञासा ने ही सिद्धार्थ को अपने परिचित वातावरण या सीमित तंत्र से बाहर जाकर वस्तुओं को और जीवन को बूझने की क्षमता प्रदान की। दिव्य जिज्ञासा के कारण ही जब तक सिद्धार्थ, गौतम को सत्य की अनुभूति नहीं हुई तब तक उन्होंने अपनी 'सत्य की खोज' नहीं रोकी, और वह सत्य की खोज में अनेक गुरुओं के पास गए। दिव्य जिज्ञासा ने किस प्रकार कार्य किया, यह हम अपनी कहानी में आगे पूर्ण रूप से समझेंगे।

हम आगे देखेंगे कि 'वंशाणु के उत्परिवर्तन' में मनोदशा और जिज्ञासा की क्या भूमिका है। हम यह भी देखेंगे कि योग और ध्यान से बुद्ध की मनोदशा और जिज्ञासा पर क्या प्रभाव पड़ा और उसके कारण उनकी कोशिकाओं के स्तर पर और सूक्ष्म स्तर पर क्या बदलाव आए। हम देखेंगे कि कैसे योग और ध्यान से उनके वंशाणु प्रभावित या उत्परिवर्तित हुए और बोधिसत्व सक्रिय हुआ और गौतम बुद्ध समाधि को प्राप्त कर सके। हम देखेंगे कि कैसे जिज्ञासारूपी ऊर्जा ने स्थूल से सूक्ष्म स्तर पर कार्य किया और राजकुमार सिद्धार्थ, गौतम को गौतम बुद्ध बनाया।

अभी हमने इसे थोड़ा-बहुत समझा है और अपनी कहानी में हम आगे वैज्ञानिक दृष्टिकोण और वैज्ञानिक तथ्यों के आधार पर देखेंगे कि कैसे जिज्ञासा प्रत्येक तंत्र के साथ जटिलता से जुड़ी (एंटेंगल) होती है और हर तंत्र के साथ या प्रत्येक तंत्र में कार्य करती है या कर सकती है। योग्यतम की उत्तरजीविता क्रम विकास के लिए उपयुक्त नहीं, यह केवल 'उत्तरजीविता' के दृष्टिकोण से ही सही हो सकता है, परंतु क्रम विकास के सिद्धांत के लिए जिज्ञासु की उत्तरजीविता का सिद्धांत सत्य के समीप लगता है। जिज्ञासु का क्रम विकास होगा, तथाकथित स्वस्थ केवल जीवित ही रहेगा (संभवतः)। जिज्ञासा ही प्रकृति को संचालित करनेवाली शक्ति है और 'हम भी प्रकृति हैं'। अभी आइए, उत्परिवर्तन के सिद्धांत को वैज्ञानिक और आध्यात्मिक दृष्टिकोण से थोड़ा अधिक समझने का प्रयास करते हैं।

आइए, माइंड एंड लाइफ संस्थान के एक सम्मेलन में वैज्ञानिकों द्वारा बताए गए तथ्यों और वक्तव्य को देखते हैं, जो क्रम विकास पर ही आधारित है।

वैज्ञानिक तथ्य

जीव वैज्ञानिकों का मानना है कि उत्परिवर्तन कुछ शक्तियों द्वारा बढ़ाया जा सकता है या कहें कि कुछ शक्तियों के कारण उत्परिवर्तन तीव्र हो जाता है। हमारे वंशाणु जो हैं, वह नियमित अंतराल में संपादन करते रहते हैं। जैसे कि—

हम प्रोटीन बनाते हैं अपने शरीर में, जिसको कि हम वांछित कोशिका में या रुग्ण कोशिका में भेज देते हैं या कहें, हमारा तंत्र भेज देता है उस कोशिका को स्वस्थ करने के लिए। हमारे शरीर में प्रोटीन वह प्रतिरक्षी बनाते हैं, जो बैक्टीरिया और वायरस पर लक्ष्य साधते हैं, जो कि विदेशी पदार्थ होते हैं, उनको हमारे शरीर से बाहर निकालने के लिए। वह प्रतिरक्षी करती क्या है? वह प्रतिरक्षी यह करती है कि वह वायरस के साथ बस स्वयं को लपेट लेती है और हमारा शरीर अलग-अलग प्रोटीनस के साथ प्रयास करता है, अलग-अलग प्रकार की प्रतिरक्षी बनाने के लिए, जो कि बारी-बारी से स्वयं को वायरस के साथ लपेटना चाहेगी। (जैसे हम एक हाथ की मुट्ठी में दूसरे हाथ की मुट्ठी को पकड़ लें, या जैसे हम उपहार को लपेटते हैं)। जो प्रतिरक्षी वायरस के साथ सबसे अच्छे रूप से बंधन बना लेगी या स्वयं को अच्छे से उसके साथ लपेट लेगी, वह प्रतिरक्षी हमारे शरीर के द्वारा अधिक उत्पन्न की जाएगी, ताकि वह वायरस के साथ लड़ सके और उसको नष्ट कर सके। कुछ है, जो हमारे तंत्र के साथ मिलकर कार्य कर रहा है और उसे जीत का मार्ग दिखा रहा है या स्वयं की रक्षा करना बता रहा है।

यह ऐसा है कि उस लपेटने की प्रक्रिया में हमारी प्रतिरक्षी वायरस में उपस्थित प्रत्येक ताली (की) को जोड़कर देखती है, जिसको कि वह प्रहार करने के लिए उपयोग करती है और कभी-कभी प्रत्येक कोशिका के ताले (लॉक) को ही बदल देती है, जिसका कि वार कर रहे वायरस को पता होता है। यदि आवश्यकता पड़ती है तो हमारा तंत्र अपना 'नियम संग्रह' बदल देता है। यह एक 'उत्तम कूट लेखन' तंत्र जैसा है। कूट लेखन को बदला जा सकता है, परंतु यह सब कौन कर रहा है?

हमारा शरीर करोड़ों की संख्या में प्रतिरक्षी का निर्माण करता है। परंतु हमारे डी.एन.ए. के पास इतना ज्ञान या इतनी जानकारी नहीं कि वह इतनी सारी प्रतिरक्षी का निर्माण कर सके, यदि वह सभी एक ही बनाए या एक के लिए कार्य करे तब भी हमारा शरीर इतनी सारी प्रतिरक्षी नहीं बना सकता। हमारे डी.एन.ए. को प्रतिरक्षी का निर्माण करने के अलावा भी बहुत-कुछ करना पड़ता है, तो डी.एन.ए. का एक भाग है या कहें कि कुछ प्रतिशत डी.एन.ए. है, जो प्रतिरक्षी बनाता है। परंतु यदि हम डी.एन.ए. के अन्य बचे हुए भाग को भी मिला दें तब भी हमारे डी.एन.ए. के पास इतना ज्ञान नहीं या इतनी जानकारी नहीं कि वह करोड़ों की संख्या में प्रतिरक्षी का निर्माण कर सके।

हमारे पास एक 'जैविक प्रणाली' है, जो विक्षिप्त वंशाणु को स्वस्थ बनाती है और

कम या अधिक जानकारी को जोड़ती और घटाती है।

हमारे डी.एन.ए. के पास करोड़ों की संख्या में प्रतिरक्षी बनाने हेतु आवश्यक जानकारी नहीं होती, परंतु इसके पश्चात् भी हमारा डी.एन.ए. करोड़ों की संख्या में प्रतिरक्षी का निर्माण करता है। हमारे डी.एन.ए. के पास करोड़ों की संख्या में प्रतिरक्षी बनाने हेतु संभवतः पर्याप्त आवश्यक जानकारी नहीं है, परंतु इसके पश्चात् भी प्रतिरक्षी का निर्माण होता है, क्योंकि आवश्यक जानकारियाँ हमारी प्रणाली और हमारे तंत्र के बाहर भी उपस्थित हैं, अर्थात् हमारे शरीर के बाहर। हमारे डी.एन.ए. द्वारा आवश्यक जानकारी प्राप्त करने की इस लीला को आइए X के दृष्टिकोण से समझते हैं।

X की टिप्पणी

घोर आवश्यकता, चाहे प्राकृतिक कारणों से या मनोदशा के कारण या दोनों से ही, उत्परिवर्तन को ईंधन प्रदान करती है, या कहें, उत्परिवर्तन के लिए 'उपर्युक्त वातावरण' का निर्माण करती है। चाहे वह प्रतिदिन के स्तर पर प्रतिरक्षी बनाने के लिए उत्परिवर्तन हो या क्रम विकास के लिए। 'जिज्ञासा' वह छुपी हुई ऊर्जा है, जो उत्परिवर्तन को उसकी सीमाओं तक और सीमाओं के पार ले जाती है। जिज्ञासा ही है, जो हमारे प्राकृतिक तंत्र को 'अज्ञात को खोजने की क्षमता' प्रदान करवाती है। आइए, देखते हैं कि जिज्ञासा का कौन सा स्वरूप वंशाणु के संपादन में भी सहायता करता है, वह हमारे शरीर की कोई कार्यप्रणाली है या मन-मस्तिष्क की? आइए, इसका उत्तर खोजने का प्रयास करते हैं।

उत्परिवर्तन घटित करवानेवाली यह वह कार्य प्रणाली है, जो अपने होने का 'प्रमाण' नहीं देना चाहती। यह केवल कार्य करती है और आकाश में रहकर जीवन को दिशा प्रदान करवाती है। प्रत्येक दिशा और प्रत्येक संभावना में यह शक्ति हमारे शरीर की प्रत्येक कार्य प्रणाली के साथ, प्रत्येक अंग के साथ, प्रत्येक कोशिकाओं के साथ, हमारे कण-कण के साथ या कहें, पदार्थ और ऊर्जा के हर रूप के साथ मिलकर कार्य करती है। यह शक्ति बहुआयामी है, यह किसी एक आयाम तक सीमित नहीं। हम इसके निश्चित स्थान का पता नहीं लगा सकते, हम केवल इसके 'प्रभावों' को देख, अनुभव कर सकते हैं। यह प्रत्येक वस्तु में है और यह आकाश में भी है और समय पड़ने पर यह 'पदार्थ-ऊर्जा और कण-तरंग' को दिशा देती है और रूप भी प्रदान करवाती है। यह आवश्यकता पड़ने पर एक तंत्र की दूसरे तंत्र के साथ सहभागिता करवाने का कार्य भी करती है। इसको हम 'जीवित जिज्ञासा' कह सकते हैं। यह जिज्ञासा का वह रूप है जो जीवन को दिशा प्रदान करता है।

जीवित जिज्ञासा भी एक प्रकार का तत्त्व है। तो क्या हम यह कह सकते हैं कि यह 'बुद्धत्व, शिवत्व, कृष्णत्व' से भी किसी प्रकार से जुड़ा हुआ है या संबंधित है? क्या यह

वह तत्त्व है, जो प्रत्येक जीव को ज्ञान के साथ जोड़ता है और उनको उनकी यात्रा पूर्ण करने में सहायता करता है? क्या यह तत्त्व ब्रह्मांड के संचालन में भी किसी प्रकार की कोई सहायता करता है? क्या यह किसी प्रकार की जीवित ऊर्जा है? इन सभी प्रश्नों का उत्तर है हाँ, आइए, इसको विस्तारपूर्वक समझते और जानते हैं।

वैज्ञानिकों का कहना है कि हमारे डी.एन.ए. के पास पर्याप्त ज्ञान या पर्याप्त जानकारी नहीं है कि वह करोड़ों की संख्या में प्रतिरक्षी बना सके। इसके सहारे हम यह कह सकते हैं कि पदार्थ (डी.एन.ए. भी एक प्रकार का पदार्थ ही है) के पास पर्याप्त ज्ञान नहीं है, जो जीवन को 'आवश्यक बदलाव' करने में सहायता करे और तथाकथित योग्यतम की धारणा या संकल्पना भी 'पदार्थ' पर ही आधारित है, जैसे योग्यतम शरीर, योग्यतम कोशिका, योग्यतम वंशाणु, योग्यतम शुक्राणु इत्यादि पदार्थ की संकल्पना के ही अधीन आते हैं और हम यह जानते हैं कि पदार्थ के पास इतनी जानकारी नहीं होती कि वह उत्परिवर्तन की प्रक्रिया को घटित करवा सके, तो कैसे तथाकथित योग्यतम क्रम विकास का आधार हो सकता है? यह नहीं हो सकता। मस्तिष्क जो है, वह एक प्रकार की ऊर्जा है और कुछ वैज्ञानिकों के लिए यह केवल 'संदेश' भेजता और प्राप्त करता है। परंतु यहाँ पर मस्तिष्क एक महत्त्वपूर्ण भूमिका निभाता है जिज्ञासा के साथ मिलकर, जो कि जीवन की सहायता के रूप में कार्य करता है। यही विद्युतीय संकेत और मानसिक तरंगें, जिनको हम मस्तिष्क (माइंड) कहते हैं, यह मस्तिष्क ही 'जिज्ञासा को वातावरण में उपस्थित आवश्यक जानकारी या अधिक जानकारी' को प्राप्त करने में सहायता प्रदान करता है। उत्परिवर्तन के संदर्भ में भी जिज्ञासा हमारे मस्तिष्क के साथ मिलकर अपने आसपास के वातावरण में उपस्थित आवश्यक जानकारी की खोज करती है। कूट लेखन, उत्परिवर्तन, क्रम विकास के लिए 'छुपी हुई या अधिक जानकारी' जो आती है, वह 'प्रभामंडल' (औरा) की सहायता से या प्रभामंडल के माध्यम से आती है। हमारा 'मस्तिष्क और जिज्ञासा का तंत्र' प्रभामंडल में उपस्थित जानकारी का उपयोग करके उत्परिवर्तन, कूट लेखन, क्रम विकास करता है या प्रभामंडल की सहायता से हमारे शरीर के बाहर के आकाश में उपस्थित जानकारी प्राप्त करके क्रम विकास इत्यादि को उनके लक्ष्य तक पहुँचाता है। हमारे शरीर के चारों ओर जो जैविक और ऊर्जात्मक परत होती है, जिसमें बैक्टीरिया जैसे सूक्ष्मजीव भी होते हैं और ऊर्जा की भी अलग-अलग परतें होती हैं, उसे हम प्रभामंडल या आभामंडल कहते हैं। यही प्रभामंडल वह आवश्यक, अधिक जानकारी हमारे तंत्र को प्रदान करवाता है जिसके सहारे वह डी.एन.ए. में पर्याप्त बदलाव करके उत्परिवर्तन इत्यादि करता है। वह प्रभामंडल हमारे आसपास के वातावरण के साथ सहभागी हो सकता है और होता भी है।

हमारे शरीर के बाहर जो बैक्टीरिया या सूक्ष्मजीवों की परत होती है, उसमें भी

'अतिरिक्त जानकारी' होती है और हमारे आसपास के वातावरण में जो 'सूक्ष्मजीव' होते हैं, उनमें भी अनेक प्रकार की 'जानकारी' उपस्थित होती है। जिज्ञासा-मस्तिष्क तंत्र प्रभामंडल की सहायता से सूक्ष्मजीव में उपस्थित जानकारी और हमारे आसपास के आकाश में उपस्थित जानकारी को प्राप्त करता है। हमारे आसपास के वातावरण में सूक्ष्मजीव में उपस्थित जानकारी, हमारे आसपास के आकाश में उपस्थित जानकारी और प्रभामंडल में उपस्थित सूक्ष्मजीव और ऊर्जा की परत की जानकारी का मस्तिष्क-जिज्ञासा तंत्र अन्वेषण करता है और आवश्यक जानकारी और आवश्यक ऊर्जा को प्राप्त करके उत्परिवर्तन इत्यादि घटित होने में सहायता करता है। जिज्ञासा ही है, जो हमारे एक तंत्र को दूसरे तंत्र के साथ सहभागी होने की क्षमता प्रदान करवाती है या कहें, एक तंत्र से दूसरे तंत्र के बीच जानकारी के आदान-प्रदान का माध्यम और कारण जिज्ञासा ही है। जिज्ञासा ही हमारे तंत्र को संचालित करती है, जिज्ञासा ही हमारे तंत्र में उपस्थित जानकारी और तंत्र के बाहर या तंत्र के पार उपस्थित जानकारी का अन्वेषण कर उपयोग करती है, अपनी आवश्यकता के अनुसार।

हम इसे एक उदाहरण से समझते हैं, जो एक वैज्ञानिक शोध और वैज्ञानिक अध्ययन पर आधारित है। कुछ जीव वैज्ञानिक और अन्य वैज्ञानिक जंगल में रहनेवाले आदिवासी लोगों के पास गए। (अमेरिका, ब्राजील, अफ्रीका इत्यादि देशों में)। वह वहाँ उन लोगों की जीवन-शैली, रहन-सहन इत्यादि को जानने और समझने गए थे और विशेषत: वैज्ञानिक उनके वंशाणु का अध्ययन करने गए थे। वैज्ञानिकों ने उन आदिवासियों में अनेक अचंभित कर देनेवाली खोजें की। उन्होंने वहाँ मनुष्य की प्रतिरक्षा प्रणाली की छुपी हुई शक्तियों के बारे में जाना। उन्होंने पाया कि जिन लोगों ने (आदिवासियों ने) कभी भी, किसी भी आधुनिक औषधि का सेवन नहीं किया, कभी कृत्रिम प्रतिरक्षी का सेवन नहीं किया, उनके भीतर आधुनिक शहरी लोगों की तुलना में (जो अधिक प्रतिरक्षी लेते हैं) अधिक मात्रा में प्रतिरक्षी उपस्थित थी। उन आदिवासियों की प्रतिरक्षा प्रणाली वह सभी प्रतिरक्षी बना रही थी जिनको आज के तथाकथित आधुनिक वैज्ञानिक अपनी शोध शालाओं में बनाते हैं। यहाँ तक कि उन लोगों की (जो लोग जंगल में रहते हैं) प्रतिरक्षा प्रणाली में वह प्रतिरक्षी भी उपस्थित थी, जो आज के आधुनिक वैज्ञानिक अभी तक भी नहीं बना सकते हैं। उनके तंत्र में इतने 'कूट लिखित नियम संग्रह' थे, जो आज के समस्त वैज्ञानिक समुदाय के पास भी नहीं हैं। जिन प्रतिरक्षी का निर्माण आज का यह आधुनिक वैज्ञानिक समाज भी नहीं कर पा रहा है, वह प्रतिरक्षी भी उन जंगल में रहनेवाले लोगों के शरीर के भीतर उपस्थित थी, जो प्राकृतिक रूप से विकसित हुई थी। यह दरशाता है कि प्राकृतिक तंत्र और प्राकृतिक प्रणाली आधुनिक मानव की कृत्रिम प्रणाली और कृत्रिम तंत्र से अधिक बुद्धिमान और सक्षम है।

आज के आधुनिक वैज्ञानिक आदिवासियों की नाभि और आँतों में उपस्थित बैक्टीरिया के नमूने साथ लाए ताकि वह अपनी शोध शालाओं में नई प्रतिरक्षी का निर्माण कर सकें, जिसकी आधुनिक मानव को घोर आवश्यकता है, क्योंकि आज का 'आधुनिक मानव' उन प्रतिरक्षी का निर्माण नहीं कर पा रहा है। आधुनिक मानव की प्रतिरक्षा प्रणाली कृत्रिम औषधि के ज्ञान के अधीन हो गई है, जो कि सीमित है। परंतु वह लोग, जिनको हम आदिवासी कहते हैं, वह प्राकृतिक तंत्र पर निर्भर हैं, और इस कारण से उनकी प्रतिरक्षा प्रणाली में अनगिनत संख्या में प्रतिरक्षी बनाने की क्षमता और शक्ति है। आज का आधुनिक समाज प्रतिरक्षी की कमी को अनुभव कर रहा है और हम इनका निर्माण अपनी 'कृत्रिम शोधनशाला' में नहीं कर सकते, क्योंकि विषाणु (वायरस) का मशीन की तुलना में तीव्र गति से क्रम विकास हो रहा है। इसी कारण से आज के तथाकथित आधुनिक मानव को तथाकथित आदिवासियों की शरण में जाना पड़ा।

उन आदिवासियों की प्रतिरक्षा प्रणाली में कैसे अधिक मात्रा में प्रतिरक्षी उपस्थित है? उन आदिवासियों के केवल आँत के बैक्टीरिया में ही अधिक जानकारी उपस्थित नहीं, बल्कि उनका तंत्र उनकी 'नाभि में उपस्थित बैक्टीरिया से, त्वचा और अन्य स्थानों में उपस्थित बैक्टीरिया या सूक्ष्म जीव से और उनके आसपास के वातावरण में जो सूक्ष्मजीव हैं, उनमें उपस्थित जानकारी लेकर प्रतिरक्षी का निर्माण करता है। प्राकृतिक रूप से ही वह अधिक मात्रा में प्रतिरक्षी बना रहे हैं, जो आज के आधुनिक वैज्ञानिक सोच भी नहीं पा रहे। आज के आधुनिक वैज्ञानिकों को आगे बढ़ने के लिए बार-बार प्रकृति की शरण में जाना ही पड़ता है और प्रकृति इनको मार्ग दिखाती है।'

मस्तिष्क-जिज्ञासा तंत्र प्रत्येक कोशिका के साथ और पूरे तंत्र के साथ मिल कर कार्य करता है। मस्तिष्क-जिज्ञासा तंत्र की ऊर्जा सूक्ष्म और स्थूल दोनों ही स्तर पर कार्य करती हैं, जिसके कारण उसकी असंख्य संलिप्तता या असंख्य सूक्ष्म जटिल संबंध (एंटेंगलमेंट) होती है। मस्तिष्क-जिज्ञासा तंत्र उस वातावरण का या उस पथ का निर्माण करता है जिसके सहारे हमारी ऊर्जा अन्य तंत्र के साथ सहभागी हो सके। जीवन के खतरे की परिस्थिति में या अन्य अज्ञात वातावरण में इस पथ या मार्ग की सीमा बढ़ जाती है। हम जानते हैं कि जिज्ञासा जीव को जानकारी ग्रहण करने में सक्षम बनाती है और इसके साथ-साथ जिज्ञासा मानो जीव के तंत्र के भीतर एक भँवर का भी निर्माण करती है, जिसके भीतर सभी जानकारियाँ खिंची चली जाती हैं और क्रम विकास और उत्परिवर्तन की लीला में भी जिज्ञासा की यह विशेषता भी महत्त्वपूर्ण योगदान देती है। नए वातावरण में या नई परिस्थितियों में जीव का तंत्र स्वयं ही उस वातावरण से संबंधित जानकारी को एकत्रित करना प्रारंभ कर देता है, उस वातावरण के अनुसार स्वयं को परिवर्तित करने हेतु और घोर आवश्यकता के समय जानकारी ग्रहण करने की सीमा असीम हो जाती है

और जीव का तंत्र अनेक माध्यमों द्वारा आवश्यक जानकारी को खोजना प्रारंभ कर देता है। हम यह भी जानते हैं कि सूक्ष्म स्तर पर हममें और प्रकृति की अन्य सभी वस्तुओं में संलिप्तता है (जीवित और निर्जीव सभी में)। प्रकृति का प्रत्येक तंत्र अन्य सभी तंत्रों के साथ सूक्ष्म रूप से संलिप्त या जटिलता से जुड़ा हुआ है या कहें, परस्पर संबंध में है। इसी परस्पर संबंध में और इन संलिप्तता के सहारे जानकारी का आदान-प्रदान होता है। इन सूक्ष्म संलिप्तता (क्वांटम एंटेंगलमेंट) की सहायता से ही कोई भी तंत्र किसी भी जानकारी को प्राप्त कर सकता है।

जिज्ञासा का अर्थ होता है कुछ नया जानना और कुछ नया या अज्ञात जानने की ऊर्जा ही जिज्ञासा की ऊर्जा होती है। आपातकालीन परिस्थिति में जीव अपने जीवित रहने से संबंधित मार्ग और उपायों को जानना चाहता है और यही जीवित रहने के मार्ग और उपाय को 'जानने की इच्छा' उनके जिज्ञासा के तंत्र को सक्रिय कर देती है और उसका तंत्र आपातकालीन परिस्थिति के अनुसार कार्य करना प्रारंभ कर देता है और अज्ञात की खोज प्रारंभ हो जाती है और जिज्ञासारूपी भँवर अपने आसपास की जानकारियों को खींचना प्रारंभ कर देता है। हमारा मस्तिष्क हमारी सभी जैविक क्रियाओं और जैविक प्रणालियों के साथ संलिप्त या जटिलता से जुड़ा हुआ होता है। आपातकालीन परिस्थितियों में इन्हीं संलिप्तता की सहायता से हमारा मस्तिष्क हमारी सभी कार्य प्रणाली को एक ही लक्ष्य को प्राप्त करने के लिए लगा देता है और सूक्ष्म और स्थूल स्तर पर जानकारी की आवाजाही प्रारंभ हो जाती है। हमारी सभी जैविक क्रियाओं का एक ही लक्ष्य बन जाता है और वह होता है 'आवश्यक जानकारी की खोज'। आवश्यक जानकारी की खोज में पहले अपने तंत्र के भीतर ही खोज की जाती है और यदि आवश्यक जानकारी अपने तंत्र में नहीं मिलती तो हमारा तंत्र जो प्रकृति में उपस्थित अन्य तंत्र के साथ संलिप्त है, उसकी संलिप्तता की सहायता से हमारा तंत्र अपने वातावरण में उपस्थित अन्य तंत्र में जानकारी खोजता है। इस कार्य में हमारे शरीर की सभी कार्य प्रणालियाँ योगदान देती हैं। हमारे शरीर में उपस्थित हर एक कार्यप्रणाली अपने कार्य में उत्तीर्ण होती है और उनके भीतर जीवन से संबंधित कुछ 'छिपा हुआ ज्ञान या छुपी हुई जानकारी' होती है। प्रत्येक कार्य प्रणाली दूसरी कार्यप्रणाली के साथ अतरसंयोजनात्मक होती है या परस्पर संबंध में होती है और आपातकाल के समय सभी कार्यप्रणाली एक इकाई की भाँति कार्य करती हैं और उनका एक ही लक्ष्य बन जाता है और वह होता है 'आवश्यक जानकारी की खोज', चाहे तंत्र के भीतर या तंत्र के बाहर।

यदि हम इसे आधुनिक समाज के संस्थानों के उदाहरण के सहारे समझें तो जैसे कि आधुनिक समाज के कुछ संस्थान या संगठन में यदि कोई आपातकालीन परिस्थिति आ जाती है या किसी नए सुझाव की खोज होती है, तो कुछ उदाहरण में हमने देखा है कि

उच्च संस्था के चालक या उच्च अधिकारी उस समस्या का हल या वह सुझाव नहीं खोज पाते और कोई तथाकथित छोटा अधिकारी या कर्मचारी जाने-अनजाने में उस समस्या का निवारण कर देता है या वह सुझाव दे देता है जिसकी आवश्यकता संस्थान को थी। इसे देखकर हम यह कह सकते हैं कि कभी-कभी निवारण निश्चित कार्य प्रणाली (जो उस कार्य के लिए ही बनी है) से नहीं आता, अन्य छोटी कार्य इकाई या वहाँ से आता है जहाँ से कोई सोच भी नहीं सकता। जिस प्रकार आपातकालीन परिस्थिति में संस्थान के संचालक सभी इकाइयों को काम पर लगा देते हैं और समस्या की खोज करनेवाला कोई गाड़ी चलानेवाला, छोटे पद का कर्मचारी हो सकता है, जो उस खोज से सीधे-सीधे न जुड़ा हो, परंतु वह उस संस्था से जुड़ा है या कहें, उस संस्था के साथ संलिप्त है और किसी-न-किसी रूप से आवश्यक जानकारी प्राप्त करवाता है, इसी प्रकार हमारा मस्तिष्क या हमारी संचालक ऊर्जा आपातकालीन परिस्थिति में हमारी सभी कार्य प्रणाली को कार्य पर लगा देती है और चाहे तंत्र में या आसपास के वातावरण में उपस्थित जानकारी में से आवश्यक जानकारी की खोज प्रारंभ कर देती है और सभी उपस्थित संभावनाओं को खोजती है। पहले से बने संलिप्त मार्ग की सहायता से या नए संलिप्त मार्ग बनाकर आवश्यक जानकारी को खोजा जाता है।

हम इसे थोड़ा और समझते हैं। जैसे मानो हमारी प्रतिरक्षा प्रणाली को हमारे गुर्दे से संबंधित प्रतिरक्षी बनानी है। तो वह पहले अपने तंत्र में उपस्थित जानकारी का प्रयोग करेगी, यदि वह जानकारी पर्याप्त नहीं हुई तो वह तंत्र के बाहर उपस्थित जानकारी की खोज करेगी। जैसे हमने देखा कि आदिवासियों की नाभि और त्वचा में अधिक और सहयोगी बैक्टीरिया थे। वह बैक्टीरिया, जो उनके शरीर पर थे, वह दूसरे किसी जीव में या प्रकृति के दूसरे तंत्र में कुछ विशेष कार्य या अलग कार्य भी करते होंगे। दूसरे किसी जीव में या प्रकृति के किसी तंत्र में वह सक्रिय और आवश्यक भूमिका निभाते होंगे। जिसके कारण वह दूसरे तंत्र के साथ भी संलिप्त हैं और उस तंत्र के साथ जटिलता से जुड़ा होता है और उनके पास दूसरे तंत्र या कहें, 'दूसरे डी.एन.ए. की जानकारी' उपस्थित होती है और जिस जीव में या प्रकृति के तंत्र में वह कार्य करते हैं, उस जीव या तंत्र से संबंधित अन्य बैक्टीरिया भी वातावरण में उपस्थित हैं, जिनके साथ वह हमारी त्वचा पर रहनेवाले बैक्टीरिया संलिप्त हैं या संलिप्त हो सकते हैं और जिनके साथ वह जटिल जोड़ स्थापित किए रहता है। इन्हीं सभी संलिप्तता और जटिल जोड़ की सहायता से हमारा तंत्र पर्याप्त जानकारी प्राप्त करता है। जैसे हमारे इस गुर्देवाले उदाहरण में मानो हमारी त्वचा या नाभि पर रहनेवाला बैक्टीरिया दूसरे किसी जीव में भी रहता है और उस दूसरे जीव में वह उस जीव के गुर्दे के लिए प्रतिरक्षी बनाने में भाग लेता है और उस दूसरे जीव के तंत्र में उस प्रोटीन का निर्माण

होता हो जिसकी आवश्यकता हमारी प्रतिरक्षा प्रणाली को है, तो उस दूसरे बैक्टीरिया में उपस्थित इस जानकारी को हमारी त्वचा या इत्यादि स्थान में रहनेवाला उसी प्रजाति का बैक्टीरिया संलिप्तता और जटिल जोड़ की सहायता से प्राप्त कर सकता है। यहाँ पर जिज्ञासा का वही स्वरूप कार्य कर रहा है जिसे हमने अपनी कहानी के प्रारंभ में जाना था, जो वह जानकारी तो एकत्रित करता ही है जिसके प्रति जीव सर्वप्रथम जिज्ञासु होते हैं, परंतु इसके साथ-साथ वह वह जानकारी भी ग्रहण कर लेता है जिसके प्रति वह जिज्ञासु नहीं था और इस उदाहरण में हम जिज्ञासा की इसी विशेषता को कार्य करता देख सकते हैं, जहाँ विशेष प्रतिरक्षी बनाने हेतु विशेष तंत्र की जानकारियों में आवश्यक जानकारी को तो खोजा ही जाता है, इसके साथ-साथ वातावरण में उपस्थित अन्य प्रकार की जानकारियाँ भी हमारे तंत्र में प्रवेश कर जाती हैं और इसी के सहारे एक तंत्र प्रकृति में उपस्थित अन्य सभी तंत्रों की जानकारी एकत्रित करके आवश्यक क्रिया पूर्ण करता है, अर्थात् प्रतिरक्षी का निर्माण करता है।

यदि मानो ऐसा नहीं है कि हमारे बैक्टीरिया, जो हमारी त्वचा इत्यादि स्थान पर रहते हैं, वह किसी दूसरे जीव के गुर्दे से संबंधित प्रोटीन बनाने की प्रक्रिया का भाग नहीं, परंतु उस जीव के तंत्र के भीतर वास करते हैं, जिसमें हमारे गुर्दे से संबंधित प्रतिरक्षी उपस्थित है, तब भी वह बैक्टीरिया आवश्यक जानकारी को प्राप्त कर सकता है, संलिप्तता और सूक्ष्म जटिल जोड़ (एंटेंगलमेंट) की सहायता से, जो कि उसी तंत्र में रहने के कारण निर्मित हुई है। ऐसे ही अन्य कई प्रकार के संलिप्त मार्ग और सूक्ष्म जटिल जोड़ की सहायता से हमारा तंत्र अपनी क्षमता से अधिक प्रतिरक्षी बना पाता है और क्रम विकास, उत्परिवर्तन इत्यादि की रूपरेखा का निर्माण करता है और इन्हें इनके लक्ष्य तक पहुँचाता है। यहाँ भी जिज्ञासा अपनी लीला रच रही है। आगे हम विस्तार से समझेंगे, यह कैसे होता है।

हम जानते हैं कि यदि कोई बाहरी तत्त्व हमारे तंत्र या शरीर में प्रवेश करता है तो हमारी प्रतिरक्षा प्रणाली सक्रिय हो जाती है, परंतु क्यों? क्योंकि हमारी कोशिका और हमारा तंत्र जिज्ञासु होता है, नए तत्त्व को जानने हेतु और निरीक्षण करने हेतु। जिज्ञासा हमारे तंत्र को संचालित करती है, उस वस्तु या तत्त्व की जाँच-पड़ताल करने के लिए। जाँच-पड़ताल के पश्चात् तंत्र यह निश्चित करता है कि इसको उपयोग करना है या इसको नष्ट करना है। जाँच-पड़ताल और निरीक्षण-परीक्षण भी जिज्ञासा के ही स्वरूप हैं।

कुछ वैज्ञानिक यह कह सकते हैं कि जब हम किसी अन्य वस्तु के 'संपर्क' में आते हैं तभी हम अन्य वस्तु के साथ सूक्ष्म जटिल जोड़ स्थापित कर सकते हैं और यदि हम किसी वस्तु के संपर्क में नहीं आते तो हम सूक्ष्म जटिल जोड़ स्थापित नहीं कर सकते, तो कैसे हम उन जीवों से सूक्ष्म जटिल जोड़ द्वारा जानकारी प्राप्त कर सकते हैं जिनके संपर्क में हम कभी आए ही नहीं? इस प्रश्न का उत्तर भी क्रम विकास ही है। हम यह जानते हैं

कि सर्वप्रथम एक कोशिका के जीव अस्तित्व में आए थे और उसके पश्चात् उनका क्रम विकास हुआ और उन्हीं जीवों से उन्नत या भिन्न जीवों का विकास हुआ। अर्थात् हम पृथ्वी पर जितने भी जीव देख रहे हैं, उन सभी का क्रम विकास किसी एक जीव से हुआ है और इसी क्रम विकास की प्रक्रिया के कारण जीव जगत् के सभी जीव-जंतु आपस में सूक्ष्म जटिल जोड़ के सहारे जुड़े हुए हैं। क्रम विकास के कारण ही जीव जगत् के सभी जीव-जंतु आपस में एक-दूसरे के साथ सूक्ष्म जटिल जोड़ स्थापित किए हुए हैं। हम इस रहस्यमयी सूक्ष्म जटिल जोड़ को अपनी जिज्ञासा की कहानी में आगे पूर्ण रूप से समझने का प्रयास करेंगे और यह भी जानने का प्रयास करेंगे कि हम किस प्रकार सूक्ष्म जटिल जोड़ के सहारे पृथ्वी और ब्रह्मांड में उपस्थित प्रत्येक वस्तु के साथ जुड़े हुए हैं, अभी आइए, क्रम विकास पर थोड़ा अधिक प्रकाश डालते हैं।

हमारे तंत्र द्वारा प्रतिरक्षी का निर्माण कैसे होता है और प्रतिरक्षी कार्य कैसे करती है? आइए, इसे आधुनिक विज्ञान की सहायता से जानते हैं। प्रतिरक्षी के संबंध में आधुनिक विज्ञान की कुछ खोज और डार्विन के कुछ सिद्धांत क्या कहते हैं, यह देखते हैं और इस संदर्भ में अध्यात्म क्या कहता है, यह भी जानेंगे।

माइंड एंड लाइफ संस्थान के एक वैज्ञानिक ने अपने प्रस्तुतीकरण में बताया और समझाया कि मानव शरीर कैसे प्रतिरक्षी का निर्माण करता है।

वैज्ञानिक तथ्य

जब हम अपनी माता के गर्भ में थे और हमारा भ्रूण अपने विकास के प्रारंभिक चरण में था, वह वही समय था, जब हमने (एक तंत्र ने) प्रतिरक्षी बनानी प्रारंभ की थी, 'बी' नामक कोशिका के सहारे।

वह वंशाणु, जो हमें अपने माता-पिता से मिलते हैं—

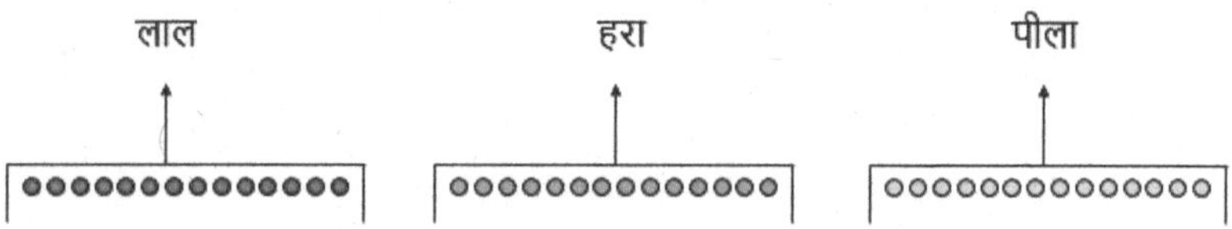

सोचो यह वह वंशाणु है, जो हमें हमारे माता-पिता से मिले हैं, भिन्न-भिन्न रचना में। जब हमारा तंत्र प्रतिरक्षी बनाना प्रारंभ करता है तब वह लाल, पीले, हरे समूह में से एक इकाई या एक भाग निकाल लेता है या काट लेता है और बी कोशिकाओं का एक जोड़ा बनाता है, फिर लाल, पीले, हरे का भिन्न भाग लेता है और बी कोशिकाओं का एक अलग जोड़ा बनाता है, और इसी प्रक्रिया को दोहराता रहता है। जैसे—

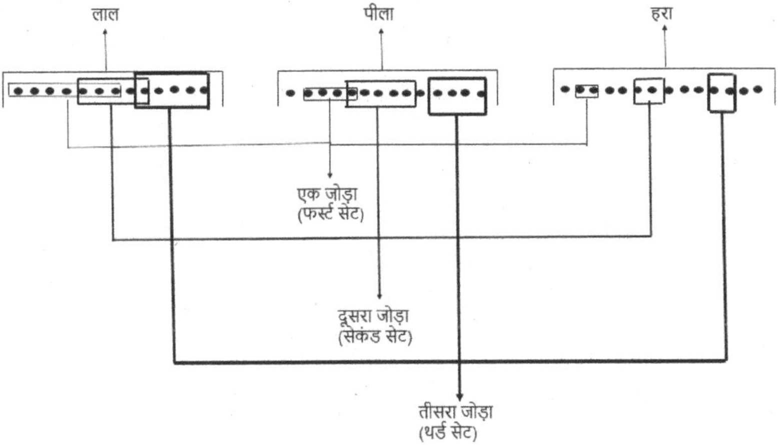

बी कोशिकाओं की प्रत्येक इकाई मानो निरुद्देश्यता से '100 इकाई लाल की, 15 हरि इकाई, और 5 या 10 पीली इकाई का चयन करती है। बी कोशिकाओं का एक जोड़ा निर्भर करता है कि डी.एन.ए. के कितने भाग से वह कितने अणुओं को लेता है। प्रत्येक डी.एन.ए. में निश्चित मात्रा में अणु होते हैं। स्वास्थ्य और परिस्थिति निर्धारित करती है कि बी कोशिकाओं की कितनी इकाइयाँ बनेंगी। 1,00,000 बनेंगी या 10,00,000 बनेंगी, यह स्वास्थ्य पर और परिस्थिति पर निर्भर करता है। यह प्रक्रिया निरुद्देश्यता से घटित होती है, परंतु इसके हमारे स्वास्थ्य पर दूरगामी निहितार्थ होते हैं।

बी कोशिकाओं के जो जोड़े बनते हैं, उनमें अणुओं को निरुद्देश्यता से चुना जाता है, दूसरे अणुओं की तुलना में। जैसे लाल की 100 इकाई, हरे की 15 और पीले की पाँच या 10 इकाई। स्वास्थ्य समस्याएँ और भूतकाल के अनुभव कुछ अंतर ला सकते हैं, परंतु इसके पश्चात् भी यह प्रक्रिया निरुद्देश्य होती है।

एक वैज्ञानिक ने समझाया कि हमारे तंत्र द्वारा वायरस क्यों और कैसे पहचाना जाता है। उन्होंने 'इपिटॉप' की व्याख्या की।

इपिटॉप (Epitop)

इपिटॉप वह वस्तु है या वह परत है जो विषाणु (वायरस) के ऊपर उपस्थित होती है। इसी के कारण विषाणु हमारे तंत्र और प्रतिरक्षी द्वारा खोजा जाता है। जब विषाणु हमारे शरीर में प्रवेश करता है तो वह प्रतिरक्षी के कुछ समूह द्वारा पहचाना जाता है जैविक चेतावनी द्वारा, जिसे हम इपिटॉप कहते हैं। जो प्रतिरक्षी विषाणु को पहचानती है, वह विषाणु को बाँध भी लेती है। जब बंधन घटित हो रहा होता है तब दो संभावनाएँ हो

सकती हैं। एक तो यह कि जो कोशिका विषाणु को बाँधेगी वह अपना विभाजन प्रारंभ कर देगी और स्वयं का उत्परिवर्तित करना प्रारंभ कर देगी। उत्परिवर्तन एक क्रम विकास की प्रक्रिया है, क्रम विकास ऐसे ही होता है। जब उत्परिवर्तन की प्रक्रिया प्रारंभ हो जाती है तब कोशिका अधिक मात्रा में प्रतिरक्षी बनाती है, कुछ विषाणु के साथ बँध नहीं पाती, परंतु कुछ बँध जाती हैं और वह ऐसा कुशलतापूर्वक कर पाती है।

हमारे वंशाणु की संरचना के 40 प्रतिशत भाग में वह क्षमता होती है कि वह स्वयं को तोड़कर दूसरे स्थान पर चिपका सकता है या जोड़ सकता है, वातावरण या आवश्यकता के अनुसार उपयोग करने के लिए।

बंधन, उत्परिवर्तन और नई प्रतिरक्षी का निर्माण होना, जो कि पहले से ही स्वस्थ हो, उसकी प्रक्रिया जन्म के दो या तीन हफ्ते में या इसके आसपास घटित होती है, और इन सभी में 'भावनाएँ' भी अपनी भूमिका निभाती हैं।

जीव और जीवन के प्रति आध्यात्मिक दृष्टिकोण

गुरुजी ने बताया कि बौद्ध धर्म संवेदनशील प्रणाली या चेतन जीव और अवचेतन प्रणाली/जीव के संदर्भ में क्या सोचता है। इसके सहारे और अब तक जो हमने पढ़ा, उसके सहारे हम सोच पाएँगे कि सिद्धार्थ, गौतमजी के जन्म के पश्चात् राजमहल के वातावरण में और धार्मिक वातावरण में (जिनकी अपनी अलग-अलग भावनाएँ और क्रियाएँ होती हैं) सिद्धार्थ का तंत्र कैसे विकसित हुआ होगा और सिद्धार्थ पर इनका क्या प्रभाव पड़ा होगा। राजमहल के स्वच्छ वातावरण के अनुसार ही सिद्धार्थ ने अपनी प्रतिरक्षियों का निर्माण किया होगा, तो क्या कोई स्वच्छ वातावरण के अनुसार बनी प्रतिरक्षियों के साथ जंगल, श्मशान, गुफा इत्यादि जैसे जटिल वातावरण में कार्य कर सकता है या ऐसे जटिल वातावरण में उत्तरजीवी रह सकता है? साधारण मनुष्य के लिए यह करना संभव नहीं। परंतु सिद्धार्थ ने इस सूक्ष्म स्तर पर भी सिद्धि प्राप्त की। आधुनिक विज्ञान के अनुसार ऐसा नहीं हो सकता कि स्वच्छ वातावरण में विकसित प्रतिरक्षी प्रणाली दूषित वातावरण में उत्तरजीवी रह पाए, परंतु जीवन तथाकथित आधुनिक विज्ञान के दिशा-निर्देश पर नहीं चलता और सिद्धार्थ, गौतम बुद्ध ने राजघराने के स्वच्छ वातावरण में विकसित प्रतिरक्षा प्रणाली के साथ जंगल, श्मशान, गुफा इत्यादि जैसे जटिल स्थानों पर जीवन व्यतीत भी किया और अपना आध्यात्मिक विकास भी किया तथा कहीं-न-कहीं शारीरिक विकास भी किया जिसके सहारे वह उस जटिल वातावरण में उत्तरजीवी रह पाए। जिज्ञासा असंभव को भी संभव बना देती है। यह सब कैसे हुआ होगा, यह हम वैज्ञानिक दृष्टिकोण से ही जानेंगे और समझेंगे। आइए, पहले गुरुजी ने संवेदनशील प्रणाली या चेतन प्रणाली के संदर्भ में क्या कहा, उस पर प्रकाश डालते हैं।

चेतन प्रणाली बौद्ध धर्म के अनुसार क्या है

चेतन प्रणाली या हम मनुष्य अपनी इच्छाशक्ति से स्वयं को हिला-डुला सकते हैं, और ऐसा हम स्वयं करते हैं। यह हमें अन्य जीव जगत् से अलग बनाता है। अन्य जीव, जिनके भीतर किसी प्रकार की हलचल होती है तो, वह हलचल किसी प्रकार के रासायनिक बदलाव के कारण होती है। जैसे कि जानवर अपनी मौलिक आवश्यकताओं द्वारा संचालित होते हैं और कुछ रसायन उन तृष्णा को सक्रिय करते हैं। परंतु हम मनुष्य कुछ रसायन के उत्पादन को नियंत्रित कर सकते हैं, जैसे क्रोध, भूख, संभोग इत्यादि इच्छाओं और तृष्णा को, जो कि रासायनिक बदलाव के कारण होती हैं।

दो प्रकार की तंत्रिकीय गतिविधियाँ (न्यूरल गतिविधियाँ) होती हैं, एक 'इच्छाशक्ति' के द्वारा और दूसरी 'तंत्र' के द्वारा होती है।

शुक्राणु की गतिविधि भी किसी प्रकार के रसायन के कारण या किसी प्रकार की ऊर्जा से होती है, जो कि एक विशेष शुक्राणु को संचालित करती है। एक क्षण आता है, जहाँ पर कर्म भी अपना कार्य करना प्रारंभ कर देते हैं।

X की टिप्पणी

आज के 'आधुनिक वैज्ञानिकों' को यह देखना चाहिए कि जब शरीर प्रतिरक्षी का निर्माण करता है उस समय पर कौन सा परिपथ सक्रिय होता है और प्रक्रिया के घटित होते समय और प्रक्रिया से पहले और प्रक्रिया के पश्चात् परिपथ या तंत्र के कुछ भाग में आए 'ताप' में बदलाव या तापमान में बदलाव को मापेंगे तो डी.एन.ए. और आर.एन.ए.—प्रोटीन का पूरा तंत्र समझ में आएगा, कुछ सीमाओं तक। यह प्रक्रिया उस तंत्र से (जिस तंत्र के भीतर प्रतिरक्षी का निर्माण हो रहा है) जुड़ी या उस व्यक्ति से जुड़ी स्मृतियाँ, जो आकाश या ब्रह्मांड में अवतीर्ण हैं, उन्हें भी प्रभावित कर सकती है और उनके द्वारा प्रभावित हो भी सकती है। पदार्थ-ऊर्जा और जीव का जितना भी क्रम विकास हुआ है, उस क्रम विकास की समस्त जानकारी हमारे डी.एन.ए. और आर.एन.ए. में किसी-न-किसी रूप में उपस्थित है और विशेष वातावरण में विशेष जानकारी के मिलन से विशेष पदार्थ और ऊर्जा का निर्माण होता है और मानव गर्भरूपी वातावरण में अंडे और शुक्राणुरूपी जानकारी के मिलन से जीवनरूपी पदार्थ और ऊर्जा का निर्माण होता है।...हम जानते हैं कि हमारे शरीर में अधिकतर अंग हमसे पहले दूसरे जीवों में विकसित हुए थे और उन सभी अंगों की अपनी-अपनी विशेष कंपनीय आवृत्ति (वाइब्रेशनल फ्रिकवेंसी) होती है, जो उस जीव के साथ सीधे-सीधे रूप से जटिलता से जुड़ी होती है, जिस जीव के भीतर उसका निर्माण हुआ है। इन आवृत्ति के सहारे हमारा तंत्र अन्य प्राणी जगत् के तंत्रों से सीधा-सीधा 'संलिप्त' है और जटिलता से जुड़ा हुआ है। यह 'सीधी

संलिप्तता, स्मृतियाँ जो आकाश में अवतीर्ण हैं, जिज्ञासा द्वारा उत्पन्न ताप, इच्छाशक्ति या अन्य शक्तियों द्वारा उत्पन्न ताप' इन सभी का जाल मानव तंत्र और अन्य तंत्र को उत्परिवर्तन करने की क्षमता प्रदान करता है, जो निरुद्देश्य प्रतीत हो सकती है, परंतु यह कार्य जीवन के हित में ही करती है, अर्थात् इनका उद्देश्य जीवन की रक्षा होता है। हमें यह तथाकथित निरुद्देश्यता भी इसी कारण से प्रतीत होती है, क्योंकि उपलब्ध संभावनाएँ अधिक होती हैं और अधिक विकल्प होने के कारण निरुद्देश्यता से चुनाव होता है, परंतु वह चुनाव होता है किसी एक निश्चित उद्देश्य के लिए और वह है जीवन। इस निरुद्देश्यता में भी एक उद्देश्य होता है, क्योंकि हम देख सकते हैं कि जब हमारा तंत्र प्रतिरक्षी का निर्माण करता है, तब जो उत्परिवर्तन होता है, वह अधिक स्थितियों में 'पहले से उन्नत' वंशाणु बनाने के लिए होता है, जिसके कारण जीव को हानि न पहुँचे। हमारा तंत्र निरुद्देश्यता से जोड़ों का चुनाव करता है, परंतु वह कोई ऐसा जोड़ा नहीं चुनता जिसके कारण जीव को कोई हानि हो। यह निरुद्देश्य चुनाव भी ध्यानपूर्वक होता है। जब तक तंत्र में कोई कमी न हो तब तक वह स्वस्थ जोड़ों या संभावित स्वस्थ जोड़ों का चयन करता है। जैसे मानो हमारा तंत्र फेफड़ों से संबंधित प्रतिरक्षी का निर्माण कर रहा है, तो वह जोड़ों तो निरुद्देश्यता से चुनता है और वह ऐसे जोड़ों का निर्माण करेगा, जो स्वस्थ फेफड़ों को जन्म देंगे, परंतु इस प्रकार के जोड़े नहीं बनाता, जो (अधिकतर परिस्थितियों में) फेफड़ों को हानि पहुँचाएँ या विरूपित कर दें या किसी अन्य अंग को विरूपित कर दें। यह सब इस प्रक्रिया में एक उद्देश्य दरशा रहा है। हम देख सकते हैं या यह कह सकते हैं कि प्रतिरक्षी बनाने में या उत्परिवर्तन में जो निरुद्देश्य क्रिया प्रतीत हो रही है, उसमें भी एक उद्देश्य छिपा हुआ है।

महत्त्वपूर्ण प्रश्न यह है कि 'क्रम विकास का समय आ गया' यह निर्णय कौन ले रहा है? कौन उत्परिवर्तन को दिशा दिखा रहा है? भिन्न वातावरण एक कारण है, परंतु 'उड़ो या अन्वेषण' का निर्णय कौन ले रहा है? भिन्न वातावरण या विपरीत वातावरण में सभी जीवों का क्रम विकास नहीं होता, किसी-किसी का होता है, तो जिसका क्रम विकास हो रहा है, उसके तंत्र में यह निर्णय कौन ले रहा है कि क्रम विकास का समय आ गया और जिसका क्रम विकास नहीं हो रहा, उसके तंत्र द्वारा यह निर्णय क्यों नहीं लिया जा रहा? क्या यह केवल इच्छाशक्ति ही है या अन्य ऊर्जा या शक्तियाँ भी यहाँ कार्य कर रही हैं? यह कौन और क्यों और कैसे निर्धारित करता है कि अब साधारण उत्परिवर्तन से कार्य नहीं हो पाएगा, अब क्रम विकास करना ही होगा? आइए, इसके बारे में थोड़ा समझने का प्रयास करते हैं।

हमारे वंशाणु में उत्परिवर्तन प्रतिदिन और प्रत्येक क्षण घटित हो रहा है, परंतु कभी-कभी उत्परिवर्तन अपनी सीमाओं के पार चला जाता है और जीव का क्रम विकास हो

जाता है। वह क्या है, जो उत्परिवर्तन की सीमाएँ निर्धारित करता है और कभी-कभी या उचित समय आने पर उसे उसकी सीमाओं के पार भी ले जाता है? एक नियंत्रित और उपयुक्त उत्परिवर्तन होता है। कौन यह निर्णय ले रहा है कि सीमा में रहना है या सीमा के पार जाना है? पूरा-का-पूरा तंत्र नहीं बदलता या पूरे तंत्र का क्रम विकास नहीं होता, तंत्र के कुछ भाग का विकास होता है या कोई भाग विलुप्त होता है। यहाँ पर एक नियंत्रित या संतुलित ऊर्जा कार्य कर रही है, जो क्रमबद्ध रूप से कार्य करती है। यहाँ पर वह संतुलित या नियंत्रित ऊर्जा का कारण है जिज्ञसत्व, जो जिज्ञासा का तत्त्व है। यह जिज्ञासा का वह रूप नहीं जिसको हम जानते हैं, यह तो जिज्ञसत्व है, जो पदार्थ और ऊर्जा तक ही सीमित नहीं।

जिज्ञसत्व ही यह निर्णय लेता है कि साधारण उत्परिवर्तन करना है या क्रम विकास करना है। जिज्ञसत्व स्पेसमॉस में वास करता है और जब पदार्थ और ऊर्जा प्राकृतिक चयन के अनुसार अज्ञात के प्रति पर्याप्त जिज्ञासा उत्पन्न करना प्रारंभ कर देते हैं तब जिज्ञासा का यह तत्त्व वह परिपथ सक्रिय कर देता है जिनके सहारे क्रम विकास की जानकारी पदार्थ-ऊर्जा/जीव-जंतु प्राप्त कर सकते हैं।

हमने अभी जिज्ञासु की उत्तरजीविता और जिज्ञासु के क्रम विकास से संबंधित कुछ तथ्य देखे और देखा कि कैसे डार्विन का सिद्धांत सत्य के समीप प्रतीत नहीं होता। हमने क्रम विकास से संबंधित जिस जानकारी को अभी तक खंडों में जाना है, आइए, उसे एक 'पूर्ण क्रिया प्रणाली' के रूप में समझते हैं, अर्थात् यह समझते हैं कि यह सब प्रक्रिया मिलकर एक प्रणाली के रूप में किस प्रकार कार्य करती हैं और किस प्रकार क्रम विकास घटित करवाती हैं।

जिज्ञासु का क्रम विकास

क्रम विकास के सिद्धांत के लिए हम तथाकथित 'योग्यतम की उत्तरजीविता' के सिद्धांत को नहीं अपना सकते, क्योंकि क्रम विकास केवल 'उत्तरजीविता' तक ही सीमित नहीं होता और न ही केवल तथाकथित उत्तरजीवी रहने के लिए ही क्रम विकास घटित होता है और न ही क्रम विकास स्वार्थ पर आधारित होता है। क्रम विकास तो 'जिज्ञासा के चक्र' का घटक है या कहें कि जिज्ञासा के चक्र की एक प्रक्रिया है। हमें यदि क्रम विकास का सिद्धांत निर्मित करना है तो हमें ब्रह्मांड के क्रम विकास की प्रक्रिया को भी जीवन के क्रम विकास की प्रक्रिया के साथ जोड़कर देखना होगा, क्योंकि क्रम विकास की प्रक्रिया जीवन के अस्तित्व में आने से पूर्व भी घटित हो रही थी और यदि हम डार्विन के क्रम विकास के सिद्धांत को ब्रह्मांड के क्रम विकास के सिद्धांत के साथ जोड़कर देखते हैं तो वह ब्रह्मांड के क्रम विकास के सिद्धांत के साथ किसी भी रूप से कोई भी संबंध स्थापित

नहीं कर पाता, क्योंकि ब्रह्मांड तथाकथित 'स्वार्थ' के अनुसार कार्य नहीं करता।

'जिज्ञासु मिलन' के कारण पदार्थ और ऊर्जा का क्रम विकास हुआ है, न कि उत्तरजीविता के कारण और न ही स्वार्थ के कारण। जिज्ञासा ही वह ऊर्जा है, जो उत्परिवर्तन को तीव्र करती है और उसे उसकी सीमाओं के पार भी ले जाती है, न कि कोई तथाकथित स्वार्थी ऊर्जा और जिज्ञासा ही जिज्ञासु मिलन (रिएक्शन) के सहारे पदार्थ और ऊर्जा के क्रम विकास का संचालन करती है। क्रम विकास की प्रक्रिया ब्रह्मांड की उत्पत्ति के पश्चात् ही प्रारंभ हो गई थी और ऐसा नहीं हो सकता कि पदार्थ और ऊर्जा उत्तरजीवी रहना चाहते थे या पदार्थ और ऊर्जा स्वार्थी थे और इसी कारण से उनका क्रम विकास हुआ, हमारा ऐसा कहना तो छोड़िए, हम ऐसा सोच भी नहीं सकते कि पदार्थ और ऊर्जा उत्तरजीवी रहना चाहते थे, इसी कारण से उनका क्रम विकास हुआ। सत्य यह कि एक प्रकार के जिज्ञासा के स्वरूप के कारण पदार्थ और ऊर्जा का क्रम विकास हुआ। उत्तरजीविता और स्वार्थ का सिद्धांत ब्रह्मांड पर किसी भी संदर्भ से लागू नहीं होता, तो हम क्रम विकास की प्रक्रिया में उत्तरजीविता और स्वार्थ को स्थान ही नहीं दे सकते, क्योंकि तथाकथित उत्तरजीविता केवल कुछ स्वार्थी मनुष्यों की धारणा और प्रवृत्ति है और हम यह समझ चुके हैं और अभी आगे अधिक समझेंगे कि जिज्ञासा का तथाकथित स्वार्थ से कोई संबंध नहीं होता है। हमें क्रम विकास के सिद्धांत के लिए किसी ऐसी ऊर्जा और शक्ति का चयन करना होगा जिसको हम ब्रह्मांड पर भी लागू कर सकें और जीवन पर भी और ऐसी ऊर्जा और शक्ति है जिज्ञासा। जिज्ञासा के विभिन्न स्वरूपों ने ब्रह्मांड के क्रम विकास में सहायता प्रदान की और जीवन के क्रम विकास में भी।

क्रम विकास अनियमित रूप से घटित हुआ और वंशाणुओं का चुनाव भी अनियमित रूप से हुआ, परंतु जीवन के संबंध में इस तथाकथित अनियमितता में भी नियम छुपा होता है और प्राकृतिक चयन, करुणा, कर्म इत्यादि जैसी शक्तियाँ भी क्रम विकास के संचालन में अपना योगदान दे रही होती हैं। न ही तथाकथित प्रतिस्पर्धा ने, न ही तथाकथित प्रजनन ने और न ही तथाकथित अन्य 'स्वार्थी इंद्रियों' ने क्रम विकास का संचालन किया। इन सभी तथाकथित स्वार्थी इंद्रियों ने कुछ जीव और विशिष्ट को उत्तरजीवी रहने हेतु प्रेरणा अवश्य प्रदान की होगी, उन्हें जो स्वार्थी प्रवृत्ति के होंगे, परंतु यह सभी इंद्रियाँ क्रम विकास का संचालन नहीं करतीं और क्रम विकास का इन इंद्रियों से और स्वार्थ से कोई संबंध नहीं होता। क्रम विकास का संचालन करनेवाली ऊर्जा जिज्ञासा होती है। तथाकथित योग्यतम पूर्ण जीवन जिएगा, यह भी निश्चित नहीं होता, तो हम योग्य और उत्तरजीविता को क्रम विकास के साथ कैसे जोड़ सकते हैं? नहीं, हम इन्हें क्रम विकास के साथ जोड़ कर नहीं देख सकते। हमने समझा है कि तथाकथित योग्यतम वंशाणु प्राकृतिक चयन और क्रम विकास की प्रक्रिया द्वारा अनदेखे कर दिए जाते हैं

और नए वंशाणुओं का निर्माण होता है। इन सभी तथ्यों के सहारे हम योग्यतम के क्रम विकास के सिद्धांत को पूर्ण रूप से नकार सकते हैं। हमने उदाहरणों के सहारे यह समझा कि किस प्रकार जिज्ञासा ने क्रम विकास का संचालन किया है।

डार्विन ने यह तो कहा कि वातावरण में बदलाव के कारण भी जीव का क्रम विकास हो सकता है, परंतु जीव के तंत्र के भीतर ऐसा क्या घटित होता है और तंत्र में क्या परिवर्तन आते हैं और तंत्र ऐसा क्या करता है जिसके कारण क्रम विकास संभव हो पाता है, यह कुछ भी डार्विन ने पूर्ण रूप से नहीं समझाया। नए और विपरीत वातावरण में जीव 'उड़ो या अन्वेषण' करो की नीति अपनाता है, न कि 'उड़ो या लड़ो' की और उड़ो या अन्वेषण करो की नीति के सहारे ही जीव आवश्यक जानकारी प्राप्त कर पाता है। विपरीत वातावरण में जीव की जीवित रहने से संबंधित जिज्ञासा सक्रिय हो जाती है और उसका तंत्र जीवन से संबंधित आवश्यक या उपयोगी जानकारी की खोज प्रारंभ कर देता है। आपातकालीन परिस्थिति में जिज्ञासा वातावरण में उपस्थित 'सभी संभावनाओं' पर कार्य करना प्रारंभ कर देती है।

डार्विन ने कहा कि यदि वातावरण में बदलाव आता है तो दो संभावनाएँ हो सकती हैं—

- सबसे उत्तीर्ण वंशाणु को चुनें और उस पर कार्य करें।
- प्रत्येक जीव को अलग वातावरण में आने का अवसर प्रदान करें और उनके वंशाणु में परिवर्तन होने दें। ऐसा करने से 'उत्तीर्ण' जीवित रहेगा।

डार्विन ने यह दो अलग-अलग संभावनाएँ तो प्रस्तुत कीं, परंतु दोनों ही संभावनाओं में उन्होंने तथाकथित 'उत्तीर्ण' के उत्तरजीवी रहने को ही चुना, जब दोनों संभावनाओं में तथाकथित उत्तीर्ण ही उत्तरजीवी रह रहा है तो यह दो अलग-अलग संभावनाएँ कैसे हुईं? डार्विन ने यह भी नहीं समझाया कि यह निर्णय कौन ले रहा है कि केवल उत्तीर्ण को चुनो या सबको अलग वातावरण में आने का अवसर प्रदान करो? क्या प्रकृति ऐसा निर्णय ले रही है? या भगवान् यह निर्णय ले रहा है? और कैसे? यह कुछ भी डार्विन ने नहीं समझाया। तथाकथित योग्यतम 'सीमित जानकारी या सीमित तंत्र' के अनुसार कार्य करता है, परंतु क्रम विकास 'असीमित तंत्र या असीमित जानकारी' के सहारे घटित होता है और एक निश्चित सीमित तंत्र को असीम तंत्र के साथ जोड़ने का कार्य जिज्ञासा ही करती है।

यदि हम डार्विन की दूसरी संभावना पर थोड़ा अधिक प्रकाश डालें तो दूसरी संभावना में डार्विन ने कहा कि 'सभी जीव-जंतुओं को अलग बात आवरण में आने का अवसर प्रदान करें', तो इस वक्तव्य के साथ डार्विन क्या कहना चाहते हैं? अवसर प्रदान करें का क्या अर्थ है? कौन यह अवसर प्रदान करेगा और कैसे, यह कुछ भी डार्विन

ने नहीं समझाया, क्योंकि यहाँ अवसर प्रदान किया नहीं जा रहा है, यहाँ पर जीव स्वयं जिज्ञासा हेतु नए वातावरण का अन्वेषण करना चाहता है, इसी कारण से वह अलग वातावरण में जाता है या परिस्थितियाँ भी कारण हो सकती हैं अलग वातावरण में जाने के लिए, परंतु उसके पश्चात् भी क्रम विकास की प्रक्रिया को जिज्ञासा ही घटित करवाती है।

जीवित जिज्ञासा भिन्न वातावरण में आवश्यक जानकारी प्राप्त करने की प्रक्रिया को प्रारंभ करती है। भिन्न वातावरण में जाने के कारण, इच्छाशक्ति के कारण, कुछ ऐसी तरंगें उत्पन्न होती हैं, जो आसपास के वातावरण में 'आवश्यक जानकारी' की खोज प्रारंभ कर देती है, या कहें कि वह तरंग 'विशेष वातावरण' की खोज प्रारंभ कर देती है, जिस विशेष वातावरण में आवश्यक जानकारी समाई होती है, जैसे यदि मानो उस जीव के (जो जीव क्रम विकास की प्रक्रिया का भाग बन गया है और जिसका तंत्र क्रम विकास की इच्छा उत्पन्न कर रहा है) आसपास के वातावरण में कोई जीव या कुछ ऐसा है (आवश्यक जानकारी का संभावित स्रोत) जिसके भीतर/पास उस जीव के क्रम विकास से संबंधित जानकारी उपस्थित है, जो उस जीव का या उस वस्तु का एक विशेष वातावरण होता है और जब जिस जीव ने क्रम विकास से संबंधित तरंगों को उत्पन्न किया है, उसकी तरंगें उस विशेष वातावरण के संपर्क में आती हैं तो वह उस वातावरण की उपयोगिता समझ कुछ विशेष संकेत भेजेगी उस तंत्र (जीव) को जिसने वह तरंग उत्पन्न की थी, जिसके पश्चात् जिज्ञासा की वही ऊर्जा, जो भवररूपी वातावरण का निर्माण करती है, वह आवश्यक जानकारी को प्राप्त करना प्रारंभ कर देती है।

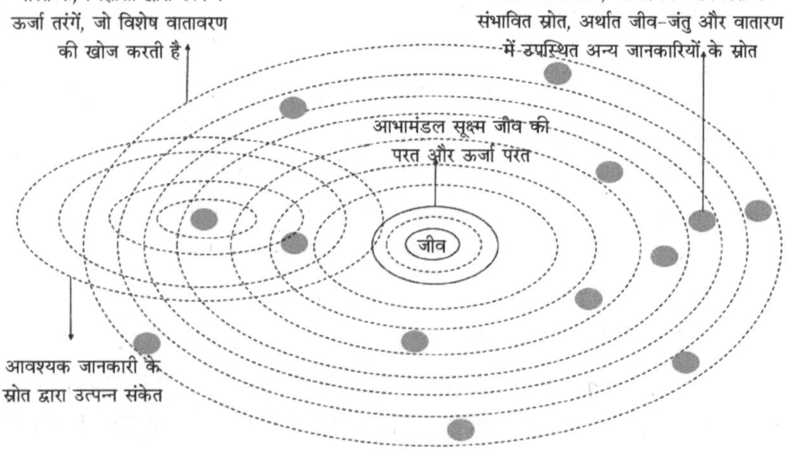

यदि जीव द्वारा उत्पन्न तरंगें अधिक तीव्र हो जाती हैं, आवश्यक जानकारी को आसपास के वातावरण में न पाने के पश्चात्, तो वह 'तीव्रता' जीव को जानकारी को स्पेसमॉस में खोजने की क्षमता प्रदान करती है और जीव सीधे-सीधे स्पेसमॉस से भी आवश्यक जानकारी प्राप्त कर सकता है।

क्रम विकास की शक्ति/प्रक्रिया पदार्थ और ऊर्जा (जीव और जीवन) को एक 'निश्चित अवस्था' (मोक्ष की अवस्था) तक ले जाना चाहती है और इसी कारण से यह बहुआयामी कार्य करती है। यह स्पेसमॉस के सहारे सभी आयामों से जुड़ी होती है और एक आयाम की शक्ति अन्य आयामों की शक्ति को प्रेरित और प्रभावित कर भी सकती है और उनसे प्रेरित और प्रभावित हो भी सकती है। जीवित जिज्ञासा पदार्थ और ऊर्जा में जिज्ञासा का जो स्वरूप कार्य करता है और जिज्ञासा के अज्ञात और ज्ञात सभी स्वरूप जिज्ञासा के तत्त्व 'जिज्ञसत्व' के साथ जुड़े होते हैं, जो अध्यारोपण की अवस्था में उपस्थित होता है।

आइए, अब यह समझते हैं कि आवश्यक जानकारी को किस प्रकार चिह्नित किया जाता है और किस प्रकार जानकारी का आदान-प्रदान होता है।

हमारे शरीर में उपस्थित प्रत्येक कोशिका का अपना-अपना विद्युतीय चुंबकीय तंत्र होता है। हमारे अंगों का भी अपना-अपना विशेष विद्युतीय चुंबकीय तंत्र होता है। हमारे शरीर पर रहनेवाले सूक्ष्म जीवों का भी अपना विशेष विद्युतीय चुंबकीय तंत्र होता है और हमारे शरीर का भी अपना एक विशेष विद्युतीय चुंबकीय तंत्र होता है। यह सभी प्रकार के विद्युतीय चुंबकीय तंत्र/क्षेत्र जिज्ञसत्व को वह माध्यम प्रदान करते हैं जिसके सहारे वह आसपास के वातावरण का अन्वेषण कर जानकारी प्राप्त कर सके।

हमारे शरीर के आसपास सूक्ष्म जीवों का और ऊर्जा का एक चक्र या घेरा होता है, जिसको हम आभामंडल या प्रभामंडल भी कहते हैं, जिसका अपना विशेष विद्युतीय चुंबकीय तंत्र और क्षेत्र होता है। हमारी कोशिकाओं का, हमारे शरीर के भीतर उपस्थित सूक्ष्मजीवों का, हमारे अंगों का, हमारे शरीर का विद्युतीय चुंबकीय तंत्र और हमारे आभामंडल का विद्युतीय चुंबकीय तंत्र आपस में सूक्ष्म रूप से जटिलता से जुड़े होते हैं और यह सभी तंत्र 'एक प्रणाली' की भाँति (मनुष्य) वातावरण (आकाश) के साथ जटिलता से जुड़े होते हैं। हमारा शरीर भीतर से भी (सूक्ष्म स्तर पर) बाहरी वातावरण के साथ जुड़ा होता है और बाहर से भी। भिन्न या विशेष वातावरण में जीव की जिज्ञासा जीवन संबंधित ज्ञान/जानकारी प्राप्त करने हेतु तीव्र हो जाती है और वह हमारे शरीर के भीतर और बाहर के तंत्रों के सहारे आवश्यक जानकारी की खोज प्रारंभ कर देती है और हमारा शरीर एक भँवर-सा बन जाता है जिसके भीतर जानकारियाँ खिंची चली जाती हैं और हमारा तंत्र प्राप्त जानकारी में से 'आवश्यक जानकारी' का चुनाव कर उसके सहारे

कार्य करना प्रारंभ कर देता है। सभी प्रकार की जानकारी हमारे तंत्र से जुड़ी होती है, परंतु हमारा तंत्र संपूर्ण प्राप्त जानकारी पर कार्य नहीं करता, बल्कि यहाँ 'प्राकृतिक चयन' आवश्यकता अनुसार यह निर्धारित करता है कि कौन सी जानकारी उपयोगी है और कौन सी नहीं। जो जीव क्रम विकास में सक्षम होगा, उसी जीव का तंत्र आवश्यक जानकारी को पहचान पाएगा, प्राकृतिक चयन की सहायता से और जो जीव क्रम विकास में सक्षम नहीं होगा, वह आवश्यक जानकारी को पहचान नहीं पाएगा और उसका क्रम विकास नहीं हो पाएगा। यहाँ सक्षमता स्वार्थ पर आधारित नहीं है, यह जिज्ञासा और इच्छाशक्ति पर आधारित होती है।

हमारा तंत्र वातावरण में उपस्थित समस्त जानकारी को ग्रहण नहीं करता है, वह एक प्रकार से जानकारी के साथ केवल जोड़ स्थापित करता है या जानकारी के साथ जुड़ता है, अर्थात् हमारा तंत्र जानकारी को मात्र 'छूता' है और 'संभावित आवश्यक जानकारी' के नियम संग्रह की प्रतिलिपि निर्मित करता है, जिसके कारण हमारे तंत्र में भी वैसे ही 'वातावरण' का निर्माण होता है, जैसा वातावरण उस जीव के भीतर है जिससे हमने जानकारी प्राप्त की है और उस 'निर्मित वातावरण' के भीतर उस जानकारी का भी निर्माण होता है जिस जानकारी को हमारे तंत्र ने छुआ था या जिस जानकारी के साथ हमारा तंत्र जुड़ा था। तथाकथित डी.एन.ए. की जानकारी का आदान-प्रदान नहीं होता है, केवल वातावरण संबंधित जानकारी का आदान-प्रदान होता है, जिसके सहारे हम भी उस वातावरण का निर्माण कर पाते हैं जिसके सहारे वह जानकारी निर्मित होती है, जो हमारे डी.एन.ए. में बदलाव लाती है। यह ऐसा ही है जैसे जानकारी अकाशीय छिद्र (वरम्होल) के माध्यम से सीधे तंत्र में अवतरित होती है या हमारा तंत्र उस वातावरण की नकल करता है, जहाँ आवश्यक जानकारी का निर्माण हो सकता है। जैसे मिरर न्यूरॉन जानकारी या क्रिया की नकल करते हैं। हमारे शरीर द्वारा उत्पन्न तरंग विशेष गुरुत्वाकर्षण बल के साथ मिलकर आवश्यक जानकारी या आवश्यक वातावरण को चिह्नित करती हैं और अकाशीय छिद्र की सहायता से वातावरण संबंधित जानकारियों को भेजा जाता है। स्पेसमॉस में भी सभी प्रकार की जानकारियाँ उपस्थित होती हैं और यह जानकारियाँ भी इन्हीं अकाशीय छिद्र की सहायता से किसी भी तंत्र द्वारा प्राप्त की जा सकती हैं।

हमारा मस्तिष्क प्रकृति में उपस्थित सभी प्रकार की वास्तविकताओं के साथ और प्रकृति के सभी घटकों के साथ प्रभामंडल के माध्यम से और आकाशीय छिद्र (वरम्होल) की सहायता से जटिलता से जुड़ा होता है और जीवित जिज्ञासा द्वारा उत्पन्न तरंग द्वारा उत्पन्न संकेत प्राप्त कर (जो आसपास के वातावरण में आवश्यक वातावरण या विशेष वातावरण होने के संकेत भेजती है) या आकाशीय छिद्रों की सहायता से विशेष वातावरण से विशेष जानकारी प्राप्त करना प्रारंभ कर देता है और उत्परिवर्तन और क्रम

विकास के लिए हमारा तंत्र आवश्यक जानकारी प्राप्त या ग्रहण करना प्रारंभ कर देता है। सर्वप्रथम हमारा तंत्र हमारे प्रभामंडल में उपस्थित सूक्ष्मजीव और ऊर्जा परत में और हमारे शरीर के भीतर और शरीर के ऊपर उपस्थित सूक्ष्म जीवों में आवश्यक जानकारी की खोज करता है और यदि वहाँ आवश्यक जानकारी प्राप्त नहीं होती तब हमारा तंत्र खोज की सीमा को बढ़ा देता है और अपने आसपास के वातावरण में आवश्यक जानकारी की खोज करना प्रारंभ कर देता है। अब आसपास के वातावरण में खोज कैसे की जाती होगी, इस पर थोड़ा प्रकाश डालते हैं।

अपने तंत्र के भीतर जानकारी को खोजने के पश्चात् हमारी जीवित जिज्ञासा सर्वप्रथम हमारे शरीर पर उपस्थित सूक्ष्मजीव की संलिप्तता और उनके जटिल जोड़ की सहायता से जानकारी की खोज प्रारंभ करती है। हमारे शरीर पर रहनेवाले या हमारे प्रभामंडल में उपस्थित सभी सूक्ष्मजीव प्रकृति में उपस्थित जितने भी जीव-जंतुओं और तंत्रों के साथ जटिल जोड़ स्थापित किए रहते हैं, वह सभी जीव-जंतु और तंत्र आवश्यक जानकारी के संभावित स्रोत की श्रेणी में आते हैं और हमारा तंत्र अपने भीतर आवश्यक जानकारी की खोज करने के पश्चात् इन 'आवश्यक जानकारी के संभावित स्रोतों' में आवश्यक जानकारी की खोज प्रारंभ करता है।

जो अंग या इंद्रियाँ हमारे तंत्र का भाग हैं, वह क्रम विकास की प्रक्रिया में बहुत पहले ही किसी अन्य जीव के भीतर विकसित हो गए थे और वह उस जीव की (जिस जीव में उनका विकास या निर्माण हुआ है) विशेष कंपनीय ऊर्जा और विशेष विद्युतीय चुंबकीय क्षेत्र के साथ जटिलता से जुड़े होते हैं और वह हमारी (मनुष्यों की) या उस जीव की, जिसके भीतर उत्परिवर्तन घटित हो रहा है, कंपनीय आवर्ती के साथ भी जुड़े होते हैं और कंपनिय आवृत्ति के इसी जटिल जोड़ की सहायता से भी आवश्यक जानकारी का आदान-प्रदान हो सकता है और इस कंपनीय आवृत्ति के कारण भी एक तंत्र अन्य तंत्र को आवश्यक जानकारी के संभावित स्रोत की श्रेणी के अंतर्गत पंजीकृत कर सकता है।

यदि आवश्यक जानकारी आवश्यक जानकारी के संभावित स्रोतों में भी नहीं मिलती, तो इसके पश्चात् हमारा तंत्र या वह तंत्र, जो उत्परिवर्तन की प्रक्रिया का भाग बन रहा है, वह स्पेसमॉस के साथ अपने सूक्ष्म जटिल जोड़ का उपयोग करके भी स्पेसमॉस से भी सीधा-सीधा आवश्यक जानकारी प्राप्त कर सकता है, क्योंकि स्पेसमॉस और आकाश में उस तंत्र से संबंधित सभी जानकारियाँ उपस्थित हैं, जैसे उस जीव के पूर्व जन्मों की जानकारी और भविष्य के संभावित जन्मों की भी जानकारी स्पेसमॉस में उपस्थित होती है और वह तंत्र जटिल जोड़ की सहायता से स्पेसमॉस की जानकारी से आवश्यक जानकारी प्राप्त कर सकता है, जैसे उस मछली ने प्राप्त की होगी, जो जीवन

को जल से बाहर पृथ्वी पर लाई थी। जब उस मछली ने अपने भीतर फेफड़ों का निर्माण किया, उस समय उस मछली के आसपास के वातावरण में यह जानकारी उपस्थित नहीं थी, क्योंकि उस समय पृथ्वी पर अन्य कोई भी ऐसा जीव उपस्थित नहीं था जिसके भीतर फेफड़े उपस्थित हों, उसके पश्चात् भी उस मछली ने फेफड़ों का निर्माण किया। यह कैसे हुआ ? यह ऐसे हुआ कि यहाँ जानकारी सीधे स्पेसमॉस से तंत्र में प्रवेश हो रही है, आकाशीय छिद्रों की सहायता से। उस मछली के आसपास के वातावरण में आवश्यक जानकारी उपस्थित नहीं थी, किसी जीव के रूप में, परंतु उस मछली के पूर्व के जन्मों से संबंधित जानकारी और भविष्य के संभावित जन्मों की जानकारी स्पेसमॉस में उपस्थित थी और सही समय आने पर और सही वातावरण के निर्माण के पश्चात् (जो उस मछली ने अपनी जिज्ञासा और इच्छाशक्ति द्वारा निर्मित किया) स्पेसमॉस में उपस्थित जानकारी उस मछली के तंत्र में प्रवेश कर पाई और वह मछली उत्परिवर्तन और क्रम विकास की सहायता से फेफड़ों का निर्माण कर जीवन को धरती पर ला पाई।

जीव का तंत्र प्रकृति में उपस्थित सभी कुछ के साथ आकाशीय छिद्र के माध्यम से और विद्युत चुंबकीय क्षेत्र और अन्य ऊर्जा क्षेत्र के माध्यम से जुड़ा होता है। जटिल जोड़ और आकाशीय छिद्रों की सहायता से जानकारी का आवागमन होता है।

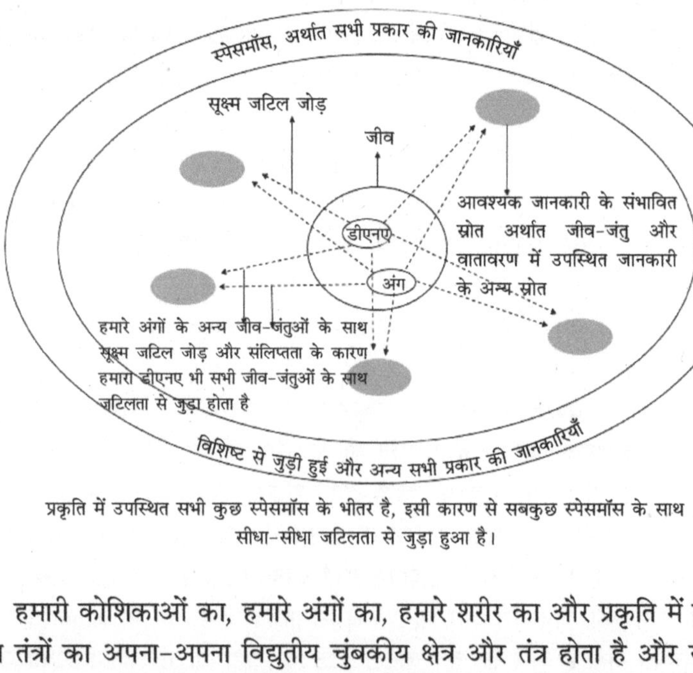

प्रकृति में उपस्थित सभी कुछ स्पेसमॉस के भीतर है, इसी कारण से सबकुछ स्पेसमॉस के साथ सीधा-सीधा जटिलता से जुड़ा हुआ है।

हमारी कोशिकाओं का, हमारे अंगों का, हमारे शरीर का और प्रकृति में उपस्थित अन्य तंत्रों का अपना-अपना विद्युतीय चुंबकीय क्षेत्र और तंत्र होता है और यह सभी आपस में जटिलता से भी जुड़े होते हैं और यह जटिल जोड़ और विद्युतीय चुंबकीय क्षेत्र

जिज्ञासा की सहायता करते हैं आवश्यक जानकारी को प्राप्त करने हेतु। सूक्ष्म जटिल जोड़, विद्युतीय चुंबकीय तंत्र, विशेष कंपनीय आवर्ती और विशेष गुरुत्वाकर्षण तरंग और क्षेत्र के सहारे जीवित ऊर्जा आवश्यक जानकारी की खोज करती है और इन जटिलता से जुड़े तंत्रों के सहारे या आकाशीय छिद्रों के द्वारा जानकारी प्राप्त कर जीव के तंत्र में आवश्यक परिवर्तन करती है और जीव को उत्परिवर्तन और क्रम विकास करने की क्षमता प्रदान करती है।

हमने देखा है कि हमारा तंत्र या तो पदार्थ के स्तर पर कार्य करता है, प्रतिरक्षी बनाकर या तो वह ऊर्जा के स्तर पर कार्य करता है, कोशिका का या पूरे तंत्र का ही 'नियम संग्रह' परिवर्तित करके। या तो वह पदार्थ को परिवर्तित करता है या ऊर्जा को परिवर्तित करता है। ऐसा नहीं है कि कोई एक (ऊर्जा या पदार्थ) श्रेष्ठ है, या कोई एक-दूसरे पर प्रभुत्व रखता है, ऐसा नहीं है कि पदार्थ ऊर्जा को उत्पन्न और संचालित कर रहा है और न ही ऐसा है कि केवल ऊर्जा ही पदार्थ का निर्माण और संचालन कर रही है। वास्तविकता में पदार्थ और ऊर्जा दोनों को ही 'अज्ञात तत्त्व' संचालित कर रहा है और दिशा दिखा रहा है, समयाकाश (स्पेस-टाइम) के अनुसार (यहाँ पर आकाश (स्पेस) वातावरण है और आवश्यकता या तृष्णा समय है)।

जब हम अपनी 'बी' कोशिकाओं का निर्माण करते हैं तो उन कोशिकाओं का अपना चुंबकीय क्षेत्र, चुंबकीय बल और चुंबकीय ऊर्जा होती है। हम यह भी जानते हैं कि हमारे शरीर पर रहनेवाले बैक्टीरिया और वातावरण में उपस्थित बैक्टीरिया की भी अपनी-अपनी चुंबकीय ऊर्जा, चुंबकीय बल और चुंबकीय क्षेत्र होते हैं। यह चुंबकीय क्षेत्र भी जिज्ञसत्व को वह माध्यम प्रदान करते हैं, जिसके कारण वह आसपास के वातावरण का अन्वेषण कर सकें। यहाँ पर जिज्ञासा की वही ऊर्जा कार्य कर रही है जिसके सहारे हमारा तंत्र वातावरण में उपस्थित समस्त जानकारी को ग्रहण करता है, यहाँ जीवन से संबंधित जानकारियाँ प्राप्त करने की जिज्ञासु ऊर्जा कार्य करती है और वह वातावरण में उपस्थित सभी जैविक तंत्रों (जैसे सूक्ष्मजीव और अन्य जीव-जंतुओं के जैविक तंत्र) की सहायता से जानकारी एकत्रित करती है।

जब जीव का निर्माण और विकास होता है तब पदार्थ कोशिका के रूप में और ऊर्जा क्षेत्र (एनर्जी फील्ड) तरंगों के रूप में, दोनों ही मानव और जीव के विकास के साथ ही निर्मित किए जाते हैं। पदार्थ और ऊर्जा दोनों ही भ्रूण के निर्माण के साथ ही निर्मित होते हैं, जो कि एक कोशिका के रूप में जीवन की यात्रा प्रारंभ करती है। परंतु उस एक कोशिका में जो जानकारी होती है वह 'आदिकालीन' है। उस कोशिका में सबसे पहले अस्तित्व में आनेवाले एक कोशिकावाले जीव से लेकर मनुष्य तक की समस्त जानकारी छुपी होती है। पदार्थ और ऊर्जा हमें नई-सी प्रतीत हो सकती है, परंतु इसकी

जानकारी आदिकालीन है। तो हम, एक 'मानव/व्यक्ति' (पर्सन) कब अस्तित्व में आते हैं? जब हम जन्म लेते हैं तब, या माँ के गर्भ में, या कहीं-न-कहीं किसी-न-किसी रूप में अपने माता और पिता के भीतर जन्म लेने से भी पूर्व अस्तित्व में होते हैं, या हम उस सबसे पहले एक कोशिकावाले जीव के जन्म लेने पर ही अस्तित्व में आ गए थे?

ऐसे ही प्रश्नों के उत्तर पाने के लिए हमारे साधकों ने, गुरुओं ने और सिद्धार्थ, गौतम बुद्ध ने भी हमारे 'अनादि अस्तित्व' पर प्रकाश डाला है, क्योंकि वह पहली जीवित कोशिका भी जिन रसायनों और तत्त्वों से मिलकर बनी थी, वह ब्रह्मांड के जन्म के साथ और कुछ जन्म के थोड़े समय के पश्चात् ही अस्तित्व में आ गए थे, तो वह पहली जीवित कोशिका उसी समय से कहीं-न-कहीं किसी-न-किसी रूप में अस्तित्व में आ गई थी (संभावना के रूप में) जिस समय ब्रह्मांड का निर्माण हुआ। इसी प्रकार हमारे ब्रह्मांड के अस्तित्व की बातें बताई गई हैं। यह सबकुछ कारण और प्रभाव के सिद्धांत के साथ जुड़ा हुआ है। इस 'कारण और प्रभाव' को विस्तार से हम अपनी कहानी में आगे समझेंगे और जानेंगे तथा कारण और प्रभाव के पार जो सत्य है, उस पर भी प्रकाश डालेंगे।

हम यह सब इसलिए जान रहे हैं, क्योंकि आगे कहानी में हम देखेंगे कि कैसे इतने सारे प्राकृतिक बंधनों के पश्चात् भी सिद्धार्थ, गौतम ने योग, ध्यान और जिज्ञासा के सहारे सत्य को प्राप्त किया, समाधि को प्राप्त किया। जिज्ञासा की उसी ऊर्जा के सहारे, जो हमें वातावरण में उपस्थित सभी जानकारियों को ग्रहण करने में सक्षम बनाती है, सिद्धार्थ, गौतम बुद्ध ने माया जगत् से संबंधित सभी जानकारियों को ग्रहण किया और उनका निरीक्षण भी किया। संन्यास ग्रहण करने से पूर्व ही सिद्धार्थ, गौतम बुद्ध के भीतर कहीं-न-कहीं परम सत्य को जानने की जिज्ञासा जागृत होने लगी थी और जब तक वह जिज्ञासा शांत नहीं हुई, अर्थात् जब तक सिद्धार्थ, गौतम बुद्ध ने समाधि को प्राप्त नहीं किया, तब तक अलग-अलग गुरुओं से सिद्धार्थ ने जो भी ज्ञान प्राप्त किया, उस ज्ञान की सिद्धार्थ, गौतम बुद्ध ने पूर्ण रूप से अनुभूति की और उसे अपने दीर्घकालीन स्मृति तंत्र में पंजीकृत भी किया और उसी ज्ञान के निरीक्षण के सहारे सिद्धार्थ ने इस माया जगत् की क्षणभंगुर वास्तविकता को न केवल जाना बल्कि इसकी क्षणभंगुरता की अनुभूति भी की और परम सत्य की अनुभूति भी की, समाधि की अवस्था में। जब कहानी में सिद्धार्थ, गौतम यौवन अवस्था में आएँगे तब हम देखेंगे कि कैसे उन्होंने दया, करुणा इत्यादि प्रकार की योग और ध्यान ऊर्जा प्राप्त की। जो घटना या प्रक्रिया हमने अभी देखी, उसी के सहारे साधना के पश्चात् सिद्धार्थ ने अपने डी.एन.ए. तक में बदलाव किया, जिसने कुछ विशेष कोशिकाएँ और ऊर्जाओं और तरंगों को उत्पन्न किया। उन नवनिर्मित कोशिकाओं की भी विशेष चुंबकीय ऊर्जा और चुंबकीय क्षेत्र होता है और यह चुंबकीय

क्षेत्र जब विशेष ऊर्जा या विशेष तरंग के साथ मिलकर कार्य करता है और अपना विशेष गुरुत्वाकर्षण बल उत्पन्न करता है तब क्रम विकास जैसी जीवन की लीलाएँ घटित होती हैं। यह सब कैसे होता है और इन सबका किस पर क्या प्रभाव पड़ता है, इसे हम अपनी कहानी में आगे विस्तार से समझेंगे।

हम यह जानते हैं कि हमारे शरीर के चारों ओर सूक्ष्मजीवों की एक परत या सूक्ष्मजीवों का एक घेरा होता है, जिसे हम 'प्रभामंडल' या 'आभामंडल' भी कहते हैं। एक प्रभामंडल या आभामंडल का भी एक चुंबकीय बल और चुंबकीय क्षेत्र होता है और हमारे पदार्थ के शरीर का भी एक विशेष चुंबकीय बल और चुंबकीय क्षेत्र होता है। हमारी कोशिकाओं का, हमारे शरीर का, हमारे प्रभामंडल या आभामंडल का चुंबकीय तंत्र आपस में सूक्ष्म रूप से जटिलता के साथ जुड़ा होता है (एंटेंगलड होता है)। हमारा शरीर भीतर से भी (सूक्ष्म स्तर पर) बाहरी वातावरण के साथ जटिलता से जुड़ा होता है (एंटेंगलड)। हमारे भीतर का वातावरण बाहर के वातावरण के साथ इस 'चुंबकीय तंत्र' की सहायता से 'विशेष सूक्ष्म गुरुत्वाकर्षण बल/ऊर्जा' की देखरेख में या गुरुत्वाकर्षण बल/ऊर्जा क्षेत्र के साथ मिलकर सहभागिता करता है। हमने चुंबकीय जटिल जोड़/ चुंबकीय संलिप्तता (एंटेंगलमेंट) को तो समझा है अभी तक थोड़ा बहुत, आगे हम जानेंगे कि इसमें गुरुत्वाकर्षण की क्या भूमिका है और सिद्धार्थ, गौतम बुद्ध कैसे अपनी चेतना को सूक्ष्म स्तर पर ले गए और कैसे सूक्ष्म के भी पार चले गए।

हमारे शरीर के भीतर/बाहर का चुंबकीय तंत्र तो आसपास के वातावरण के साथ संलिप्त होता ही है, और बाहर का या आसपास का वातावरण अन्य 'वातावरण संबंधित ऊर्जा क्षेत्र' से भी/के साथ भी संलिप्त होता है और इसके साथ-ही-साथ प्रकृति में उपस्थित सभी तंत्र और प्रणालियाँ स्पेसमॉस के साथ भी संलिप्त होते हैं और जटिलता से जुड़े होते हैं। प्रकृति के सभी तंत्रों के बीच अंत:परस्पर संबंध बना रहता है। वहीं योगी, जो समाधि प्राप्त कर लेता है और अपनी सर्व भूत ऊर्जा को सूक्ष्म और स्थूल के भी पार ले जाता है, वह इस अंत:परस्पर संबंध का उपयोग करके प्रकृति में उपस्थित इस चुंबकीय तंत्र को प्रभावित तो कर ही सकता है और इसके साथ-साथ वह सभी तंत्रों के पार 'अज्ञात' में भी जा सकता है। समाधिस्थ योगी जीव के तंत्र और प्रकृति के तंत्र को/से प्रभावित हो/कर सकता है और वह इन सभी 'संकल्पनाओं और घटनाओं के पार' जाकर परम सत्य को भी प्राप्त कर सकता है। पृथ्वी का प्रत्येक कण पृथ्वी की प्रत्येक आंतरिक और बाहरी सभी ऊर्जा क्षेत्र के साथ संलिप्त होता है और पृथ्वी का प्रत्येक ऊर्जा क्षेत्र समयाकाश (स्पेस टाइम) के प्रत्येक ऊर्जा क्षेत्र के साथ संलिप्त होता है और समयाकाश जो है, वह स्पेसमॉस के साथ संलिप्त होता है। जानकारी स्पेसमॉस में है और वह सीधे-सीधे कण तक की भी यात्रा कर सकती है और समयाकाश में बने मार्ग की

सहायता से भी यात्रा कर सकती है। स्पेसमॉस सूक्ष्म और स्थूल की संकल्पना के पार है और वह सूक्ष्म और स्थूल से सीधा-सीधा जुड़ा हुआ है, तो जानकारी सूक्ष्म स्तर से भी प्राप्त की जा सकती है और स्थूल स्तर से भी प्राप्त की जा सकती है या जानकारी सूक्ष्म स्तर से भी आ सकती है और स्थूल स्तर से भी आ सकती है। अपनी कहानी में हम देखेंगे कि जानकारी प्राप्त करने हेतु बुद्ध ने कौन सा मार्ग चुना और कैसे सभी तथाकथित मार्गों के पार भी गए।

हर प्रकार के कर्म से संबंधित जानकारी, बौद्धिक और आध्यात्मिक जानकारी समयाकाश में पदार्थ के साथ या पदार्थ के बिना भी रह सकती है और यात्रा भी कर सकती है। वह सभी प्रकार की जानकारी अपने 'माध्यम' का चुनाव भी कर सकती हैं। आगे हम देखेंगे कि यह जानकारियाँ समयाकाश में कैसे और कहाँ रहती हैं। हम यह भी देखेंगे कि इन जानकारियों को कैसे प्राप्त किया जा सकता है और सिद्धार्थ, गौतम बुद्धजी ने अपने कर्मों से संबंधित और अन्य जानकारियों को कैसे प्राप्त किया और कैसे बुद्धत्व को पुनः सक्रिय और पुनः संचालित किया। हम यह भी जानेंगे कि कैसे उन्होंने परम समाधि तक की यात्रा तय की और कैसे समाज में रहकर भी सभी संकल्पनाओं के पार जाकर बिना किसी संकल्पना के कार्य किया और कैसे शुद्ध अनुभूति (प्योर परसेप्शन) को साधा और अन्य सर्वव्यापी ऊर्जा के साथ कैसे मोक्ष को प्राप्त किया।

हमने अपनी कहानी में अभी जाना कि किस प्रकार क्रम विकास से संबंधित जानकारी का आदान-प्रदान होता है और किस प्रकार क्रम विकास की प्रक्रिया घटित होती है। हमने इस पर भी थोड़ा प्रकाश डाला था कि किस प्रकार स्वार्थ का कोई भी संबंध क्रम विकास के साथ नहीं होता। अब आइए, हम इस पर अधिक प्रकाश डालते हैं और अधिक समझते हैं कि किस प्रकार क्रम विकास के सिद्धांत का और क्रम विकास की प्रक्रिया का संबंध स्वार्थ के साथ कतई नहीं होता।

माइंड एंड लाइफ संस्थान के जिस सम्मेलन से हमने यह 'वंशाणु' वाला भाग लिया है, उसी सम्मेलन के एक वाद-विवाद में वैज्ञानिकों ने दया, करुणा और परोपकारिता से जुड़े सिद्धांत को साझा किया था और गुरुजी से कुछ प्रश्न भी पूछे थे। यह भी वंशाणु और डार्विन के क्रम विकास के सिद्धांत से ही संबंधित है। वाद-विवाद के इस भाग में वैज्ञानिकों ने अपने सिद्धांतों के सहारे यह सिद्ध करने का प्रयास किया कि परोपकार, करुणा इत्यादि व्यवहार को दरशानेवाले व्यक्ति 'स्वार्थी' होते हैं। वैज्ञानिकों ने डार्विन के सिद्धांत को सत्य सिद्ध करने के लिए यह सिद्ध करना चाहा कि करुणा और परोपकार जैसे सर्वहितकारी व्यवहार स्वार्थी व्यवहार की श्रेणी में आते हैं, परंतु गुरुजी ने उन्हें यह समझा दिया था कि करुणा और परोपकार स्वार्थी व्यवहार नहीं होते और कुछ आधुनिक वैज्ञानिक अध्ययन भी यह दरशाते हैं कि करुणा और परोपकार स्वार्थी व्यवहार की श्रेणी

में नहीं आते। जिन वैज्ञानिकों को गुरुजी की बात समझ में नहीं आई थी, उन वैज्ञानिकों को हम समझाएँगे कि किस प्रकार करुणा और परोपकार स्वार्थ की श्रेणी में नहीं आते और डार्विन की सोच सत्य से बहुत दूर है और वह केवल और केवल एक स्वार्थी सोच है। तो आइए, करुणा और परोपकार पर आज के कुछ तथाकथित आधुनिक वैज्ञानिकों की क्या मान्यता है, यह समझते हैं और X के दृष्टिकोण और कुछ आधुनिक वैज्ञानिक अध्ययन के सहारे यह जानने का प्रयास करते हैं कि किस प्रकार करुणा और परोपकार स्वार्थ की श्रेणी में नहीं आते।

वैज्ञानिक दृष्टिकोण

परोपकारिता हमारे कुछ 'स्वार्थी वंशाणु' की देन है।

X की टिप्पणी

हमारे कुछ धर्म मानते हैं और X का भी यही मानना है कि मनुष्य के एक जीवन में दो प्रकार के कर्म कार्य करते हैं—

1. **प्राकृतिक कर्म :** यह प्राकृतिक रूप से कार्य करते हैं।
2. **स्व (सेल्फ) कर्म :** यह मनुष्यों की स्मृति और मनुष्य द्वारा एकत्रित किए हुए ज्ञान से प्रभावित होकर कार्य करते हैं। यह मनुष्य अपनी इच्छाशक्ति से

करता है, जिनकी संलिप्तता सर्वव्यापी ऊर्जा के साथ होती है।

कर्म भी करुणा और परोपकारिता में अपनी भूमिका निभाता है। स्वार्थीपन भी चेतना का ही एक उत्पादन है और स्वार्थीपन को भी हम स्वच्छ/पवित्र कर सकते हैं (शुद्ध अनुभूति की सहायता से) और इसे अधिक अशुद्ध भी कर सकते हैं (संकल्पनाओ के अधीन अनुभूति करके)। जैसा कि वैज्ञानिक कह रहे हैं कि परोपकारिता स्वार्थी वंशाणु का उत्पादन है, परंतु उन्हें यह स्मरण रखना चाहिए कि हमारे वंशाणु चेतन नहीं होते, तो यह 'वंशाणु का उत्पादन' कैसे हुए? क्या वैज्ञानिक यह कह रहे हैं कि हमारे वंशाणु भी चेतन होते हैं? परोपकारिता से संबंधित ऊर्जा प्रत्येक आयाम में उपस्थित होती है। हम एक प्रकार से यह कह सकते हैं कि हमारे तंत्र के साथ या हमारे तंत्र के भीतर इसका क्रम विकास हुआ है या इसे हमने अपने तंत्र में/तंत्र के साथ विकसित किया है। (यहाँ पर जो हमने तथाकथित 'हम' शब्द का प्रयोग किया है, वह केवल मनुष्यों के साथ ही नहीं जुड़ा, यहाँ पर 'हम' जीव और जीवन के साथ जुड़ा है)। यह भी हमारे तंत्र में आई जटिलता के साथ-साथ जटिल होती गई और इसने जीव के तंत्र के भीतर अपने अधिक संपर्क/जोड़ स्थापित कर लिये। जैसे-जैसे जीव और मनुष्य का तंत्र जटिल होता गया वैसे-वैसे उसने अपने भाव और भावनाओं को विकसित किया और इसी के साथ परोपकारिता का भी विकास हुआ। परोपकारिता को हम केवल मानव के साथ न जोड़कर इसको एक अलग दृष्टि से भी देख सकते हैं, क्योंकि परोपकारिता का संबंध किसी एक जीव-जंतु या किसी एक प्रजाति से ही नहीं होता, इसका संबंध 'जीवन' के साथ होता है।

परोपकारिता जीवन की बहुआयामी ऊर्जा में से एक ऊर्जा है, जो कि हमारी सर्व-व्यापी ऊर्जा में से एक है। यह हमारे तथाकथित तंत्र के साथ विकसित नहीं हुई, यह तो समयाकाश में सदा से उपस्थित है और रहेगी। हमारा तंत्र जब जटिल बना और उसने अधिक जोड़/संबंध विकसित किए, उसके पश्चात् हमारा तंत्र इसका उपयोग उत्तीर्ण रूप से कर पाया और इसको समझ भी पाया। परोपकारिता जैसी ऊर्जा सदा से उपस्थित है, परंतु हमारा तंत्र अब जाकर इतना विकसित और सक्षम बना है, जो इसको समझ पा रहा है। परोपकारिता पहले भी उपस्थित थी, परंतु जीव इसको समझ नहीं पा रहे थे, क्योंकि उनका तंत्र इस ऊर्जा को समझने के सक्षम नहीं था और वह इसका उपयुक्त उपयोग भी नहीं कर पा रहे थे। मनुष्यों से पूर्व परोपकारिता की ऊर्जा अन्य जीव-जंतुओं में प्राकृतिक रूप से कार्य कर रही थी। यह किसी तथाकथित स्वार्थी वंशाणु का उत्पादन नहीं है, यह जीवन का उत्पादन है और प्रकृति में यह सदा से उपस्थित है। परोपकारिता स्वार्थी वंशाणु की देन नहीं है, परंतु हाँ, कुछ स्वार्थी मनुष्य अन्य मनुष्यों के परोपकार के व्यवहार से लाभ अवश्य उठा सकते हैं, परंतु इसका यह अर्थ नहीं कि परोपकार का स्रोत स्वार्थ है।

हम परोपकारिता को दूसरे किसी भी तथाकथित भाव के साथ जोड़कर भी नहीं देख सकते। भारतीय प्राचीन ग्रंथों में भाव को विस्तारपूर्वक समझाया गया है और भावनाओं को भी। भाव और भावनाएँ अलग-अलग सत्य हैं। प्राचीन भारतीय ग्रंथों में भाव और भावनाओं को अलग-अलग रखा गया है, परंतु पश्चिम में इस सबको 'इमोशन' कह दिया गया है। भावनाएँ कुछ सीमा तक पश्चिम के इमोशन की संकल्पना से संबंध रखती हैं, परंतु भाव अलग होते हैं। भावनाओं से परोपकारिता भी भाव की श्रेणी में आती है, क्योंकि न ही यह सकारात्मक ऊर्जा से उत्पन्न होती है और न ही तथाकथित नकारात्मक ऊर्जा से। यह एक प्रकार के मध्यम मार्ग से उत्पन्न होती है। कुछ अलग आयामों के वह जीव, जो हमसे भी अधिक जटिल तंत्र विकसित कर चुके होंगे, वह परोपकारिता का उच्च पहलू अनुभव कर पा रहे होंगे और परोपकार को हम मानवों से अधिक जान पा रहे होंगे। परोपकार के परिणाम परोपकार का उपयोग करनेवाले तंत्र पर निर्भर करते हैं और परोपकार की कार्य करने की जटिलता 'विशिष्ट तंत्र' पर ही आधारित होती है।

माइंड एंड लाइफ के वैज्ञानिकों ने परोपकार का सिद्धांत 'मानक प्रतिदर्श (स्टैंडर्ड मॉडल)' के अनुसार प्रस्तुत किया। तो आइए, देखते हैं कि आधुनिक वैज्ञानिकों का परोपकार का सिद्धांत मानक प्रतिदर्श के अनुसार क्या कहता है।

वैज्ञानिक सिद्धांत

परोपकार के सिद्धांत के अनुसार—

1. परोपकारी मनुष्य इस प्रकार से व्यवहार करता है कि वह अपने स्वयं का स्वास्थ्य बिगाड़ लेता है दूसरों का स्वास्थ्य सुधारने के प्रयास में। यह 'आत्मघाती/आत्मनाशी प्रवृत्ति' से विकसित होता है।
2. स्वार्थी मनुष्य जो होते हैं, वह इस दृष्टिकोण को पसंद नहीं करते। वह उन परोपकारी मनुष्यों से लाभ उठाने का प्रयास करते हैं और इसके कारण उनको 'उत्तरजीविता' में सहायता मिलती है।

X की टिप्पणी

वैज्ञानिक एक ओर कहते हैं कि परोपकार स्वार्थी वंशाणु का उत्पादन है और दूसरी ओर कहते हैं कि 'स्वार्थी मनुष्य परोपकार के दृष्टिकोण को पसंद नहीं करते'। स्वार्थी मनुष्य में तो तथाकथित स्वार्थी वंशाणु अधिक मात्रा में होने चाहिए, तो क्यों स्वार्थी मनुष्य परोपकार को पसंद नहीं करते? स्वार्थी मनुष्य परोपकार को इसी कारण से पसंद नहीं करते, क्योंकि परोपकार का स्वार्थ से कोई संबंध नहीं होता। वैज्ञानिक जो यह कहते हैं कि

परोपकार दरशानेवाला व्यक्ति स्वयं को हानि पहुँचाता है दूसरों को लाभ पहुँचाने हेतु, यह धारणा भी सत्य नहीं है। प्राचीन भारतीय ग्रंथों में यह कहा गया है कि परोपकारी व्यवहार को अपनाओ और दूसरे जीव-जंतु और दूसरे मनुष्य की सहायता भी करो, परंतु धार्मिक और आध्यात्मिक ग्रंथों में जो लिखा है, उसका अर्थ यह है कि जीव स्वयं के, अर्थात् 'सेल्फ' के संदर्भ में ही न सोचते रहें, बल्कि जीवन को ध्यान में रखते हुए कार्य करें। जैसा कि ग्रंथों में कहा गया है कि अन्य सभी जीवों के स्वास्थ्य के संदर्भ में सोचो। इसका यह अर्थ है कि प्रकृति के अनुकूल कार्य करो। प्रकृति माँ के साथ चलने को कहा गया है। इसका सीधा-सीधा अर्थ है कि जीव स्व (सेल्फ) से अधिक जीवन को स्वस्थ रखें।

वैज्ञानिकों ने एक बात और कही कि स्वार्थी लोगों को उत्तरजीविता में लाभ मिलता है और वह परोपकारी मनुष्य से लाभ उठाते हैं। तो क्या हमारे प्यारे तथाकथित आधुनिक वैज्ञानिकजी उत्तरजीविता और प्रजाति के क्रम विकास दोनों को अलग-अलग मान रहे हैं? और जो तथाकथित उत्तरजीवी हो रहे हैं, वह मानसिक स्तर पर हो रहे हैं या केवल शारीरिक स्तर पर हो रहे हैं? यहाँ शारीरिक स्तर स्व का है, स्व ही स्वार्थी प्रवृत्ति दिखा सकता है, परंतु परोपकारी लोगों में यह तथाकथित स्व नहीं होता। वह शारीरिक उत्तरजीविता (शारीरिक अभिराम) के अनुभव से जीवन नहीं जी रहे होते, वह तो मानसिक उत्तरजीविता के (बौद्धिक अनुभूति) दृष्टिकोण से अपना जीवन जी रहे होते हैं। हाँ, ऐसा हो सकता है कि शारीरिक उत्तरजीविता वाला दृष्टिकोण रखनेवाले स्वार्थी लोग तथाकथित शारीरिक अभिराम पा भी लें, परंतु मानसिक स्तर पर क्या वह सुखद अनुभव करते हैं या केवल उनकी प्रभावी इंद्रिय ही संपूर्ण तंत्र का नियंत्रण कर रही होती है? तथाकथित सुखदत्ता तो यहाँ कहीं है ही नहीं। यह सब प्रभावी इंद्रिय का कार्य होता है और इस प्रभावी इंद्रिय के खेल को और तथाकथित सुखद उत्तरजीविता और आनंद और तृष्णा के खेल को हम अपनी कहानी में आगे विस्तारपूर्वक जानेंगे और समझेंगे।

वैज्ञानिक शोध

स्वार्थीपन का अध्ययन करने के लिए वैज्ञानिकों ने एक विश्वविद्यालय में विद्यार्थियों के कुछ समूहों का अध्ययन किया। उन्होंने अपने अध्ययन के लिए विद्यार्थियों के दो समूहों को चुना। एक समूह के विद्यार्थी विश्वविद्यालय में अर्थशास्त्र पढ़ने आए थे और दूसरा समूह विश्वविद्यालय के खगोल विज्ञान के विभाग से था। दोनों ही समूह नए विद्यार्थियों के थे, वैज्ञानिकों ने उन विद्यार्थियों का उनके विश्वविद्यालय में चार वर्षों तक अध्ययन किया।

वह वैज्ञानिक और शोधकर्ता मनुष्य में स्वार्थी और परोपकारी गुणों का अध्ययन कर रहे थे। उन्होंने सहयोगी और स्वार्थी व्यवहार पर आधारित कुछ परीक्षाएँ बनाई थीं।

उन परीक्षाओं में प्रारंभिक चरणों में तो दोनों ही समूईं ने समानताएँ दिखाईं, स्वार्थी और सहयोगी व्यवहार में, परंतु जब उन विद्यार्थियों की पढ़ाई पूरी हो गई तो उन 4 वर्षों में अर्थशास्त्र के विभागवाले जो छात्र थे, वह अधिक स्वार्थी हो गए खगोल विज्ञान के छात्रों की तुलना में।

यह दरशाता है कि अर्थशास्त्र मनुष्य को अधिक स्वार्थी बना देता है। ऐसे अध्ययन और ऐसे सिद्धांत के आधार पर वैज्ञानिक कहते हैं कि 'प्राकृतिक चयन' (नेचुरल सिलेक्शन) इसी प्रकार ही कार्य करता है।

जिन वैज्ञानिक ने यह प्रस्तुति दी थी, उन वैज्ञानिकजी ने इसके पश्चात् डार्विन के सिद्धांत का उदाहरण देते हुए कहा कि—

जब मानव जनजाति में जीवनयापन कर रहा था, उस समय हम उत्तरजीविता के लिए दूसरी जनजाति के लोगों को मारने का प्रयत्न करते थे और उन सभी में देशभक्ति की भावना होती थी, जो कि उन्हें संचालित करती थी, सर्वहित के लिए मारे जाओ या स्वयं का बलिदान दे दो, और यहाँ प्राकृतिक चयन सिद्ध होता है और देशभक्ति की भावना भी स्वार्थ के साथ जुड़ी हुई है।

X की टिप्पणी

सर्वप्रथम तो तथाकथित आधुनिक वैज्ञानिक यह समझाएँ कि किसी एक विश्वविद्यालय में छात्रों के दो समूहों पर किए गए अध्ययन के आधार पर वह संपूर्ण मानव जाति की मानसिकता और जीवन चक्र की व्याख्या कैसे कर सकते हैं? यदि अर्थशास्त्र के विद्यार्थी अधिक स्वार्थी हो गए खगोल विज्ञान के विद्यार्थियों की तुलना में, तो यह तथ्य किस प्रकार यह सिद्ध करता है कि प्राकृतिक चयन इसी प्रकार कार्य करता है? तथाकथित आधुनिक वैज्ञानिक यह समझाएँ कि किसी एक विश्वविद्यालय के सभी विद्यार्थियों में से किन्हीं दो समूहों का व्यवहार प्राकृतिक चयन को किस प्रकार सिद्ध करता है? कृपया करके तथाकथित आधुनिक वैज्ञानिक यह भी समझाएँ कि उनका यह अध्ययन राष्ट्रप्रेम या देशभक्ति के साथ किस प्रकार से संबंधित है? आज के आधुनिक वैज्ञानिक किस आधार पर छात्रों के व्यवहार को देशभक्ति के साथ जोड़कर देख सकते हैं? इन सभी के साथ-साथ कृपया करके हमारे आज के तथाकथित आधुनिक वैज्ञानिक यह भी समझाएँ कि कुछ विद्यार्थियों का स्वार्थी होना, कबीलों का एक-दूसरे कबीलों पर आक्रमण करना और देश भक्ति की भावना किस प्रकार एक-दूसरे के साथ जुड़ी है और किस आधार पर हम इनमें से किसी एक के तथ्य को मूल आधार मानकर उसके अनुसार 'क्रम विकास' के सिद्धांत की रूपरेखा प्राकृतिक चयन के अनुसार तय कर सकते हैं? क्या वैज्ञानिकों को नहीं लगता कि इन तथ्यों को देशभक्ति, क्रम विकास और

प्राकृतिक चयन के साथ जोड़कर नहीं देखा जा सकता? इन तथ्यों का संबंध डार्विन कुछ सीमाओं तक तथाकथित उत्तरजीविता के साथ तो स्थापित कर पाए हैं, परंतु यह तथाकथित उत्तरजीविता किस प्रकार क्रम विकास का कारण बन सकती है, इस पर थोड़ा सा भी प्रकाश नहीं डाल पाए। हम केवल उत्तरजीविता को किस आधार पर क्रम विकास का मूल आधार या मूल कारण मान सकते हैं, यह भी कृपया करके आज के तथाकथित आधुनिक वैज्ञानिक समझाएँ?

न ही हम किसी एक विश्वविद्यालय के कुछ छात्रों पर किए गए अध्ययन को क्रम विकास के साथ जोड़कर देख सकते हैं और न ही हम कुछ छात्रों की मानसिकता के आधार पर संपूर्ण मानव जाति की मानसिकता के मापदंड निर्धारित कर सकते हैं। कुछ छात्रों का स्वार्थी होना प्राकृतिक चयन को किसी भी रूप से सिद्ध नहीं करता। किसी एक विश्वविद्यालय के कुछ छात्रों के व्यवहार को हम देशभक्ति के साथ जोड़कर नहीं देख सकते और न ही हम देशभक्ति को केवल दूसरे कबीलों पर आक्रमण करने तक ही सीमित रख सकते हैं। हम क्रम विकास का सिद्धांत केवल उत्तरजीविता, स्वार्थ और आक्रमण करने के अनुसार निर्मित नहीं कर सकते। हम एक विश्वविद्यालय के कुछ छात्रों पर किए गए अध्ययन के परिणामों को पूर्ण रूप से क्रम विकास और प्राकृतिक चयन के साथ जोड़कर नहीं देख सकते। डार्विन अपने उत्तरजीविता से संबंधित किसी भी तथ्य का संबंध क्रम विकास के साथ सही से नहीं कर पाए और न ही वह पूर्ण रूप से यह समझा पाए कि किस प्रकार तथाकथित उत्तरजीवी का ही क्रम विकास होता है।

स्वार्थी मनुष्य ही उत्तरजीवी रहते हैं और अर्थशास्त्र मनुष्य को अधिक स्वार्थी बनाता है, ऐसे-ऐसे सिद्धांतों को साथ में जोड़कर देखने के कारण आज के तथाकथित आधुनिक मानवों में जो सोच निर्मित हुई है, उसी ने आज के तथाकथित आधुनिक मानव को 'अर्थव्यवस्था संचालित समाज' की प्रेरणा दी है और इसका परिणाम हम आज के तथाकथित आधुनिक समाज में भली-भाँति देख रहे हैं। आज के इस अर्थव्यवस्था संचालित समाज में अधिकतर मनुष्यों का तथाकथित उत्तरजीवी रहना ही कठिन हो गया है। यहाँ तक कि मनुष्य की शुक्राणु गुणवत्ता भी गिरती जा रही है और प्रतिरक्षा प्रणाली भी दुर्बल पड़ती जा रही है इस तथाकथित अर्थव्यवस्था संचालित समाज में, तो आज का यह आधुनिक समाज कौन से क्रम विकास की आस लिये बैठा है? क्रम विकास को तो भूल ही जाइए, क्रम विकास होने के स्थान पर आज के इस तथाकथित आधुनिक मानव का क्रम पतन हो रहा है। आज के आधुनिक उदाहरणों को देखकर हम यह कह सकते हैं कि तथाकथित स्वार्थ क्रम पतन का कारण अवश्य होता है, न कि क्रम विकास का। आज भी धरती पर मानव के भीतर ही उत्परिवर्तन के सहारे एक बड़े क्रम विकास का मार्ग बन रहा है, परंतु वह इस अर्थशास्त्र संचालित समाज या इस तथाकथित आधुनिक

समाज से कहीं परे घटित हो रहा है। तथाकथित आधुनिक वैज्ञानिक एक ओर यह कहते हैं कि हम खुले विचारोंवाले व्यक्ति हैं और दूसरी ओर ऐसे-ऐसी संकल्पना बनाकर और उन्हें सत्य मानकर अपना तंत्र सीमित भी कर रहे हैं और अपने विचारों को निश्चित सीमा भी प्रदान कर रहे हैं।

यदि प्राकृतिक चयन स्वार्थी मनुष्य का चयन करता है और स्वार्थी मनुष्य उत्तरजीवी रहकर अपना क्रम विकास करता है और अर्थशास्त्र मनुष्य को अधिक स्वार्थी बनाता है, तो इन सभी तथ्यों के आधार पर आज के अर्थव्यवस्था संचालित समाज में क्रम विकास की गति अधिक होनी चाहिए थी, परंतु ऐसा हो नहीं रहा है। आज के आधुनिक समाज में लगभग सभी मनुष्य अर्थव्यवस्था के साथ जुड़े हुए हैं और यदि अर्थशास्त्र मनुष्य को अधिक स्वार्थी बनाता है और स्वार्थी मनुष्य का क्रम विकास होता है तो आज के इस तथाकथित अर्थव्यवस्था संचालित समाज में हमें अत्यधिक मात्रा में क्रम विकास होता दिखना चाहिए था और अत्यधिक मात्रा में क्रम विकसित मनुष्य इस तथाकथित आधुनिक समाज में होने चाहिए थे, परंतु ऐसा हो नहीं रहा है। क्रम विकास तो दूर की बात, आज के इस तथाकथित अर्थव्यवस्था संचालित समाज में मानव का उत्तरजीवी रहना ही कठिन हो गया है। यदि अर्थशास्त्र मनुष्य को अधिक स्वार्थी बनाता है और स्वार्थी मनुष्यों का क्रम विकास होता है तो अभी मानव समाज जिस कोविड-19 महामारी से जूझ रहा है, वह नहीं होना चाहिए था और वह देश, जो अर्थव्यवस्था के शीर्ष पर हैं, उनके समाज में आधुनिक वैज्ञानिकों के सिद्धांत के अनुसार अधिकतम मनुष्यों का प्राकृतिक चयन होना चाहिए था और उनका क्रम विकास भी होना चाहिए था और उन्हें उत्तरजीवी भी रहना चाहिए था, परंतु ऐसा कुछ भी घटित नहीं हो रहा है, इसके विपरीत आज के स्वार्थी समाज में इस महामारी ने मौत का वह तांडव दिखाया जिसने तथाकथित आधुनिक विज्ञान को उसकी तुच्छ सीमाओं का अनुभव करवाया। आज के इस महामारी के समय में हमें यह समझ जाना चाहिए कि प्राकृतिक चयन तथाकथित स्वार्थ पर किसी भी प्रकार से आधारित नहीं होता और न ही प्राकृतिक चयन और न ही क्रम विकास उस प्रकार से कार्य करते हैं जिस प्रकार से 'श्री' डार्विन ने बताया है।

डार्विनजी अच्छे वैज्ञानिक और बुद्धिजीवी थे और आज के कुछ वैज्ञानिक भी अपने क्षेत्र में बहुत अच्छे हैं, परंतु कभी-कभी यह सभी बालक की भाँति या गुफा मानव की भाँति सोचते हैं। धार्मिक और आध्यात्मिक मनुष्य परोपकार को धर्म की दृष्टि से देखते हैं। यहाँ धर्म का अर्थ आज के पंथ से नहीं है, बल्कि यहाँ शाश्वत धर्म है और उसका अर्थ है वह, जो जीवन के अनुकूल है, उसे धारण करना है। बुद्धजी ने, कृष्णजी ने, आदियोगी शिवा ने, राम ने और सभी अवतार, योगी सभी ने परोपकार को अलग-अलग रूपों से समझाया और बताया है, परंतु आज के इस तथाकथित आधुनिक मानव की

समझ से बाहर है, उन सबका दृष्टिकोण और उन सबके द्वारा बताया गया ज्ञान। आइए, हम परोपकार और करुणा को थोड़ा अधिक जानने और समझने का प्रयास करते हैं।

जैसे-जैसे जीव का क्रम विकास हुआ, वह परोपकार की अलग-अलग प्रकार से अनुभूति करने लगा और उपयोग करता गया और मानव परोपकार को अपने तंत्र के अनुसार (सिद्ध होने से पहले या समाधि प्राप्त करने से पूर्व) अनुभव और उपयोग करता है। परोपकार सार्वभौमिक है। परोपकार के संकेत जीव जगत् में अधिकतर जीव-जंतु देते हैं। अन्य जानवर भी अपने तंत्र के अनुसार परोपकार की अनुभूति और उपयोग करते हैं। जैसे-जैसे हमारे डोपामाइन तंत्र का क्रम विकास हुआ, वैसे-वैसे जीव परोपकार को अपने तंत्र अनुसार अनुभव, अनुभूति और उपयोग करने लगा। जैसे कम विकास की यात्रा में हमारे तंत्र में अधिक बदलाव नहीं आए, बल्कि वह अधिक जटिल हो गया, वैसे ही परोपकार, करुणा, दया इत्यादि शक्तियों/ऊर्जा की कार्यप्रणाली भी जटिल हो गई। विकसित तंत्र के साथ जीव परोपकार को अधिक-से-अधिक वस्तु/अनुभव के साथ जोड़कर देख सकता है। परोपकार, करुणा इत्यादि जैसे जीवन की सहायता हेतु जब कोई व्यक्ति निर्णय लेता है तब वह कार्य करने से पहले अधिक कुछ सोचता नहीं, तो स्वार्थी सोच या तथाकथित सर्वहित के संदर्भ में सोचकर कार्य करने का प्रश्न ही उत्पन्न नहीं होता। परोपकारी मनुष्य अपने विचारों की प्रणाली से प्रभावित होकर कार्य नहीं करते, वह तो बिना किसी विचार के प्राकृतिक रूप से कार्य करते हैं। परोपकार एक प्रकार का धर्म है, कर्म नहीं। परोपकार किसी समुदाय, किसी धर्म, किसी देश या केवल मानवों तक ही सीमित नहीं, यह सार्वभौमिक प्रक्रिया या घटना या शक्ति है, जो सभी शब्दों और संकल्पनाओं के पार है। परोपकार को जो कुछ आधुनिक मनुष्य देशभक्ति या विशेष धर्म से जोड़कर देखते हैं, वह सही नहीं है।

परोपकारी व्यवहार के कारण व्यक्ति अपना स्वास्थ्य बिगाड़ लेता है, यह धारणा भी सही नहीं है। इसी से संबंधित शब्द जो ग्रंथों में लिखे हैं, वह कर्म के संदर्भ में कहे गए हैं, न कि व्यक्ति के सत्य के लिए। परोपकार, करुणा इत्यादि ऊर्जाएँ आज के आधुनिक मानव की सभी संकल्पनाओं के पार हैं। आगे इसे हम विस्तारपूर्वक समझेंगे। यह धर्म है, वह मानव का एक प्रकार का दायित्व है। यह व्यक्ति पर निर्भर करता है कि वह इस दायित्व को निभाते हैं या नहीं। परोपकार किसी व्यक्ति, या समाज, या समुदाय या देश के लिए ही नहीं है, यह जीवन के लिए है।

समाधि प्राप्त करने से पूर्व या मोक्ष पाने से पहले सिद्धार्थ, गौतमजी भी स्वयं को कष्ट पहुँचा रहे थे। यहाँ भी बुद्ध किसी तथाकथित सर्वहित के संदर्भ में नहीं सोच रहे थे, वह तो केवल परम सत्य को जानना चाहते थे, वह केवल अपनी जिज्ञासा शांत करना चाहते थे। वह केवल जिज्ञासु थे परम सत्य के लिए। जब उनको यह अनुभव हुआ कि ऐसे

पीड़ा पाने से वह केवल मृत्यु को प्राप्त करेंगे, सत्य को नहीं, तो उन्होंने स्वयं को पीड़ा देने का विचार त्याग दिया। यहाँ हम देख सकते हैं कि यह आत्मघाती व्यवहार नहीं है, बल्कि जिज्ञासु प्रवृत्ति है। डार्विन के सिद्धांत के अनुसार परोपकार को अपनाने के पश्चात् सिद्धार्थ, गौतम बुद्ध को दूसरों की सेवा में अपने जीवन को नष्ट कर देना चाहिए था, परंतु सिद्धार्थ, गौतम बुद्ध ने ऐसा कुछ भी नहीं किया, इसके विपरीत वह यह समझ गए थे कि यदि उन्हें समाज को वह ज्ञान समझाना है, जो उन्होंने प्राप्त किया है तो सर्वप्रथम उन्हें स्वस्थ रहना होगा। सिद्धार्थ, गौतम बुद्ध ने परोपकार को अपनाने के पश्चात् तथाकथित आत्मघाती प्रवृत्ति नहीं अपनाई, इसके विपरीत उन्होंने स्वयं को स्वस्थ भी रखा और समाज को ज्ञान भी दिया, बिना किसी 'परिवर्तन की संकल्पना' को ध्यान में रखते हुए। मोक्ष प्राप्त करने के पश्चात् भी उन्होंने कोई आत्मघाती व्यवहार नहीं दरशाया, तब भी जब वह परोपकार को प्रत्येक दिन उपयोग में ला रहे थे। वह जीना भी चाहते थे और समाज के साथ जो ज्ञान उन्होंने प्राप्त किया है, वह साझा भी करना चाहते थे। बुद्धजी आत्मघाती रूप से जीवन नहीं जी रहे थे, वह तो धर्म का पालन या धर्म का अभ्यास कर रहे थे। उन्होंने कभी किसी को बाध्य नहीं किया ऐसा करने के लिए और न ही वह तथाकथित समाज में कोई परिवर्तन लाना चाहते थे, उन्होंने तो केवल वही कहा जो उन्होंने अनुभव किया था, तो सर्वहितवाली बात भी नहीं यहाँ पर। बिना आत्मघाती प्रवृत्ति के और बिना किसी तथाकथित परिवर्तन की संकल्पना के सिद्धार्थ, गौतम बुद्ध ने परोपकार को अपनाया। हम यह कह सकते हैं कि गौतम बुद्ध सर्वहित के लिए स्वयं को बलिदान करने का नहीं सोच रहे थे, उसके पश्चात् भी उन्होंने परोपकारी और करुणा की नीति अपनाई।

कृष्णजी ने कहा था अर्जुन को कि "तू भूल जा कि पाप क्या है और पुण्य क्या है, तू केवल अपना धर्म निभा।" ऐसा ही गौतम बुद्ध ने कहा कि तुम केवल अनुभव करो, संकल्पना के साथ कुछ मत सोचो/देखो। धर्म जो है, वह प्रत्येक परिभाषा के पार है। जीवन जीने का दृष्टिकोण, जीवन जीने की शैली इत्यादि परिभाषाएँ केवल कुछ संकल्पना मात्र ही हैं, धर्म इन सभी के पार है। धर्म तथाकथित 'लाभ और हानि' के पार है। गौतम बुद्ध तो इस स्व के पार थे और परोपकारी की संकल्पना के भी, तो हम यह कह सकते हैं कि परोपकार आत्मघाती नहीं होता।

आइए, अब थोड़ा देशभक्ति पर भी प्रकाश डालते हैं।

देशभक्ति

हम जिसे भारतवर्ष कहते हैं, वहाँ देशभक्ति को एक अलग दृष्टिकोण से देखा जाता है। भारतीयों की देशभक्ति मानवता और परम सत्य को समर्पित है। हम वासुदेवाय कुटुंब की सोच रखते हैं, जिसका अर्थ है कि पूरा विश्व एक विशाल परिवार है और

अखंड भारत में देश (राजनीतिक सीमाएँ) की अलग परिभाषा थी, पश्चिम की तुलना में। अखंड भारत में देश किसी विशेष समुदाय का नहीं होता था, या देश केवल भूमि का एक टुकड़ा मात्र ही नहीं था, जो हमें संसाधन प्राप्त करवाता है और न ही देश को किसी स्वार्थी व्यवहार या स्वार्थी कर्म से जोड़कर देखा जाता रहा है। देश केवल जीवन को अनुभव करने के लिए है और व्यवस्था का एक भाग मात्र माना जाता है। यहाँ देशभक्ति का अर्थ केवल देश के लिए किसी के प्राण हर लेना या स्वयं के प्राणों का बलिदान दे देना ही नहीं था, यहाँ देश उसे माना गया, जो जीवन के विकास हेतु पर्याप्त पारिस्थितिकी तंत्र को जन्म दे सके, अर्थात् जहाँ देश की संकल्पना जीव के साथ नहीं बल्कि जीवन के साथ जोड़कर देखी जाती रही है। परंतु इसके पश्चात् भी यहाँ देशभक्ति किसी सर्वहित के साथ जोड़कर नहीं देखी गई, क्योंकि जीवन सभी संकल्पनाओं के पार है और हम जीवन को केवल कुछ एक संकल्पनाओं के साथ जोड़कर नहीं देख सकते और इसी कारण से भारतवर्ष में देशभक्ति को भी कुछ एक संकल्पनाओं के साथ जोड़कर नहीं देखा जाता था। आक्रमण के विरुद्ध जो युद्ध हुए हैं, उनको भी हम किसी भी प्रकार से स्वार्थी कर्म नहीं कह सकते। भारतवर्ष में देशभक्ति सदा से रही है, साथ-ही-साथ मानवता भी रही है और भारत की देशभक्ति भी यहाँ के मनुष्य को मोक्ष के मार्ग पर अग्रसर होने के लिए प्रेरित करती रही है, न कि स्वार्थ को अपनाने हेतु। देशभक्ति का मार्ग भी मानव को मोक्ष के मार्ग पर ले जा सकता है, जो सभी प्रकार के स्वार्थ के पार होता है। देशभक्ति भी एक प्रकार का धर्म है और यहाँ जो धर्म की परिभाषा थी, वह भी आज की आधुनिक परिभाषा से भिन्न थी। प्रेम, करुणा, परोपकार, दया यहाँ पर यह सभी कुछ रहा है, परंतु तथाकथित स्व के बिना। यहाँ जीवन और मृत्यु और स्व के परे की धारणाओं के पार जाकर अनुभूति की जाती रही है। देशभक्ति केवल भूमि या अपने समाज, अपने समुदाय के संदर्भ में ही नहीं थी, देशभक्ति एक धर्म थी और धर्म सभी प्रकार के स्वार्थ के पार जाना सिखाता है, न कि स्वार्थी बनना। हम अपनी कहानी में आगे देखेंगे विस्तारपूर्वक कि धर्म क्या है, सत्य क्या है, करुणा क्या है और परोपकार क्या है ?

आइए, भारत देश और देशभक्ति से संबंधित कुछ और तथ्यों पर प्रकाश डालते हैं।

डॉ. अनुराधाजी, जो आई.आई.टी. खड़गपुर में एक सहायक आचार्य हैं, उन्होंने अपने एक साक्षात्कार में 'भारत' शब्द के उद्गम के संदर्भ में कुछ तथ्य बताए थे। उन्होंने कहा था कि—

भारतीय परंपरा में किसी भी वस्तु का नामकरण अत्यंत महत्त्वपूर्ण होता है, क्योंकि उस वस्तु का नाम केवल उस वस्तु का सूचक मात्र ही नहीं होता, बल्कि उस नाम के भीतर उस वस्तु, स्थान या जिस किसी का भी वह नाम है, उसमें उस वस्तु का अभिज्ञान होता है। नाम और रूप भारतीय सभ्यता के दो महत्त्वपूर्ण मूल विचार हैं।

'भारत' जो शब्द है, उसकी उत्पत्ति और उसका अर्थ अलग-अलग बुद्धिजीवियों ने समझाया है और उनमें से कुछ है—

- एक व्याख्या के अनुसार 'भारत' जो शब्द है, वह ऋषि ऋषभ के पुत्र से आया है। ऋषभ ऋषि जो थे वह जैन सभ्यता के एक तीर्थंकर थे।
- ऋग्वेद में कहा गया है कि एक राजा सुदासजी थे, जो भारत की जनजाति से संबंध रखते थे और उनकी विजय के पश्चात् उस जनजाति के लोगों ने स्वयं को 'भारतवासी' कहना प्रारंभ कर दिया था। यह राजा सप्त सिंधु घाटी से संबंध रखते थे।
- महाभारत में भी भारत के उद्‍गम की चर्चा की गई है। महाभारत में भारत को दुष्यंत और शकुंतला का पुत्र बताया गया है, जो एक चक्रवर्ती राजा थे और उन्हीं के नाम पर भारत देश का नाम 'भारत' रखा गया।
- एक और व्याख्या है, जो यह कहती है कि 'भारत' जो शब्द है, वह शब्द 'भ्र' से उद्‍गम हुआ है। भ्र का अर्थ 'पूर्ण' होता है और भ्र को ज्ञान के साथ भी जोड़कर देखा जाता है। 'भारत' जो शब्द है, वह 'भा और रत' के संगम से बना है, जिसमें भा का अर्थ होता है प्रकाश और रत का अर्थ होता है प्रकट होना। यदि हम भारतीय सभ्यता के उद्‍गम को देखें तो हम पाएँगे कि इस सभ्यता का अहम लक्ष्य प्रकाश की खोज रहा है। यह प्रकाश भौतिक प्रकाश नहीं है। यहाँ प्रकाश का अर्थ है ज्ञान का प्रकाश, क्योंकि वेदों में, जो प्राचीनतम ग्रंथ है, उनमें बताया गया है कि भारतीय आध्यात्मिक अन्वेषण में संलग्न थे और वह अन्वेषण क्या है, अन्वेषण अस्तित्व के उद्‍देश्य को जानना है। यह खोज खोजी को प्रकृति और रचना के उद्‍गम से संबंधित सत्य की खोज में संलग्न करती है। भारत का अर्थ है कि ऐसी भूमि, जो ज्ञान के प्रकाश से भरी हो और ऐसी भूमि जहाँ मनुष्य प्रकाश की खोज में संलग्न रहते हों।

भारतीयों की यह विचारधारा रही है कि हम भारतीय यह खोजते हैं कि हमें मोक्ष तक संचालित करनेवाली ऊर्जा/ज्वाला कौन सी है और क्या है और कहाँ है? भारतीय विचारधारा 'तपस्या' पर आधारित है। भारतीय पुराणों में भारत उस भू-भाग को कहा गया है, जहाँ यज्ञ/यजन निरंतर रूप से किए जाते रहते हैं। यहाँ यज्ञ का अर्थ यह समझाना है कि ब्रह्मांड में सभी कुछ बदलाव की प्रक्रिया या आदान-प्रदान की प्रक्रिया से बँधा हुआ है, अर्थात् यह जानना कि हम अपनी ऊर्जा कहाँ संलग्न कर रहे हैं और उससे हमें क्या प्राप्त हो रहा है और हम मानव समाज को क्या अर्पण कर रहे हैं। ग्रंथों में बताया गया है कि भारत वह स्थान है, जो दान की विचारधारा से संलिप्त है। दान-पुण्य इस भूमि में निष्ठा से पालन किया जाता रहा है।

डॉ. अनुराधाजी की भारत की व्याख्या के पश्चात् संभवत: आधुनिक वैज्ञानिक यह समझ गए होंगे कि भारत जो देश है, वह केवल जनजाति सुरक्षा के दृष्टिकोण से देशभक्ति की भावना को नहीं अपनाए हुए है, क्योंकि यह वह भूभाग है, जहाँ मानव संकल्पनारहित सत्य की खोज में संलग्न रहते हैं और स्वार्थ की भावना से बहुत दूर उनकी ऊर्जा कार्य करती है। डॉ. अनुराधाजी ने बताया कि भारतीय ग्रंथों में बताया गया है कि भारत वह देश है, जहाँ मानव सत्य के प्रकाश की खोज में संलग्न रहते हैं। इसका अर्थ है कि भारत के मानव माया जगत् की संकल्पना और स्वार्थ की भावना से कोसों दूर जीवनयापन करते हैं और उनकी विचारधारा यज्ञ के सिद्धांत और आदान-प्रदान से प्रेरित रहती है, जो ब्रह्मांड के सत्य से संबंधित है। यहाँ यज्ञ और आदान-प्रदान भी किसी स्वार्थ के कारण नहीं किया जा रहा, यह स्पष्ट रूप से समझा दिया गया है कि आदान-प्रदान और यज्ञ का अर्थ है कि ब्रह्मांड में सभी ऊर्जा और शक्ति आदान-प्रदान के नियम से बँधी होती हैं, जिस प्रकार आज के आधुनिक विज्ञान का एंट्रॉपी (Entropy) का सिद्धांत बताता है कि ब्रह्मांड में सभी कुछ निरंतर रूप से बदलाव की प्रक्रिया में है और इसी बदलाव की प्रक्रिया के कारण भारतीय ग्रंथों में यज्ञ और आदान-प्रदान की विचारधारा को महत्त्व दिया गया है (यज्ञ और एंट्रॉपी के सिद्धांत के बीच के संबंध को हम अपनी कहानी में आगे विस्तारपूर्वक समझेंगे)। यहाँ यज्ञ ब्रह्मांड की प्रक्रियाओं को दरशाता है, किसी प्रकार की स्वार्थी प्रक्रिया को नहीं। भारतवर्ष में देशभक्ति की भावना भी मनुष्यों को परम सत्य को जानने हेतु प्रेरित करती है, न कि हिंसक प्रवृत्ति अपनाने हेतु। पौराणिक ग्रंथों और भारतीयों की विचारधारा के आधार पर हम यह कह सकते हैं कि भारतीय स्वार्थ की भावना से देशभक्ति की ज्वाला को अग्नि प्रदान नहीं करते, वह यज्ञ की अग्नि से अपने अस्तित्व के सत्य की खोज करते हैं और उनकी देशभक्ति की भावना भी इसी यज्ञ की क्रिया की भाँति ही है, न कि हिंसक स्वार्थ की भावना।

आज के तथाकथित आधुनिक वैज्ञानिक भारत की देशभक्ति की भावना का संबंध पश्चिम की देशभक्ति की संकल्पना के साथ स्थापित नहीं कर सकते, पश्चिम की देशभक्ति की संकल्पना भारत की देशभक्ति की भावना से भिन्न है।

यदि हम डार्विन के इस देशभक्तिवाले तथ्य पर अधिक प्रकाश डालें तो हम पाएँगे कि डार्विन अपने सिद्धांत के अनुसार यहाँ यह सिद्ध करना चाहते हैं कि 'देशभक्ति की भावना के कारण ही कोई भी जाति, जनजाति या समुदाय उत्तरजीवी रहते थे, क्योंकि देशभक्ति की भावना ऐसे योद्धा निर्मित करती थी, जो राष्ट्र, जाति या समुदाय की रक्षा करते थे और इसके कारण उन्हें उत्तरजीवी रहने में सहायता मिलती थी', परंतु क्या केवल योद्धा और क्षत्रिय ही किसी भी राष्ट्र, जनजाति या समुदाय के उत्तरजीवी रहने में सहायता प्रदान करते हैं? निस्संदेह योद्धा और क्षत्रिय राष्ट्र, जनजाति या समुदाय की रक्षा हेतु

अत्यंत आवश्यक होते हैं और राष्ट्र या समुदाय की रक्षा में योद्धा और क्षत्रिय अत्यंत महत्त्वपूर्ण भूमिका निभाते हैं और वह राष्ट्र या जनजाति की सुरक्षा की प्रथम कड़ी भी होते हैं, परंतु केवल और केवल योद्धाओं के कारण ही कोई भी राष्ट्र, जनजाति या समुदाय उत्तरजीवी रहता है, यह धारणा भी सत्य नहीं है, क्योंकि किसी भी राष्ट्र या जनजाति के उत्तरजीवी रहने के लिए योद्धाओं और क्षत्रियों के साथ-साथ बुद्धिजीवियों की, श्रमिकों की और वैश्यों की भी आवश्यकता पड़ती है, जो किसी भी राष्ट्र या जनजाति के विकास में अपना पूर्ण योगदान देते हैं और उसके उत्तरजीवी रहने में महत्त्वपूर्ण भूमिका निभाते हैं। बुद्धिजीवी, योद्धा, वैश्य और अन्य सभी प्रकार के जीवन हितकारी कार्य करनेवाले लोग सभी मिलकर किसी भी राष्ट्र और किसी भी समुदाय या जनजाति के उत्तरजीवी रहने में सहायता प्रदान करते हैं। हम यह नहीं कह सकते कि इनमें से कोई भी एक किसी भी जाति या प्रजाति के उत्तरजीवी रहने का एकमात्र कारण है। समाज के सभी घटक अपनी क्षमता और अपनी योग्यता अनुसार किसी भी राष्ट्र, जाति या समुदाय के उत्तरजीवी रहने हेतु अपना पूर्ण योगदान देते हैं और समाज के सभी घटकों के सहारे ही कोई भी राष्ट्र या जनजाति उत्तरजीवी रह सकती है, समाज के किसी एक घटक के सहारे नहीं। सबसे महत्त्वपूर्ण बात तो यह है कि पुन: यहाँ डार्विन यह सिद्ध नहीं कर पाए कि किस प्रकार उत्तरजीवी रहने मात्र से ही क्रम विकास होगा। इस तथ्य के सहारे भी डार्विन केवल उत्तरजीवी रहने के संदर्भ में ही अपना वक्तव्य दे रहे हैं और वह इस तथ्य के सहारे भी यह सिद्ध नहीं कर पाए कि किस प्रकार योद्धा क्रम विकास का कारण बनता है।

आज के तथाकथित आधुनिक वैज्ञानिकों को यह समझना होगा कि केवल उत्तरजीवी रहने मात्र से क्रम विकास नहीं होता और इसका प्रमाण हम आज भी अपने समाज में देख सकते हैं। आज के आधुनिक समाज में अधिकतर व्यक्ति अपने जीवन की पूर्ण सीमा तय करते हैं, परंतु उनका क्रम विकास नहीं हो पाता, क्योंकि क्रम विकास का संबंध उत्तरजीविता के साथ होता ही नहीं है। उत्तरजीवी रहना और क्रम विकास होना, यह दोनों अलग-अलग सत्य हैं। हम किसी भी रूप में उत्तरजीविता के किसी भी सिद्धांत को क्रम विकास के सिद्धांत के साथ जोड़कर देख नहीं सकते।

कृष्णजी ने कहा है, "हम न ही किसी को मार सकते हैं, न ही हम स्वयं मर सकते हैं," हम कर्म करते हैं और धर्म निभाते हैं। तो भारत वह स्थान है, जहाँ देशभक्ति को कर्म और धर्म के साथ जोड़कर देखा जाता है, न कि किसी अन्य कबीले और जनजाति को समाप्त करने के दृष्टिकोण से। यह कर्म और धर्म है क्या? इसका अस्तित्व क्या है? इसका सत्य क्या है? यह हम अपनी कहानी में आगे समझेंगे। अभी करुणा और परोपकार के संबंध में आधुनिक वैज्ञानिक और आध्यात्मिक वाद-विवाद पर थोड़ा अधिक प्रकाश डालते हैं।

करुणा और परोपकार के उसी सम्मेलन के वाद-विवाद में एक वैज्ञानिक ने एक प्रश्न पूछा—

वैज्ञानिक प्रश्न

यदि हजारों वर्षों से हमारे समाज में करुणा और परोपकार की भावना है, तो हमारे समाज में अधिक-से-अधिक करुणामयी और परोपकारी मनुष्य क्यों नहीं है?

गुरुजी ने इस प्रश्न का उपयुक्त उत्तर दिया था, परंतु संभवतः हमारे आधुनिक वैज्ञानिक उस उत्तर से संतुष्ट नहीं थे, क्योंकि उन्हें गुरुजी की बात पूर्ण रूप से समझ आई ही नहीं थी। तो आइए, इस प्रश्न का उत्तर X से जानते हैं।

X का उत्तर

हमारे समाज में तो सभ्यता और अन्य तथाकथित अच्छी और सुखद वास्तविकताएँ भी हैं हजारों वर्षों से, इसके पश्चात् भी हमारे समाज में अधिक लोग सभ्य क्यों नहीं हैं? हमारे समाज में मानवता मानव के अस्तित्व से ही उपस्थित है, परंतु इसके पश्चात् भी आज के आधुनिक समाज में अधिक-से-अधिक लोग मानवीय क्यों नहीं हैं? हमारे तथाकथित आधुनिक समाज में सभी प्रकार के नियम उपस्थित हैं, परंतु इसके पश्चात् भी क्यों हमारे समाज से अपराध समाप्त नहीं हो पा रहा है? क्यों नियम होने के पश्चात् और क्यों अच्छी शिक्षा होने के पश्चात् भी हमारे समाज में आज अपराध की दर बढ़ती जा रही है? यदि अपराध बढ़ रहा है तो क्या हमें नियमों को हटा देना चाहिए या उन्हें अनदेखा करना चाहिए? और यदि अपराध बढ़ रहा है तो क्या हमें अपनी शिक्षा प्रणाली को भी नष्ट कर देना चाहिए या उसकी महत्त्वता को अनदेखा कर देना चाहिए? वैज्ञानिकों द्वारा पूछा गया प्रश्न कुछ-कुछ ऐसा है कि यदि अच्छा कर्म करना हमारा धर्म है, तो यह बुरे लोग या बुराई क्यों है समाज में? इसका उत्तर है कि करुणा, परोपकार इत्यादि एक जड़ी-बूटी की भाँति हैं। यह विशिष्ट और समाज पर निर्भर करता है कि वह इन जड़ी-बूटियों का उपयोग करेंगे या नहीं करेंगे और यदि करेंगे तो किस रूप में और कहाँ करेंगे। आज के आधुनिक समाज में लगभग प्रत्येक मानसिक और शारीरिक रोग की दवा उपस्थित है, परंतु क्या सभी लोग स्वस्थ हैं, या क्या सभी लोग दवा लेना पसंद करते हैं या क्या सभी लोग पूरी दवा सदा लेते हैं? अधिकतर नहीं करते ऐसा। सभी प्रकार की औषधियों के पश्चात् भी लोग अपनी जान गँवा देते हैं ना आज भी? तो क्या हम इन सभी मृत्यु का उत्तरदायित्व औषधियों पर डाल सकते हैं क्या? ऐसा होने के कारण क्या हम औषधियों की महत्त्वता या उनके अस्तित्व को नकार सकते हैं क्या? क्या हम कह सकते हैं कि औषधियाँ किसी काम नहीं आती, क्योंकि आज भी लोग मर रहे हैं? नहीं,

हम यह नहीं कह सकते। जैसे औषधियाँ स्वयं रोगियों के भीतर नहीं जा सकतीं, रोगियों का भी दायित्व होता है औषधियों के प्रति, इसी प्रकार करुणा, परोपकार इत्यादि के प्रति भी विशिष्ट और समाज के कुछ दायित्व होते हैं। जो मनुष्य यह दायित्व निभाते हैं, वह करुणामयी और परोपकारी बन जाते हैं, जो नहीं निभाते, वह नहीं बन पाते, ठीक उसी प्रकार जैसे यदि रोगी औषधि नहीं लेगा तो वह ठीक ही नहीं होगा और यदि औषधि लेगा तो वह स्वस्थ हो जाएगा।

करुणा और परोपकार हमारे समाज में हजारों वर्ष पहले भी थे और आज भी हैं, परंतु समाज की विचारधारा पर निर्भर करता है कि वह किसका पालन करेगी और किसका त्याग। पिछले कुछ वर्षों में समाज की विचारधारा में तीव्रता से बदलाव आया है। किन्हीं कारणों से समाज करुणा और परोपकार को समझ और ग्रहण नहीं कर पा रहा, तो हम इस करुणा और परोपकाररूपी औषधि को दोष नहीं दे सकते। ऐसा नहीं कि करुणा और परोपकार आज के मनुष्य में कम हैं, परोपकारी और करुणामयी मनुष्य की संख्या में वृद्धि हो रही है और जनसंख्या विस्फोट के पश्चात् भी कहीं-न-कहीं समाज सँभला हुआ है, क्योंकि करुणामयी और परोपकारी लोग इस समाज में उपस्थित हैं,जीवन का संतुलन सँभालने के लिए, नहीं तो यह आधुनिक मानव सभ्यता सबकुछ नष्ट कर देती। पिछले कुछ वर्षों में समाज में करुणा और परोपकार का भाव कम होने लगा था, परंतु पुनः समाज इसको समझ रहा है और अपना भी रहा है। करुणा और परोपकार वृद्धि कर रहे हैं। यदि हम जनसंख्या के अनुसार करुणामयी और परोपकारी मनुष्य की दर देखें तो आज की जनसंख्या के अनुपात में करुणामयी मनुष्य अधिक पाए जाएँगे, 100 या 300 वर्ष पहले की तुलना में जब जनसंख्या कम थी तब के औसत और अब जब जनसंख्या अधिक है, तो अब के औसत को देखकर हम अनुमान लगा सकते हैं कि करुणामयी और परोपकारी मनुष्य के औसत में संभवतः वृद्धि हो रही है।

एक प्रकार से करुणा और परोपकार अपनी प्राकृतिक गति से या कहें, क्रम विकास की गति से आगे बढ़ रहे हैं। यह तो मनुष्य की जनसंख्या है जिसमें अत्यधिक गति से वृद्धि हो रही है। जनसंख्या में हुई अचानक वृद्धि के कारण या जनसंख्या में आए विस्फोट के कारण 'ज्ञान विस्तार प्रक्रिया' प्रभावित हो गई थी और धीमी पड़ गई थी। ज्ञान की पहुँच समाज के प्रत्येक वर्ग तक और व्यक्ति विशेष तक नहीं हो पा रही थी, अधिक-से-अधिक लोगों तक ज्ञान नहीं पहुँच रहा था/है। जब किसी मनुष्य के पास या जब अधिकतर मनुष्यों को करुणा और परोपकार का ज्ञान ही न हो तो वह करुणामयी और परोपकारी कैसे बनेंगे। आज के तथाकथित आधुनिक समाज में असंख्य विचारधारा हैं, परंतु इसके पश्चात् भी हजारों वर्षों से आज तक करुणा इत्यादि ने अपना स्थान बनाए रखा है। सभी विचारधाराओं के बीच यह अभी भी अस्तित्व में

है। आज के बहुआयामी जगत् में करुणा, परोपकार इत्यादि विचारधाराएँ अन्य सभी विचारधाराओं के साथ खड़ी है। ऐसा नहीं है कि करुणा इत्यादि की कमी हो गई है, या कम लोग करुणामयी और परोपकारी है, यदि कमी है तो कमी लोगों तक ज्ञान के पहुँचने की है। जैसे-जैसे ज्ञान सभी के पास पहुँचेगा वैसे-वैसे सभी करुणा, परोपकार इत्यादि की महत्त्वता को समझेंगे।

वैज्ञानिक टिप्पणी

डार्विन के सिद्धांत के अनुसार प्राकृतिक चयन समूह में हो रहा था। डार्विन का जो सिद्धांत है, वह 'समूह के चयन' का सिद्धांत है और मनुष्य में वह समूह 'जनजाति' है।

X की टिप्पणी

इस तथ्य और इस सिद्धांत के सहारे पुनः डार्विन केवल उत्तरजीविता के संबंध में तथ्य बता रहे हैं, न कि क्रम विकास के संबंध में। यहाँ पर डार्विन यह कहना चाहते हैं कि जो प्रजाति या जनजाति दूसरी जनजाति को समाप्त कर देगी, वही उत्तरजीवी रहेगी, परंतु यहाँ डार्विन ऐसा कुछ भी नहीं बता रहे हैं जिसके सहारे हम यह समझ पाए कि जनजाति का क्रम विकास किस प्रकार होगा। यहाँ भी डार्विन केवल उत्तरजीविता की ही बात कर रहे हैं, क्रम विकास की नहीं। जनजाति के जीवित रहने में और जनजाति के क्रम विकास में बहुत अंतर होता है।

जहाँ तक समूह और व्यक्ति के प्राकृतिक चयन की बात है तो प्राकृतिक चयन जो है, वह व्यक्ति के स्तर पर भी हो सकता है, या कहें व्यक्ति विशेष का भी हो सकता है। प्राकृतिक चयन 'समूह' के सक्षम होने की प्रतीक्षा नहीं करता, वह सक्षम व्यक्ति का चुनाव भी कर सकता है। मनुष्य में हमने देखा है कि व्यक्ति विशेष मोक्ष प्राप्त करता है और उसके पश्चात् वह ज्ञान समाज को दिया जाता है, जिसके सहारे पूरा समाज अपने विकास की क्षमता उत्पन्न करता है और भूतकाल में यह जनजातियों को दिया जाता था। एक व्यक्ति विशेष भी विकसित समूह का निर्माण कर सकता है, मानसिक और शारीरिक दोनों स्तर पर। हमने यह समझा था कि एक प्रक्रिया के सहारे जीव अपने आसपास के वातावरण में उपस्थित संभावित आवश्यक जानकारी प्राप्त कर लेता है, वैसी ही एक प्रक्रिया के सहारे जीव नई विकसित जानकारियों को आसपास के वातावरण में फैला भी सकता है, जिसके सहारे अन्य जीव अपने भीतर आवश्यक परिवर्तन कर सकते हैं। जिज्ञासा की तीव्रता के सहारे आसपास के वातावरण से जानकारी प्राप्त की जाती है और करुणा, परोपकार और अन्य सर्वहितकारी ऊर्जा उत्पन्न करनेवाली प्रणालियों के सहारे जानकारी को वातावरण में अवतीर्ण भी किया जा सकता है और इसी प्रणाली के सहारे

एक विकसित जीव अपना विकास करने के साथ-साथ पूरे समूह का विकास भी कर सकता है। हम अपनी कहानी में आगे देखेंगे कि कैसे व्यक्ति विशेष के ज्ञान और जानकारी और जिज्ञासा से समूह और जनजाति का क्रम विकास हुआ। हम समझेंगे कि किस प्रकार एक व्यक्ति का तंत्र जानकारियों को वातावरण में अवतीर्ण भी कर सकता है और किस प्रकार किसी विशेष जीव के तंत्र में जानकारियाँ भेज भी सकता है। व्यक्ति के स्तर पर भी क्रम विकास होता है, जो कि समूह और जनजाति को भी विकसित कर सकता है।

वैज्ञानिक टिप्पणी

परोपकार और करुणा के आलोचकों का कहना है कि करुणा और परोपकार मनुष्य की स्वार्थी विशेषता हैं, क्योंकि यह 'सहानुभूतिपूर्ण आनंद' से संबंधित हैं। आलोचक उन योगी और दार्शनिक का भी उदाहरण देते हैं, जो कहते हैं कि "यदि तुम दूसरों की सहायता करोगे तो तुम्हें उसका फल मिलेगा", इसे वह स्वार्थी व्यवहार बताते हैं।

इसका उत्तर भी गुरुजी ने दिया था, परंतु आज के आधुनिक वैज्ञानिकों की संतुष्टि के लिए इसका उत्तर X के दृष्टिकोण से समझते हैं।

X का दृष्टिकोण

स्वार्थीपन करुणा और परोपकार में नहीं, स्वार्थीपन उन आलोचकों के तंत्र में बसा है। इसका भी एक कारण है और वह कारण है कि वह आलोचक स्वयं स्वार्थी व्यवहार से ग्रस्त हैं और स्वार्थ के सिद्धांत का ही पालन करते हैं। उन आलोचकों के अनुसार जीवन का दर्शनशास्त्र स्व के चारों ओर ही घूमता है। उनकी अनुभूति की प्रणाली ही भ्रष्ट और विकृत हो चुकी है। वह धारणात्मक रूप से अनुभूति तो करते ही हैं, साथ-ही-साथ उनकी संकल्पना भी आत्म केंद्रित है, इसीलिए वह केवल अधूरा सत्य देखते हैं और अधूरे सत्य को अपनी सुविधा अनुसार उपयोग करते हैं। जिन योगियों और दार्शनिकों ने यह बात कही है (जिसका उदाहरण वैज्ञानिकों ने दिया) तो वह बात उन्होंने किस जनसमूह को संबोधित करते हुए कही है, यह बात वैज्ञानिक नहीं बताएँगे। जिन शब्दों का उदाहरण वह दे रहे हैं, वह 'प्रशिक्षण' का एक भाग मात्र है, अर्थात् इन शब्दों का उपयोग योगी धर्म के पथ पर चलनेवालों को प्रेरित करने के लिए ही करते थे केवल, वह भी केवल प्रारंभ में।

धार्मिक और आध्यात्मिक गुरु और दार्शनिक को पता होता है कि वह किस प्रकार के तंत्र को क्या समझा रहे हैं, या किस तंत्र से जुड़ रहे हैं। उनको पता है कि साधारण मनुष्य किसी प्रकार के प्रोत्साहन से संचालित होता है और उनकी क्रिया 'प्रतिफल' (रिवाड्र्स) पर निर्भर होती है। वह योगी इस बात को 'योजनाबद्ध रूप से' प्रयोग कर रहे हैं, क्योंकि उनको पता है कि जो तंत्र वर्तमान में प्रोत्साहन और प्रतिफल से संचालित हो रहे

हैं, उन्हें कार्यशील करने के लिए कुछ प्रोत्साहन और प्रतिफल तो देने ही होंगे। हम सोच भी नहीं सकते कि प्रोत्साहन और प्रतिफल से चलनेवाला तंत्र धर्म पथ को केवल ऐसे ही अपना लेगा और इसी कारण से योगी और गुरु प्रशिक्षण के प्रारंभ में अपने शिष्यों को ऐसा कहते हैं। प्रारंभ में प्रोत्साहित करके धीरे-धीरे योगी उन मनुष्यों को या साधकों को स्व के बिना जीवन जीना समझाते थे। ऐसा कहकर वह लोगों के साथ छल नहीं कर रहे थे और न ही वह झूठ बोल रहे थे, वह केवल प्रत्येक तंत्र के साथ उस तंत्र के अनुसार ही व्यवहार कर रहे थे, जैसे हम आज के विद्यालयों में करते हैं। पहले हम बच्चों को बताते हैं कि सूरज पूरब से उदय होता है और कुछ वर्षों पश्चात् उन्हें समझाते हैं कि सूरज तो हिलता ही नहीं, यह तो पृथ्वी है जो उसके आसपास घूम रही है और जिस प्रकार हम आज के तथाकथित आधुनिक विद्यालयों में सर्वप्रथम छात्रों को पारंपरिक भौतिक विज्ञान पढ़ाते हैं और यह बताते हैं कि ब्रह्मांड पारंपरिक भौतिक विज्ञान के नियमों के अनुसार ही कार्य करता है, परंतु सही समय आने पर हम विद्यार्थियों को बताते हैं कि वास्तविकता में ब्रह्मांड सूक्ष्म भौतिक विज्ञान (क्वांटम फिजिक्स) के नियमों के अनुसार कार्य करता है, पारंपरिक भौतिक विज्ञान के नियमों के अनुसार नहीं। आज की आधुनिक शिक्षा प्रणाली में यह इस कारण से किया जाता है, क्योंकि पारंपरिक भौतिक विज्ञान के सभी नियम ब्रह्मांड पर पूर्ण रूप से लागू नहीं होते, परंतु उसके पश्चात् भी उसके कुछ नियम लागू होते हैं और ब्रह्मांड के संदर्भ में विद्यार्थियों को समझाने के लिए प्रारंभ में पारंपरिक भौतिक विज्ञान के नियमों का ज्ञान दिया जाता है, जिसके सहारे वह ब्रह्मांड की रूपरेखा को थोड़ा-बहुत समझ पाते हैं और सही समय आने पर उन्हें समझाया जाता है कि वास्तविकता में यह ब्रह्मांड सूक्ष्म भौतिक विज्ञान के नियमों से बँधा है और उन्हीं के अनुसार कार्य करता है। यदि हम प्रारंभ में विद्यार्थियों को सूक्ष्म भौतिक विज्ञान के नियम समझाएँगे तो अधिकतर विद्यार्थी इसे पूर्ण रूप से समझने में असमर्थ होंगे, क्योंकि सूक्ष्म भौतिक विज्ञान हमें हमारे जगत् की वह वास्तविकता बताता है, जो स्वयं में वास्तविकता ही प्रतीत नहीं होती और सूक्ष्म जगत् की विविधताओं के कारण वह इन नियमों को सत्य भी नहीं मानेंगे या सही समय से पहले इस ज्ञान को पाकर वह भ्रमित भी हो सकते हैं। ऐसे ही कुछ कारणों से हमारे प्राचीन योगी और गुरु ऐसे वाक्यों का प्रयोग करते थे। वह अपने शिष्यों को प्रारंभ में इस प्रकार समझाते थे कि उनके शिष्य वह समझ पाएँ, जो उनके गुरु उन्हें समझाना चाहते हैं और जब शिष्य अपना मानसिक और आध्यात्मिक विकास करके उच्च स्तर पर पहुँच जाते हैं तब गुरु और योगी उन्हें वास्तविकता का अनुभव करवाते हैं और समझाते हैं कि प्रतिफल, लाभ, सुखद इत्यादि भावनाएँ और क्रियाएँ भी हमें इस माया जगत् के साथ जोड़े रखती हैं और यदि हमें मोक्ष प्राप्त करना है तो हमें इन सभी संकल्पनाओं के भी पार जाकर शुद्ध अनुभूति करना सीखना पड़ेगा। जिस वक्तव्य का उदाहरण वैज्ञानिक दे रहे हैं,

वह केवल प्रारंभ में कुछ विशेष तंत्र के लिए ही उपयोग किया जाता था।

यदि हम आध्यात्मिक और धार्मिक शास्त्रों का अध्ययन करें तो हम पाएँगे कि यह 'प्रतिफल' की बातें परम सत्य को प्राप्त करने के मार्ग के कुछ चरणों के पश्चात् ही कहीं दिखाई नहीं देती। इसी से जुड़ी एक कहानी है गौतम बुद्ध और उनके शिष्य आनंद की। एक दिन गौतम बुद्धजी प्रवचन दे रहे थे और आनंद उनको सुन रहा था। उस एक ही दिन में बुद्धजी ने एक ही विषय पर तीन अलग-अलग बातें कहीं, तीन अलग-अलग लोगों को। उस दिन तीन अलग-अलग समय पर तीन अलग-अलग लोगों ने बुद्ध से एक ही प्रश्न पूछा, वह प्रश्न था 'क्या परमात्मा है?' बुद्धजी ने तीनों को अलग-अलग उत्तर दिया। पहले को कहा कि हाँ, परमात्मा है, दूसरे को कहा, नहीं, परमात्मा नहीं है और तीसरे को कुछ कहा ही नहीं, उसके सामने वह मौन साधना में बैठ गए। सबके जाने के पश्चात् आनंद ने बुद्धजी से कहा कि गुरुजी, मैं असमंजस में हूँ। आपने एक ही प्रश्न के तीन अलग-अलग लोगों को तीन अलग-अलग उत्तर दिए हैं। तो उनमें से मैं कौन सा उत्तर सही समझूँ? इस पर गौतम बुद्ध ने आनंद से कहा कि "उन सभी उत्तरों में से मैंने तुमको क्या कोई उत्तर दिया था?" इस पर आनंद ने कहा, नहीं, आपने मुझे कोई उत्तर नहीं दिया। इसके पश्चात् बुद्ध ने कहा कि यदि मैंने तुम्हें उत्तर ही नहीं दिया तो उसे तुमने अपने किसी प्रश्न का उत्तर कैसे मान लिया? न ही तुमने मुझसे प्रश्न पूछा था और न ही मैंने तुम्हें कोई उत्तर दिया, तो तुमने उनको अपने प्रश्नों का उत्तर कैसे मान लिया? इसके पश्चात् बुद्धजी ने समझाया, क्यों उन्होंने तीन अलग-अलग उत्तर दिए हैं। बुद्धजी ने कहा कि वह तीनों तंत्र अलग-अलग रूप से कार्य कर रहे थे और उनकी धारणा तोड़ने के लिए अलग-अलग ऊर्जा की आवश्यकता थी, इसी कारण से मैंने उन्हें अलग-अलग उत्तर दिए। पहले मनुष्य ने पूछा, क्या भगवान् है और वह अपने भीतर पहले से ही मानकर बैठा था कि भगवान् है और वह यह सोच रहा था कि मैं भी उससे कहूँगा कि भगवान् है, परंतु मैंने कहा, भगवान् नहीं है। अब उसके भीतर असमंजस की स्थिति उत्पन्न हो गई कि मैंने ऐसा क्यों कहा कि भगवान् नहीं है। अब वह अपनी संकल्पना से बाहर जाकर सत्य की खोज करेगा और सत्य के समीप जा सकेगा। दूसरा मनुष्य जो आया था, वह मानकर बैठा था कि भगवान् नहीं है और वह यह सोच रहा था कि मैं कहूँगा कि भगवान् है, और ऐसा सुनने के पश्चात् वह मेरे साथ भगवान् नहीं है, यह वाद-विवाद करना चाहता था, परंतु मैंने ही उसे कह दिया कि भगवान् नहीं है, अब उसके भीतर भी द्वंद्व उत्पन्न हो गया, वह अब यह सोच रहा होगा कि मेरे जैसे धार्मिक व्यक्ति ने ऐसा क्यों कहा कि परमात्मा नहीं है, अब अपने भीतर उठे द्वंद्व की संतुष्टि के लिए वह सत्य की खोज करेगा और अपनी धारणाओं से बाहर निकल संभवतः परम सत्य को प्राप्त कर सकेगा और तीसरे मनुष्य की कोई धारणा ही नहीं थी, वह शून्य था,

इसके लिए मैंने उसे शून्यता के माध्यम से ही समझाया।

ऐसा ही उस वक्तव्य के साथ है (यदि तुम दूसरों का भला करोगे तो तुम्हें लाभ मिलेगा)। जो योगी और दार्शनिक यह कहते आए हैं, वह इस वक्तव्य को केवल एक प्रारंभिक प्रोत्साहन के साधन की दृष्टि के अंतर्गत ही उपयोग करते थे, केवल कुछ विशेष तंत्र के लिए। हमारे योगी और ऋषियों ने सदा निस्स्वार्थ भाव की बात कही है, स्व को त्यागने की बात कही है। उन्होंने माया को छोड़ने की बात कही है, तो वह कभी 'स्वार्थी व्यवहार' को अपनाने की बात नहीं कर सकते। वह किसी को भी स्वार्थी जीवन जीने की प्रेरणा नहीं देंगे। उन्होंने ऐसी बात केवल कुछ शिष्यों के विशेष समूह के लिए ही कही है। हमारे योगी और गुरुओं ने यह कहा है कि परोपकार और करुणा यदि आत्मकेंद्रित हैं तो वह असली परोपकार और करुणा हैं ही नहीं। आत्म केंद्रित व्यवहार को अस्तित्व में रहने के लिए स्व की आवश्यकता होती है, परंतु हमारे योगी और गुरुओं ने सदा स्व रहित/निस्वार्थ (नो सेल्फ) जीवन जीने की बात कही है। वैज्ञानिक किसी एक वाक्य को उठाकर यह नहीं कह सकते कि योगी और गुरु स्वार्थी व्यवहार को अपनाने की बात करते हैं। धर्म का आधा-अधूरा ज्ञान वैज्ञानिकों की इस धारणा का कारण है।

अपनी कहानी में हम आगे विस्तारपूर्वक यह समझेंगे कि किस प्रकार प्राचीन भारत के योगी और गुरु स्वार्थी व्यवहार को त्यागने की शिक्षा देते रहे हैं, अभी हम एक और वैज्ञानिक उदाहरण के सहारे यह समझते हैं कि सहानुभूतिपूर्ण आनंद और स्वार्थी व्यवहार का संबंध करुणा और परोपकार के साथ नहीं होता। माइंड और लाइफ संस्थान के एक वैज्ञानिक ने अपनी एक प्रस्तुति के समय जो तथ्य दिखाए थे, उन पर प्रकाश डालते हैं, जो यह दरशाते हैं कि स्वार्थ का संबंध करुणा और परोपकार के साथ नहीं होता।

वैज्ञानिक शोध

एक वैज्ञानिक अध्ययन बताता है कि सहानुभूतिपूर्ण आनंद और स्वार्थी व्यवहार परोपकारी और करुणामयी मनुष्य में नहीं होता। यह जानने के लिए अनेक वैज्ञानिकों ने अलग-अलग प्रकार से जाँच की है, उनमें से एक यह है—

वैज्ञानिकों ने एक कार्यक्रम बनाया परोपकारी लोगों के लिए। उस कार्यक्रम में लोगों को पीड़ित लोगों की सहायता करने के लिए कहा गया। इस अध्ययन में शोधकर्ताओं ने कार्यक्रम में भाग लेनेवाले व्यक्ति को बताया कि यदि वह इस-इस विशेष रूप से पीड़ित की सहायता करते हैं तो उनकी सहायता मिलने के पश्चात् जिस व्यक्ति कि वह सहायता कर रहे हैं, वह 20 प्रतिशत अधिक खुश होगा या 50 प्रतिशत अधिक खुश होगा या 80 प्रतिशत अधिक खुश होगा। यदि परोपकारी मनुष्यों का स्वार्थी स्वभाव है, तो जब उनको यह पता लगेगा कि जिसकी 'मैं' सहायता कर रहा हूँ, उसको अधिक लाभ मिलेगा, जिससे

वह पीड़ित व्यक्ति अधिक संतुष्ट होगा, तो यह जानकर उसका प्रतिफल तंत्र सक्रिय हो जाएगा और अधिक प्रतिफल मिलने के कारण उनके मस्तिष्क की गतिविधियाँ अलग होनी चाहिए, परंतु परोपकारी मनुष्य के साथ ऐसा होता नहीं है। मस्तिष्क पर्यवेक्षण (ब्रेन स्कैन) से पता चला है कि प्रत्येक संभावना के समय मस्तिष्क की हलचल एक समान थी। इसका अर्थ है कि वहाँ कोई भी स्वार्थी व्यवहार/स्वभाव उपस्थित नहीं था।

X की टिप्पणी

परोपकार और करुणा जो है, वह संकल्पना के तंत्र के पार कार्य करते हैं। यह केवल स्व की संकल्पना के बाहर ही नहीं, बल्कि यह स्व की संकल्पना के तंत्र के पार कार्य करते हैं। सत्य तो यह है कि यदि कोई मनुष्य सहानुभूति दरशाता है, तो वह करुणा और परोपकार उत्पन्न नहीं कर पाएगा। सहानुभूति का तंत्र अलग होता है तथा करुणा और परोपकार का तंत्र अलग होता है। जब कोई व्यक्ति सहानुभूति दिखाता है तो उसके मस्तिष्क के अलग-अलग भाग और अलग-अलग जोड़ सक्रिय होते हैं और जब वह करुणा और परोपकार उत्पन्न करता है तब मस्तिष्क के अलग-अलग भाग और अलग-अलग जोड़ सक्रिय होते हैं। हम इसको आज के आधुनिक विज्ञान के एक अन्य शोध के सहारे सिद्ध कर सकते हैं। यह शोध माइंड एंड लाइफ संस्था की तान्या सिंगर (Tania singer) ने मैथ्यू रिकार्ड, (Matthieu Ricard) जो कि बौद्ध साधु हैं, उनके साथ किया था।

इस शोध में तान्या ने मैथ्यू रिकार्ड को कुछ पीड़ा देनेवाले चित्र दिखाए और तान्या ने मैथ्यू रिकार्ड को उन चित्रों को देखते हुए करुणा उत्पन्न करने के लिए कहा, उन लोगों के चित्रों को देखकर, जो पीड़ा में थे। साधारण व्यक्ति जब ऐसे दृश्य देखता है तो वह सहानुभूति उत्पन्न करता है और उसके मस्तिष्क में उपस्थित सहानुभूति से संबंधित भाग और जोड़ सक्रिय हो जाते हैं। परंतु जब तान्या ने यह शोध मैथ्यू ला के साथ किया तो वह अचंभित रह गई जब उन्होंने देखा कि जब मैथ्यू रिकार्ड करुणा और परोपकार उत्पन्न कर रहे थे तब उनके मस्तिष्क में सहानुभूति से संबंधित कोई भी मस्तिष्क का भाग या मस्तिष्क का जोड़ सक्रिय नहीं था। तान्या ने मैथ्यू ला को कहा कि तुम मनुष्य नहीं हो, कैसे तुम्हारा सहानुभूति का तंत्र सक्रिय नहीं हुआ ? यह साधारण नहीं। इस पर मैथ्यू ला ने कहा, "ऐसा इस कारण से हुआ, क्योंकि मैं सहानुभूति उत्पन्न कर ही नहीं रहा, मैं तो करुणा उत्पन्न कर रहा हूँ।" इसके पश्चात् तान्या ने मैथ्यू ला को उन चित्रों को देखकर सहानुभूति उत्पन्न करने को कहा। जब मैथ्यू ला ने उन चित्रों को देखकर सहानुभूति उत्पन्न की, तब उनके मस्तिष्क के वह भाग और जोड़ सक्रिय हो गए, जो साधारण मनुष्य में सक्रिय होते हैं, जब वह सहानुभूति उत्पन्न करता है। जब मैथ्यू ला ने सहानुभूति दिखाई तब अलग मस्तिष्क के भाग और जोड़ सक्रिय थे और जब उन्होंने परोपकार और करुणा दिखाई तब बिल्कुल

ही अलग मस्तिष्क के भाग और मस्तिष्क के जोड़ सक्रिय हो गए।

इसे देखकर हम कह सकते हैं कि सहानुभूति और करुणा दोनों ही अलग-अलग ऊर्जा हैं और इनका तंत्र भी भिन्न-भिन्न होता है, तो करुणा और परोपकार में किसी भी प्रकार का सहानुभूतिपूर्ण आनंद हो ही नहीं सकता। सहानुभूति एक भावना है और करुणा और परोपकार एक प्रकार की मनोदशा है। सहानुभूति में भावनात्मक तंत्र कार्य करता है, उसमें प्रतिफल और आनंदवाला पहलू हो सकता है, परंतु करुणा और परोपकार एक प्रकार की मनोदशा है, जो प्रतिफल और आनंद के पार है। हम स्वार्थ को किसी भी प्रकार से करुणा और परोपकार के साथ जोड़ कर नहीं देख सकते।

बौद्ध धर्म का सिद्धांत

बौद्ध धर्म के अनुसार करुणा और परोपकार के अलग-अलग चरण और स्तर होते है। प्रत्येक जीवित जीव में कुछ मात्रा में करुणा और परोपकार उपस्थित होते हैं। यहाँ तक कि जब एक बच्चा जन्म लेता है तो वह करुणामयी और दयावान बनना प्रारंभ करता है, भले ही अपनी माता या ध्यान रखनेवाले के प्रति। बच्चों के पास कोई ज्ञान या संकल्पना नहीं होती, इसके पश्चात् भी वह करुणामयी बन जाता है। यह दरशाता है कि करुणा और परोपकार धारणात्मक नहीं होते।

जब हमारा विकास होता है उस समय हमारे पूरे भावनात्मक तंत्र का विस्तार भी होता है। अनुभव के अनुसार या अनुभव पर निर्धारित हममें से कुछ मनुष्य अधिक करुणा का विकास करते हैं, अन्य मनुष्य की तुलना में। जैसे कि कुछ प्राचीन काल के गुरु और आज के समय के भी कुछ गुरु अपने शत्रु तक के प्रति करुणा और परोपकार का भाव रखते थे और रखते हैं। यह दरशाता है कि किसी भी प्रकार से करुणा और परोपकार आत्मकेंद्रित व्यवहार नहीं है।

आज के आधुनिक अध्ययन यह दरशाते हैं कि करुणा, परोपकार और अन्य सर्वहितकारी घटनाएँ हमारे शरीर को सकारात्मक रूप से प्रभावित करती हैं, अर्थात् यह जीवन-तंत्र का सहयोग करती हैं।

वैज्ञानिक टिप्पणी

1. खुशी भी आत्मकेंद्रित होती है।
2. वैज्ञानिकों की धारणा है कि ग्लानि की भावना मुख्य कारण है परोपकार का। जो उदाहरण वह देते हैं अपनी बात के संदर्भ में, वह यह है—

गृहयुद्ध के समय कुछ ईसाई परिवारों ने यहूदियों को बचाया था। वैज्ञानिकों के अनुसार ईसाई ग्लानि की भावना के संदर्भ में सोच रहे थे, इसलिए उन्होंने यहूदियों को

बचाया। कुछ वैज्ञानिकों के अनुसार ईसाई ऐसा ही सोच रहे थे कि यदि उन्होंने सहायता नहीं की तो वह इसके पश्चात् कभी भी इतने भाग्यशाली नहीं होंगे। तो इसी कारण से वह स्वार्थी व्यवहार कर रहे थे। वैज्ञानिक एक और घटना के साथ इस सिद्धांत का समर्थन करते हैं। उनका कहना है कि हम मनुष्यों में भविष्य देखने की या भविष्य के संदर्भ में सोचने की क्षमता होती है और इस उदाहरण में ईसाइयों ने ग्लानि की भावना अनुभव की, (यदि वह सहायता नहीं करते तो), और मनुष्य में आत्म बलिदान की प्रवृत्ति भी होती है, इसी कारण से उन्होंने अपने जीवन को संकट में डालने के निर्णय लिये।

X की टिप्पणी

यह तथाकथित आधुनिक वैज्ञानिक 'आत्म बलिदान, ग्लानि की भावना, भविष्य के संदर्भ में सोचना, आत्मकेंद्रित व्यवहार, इन सभी को बिना किसी प्रमाण के परोपकार और करुणा के साथ जोड़ रहे हैं। उन वैज्ञानिकों की सोच केवल आत्म केंद्रित है और घमंड से भरी है। वह कुछ-एक संकल्पना के बाहर सोच ही नहीं पा रहे हैं। यह सत्य है कि हम मनुष्य भविष्य के संदर्भ में सोच सकते हैं, परंतु इसका अर्थ यह नहीं कि हम प्रत्येक कार्य करने से पहले भविष्य के संदर्भ में सोचते हैं। इसका अर्थ यह भी नहीं कि हम ग्लानि के भाव और भविष्य के बीच कोई संबंध स्थापित करते हैं। यदि ऐसा होता तो हमारी पृथ्वी में बुराई होती ही नहीं। यदि मानव स्वयं को भविष्य में ग्लानि के भाव से घिरा देखता तो इसी कारण से वह परोपकार करता रहता। दूसरी बात यह कि हाँ, हम भविष्य के संदर्भ में सोच सकते हैं, परंतु वह वैज्ञानिक ऐसा कैसे कह सकते हैं कि जिन्होंने सहायता की थी, वह अपने ही भविष्य के संदर्भ में सोच रहे थे? ऐसा भी तो हो सकता है कि जो व्यक्ति दु:ख में हैं या जिनको सहायता चाहिए, वह उनके भविष्य के संदर्भ में सोच रहे हों। ऐसा हो सकता है कि वह इसाई यहूदियों के भविष्य और उनके परिवार के भविष्य के संदर्भ में सोच रहे हों। सत्य के अधिक समीप यह प्रतीत होता है कि वह ईसाई यदि भविष्य के संदर्भ में सोच भी रहे थे तो वह यह सोच रहे होंगे कि यदि उन्होंने यहूदी परिवारों की सहायता नहीं की तो वह सभी मृत्यु को प्राप्त होंगे। तीसरी बात यह है कि जो लोग यहूदियों की सहायता कर रहे थे, वह ऐसा अपने उत्तरदायित्व की भावना के अंतर्गत कर रहे हों और कर्म की भावना के कारण से ऐसा कर रहे हों, न कि ग्लानि के भाव से। ग्लानि के अलावा अन्य भी अनेक प्रेरणा के स्रोत हो सकते हैं इस कार्य को करने के लिए, चौथी बात यह है कि जो लोग इस प्रकार के कार्य करते हैं, वह कुछ भी 'सोचते ही नहीं' कार्य करने से पहले। वह परिस्थिति के अनुसार क्षणभर में प्रतिक्रिया करते हैं। आज के कुछ आधुनिक अध्ययन बताते हैं कि जो मनुष्य परोपकार की भावना के अंतर्गत कार्य करते हैं, वह कुछ सोचते ही नहीं कार्य करने से पूर्व, वह तो अंतर्ज्ञान से क्रिया करते हैं। वैज्ञानिकों ने उन लोगों से वाद-विवाद

किया है जिन्होंने वास्तविक जीवन में साहसी कार्य किए हैं। जैसे जिन्होंने किसी का जीवन बचाया हो। उनसे वैज्ञानिकों ने प्रश्न किए कि "तुमने अपने जीवन को ध्यान में न रखते हुए दूसरे मनुष्य की जान बचाई, तो उस समय आप क्या सोच रहे थे?" लगभग सभी लोगों ने, जिनसे यह प्रश्न पूछा गया, उन्होंने यही कहा कि "मैं कुछ नहीं सोच रहा था, मेरे शरीर और मस्तिष्क ने अपने आप कार्य किया, बिना कुछ सोचे।" सभी का उत्तर था कि "हम कुछ नहीं सोच रहे थे।"

ऊपर बताई हुई दूसरी और तीसरी बात के साथ हम ग्लानि के भाव को नियम विरुद्ध घोषित कर सकते हैं और दूसरी बात से हम स्वार्थी व्यवहार को नियम विरुद्ध घोषित कर सकते हैं और चौथी बात से हम कह सकते हैं कि वह (जो परोपकारी व्यवहार दरशाते हैं) इन सभी संकल्पना के पार कार्य कर रहे थे।

यहाँ पर भी हम देख सकते हैं कि वैज्ञानिक केवल अपनी बात सिद्ध करने के लिए किसी भी सत्य को अन्य किसी भी सत्य के साथ जोड़कर दिखा रहे हैं। इस उदाहरण में भी वैज्ञानिक ईसाई परिवारों द्वारा यहूदी परिवारों की सहायता किए जाने को अपनी कल्पना और संकल्पना के साथ आधारहीन रूप से जोड़कर केवल और केवल अपना तथाकथित सिद्धांत सिद्ध करना चाहते हैं और वह यह नहीं देख पा रहे हैं कि वह अपनी कल्पना को अधिक महत्त्व दे रहे हैं, वास्तविकता की तुलना में। किसी के प्राणों की रक्षा करना किसी भी प्रकार से किसी भी स्वार्थ के साथ नहीं जुड़ा होता, यह तो मानव का धर्म होता है, जो सभी संकल्पनाओं के पार है।

सबसे महत्त्वपूर्ण बात यह है कि यह सभी धारणाएँ और संकल्पना संभवत: किसी-किसी साधारण मानव के अनुसार सही हों, परंतु यह संकल्पना हम योगियों पर संप्रायोजित नहीं कर सकते, न ही गुरुओं पर। हमने अभी तक जिसकी बात की वह साधारण तंत्र से संबंधित बातें थीं। योगी के तंत्र के अलग नियम होते हैं। हम आगे देखेंगे कि कैसे योगी सभी संकल्पना के बाहर जाकर कार्य करते हैं।

हमारे तथाकथित आधुनिक वैज्ञानिक खुशी को भी केवल आत्मकेंद्रित मानते हैं और यह इनकी मूर्खता की पराकाष्ठा दरशाता है। वैज्ञानिक, जो स्वार्थी आनंद की बात कर रहे हैं, तो उससे पहले वह आधुनिक वैज्ञानिक यह बताएँ कि उनके अनुसार 'आनंद/खुशी' होती क्या है? उनके अनुसार कोई आनंदित या खुश क्या इसलिए होता है, क्योंकि वह स्वार्थी है? ऐसी धारणा और ऐसी खोज केवल कुछ न समझ या घमंडी वैज्ञानिकों की ही हो सकती है, जो अपनी 'धारणात्मक अनुभूति' को ही नहीं समझ पाते। डार्विन ने कह दिया तो अब वैज्ञानिक प्रत्येक घटना और वास्तविकता को 'स्वार्थ' के दृष्टिकोण से ही देखते हैं। सर्वप्रथम तथाकथित आधुनिक वैज्ञानिक यह बताएँ कि डार्विन ऐसे क्या थे कि हम उनके द्वारा बताई गई प्रत्येक बातों को पूर्ण सत्य या परम सत्य मानें? जब हम

किसी को ठहाके लगाकर हँसते हुए देखते हैं तो हम बिना सोचे-समझे स्वयं हँसना प्रारंभ कर देते हैं। तो क्या वह वैज्ञानिक इसको भी स्वार्थ से जोड़कर देखेंगे? क्या दूसरे को हँसता देख हमारा हँसना स्वार्थीपन का संदेश है? क्या वैज्ञानिक यह कहना चाहते हैं कि हम किसी को ठहाके लगाते हँसता देख स्वयं हँसना प्रारंभ जो कर देते हैं, वह स्वार्थीपन है? इस प्रकार का विचार ही पागलपन है। आज का आधुनिक वैज्ञानिक 'थ्योरी ऑफ रिलेटिविटी' से हड़बड़ाया हुआ है और अब यह हड़बड़ाहट नियंत्रण के बाहर हो गई है, जिसके कारण वह एक नादान बालक की भाँति किसी भी घटना और तथ्य को किसी भी वास्तविकता के साथ जोड़कर देख रहा है।

यदि प्रकृति ने हमें मस्तिष्क उपहारस्वरूप दिया है तो क्या हम इसका उपयोग किसी भी प्रकार से करेंगे? जो वैज्ञानिक आनंद को स्वार्थ बताते हैं, वह धारणात्मक पागल हैं। उनसे बात करने का कोई अर्थ ही नहीं है।

हमने अभी भिन्न-भिन्न तथ्यों और उदाहरणों के सहारे यह जाना कि डार्विन का उच्चतम या योग्यतम की उत्तरजीविता का सिद्धांत क्रम विकास के सिद्धांत के साथ संबंध नहीं रखता और क्रम विकास का संचालन जिज्ञासा का तत्त्व करता है। हमने यह भी जाना कि डार्विन का यह सोचना कि स्वार्थ क्रम विकास का कारण है और प्राकृतिक चयन स्वार्थी मनुष्यों का या स्वार्थी जीव-जंतुओं का चयन करता है, यह भी बिल्कुल असत्य है और यह केवल एक स्वार्थी तंत्र की प्रणाली की व्याख्या करता है, क्रम विकास की नहीं। हमने अभी यह भी जाना कि परोपकार और करुणा जैसी ऊर्जा जीवन को दिशा प्रदान करती हैं और यह जीवन के लिए हितकारी होती हैं और इसी कारण से प्राकृतिक चयन द्वारा परोपकारी और करुणामयी मनुष्यों का चयन भी किया जाता है, क्योंकि प्राकृतिक चयन उसी का हो सकता है, जो 'प्रकृति के अनुकूल कार्य करें' और स्वार्थ प्रकृति के अनुकूल नहीं होता, परोपकार और करुणा जैसी शक्तियाँ प्रकृति के अनुकूल कार्य करती हैं और इसी कारण से परोपकार और करुणा प्राकृतिक चयन की श्रेणी में आते हैं, स्वार्थ नहीं। डार्विन का सिद्धांत केवल एक स्वार्थी सिद्धांत है और वह क्रम विकास के संदर्भ में कुछ भी नहीं बताता और हमने जाना कि जिज्ञासु के क्रम विकास का सिद्धांत सत्य के अधिक समीप प्रतीत होता है और इस कारण से हमें जिज्ञासु के क्रम विकास के सिद्धांत को अपनाना चाहिए।

हम सहानुभूति, परोपकार, करुणा इत्यादि भावनाओं और बातों को और इनके सत्य को अपनी कहानी में आगे विस्तारपूर्वक समझेंगे, वैज्ञानिक और आध्यात्मिक दृष्टिकोण के सहारे। हमने अभी उत्तरजीविता और उत्परिवर्तन के संदर्भ में जाना, यह सब हमने 'क्रम विकास के कारणों को समझने और जानने' के लिए जाना। यदि हम क्रम विकास को अच्छे से नहीं समझेंगे, तो हम बुद्ध की और जीवन की लीला को भी नहीं समझ

पाएँगे और यह नहीं समझ पाएँगे कि किस प्रकार क्रम विकास शारीरिक स्तर पर भी होता है, जो हमें एक उच्च जीव बनाता है और किस प्रकार क्रम विकास मानसिक स्तर पर भी होता है, जो हमें मोक्ष प्रदान करवाता है। सिद्धार्थ, गौतम बुद्ध की मोक्ष की यात्रा को जानने और समझने के लिए क्रम विकास और उत्परिवर्तन घटित करवानेवाली ऊर्जा के संदर्भ में जानना आवश्यक था। जिज्ञासा ही वह शक्ति है, जो अपने भिन्न-भिन्न स्वरूपों के सहारे इस ब्रह्मांड में पदार्थ और ऊर्जा का मार्गदर्शन करती है और जिज्ञासा ही वह शक्ति थी जिसने सिद्धार्थ, गौतम बुद्ध को मोक्ष के मार्ग पर अग्रसर किया। जिज्ञासा की इस लीला को और जिज्ञासा के सत्य को अपनी कहानी में हम आगे विस्तारपूर्वक समझेंगे। अभी आइए, सिद्धार्थ, गौतम बुद्ध के मानव जीवन की यात्रा प्रारंभ करते हैं और जन्म के समय उनके साथ क्या घटित हुआ होगा, इस पर थोड़ा प्रकाश डालते हैं।

हमने डबल स्लिट के शोध के संदर्भ में और क्रम विकास के संदर्भ में इसलिए भी जाना ताकि हम यह समझ पाएँ कि प्रकृति हमारी संकल्पनाओं के अधीन होकर कार्य नहीं करती और कुछ सीमित सीमाओं में सिमटकर भी कार्य नहीं करती, प्रकृति कुछ अज्ञात स्तर पर भी कार्य करती है। हमने यह सब इस कारण से भी जाना ताकि हम आधुनिक वैज्ञानिक अंधविश्वास को भी समझ सकें और आधुनिक वैज्ञानिक जगत् की मायावी और भ्रमित धारणाओं को भी समझ सकें। सिद्धार्थ, गौतम बुद्ध, योग, ध्यान, आत्मा, परमात्मा, जीवन, प्रकृति इत्यादि प्रकार के सत्य को जानने से पूर्व हमें प्रकृति की लीला को जानना और समझना आवश्यक है, तभी हम काल के अन्य रहस्यों के पार जा सकते हैं और परम सत्य को समझ सकते हैं। हमने देखा कि कैसे कुछ ज्ञात और कुछ अज्ञात तंत्र और प्रणाली मिलकर उत्परिवर्तन और क्रम विकास जैसी घटना को घठित करवाती हैं और जानकारियों के आवागमन का माध्यम भी बनती हैं। सिद्धार्थ, गौतम बुद्ध ने भी इन्हीं तंत्र और प्रणालियों का सहारा लेकर अपनी समाधि तक की यात्रा पूर्ण की थी। अपनी कहानी में हम प्रकृति और मानव के इन ज्ञात और अज्ञात तंत्र और प्रणालियों की लीला पूर्ण रूप से जानेंगे और समझेंगे और इसके साथ-ही-साथ यह भी जानेंगे कि सिद्धार्थ, गौतम बुद्ध ने कैसे इन प्रणालियों और तंत्र के सहारे समाधि प्राप्त की। हमने अभी जिज्ञासा के तत्त्व जिज्ञसत्व की लीलाओं को थोड़ा जाना और समझा है, अब हम जानेंगे कि कैसे जिज्ञसत्व ने सिद्धार्थ, गौतम बुद्ध के जीवन को दिशा प्रदान की और बुद्धत्व को सक्रिय होने में भी सहायता की। तो आइए, अब हम सिद्धार्थ, गौतम बुद्ध की जीवन यात्रा के सहारे जिज्ञासा और माया की लीला को थोड़ा अधिक समझते हैं और सिद्धार्थ, गौतम बुद्ध की जीवन यात्रा को प्रारंभ करते हैं और सिद्धार्थ, गौतम बुद्ध की जीवन यात्रा की लीला को और इस माया जगत् को समझने का प्रयास करते हैं।

□

3

बुद्ध का जन्म

अभी तक कुछ वैज्ञानिक शोध की सहायता से हमने यह जाना कि पदार्थ न ही कण है और न ही तरंग है और हमने यह भी देखा कि कैसे एक कण समयाकाश में स्वयं ही अपने मार्ग और स्थान का चयन करता है। हमने देखा कि जिज्ञासा स्थितिज ऊर्जा के रूप में पदार्थ और ऊर्जा का मार्गदर्शन करती है और जिज्ञासा की स्थितिज अवस्था जीवन और मानव का मार्गदर्शन भी करती है। हमने देखा कि कैसे वातावरण इस 'मार्गदर्शन' में महत्त्वपूर्ण भूमिका निभाता है, पदार्थ और ऊर्जा की लीला में भी और जीवन की लीला में भी। हमने डार्विन के 'योग्यतम की उत्तरजीविता' के सिद्धांत पर भी प्रकाश डाला और वह सिद्धांत, जो कुछ हमें नहीं समझा सका था, उसे समझने और समझाने का प्रयास किया। हमने यह भी जाना कि मस्तिष्क-जिज्ञासा तंत्र या मस्तिष्क-

जिज्ञासा-आभामंडल तंत्र हमारे शरीर की प्रत्येक कोशिका के साथ और प्रत्येक कण और प्रत्येक ऊर्जा तरंग के साथ मिलकर उत्परिवर्तन जैसी प्रक्रियाओं को घटित करवाता है। हमारे शरीर में उपस्थित अंग और इंद्रियाँ, जो हमसे पहले अन्य जीवों में विकसित हो चुके थे, वह दूसरे जीवों के साथ किसी-न-किसी रूप से जटिलता से जुड़े हुए (एंटेंगल) हैं, जिसके सहारे हमारा तंत्र या हमारे शरीर भी प्रकृति के अन्य तंत्रों के साथ जटिलता से जुड़ा हुआ है। इन्हीं जटिल जोड़ के सहारे हमारा शरीर और हमारी प्रणाली 'अधिक आवश्यक जानकारी' एकत्रित कर जीवन की लीला रचती है और क्रम विकास जैसी घटनाओं को भी पूर्ण करती हैं। यह अधिक आवश्यक जानकारी एकत्रित करना केवल उत्परिवर्तन और शारीरिक क्रम विकास तक ही सीमित नहीं है, यह अधिक आवश्यक जानकारी एकत्रित करने की क्षमता मानसिक क्रम विकास और चित्त और आत्मा के क्रम विकास में भी सहायक सिद्ध होती है, जिसे हम अपनी कहानी में आगे पूर्ण रूप से समझेंगे। हमने यह भी देखा कि कैसे 'जिज्ञासु की उत्तरजीविता' का सिद्धांत सत्य के अधिक समीप प्रतीत होता है, योग्यतम की उत्तरजीविता के सिद्धांत की तुलना में। हमने यह भी देखा कि जिज्ञासा का तत्त्व क्या है और यह भी जाना कि कैसे जिज्ञासा क्रम विकास में अपना योगदान देती है और जीवन और चेतना की लीला का मार्गदर्शन करती है। हमने यह भी देखा कि कैसे जिज्ञासा का एक रहस्यमयी स्वरूप वातावरण और प्रकृति में छिपी हुई आवश्यक जानकारी को चेतन तंत्र या विशेष तंत्रों तक पहुँचाता है और अपनी कहानी में हम अब यह जानेंगे कि किस प्रकार जिज्ञासा के स्वरूप जीवन को भाँति-भाँति के माध्यमों के द्वारा संचालित करते हैं और किस प्रकार जिज्ञासा प्रत्येक जानकारी को ग्रहण करने की और उस जानकारी का अन्वेषण करने की क्षमता प्रदान करती है। तो आइए, जिज्ञासा की लीला को अधिक समझने का प्रयास करते हैं।

हम जानते हैं कि हमारा ब्रह्मांड एक रहस्य-सा है। हम मानव ब्रह्मांड की लीला को जितना समझने का प्रयास करते हैं, उतने ही नए रहस्य हमारे सामने खड़े हो जाते हैं। हम जानते हैं, इसी रहस्यमयी लीला के कारण चेतन पदार्थ अस्तित्व में आया, जिसे हम जीव कहते हैं। इस रहस्यमयी ब्रह्मांड में जिज्ञासा रहस्यमयी लीलाएँ रचती है और उन्हीं लीलाओं में से एक और चेतना की लीला प्रारंभ होनेवाली थी, जिसे हमने बुद्ध के रूप में जाना और समझा। जानकारी के इस रहस्यमयी आदान-प्रदान के कारण पृथ्वी पर जीवन का प्रारंभ हुआ था और इसी जीवन की कड़ी में एक और कड़ी जुड़नेवाली थी, जो कहीं-न-कहीं किसी-न-किसी रूप में हमारे समयाकाश में उपस्थित तो थी, परंतु अब वह अपनी उपस्थिति को पृथ्वी पर जीवन का रूप देने जा रही थी, बुद्धत्व पुनः मानव रूप धारण करने जा रहा था, अर्थात् बुद्ध का जन्म पृथ्वी पर होने जा रहा था, सिद्धार्थ, गौतम के रूप में। तो आइए, सिद्धार्थ, गौतम बुद्ध के जीवन की यात्रा का प्रारंभ करते हैं

और सिद्धार्थ, गौतम बुद्ध के जीवन चक्र के सहारे चेतना की यात्रा और चेतना की लीला को अधिक समझने और जानने का प्रयास करते हैं।

हमारा आज का आधुनिक विज्ञान हमारे ब्रह्मांड के जितने भी रहस्य जानता है वह 'सत्य' के सम्मुख कुछ भी नहीं है। पदार्थ, ऊर्जा, जीवन, मस्तिष्क, कोशिकाएँ, शरीर इत्यादि का जो भी ज्ञान आज के आधुनिक मानव और आधुनिक वैज्ञानिकों को है, वह सत्य का अंश मात्र भी नहीं है। जीवन भी इसमें से एक ऐसा ही विषय है, जो एक रहस्य-सा ही है। ऐसा ही एक और रहस्य पृथ्वी पर जन्म लेनेवाला था, जो सत्य की परिभाषा और सत्य के अस्तित्व को समझने वाला था और मनुष्य जाति को समझाने भी वाला था। काल के रहस्य को जिसने जाना और समझा, आइए, उस जिज्ञासु तत्त्व के संदर्भ में थोड़ा-बहुत जानते और समझते हैं। अन्य तत्त्वों की भाँति ही इस तत्त्व की कहानी भी काल और महाकाल से जुड़ी है, और अन्य तत्त्वों की भाँति ही इस तत्त्व का अंत भी हमारे स्पेस्मोस में ही होता है, परंतु इस विशेष तत्त्व की कहानी में कुछ रहस्यमयी विशेषताएँ हैं और उन विशेषताओं में से एक है चेतना। इस चेतना के विशेष तत्त्व की भी एक खास विशेषता है, जो इसे काल के रहस्य समझने में और काल को जानने में सहायता करती है। चेतना की इस विशेषता के कारण ही गौतम बुद्ध काल को जान पाए। हमारी कहानी की एक और विशेषता है और वह है कि हमारा यह विशेष तत्त्व सभी आयामों के पार तो गया ही, साथ-ही-साथ वह इस तथाकथित चेतना के आयाम के भी पार जाने में सक्षम रहा। जो कि उस तत्त्व की विशेषता थी (चेतना), वह उसके भी पार चला गया और हमारा वह विशेष तत्त्व और वह खास विशेषता है बुद्धत्व। तो आइए बुद्धत्व और बुद्ध की काल यात्रा को आध्यात्मिक और वैज्ञानिक दोनों ही दृष्टिकोण के सहारे देखने और समझने का प्रयास करते हैं।

हम जानते हैं, बुद्धत्व की जानकारी हमारे समयाकाश में सदा से उपस्थित है और सदा उपस्थित रहेगी। यह जानकारी समय अनुसार मानव रूप या आवश्यक रूप धारण करती है। प्रत्येक मानव की भाँति बुद्धत्व की जीवन की लीला का प्रारंभ भी माता के गर्भ से ही होता है। आइए, हम भी अपने बुद्धत्व के जीवनरूपी चक्र की कहानी का प्रारंभ मानव गर्भ से ही करते हैं और देखते हैं कि मानव गर्भ में जीवन किस प्रकार व्यवहार करता है। आइए, वैज्ञानिक और आध्यात्मिक दृष्टि से देखते हैं कि मानव चक्र का प्रारंभ गर्भ में किस प्रकार होता है और मानव चेतना गर्भ में किस प्रकार व्यवहार करती है।

जब एक विशेष समय में विशेष स्थान पर दो कोशिकाएँ मिलीं तो उन्होंने मिलकर एक नई उत्तीर्ण कोशिका को जन्म दिया। वह कोशिका जीवित भी थी और गर्भ में मानव रूप भी धारण कर रही थी। यहाँ से बुद्ध का मानव चक्र प्रारंभ होता है। अपनी माता के गर्भ में वह ऊर्जा पदार्थ के साथ मिलकर मानव रूप धारण कर रही थी, तो आइए,

वैज्ञानिक दृष्टिकोण और वैज्ञानिक तथ्यों के सहारे देखते हैं कि माता के गर्भ में बालक का विकास कैसा होता है और बुद्ध का जीवन अपनी माता के गर्भ में कैसा रहा होगा।

हमने सुना है और पढ़ा भी है कि महाभारत में जब अर्जुन अपनी पत्नी को चक्रव्यूह की रणनीति बता रहे थे तब अर्जुन के पुत्र अभिमन्यु ने अपनी माता के गर्भ में ही चक्रव्यूह में प्रवेश करने की रणनीति सीख ली थी। हमने और भी अन्य कई कहानियाँ सुनी हैं (हिंदू और बौद्ध धर्म में) जिनमें बताया गया है कि बच्चे अपनी माता के गर्भ में भी बातें सुन सकते हैं, और किसी-न-किसी रूप में बाहरी दुनिया की अनुभूति कर सकते हैं। यह सब केवल कहानियाँ मात्र ही नहीं हैं, इनमें सत्य भी छिपा है। ऐसा होता है कि बालक अपनी माता के गर्भ में भी बाहरी दुनिया की जानकारियाँ ग्रहण कर सकते हैं। यह प्रकृति द्वारा हमें दिया गया एक उपहार है।

यह सब कैसे होता है, इसका उपयोग क्या है और यह ऊर्जा कब तक कार्य करती है और कब तक कार्य कर सकती है, इसको हमने अभी उत्परिवर्तन और उत्तरजीविता के सिद्धांत में थोड़ा-बहुत समझने का प्रयास किया था, जहाँ हमने समझा था कि किस प्रकार एक जीवित-तंत्र अज्ञात साधनों और मार्गों द्वारा आवश्यक जानकारी प्राप्त करता है और ऐसे ही सभी प्रश्नों के उत्तर हम आधुनिक विज्ञान और आध्यात्मिक विज्ञान दोनों की सहायता से अपनी कहानी में आगे पूर्ण रूप से समझेंगे। सिद्धार्थ, गौतम कोई साधारण बालक नहीं थे, यह हम सभी जानते हैं कि सिद्धार्थ अपने जीवन में आगे चलकर क्या बने और उन्होंने क्या किया, परंतु सब यह नहीं जानते कि यह सब हुआ कैसे? हम इस असाधारण घटना को और जिज्ञासा की लीला को सिद्धार्थ के जीवन चक्र के प्रारंभ से ही समझना प्रारंभ करेंगे। तो आइए, सर्वप्रथम हम यह समझते हैं कि हम किस आधार पर यह कह रहे हैं कि बालक अपनी माता के गर्भ में भी बाहरी जगत् की अनुभूति कर सकते हैं, उसके पश्चात् हम यह जानेंगे कि बालक की जीवन यात्रा अपनी माता के गर्भ में किस प्रकार प्रारंभ होती है और किस प्रकार वह अपनी माता के गर्भ में विकास करता है, इसके सहारे हम यह समझ पाएँगे कि सिद्धार्थ, गौतम का विकास कैसा रहा होगा और उसके कारण उन्होंने किस प्रकार के तंत्र का निर्माण किया होगा?

वैज्ञानिक शोध

क्या बालक अपनी माता के गर्भ में भी बाहरी जगत् की अनुभूति कर सकता है और क्या बालक का स्मृति तंत्र माता के गर्भ में सक्रिय होता है? ऐसे ही प्रश्नों के उत्तर जानने हेतु वैज्ञानिकों ने कुछ शोध किए और उन्होंने अपने शोध के परिणामों में यह पाया कि बालक अपनी माता के गर्भ में भी बाहरी जगत् की अनुभूति कर सकता है और बच्चों की स्मृति माँ के गर्भ में ही विकसित हो जाती है और अपनी माता के गर्भ में ही बालक

घटनाओं को पंजीकृत करना प्रारंभ कर देता है।

बालक अपनी माता के गर्भ में ही बाहरी जगत् की अनुभूति कर सकते हैं या नहीं, यह जानने हेतु वैज्ञानिकों ने 8 माह की गर्भवती महिलाओं के साथ एक शोध किया। इस शोध में वैज्ञानिकों ने 8 माह की गर्भवती महिलाओं को कुछ कविताएँ सुनाईं। वैज्ञानिकों ने महिलाओं के अलग-अलग समूह बनाए और एक समूह को अलग कविताएँ सुनाईं और दूसरे समूह को दूसरी अलग कविताएँ सुनाई और कुछ समूह को कविताएँ पढ़ने के लिए भी दी। वैज्ञानिकों को इस शोध के परिणाम उसी समय नहीं मिलनेवाले थे, जिस समय वैज्ञानिकों ने गर्भवती महिलाओं को कविताएँ सुनाई थीं। इस शोध के परिणाम प्राप्त करने हेतु वैज्ञानिकों को बालक के जन्म लेने तक प्रतीक्षा करनी थी। उन गर्भवती महिलाओं के बच्चों के जन्म लेने के एक-दो माह पश्चात् वैज्ञानिकों ने इस शोध के परिणाम प्राप्त करने हेतु इस शोध का अगला चरण किया। जो बच्चे शोध का भाग थे, उन बच्चों को इस चरण में वैज्ञानिकों ने अलग-अलग कविताएँ सुनाईं और वैज्ञानिकों ने यह जानना चाहा कि बच्चे किस कविता में अधिक रुचि दिखाते हैं। वैज्ञानिकों ने बच्चों को अलग-अलग कविताएँ सुनाईं, जिनमें से 1-2 वह कविताएँ भी थीं, जो वैज्ञानिकों ने उनके माता-पिता को पढ़ने के लिए दी थी या उनकी माता को उस समय सुनाई थी जब वह बच्चे उनके गर्भ में थे। वैज्ञानिकों ने पाया कि जिन-जिन बच्चों ने अपनी माता के गर्भ में जो-जो कविताएँ सुनी थीं, वह उन कविताओं में अधिक रुचि दिखा रहे थे। यह दरशाता है कि उन्होंने गर्भ में ही इन कविताओं की अनुभूति की होगी और उन्हें स्मरण भी रखा।

X की टिप्पणी

बच्चों की दीर्घकालीन स्मृति का तंत्र उनकी माँ के गर्भ में ही विकसित भी होने लगता है और कार्य भी करने लगता है। हमने अभी देखा कि वैज्ञानिकों के एक शोध में बच्चों ने उन कविताओं में अधिक रुचि दिखाई, जो उन्होंने अपनी माता के गर्भ में सुनी थीं। ऐसा वह इस कारण से कर पाए, क्योंकि गर्भ में ही उन्होंने उन कविताओं की अनुभूति भी की और उन्होंने वह जानकारी अपनी दीर्घकालीन स्मृति में पंजीकृत भी कर ली थी, तभी जन्म के 1-2 माह पश्चात् भी उन्हें वह कविताएँ स्मरण रहीं। महत्त्वपूर्ण बात यह भी है कि जब उन्होंने वह कविताएँ सुनी थीं तब उन बच्चों को बाहरी जगत् के संदर्भ में कुछ भी ज्ञात नहीं था, उनके पास बाहरी जगत् की किसी भी प्रकार की कोई भी संकल्पना नहीं थी। उन बच्चों को यह भी नहीं पता था कि कविता क्या होती है, उन्हें यह भी नहीं पता था कि शब्द या भाषा क्या होती है, न ही उन्होंने किसी को कविता गाते देखा था अभी तक और उनके पास तथाकथित भाषा से संबंधित कोई भी संकल्पना नहीं थी और उनके पास स्व का अभिज्ञान भी नहीं था, इसके पश्चात् भी उन्होंने उस जानकारी

की शुद्धता से अनुभूति की और स्मरण भी रखा। इस कवितावाले शोध में हमें शुद्ध अनुभूति और दीर्घकालीन स्मृति दोनों ही देखने को मिल रही हैं, वह भी माँ के गर्भ में ही। इस वैज्ञानिक तथ्य के सहारे हम यह कह सकते हैं कि अभिमन्यु की गर्भ में सुननेवाली कथा असत्य नहीं है। इस प्रकार के आधुनिक वैज्ञानिक अध्ययन के सहारे हम यह कह सकते हैं कि ऐसा हो सकता है कि अभिमन्यु ने अपनी माता के गर्भ में ही चक्रव्यूह से संबंधित जानकारी की अनुभूति की हो।

यह शोध यह भी दरशाता है कि 'ध्वनि और तरंगों' से हमारा संबंध माँ के गर्भ में ही जुड़ जाता है। या कहें, ध्वनि को, जो कि तरंग ही होती है, उसकी मानव अपनी माँ के गर्भ में ही अनुभूति कर सकते हैं। हमारा तंत्र या हमारा मस्तिष्क तरंगों के साथ माँ के गर्भ में ही जुड़ा होता है, या कहें कि मानव माँ के गर्भ में भी तरंगों के प्रति संवेदनशील और जिज्ञासु होता है। इस कविताओं के शोध में हमने देखा कि बच्चा माँ के गर्भ में ही कविता अर्थात् ध्वनि तरंगों की अनुभूति कर रहा है। अर्थात् गर्भ में भी तरंगें मस्तिष्क को सकारात्मक रूप से या नकारात्मक रूप से प्रभावित कर सकती हैं। हमने कुछ अन्य वैज्ञानिक शोध और अध्ययन में यह देखा है कि मानव संगीत से प्रभावित हो सकते हैं। विशेष प्रकार का संगीत मानव को अलग-अलग प्रकार से प्रभावित कर सकता है। कुछ अध्ययन में हमने यह भी देखा है कि विशेष प्रकार के संगीत जानवरों को भी शांत, आनंदित, उग्र, उत्साहित इत्यादि बना सकते हैं। अर्थात् विशेष प्रकार की तरंगें जानवरों के मस्तिष्क को भी प्रभावित करती हैं। मानव, जानवर, पक्षी, इन सभी के मस्तिष्क को तरंगों से प्रभावित होने को देख हम यह कह सकते हैं कि तरंग की जीव ने अपने क्रम विकास में बहुत पहले अनुभूति करना और इसे अनुभव करना प्रारंभ कर दिया था, यह भी हो सकता है कि हमारे सुनने की इंद्रियों के विकसित होने से भी पहले।

हम तरंगों के साथ माँ के गर्भ में ही सहभागी होना चाहते हैं और उसका निरीक्षण-परीक्षण करना भी चाहते हैं और करते भी हैं। या कहें कि हम गर्भ में ही तरंगों के प्रति संवेदनशील हो जाते हैं, या यह कहें कि तरंगों के प्रति हमारी रुचि विकसित होने लगती है या हम तरंगों के प्रति भी जिज्ञासु होते हैं। हम सूक्ष्म तरंगों (क्वांटम वाइब्रेशन) के साथ भी गर्भ से ही जुड़े होते हैं। अणु जो है, वह सूक्ष्म तरंगों द्वारा संचालित या प्रभावित होता है। क्वांटर्म्स जो इलेक्ट्रॉन और प्रोटोन के भीतर होते हैं, वह सूक्ष्म क्षेत्रों से या सूक्ष्म तरंगों के साथ जुड़े होते हैं। गर्भ में हमारी यात्रा का आरंभ एक कोशिका के रूप में होता है, और उस एक कोशिका की अपनी विशेष तरंग होती है, जिसके अनुसार वह सार्वभौमिक सूक्ष्म तरंग के साथ जुड़ा होता है, या वह सूक्ष्म तरंगों के साथ जटिलता से संबंध स्थापित किए (एंटेंगल) होता है और यहीं से 'सूक्ष्म जटिल जोड़' अपनी लीला खेलना प्रारंभ कर देते हैं। हम सूक्ष्मतम क्षेत्र या सूक्ष्म तरंगों के साथ 'एक शरीर की भाँति' नहीं जुड़े होते,

बल्कि हमारी प्रत्येक कोशिकाएँ सूक्ष्मतम क्षेत्र के साथ जटिलता से संबंध स्थापित किए (एंटेंगल) होती हैं। हम कोशिकाओं के स्तर पर सूक्ष्म तरंगों के साथ जटिलता से जुड़े (एंटेंगल) होते हैं। यह सूक्ष्म तरंगें या सूक्ष्मतम क्षेत्र बच्चे को रूप और आकार लेने में सहायता प्रदान करती हैं। मानव गर्भ में होने के कारण यह कोशिका विशेष रूप से सूक्ष्म तरंगों द्वारा प्रभावित होती है। इसी सूक्ष्म ऊर्जा के कारण गर्भ में एक प्रकार से संपूर्ण क्रम विकास की प्रक्रिया घटित होती है और क्रम विकास के प्रत्येक उत्पादन से विशेष सामग्री एकत्रित कर मानव का रूप निर्मित होता है। 'मानव गर्भ' उस भ्रूण को और उस कोशिका को विशेष प्रकार का वातावरण प्रदान करवाता है, जिसके कारण वह जीव विशेष प्रकार की सूक्ष्म तरंगों और सूक्ष्मतम क्षेत्र की सहायता से या सूक्ष्म तरंगों और सूक्ष्मतम क्षेत्र से प्रभावित होकर या सूक्ष्म ऊर्जा पाकर मानव का रूप ग्रहण करता है।

हमने जो मानव गर्भ में क्रम विकास की पूरी प्रक्रिया घटित होने की बात कही है, आइए, उसे थोड़ा समझते हैं। मानव भ्रूण का गर्भ में जब विकास होता है, तब कुछ ऊर्जा और शक्तियाँ मानव से पहले क्रम विकास के जितने भी उत्पादन रहे हैं (सभी जीव-जंतु), उन सभी की वह विशेष जैविक जानकारी लेकर जो समयाकाश में अवतीर्ण है, मानव कोशिका और भ्रूण का निर्माण करती हैं। जैसे आँखों का विकास हमसे पहले अन्य जीवों में हो चुका था, उसी जानकारी का प्रयोग करके मानव भ्रूण गर्भ में आँख का विकास करता है। इसी प्रकार अन्य अंगों की जानकारी हमसे पहले अन्य जीवों में विकसित हो चुकी थी, जिसका प्रयोग मानव भ्रूण भी करता है। हाँ, यह सत्य है कि हमने उस जानकारी में नई जानकारी भी जोड़ी है, परंतु आधार वही है। जानकारी लेने या उसी जानकारी के प्रयोग करने का अर्थ है कि कुछ क्षणों के लिए उस जीव की सूक्ष्म ऊर्जा (जिसके भीतर सबसे पहले वह अंग या इंद्रिय विकसित हुई थी) कार्य कर रही होती है, जब हम उस जीव से संबंधित अंग का निर्माण कर रहे होते हैं। मानव भ्रूण अलग-अलग अंग और अलग-अलग इंद्रियाँ विकसित करते समय उन्हीं सूक्ष्म ऊर्जा और सूक्ष्मतम क्षेत्र का उपयोग करता है, जिनका उपयोग उस अंग को या उस इंद्रिय को विकसित करनेवाले पहले जीव ने किया होगा। सूक्ष्म जगत् में मानव भ्रूण जब गर्भ में आकार ले रहा होता है, तब वह कुछ क्षणों के लिए ही सही, परंतु वह सभी जीव होता है जो क्रम विकास के पथ पर थे और इसी प्रक्रिया के अंतर्गत जीव के तंत्र के भीतर आवश्यक जानकारी के संभावित स्रोत भी पंजीकृत होने लगते हैं और इसी संबंध के कारण एक जीव तरंगें उत्पन्न कर 'आवश्यक जानकारी' भी प्राप्त कर सकता है, जिसे हमने अपने कर्म विकास के अध्याय में समझा था। जब गर्भ में जीव का निर्माण हो रहा होता है तब उस जीव की सूक्ष्म ऊर्जा प्रकृति में उपस्थित सभी तंत्रों के साथ सूक्ष्म जटिल जोड़ स्थापित कर लेती है और यह जीव की इच्छाशक्ति और जीवित शक्तियों पर निर्भर करता

है कि वह उन सूक्ष्म जटिल जोड़ का उपयोग किस प्रकार करता है।

हमने अभी देखा कि बालक अपनी माता के गर्भ में भी बाहरी जगत् की अनुभूति कर सकता है और हम अपनी माता के गर्भ से ही तरंगों के प्रति जिज्ञासु होते हैं और माता के गर्भ से ही सूक्ष्म जटिल जोड़ की लीला प्रारंभ हो जाती है और हम अपनी माता के गर्भ से ही संपूर्ण प्राणी जगत् के साथ सूक्ष्म जटिल जोड़ स्थापित कर अपनी जीवन यात्रा प्रारंभ करते हैं। सिद्धार्थ, गौतम बुद्ध का जीवन चक्र भी इसी प्रकार प्रारंभ हुआ होगा और उनके भीतर तो रहस्यमयी बुद्धत्व भी उपस्थित था और वह बुद्धत्व भी अपने सूक्ष्म जटिल जोड़ स्थापित और सक्रिय कर रहा था। इसी प्रकार की विशेषताओं के सहारे मानव का जीवन माता के गर्भ में प्रारंभ होता है और वह एक विशेष स्व का निर्माण करना प्रारंभ कर देता है। आइए, देखते हैं कि यह जो स्व होता है, इसका निर्माण मानव जीवन में कब प्रारंभ हो जाता है और इसका प्रभाव व्यक्ति के जीवन पर क्या पड़ता है, इसके संदर्भ में थोड़ा समझते हैं।

अधिकतर मानव अपना जीवन अपने स्व के अधीन होकर ही व्यतीत करते हैं और वह अपने स्व को ही परम सत्य मान लेते हैं, परंतु स्व जो होता है, वह केवल इस माया जगत् की जानकारियों का एक खंड मात्र होता है, जिसका निर्माण हम अपनी माता के गर्भ से ही प्रारंभ कर देते हैं और सिद्धार्थ, गौतम बुद्ध ने भी एक प्रकार के स्व का निर्माण अपनी माता के गर्भ से ही प्रारंभ कर दिया था। तो आइए, स्व के विकास के संदर्भ में थोड़ा जानते हैं और यह समझते हैं कि बालक का जीवन अपनी माता के गर्भ में किस प्रकार प्रारंभ होता है।

वैज्ञानिक दृष्टिकोण

माइंड और लाइफ संस्थान की एक सदस्य थी वासु देवी रेड्डीजी, जो एक वैज्ञानिक और शोधकर्ता हैं। उन्होंने माइंड एंड लाइफ संस्थान के एक वाद-विवाद के समय समझाया कि बच्चा कब 'स्वयं के साथ संलग्न' होना प्रारंभ करता है। उन्होंने अपनी बात सुंदर और पवित्र शब्दों के साथ प्रारंभ की, उन्होंने कहा—

बुद्धम शरणम गच्छामि
धम्मम शरणम गच्छामि
संघम शरणम गच्छामि

उन्होंने अपनी बात का प्रारंभ एक और सुंदर बात कहकर किया, उन्होंने कहा, दु:ख, आतंकवाद, अपराध, दुर्व्यवहार इत्यादि सभी बुराइयाँ 'स्व' के कारण घटित होती हैं। उन्होंने कहा, 'स्व' जीवन में बहुत पहले ही उभरने लगता है। एक प्रकार का स्व तो माँ के गर्भ में ही आकार लेने लगता है। जन्म लेने से पहले ही एक प्रकार के स्व का

निर्माण माँ के गर्भ में ही प्रारंभ हो जाता है। उस स्व की सीमाएँ अस्थिर (फ्लूइडिक) होती हैं, जो कि जब बालक जगत् के साथ सहभागी होता है तब वह स्व जो है, वह 'मैं' में परिवर्तित हो जाता है, ऐसा तब होता है जब हम बालक को 'तुम या आप' कहकर संबोधित करते हैं। इसके पश्चात् वह बच्चा दूसरों के स्व का संबंध खोजना प्रारंभ कर देता है, तब 'मैं और वह' (मी एंड दे) की संकल्पना जन्म लेती है।

वासुदेवीजी ने इस वाद-विवाद के समय कहा था कि एक विशेष प्रकार का स्व तो माँ के गर्भ में ही आकार ले लेता है। जब माँ गर्भ के मध्य में होती है, उस समय की महिलाओं पर वैज्ञानिकों ने कुछ शोध किए। यह शोध यह जानने के लिए किए गए कि गर्भ में विकास के समय बालक की क्या गतिविधियाँ होती हैं। उन्होंने कुछ विशेष स्थितियों में बालक की हाथ की गतिविधियों पर ध्यान दिया और वह है—

(i) जब बालक का हाथ अपने स्वयं के शरीर का विवेचन करता है, तब उसकी गति कितनी होती है?

(ii) यदि गर्भ में 2 बालक हैं, तो दूसरे बालक का विवेचन करते समय हाथ की प्रारंभिक गति और हाथ के धीमे होने की गति क्या होती है?

(iii) हाथ की गति तब कितनी होती है जब बालक गर्भाशय की परत का विवेचन करता है?

वासुदेवीजी ने पाया कि जब बालक स्वयं के शरीर का विवेचन करता है या जब वह गर्भाशय की परत का विवेचन करता है तब उसके हाथ की गति अधिक होती है, तब की तुलना में जब वह दूसरे जुड़वाँ का विवेचन करता है। बालक अपनी आँखों के भाग में अधिक रुचि भी दिखाता है, इसका कारण जलन या खुजली हो सकती है।

X द्वारा किया गया विश्लेषण

वैज्ञानिक अध्ययन के परिणाम हमें बताते हैं कि बालक की निरीक्षण-परीक्षण की क्षमता उसकी माता के गर्भ में ही सक्रिय हो जाती है। निरीक्षण-परीक्षण की क्षमता का सक्रिय होना हमें दरशाता है कि बालक स्वयं के प्रति और अपने आसपास के वातावरण के प्रति जिज्ञासा उत्पन्न कर रहा है, अर्थात् यह हमें बताता है कि जिज्ञासा माता के गर्भ में ही कार्य करना प्रारंभ कर देती है। जब सिद्धार्थ, गौतम बुद्ध अपनी माता के गर्भ में थे, तब वह भी अपनी माता के मस्तिष्क की किसी-न-किसी रूप से अनुभूति कर सकते थे, और उनके भीतर भी एक प्रकार के स्व का निर्माण हो रहा था और उनकी जिज्ञासा ने भी चेतन अवस्था में गर्भ के भीतर ही कार्य करना प्रारंभ कर दिया था। सिद्धार्थ राजघराने से संबंध रखते थे और कहीं-न-कहीं उनका तंत्र भी राजघराने की गतिविधियों और राजघराने के वातावरण से प्रभावित हो रहा था। उस वातावरण और जानकारी से एक प्रकार का

'राजोचित स्व' कहीं-न-कहीं माता के गर्भ से ही सिद्धार्थ के भीतर विकसित हो रहा था। परंतु वह बालक और उस बालक के तत्त्व एक विशेष/विचित्र कंपन की आवृत्ति के साथ जुड़े थे। सिद्धार्थ, गौतम का मूल तत्त्व बुद्धत्व ही था, जो सूक्ष्म स्तर में बुद्ध की कंपन की आवृत्ति के साथ जुड़ा हुआ था। इसी आवृत्ति ने समय अनुसार उनको सभी प्रकार के प्रभावों के पार जाने का सामर्थ्य प्रदान किया। सिद्धार्थ अपनी माता के गर्भ में क्या स्वप्न देखते थे या किस आवृत्ति में अनुभूति कर रहे थे, यह वाद-विवाद का विषय हो सकता है, परंतु किसी-न-किसी रूप से अनुभूति कर रहे थे, यह हम जानते हैं और इसके समर्थन में कुछ उदाहरण हम आगे देखेंगे। बालक गर्भ में भी जानकारियों की अनुभूति करता है और माता के गर्भ में ही एक प्रकार के स्व का विकास भी करने लगता है और जिज्ञासा भी माता के गर्भ में ही कार्य करना प्रारंभ कर देती है और सिद्धार्थ, गौतम के साथ भी गर्भ में यह सभी कुछ घटित हो रहा था। सिद्धार्थ, गौतम की माँ के आसपास घटनेवाली घटनाएँ और उनकी माता की मनोदशा और भावनाओं का प्रभाव भी सिद्धार्थ के विकसित होते हुए शरीर और चेतना पर पड़ रहा था। सिद्धार्थ, गौतम के तंत्र के भीतर अपनी माता के गर्भ में ही एक प्रकार के राजोचित स्व का निर्माण और विकास हो रहा था।

गर्भ में जो स्व अपना और अपने आसपास की वस्तुओं का विवेचन करता है, उसका संचालन भी जिज्ञासा ही कर रही होती है। अभी वहाँ उस प्रकार का स्व नहीं है जिसको हम जन्म के पश्चात् देखते हैं, वहाँ अभी केवल 'अस्तित्व का आभास' मात्र होता है। वहाँ बालक 'मैं और अन्य' या 'मैं और वह' की संकल्पना के अंतर्गत विवेचन नहीं कर रहा होता, वह तो केवल शून्यता में विवेचन कर रहा होता है। यदि माँ के गर्भ में दो बच्चे हैं तो दूसरे बालक को और गर्भाशय की परत का विवेचन करते समय गति धीमी का यह अर्थ नहीं है कि इसमें 'मैं और वह' वाला स्व कार्य कर रहा है, यहाँ तो केवल दूसरी वस्तु के प्रति सावधानीपूर्वक विवेचन करने के कारण थोड़ी सतर्कता होती है, इस कारण से भी गति धीमी हो सकती है। हम यह कह सकते हैं कि वहाँ उस प्रकार का स्व आकार नहीं ले रहा होता जैसा हम जन्म के पश्चात् देखते हैं, वहाँ पर अभी जो है, वह उपस्थित होने का आभास मात्र है, जो कि केवल जिज्ञासा ही है और बालक जिज्ञासा के कारण विवेचन कर रहा होता है। इसी जिज्ञासा को सिद्धार्थ ने अपने भीतर सदा बनाए रखा। यह 'प्राकृतिक रूप में होने का आभास या उपस्थिति का आभास' है, जिसको हम 'जीवन' कहते हैं और इस आभास या अनुभव के साथ आती है जिज्ञासा। वह प्राकृतिक जिज्ञासा जो स्वयं को और जहाँ वह जी रही है, उस जगत् को जानना और समझना चाहती है और यह समझने और जानने की प्रक्रिया माता के गर्भ से ही प्रारंभ हो जाती है। समाधि पाने के पश्चात् तो सिद्धार्थ जिज्ञासा की संकल्पना के भी पार हो गए थे, परंतु समाधि पाने से पूर्व समाधि तक इसी जिज्ञासा ने उनको मार्ग दिखलाया था।

वह स्व जो बालक के भीतर गर्भावस्था में आकार ले रहा होता है, उसको हम ज्ञात स्व की संकल्पना की श्रेणी के अंतर्गत नहीं देख सकते और न ही उसे हम ज्ञात स्व कह सकते हैं, इसको हम जीव (बीइंग) कह सकते हैं और कुछ आधुनिक वैज्ञानिक इसे व्यक्ति (पर्सन) भी कहते हैं। {माइंड और लाइफ संस्था के एक वैज्ञानिक और दार्शनिक है जॉय (Joy) जिन्होंने इस 'व्यक्ति' की व्याख्या दी थी, जिसे हम अपनी कहानी में आगे समझेंगे, X के दृष्टिकोण के साथ जोड़कर}। इसी व्यक्ति या इसी तत्त्व ने सिद्धार्थ, गौतम को बुद्ध बनाया। जॉय जिसको व्यक्ति कह रहे हैं, वह तत्त्व का जीवित रूप होता है, जो हर प्रकार के स्व के पार जाकर सत्यता के साथ अनुभूति कर सकता है। यही 'व्यक्ति' हमें शून्यता में ले जा सकता है, स्व शून्यता में जाने के लिए बाधा है। स्व और व्यक्ति के अंतर को हम अपनी कहानी में आगे पूर्ण रूप से समझेंगे और इसी के सहारे हम आत्मा के सत्य को भी समझने का प्रयास करेंगे। वैसे तो अंग्रेजी शब्द 'पर्सन' का अर्थ मुखौटा होता है और यह शब्द जीव की व्याख्या नहीं करता, परंतु कुछ वैज्ञानिक इस शब्द का प्रयोग जीव की व्याख्या के लिए करते हैं, जैसे माइंड एंड लाइव संस्थान के वैज्ञानिक जॉय ने किया और वैज्ञानिकों के इस दृष्टिकोण को हम अपनी कहानी में आगे समझने का प्रयास करेंगे और वैज्ञानिकों को भी यह समझाने का प्रयास करेंगे कि आत्मा जो होती है, उसकी व्याख्या व्यक्ति या स्व जैसे शब्दों के सहारे नहीं की जा सकती।

बालक जो अपनी आँखों में, कान में अधिक रुचि दिखाता है, वह केवल जलन या किसी समस्या के कारण ही नहीं दिखाता, इसका कारण स्वप्न भी हो सकते हैं। यह हो सकता है कि बालक अपनी माता के गर्भ में ही स्वप्न देखना प्रारंभ कर देता हो। जिस प्रकार कुछ नेत्रहीन मनुष्य, जो बचपन से ही नेत्रहीन होते हैं, वह भी दृष्टि संबंधित जगत् से परिचित नहीं होते, परंतु इसके पश्चात् भी वह स्वप्न देखते हैं। वह नेत्रहीन लोग यह नहीं जानते कि दूसरे मनुष्य कैसे दिखते हैं, अलग-अलग वस्तुओं का रूप क्या है, अलग-अलग स्थानों को नहीं जानते या उनके पास इन सब वस्तुओं की दृष्टि से संबंधित संकल्पना नहीं होती, इसके पश्चात् भी वह स्वप्न देखते हैं। वह लोग अपनी अन्य सभी इंद्रियों की सहायता से ही सृष्टि के दृश्यों का निर्माण कर लेते हैं। बालकों में भी अपनी माता के गर्भ में ही सुनने की क्षमता, छूने की क्षमता इत्यादि इंद्रियाँ, यहाँ तक कि स्मृतियाँ भी सक्रिय हो जाती हैं और संभवत: वह इन्हीं जानकारियों के सहारे किसी प्रकार के स्वप्न का निर्माण गर्भ में ही कर लेते हों। अपनी कहानी में हम आगे देखेंगे कि आधुनिक विज्ञान के कुछ शोध बताते हैं कि बालक गर्भ में ही कविताओं की अनुभूति कर सकते हैं और उन्हें अपनी स्मृति में भी रख सकते हैं। मनुष्यों के मुख को भी बच्चे जन्म लेने के क्षणभर पश्चात् ही अपनी स्मृति में रख सकते हैं। बालक अपनी अन्य विकसित हो चुकी इंद्रियाँ और कार्यप्रणालियों की सहायता से हो सकता है कि गर्भ में ही अपने मस्तिष्क

में चित्रों के रूप में या दृश्य संबंधित जानकारी उत्पन्न कर लेते हैं और यहाँ तक कि स्वप्न भी देख सकते हैं। यह भी हो सकता है कि बाहरी जगत् की जितनी भी जानकारी उनको गर्भ में प्राप्त होती है, उससे भी वह दृश्य संबंधित जानकारी उत्पन्न कर लेते हों और कुछ-कुछ वैसे ही जैसे हम अपनी विकसित इंद्रियों से देखकर कर करते हैं। बालक अपनी विकसित इंद्रियों और अन्य कुछ कार्यप्रणालियों की सहायता से संभवत: यह सब कर पाते हैं। बच्चे स्वप्न भी देखते हैं और मुख या दृश्य की भी किसी रूप में अनुभूति कर पाते हैं, तभी वह मनुष्य के मुख की संकल्पना के साथ जन्म लेते हैं। यहाँ डी.एन.ए. में कूटबद्ध जानकारियाँ भी अपना कार्य करती हैं और बच्चे को गर्भ में ही दृश्यों से संबंधित जानकारी उत्पन्न या उसकी अनुभूति करने की क्षमता प्रदान करती हैं।

ऐसा हो सकता है कि बालक अपनी माता के गर्भ में उस प्रकार दृश्य न देख पाते हों या उस प्रकार स्वप्न न देख पाते हों जिस प्रकार हम जन्म लेने के पश्चात् देखते हैं, परंतु ऐसा हो सकता है कि वह अन्य किसी माध्यम से दृश्य संबंधित जानकारी उत्पन्न करते हों, जैसे तरंगरूपी दृश्य या जैसे एक्स-रे हमें चित्र दिखाता है या मस्तिष्क के भाँति-भाँति के पर्यवेक्षण (स्कैन) हमें जैसे चित्र दिखाते हैं, हो सकता है वैसा-सा कुछ बालक गर्भ में ही देख सकते हों और इसी प्रकार के स्वप्न भी देख सकते हों।

आधुनिक वैज्ञानिक शोध की सहायता से हम जान सकते हैं कि मनुष्यों के मुख से अलग बालक और कौन-कौन सी वस्तुओं के दृश्य से संबंधित संकल्पनाओं के साथ जन्म लेता है। बालक की माता जिस-जिस दृश्य की जानकारी की अपने नेत्रों से अनुभूति करती है (जैसे—जानवर, वातावरण, पशु-पक्षी इत्यादि, जो भी वह अपने नेत्रों से देखती है) उस जानकारी को हो सकता है कि उसके गर्भ में उपस्थित बालक भी साझा करता हो। मिरर न्यूरॉन्स जो हैं, वह गर्भ में भी अपना कार्य तो करते ही होंगे, या कुछ-न-कुछ कार्य तो करते ही होंगे। यह संभव है कि बालक माँ की दृश्य से संबंधित जानकारी/ जानकारियों को साझा कर सकता है और स्वप्न भी देख सकता है।

हमने अभी जाना कि बालक की जिज्ञासा माता के गर्भ में ही जागृत हो जाती है और बालक निरीक्षण-परीक्षण करना भी अपनी माता के गर्भ में ही प्रारंभ कर देता है और वह गर्भ में ही बाहरी जगत् की अनुभूति भी कर सकता है। इसी प्रकार की विशेषताओं के सहारे बालक गर्भ में ही विशेष प्रकार के स्व का निर्माण भी करता है। वासुदेवीजी ने और अन्य वैज्ञानिक और दार्शनिकों ने स्व के संदर्भ में और भी बहुत-कुछ बताया था और उनकी बातों पर 'X' ने भी अपना दृष्टिकोण बताया है। यह सब हम अपनी कहानी में आगे देखेंगे, तब जब बुद्ध को स्व और स्व रहित (सेल्फ एंड नो सेल्फ) अस्तित्व की अनुभूति हुई। बालक के जन्म के पश्चात् उसकी चेतना किस प्रकार कार्य करती है और बालक के विकास से संबंधित तथ्यों पर हम अपनी कहानी के अगले अध्याय में प्रकाश

डालेंगे, बालक के विकास और सिद्धार्थ, गौतम के विकास को समझने से पूर्व हम अभी सिद्धार्थ, गौतम के जन्म से संबंधित एक और प्रमाण पर प्रकाश डालेंगे।

सिद्धार्थ, गौतम बुद्ध की जीवन यात्रा को प्रारंभ करने से पूर्व हम बुद्ध के जीवन के कालखंड से संबंधित कुछ तथ्यों पर प्रकाश डालेंगे। आधुनिक इतिहासकारों ने बुद्ध के जन्म की तिथि लगभग 2500 वर्ष पूर्व निर्धारित की है, जो सत्य नहीं है। वेदों के अनुसार बुद्ध के जीवन का कालखंड लगभग 4000 वर्ष पूर्व का है। भारत के लिए यह दुर्भाग्य की बात है कि आधुनिक काल में भारत का इतिहास उन लोगों ने लिखा जिन्हें भारत के इतिहास का पूर्ण ज्ञान नहीं था और जो भारतीय सभ्यता से भी पूर्ण रूप से परिचित नहीं थे। किसी भी राष्ट्र का इतिहास इस पृथ्वी पर उस राष्ट्र की यात्रा को दरशाता है और उस राष्ट्र के मानसिक क्रम विकास को भी दरशाता है और उस राष्ट्र द्वारा उपयोग किए गए या राष्ट्र द्वारा चुने गए 'जीवन के मार्गों' के संदर्भ में भी बताता है, जो उस राष्ट्र की चेतना के स्तर को बताता है और भारतीयों को यह सब पता न लगे, इसी कारण से भारत के इतिहास के साथ जान-बूझकर छेड़छाड़ की गई। कुछ तथाकथित आधुनिक इतिहासकारों के द्वारा भारत के इतिहास के साथ योजनाबद्ध रूप से छेड़छाड़ की गई और भारत का सत्य इतिहास पूर्ण रूप से कभी बताया ही नहीं गया।

वेदवीर आर्यजी, जो एक इतिहासकार हैं, उन्होंने अपने एक साक्षात्कार में भारत के इतिहास से जुड़े और सिद्धार्थ, गौतम बुद्ध के जन्म के इतिहास से संबंधित कुछ तथ्य बताए थे। उन्होंने 2015 में शक और शकांत के अंतर के आधार पर भारत के इतिहास पर एक पुस्तक भी लिखी है। आइए, देखते हैं उनके अनुसार क्यों बुद्ध के निर्माण की तिथि 2500 वर्ष पूर्व की नहीं बल्कि लगभग 4000 वर्ष पूर्व की है।

वेदवीर आर्यजी द्वारा बताए गए तथ्य

भारत का इतिहास सत्य तथ्यों के सहारे और पूर्ण रूप से आज तक बताया ही नहीं गया है। भारत के इतिहास के साथ नियमित रूप से छेड़छाड़ की गई है। इतिहास किसी भी देश का व्यक्तित्व और उसकी यात्रा के संदर्भ में बताता है और भारत के इस व्यक्तित्व को मिटाने का प्रयास किया गया है, असत्य इतिहास को लिखकर। इतिहास का लेखन किसी कालक्रम के आधार पर होता है और कालक्रम जब तक सही नहीं होगा तब तक इतिहास की कथा भी सही नहीं होगी और भारतीय इतिहास के साथ यही समस्या रही है, क्योंकि भारत के इतिहास के संदर्भ में औपनिवेशिक काल में लिखा गया था और जो भारत का वास्तविक इतिहास था, उसे पूर्ण रूप से नकार दिया गया और एक नए सिरे से अंग्रेजों ने अपने अनुसार भारत का इतिहास लिखा, जो सत्य नहीं है। भारत के पास उसके अपने इतिहास का पूरा लेखा-जोखा था, इसके पश्चात् भी अंग्रेजों ने उसे

नकार दिया और अपनी सुविधा अनुसार भारत के इतिहास का निर्माण किया। वैदिक युग से लेकर वर्तमान युग तक का पूर्ण इतिहास हमारे पास लिखित रूप से उपलब्ध था, परंतु अंग्रेजों ने अपनी भूमिका निर्धारित करने के लिए उन सभी तथ्यों को नकार दिया और अपनी भूमिका के अनुसार भारत का इतिहास लिखा। आज के आधुनिक इतिहासकारों के कालक्रम के अनुसार जो उन्हें सही प्रतीत होता है, वह उसे ही सत्य मानते हैं और जो उनके कालक्रम के बाहर है, वह उनके लिए असत्य है।

मैंने (वेदवीर आर्यजी ने) पौराणिक कालक्रम का (जो हमारे पास सदियों से है) संपूर्ण लेख शास्त्र के साक्ष्यों के साथ समन्वय किया है और भारत के इतिहास का अध्ययन इन दोनों को मिलाकर किया है। जब मैंने प्राचीन ताम्रपत्र और अभिलेखों का अध्ययन किया तो उसमें जो खगोलीय साक्ष्य हैं, उनमें मैंने पाया कि शक काल की दो अलग-अलग अवधियाँ हैं, एक है 583 समान युग से पूर्व (बी.सी.) में प्रारंभ हुआ और दूसरा 38 (ए.डी.) में। इसे सही से न समझने के कारण हमारा जो 660 वर्षों का इतिहास है, वह आगे आ गया। इसके कारण दो समस्याएँ उत्पन्न हुईं, एक समस्या थी कि हमारे दो कालक्रम एक हो गए और दूसरी समस्या यह हुई कि जो जैन इतिहासकार हुए हैं, विशेष रूप से हेमचंद्र के समय में उन्होंने कुछ कारणों से चंद्रगुप्त मौर्य और उज्जैन के राजा चंद्रगुप्त को एक समझ लिया और इसके कारण बुद्ध और महावीर का कालखंड एक हो गया, जहाँ से समस्या उत्पन्न हुई और इन्हीं कारणों से पश्चिम के इतिहासकारों ने भारत के इतिहास को नकार दिया और अपने अनुसार इतिहास लिखा। अंग्रेजों ने यह समस्या सुलझाई नहीं, इसके विपरीत हमें अधिक भटका दिया। आइए, बुद्ध और महावीर के कालखंड की समस्या पर थोड़ा प्रकाश डालते हैं।

यह जो भ्रम उत्पन्न हुआ कि महावीर और बुद्ध का कालखंड समान था, यह इसी कारण से हुआ, क्योंकि चंद्रगुप्त मौर्य और चंद्रगुप्त, जो उज्जैन के राजा थे, जो गुप्त वंश के राजा थे, उन्हें एक ही राजा समझ लिया गया, जो सत्य नहीं है। चंद्रगुप्त मौर्य जो थे, वह मौर्य वंश के शासक थे और उज्जैन के जो राजा चंद्रगुप्त थे, वह गुप्त वंश के राजा थे। मौर्य वंश और गुप्त वंश बहुत दूर-दूर थे। एक मालव गुप्त वंश रहा है और उज्जैन के राजा चंद्रगुप्त मालव गुप्त वंश के रहे हैं और उनका मौर्य वंश से कोई भी संबंध नहीं था। गुप्त वंश का शासन लगभग 335 समान युग से पूर्व प्रारंभ होता है। यह लगभग समान युग से पूर्व चौथी शताब्दी से प्रारंभ होकर प्रथम सदी के 89 तक उनका साम्राज्य रहता है।

हमें कुर्तकाती ताम्रपत्र मिले हैं, जिनके सहारे हम भारत के इतिहास के संबंध में जान सकते हैं और उस ताम्रपत्र में शक 530 में हुए सूर्य ग्रहण का पूर्ण वर्णन किया गया है। यदि आप 1500 समान युग से पूर्व (बी.सी.) से 1500 ए.डी. तक का कालखंड देखें तो उन 3000 वर्षों में 10 सूर्यग्रहण हुए हैं और केवल एक ही सूर्यग्रहण हुआ है, जो 9

मई 53 समान युग से पूर्व (बी.सी.) को हुआ है। इस कालक्रम के साक्ष्य को आज के आधुनिक इतिहासकारों द्वारा असत्य मान लिया गया, परंतु पूरे विश्व में कहीं भी किसी भी कालक्रम के साक्ष्यों को असत्य नहीं माना जाता।

ऐसे बहुत से उदाहरण हैं जिनके सहारे हम यह देख सकते हैं कि कालक्रम के अध्ययन में त्रुटियाँ हुई हैं। शक और शकांत का भेद न कर पाने के कारण हमारा सारा इतिहास 660 वर्ष आगे आ गया।

बुद्ध का निर्वाण हुआ 1864 समान युग से पूर्व (बी.सी.) में, 483 समान युग से पूर्व (बी.सी.) में नहीं। यह 1380 वर्षों का जो अंतराल है, उसकी हम आज से पहले कभी व्याख्या नहीं कर पाए और इसी कारण से हमारा जितना भी इतिहास बुद्ध से पूर्व का है, उस समस्त इतिहास को अंग्रेजों ने मात्र 1000 वर्षों में समेट दिया, 1500 समान युग से पूर्व (बी.सी.) से लेकर 500 समान युग से पूर्व (बी.सी.) के बीच में ही। वेदों के लिखने से प्रारंभ होकर रामायण, महाभारत इत्यादि सबकुछ उसी 1000 वर्षों में समेटकर रख दिया। अंग्रेजों के अनुसार इक्ष्वाकु एक मिथक है, परंतु इक्ष्वाकु के वंशज बुद्ध सत्य है। यह हमें समझ नहीं आता कि कैसे दादा मिथक हो सकता है और पोता ऐतिहासिक हो सकता है?

पुराणों के कालक्रम के अनुसार महाभारत युद्ध से लेकर 1000 वर्षों तक मगध के ब्रह्मदत्त वंश का शासन रहा है, उसके पश्चात् लगभग 135 वर्ष प्रद्योत वंश का शासन रहा है। इसके पश्चात् 362 वर्ष तक शिशुनाग वंश का शासन रहा है। यदि हम इन तीनों को मिला देते हैं तो 1500 वर्षों का एक समय काल बनता है, तो नंद वंश का जो उद्भव है, वह महाभारत युद्ध से लेकर के 1500 वर्षों के पश्चात् नंद वंश का उद्भव होता है और नंद वंश से लगभग 200-250 वर्ष पूर्व बुद्ध रहे हैं, तो पुराणों के अनुसार 1900-1800 समान युग से पूर्व (बी.सी.) के बीच में ही बुद्ध का समय हो सकता है। इसको न आगे किया जा सकता है और न पीछे किया जा सकता है और नंद वंश के लगभग 60-100 वर्षों के पश्चात् मौर्य आते हैं और 1450-1600 के बीच इनका शासन रहता है। अब एक समस्या हो जाती है कि यदि वहाँ पर चंद्रगुप्त हैं तो महावीर को उनसे पहले होना चाहिए था, परंतु महावीर का समय शक संवत से 605 वर्ष पूर्व का है और आधुनिक इतिहासकारों ने यही समय उनके निर्वाण का बताया है। वास्तविकता में 1189 समान युग से पूर्व (बी. सी.) में महावीर का निर्वाण होता है और बुद्ध का निर्वाण 1864 समान युग से पूर्व (बी. सी.) में होता है। दोनों के निर्वाण के समय में 635 वर्षों की त्रुटि है।

आधुनिक इतिहासकारों ने समान नाम के मनुष्यों को, जो अलग-अलग कालखंड में जनमे थे, एक ही समझ लिया, जिसके कारण समस्याएँ उत्पन्न हो गईं। आधुनिक इतिहासकारों को न ही कालक्रम का ज्ञान है और न ही यथार्थ इतिहास का ज्ञान है।

X की टिप्पणी

यदि बुद्ध के निर्वाण की तिथि लगभग 1864 समान युग से पूर्व (बी.सी.) है, तो उनका जन्म 5 समान युग से पूर्व (बी.सी.) में कैसे हो सकता है? किसी मनुष्य के जन्म से पूर्व तो उसका निर्वाण हो ही नहीं सकता। वेदवीर आर्यजी ने अपनी पुस्तक में ऐसे बहुत से तथ्य और साक्ष्य प्रस्तुत किए हैं जिनके सहारे उन्होंने यह सिद्ध किया है कि बुद्ध के जन्म की तिथि लगभग 1800 समान युग से पूर्व (बी.सी.) है। आधुनिक इतिहासकारों ने किन्हीं ज्ञात कारणों से और जान-बूझकर भारत के इतिहास के साथ छेड़छाड़ की है और बुद्ध के जन्म की तिथि और बुद्ध के निर्वाण की तिथि जानबूझकर असत्य बताई गई है। यह जानबूझकर भी किया गया है और यह इस कारण से भी हुआ है, क्योंकि आज के आधुनिक इतिहासकारों ने पूर्ण रूप से भारत के संपूर्ण इतिहास का अध्ययन कभी किया ही नहीं। बुद्ध का जन्म आज से लगभग 2500 वर्ष पूर्व नहीं हुआ था, उनका जन्म आज से लगभग 4000 वर्ष पूर्व हुआ था। वेदवीर आर्यजी द्वारा प्रस्तुत किए गए तथ्यों और साक्ष्यों के सहारे हम यह कह सकते हैं कि आज से 4000 वर्ष पूर्व अखंड भारत के लुंबिनी नामक स्थान पर सिद्धार्थ, गौतम बुद्ध का जन्म हुआ और इसी को सत्य मानकर आइए, हम बुद्ध के जीवन की यात्रा प्रारंभ करते हैं।

सिद्धार्थ, गौतम का जन्म

स्पेसमॉस में उपस्थित जानकारियों और जिज्ञासा-चेतना की लीला की सहायता से उस समय के अखंड भारत के लुंबिनी में एक विशेष तत्त्व जन्म लेता है। उस विशेष तत्त्व ने लुंबिनी के एक राजघराने में जन्म लिया। वह तत्त्व मानव रूप में जनमा था। जन्म के साथ ही राजघराने में प्रसन्नता का प्रवाह होने लगा। सब उस बालक के जन्म की खुशियाँ मना रहे थे, परंतु उस समय कोई यह नहीं जानता था कि यह किसी साधारण बालक का जन्म नहीं है। राजघराने में जन्म लेने के कारण उस बालक के लिए माया (भौतिक सुख) असाधारण रूप से संपूर्ण तो थी ही और यह सब जानते भी थे, परंतु उस समय तक सब यह नहीं जानते थे कि ऊर्जा और बुद्धि की दृष्टि से भी या कहें जीवन की दृष्टि से भी वह बालक असाधारण था।

उस बालक का नाम सिद्धार्थ, गौतम रखा गया। सिद्धार्थ का अर्थ है जो सभी अर्थों को सिद्ध कर ले, या कहें, जिसके भीतर सिद्धि का तत्त्व हो और उसमें प्रत्येक वस्तु, घटना, मानव संबंधित सत्य को साधने की क्षमता हो। अपने नाम के अर्थ को सिद्ध करते हुए सिद्धार्थ ने सभी वस्तु, घटनाएँ, मानव संबंधित सत्य को साधा और सिद्धार्थ सांसारिक बंधनों के पार गए और यहाँ तक कि 'मैं' (स्व) को भी साथ कर स्व के भी पार चले गए। आइए, हम अब सिद्धार्थ, गौतम के बुद्ध बनने तक की यात्रा को जानते और समझते हैं।

सिद्धार्थ के जन्म के साथ सिद्धार्थ के साथ वह सबकुछ हुआ, जो प्रत्येक बच्चे के साथ होता है और वह भी हुआ जो प्रत्येक बच्चे के साथ नहीं, कुछ विशेष बालकों के साथ ही होता है। सिद्धार्थ के जन्म लेने के सात दिन पश्चात् सिद्धार्थ की माता का निधन हो गया था। नियति ने जन्म लेने के सात दिन के पश्चात् ही सिद्धार्थ, गौतम बुद्ध की परीक्षा लेनी प्रारंभ कर दी थी। बचपन में माँ का साथ न होना वैज्ञानिक दृष्टिकोण से भी और भावनाओं के दृष्टिकोण से भी हानिकारक है। उनके पिताश्री ने उन्हें वह सभी सुख-सुविधाएँ दीं जिनके कारण सिद्धार्थ को माँ की कमी अनुभव न हो, परंतु माँ का साथ तो माँ का साथ ही होता है। राजघराने से संबंध रखने के कारण सिद्धार्थ को सभी प्रकार के सुख मिले। उनके पिताजी ने उनको सबकुछ दिया जिसके कारण उनको माँ की कमी कभी अनुभव न हो, परंतु माँ के स्थान की पूर्ति इस संसार में और कोई नहीं कर सकता। यह सिद्धार्थ की प्रकृति द्वारा या नियति द्वारा ली गई पहली परीक्षा थी। जन्म के कुछ पल पश्चात् ही नियति ने सिद्धार्थ की परीक्षा प्रारंभ कर दी थी। सिद्धार्थ अपनी सभी परीक्षाओं में उत्तीर्ण हुए।

सिद्धार्थ का जन्म एक राजघराने में हुआ था और सिद्धार्थ का पूरा बचपन राजघराने के राजयोग के साथ बीता। सिद्धार्थ के जन्म के कुछ दिनों के पश्चात् ही उनके पिता ने कुछ ब्राह्मणों को बुलाया और बालक के ग्रह-नक्षत्र जानने चाहे। तो राजन के निमंत्रण पर कुछ ब्राह्मण आए और उन्होंने सिद्धार्थ, गौतम बुद्ध के ग्रह-नक्षत्रों का अध्ययन किया। बालक के ग्रह-नक्षत्र का अध्ययन करके 99 प्रतिशत ब्राह्मणों ने कहा कि बालक बल, बुद्धि दोनों का धनी है, या तो बालक एक महान् शासक, अजय सम्राट् बनेगा या तो वह सबकुछ त्यागकर संन्यासी बनेगा। उन्होंने कहा कि यदि इस बालक ने दु:ख को देखा तो यह संन्यासी बन सकता है। ब्राह्मण के ऐसा कहने पर सिद्धार्थ के पिताजी ने कहा, मैं अपने बालक को कभी दु:ख का आभास नहीं होने दूँगा, मैं अपने पुत्र को इस पृथ्वी की सभी खुशियाँ और सुख दूँगा, ताकि यह संन्यासी न बने, बल्कि अखंड भारत का अजय सम्राट् बने। बुद्ध के पिता के इस वक्तव्य पर वहाँ उपस्थित ब्राह्मणों में से एक ब्राह्मण ने कहा (जो अभी तक बालक के भविष्य की गणना कर रहे थे) कि राजन! तुम कुछ भी कर लो, जितने भी बंधन निर्मित करने हैं, उन्हें कर लो, परंतु यह बालक संन्यासी ही बनेगा। उन ब्राह्मण ने स्पष्ट शब्दों में कहा कि किंतु-परंतु का प्रश्न ही नहीं, राजा या संन्यासी का प्रश्न ही नहीं, यह बालक एक दिन संन्यासी ही बनेगा। उन्होंने कहा कि राजन! तुम कुछ भी कर लो, यह बालक एक दिन संन्यास ग्रहण करेगा-ही-करेगा।

ब्राह्मण की बात को ध्यान में रखते हुए सिद्धार्थ के पिता ने सिद्धार्थ को वह सब सुख-सुविधा प्रदान करवाई, जो साधारण नागरिक सोच भी नहीं सकते, ताकि सिद्धार्थ कभी संन्यास के संदर्भ में नहीं सोचे। सिद्धार्थ के पिता ने उनको कभी दु:ख का अनुभव

नहीं होने दिया। सिद्धार्थ के लिए प्रत्येक ऋतु के लिए एक भिन्न महल होता था। गरमी, सर्दी इत्यादि ऋतुओं के लिए अलग-अलग महल थे सिद्धार्थ के लिए। सिद्धार्थ के महल में किसी भी प्रकार के वृद्ध, बीमार, दुर्बल, दुःखी मनुष्य नहीं होते थे, क्योंकि उनके पिता सिद्धार्थ को दुःख नहीं दिखाना चाहते थे। भिन्न-भिन्न ऋतु के अनुसार सिद्धार्थ के नहाने के लिए भी अलग-अलग तालाब थे। जैसे सर्दियों के लिए गरम पानी के तालाब और गरमियों के लिए ठंडे पानी के तालाब। सिद्धार्थ जब भी अपने राजमहल से बाहर घूमने जाते थे, तो उनके पिता अपने मंत्रियों के साथ मार्ग का चयन करके उस मार्ग से सभी दुःखी, बीमार, बुजुर्ग, दुर्बल लोगों को और दुःख से जुड़ी प्रत्येक वस्तु, प्राणी को सिद्धार्थ के मार्ग से हटवा देते थे, जिसके फलस्वरूप सिद्धार्थ को दुःख न दिखे या सिद्धार्थ दुःख का अनुभव न करें। उनके पिता ने प्रयास किया कि सिद्धार्थ को मायाजाल में बाँधा जा सके। उन्होंने सोचा कि राजघराने के संसाधनों से सिद्धार्थ को महान् राजा बनने की प्रेरणा मिलती रहेगी और वह चक्रवर्ती राजा ही बनेगा और कभी संन्यास ग्रहण करने का नहीं सोचेगा।

सिद्धार्थ, गौतम के ऊपर राजघराने का प्रभाव पड़ना स्वाभाविक था, उस राजयोग के जीवन को अनुभव करने के पश्चात् या करने के साथ-साथ सिद्धार्थ ने भी एक विशेष प्रकार के 'राजोचित स्व (रॉयल सेल्फ)' का निर्माण किया। उन सभी अनुभवों के कारण सिद्धार्थ में एक राजोचित स्व आकार ले रहा था। इस राजघराने का सिद्धार्थ, गौतम के जीवन पर क्या प्रभाव पड़ा होगा, इसको वैज्ञानिक दृष्टि से समझते हैं और वैज्ञानिक दृष्टि से ही यह भी समझेंगे कि कैसे सिद्धार्थ ने जिज्ञासा के कारण अपनी आसक्तियों को त्यागकर संन्यास ग्रहण करने का निर्णय लिया और कैसे साधना के बल पर इस मायाजाल को तोड़ा। तो आइए, जन्म लेने के पश्चात् राजघराने के भीतर सिद्धार्थ, गौतम बुद्ध का बचपन और जीवन कैसा रहा होगा इस पर थोड़ा प्रकाश डालते हैं।

□

4

बालक की जिज्ञासा

सिद्धार्थ, गौतम जन्म ले चुके थे और राजघराने के वातावरण में जीवन व्यतीत कर रहे थे। वहाँ धर्म भी था और कर्म भी, वहाँ अध्यात्म भी था और सभी प्रकार के सुख-साधन भी उपस्थित थे। दु:ख और पीड़ा का कहीं कोई नाम तक नहीं था। आइए, हम वैज्ञानिक दृष्टि से देखते हैं कि कैसे बालक जन्म के पश्चात् एक प्रकार के स्व का निर्माण करता है और राजघराने के वातावरण में सिद्धार्थ का कौन सा और कैसा स्व

निर्मित और विकसित हुआ होगा और कैसे सिद्धार्थ इस दुनिया के साथ संलग्न हुए होंगे। हम आधुनिक विज्ञान की सहायता से यह देखेंगे कि कैसे एक बालक अपना जीवित तंत्र निर्मित करता है और सिद्धार्थ का कैसा जीवित तंत्र निर्मित हुआ होगा। अपनी कहानी में हम आगे देखेंगे कि कैसे इन सभी तंत्र के निर्मित होने के पश्चात् भी सिद्धार्थ इन सभी तंत्रों के पार गए और बुद्ध कहलाए।

जब कोई बच्चा जन्म लेता है तो वह अंत:क्रिया (इंटरेक्शन) के साधनों के साथ जन्म लेता है। बच्चा दुनिया के साथ सहभागी होता है और उसी अनुसार उसका विकास भी होता है। सिद्धार्थ, गौतम भी इसी साधन के साथ जनमे थे और अपनी तंत्रिका कोशिका (न्यूरॉन्स) की एक विशेष क्षमता के सहारे अपने आसपास के जगत् को समझ रहे थे। इस प्रक्रिया में सिद्धार्थ अपनी तंत्रिका कोशिका के विशेष जोड़ और संबंध भी बना रहे थे। अभी हम यह जानेंगे कि कैसे हमारी तंत्रिका कोशिका की क्षमता के कारण हम 'विद्या प्राप्ति' कर पाते हैं। हम देखेंगे कि कौन-कौन से और कैसे तंत्रिका कोशिका के जोड़ और संबंध बनते हैं जब एक बच्चा बड़ा होता है। हम देखेंगे कि कैसे बच्चे के आसपास के वातावरण का उस पर क्या प्रभाव पड़ता है और तंत्रिका कोशिका के स्तर पर उन प्रभावों का क्या परिणाम होता है। हम यह सब इसलिए जानेंगे, क्योंकि सिद्धार्थ ने केवल बुद्धि के स्तर को ही नहीं साधा था, बल्कि उन्होंने अपने तंत्रिका कोशिका के स्तर को भी साधा, तभी अन्य आयामों का ज्ञान प्राप्त कर पाए और अंत में समाधि प्राप्त की। हम देखेंगे, कैसे एक बच्चा अपनी तंत्रिका कोशिका के जोड़ और संबंध बनाता है। हम यह भी देखेंगे कि कैसे सिद्धार्थ, गौतम ने एक तंत्रिका कोशिका के तंत्र का निर्माण किया और सही समय आने पर उस तंत्रिका कोशिका के तंत्र को खंडित भी किया या कहें उस तंत्रिका कोशिका के तंत्र में बदलाव किए, वह भी अपनी इच्छा अनुसार। जिन क्षमताओं ने वह तंत्र बनाया, उन क्षमताओं को उनकी ही सीमा के पार ले गए थे सिद्धार्थ, गौतम बुद्ध। हम जानेंगे, कैसे योग और ध्यान की सहायता से बुद्ध ने अपने पूर्व निर्मित तंत्रिका कोशिका के जोड़ और संबंध का भी खंडन किया और नए जोड़ और संबंध भी स्थापित किए, अर्थात् मानसिक और शारीरिक दोनों ही आयाम में अपने सूक्ष्म स्तर को भी साधा, तभी वह राज मोह और स्व के बंधनों के पार जा पाए।

जब बालक का विकास होता है, उस समय उसके आसपास का वातावरण उसको प्रभावित करता है और वह अपनी तंत्रिका कोशिका के तंत्र की विशेष क्षमताओं के सहारे विद्या प्राप्त करता है और अपना विकास करता है। बच्चा सीखता भी है और साथ-ही-साथ एक विशेष प्रकार के स्व का निर्माण भी करता है और समय के साथ-साथ उस स्व का विकास भी होता है। आइए, देखते हैं कि वह क्या है जो बच्चों को विद्या प्राप्ति में सहायता प्रदान करता है और कैसे सिद्धार्थ ने एक विशेष प्रकार के स्व का निर्माण

किया और स्व या तंत्रिका कोशिका के जोड़ और संबंध कितने बलशाली होते हैं और इनको परिवर्तित करना या रूपांतरित करना क्या साधारण मानव की क्षमता की सीमाओं में है या नहीं? इन सभी प्रश्नों के उत्तर हम वैज्ञानिक और आध्यात्मिक दृष्टि से जानेंगे और समझेंगे।

वैज्ञानिक तथ्य और अध्ययन

रिचर्ड, जो माइंड एंड लाइफ संस्थान के एक वैज्ञानिक हैं, उन्होंने एक सम्मेलन के समय एक चित्रमुद्रण (वीडियो) दिखाया जिसमें एक व्यक्ति अपने नवजात शिशु को हाथ में लिये खड़ा था। वह बालक केवल 10 मिनट की आयु का ही था। बालक अपने पिता की आँखों में देख रहा था, परंतु यह बात बच्चे को नहीं पता कि वह अपने पिता की आँखों में देख रहा है या जो व्यक्ति उस बच्चे को देख रहा है, वह उसका पिता है या कौन है, यह वह बच्चा नहीं जानता। बच्चा केवल उनकी आँखों में देख रहा है, जो उस बच्चे को देख रही हैं। दोनों एक-दूसरे को देख रहे थे, इसके पश्चात् बच्चे के पिता ने खेल-खेल में अपनी जीभ निकालकर बच्चे को दिखाई। जैसे ही बच्चे ने यह देखा, उसके पश्चात् बच्चे ने भी अपनी जीभ निकाली। ऐसा उनके पिता और बच्चे ने चार-पाँच बार किया। एक बार जब उनके पिता ने जीभ दिखाई, तब बच्चे ने भी एक बार जीभ निकालने के पश्चात् प्रतीक्षा की, उसके पश्चात् जब उनके पिता ने दूसरी बार जीभ दिखाई उसके पश्चात् बच्चे ने भी दूसरी बार अपनी जीभ निकाली। बच्चे ने हर बार प्रतिक्रिया की प्रतीक्षा की। यह दरशाता है कि बच्चा केवल नकल नहीं कर रहा, वह वार्तालाप कर रहा है। यह केवल नकल नहीं, यह दो जीव के बीच परस्पर क्रिया या स्वस्थ वाद-विवाद है।

बच्चा इस घटना को या इस प्रक्रिया को पहली बार देख रहा है, और देख कर उस क्रिया को स्वयं भी कर रहा है। इसका अर्थ यह है कि वह बच्चा बिना किसी संकल्पना के अनुभूति कर रहा है। जन्म लेने के 10 मिनट पश्चात् ही जैसे-जैसे दूसरा जीव या दूसरा शरीर उनके साथ परस्पर क्रिया करता है, बच्चे भी वैसी ही परस्पर क्रिया करते हैं।

X की टिप्पणी

यह एक अच्छा उदाहरण है, जो बिना किसी संकल्पना के अनुभूति करने को सिद्ध करता है। यह बच्चा जन्म के केवल 10 मिनट पश्चात् पहली बार भाव और क्रिया देख रहा है या पहली बार उसकी अनुभूति कर रहा है। उसके पास अभी किसी भी प्रकार की कोई भी तथाकथित संकल्पना नहीं है, इसके पश्चात् भी वह बालक वर्तमान में जानकारी की अनुभूति करके उसका प्रसंस्करण भी कर रहा है और उसके अनुसार प्रतिक्रिया भी दे रहा है। बच्चों की जिज्ञासा जन्म के साथ ही कार्य करना प्रारंभ कर देती है या कहें,

वह तो माता के गर्भ से ही कार्य करना प्रारंभ कर देती है। जिज्ञासा ही परस्पर क्रिया प्रारंभ करवाती है।

बच्चा यहाँ दूसरे व्यक्ति के मस्तिष्क को पढ़ रहा है। बच्चा वह तंत्रिकीय क्रियाएँ कर रहा है जिसकी वह पहली बार अनुभूति कर रहा है। जीभ निकालनेवाले उदाहरण में बच्चे की साधारण इंद्रियाँ और जीवित इंद्रियाँ या सर्वभूत ऊर्जा दोनों मिलकर शारीरिक और तंत्रिकीय क्रियाओं की अनुभूति करती हैं और उनके अनुसार प्रतिक्रिया भी करती हैं। बच्चा मस्तिष्क पढ़कर परस्पर संबंध बनाता है, जैसे-जैसे उसके सामनेवाला करता है वैसे-वैसे बच्चा भी करता है। यहाँ पर बच्चे की जिज्ञासा बिना किसी तथाकथित संकल्पना के कार्य कर रही है। जिज्ञासा की यह विशेषता है कि वह अज्ञात को भी जानना चाहती है। अज्ञात अर्थात् जिसकी अभी तक कोई संकल्पना नहीं। जिज्ञासा नई अज्ञात जानकारी की खोज में रहती है, इस उदाहरण के सहारे हम कह सकते हैं कि जिज्ञासा बिना किसी संकल्पना के कार्य करती है।

यह दरशाता है कि नवजात शिशु भी दूसरों का मस्तिष्क पढ़ सकते हैं, क्योंकि मस्तिष्क कोई पदार्थ नहीं, मस्तिष्क तो ऊर्जाओं का संग्रहालय है, या कहें, मस्तिष्क विभिन्न प्रकार की जानकारियों का केंद्र है। जिन ऊर्जाओं और परिपथ का उपयोग करके जिज्ञासा नवजात को दूसरों का मस्तिष्क पढ़ने और दृश्य क्षमता (विजुअल पोटेंशियल) को क्रिया विभव या क्रिया क्षमता (एक्शन पोटेंशियल) में परिवर्तित करने की क्षमता प्रदान करवाती है। उन्हीं ऊर्जा और परिपथ को योगी पुनः जागृत करता है या कहें, इन्हें इनकी सीमित सीमाओं के पार ले जाता है। यह प्रणाली और घटना योगी के बाहर-भीतर दोनों ओर होती है। सभी प्रकार की संकल्पना के पार जाकर योगी अपनी जिज्ञासा को मस्तिष्क के सूक्ष्म स्तर तक ले जाता है। सूक्ष्म स्तर पर सूक्ष्तम क्षेत्र (क्वांटम फील्ड) या सूक्ष्तम ऊर्जा की सहायता से वह दूसरों के मस्तिष्क को पढ़ सकता है और सीखता भी है और विकास भी करता है। इन्हीं ऊर्जा और कार्यप्रणाली के सहारे एक योगी सांसारिक स्तर पर अलग-अलग ऊर्जा में और अलग-अलग जानकारियों के साथ जुड़ सकता है, या कहें कि सांसारिक चेतना के साथ परस्पर संबंध स्थापित कर सकता है। बालक जो दृश्य संबंधित जानकारियों द्वारा या दृश्य क्षमता द्वारा क्रिया विभव उत्पन्न करता है वह मिरर तंत्रिका (मिरर न्यूरॉन्स) के कारण होता है। यहाँ भी जिज्ञासा का वही स्वरूप कार्य कर रहा है जिसके सहारे जिज्ञासा आकाशीय छिद्रों के माध्यम से जानकारी का आदान-प्रदान करती है या जानकारी ग्रहण करती है। मिरर न्यूरॉन्स के संदर्भ में हम अभी अच्छे से समझेंगे और जानेंगे और इसी के सहारे हम जीवन के एक महत्त्वपूर्ण रहस्य के संदर्भ में भी जान पाएँगे।

वैज्ञानिक अध्ययन

वैज्ञानिकों ने दो घटना या दो कारण की बात कही, जो नवजात शिशु को जगत् की जानकारी एकत्रित करने में और जगत् को समझने में सहायता करती है, वह है—

(i) मिरर न्यूरॉन्स : जब भी हम कोई क्रिया देखते हैं, तब हमारी तंत्रिका कोशिका उस क्रिया से संबंधित तंत्रिका संकेत का अनुकरण कर लेती हैं। तंत्रिका कोशिका प्रेक्षक के भीतर भी वही क्रिया करती हैं जैसे वह क्रिया को करनेवाले के भीतर कार्य करती हैं। मिरर न्यूरॉन ही वह तंत्र है, जो बच्चों को दुनिया को समझने में सहायता करता है। जब हम किसी को कोई क्रिया करते देखते हैं, तब हमारे भीतर भी वही सभी संचालन तंत्र संबंधित क्षेत्र (मोटर रीजन) सक्रिय हो जाते हैं, जो कि क्रिया करनेवाले के भीतर सक्रिय होते हैं।

(ii) शेयर्ड सेंस मेकिंग (इंद्रिय जानकारी की साझा साझेदारी) : हमारी एकाग्रता हमारे आसपास की वस्तु के प्रति बदल जाती है, यदि हमारे आसपास अन्य लोग भी उपस्थित हों तो और यदि वह दूसरे द्वारा अभिप्रायपूर्वक पथप्रदर्शक न की गई हो तब भी। नवजात शिशु 8-9 माह की आयु से ही शेयर्ड सेंस मेकिंग (इंद्रिय जानकारी की साझा साझेदारी) के संकेत देता है।

X की टिप्पणी

मिरर न्यूरॉन और इंद्रिय जानकारी की साझा साझेदारी में भी हम देख सकते हैं कि जानकारी कुछ अज्ञात मार्गों द्वारा एक तंत्र से दूसरे तंत्र के भीतर प्रवेश करती है। मिरर न्यूरॉन जो दृश्य संबंधित जानकारी द्वारा क्रिया विभव उत्पन्न करते हैं, वहाँ जानकारी हमारे नेत्रों द्वारा हमारे तंत्र में प्रवेश करती है, परंतु इंद्रिय जानकारी की साझा साझेदारीवाली क्रिया में हम देख सकते हैं कि जानकारी कुछ अज्ञात मार्गों द्वारा एक तंत्र से दूसरे तंत्र में प्रवेश करती है और तंत्र को प्रभावित भी करती है। यहाँ पर भी जानकारी तरंगों के सहारे यात्रा करती है और दूसरे तंत्रों को तरंगों द्वारा ही प्रभावित करती है। ऐसे बहुत से उदाहरण हैं जिनके सहारे हम यह समझ सकते हैं कि जानकारी एक तंत्र से दूसरे तंत्र में कुछ अज्ञात मार्गों के द्वारा प्रवेश कर सकती है और उस तंत्र को प्रभावित भी कर सकती है।

मिरर न्यूरॉन और इंद्रिय जानकारी की साझा साझेदारी कोई साधारण घटना नहीं है, यह जीवन का वह साधन है, जो एक तंत्र को पृथ्वी या प्रकृति में उपस्थित अन्य सभी तंत्रों के साथ जोड़ता है और सभी तंत्रों के बीच जानकारी के आदान-प्रदान में महत्त्वपूर्ण भूमिका निभाता है। यहाँ एक प्रश्न यह उत्पन्न होता है कि यहाँ जानकारी का आदान-प्रदान हो रहा है या हमारी चेतना दूसरे 'तंत्ररूपी वातावरण' को छू रही है और उसके

द्वारा प्रभावित हो रही है या उसे प्रभावित कर रही है? क्या ऐसा हो सकता है कि जो हमें मिरर न्यूरॉन और इंद्रिय जानकारी की साझा साझेदारी की प्रक्रिया दिख रही है, उस प्रक्रिया में हमारी चेतना, जो कि एक विशेष वातावरण में वास कर रही है, वह अन्य तंत्र के विशेष वातावरण को छूती है या उसमें प्रवेश करती है? संभवतः यहाँ ऐसा ही कुछ हो रहा है और यहाँ हम चेतना के उस रहस्यमयी स्वरूप को देख सकते हैं, जो हमें यह बताता है कि चेतना किसी विशेष तंत्र या प्रणाली के अधीन नहीं होती और चेतना प्रकृति में उपस्थित अन्य चेतन तंत्र के भीतर भी प्रवेश कर सकती है। योगी चेतना की इसी विशेषता के सहारे वैश्विक चेतना और ब्रह्मांडीय चेतना के साथ जुड़ पाता है और इसके पार भी जा सकता है। वास्तविकता में यह क्या है और यह कैसे होता है, इसे हम अपनी कहानी में आगे पूर्ण रूप से समझने का प्रयास करेंगे।

बच्चा जिज्ञासु अंतःक्रिया के साधनों के साथ जन्म लेता है। मिरर न्यूरॉन और इंद्रिय जानकारी की साझा साझेदारी की सहायता से बालक जगत् को जानता-समझता है और उससे प्रभावित भी होता है। सिद्धार्थ, गौतम भी इन सभी क्षमताओं के साथ राजघराने में जनमे थे और राजघराने में ही उनका विकास हो रहा था। उन पर भी राजघराने का प्रभाव पड़ा होगा, इंद्रिय जानकारी की साझा साझेदारी के कारण और उन्होंने मिरर न्यूरॉन की सहायता से अपने तंत्र की परिपथिकी भी निर्मित और विकसित की होगी। सिद्धार्थ की सभी कार्यप्रणालियाँ और उनका पूरा तंत्र राजघराने के अनुसार निर्मित हुआ होगा। सिद्धार्थ के आसपास जो वस्तुएँ थीं, जो मनुष्य थे और जो वातावरण था, वह सभी कुछ सिद्धार्थ, गौतम को प्रभावित कर रहा था और उसी के अनुसार उनका विकास हो रहा था। आइए, देखते हैं कि राजघराने में रहने के कारण सिद्धार्थ का तंत्र कैसा रहा होगा, इसे विज्ञान के दृष्टिकोण से भी समझेंगे।

हमने अभी थोड़ा सा समझा है और अपनी कहानी में अभी आगे हम अच्छे से समझने का प्रयास करेंगे कि वातावरण में उपस्थित भावनात्मक उत्तेजनाएँ हमारी एकाग्रता भी आकर्षित करती हैं और इनसे भावनात्मक स्मृतियाँ भी बनती हैं और वह सदा के लिए दीर्घकालीन स्मृति (लॉन्ग टर्म मेमोरी) में रहती हैं। जब सिद्धार्थ का विकास हो रहा था और जब वह राजमहल का सुख अनुभव कर रहे थे और राजकुमार का जीवन व्यतीत कर रहे थे, तब उनके भीतर भी एक विशेष प्रकार के स्व का निर्माण हो रहा था और उनकी स्मृति भी राजघराने के अनुभवों के अनुसार ही निर्मित हो रही थी। प्रत्येक दिन बार-बार वही क्रिया करके उनके तंत्र में अधिक बलशाली जोड़ और आंतरिक संबंध विकसित हो रहे थे। हर प्रकार का भावनात्मक और भौतिकवादी अनुभव उनके तंत्र में बलशाली स्मृतियाँ बना रहा था। उन स्मृतियों से छुटकारा पाना, उन सभी जोड़ों और तंत्र के आंतरिक संबंधों को तोड़ना या उनमें बदलाव करना लगभग असंभव-सा ही है।

साधारण मनुष्य अपनी इन्हीं बलशाली स्मृतियों, तंत्र के आंतरिक जोड़ और संबंध और भूतकाल के अनुभव के अनुसार ही अपना सारा जीवन व्यतीत कर देते हैं। परंतु सिद्धार्थ, गौतम कोई साधारण मानव नहीं थे। उन्होंने इन तंत्र के आंतरिक जोड़ और संबंध को तोड़ा भी और इनमें बदलाव भी किए। आइए, पहले देखते हैं कि यह बलशाली स्मृति, तंत्र के आंतरिक जोड़ और संबंध और अनुभव मानव के तंत्र को कैसे एक निश्चित रूप प्रदान करते हैं, कैसे जन्म के पश्चात् मानव के भीतर एक स्व का निर्माण होता है और उस स्व से बाहर आना कितना कठिन होता है या उस स्व के पार जाना संभव भी होता है या नहीं।

आइए, वासुदेवीजी द्वारा बताए गए वैज्ञानिक तथ्य देखते हैं और इन तथ्यों के आगे की कड़ियाँ X के सहारे जोड़ने का प्रयास करते हैं। वासुदेवीजी ने माइंड एंड लाइफ संस्थान के दलाई लामाजी के साथ वाद-विवाद के समय बालक के जन्म से संबंधित और क्या-क्या कहा था, आइए, यह देखते हैं।

वैज्ञानिक दृष्टिकोण

वासुदेवीजी ने कहा कि सुहावनी बात यह है कि जब बच्चे पैदा होते हैं तब वह अलग-अलग प्रकार से रोते हैं। हर एक बच्चा जब पैदा होता है, तब वह एक अलग प्रकार से रोता है और वह रोना निर्भर होता है 'मात्री स्वर शैली' (इंटोनेशन पैटर्न {उनके माता-पिता की भाषा की शैली}) पर। जैसे जर्मन बच्चे अलग प्रकार से रोते हैं, फ्रेंच बच्चों की तुलना में। यह रोना निर्भर करता है उनके माता-पिता की भाषा की शैली पर। इसका यह अर्थ है कि बच्चे गर्भ में ही सुनना प्रारंभ कर देते हैं, और उनके अनुसार अपनी भाषा की शैली भी निर्धारित कर लेते हैं।

बालक गर्भ में ही 8 माह पर, या कहें 8 माह के गर्भ के पश्चात् ही बालक असहजता और प्रसन्नता के संकेत देने लगता है। वासुदेवीजी ने कुछ चित्र दिखाए जिसमें बच्चा गर्भ में ही प्रसन्नता और वैमनस्य के भाव दिखा रहा था। मानव पीड़ा और सुख को गर्भ में ही अनुभव करना प्रारंभ कर देता है।

जन्म के कुछ क्षण पश्चात् ही बच्चे अपने और दूसरों द्वारा किए गए कार्यों में अंतर समझने लगते हैं। वैज्ञानिकों ने एक शोध और अनुसंधान किया है, जो इसको सिद्ध करता है। एक अनुसंधान में वैज्ञानिकों ने यह जानने का प्रयास किया कि क्यों जब हम बच्चे के गालों को छूते हैं तो वह हमारे हाथों को काटने का प्रयास करते हैं, परंतु जब उस बच्चे का स्वयं का हाथ उसके गाल पर अकस्मात् पड़ जाता है तो वह ऐसा कम करते हैं। बच्चों में जन्म के कुछ क्षण बाद ही अपने द्वारा किए गए कार्यों और दूसरों के द्वारा किए गए कार्यों के प्रति जागरूकता होती है।

कुछ वैज्ञानिक कहते हैं कि बच्चे आकाश (स्पेस) में कार्य करते हैं, जन्म के पश्चात् ही, इस कारण से वह वातावरण के और आकाश के दबाव को अनुभव कर सकते हैं और वह अपने हाथ, पैर, चेहरे की गतिविधियों का भी अनुभव कर सकते हैं। स्व की जागरूकता या स्व का अनुभव जीवन में प्रारंभिक क्षणों में ही होने लगता है और एक प्रकार के स्व का अनुभव बालक माँ के गर्भ में ही कर सकता है।

मार्टिन बुबर (Martin buber), जो कि एक दार्शनिक थे, उन्होंने कहा है कि दुनिया के साथ संलग्न होने के दो ही मार्ग हैं, और वह हैं—

(i) मैं और दाओ (I and Dao or I and Thou),

(ii) मैं और वह (I and it or they)

इसको हम इस प्रकार समझ सकते हैं कि जैसे सोचो कि आप सूर्यास्त को देख या अनुभव कर रहे हैं और आप उसको देखते हो और क्षणभर के लिए आप केवल उसकी सुंदरता की अनुभूति करते हो, बिना किन्हीं शब्दों या बिना किन्हीं संकल्पना के, यहाँ तक आप बिना किसी संकल्पना के अनुभूति कर रहे थे और जब आप क्षणभर पश्चात् कहते हो 'अद्‌भुत', तब आप धारणात्मक सोच की प्रक्रिया में प्रवेश कर जाते हो और उस क्षण 'मैं और दाओ' का संबंध समाप्त हो जाता है और 'मैं और वह' का संबंध प्रारंभ हो जाता है। उनके (मार्टिन बुबर) अनुसार यही वह क्षण होता है जब हम केवल अनुभूति कर रहे होते हैं और उस क्षण के पश्चात् धारणात्मक स्तर पर चले जाते हैं।

वासुदेवीजी ने इसके पश्चात् बताया कि कुछ शोध में वैज्ञानिकों ने यह पाया है कि शिशु संलग्नता और जिज्ञासा के साधनों के साथ जन्म लेता है। वैज्ञानिकों ने 'एक घंटे' की आयु के शिशुओं के साथ कुछ शोध किए। उन्होंने कुछ गेंद के साथ शोध किए, जिसमें उन्होंने 1 गेंद बच्चे से उचित दूरी पर बाँध दी। वासुदेवीजी ने उस शोध का एक चित्रमुद्रण भी दिखाया। चित्रमुद्रण में दिखाया कि बच्चा उस गेंद का निरीक्षण-परीक्षण करना चाहता है, या कहें कि वह बच्चा यह जानना चाहता है कि वह वस्तु क्या है। वह ऐसा अपने हाथ-पैर से उस वस्तु को पकड़ने का प्रयास करने से कर रहा है। यह दरशाता है कि बालक वस्तु के साथ और अपने आसपास के जगत् के साथ संलग्न होने की क्षमता के साथ जन्म लेता है। इसके पश्चात् वासुदेवीजी ने कहा कि "हम अपने जन्म से ही जिज्ञासु होते हैं।"

X की टिप्पणी

मैं और दाओ (I and Dao) के दृष्टिकोण के सहारे दुनिया के साथ संलग्न होने की संकल्पना मार्टिन से हजारों वर्ष पूर्व सनातन धर्म के योगियों द्वारा और लाओ त्से (Lao Tzu) द्वारा भी दे दी गई थी और समाज को इसका अर्थ और इसका भाव भी

भली-भाँति समझा दिया गया था। पश्चिम जगत् के लिए यह संकल्पना और यह धारणा नई हो सकती है, परंतु पूर्व में इस ज्ञान को हजारों वर्ष पूर्व ही समझ भी लिया गया था और धारण भी कर लिया गया था। पूर्व की समझ केवल 'मैं और दाओ' के दृष्टिकोण तक ही सीमित नहीं थी, बल्कि प्राचीन भारतीय योगियों ने 'मैं और दाओ' के पार जाकर अपने और प्रकृति के बीच तथा अपने और परमात्मा के बीच के अंत:परस्पर संबंध और अंत:परस्पर जोड़ को समझा और जाना तथा समाज को भी समझाया कि हम प्रकृति से अलग नहीं हैं, हम उसी का एक भाग हैं और हम प्रकृति और परमात्मा के साथ एक पवित्र जोड़ के साथ जुड़े हुए हैं। प्राचीन भारतीय योगियों ने यह समझ लिया था कि तथाकथित 'मैं' का तो अस्तित्व ही नहीं है और तथाकथित 'हम' परमात्मा और परम वास्तविकता से अलग है ही नहीं। भारतीय प्राचीन योगी 'मैं और दाओ' के दृष्टिकोण और सत्य के पार जाकर अहं ब्रह्मा के सत्य को जान और समझ पाए थे और इस सत्य को समाज को भी समझा पाए थे। प्राचीन भारतीय योगी 'मैं और दाओ' के द्वैत के पार अद्वैत में जाकर अपनी और परमात्मा की अखंडता को अनुभव कर पाए थे और अपने और प्रकृति के बीच के अद्वैत संबंध को भी समझ पाए थे। प्राचीन भारतीय योगियों ने सभी प्रकार के द्वैत को हटाकर, यहाँ तक कि 'मैं और दाओ' के द्वैत को भी हटाकर अद्वैत के दृष्टिकोण के सहारे जगत् के साथ संलग्न होने का ज्ञान समझाया है और इसी दृष्टिकोण के सहारे जीवन व्यापम की प्रेरणा दी है, क्योंकि इस तथाकथित 'मैं' का कोई अस्तित्व ही नहीं होता।

"हम अपने जन्म से ही जिज्ञासु होते हैं, हम जिज्ञासा के साधनों के साथ जन्म लेते हैं", वासुदेवीजी के इन शब्दों ने वैसे तो सबकुछ स्पष्ट कर दिया है और यह हमारे 'जिज्ञासा के सिद्धांत' का समर्थन भी करते हैं और इस सिद्धांत का आधार भी बनाते हैं। वास्तविकता में हम जन्म से नहीं, हम माता के गर्भ में भी जिज्ञासु होते हैं। हमने अभी देखा कि कुछ वैज्ञानिक अध्ययन यह बताते हैं कि माता के गर्भ में भी बालक अपना विवेचन और निरीक्षण करता है और गर्भाशय की परत का निरीक्षण भी करता है और यदि गर्भ में दूसरा या अन्य बालक है तो वह उनका भी निरीक्षण करता है। यह निरीक्षण करना जिज्ञासा की ही विशेषता है और जिज्ञासा गर्भ में ही कार्य करना प्रारंभ कर देती है। जैसे-जैसे हमारी आयु बढ़ती है वैसे-वैसे हम अनेक संकल्पनाओं का निर्माण कर लेते हैं। कुछ समय तक तो हमारी संकल्पना की सीमाएँ स्वभाव में तरलीय या लचीली होती हैं, परंतु अलग-अलग व्यक्ति अलग-अलग स्तर पर अपनी संकल्पना की सीमाओं को निर्धारित रूप या निश्चित सीमाओं में बाँध देते हैं और 'धारणात्मक अनुभूति' के मायाजाल में पड़कर दु:ख के आवेश में आ जाते हैं, और शुद्ध अनुभूति को दुर्बल बना देते हैं। सिद्धार्थ, गौतम भी संलग्नता और जिज्ञासा

के साधनों के साथ ही जनमे थे, जैसे सब बालकों का जन्म होता है और सिद्धार्थ ने भी अपने जीवन में समाधि पाने से पूर्व अनेक संकल्पनाएँ बनाई होंगी, परंतु उन्होंने अपनी शुद्ध अनुभूति की क्षमता को दुर्बल नहीं होने दिया, या कहें, सही समय आने पर पुनः शुद्ध अनुभूति या संकल्पना रहित अनुभूति को सक्रिय किया। अभी तक यह तो सिद्ध हो गया है कि माता के गर्भ से ही हमारे भीतर जिज्ञासा उपस्थित होती है, परंतु वह जिज्ञासा कहाँ और क्यों खो जाती है, या किन कारणों से दुर्बल हो जाती है और कैसे इस जिज्ञासा को पुनः अपनी पूरी क्षमता के साथ कार्य करने योग्य बनाया जा सकता है, इसे हम अपनी कहानी में आगे देखेंगे।

जो मनुष्य 'मैं और दाओ' के दृष्टिकोण से सृष्टि के साथ संलग्न है, वह अपने मार्ग में आगे चलकर मैं और दाओ के द्वंद्व के पार भी जा सकता है। सिद्धार्थ, गौतम बुद्ध भी कहीं-न-कहीं 'मैं और दाओ' के दृष्टिकोण से ही सबकुछ देख और अनुभव कर रहे थे, इसी कारण से वह मैं और दाओ के भी पार जा सके। जब व्यक्ति मोक्ष प्राप्त कर लेता है तब वह यह जान जाता है कि 'मेरे भीतर ही दाओ है और मैं दाओ के भीतर हूँ', इसका अर्थ यह है कि तथाकथित 'मैं' कुछ नहीं है और दाओ भी वह नहीं है, जो हम उसे समझते हैं, इस दाओ की संकल्पना के पार है सत्य। मोक्ष प्राप्त करके वह यह समझ जाता है कि हम दोनों ही एक-दूसरे में हैं और द्वंद्व है ही नहीं। इस अनुभूति और विचारधारा में कोई द्वंद्व नहीं होता। जो मनुष्य शब्द, भाषा इत्यादि संकल्पना के अधीन होते हैं और इन सभी संकल्पनाओं के द्वारा अपनी अनुभूति को प्रभावित होने देते हैं, वह द्वंद्व भी उत्पन्न करते हैं और धारणात्मक अनुभूति करने के कारण भ्रमित भी हो जाते हैं और इस भ्रम में वह 'मैं और वह' का संबंध अपना लेते हैं। इसी 'मैं और वह' के दृष्टिकोण के कारण आज का मानव भौतिक मायाजाल में उलझता चला जा रहा है। सभी प्रकार के द्वंद्व, द्वेष इत्यादि स्वार्थी और हानिकारक प्रवृत्तियाँ इसी दृष्टिकोण के कारण आज के आधुनिक समाज में अपनी जड़ें जमाती जा रही हैं। हम अपनी कहानी में आगे देखेंगे कि कैसे सिद्धार्थ ने अपने मायाजाल को खंडित किया और कैसे हम आज के इस आधुनिक मायाजाल से बाहर निकल सकते हैं और इस आधुनिक समाज में रहकर भी आधुनिक कुरीतियों से दूर रह सकते हैं।

वैज्ञानिक शोध और खोज

वैज्ञानिकों ने बच्चों में दूसरों को नकल करने की क्षमता (इमिटेटिंग) को जानने के लिए एक शोध किया। यह शोध उन्होंने 15-20 मिनट की आयुवाले बच्चों के साथ किया। यह शोध लड़के और लड़की दोनों के साथ किया गया। इस शोध में एक व्यक्ति ने बच्चे को अपने हाथों में उठाया और बच्चे को देखते हुए उन्होंने कुछ

प्रतिक्रियाएँ कीं, जैसे उन्होंने अपना मुँह खोला और अपनी जीभ बाहर निकाली और बच्चे की प्रतिक्रिया की प्रतीक्षा की। रोचक बात यह है कि सभी बच्चों ने उस व्यक्ति की भाँति, उसी रूप की नकल की। जब व्यक्ति ने केवल अपना मुँह खोला तो बच्चों ने भी केवल अपना मुँह ही खोला और जब उस व्यक्ति ने अपनी जीभ दिखाई तो बच्चों ने भी अपनी जीभ दिखाई।

वासुदेवीजी ने जब यह बात बताई तो इस पर गुरुजी श्री 14वें दलाई लामाजी ने कहा कि संभवत: वह सभी बच्चे भूखे होंगे, वह सभी संभवत: अपना मुँह खोल कर दूध माँग रहे होंगे। गुरुजी की यह बात सुनकर वहाँ उपस्थित सभी लोग हँसने लगे। गुरुजी ने इसके पश्चात् अपनी एक कहानी बताई। गुरुजी ने बताया कि जब वह पैदा हुए थे, तो उनकी बड़ी बहन ने उनको एक विशेष प्रकार का मीठा पानी पीने को दिया था, एक मान्यता के अनुसार। जब गुरुजी बड़े हुए तो उनकी बहन ने बताया कि उस समय तुम बहुत भूखे थे जब मैंने तुम्हें वह पानी दिया था। तुमने बहुत सारा पानी पी लिया था और थोड़ी ही देर में मल–त्याग भी कर दिया था, अधिक पानी पीने के कारण। यह सुनकर वहाँ उपस्थित सभी लोग ठहाके लगाकर हँसने लगे।

गुरुजी के भूखवाले प्रश्न या परिहास पर वासुदेवीजी ने कहा कि इस शोध में बच्चे ऐसा तब कर रहे हैं जब दूसरा व्यक्ति वह क्रिया करना रोक देता है। बच्चे यह प्रतिक्रिया वाद–विवाद में आए अंतराल के समय करते हैं। यह दरशाता है कि वह नकल कर रहे हैं। परंतु कुछ वैज्ञानिक कहते हैं कि वह कैसे नकल कर सकते हैं जब उनको यह नहीं पता कि मेरा चेहरा या मेरी जिह्वा क्या है और दूसरे व्यक्तियों का मुख और जिह्वा क्या है। तो उन वैज्ञानिकों का कहना है कि बच्चों को यह नहीं पता होता तो वह नकल नहीं कर सकते। परंतु एक परिकल्पना है, जो कहती है कि हमारे मस्तिष्क में 'मिरर न्यूरॉन' होते हैं, जो क्रिया विभव उत्पन्न करते हैं। वह ऐसा अपनी दृष्टि की इंद्रियों से आ रही जानकारी के सहारे करते हैं। हमारा मस्तिष्क 'दृश्य क्षमता (विजुअल पोटेंशियल) को क्रिया विभव (एक्शन पोटेंशियल) में परिवर्तित कर देता है।'

X की टिप्पणी

क्या यह साधारण घटना है कि हम दृश्य क्षमता को कार्य विभव में परिवर्तित कर देते हैं? नहीं, अवश्य ही यह साधारण घटना नहीं है। प्रश्न यह भी है कि हम इस क्षमता का कितना उपयोग करते हैं और कब तक करते हैं? क्या यह क्षमता निश्चित समय, निश्चित अवधि और निश्चित तीव्रता के साथ ही कार्य करती है या हम इसको अभ्यास के सहारे बढ़ा भी सकते हैं, और इसका उपयोग न करने से या कम करने से क्या यह क्षमता घट जाती है या नष्ट भी हो जाती है? क्या इस दृश्य क्षमता को कार्य विभव में

परिवर्तित करने की क्षमता ने क्रम विकास में महत्त्वपूर्ण योगदान दिया है? हमारे सपनों में भी किसी-न-किसी प्रकार की दृश्य संबंधी जानकारी की प्रक्रियाएँ चलती रहती हैं। ध्यान के उच्च चरणों में जाकर साधक भी किसी-न-किसी प्रकार की दृश्य संबंधी जानकारियाँ उत्पन्न करता है और जानकारियों की प्रक्रियाएँ चलती रहती हैं। तो क्या हम स्वप्न और ध्यान की दृश्य क्षमता से कार्य विभव उत्पन्न कर सकते हैं? इन सब प्रश्नों का उत्तर है, हाँ। हम यह सबकुछ कर सकते हैं और यह क्षमता (जो दृश्य क्षमता को कार्य विभव में परिवर्तित करती है) लचीली होती है। खिलाड़ी, सेना के लोग इत्यादि 'प्रशिक्षण पानेवाले' इसी क्षमता का प्रयोग करते हैं।

यह क्षमता केवल हमारी दृष्टि से संबंधित इंद्रियों तक ही सीमित नहीं, यह अन्य इंद्रियों की सहायता से भी कार्य विभव उत्पन्न कर सकती है। जैसे बालक सुनकर ही अपनी बोलने की क्षमता विकसित कर लेता है, यहाँ तक कि बालक ऐसा माँ के गर्भ में भी कर सकता है। वह ऐसा इसी क्षमता या शक्ति की सहायता से करता है, जो ध्वनि या सुनने की क्षमता (लिसनिंग पोटेंशियल) से कार्य विभव उत्पन्न कर लेती हैं। इसके अन्य भी उदाहरण हैं। साधक इस क्षमता या इस शक्ति का प्रयोग योग और ध्यान में करता है। अलग-अलग ध्यान में अलग-अलग कार्य विभव उत्पन्न करने की क्षमता होती है और साधक अलग-अलग ध्यान से अलग-अलग कार्य विभव उत्पन्न करता है। इसी शक्ति के कारण साधक शून्यता को भी धारण कर पाता है और उसकी अनुभूति कर पाता है और इसी के सहारे शून्यता के अनुसार कार्य विभव उत्पन्न करता है और शून्यता में उतर जाता है या कहें, साधक स्वयं शून्य हो जाता है।

हम वासुदेवीजी के शब्दों को पुनः स्मरण करते हैं, जहाँ उन्होंने कहा था कि 'यह सब जिज्ञासा के कारण होता है', हम यह भी कह सकते हैं कि जिज्ञासा ही हमारी सभी इंद्रियों से अधिक-से-अधिक जानकारियाँ एकत्रित कर अपने आसपास के जगत् को जानना, समझना और अनुभव करना प्रारंभ करती है। जिज्ञासा हमें वस्तु के साथ संलग्न होने की प्रेरणा और क्षमता प्रदान करती है और हमारी इंद्रियों और कार्यप्रणालियों से प्राप्त जानकारियों को एकत्रित करके हमारे तंत्र (शरीर, मस्तिष्क, चक, कोशिकाएँ, प्रभामंडल इत्यादि) के साथ साझा करती है। इसके पश्चात् हमारी इच्छाशक्ति पर निर्भर करता है कि कौन सी सामर्थ्य जानकारी (पोटेंशियल इंफॉर्मेशन) से कार्य विभव उत्पन्न करना है।

इस दृश्य क्षमता से कार्य विभव उत्पन्न करने की क्षमता और ऐसी ही अन्य क्षमताओं के सहारे हम जीवन में बहुत-कुछ सीखते तो हैं ही, साथ-ही-साथ अनुभव भी करते हैं और उसको पंजीकृत भी करते हैं। अपनी चेतना और स्व के कारण हम उस अनुभव को सुखद या दुःखद के अंतर्गत अपनी स्मृति में पंजीकृत करते हैं। यह सुखद

और दुःखद अनुभव ही निर्धारित करते हैं कि कौन-कौन सी जानकारी या किस प्रकार की 'सक्षम जानकारी' कार्य विभव में परिवर्तित होंगी। यहाँ से हम अपने तंत्र में सीमाएँ बना देते हैं और जो असीम था, उसे सीमाओं में बाँध देते हैं। अधिकतर मानव उन सीमित सीमाओं में भी अनेक संकल्पनाएँ बना लेते हैं और संकल्पनाएँ बनाने के पश्चात् उस सीमा में भी कई प्रकार की अलग-अलग सीमाएँ बना देते हैं। अनेक संकल्पनाएँ बनने के पश्चात् उन सीमित सीमाओं में भी बहुत सारी छोटी-छोटी सीमित सीमाएँ बन जाती हैं। इस सबके कारण 'नई सक्षम जानकारी' कार्य विभव में परिवर्तित नहीं हो पाती है। वह मनुष्य केवल अपनी उन्हीं सीमित संकल्पना में ही अपना जीवन व्यतीत करते हैं। इसलिए जिस तंत्र का क्रम विकास हो सकता था वह भी सीमित सीमाओं में बँधकर रह जाते हैं, या कहें, वह सीमित जीवन जीने लगते हैं। एक समय के पश्चात् हमारे मस्तिष्क का सीमित होना या पतन होना और वृद्ध होना इसी से जुड़ा हुआ है। हमारी आँतों में या हमारे डी.एन.ए. में उत्परिवर्तन एक सीमित आयु तक ही होता है, उसके पश्चात् वह रुक जाता है या दुर्बल पड़ जाता है। परंतु ऐसा होता क्यों है? मानसिक दशा के कारण ऐसा होता है। जब तक मनुष्य तथाकथित 'लचीली संकल्पनाएँ' बनाता है, केवल दुनिया को जानने के लिए और जिज्ञासु रहता है दुनिया के प्रति, तब तक उसके डी.एन.ए. में उत्परिवर्तन अबाधित रहता है, क्योंकि उसका तंत्र सभी प्रकार की जानकारियों को ग्रहण करने में सक्षम होता है। परंतु जैसे-जैसे मनुष्य अपने एक 'निश्चित स्व' का निर्माण करता जाता है और उस स्व से संबंधित संकल्पनाओं में सीमित होकर ही रह जाता है, तब वह इंद्रियों से प्राप्त सक्षम जानकारियों से कार्य विभव उत्पन्न करने की क्षमता खो देता है। जिज्ञासा के कम होने के पश्चात् उनका तंत्र सभी प्रकार की नई जानकारियों को ग्रहण करने में सक्षम नहीं होता।

ऐसा होने पर वह मनुष्य असीमित से हटकर सीमाओं में अटक जाता है, अपने ज्ञात स्व के कारण। ऐसा होने पर उनकी जिज्ञासु चेतना सूक्ष्तम चुंबकत्व (क्वांटम मैग्नेटिज्म) के तंत्र से अपना संपर्क तोड़ देती है। हम अभी आगे देखेंगे कि कैसे सूक्ष्तम चुंबकीय क्षेत्र/ऊर्जा या सूक्ष्तम चुंबकत्व के तंत्र के सहारे हमारा तंत्र हमारे आसपास के वातावरण में उपस्थित जानकारियाँ एकत्रित करके बहुत से कार्य करता है। यह हमें हमारे जगत् की जानकारी भी प्रदान करवाता है और हमारा मानसिक और शारीरिक क्रम विकास भी करवा सकता है। इन्हीं मिरर न्यूरॉन्स की सहायता से दृश्य क्षमता और इत्यादि सक्षमता को कार्य विभव में परिवर्तित करने की क्षमता से हमारा तंत्र प्राप्त जानकारी की सहायता से कार्य विभव उत्पन्न करता है और हमारे शरीर को आवश्यक जानकारी प्रदान करवाता है, जो हमारे शरीर के भीतर उपस्थित नहीं।

एक समय के पश्चात् जब मानव अपने स्व द्वारा निर्मित संकल्पना में ही घिरकर

रह जाता है तब मिरर न्यूरॉन जैसी क्षमताओं और शक्तियों की कार्यप्रणाली प्रभावित होती है। इन प्रणालियों के प्रभावित होने के कारण या कहें, इनकी गतिविधियों के बाधित होने के कारण हम अपनी ऊर्जाओं (शारीरिक या मानसिक) का सही उपयोग नहीं कर पाते, जिसके कारण हमारा मस्तिष्क व्याकुल होता है और हमारा अपनी ही ऊर्जा के कारण पतन होने लगता है। मिरर न्यूरॉन जैसी क्षमताओं और शक्तियों और जिज्ञासा के प्रभावित होने के कारण हमारा शरीर प्रतिरक्षी का निर्माण भी नहीं कर पाता और न ही नई कोशिकाओं का। इस अवस्था के पश्चात् हम वृद्ध भी होने लगते हैं और हमारे मस्तिष्क का भी पतन होने लगता है। इस पूरी लीला को हम अपनी कहानी में आगे विस्तारपूर्वक समझेंगे।

इन तथ्यों का सिद्धार्थ, गौतम बुद्ध के साथ संबंध गौतम बुद्ध के जन्म के पश्चात् भी इन सभी प्रणालियों ने अपना-अपना कार्य किया होगा। उनकी जिज्ञासा उनको सृष्टि के साथ संलग्न करवाती है और अन्य कार्य भी करती है। गौतम बुद्ध राजमहल में जन्म लेने के कारण राजकुमारवाले स्व का निर्माण कर रहे थे। सिद्धार्थ, गौतम बुद्ध जन्म लेने के पश्चात् अपने आसपास के जगत् और उस जगत् के साथ उनके संबंध को भी अनुभव कर रहे थे और उस अनुभव को अपनी स्मृति में पंजीकृत भी कर रहे थे। अर्थात् वह भी कुछ 'संकल्पनाएँ' बना रहे थे। परंतु वह उन तथाकथित संकल्पना को उनकी पूर्ण सीमा या निश्चित सीमा प्रदान नहीं कर रहे थे। अर्थात् उनकी संकल्पनाएँ लचीली थीं, उनकी जिज्ञासा के कारण। सिद्धार्थ की जिज्ञासा इतनी बलशाली थी कि उसने किसी प्रकार की किसी भी संकल्पना को बंद प्रणाली या सीमित प्रणाली में परिवर्तित करके सीमाओं में नहीं बाँधा। इसी कारण से वह जीवन में आगे चलकर परम सत्य की खोज पर निकले और परम सत्य को प्राप्त भी किया। सभी प्रकार की संकल्पनाएँ इत्यादि और राजयोग के अनुभव होने के पश्चात् भी सिद्धार्थ सत्य की खोज में योगी बन गए, और इसी कारण हम उन्हें वह मान-सम्मान और वह पद देते हैं, जो उनको प्राप्त है। सिद्धार्थ, गौतम ने अपनी माता के गर्भ से ही जिस स्व का निर्माण किया था, उसे खंडित करते हुए सिद्धार्थ सही समय आने पर संन्यास ग्रहण कर सत्य की खोज में निकल पड़े थे। इन सभी तंत्रों और घटनाओं के पार जाना साधारण मनुष्य के तंत्र की क्षमताओं के पार है। असाधारण मनुष्य भी कुछ सीमाओं को ही प्राप्त कर पाते हैं, परंतु सिद्धार्थ, गौतम बुद्ध तो साधारण और असाधारण की संकल्पना के भी पार थे और अन्य सभी सीमाओं के भी पार चले गए तभी वह 'बुद्ध' कहलाए।

हम अभी अपनी कहानी में आगे देखेंगे कि वास्तव में सिद्धार्थ ने राजघराने में कैसे स्व का निर्माण किया होगा और उनके पिताजी ने जो सिद्धार्थ को चक्रवर्ती राजा बनाने के लिए योजनाएँ बनाई थीं, उनके कारण सिद्धार्थ का तंत्र किन-किन वस्तुओं या अनुभवों

के प्रति आसक्ति के अधीन हो सकता था, या कहें, कुछ समय तक कुछ वस्तुओं की आसक्ति के अधीन रहा भी था। हम इन सभी घटनाओं के संदर्भ में जानेंगे। हम आगे समझेंगे कि कैसे एक मानव का तंत्र किसी वस्तु या अनुकूल अनुभव का आदी हो जाता है। उस आसक्ति से बाहर आना कैसे संभव है और कितना कठिन है और संभव है या नहीं, यह भी देखेंगे और समझेंगे। हम यह भी देखेंगे कि बार-बार राजस्व के अनुभवों के कारण सिद्धार्थ किन-किन वस्तुओं के प्रति कितने अति संवेदनशील थे आदी होने के लिए। सबसे महत्त्वपूर्ण हम यह जानेंगे कि कैसे सिद्धार्थ इतनी अति संवेदनशीलता के पश्चात् भी सभी तंत्र और घटनाओं और तथाकथित संकल्पनाओं के पार गए। हम देखेंगे कि कैसे शून्य होकर सिद्धार्थ ने समाधि प्राप्त की। हम यह भी जानेंगे कि कैसे भारत के और पूरे विश्व के योगी अपनी जैविक प्रणाली और तंत्र जैसे मिरर न्यूरॉन्स को साधकर योग और ध्यान को प्राप्त होते हैं और अंततः समाधि को भी। साधक यह सब जानबूझकर नहीं करते, इन सबका तो उनकी भिन्न-भिन्न प्रकार की साधना के साथ क्रम विकास होता रहता है, या कहें, साधना के साथ अधिक बलशाली हो जाते है। ज़ब योगी ध्यान और योग करता है तब वह भिन्न-भिन्न चरणों से होकर समाधि की ओर बढ़ता है। हर चरण में वह अपने तंत्र को विशेष ध्यान और योग के अनुकूल बनाता है। हर चरणों के विशेष ध्यान से उत्पन्न भिन्न-भिन्न दृश्य क्षमताओं तथा अन्य ऊर्जाओं के साथ विशेष प्रकार के कार्य विभव उत्पन्न करते हैं। हम आगे जानेंगे कि यह प्रणाली अन्य प्रणाली और ऊर्जा के साथ मिलकर साधक को कैसे ब्रह्मांड का ज्ञान प्राप्त करवाती है। केवल ब्रह्मांड का ज्ञान ही नहीं, यह सबकुछ मिलकर साधक को मोक्ष और समाधि के मार्ग को खोलने और खोजने में भी सहायता करते हैं। यह अन्य वस्तु या घटनाएँ या क्रियाएँ क्या हैं, यह हम आगे जानेंगे।

आइए, देखते हैं कि कैसे एक मानव संकल्पना रहित अनुभूति कर सकता है और जानते हैं कि अनुभूति की प्रक्रिया में वह कौन सा क्षण होता है जब मनुष्य शुद्ध अनुभूति करता है और कब वह शुद्ध अनुभूति करके कार्य कर सकता है और कब संकल्पना के अधीन होकर कार्य करता है।

मनुष्य किसी भी परिस्थिति में तीन चरणों में से किसी भी चरण के पश्चात् अपनी प्रतिक्रिया कर सकता है।

(i) **सत्य जानने से पहले (सत्य की अनुभूति करने से पूर्व) :** यह एक प्रकार की पराकाष्ठा है, जहाँ मनुष्य सत्य जाने बिना कार्य करेगा।

(ii) **पूर्ण अनुभूति करके :** यह है मध्यम मार्ग।

(iii) **धारणात्मक अनुभूति करके :** यह भी एक पराकाष्ठा है, यहाँ भी संकल्पना होने के कारण मनुष्य सत्य से दूर ही रहेगा।

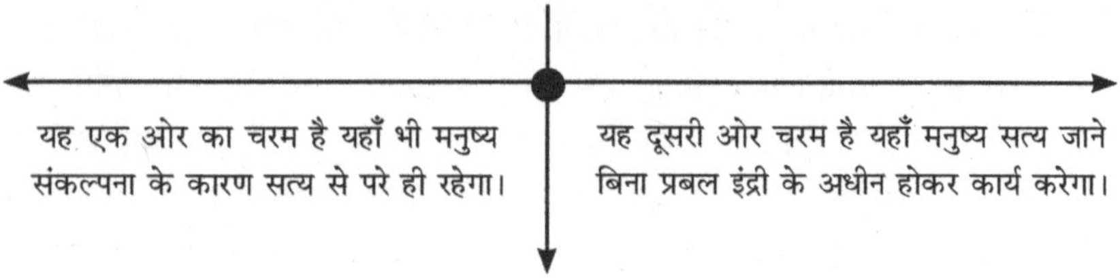

यह है शुद्ध अनुभूति का क्षण अर्थात 'मध्यम मार्ग'

कुछ धार्मिक/अध्यात्मिक और वैज्ञानिक सिद्धांत कहते हैं कि हम शुद्धता से अनुभूति करने के पश्चात् अपनी अनुभूति को धारणात्मक बना देते हैं। एक क्षण होता है अनुभूति करते समय, जब हम शुद्धता से अनुभूति कर रहे होते हैं। यह शुद्ध अनुभूति ही हमें मध्यम मार्ग को जानने की और मध्यम मार्ग पर चलने की क्षमता प्रदान करवाती है।

वैज्ञानिक तथ्य

वासुदेवीजी ने कहा कि पारंपरिक दर्शनशास्त्र में लोग कहते थे कि "हम दूसरे के मस्तिष्क की अनुभूति नहीं कर सकते, हम केवल अपने मस्तिष्क की ही अनुभूति करते हैं और उसके सहारे ही अपने सभी कार्य करते हैं और संकल्पना बनाते हैं। अर्थात् मस्तिष्क अपने शरीर के साथ ही अंत: क्रिया करता है।" परंतु इसके पश्चात् दार्शनिक कहने लगे कि "मस्तिष्क व्यवहार की अनुभूति करता है, हमारा मस्तिष्क दूसरों के व्यवहार की अनुभूति करता है।"

परंतु आज के आधुनिक दार्शनिक यह कहते हैं कि "हम दूसरों के मस्तिष्क की अनुभूति कर सकते हैं, एक निश्चित सीमा तक, उतना ही जितना कि हम दूसरे मस्तिष्क के साथ संबंध में है।" जैसे बच्चे केवल मस्तिष्क की अनुभूति करते हैं, वह केवल अनुभूति करते हैं और यह निर्भर करता है कि बच्चों का उनके ध्यान रखनेवालों के साथ कैसा संबंध है।

वासुदेवीजी ने उदाहरण के लिए एक चित्रमुद्रण दिखाया, जिसमें एक बालक अपने दादाजी के साथ हँस रहा था। उस चित्रमुद्रण में दादा और पोते केवल एक दूसरे को देख हँस रहे थे। बच्चे में अभी ज्ञाता या किसको जानना है, इसकी कोई भी संकल्पना विकसित नहीं हुई है, वह केवल अपना ध्यान रखनेवाले के साथ संबंध के अनुसार अनुभूति कर रहा है। वह नाप-तोल नहीं करता कि कितना मुँह खोलना है और हा, हा, हा करना है। वह बच्चा और कुछ नहीं कर रहा, वह केवल हँसी की अनुभूति कर रहा है और उसके साथ संलग्न हो रहा है।

X की टिप्पणी

वासुदेवीजी ने जो चित्रमुद्रण दिखाया उसमें कुछ क्षण के लिए तो अनुभूति ने कार्य किया, परंतु कुछ क्षण पश्चात् वह दोनों केवल हँस ही नहीं रहे थे, वह स्वयं ही हँसी बन गए थे। हँसी का जो तत्त्व है, वह दोनों वही तत्त्व बन गए थे कुछ क्षण के लिए। अलग दृष्टिकोण से देखें तो उनकी ऊर्जा समान आकाश साझा कर रही थी। हँसी भी इस ब्रह्मांडरूपी तंत्र का एक भाग ही है, या कहें स्पेसमॉस का एक प्रकार का तत्त्व ही है। क्षणभर के लिए वह दादा-पोता, करता और दृष्टा मात्र नहीं रह गए थे, वह इस स्पेसमॉस का एक तत्त्व बन गए थे। वह समान समयाकाश बन जाते हैं कुछ क्षणों के लिए।

वासुदेवीजी ने यह भी बताया कि हम दूसरे मनुष्यों के मस्तिष्क के साथ क्या संबंध रखते हैं, उस पर निर्भर करता है कि हम दूसरे मस्तिष्क की किन सीमाओं तक अनुभूति करेंगे। यह संबंध ही साधक को ब्रह्मांड और स्पेसमॉस से जोड़ता है। योग और साधना साधक को प्रकृति के साथ बलशाली और गहन संबंध बनाना सिखाते हैं। जब साधक यह जान जाता है कि 'मैं ही ब्रह्मांड हूँ', तब वह अपने और ब्रह्मांड के बलशाली पवित्र संबंध को सक्रिय कर देता है और उसी संबंध के सहारे ब्रह्मांड का ही एक भाग हो जाता है। साधना के समय भिन्न-भिन्न माध्यम से साधक प्रकृति और ब्रह्मांड के साथ शक्तिशाली संबंध विकसित करता है। इस शक्तिशाली संबंध के कारण ही साधक प्रकृति और ब्रह्मांड की शुद्धता से अनुभूति कर पाता है। हम आगे जानेंगे कि कैसे साधक यह शक्तिशाली संबंध विकसित करता है। साधना, योग, ध्यान और अपनी अन्य शक्तियों और तंत्रों की सहायता से कैसे साधक सत्य के आयाम को प्राप्त करता है, यह भी हम अपनी कहानी में आगे देखेंगे, अभी आइए, बालक के विकास पर अधिक प्रकाश डालते हैं।

वैज्ञानिक शोध

वासुदेवीजी ने एक और शोध का चित्रमुद्रण दिखाया। उस चित्रमुद्रण में एक बच्चा 'वार्तालाप का उत्तर' (पोस्ट कन्वर्सेशन) देते हुए दिख रहा था। वह चित्रमुद्रण वासुदेवीजी का और उनके बच्चे का ही था। उस चित्रमुद्रण में वह अपने छह-सात माह के बच्चे के साथ दिख रही थीं। वह अपने बच्चे से बात कर रही थीं और बच्चा अपनी ही भाषा में बात कर रहा था (mmm hmmmm maaaaa)। बच्चा अपनी ही भाषा में उत्तर दे रहा था, या कहें, वाद-विवाद कर रहा था। तीव्रता और ऊर्जा का स्तर वाद-विवाद के साथ बढ़ रहा था और अंत में उन्होंने मुसकराकर कहा, "क्या आप गाना गा रहे हो?" यह सुनकर भी बच्चे ने अपनी ही भाषा में उत्तर दिया और ऐसा करके बच्चा खिलखिलाकर हँसने लगा। इसका अर्थ है, वह जन्म लेने के पश्चात् ही सृष्टि के साथ संलग्न हो जाता है और वाद-विवाद करना चाहता है। बालक के पास जितनी भी इंद्रियाँ

हैं, उन्हीं के साथ वह संलग्न हो जाता है। वह तब भी कुछ कहना चाहता है और कहता है जब उसको नहीं पता कि भाषा क्या है और शब्द क्या है।

X की टिप्पणी

यह अधिकतर बच्चों का ध्यान रखनेवाले या उनके माता-पिता ने अनुभव किया होगा कि 4-5 माह के बच्चे अपनी ही परग्रही भाषा में वार्त्तालाप करते हैं। हमने जो एक चित्रमुद्रण की बात की थी, जहाँ बच्चा नकल करता दिख रहा था, हो सकता है वह बच्चा केवल नकल ही न कर रहा हो, बल्कि वह नकल के साथ-साथ वाद-विवाद भी कर रहा हो, जैसा हमने अभी वासुदेवीजी के उदाहरण में देखा। पैदा होते ही बच्चे स्वयं को अभिव्यक्त करना चाहते हैं और सृष्टि के साथ संलग्न होना चाहते हैं। बच्चे जन्म लेते ही केवल नकल करना ही नहीं जानते, वह वाद-विवाद करना भी जानते हैं। बच्चे केवल बंदर की भाँति नकल नहीं करते, बल्कि वह वाद-विवाद करते हैं और स्वयं को अभिव्यक्त करते हैं। उनके पास जितना भी ज्ञान या जितनी भी समझ और जानकारी होती है, उसके अनुसार वह वाद-विवाद करते हैं या कहें कि सृष्टि के साथ जुड़ते हैं। हम आयु में बड़े होकर कुछ विशेष नहीं करते दूसरों के साथ वाद-विवाद करके। प्रत्येक आयु का मनुष्य वही तो कर रहा है, जो बच्चे करते हैं। हम सभी अपनी सोच और समझ के अनुसार दुनिया और लोगों के साथ संलग्न होते हैं, या दुनिया और लोगों से जुड़ते हैं, यह सब जन्म लेने के पश्चात् कुछ मिनट के बच्चे भी करते हैं। तो क्या अंतर है हम वयस्क और बच्चों में? संभवतः कुछ भी नहीं, केवल अधिक अनुपयोगी जानकारी एकत्रित करने के अलावा। सत्य तो यह है कि बच्चे हमसे अत्यधिक जिज्ञासु होते हैं। बच्चे जिज्ञासा के सहारे चलते हैं और हम तथाकथित वयस्क मनुष्य अपनी-अपनी संकल्पनाओं के सहारे, जो सत्य से बहुत-बहुत परे होती हैं।

वैज्ञानिक तथ्य

कुछ वैज्ञानिक कहते हैं कि स्व का आभास एक बच्चे में 1.5 वर्ष का होने पर विकसित होता है। इससे पूर्व स्व का अभिज्ञान नहीं होता। परंतु इस तथ्य पर दो अलग-अलग मत हैं और यह वाद-विवाद का विषय है।

गुरुजी 14वें दलाई लामाजी की टिप्पणी

गुरुजी ने कहा, ऐसा नहीं होता कि 1.5 वर्ष का होने पर स्व का अभिज्ञान हो। सुखद और दुःखद भावनाएँ माँ के गर्भ में ही विकसित हो जाती हैं, तो उस समय कोई-न-कोई भाव तो होता ही है स्व का। वासुदेवीजी ने भी कहा कि यदि स्व नहीं होता तो

बच्चे लज्जा, गर्व इत्यादि भाव को अनुभव नहीं करते। क्या हमें यह सब जानने के लिए स्व का अभिज्ञान होना चाहिए?

इस प्रश्न के उत्तर में वासुदेवीजी ने कहा, नहीं, हमें अभिज्ञान की आवश्यकता नहीं, क्योंकि यह भावनात्मक संबंध होता है, जो यह सब करवाता है।

X की टिप्पणी

भावनात्मक संबंध तो डोपामाइन तंत्र के अंतर्गत आते हैं और डोपामाइन तंत्र स्व के साथ ही जुड़ा होता है, व्यक्ति (पर्सन) से नहीं। अंग्रेजी भाषा का शब्द इमोशन जो है, वह भाव और भावना की अलग-अलग व्याख्या नहीं करता, जिसके कारण स्व और व्यक्ति के बीच घटनाओं का और वस्तुओं का संबंध स्थापित करना कठिन हो जाता है। परंतु हाँ, ऐसा हो सकता है कि गर्भ में केवल 'अस्तित्व का अनुभव' मात्र हो, स्व का अभिज्ञान नहीं। गर्भ में वही 'व्यक्ति' जीवित होता है, जिसको हम अब कहानी में आगे विस्तारपूर्वक समझेंगे।

वैज्ञानिक शोध

वासुदेवीजी ने एक और शोध का चित्रमुद्रण दिखाया। वह 'मिरर टेस्ट' का चित्रमुद्रण था। वैज्ञानिकों ने कुछ बच्चों के साथ एक मिरर टेस्ट किया। उस मिरर टेस्ट में वह एक बच्चे को दर्पण के सामने ले गए। जब बच्चे ने दर्पण को देखा और जब उसकी आँखें दर्पण में उसके प्रतिबिंब की आँखों से टकराईं, अर्थात् उसकी स्वयं की आँखों से मिली तो वह लज्जित-सा होकर मंदहास करने लगा। वासुदेवीजी ने कहा, यह भाव उन भावों के समूह में आता है, जहाँ जब कोई दूसरा हमें देखता है और हम थोड़े लज्जित-से हो जाते हैं। बच्चा स्वयं की अनुभूति नहीं कर रहा, वह यह सोच रहा है कि कोई दूसरा बच्चा या कोई अन्य व्यक्ति उसे देख रहा है। इस कारण से बच्चा लज्जित हो जाता है।

वासुदेवीजी ने यह भी कहा कि मिरर टेस्ट में हमने पाया कि 'ध्यान आकर्षित' करने की इच्छा बचपन में ही होती है, जो स्व को जन्म देती है।

X की टिप्पणी

वासुदेवीजी या अन्य वैज्ञानिक 100 प्रतिशत कैसे कह सकते हैं कि बच्चा स्वयं की दर्पण में अनुभूति नहीं कर रहा है? जो लोग बच्चे के साथ होते हैं, उनका प्रतिबिंब भी तो बच्चा दर्पण में देख ही रहा होता है। तो क्या बच्चा अपने साथ में खड़े व्यक्तियों की भी किसी अन्य व्यक्ति की भाँति अनुभूति कर रहा होता है? बच्चा जिसकी गोद में है, उसको भी तो वह दर्पण में देखता ही है। उसको पता है कि वह किसकी गोद में है, तो वह दर्पण में उस व्यक्ति की गोद में जो बच्चा है, उसे देखकर समझ सकता है कि वह

बच्चा वह स्वयं ही है। मानो आप अपने बच्चे को गोद में दर्पण के सामने लेकर जाते हो, बच्चे को पता है कि वह आपकी गोद में है और इसके पश्चात् दर्पण के सामने जाकर वह आपको दर्पण में देखता है और आपकी गोद में बच्चे को देखता है, तो वह क्या यह नहीं समझेगा कि यह बच्चा मैं ही हूँ? बच्चा ऐसा निश्चित रूप से समझ सकता है। 'मैं, माता-पिता इत्यादि' संकल्पना बालक में बनी हैं या नहीं या इनके संदर्भ में वह क्या सोचता है, यह वाद-विवाद का विषय हो सकता है, परंतु वह जिसकी गोद में है उसको और अपने आसपास के वातावरण को भी दर्पण में देखकर समझ सकता है कि वह स्वयं को ही देख रहा है।

यह संभव है कि प्रारंभिक अनुभव में बच्चा दर्पण में प्रतिबिंब की अन्य विकसित बच्चों की भाँति या अन्य लोगों की भाँति अनुभूति न करता हो या जैसे यह लोग दर्पण को देखकर समझ जाते हैं वैसे बच्चा कुछ न समझता हो, परंतु यह संभव है कि वह स्वयं के प्रतिबिंब को अपना ही प्रतिबिंब या रूप समझकर या जानकर उसकी अनुभूति कर रहा हो। जब वह स्वयं को ऐसे रूप में देखता है तो वह थोड़ा लज्जित-सा हो जाता है।

वैज्ञानिक जिसे ध्यान आकर्षित करना कह रहे हैं, क्या वह केवल तथाकथित स्व की संतुष्टि के लिए ही करता है बच्चा या यहाँ कुछ और भी घटित हो रहा है? हम जिसे ध्यान आकर्षित करना कह रहे हैं, उसके पीछे व्यक्ति से जुड़े कुछ संबंध हो सकते हैं, संभवत:, जैसे संबंध प्रेम। बच्चा जो भी कुछ करता है या वह कुछ भी अनुभव करता है, उसको वह अपने माता-पिता या उसका ध्यान रखनेवाले, जिनके साथ वह जुड़ा हुआ है, उनके साथ साझा करना चाहता है। वह स्वयं को अभिव्यक्त करना चाहता है, उनके सामने जिनसे वह जुड़ा हुआ है। बच्चा अपने हर एक क्षण की भावना या अनुभव अपने चाहनेवालों के साथ साझा करना चाहता है। यह पवित्र प्रेम या पवित्र संबंध है, कोई ध्यान आकर्षित करने का साधन नहीं।

वैज्ञानिक तथ्य

जन्म लेने के पश्चात् बच्चे हर प्रकार की ध्वनि की ओर प्रतिक्रिया करते हैं, वह ऐसा तब तक करते हैं जब तक वह छह-सात माह के नहीं हो जाते। उसके पश्चात् वह अपनी मातृभाषा और अपने जन्म स्थान के वासियों के चेहरे की अधिक अनुभूति करते हैं।

X की टिप्पणी

अर्थात् इस तथ्य से हम यह कह सकते हैं कि बच्चे छह-सात माह तक हर प्रकार की ध्वनि या तरंगों के प्रति जिज्ञासु होते हैं। इसका यह अर्थ भी है कि बच्चे 6-7 माह

तक हर प्रकार की ध्वनिय जानकारी की अनुभूति करते हैं। छह-सात माह के पश्चात् बार-बार के अनुभव के कारण वह कुछ तथाकथित संकल्पनाओं का निर्माण कर लेते हैं और अपने तंत्र को कार्य करने के लिए एक निश्चित सीमा प्रदान करते हैं। तरंगों के साथ सहभागिता माँ के गर्भ से ही प्रारंभ हो जाती है, वह भी पहली कोशिका के निर्माण के पश्चात् ही।

हमारा गर्भ से ही तरंगों के साथ संबंध, स्पेसमॉस के साथ हमारे जटिल जोड़ (एंटरटेनमेंट) को दरशाता है। यह जटिल जोड़ (एंटेंगलमेंट) मायावी और विचित्र है। इस जटिल जोड़ को आज के आधुनिक वैज्ञानिक भी पूर्णता से जान और समझ नहीं पाए हैं। योगी योग और साधना के बल पर इसी जटिल जोड़ की सहायता से काल और महाकाल की लीला को जान पाता है और समझ भी पाता है और उसके पार मोक्ष को भी प्राप्त कर पाता है। यह सब कैसे होता है, इसे हम अपनी कहानी में आगे विस्तारपूर्वक समझेंगे।

यदि हम बालक को उसके बचपन से ही भिन्न-भिन्न भाषा और भिन्न-भिन्न संस्कृतियोंवाले लोगों के साथ रखें तो बच्चा अपने जीवन में आगे चलकर प्रत्येक संस्कृति का ज्ञान प्राप्त कर सकेगा और भिन्न-भिन्न संस्कृति की विचारधारा का भी अनुभव कर सकेगा और अपना जीवन संतुलित रूप से या कहें, मध्यम मार्ग में जी सकेगा। हमें बच्चों को अधिक-से-अधिक ज्ञान का या विविधताओं का अनावरण करवाना चाहिए। इसका अर्थ यह नहीं कि उसके विद्यालय की पुस्तकों की संख्या बढ़ा दी जाए, नहीं, केवल उसका अनावरण करवाना है विभिन्नता के साथ।

इन तथ्यों का बुद्ध के साथ संबंध

भारत एक बहुसांस्कृतिक देश है। इस कारण से यहाँ बच्चे सर्वधर्म सुखाय की नीति को धारण कर सकते हैं। बचपन में तो बच्चे को भिन्न-भिन्न मान्यताओं का अनावरण मिलता ही है, परंतु यहाँ के योगी इस अनावरण को अलग-अलग आयामों में ले जाकर अध्ययन करते हैं और उसका लाभ पूरी मानव जाति उठाती है। छह-सात माह तक बच्चा जो हर प्रकार की ध्वनि के प्रति जिज्ञासु होता है, परंतु समय के साथ उसकी यह जिज्ञासा कम हो जाती है, इसी क्षमता या जिज्ञासा को हमारे योगी पुनः जागृत करते हैं साधना की सहायता से। वह ऊर्जा या प्रणाली, जो बच्चे को हर तरंग के प्रति संवेदनशील बनाती है, उसी ऊर्जा या प्रणाली को अलग आयामों में पुनः संचालित करते हैं हमारे योगी। शून्यता साधने पर साधक हर प्रकार की तरंगों के प्रति संवेदनशील और जागरूक हो जाता है। इन्हीं तरंगों के ज्ञान को समझकर और अवतीरण करके साधक हर प्रकार के तंत्र में प्रवेश कर सकता है या प्रत्येक तंत्र के साथ जुड़ सकता है।

सिद्धार्थ ने भी 6-7 माह पश्चात् अपनी मातृभाषा की अधिक अनुभूति करना प्रारंभ कर दिया होगा और इस अनावरण का प्रभाव सिद्धार्थ के तंत्र पर भी पड़ा होगा। परंतु सिद्धार्थ इन सभी बंधनों के पार गए। सिद्धार्थ के भीतर बुद्धत्व उपस्थित था, जो प्रकृति में उपस्थित अन्य प्रकार की तरंगों के साथ सूक्ष्म जटिल जोड़ स्थापित कर रहा था और यही सूक्ष्म जटिल जोड़ सही समय आने पर सिद्धार्थ, गौतम बुद्ध को प्रकृति की प्रवृत्ति समझानेवाले थे। हम अपनी कहानी में आगे देखेंगे कि कैसे सिद्धार्थ, गौतम बुद्ध ने अपने इस तंत्र को पुनः संचालित किया और कैसे उनकी साधना ने उनको उन ऊर्जाओं का उपयोग करना सिखाया और वह प्रकृति के हर एक तंत्र की जानकारियाँ प्राप्त कर पाए। इसी प्रणाली की सहायता से (जो हमें तरंगों के प्रति संवेदनशील बनाती है) और अन्य कुछ कार्यप्रणालियों के सहारे बुद्ध सूक्ष्तम क्षेत्र की दशा या अवस्था और आयाम तक पहुँचकर समाधि में लीन हुए। समाधि का अर्थ यह भी है कि जब हमारी चेतना सूक्ष्तम स्तर तक पहुँच जाए और वहाँ से मोक्ष के मार्ग पर आगे बढ़े। मोक्ष प्राप्त करना और समाधि प्राप्त होना, यह दोनों भिन्न-भिन्न घटनाएँ या भिन्न-भिन्न प्रकार के सत्य के रूप हैं। आगे हम देखेंगे कि कैसे सिद्धार्थ, गौतम बुद्ध ने सत्य के इन दोनों आयामों को प्राप्त किया।

वैज्ञानिक तथ्य

मैथ्यूजी, जो कि एक बौद्ध साधु हैं, उन्होंने एक वाद-विवाद के समय बहुत ही सुंदर बात कही। उन्होंने कहा कि वैज्ञानिकों द्वारा अनेक अध्ययन किए गए हैं करुणा और दया को जानने के लिए। वैज्ञानिकों ने यह पाया कि संयुक्त परिवार में और एकल परिवार में करुणा और दया अलग-अलग रूप से विकसित होती हैं। उनके अध्ययन में वैज्ञानिकों ने पाया कि अफ्रीका में एक समाज है, जहाँ जब कोई बच्चा जन्म लेता है तो वह नवजात शिशु 24 घंटे में औसतन 8 लोगों द्वारा गोद में लिया जाता है। यह आवश्यक होता है चेहरे के ज्ञान (चेहरे को पहचानने की शक्ति) के लिए और दया और करुणा के विकास के लिए। यह दूसरे व्यक्ति के प्रति आदर के भाव को विकसित करने में भी सहायक होता है।

X की टिप्पणी

सिद्धार्थ, गौतम बुद्ध भी संयुक्त परिवार में ही पले-बढ़े थे और सनातनधर्मी होने के कारण बहु संस्कृतियों का अनावरण भी हुआ था। जन्म लेने के पश्चात् कहीं-न-कहीं इस रूप में भी गौतम बुद्ध ने करुणा, दया और आदर के भाव को विकसित करना प्रारंभ कर दिया था। घर, समाज इत्यादि सभी बुद्ध पर अलग-अलग प्रभाव डाल रहे थे, जिसके अनुसार बुद्ध अपना तंत्र विकसित कर रहे थे। संयुक्त परिवार में रहने के कारण

सिद्धार्थ, गौतम के भीतर करुणा और परोपकार की भावना बचपन से ही विकसित हो रही थी। सिद्धार्थ के पिता ने सिद्धार्थ को एक महान् शासक बनाने की ठान ली थी और इसी के अनुसार सिद्धार्थ की शिक्षा प्रारंभ हो चुकी थी। यह हो सकता है कि शासक बनने की शिक्षा ग्रहण करते समय सिद्धार्थ ने जो नीतियाँ और रणनीतियाँ सीखीं, उनमें उन्होंने दया और करुणा के भाव को कहीं धूमिल होते हुए पाया होगा। यह हो सकता है कि अपनी शिक्षा के समय ही सिद्धार्थ के भीतर द्वंद्व प्रारंभ हो गया हो करुणामयी जीवन और शासक के सत्य के बीच। सिद्धार्थ द्वारा संन्यास लेने का निर्णय क्षणभर में लिया गया निर्णय नहीं था, हो सकता है, इसका आधार सिद्धार्थ के जीवन में बहुत पहले रखा जा चुका था, जितना हम अभी सोचते हैं, उससे भी बहुत पहले। आगे हम अपनी कहानी में देखेंगे कि कैसे सिद्धार्थ ने विरोधाभास और द्वंद्व से प्रारंभ हुई विचार प्रक्रिया को समाधि तक पहुँचाया। अभी आइए, देखते हैं कि भावनाओं का मनुष्य के तंत्र पर क्या प्रभाव पड़ता है और सिद्धार्थ, गौतम बुद्ध के जीवन पर भावनाओं ने किस प्रकार प्रभाव डाला होगा और कैसे कुछ विशेष भावनाओं और भाव के कारण सिद्धार्थ ने विशेष स्व का निर्माण और विकास किया होगा, इस पर थोड़ा प्रकाश डालते हैं।

□

5
भावनाएँ और मानव

भावनाएँ मानव जीवन में एक महत्त्वपूर्ण भूमिका निभाती हैं। भावनाएँ मानव के मन-मस्तिष्क पर उसके जन्म के समय से ही प्रभाव डालना प्रारंभ कर देती हैं, या कहें, माँ के गर्भ में ही मानव के मन-मस्तिष्क पर भावनाएँ प्रभाव डालती हैं। हमारे जन्म लेने के पश्चात् वातावरण और भावनाएँ हमारे स्व का निर्माण करते हैं। सिद्धार्थ, गौतम बुद्ध के मन-मस्तिष्क पर भी वातावरण और भावनाओं ने अपना प्रभाव छोड़ा होगा। जन्म लेने के पश्चात् सिद्धार्थ, गौतम भी राजमहल के वातावरण में भाँति-भाँति प्रकार की भावनाओं को अनुभव कर रहे होंगे और उन भावनाओं का प्रभाव सिद्धार्थ, गौतम के विकसित होते हुए तंत्र पर भी पड़ रहा होगा और उसके अनुसार सिद्धार्थ, गौतम एक विशेष प्रकार के स्व का निर्माण भी कर रहे होंगे। प्रत्येक भावना और भाव हमारे

तंत्र पर अपना प्रभाव छोड़ते हैं, भले ही हमने उन भावनाओं की प्रत्यक्ष रूप से अनुभूति की हो या न की हो। अर्थात् यदि हमने किसी भावना की चेतन रूप से अनुभूति नहीं की तो इसका यह अर्थ नहीं है कि हमारे तंत्र पर उस भावना का प्रभाव नहीं पड़ा होगा, एक निश्चित सीमा तक हमारे आसपास के वातावरण में जितनी भी भावनाएँ होती हैं, वह हमारे अवचेतन मन द्वारा पंजीकृत की जाती हैं और वह अपना प्रभाव हमारे तंत्र पर भी छोड़ती हैं और सिद्धार्थ, गौतम के जन्म के पश्चात् उनके आसपास जो भी घटित होता था और वह अपने आसपास के वातावरण में जिस भी प्रकार की भावनाओं की अनुभूति करते थे, उन सभी प्रकार की भावनाओं द्वारा उनका तंत्र प्रभावित भी हो रहा था और सिद्धार्थ, गौतम उन भावनाओं के अनुसार विशेष स्व का विकास भी कर रहे थे। सिद्धार्थ के जन्म के पश्चात् कैसे वातावरण और भावनाओं ने उनके स्व का निर्माण किया होगा। आइए, इसको वैज्ञानिक दृष्टि से समझते हैं।

हर एक मनुष्य का तंत्र भावनाओं के प्रति संवेदनशील होता है। चाहे वह बच्चा हो, बड़ा हो या वृद्ध हो, हर एक मनुष्य वातावरण में उपस्थित भावनात्मक उत्तेजनाओं के प्रति संवेदनशील होता है, अर्थात् मनुष्य का तंत्र भावनाओं से प्रभावित होता है। बचपन में और समाधि प्राप्त करने से पूर्व कहीं-न-कहीं सिद्धार्थ, गौतम बुद्धजी का तंत्र भी साधारण मानव के तंत्र की भाँति कार्य कर रहा था। तो आइए देखते हैं कि जन्म लेने के पश्चात् गौतम बुद्ध का जीवन या गौतम बुद्ध का तंत्र कैसे भावनाओं द्वारा प्रभावित हुआ होगा। पहले इसको हम वैज्ञानिक दृष्टि से थोड़ा समझने का प्रयास करते हैं, उसके पश्चात् इसे आध्यात्मिक दृष्टि से देखेंगे।

माइंड एंड लाइफ संस्थान के एक वाद-विवाद के समय इस संस्थान के वैज्ञानिकों ने भावनाओं का प्रभाव मानव तंत्र पर कैसे पड़ता है, यह बताया था। तो आइए, एक वैज्ञानिक शोध के सहारे समझते हैं कि कैसे भावनाएँ मानव तंत्र को प्रभावित करती हैं और इसके पश्चात् काल्पनिक योगी X के साथ आध्यात्मिक और वैज्ञानिक वाद-विवाद के सहारे भावनाओं की लीला को अधिक समझेंगे।

वैज्ञानिकों द्वारा किया गया शोध

माइंड एंड लाइफ के वैज्ञानिकों ने एक शोध किया यह जानने के लिए कि भावनाओं का हमारी एकाग्रता पर क्या प्रभाव पड़ता है। इस शोध को करने के लिए उन्होंने शब्दों के दो समूह बनाए। एक समूह में भावनात्मक शब्द थे और एक समूह में भावनात्मक शब्द नहीं थे। इसके पश्चात् वैज्ञानिकों ने शब्दों के समूह को इस शोध में भाग लेनेवाले प्रतिभागियों को दो भागों में दिखाया। पहले वैज्ञानिकों ने शब्दों का वह समूह दिखाया जिसमें भावनात्मक शब्द नहीं थे, ऐसा करने के पश्चात् वैज्ञानिकों ने

प्रतिभागियों को शब्दों का वह समूह दिखाया जिसमें भावनात्मक शब्द थे। वैज्ञानिकों ने इन शब्दों को एक-दूसरे को थोड़ा ढकते हुए स्वरूपों (ओवरलैपिंग पैटर्न) में व्यवस्थित करके दिखाया।

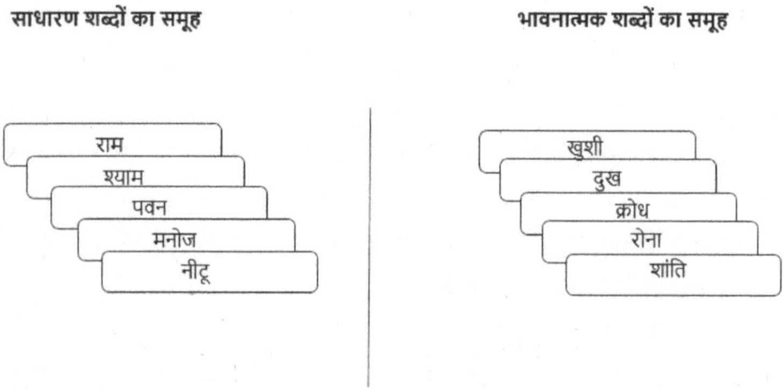

वैज्ञानिकों ने इस अध्ययन के समय यह पाया कि जिस शब्दों के समूह में भावनात्मक शब्द नहीं थे, उस समूह में प्रतिभागियों ने दूसरा शब्द, जो कि ढका हुआ था, उस पर ध्यान नहीं दिया, परंतु जिस शब्दों के समूह में भावनात्मक शब्द थे, उस समूह में वैज्ञानिकों ने पाया कि प्रतिभागियों ने दूसरे ढके हुए शब्द पर भी ध्यान दिया। जिस शब्दों के समूह में भावनात्मक शब्द थे, उसमें प्रतिभागियों ने दूसरे शब्द को भी पढ़ा, जो कि ढके हुए स्वरूप में था। यह शोध दरशाता है कि हमारी एकाग्रता वातावरण में उपस्थित भावनात्मक उत्तेजनाओं को खोज लेती है।

वैज्ञानिकों ने बताया कि हमारी एकाग्रता का कार्यक्षेत्र निश्चित होता है, परंतु यदि वातावरण में भावनात्मक उत्तेजना उपस्थित है तो हमारी एकाग्रता का कार्य क्षेत्र बढ़ जाता है।

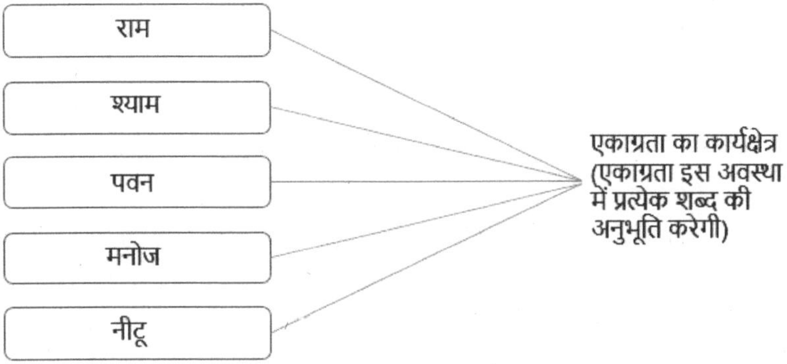

परस्पर-व्याप्ति स्वरूप (ओवरलैपिंग पैटर्न) में एकाग्रता दूसरे शब्द को नहीं पढ़ पाएगी, परंतु यदि शब्द भावनात्मक है तो एकाग्रता का कार्यक्षेत्र बढ़ जाएगा और वह दूसरे शब्द की अनुभूति भी करेगी।

साधारण शब्दों का समूह

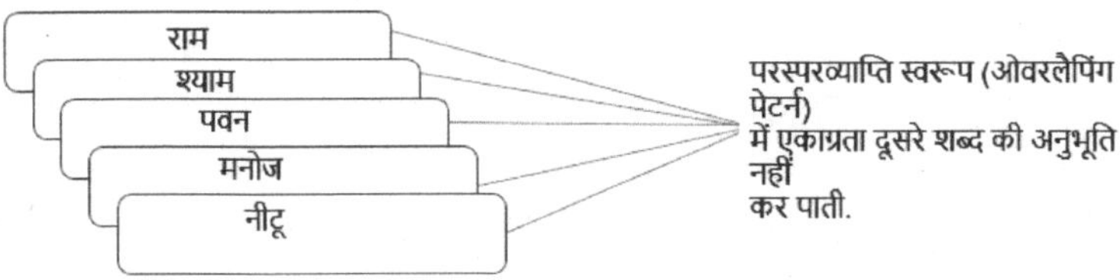

भावनात्मक शब्दों का समूह

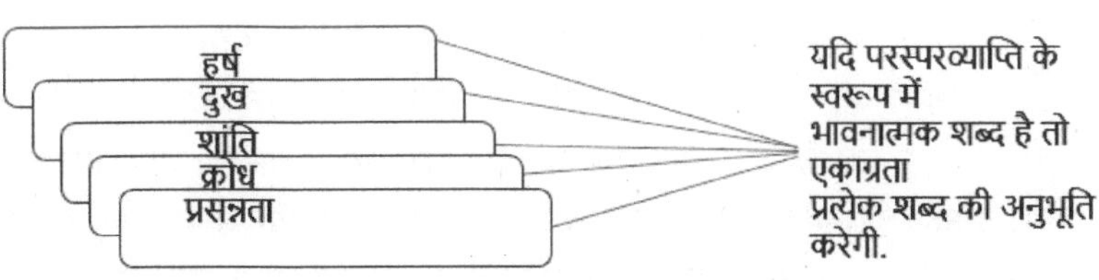

वैज्ञानिकों ने अन्य कुछ शोध में पाया कि हमारा मस्तिष्क हमारे शरीर को प्रभावित करता है। उन्होंने कुछ शोध में पाया कि जो वातावरण में भावनात्मक उत्तेजना होती है, वह हमारे अवचेतन मन द्वारा पंजीकृत कर ली जाती है। वह जानकारियाँ, जो हमारी

चेतना में नहीं हैं, वह भी हमारे शरीर को प्रभावित करती हैं और हमारी मानसिक दशा को भी प्रभावित करती हैं। वातावरण में उपस्थित भावनात्मक उत्तेजना हमें प्रोत्साहित या प्रेरणाहीन कर देती है। कुछ सीमाओं तक मनुष्य का अवचेतन मन वातावरण में उपस्थित सभी भावनात्मक उत्तेजनाओं को पंजीकृत करता है।

X का वक्तव्य

भावनाएँ हमारे शरीर और हमारे मस्तिष्क दोनों को प्रभावित करती हैं और सिद्धि और समाधि प्राप्त करने से पूर्व यह सब सिद्धार्थ, गौतम बुद्ध के साथ भी घटित होता था। सिद्धार्थ के पिता ने उनको राजमोह के जाल में बाँधने के लिए अनेक प्रयास किए। सिद्धार्थ के पिता ने उनको सभी प्रकार के अभिराम दिए थे, जिनके संदर्भ में आम आदमी केवल सोच ही सकता है। यह राज-पाट सिद्धार्थ ने अपने बचपन से ही अनुभव करना प्रारंभ कर दिया था। जब भी सिद्धार्थ किसी सुख को भोगते या अपने अभिराम का आनंद उठाते या सुख-सुविधाओं से संतुष्ट होते तो उस समय उनका शरीर और उनका मन-मस्तिष्क आपस में कुछ संबंध बनाते, उन भोगे गए अनुभव से संबंधित। जब भी वह सुख अनुभव करते या कोई अभिराम भोगते तब-तब उनकी 'डोपामाइन प्रणाली' अधिक प्रबल होती, बार-बार किए गए कृत्यों द्वारा। बार-बार संतुष्ट होकर (अलग-अलग रूपों से) उनका तृष्णावाला तंत्र अधिक प्रबल होता गया। यह वही प्रतिक्रिया है, जो मनुष्य को या जीव को 'आसक्ति' में डाल देती है। जब भी मनुष्य किसी भी सुख से संतुष्ट होता है, तब उसका तंत्र प्रतिफल के रूप में मोर्फिन, एंडोर्फिन और डोपामाइन नामक रसायन छोड़ता है। यह प्रतिफल और डोपामाइन ही आसक्ति की अहम कड़ी होती हैं और कहीं-न-कहीं, जाने-अनजाने सिद्धार्थ, गौतम अपने बचपन से ही भौतिक अभिराम के प्रति वांछित और आसक्ति के अधीन हो रहे थे। सिद्धार्थ, गौतम ने बचपन से ही अपना जीवन वैसे ही जिया जैसे राजकुमार जिया करते हैं। सिद्धार्थ, गौतम के पिता ने उनको बचपन से ही मायाजाल में बाँधना प्रारंभ कर दिया था, राजघराने के वातावरण के भीतर। सिद्धार्थ के पिता राजस्व को नए आयाम में ले गए थे, ताकि सिद्धार्थ को कभी दुःख का अनुभव न हो। 26-27 वर्ष की आयु तक सिद्धार्थ, गौतम प्रत्येक दुःख-दर्द और पीड़ा से अपरिचित थे। उनका जीवन 'प्रतिफल' का स्वर्ग था और राजस्व और उनके पिताजी की व्यवस्था के कारण हम कह सकते हैं कि सिद्धार्थ, गौतम का तंत्र अपने समय के सबसे बलशाली डोपामाइन तंत्रों में से एक था। बार-बार सुख का अनुभव करके, बार-बार सुख भोगकर सिद्धार्थ का डोपामाइन तंत्र और प्रमस्तिष्क खंड के बीच संबंध कितना बलशाली होगा, इसका अनुमान हम लगा सकते हैं। बार-बार किए गए कृत्यों के कारण उनके शरीर और मन-मस्तिष्क में इच्छा और तृष्णा के बलशाली जोड़ बने होंगे। डोपामाइन, प्रतिफल,

तृष्णा इत्यादि का पूरा खेल हम अपनी कहानी में आगे समझेंगे।

परंतु सिद्धार्थ ने यह सभी मानव निर्मित और जैविक इच्छा और तृष्णा के सभी संबंध और जोड़ों को खंडित कर दिया था। या कहें, सिद्धार्थ ने अपने तंत्र में बने सभी संबंध और जोड़ों का प्रयोग किया तंत्र, योग और ध्यान की साधना में। सिद्धार्थ अपनी जिज्ञासा की सहायता से सभी मानव निर्मित और जैविक बंधनों के पार गए। बुद्धत्व ने समय अनुसार उनकी जिज्ञासा को सही दिशा प्रदान की। सिद्धि प्राप्त करके या समाधि प्राप्त करके सिद्धार्थ ने अपने सभी पुराने शारीरिक और मन-मस्तिष्क के संबंध और जोड़ों को तोड़ दिया था, या कहें, उनका अपनी इच्छा अनुसार उपयोग किया, योग और ध्यान की सहायता से। हम सोच भी नहीं सकते कि शारीरिक और मानसिक स्तर पर इन बंधनों के पार जाना कितना कठिन रहा होगा सिद्धार्थ के लिए (प्रारंभ में), परंतु सिद्धार्थ एक सिद्ध पुरुष थे और ध्यान और योग की सहायता से उन्होंने अपना बुद्धत्व जागृत कर लिया था। उन्होंने बुद्धि के सभी बंधनों को तोड़ दिया था और चित्त की शून्यता में उतर गए थे, इसीलिए हम उन्हें 'बुद्ध' कहते हैं।

वैज्ञानिक तथ्य

भावनाएँ हमारी एकाग्रता को आकर्षित करती हैं। जो स्मृतियाँ भावनाओं के साथ जुड़ी होती हैं, वह सदा के लिए हमारे तंत्र में रह जाती हैं, क्योंकि वह दीर्घकालीन स्मृति में दृढ़ता से पंजीकृत होती हैं।

X की टिप्पणी

वैज्ञानिक कहते हैं कि भावनाएँ एकाग्रता को आकर्षित करती हैं और वातावरण में उपस्थित भावनात्मक उत्तेजनाएँ हमारी इच्छाओं को और मानसिक दशा को प्रभावित करती हैं। जो स्मृतियाँ भावनाओं के साथ जुड़ी होती हैं, वह सदा के लिए हमारे तंत्र में रह जाती हैं। हम जानते हैं कि सिद्धार्थ का जीवन 26-27 वर्ष तक सकारात्मक भावनाओं के साथ ही जुड़ा रहा था। भावनाओं और संतुष्टि के कारण हम यह कह सकते हैं कि सिद्धार्थ का तंत्र प्रतिफल के आंतरिक जोड़ और संतुष्टि भरे अनुभवों की स्मृतियों से भरा हुआ था। इन सब स्मृतियों ने मिलकर सिद्धार्थ के भीतर एक राजोचित स्व का निर्माण किया होगा। इस राजोचित स्व के बाहर जाकर सोचना साधारण मानव की क्षमताओं के परे है। स्व के परे जाकर सत्य की अनुभूति करना और पुराने आसक्ति के बंधनों को तोड़ना लगभग असंभव-सा था सिद्धार्थ के लिए।

परंतु सिद्धार्थ बुद्धत्व को अपने भीतर समाए हुए थे, वह सिद्ध पुरुष थे, वह एक दृष्टा मात्र ही थे। यदि साधारण मानव को कहा जाए कि तुम अपने ज्ञात स्व को भूल

जाओ या छोड़ दो तो वह उदास और हताश हो जाएगा अपने जीवन में और अनजाने में अपने स्व के अधीन होकर ही अनुभूति करता रहेगा। बुद्धाजी अपने ज्ञात स्व को छोड़कर या भूलकर उदास या हताश नहीं हुए थे, बल्कि वह जीवन और सत्य के प्रति अधिक जिज्ञासु हो गए थे। साधारण मानव यह सोचकर कि 'अब मैं फिर से कभी पहले की भाँति संतुष्ट नहीं हो पाऊँगा', उदास और हताश हो जाते हैं, परंतु ऐसा सिद्धार्थ, गौतम बुध के साथ नहीं था। वह इन बंधनों के पार जाना भली-भाँति जानते थे, या कहें, इन बंधनों के पार जाना उन्होंने सीख लिया था। बुध के भीतर 'बुद्धत्व' था कोई साधारण ज्ञात 'स्व या मैं' नहीं था, इसीलिए वह हताश नहीं हुए बल्कि अपने पहले ज्ञात स्व का विश्लेषण करके अज्ञात में उतरकर सत्य के विभिन्न पहलुओं को जानना और समझना प्रारंभ किया।

जो स्मृतियाँ साधारण मनुष्य के लिए हताशा या परेशानी का कारण बन सकती हैं, उन्होंने सिद्धार्थ, गौतम बुद्ध के लिए विचारों के जलावतरण क्षेत्र का काम किया। उन्होंने अपने ज्ञात स्व का अन्य मनुष्य के स्व के साथ संबंध खोजना प्रारंभ किया, साथ-ही-साथ अपना और प्रकृति का संबंध भी खोजना प्रारंभ किया। संबंध खोजने का अर्थ है कि सिद्धार्थ ने अपने ज्ञात स्व को दूसरों के भीतर उपस्थित स्व के दृष्टिकोण से समझना प्रारंभ कर दिया था। जैविक चेतना में कहीं-न-कहीं सिद्धार्थ, गौतम बुद्ध सापेक्षता के सिद्धांत का विश्लेषण कर रहे थे। इसी सत्य के विश्लेषण की सीढ़ी पर चढ़कर सिद्धार्थ शून्यता तक पहुँचे, और शून्यता से समाधि तक गए और 'बुद्ध' कहलाए।

भावना, जो कि एक प्रकार की ऊर्जा है, वह हमारे शरीर को प्रभावित कर सकती है, अर्थात् ऊर्जा (यहाँ पर ऊर्जा भावनाओं की है) पदार्थ (हमारा शरीर) को प्रभावित करती है और आगे हम देखेंगे कि योग और शारीरिक संतुष्टि हमारी भावना और ऊर्जाओं को प्रभावित कर सकती हैं। ऊर्जा और पदार्थ दोनों एक-दूसरे को प्रभावित कर सकते हैं और एक-दूसरे से प्रभावित हो भी सकते हैं। ऊर्जा और पदार्थ एक-दूसरे पर निर्भर हैं या हम कह सकते हैं कि कुछ और ही है, जो इन दोनों को (ऊर्जा और पदार्थ) संचालित और नियंत्रित करता है। वह क्या है ? यह हम अपनी कहानी में आगे देखेंगे और समझेंगे। भावनाएँ हमें प्रोत्साहित और हतोत्साहित दोनों कर सकती हैं। हमारा तंत्र सभी भावनाओं को पंजीकृत करता है, परंतु किस भावना से कैसे प्रभावित होना है या किस भावना का कैसे उपयोग करना है, यह हमारी 'इच्छाशक्ति' पर निर्भर होता है। एक मानव तथाकथित सकारात्मक भावनाओं को भी नकारात्मक रूप में उपयोग कर सकता है और कोई नकारात्मक भावनाओं को सकारात्मक रूप में उपयोग कर सकता है। भय और प्रोत्साहन एक ही हार्मोन द्वारा सक्रिय होते हैं, तो कैसे हम सकारात्मक को नकारात्मक और नकारात्मक को सकारात्मक रूप से उपयोग कर सकते हैं, यह हम अभी थोड़ा सा

समझेंगे और विस्तार में इसको हम आगे समझेंगे।

वैज्ञानिक कहते हैं कि भावना हमारी एकाग्रता को संचालित और प्रभावित करती है और हमारी अनुभूति से भी विशेष रूप के कार्य करवाती है।"

हम जानते हैं कि एकाग्रता तटस्थ होती है, भावनाएँ और अनुभूति दोनों एक-दूसरे को प्रभावित करती हैं और इन्हें आकार भी देती हैं। एक योगी जो होता है, वह अपनी अनुभूति को शून्यता के स्तर तक ले जाता है जहाँ अनुभूति भावना या इंद्रियों की जानकारी या किसी संकल्पना के कारण प्रभावित नहीं होती। योगी साधना के सहारे 'शुद्ध अनुभूति' करना सीख जाता है। योगी वस्तुओं की या अनुभव की शुद्धता से अनुभूति करता है। योगी की इच्छाशक्ति या जीवित इंद्रियाँ निर्धारित करती हैं कि कौन सी भावना या ऊर्जा वह उत्पन्न करेगा, किसी निश्चित भावना की अनुभूति करने के पश्चात्। मानो यदि योगी किसी को क्रोध या पीड़ा में देखता है, तो वह स्वयं क्रोधित नहीं होगा या स्वयं पीड़ित अनुभव नहीं करेगा, बल्कि वह करुणा और दया की ऊर्जा उत्पन्न करेगा। वहीं दूसरी ओर साधारण मानव भावनाओं की, स्मृतियों की और इंद्रियों की जानकारी के अधीन होकर इस माया जगत् में ही उलझा रहता है। माया अपनी लीला भावनाओं और इंद्रियों के जाल के सहारे ही रचती है। आइए, इसको थोड़ा अधिक समझते हैं।

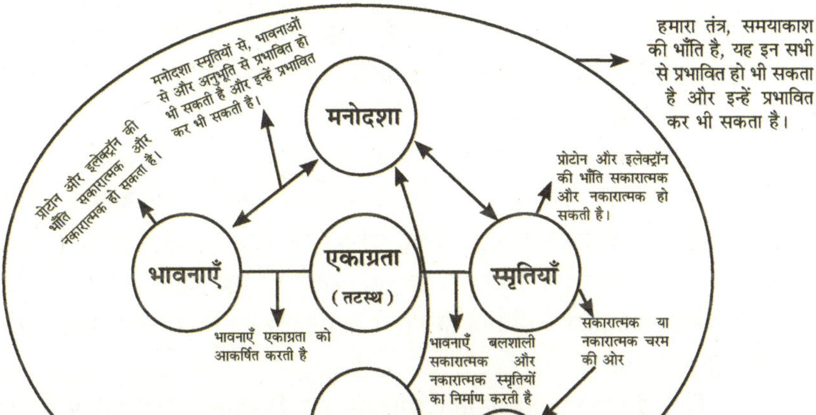

एकाग्रता तटस्थ रहती है, माया का जाल या माया का खेल तो अनुभूति करने के पश्चात् उत्पन्न होता है। एकाग्रता न्यूट्रॉन की भाँति तटस्थ है, भावनाएँ और स्मृतियाँ मानो

इलेक्ट्रॉन और प्रोटोन की भाँति हैं और मनोदशा एक आयाम की भाँति खेल खेलती है और हमारा तंत्र समय की भाँति खेल खेलता है। जैसे एक अणु प्रोटॉन और न्यूट्रॉन में आए बदलाव के कारण विशेष आयाम में वातावरण अनुसार भिन्न-भिन्न रूपों में खेल खेलता है, वैसे ही हमारी अनुभूति, स्मृतियाँ और भावनाएँ विशेष मनोदशा में और विशेष तंत्र (शरीर) में माया का खेल खेलती हैं और यह सब चेतना की तरंगों के कारण होता है। जैसे इस अणु जगत् में अणु अलग-अलग आयामों में अलग-अलग रूप लेकर अलग-अलग लीला रचता है वैसे ही हमारी इच्छाशक्ति और जीवित इंद्रियाँ (अणु की भाँति) अलग-अलग मनोदशा (आयामों की भाँति) में अलग-अलग लीला रचती हैं।

मनोदशा भावनाओं द्वारा, स्मृतियों द्वारा और भ्रमित अनुभूति द्वारा प्रभावित हो भी सकती है और इन सभी को प्रभावित कर भी सकती है। साधारण मानव की मनोदशा इन सभी से प्रभावित होती है, जिसके कारण वह माया जगत् से जुड़ा रहता है। एकाग्रता तटस्थ है, परंतु भावनाएँ एकाग्रता को आकर्षित करती हैं और उसे प्रभावित करती हैं। भावना एकाग्रता को तो प्रभावित करती ही हैं, इसके साथ-ही-साथ वह बलशाली स्मृतियों का भी निर्माण करती हैं। बलशाली स्मृतियाँ और असंतुलित भावनाएँ मनोदशा को प्रभावित करती हैं, जिसके कारण अनुभूति प्रभावित होती है और भ्रमित भी होती है। प्रबल इंद्रिय के अधीन मनोदशा, असंतुलित भावनाएँ, बलशाली स्मृतियाँ और भ्रमित अनुभूति मानव को माया के चक्कर में उलझा देती हैं और मनुष्य परम सत्य से दूर होता चला जाता है। वहीं दूसरी ओर साधक अपनी मनोदशा को शून्य रखता है जिसके कारण उसकी एकाग्रता तटस्थ ही रहती है और सकारात्मक या नकारात्मक ऊर्जा से प्रभावित नहीं होती, जिसके कारण साधक की अनुभूति भी तटस्थ रहती है और साधक शुद्ध अनुभूति कर पाता है और मोक्ष के मार्ग की ओर अग्रसर होता है। असंतुलित भावनाएँ और बलशाली स्मृतियाँ हमारे तंत्र को किसी विशेष इंद्रिय या विशेष प्रकार के स्व के अधीन कर देती है और मानव की अनुभूति भ्रमित हो जाती है, जिसके कारण वह केवल संकल्पना के अधीन होकर ही अनुभूति करता है और इस माया जगत् में ही उलझा रहता है।

जिस प्रकार इस बहुआयामी जगत् में अणु भिन्न-भिन्न आयामों में भिन्न-भिन्न रूपों में उपस्थित होता है, वैसी ही कुछ हमारी इच्छाएँ और तृष्णा हैं और सत्य तो यह है कि अणु कुछ होता ही नहीं, और परम सत्य में हमारी इंद्रियों का भी अस्तित्व नहीं। अणु 99 प्रतिशत रिक्त आकाश (एमप्टी स्पेस) होता है। अणु का अस्तित्व एक निश्चित आयाम में होता भी है और नहीं भी होता। कुछ ऐसी ही हमारी जीवित इंद्रियाँ हैं, जिनका अस्तित्व हमारे आयाम में है भी और नहीं भी। जिस प्रकार अणु भौतिकी के एक सिद्धांत से बँधा होता है, जिसे हम 'अध्यारोपण' (सुपर पोजीशन) कहते हैं, उसी प्रकार हमारी

जीवित इंद्रियाँ भी एक अध्यारोपण की अवस्था में इस आयाम में उपस्थित होती हैं। हम अपने जिस 3 आयामों के जगत् की परम सत्य की भाँति अनुभूति करते हैं, वह सत्यत: परम सत्य की लीला की एक शाखा मात्र है। यह तीन आयामों का जगत् तो तरंगों की मायावी लीला मात्र है। इसी प्रकार हमारी इंद्रियाँ भी हमारी चेतना की तरंगों की लीला हैं। यह लीला ऊर्जा और पदार्थ की भाँति ही बहुआयामी अस्तित्व रखती है।

हमारी इंद्रियाँ भी पदार्थ और ऊर्जा से बनी हैं और पदार्थ और ऊर्जा अध्यारोपण की अवस्था में हैं (जिसे हमने डबल स्लिट के शोध में भी जाना था) और माया का खेल खेल रहे हैं। इसमें महत्त्वपूर्ण प्रश्न यह है कि अध्यारोपण की अवस्था में जो ऊर्जा और पदार्थ हैं, वह परम सत्य नहीं है, तो इस ऊर्जा और पदार्थ का उत्पादन (हमारी इंद्रियाँ और शरीर) कैसे सत्य हो सकता है? माया का उत्पादन भी तो माया ही होगा न! जिस प्रकार रहस्यमयी तरंगों की ऊर्जा इस ब्रह्मांड के होने का आभास करवाती है, उसी प्रकार की एक रहस्यमयी चेतनारूपी ऊर्जा शरीर और भौतिक जगत् के होने का आभास करवा रही है। हम जिसे अपना परम सत्य मानते हैं, वह परम सत्य की एक शाखा मात्र है। हम जिस सत्य को अपना सत्य मानते हैं, वह सत्य की एक शाखा मात्र है। हम जिसे स्व मानते हैं, वह भी काल और महाकाल की माया की एक शाखा मात्र ही है। सिद्धार्थ, गौतम बुद्ध काल और महाकाल की माया के इसी रहस्य को समाधि में अनुभव करनेवाले थे। यह कैसे हुआ और यह माया का खेल क्या है, इसे हम अपनी कहानी में आगे समझेंगे। हम अपनी कहानी में आगे देखेंगे कि कैसे गौतम बुद्ध ने शून्यता में जाकर अपनी 'अनुभूति को शुद्ध' किया और कैसे साधना और ध्यान की सहायता से सभी मनोदशाओं को साधा, अर्थात् सभी आयामों को साधा और यह भी देखेंगे कि कैसे समाधि प्राप्त करके सत्य को जाना और सभी आयामों के पार भी गए।

भारतीय पौराणिक ग्रंथों में बताया गया है कि 'मनसीकारा' हमारी एकाग्रता के रथ के समान है। मनसीकारा हमारी एकाग्रता को संचालित करती है अर्थात् मनसीकारा हमारी सर्वव्यापी ऊर्जा में से एक है या यह सर्वव्यापी ऊर्जा का कोई रूप है। हमारी मनोदशा संख्या में असंख्य होती है और एक तटस्थ एकाग्रता इन सब को संचालित करती है। जब हम शून्यता के स्तर पर जाते हैं तब असंख्य संख्या की भावनाओं का सत्य भी पता लगता है और मनोदशा की असंख्य अवस्थाओं का भी पता लगता है और साधक शुद्धता से अनुभूति करना सीख लेता है। शून्यता से पहले जो भावनाएँ या प्रभावी इंद्रिय या तृष्णा हमारी अनुभूति को सत्य नहीं दिखातीं और एकाग्रता अपने चरम पर जाकर कार्य नहीं कर सकती, वहीं शून्यता में जाने के पश्चात् मनसीकारा जब जिज्ञासा के साथ जुड़ जाती हैं तब सभी भ्रांतियाँ नष्ट हो जाती हैं और मनुष्य शुद्धता से अनुभूति करके सत्य का अनुभव कर सकता है।

सिद्धार्थ के संन्यास लेने के पश्चात् जो भी ज्ञात इंद्रिय जानकारी उनके तंत्र में थी, वह शून्यता में जाने के पश्चात् बुद्ध की अनुभूति को प्रभावित नहीं कर रही थी और गौतम बुद्ध शुद्धता से अनुभूति करने लगे थे, जिसने उनको सत्य को जानने की क्षमताएँ प्रदान कीं और समाधि तक भी लेकर गए। आइए, देखते हैं जिन भावनाओं और स्मृतियों ने सिद्धार्थ के जन्म के पश्चात् ही अपना जाल बुनना प्रारंभ कर दिया था उस जाल से सिद्धार्थ कैसे बाहर निकले और कैसे सिद्धार्थ, 'गौतम बुद्ध' बने।

अभी तक अपनी कहानी में हमने देखा कि बच्चे की सुनने की क्षमता, बच्चे की छूने की क्षमता, बच्चे की स्मृति माता के गर्भ में ही विकसित हो जाती है। बच्चा बाहरी जगत् को गर्भ में ही अनुभव करना प्रारंभ कर देता है। बच्चे की जिज्ञासा और चेतना उसकी माता के गर्भ में ही कार्य करना प्रारंभ कर देती है। इस समय तक बालक के भीतर 'मैं और दाओ' (I and Dao) का संबंध भी स्थापित नहीं हुआ होता है, परंतु चेतना और जिज्ञासा अपना कार्य करना प्रारंभ कर देती हैं और जगत् की अनुभूति (जिसकी अभी तक बालक के भीतर किसी भी प्रकार की कोई भी संकल्पना तक विकसित नहीं हुई है) करना भी प्रारंभ कर देती है। माता के गर्भ में ही अनुभूति होना, गर्भ में स्मृतियों का निर्माण होना और इसी प्रकार के अन्य उदाहरण 'शुद्ध अनुभूति' के सिद्ध उदाहरण हैं। बालक को माता के गर्भ में 'स्व का अभिज्ञान' भी नहीं होता है, परंतु शुद्ध अनुभूति के सहारे चेतना और जिज्ञासा वहाँ भी कार्य करती हैं। साधक को यही 'गर्भवाली अवस्था' जागृत करनी होती है, शून्यता और समाधि को प्राप्त करने हेतु। सिद्धार्थ, गौतम के बाल्यकाल और यौवन अवस्था को जानने और समझने के पश्चात् हम जानेंगे कि साधक कैसे यह गर्भवाली अवस्था उत्पन्न करता है और कैसे सिद्धार्थ, गौतम ने इस अवस्था को प्राप्त किया।

हमने यह भी जाना कि तरंगों के साथ हम अपनी माता के गर्भ में ही जुड़ जाते हैं। बालक माता के गर्भ में ही ध्वनि की अनुभूति करना प्रारंभ कर देता है। ध्वनि की अनुभूति होने का अर्थ है 'तरंगों' की अनुभूति होना। हम सूक्ष्म तरंगों के साथ अपनी माता के गर्भ में ही जुड़े होते हैं और हम यह भी जानते हैं कि सूक्ष्म तरंगें अणु को भी प्रभावित कर सकती हैं। क्वार्क्स, प्रोटॉन, न्यूट्रॉन और इलेक्ट्रॉन सीधे-सीधे सूक्ष्म तरंगों (क्वांटम वाइब्रेशन) के साथ जुड़े होते हैं और उनसे प्रभावित भी होते हैं। हम मानव जीवन की यात्रा का प्रारंभ गर्भ में एक कोशिका के रूप में करते हैं और वह एक कोशिका अपनी 'विशेष तरंग' के सहारे ब्रह्मांड की सूक्ष्म तरंगों के साथ जुड़ी होती है। हम सूक्ष्म जगत् के साथ एक पूरे शरीर के रूप में नहीं जुड़े होते, बल्कि हमारी प्रत्येक कोशिका अपनी सूक्ष्म तरंगों और सूक्ष्म क्षेत्र के सहारे ब्रह्मांड की सूक्ष्म तरंगों और क्षेत्रों से जुड़ी होती है। यही सूक्ष्म तरंगें हमारे सत्य और जीवन का निर्माण करती हैं, जो वास्तविकता में है ही

नहीं और इन्हीं सूक्ष्म तरंगों और क्षेत्रों के सहारे हमारी चेतना अपनी लीला रचती है। इन्हीं सूक्ष्म जटिल जोड़ और सूक्ष्म तरंगों के सहारे सिद्धार्थ, गौतम बुद्ध ने समाधि प्राप्त की थी। हमने अपनी कहानी में यह जाना कि कुछ प्रणालियाँ और शक्तियाँ हैं, जो विशेष प्रकार के माध्यमों द्वारा उत्परिवर्तन और क्रम विकास जैसी घटनाओं की रूपरेखा निर्मित करती हैं और इन्हीं शक्तियों ने सिद्धार्थ, गौतम बुद्ध को समाधि प्राप्त करने में सहायता प्रदान की। यह कैसे हुआ था, उसे हम अपनी कहानी में आगे विस्तारपूर्वक समझेंगे।

अभी तक हमने मानव-तंत्र और चेतना की कार्य प्रणाली के संदर्भ में थोड़ा-बहुत जाना है और यह समझने का प्रयास किया है कि सिद्धार्थ, गौतम बुद्ध का प्रारंभिक जीवन कैसा रहा होगा। आइए, अब हम सिद्धार्थ, गौतम बुद्ध के जीवन पर थोड़ा अधिक प्रकाश डालते हैं और यह जानने का प्रयास करते हैं कि अपने जीवन के प्रारंभिक वर्षों में राजमहल में रहने के कारण और राजयोग भोगने के कारण सिद्धार्थ ने कैसा तंत्र विकसित किया होगा और कैसी मनोदशाएँ विकसित की होंगी। सिद्धार्थ, गौतम बुद्ध ने जब तक संन्यास ग्रहण नहीं किया था तब तक वह राजमहल के राज सुख भोग रहे थे। वातावरण और भावनाओं के प्रभाव के कारण सिद्धार्थ, गौतम एक स्व का निर्माण तो कर ही रहे थे, इसके साथ-साथ वह राजघराने में सुख सुविधा भोगने के कारण कुछ प्रकार की आसक्तियाँ भी विकसित कर रहे थे। अपनी कहानी में हम अब जानेंगे कि किस प्रकार सिद्धार्थ, गौतम के जीवन में आसक्तियों का जाल निर्मित हो रहा था। अपनी कहानी में अब हम जानेंगे कि आसक्तियाँ मानव तंत्र को किस प्रकार अपने अधीन बना लेती हैं और किस प्रकार आसक्ति के अधीन होने के पश्चात् मानव तो जीवन जीता ही नहीं है, केवल कुछ रसायन और इंद्रियाँ ही तथाकथित जीवन जी रही होती हैं। अपनी कहानी में अब हम आसक्ति के चक्र को समझेंगे और जानेंगे कि आसक्ति का प्रभाव सिद्धार्थ, गौतम बुद्ध के जीवन पर क्या पढ़ा होगा ?

□

6

आसक्ति और मस्तिष्क

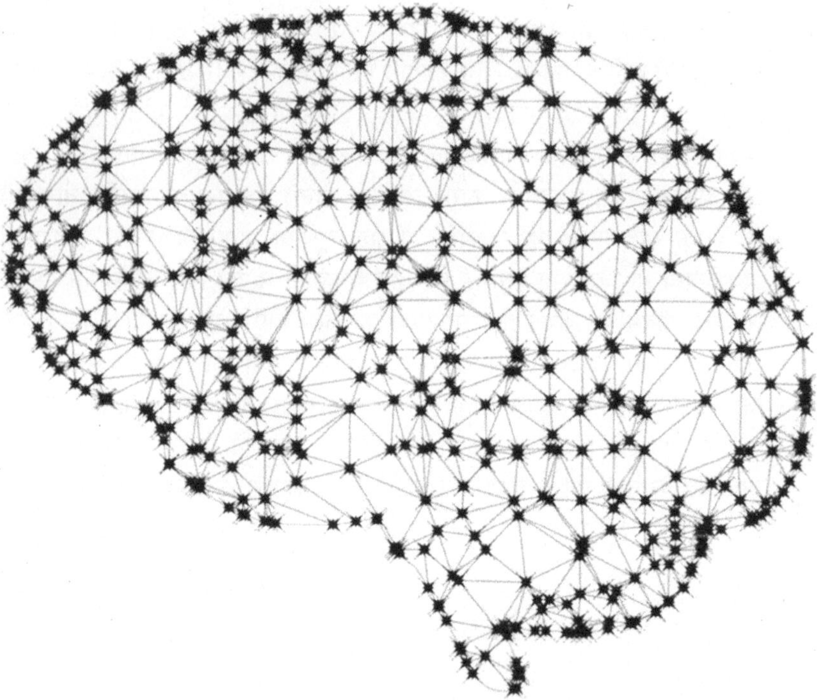

अपनी कहानी में हमने देखा कि सिद्धार्थ जब अपनी माता के गर्भ में थे तब क्या हुआ होगा और जन्म लेने के पश्चात् कुछ माह तक और उनके जीवन के प्रारंभिक कुछ वर्षों में क्या हुआ होगा। जैसा कि हमने देखा कि जन्म लेने के 6-7 माह पूर्व बच्चा अपना जन्मप्राप्त स्वभाव विकसित करता है और मूल ज्ञान एकत्रित करता है, जैसे अपनी मातृभाषा, अपने समाज के लोगों के मुखों की बनावट और हमने जीवन से

जुड़े महत्त्वपूर्ण तथ्य भी जाने। आइए, अब देखते हैं कि राजमहल में सिद्धार्थ का जीवन कैसा रहा होगा ? 6-7 माह पूर्व सिद्धार्थ भी जन्म प्राप्त स्वभाव, मूल ज्ञान और वातावरण के अनुसार स्व का निर्माण कर रहे थे और राजकुमार का जीवन जी रहे थे। खानपान, रहन-सहन इन सभी से संबंधित जो भी सुख उस समय के अनुसार सोचे जा सकते थे, वह सभी सिद्धार्थ के पास उनके राज महलों में थे। प्रत्येक इंद्रिय को संतुष्ट करने के लिए सभी सुख उपस्थित थे, यहाँ तक कि राज्य की सबसे सुंदर स्त्रियाँ सिद्धार्थ की मित्र थीं। सिद्धार्थ के पिता चाहते थे कि सिद्धार्थ, गौतम भौतिक सुख में इतना डूब जाए कि वह कभी दुःख के संदर्भ में सोचे भी न। उनके पिता चाहते थे कि कहीं-न-कहीं सिद्धार्थ के भीतर राज-पाट का मोह विकसित हो जाए, अर्थात् उन्हें राज-पाट की आसक्ति हो जाए। कहीं-न-कहीं कुछ समय के लिए ही सही, परंतु सिद्धार्थ के पिता की यह रणनीति काम कर गई थी। प्रत्येक दिन इंद्रिय संतुष्टि से सिद्धार्थ का तंत्र उन वस्तुओं और अनुभवों के प्रति आसक्ति विकसित कर रहा था, जिनका अभिराम वह प्रतिदिन भोग रहे थे। कहीं-न-कहीं वे सभी इंद्रिय सुख सिद्धार्थ के जीवन पर छाप छोड़ रहे थे, जो सिद्धार्थ को उन वस्तुओं का आदी बना रहे थे, जैसा कि उनके पिता चाहते थे। यह बार-बार के व्यवहार इच्छा और तृष्णा को बढ़ा रहे थे और सिद्धार्थ को इंद्रिय सुख के प्रति आदी बना रहे थे। इसीलिए सिद्धार्थ के पिता ने उनको दुःख से दूर रखकर सभी सुख प्रदान किए, जो अधिकतर मानव केवल सोच सकते हैं, ताकि सिद्धार्थ राजस्व का आदी हो जाए। सिद्धार्थ के पिता ऐसा इसलिए कर रहे थे ताकि सिद्धार्थ एक महान् सम्राट बने।

प्रत्येक ऋतुओं के लिए सिद्धार्थ के पास अलग-अलग राजमहल थे, वर्षा ऋतु के लिए अलग, शीत ऋतु के लिए अलग इत्यादि सभी प्रकार के राजमहल और उन सभी महलों में सिद्धार्थ की सेवा में उपस्थित अनेक सेवक थे। उनके पिता उनको सुख में डुबाना चाहते थे। वह चाहते थे कि सिद्धार्थ को पीड़ा का अनुभव कभी भी न हो, परंतु ऐसा हो न सका। निश्चित आयु तक सिद्धार्थ ने प्रत्येक संभव सुख भोगे और आज के आधुनिक विज्ञान की सहायता से हम यह कह सकते हैं कि कहीं-न-कहीं उनका तंत्र इंद्रिय सुख के प्रति आसक्ति विकसित कर रहा था। परंतु सिद्धार्थ कोई साधारण मानव नहीं थे, उनके भीतर बुद्धत्व उपस्थित था, जो उनको इन सभी बाधाओं और बंधनों के पार ले गया। आइए, आधुनिक विज्ञान की सहायता से समझते हैं कि कैसे सिद्धार्थ, गौतम बुद्ध के भीतर इच्छा, तृष्णा और आसक्ति का जाल बना होगा और कैसे सिद्धार्थ इन सभी जाल और बंधनों के पार जाकर बुद्ध बने। आइए, जानते हैं कि इच्छा, तृष्णा और आसक्ति क्या है और कैसे यह प्राकृतिक तंत्र को अपने अधीन करके अपना खेल खेलती है। आधुनिक विज्ञान भी वही कहता है जो सिद्धार्थ ने अपने 'चार आर्य सत्य' में समझाया है। आइए, इस लीला को भी वाद-विवाद के सहारे समझने का प्रयास करते हैं।

माइंड एंड लाइफ संस्थान के एक सम्मेलन में एक दार्शनिक, वैज्ञानिक द्वारा आसक्ति के संदर्भ में उनके द्वारा किए गए अध्ययन में जो तथ्य उनके सामने आए उन्होंने उनके संदर्भ में बताया और समझाया। आइए, देखते हैं कि उन्होंने क्या तथ्य रखे और उन वैज्ञानिक तथ्यों के संबंध में X का दृष्टिकोण भी देखेंगे।

वैज्ञानिक तथ्य

एक मानचित्र की सहायता से हम एक साधारण मस्तिष्क और आसक्ति के अधीन मस्तिष्क के बीच का अंतर समझते हैं। जिन मस्तिष्क के क्षेत्रों को हम प्रबल प्रेरणा संचालन प्रणाली (मोटिवेशनल ड्राइव) और प्रतिफल का मुख्य केंद्र (रिवॉर्ड सेलियंट) कहते हैं, वह मस्तिष्क के क्षेत्र उत्तरदायी और सक्रिय होते हैं आसक्ति के अधीन मस्तिष्क में।

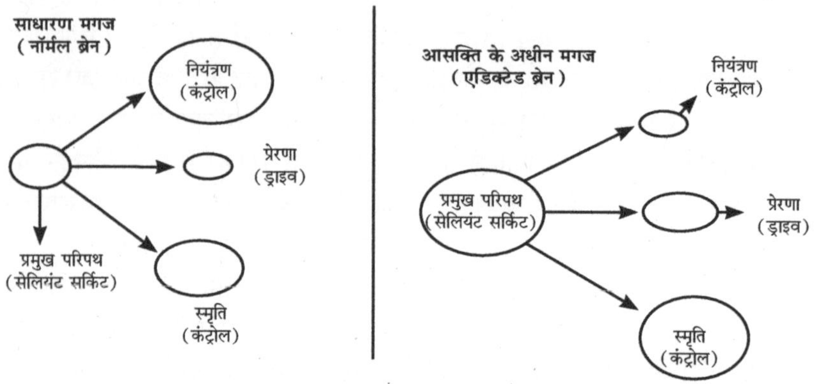

प्रतिफल के क्षेत्र और मुख्य मस्तिष्क क्षेत्र (सेलियंट रीजन) आसक्ति के अधीन मस्तिष्क में आकार में बड़े होते हैं, स्मृति और संचालन प्रणाली के साथ मिल जाते हैं, जो सब घटनाओं और अनुभवों को नशीले पदार्थ के साथ जोड़ते हैं, या सभी घटनाओं और अनुभवों का नशीले पदार्थ के साथ संबंध स्थापित करने का प्रयास करते हैं।

मस्तिष्क मध्यम क्षेत्र (सेंट्रल रीजन) सिकुड़ जाता है और मस्तिष्क मध्यम क्षेत्र ही नियंत्रित व्यवहार के लिए आवश्यक होता है। आसक्ति के पश्चात् प्राकृतिक कार्यकारी के नियंत्रण को आसक्ति के अधीनवाले भाग द्वारा नियंत्रण में ले लिया जाता है, जो ऐसा करने के पश्चात् समस्त परिपथ तंत्र में श्रेष्ठ बन जाता है।

स्मृतियों से संबंधित क्षेत्र भी आकार में बड़ा हो जाता है, जो भ्रामक स्मृतियाँ उत्पन्न करता है, या कहें कि वह माया को जन्म देता है। मस्तिष्क का बढ़ा हुआ क्षेत्र नशीले

पदार्थ से संबंधित है, इसी कारण से वह प्रत्येक वस्तु और घटना को अपनी तृष्णा और इच्छा के साथ संबंधित करके देखते हैं।

डोपामाइन, जो कि एक महत्त्वपूर्ण अणु है, उसके परिपथ बदल जाते हैं, एक आसक्ति के अधीन मस्तिष्क में। डोपामाइन वह रसायन है, जो कि विभिन्न प्रकार के कार्य करता है और प्रतिफल और मुख्य क्षेत्र इसी की विशेषताएँ हैं। डोपामाइन के परिपथ में आए बदलाव प्रतिफल और मुख्य क्षेत्र के बदलाव का कारण भी बनते हैं।

रिची, जो माइंड एंड लाइफ संस्थान के वैज्ञानिक हैं, उन्होंने बताया कि यदि कोई व्यक्ति किसी प्रकार के नशीले पदार्थ को किसी विशेष स्थान पर ले रहा है, जैसे सोचो अपने कक्ष में, तो आसक्ति में घिरने के पश्चात् जब भी वह अपने उस कक्ष में प्रवेश करेगा, तो कक्ष का दृश्य, या कक्ष की सुगंध उनकी तंत्रिका कोशिका को गति प्रदान करवाएँगे, जो कि उस व्यक्ति को नशीले पदार्थ के सेवन के लिए प्रेरित करेंगे और अंततः विवश कर देंगे। यह क्रिया उनकी इच्छा और तृष्णा को बढ़ा देती है। जिन मस्तिष्क के क्षेत्रों का नियंत्रण उनके वश में नहीं होता है, वह आत्मसक्रिय हो जाते हैं।

रिची ने इसके पश्चात् बताया कि प्री फ्रंटल कॉर्टेक्स मस्तिष्क का एक ऐसा क्षेत्र है, जो कि बहुत ही महत्त्वपूर्ण है, आसक्ति के व्यवहार के लिए। यदि कोई व्यक्ति आसक्ति के अधीन हो जाता है, तो उसका प्राकृतिक तंत्र नशीले पदार्थ द्वारा नियंत्रण में ले लिया जाता है और वही माया और आसक्ति को जन्म देता है। प्री-फ्रंटल कॉर्टेक्स में आए बदलाव केवल बुरे व्यवहार या कम मस्तिष्क कार्यकारी नियंत्रण का कारण ही नहीं होता है, यहाँ तक कि यह इच्छाशक्ति की उत्तेजना को भी प्रभावित करता है। इच्छाशक्ति भी इसके अधीन हो जाती है और तब वह रसायन जीवन जीने लगता है, चेतना नहीं।

X की टिप्पणी

पहले हम आज के इस तथाकथित आधुनिक समाज की बात करते हैं। आज के इस आधुनिक समाज में भी अधिकतर मनुष्यों में कुछ रसायन ही जीवन जी रहे हैं। आज के समाज का लगभग प्रत्येक मनुष्य किसी-न-किसी वस्तु के प्रति किसी-न-किसी रूप में व्यसन-लिप्त है। अधिकतर मानव तो जीवन जी ही नहीं रहे हैं, इच्छा, तृष्णा, आसक्ति, लालसा, वासना, स्व इत्यादि से संबंधित मस्तिष्क के क्षेत्र जीवन जी रहे हैं, आत्मा, व्यक्ति इत्यादि है भी या नहीं, यह बातें तो छोड़ ही दीजिए। आज के समय में मानव तो कहीं जीवन जी ही नहीं रहा है।

सिद्धार्थ, गौतम के जीवन में भी कुछ समय तक कुछ रसायन और कुछ मस्तिष्क के क्षेत्र ही जीवन जी रहे थे। उनके जीवन में भी कुछ तंत्रिका कोशिका को गतिमान करनेवाली वस्तुएँ थीं, जो उनके भीतर राजस्व को भोगने की इच्छा और तृष्णा को जन्म

देती थीं, जैसे अलग-अलग राजमहल, दास-दासी इत्यादि। इन सभी इच्छा और तृष्णा के संकेतों के कारण कहीं-न-कहीं उनका राजस्व राजसुख को भोगने के लिए सिद्धार्थ को प्रेरित करता था। बार-बार राजस्व अनुभव करके सिद्धार्थ अपनी स्मृतियों को भी उस अनुभव के प्रति बलशाली कर रहे थे। जो मस्तिष्क के क्षेत्र नशीले पदार्थ की आसक्ति के अधीनवाले व्यक्ति के मस्तिष्क में प्रभुत्व रखते हैं और नशीले पदार्थ के प्रति इच्छा और तृष्णा को जन्म देते हैं, वही मस्तिष्क के भाग सिद्धार्थ के प्रारंभिक वर्षों में राजस्व से प्रभावित थे। कुछ समय के लिए राजस्व उनके तंत्र को संचालित कर रहा था और राजस्व से संबंधित इच्छाएँ और तृष्णा सिद्धार्थ के तंत्र में बलशाली मार्ग/पथ बना रही थीं। उनके पिताजी ने जो षड्यंत्र रचा था, वह कुछ समय तक अपना काम कर रहा था। कुछ समय तक सिद्धार्थ राजस्व के जाल में उलझ गए थे और राजस्वी गौरव का आनंद उठा रहे थे। परंतु सही समय आने पर सिद्धार्थ की जिज्ञासा और बुद्धत्व ने उनको इन सभी बंधनों से मुक्त करवाया। आइए, पहले विस्तारपूर्वक समझते हैं कि इच्छा और तृष्णा कैसे अपना जाल बुनती हैं, उसके पश्चात् देखेंगे कि सिद्धार्थजी ने कैसे इस जाल को खंडित किया।

वैज्ञानिक अध्ययन

आसक्ति में वातावरण बहुत महत्त्वपूर्ण भूमिका अदा करता है। यह दोनों ओर कार्य करता है, वातावरण के कारण कोई व्यक्ति आसक्ति के जाल में उलझ भी सकता है और वातावरण के कारण व्यक्ति आसक्ति के जाल से बाहर भी आ सकता है।

वैज्ञानिकों ने चूहों पर एक शोध किया। वैज्ञानिकों ने चूहों को अकेले-अकेले अलग-अलग पिंजरे में बंद कर दिया, जिनके भीतर दो बरतन रखे थे। एक में पानी था और दूसरे में मोर्फिन था। जैसे-जैसे चूहे अधिक मोर्फिन पीते गए वैसे-वैसे उनमें मोर्फिन के प्रति आसक्ति उत्पन्न होती गई। आसक्ति उत्पन्न होने के पश्चात् चूहे केवल मोर्फिन का ही सेवन करने लगे। वहाँ उनके पिंजरे में पानी भी उपस्थित होता था, परंतु उसके पश्चात् भी वह पानी के स्थान पर केवल मोर्फिन पीने लगे।

कुछ समय पश्चात् वैज्ञानिकों ने उन अकेले चूहों को दूसरे पिंजरे में रख दिया, जहाँ दूसरे अन्य चूहे भी उपस्थित थे, ताकि वह चूहे सामाजिक बन सके या उनका सामाजीकरण हो सके। और दूसरे पिंजरे में चूहों के खिलौने भी उपस्थित थे, जिनसे वह चूहे खेल सकते थे। आश्चर्यजनक रूप से जो चूहे आसक्ति के अधीन थे, उन्होंने पुनः पानी पीना प्रारंभ कर दिया, तब भी जब वहाँ पर मोर्फिन उपस्थित था। सामूहिकरण और खेल के कारण वह अपनी आसक्ति से बाहर आ गए और साधारण जीवन जीने लगे।

X की टिप्पणी

गौतम बुद्ध के जीवन में भी वातावरण ने महत्त्वपूर्ण भूमिका निभाई है। राज महल में रहने के कारण उन्हें राजस्व की कहीं-न-कहीं आसक्ति हो गई थी। राज महल को त्याग संन्यासी बन जाने के निर्णय ने भी सिद्धार्थ की सहायता की थी उनके पुराने आसक्ति के जोड़ को तोड़ने में। राजमहल के वातावरण में रहकर उन तंत्रिका कोशिका के जोड़ को और मायावी तंत्रिका कोशिका के तंत्र को तोड़ना असंभव सा ही था, इसी कारण से गौतम बुद्ध ने राजमहल, घर -गृहस्थी त्याग दी थी। अपनी कहानी में हम 'वातावरण की भूमिका' और 'वातावरण के महत्त्व' को विस्तारपूर्वक समझेंगे, अभी आइए, आसक्ति को थोड़ा अधिक जानते हैं।

आज के आधुनिक समाज में आज के अधिकतर आधुनिक मानव किसी-न-किसी आसक्ति से ग्रस्त हैं। अधिक चिंता की बात यह है कि कुछ विशेष आसक्ति (जैसे मनुष्य पैसे की आसक्ति के अधीन हो चुका है) सामूहिकरण के कारण समाज में या मानव के भीतर बढ़ जाती है। हाँ, कुछ आसक्ति को छोड़ने का कारण समाज बन सकता है, परंतु आज के मायावी समाज में सामाजीकरण ही कुछ आसक्तियों को जन्म दे देता है। जैसे कुछ लोग सामाजिक होने के लिए मदिरापान करते हैं या अन्य नशीले पदार्थ का सहारा लेते हैं और धीरे-धीरे सामाजिक होने के स्थान पर आसक्ति के अधीन हो जाते हैं। निस्संदेह सामाजीकरण आसक्ति के अधीन मनुष्य के लिए वरदान-सा सिद्ध हो सकता है, परंतु आज के इस तथाकथित आधुनिक समाज में सामाजीकरण आसक्ति की पूर्ति का माध्यम बनता जा रहा है। यह दुर्भाग्य की बात है कि एक चूहे जैसा जीव सामाजीकरण के कारण अपनी आसक्ति से छुटकारा पा लेता है, परंतु आज का यह तथाकथित आधुनिक मानव इसी सामाजीकरण के वरदान को अभिशाप बना लेता है। हम आज के इस तथाकथित आधुनिक समाज में अपनी क्षमताओं का, अपनी योग्यताओं का और अपने सामर्थ्य का पूर्ण उपयोग कर ही नहीं रहे हैं। आज का यह आधुनिक समाज सामाजीकरण के कारण ही प्रतिदिन नई-नई आसक्तियों को जन्म दे रहा है। यह मनुष्य का दुर्भाग्य है कि जो शक्तियाँ उसके लिए वरदान सिद्ध हो सकती थीं, वह उन्हें अभिशाप में परिवर्तित कर रहा है।

वैज्ञानिक तथ्य

आसक्ति के अधीन मस्तिष्क आसक्ति के पुनरावृत्ति चक्र में उलझ जाता है। उनकी सोच, इच्छा, तृष्णा, कर्म और अन्य कार्यप्रणालियाँ केवल नशीले पदार्थ को पाने के लिए ही कार्य करती हैं। यदि मनुष्य नशीले पदार्थ को छोड़ने का विचार भी लाता है, तब भी वह छोड़ नहीं पाता, क्योंकि 'वह केवल सोचता ही है, कभी उस सोच को पूरा करने के लिए कार्य नहीं करता।' उसका जीवन एक पुनरावृत्ति का चक्र बन जाता है, जिसमें वह

केवल नशीले पदार्थ के संदर्भ में ही सोचता है और नशीले पदार्थ के सेवन के पश्चात् नशे में डूब जाता है। जब उसे थोड़ा होश आता है तब वह नशीले पदार्थ को छोड़ने के संदर्भ में सोचता है, परंतु उसके लिए कोई कार्य नहीं करता, क्योंकि वह जैसे ही सामान्य अवस्था में आता है और उसके तंत्र में नशीले पदार्थ की मात्रा कम हो जाती है, तब उनका आसक्ति के अधीन मस्तिष्क उस रसायन को पाने के प्रति उत्कट इच्छा जताता है।

लालसा एक उत्पन्नकारी तत्त्व (ट्रिगर) के साथ प्रारंभ होती है, तत्पश्चात् उसकी हमारे मस्तिष्क द्वारा अनुभूति की जाती है। वह एक काल्पनिक प्रक्रिया प्रारंभ कर देती है, जिसमें आसक्ति के अधीन व्यक्ति नशे में डूबी इंद्रियों के संदर्भ में सोचना प्रारंभ कर देता है। सोच डोपामाइन उत्पन्न करती है और डोपामाइन इच्छा और तृष्णा को जन्म देता है, इसके पश्चात् वह व्यक्ति नशीले पदार्थ के सेवन की योजना बनाना प्रारंभ करता है और तत्पश्चात् वह नशीले पदार्थ के सेवन के लिए कार्य करना प्रारंभ कर देता है। यह है आसक्ति के अधीन मस्तिष्क का चक्र।

X की टिप्पणी

जिसे हम आसक्ति कहते हैं, वह एक विचित्र प्राकृतिक प्रक्रिया भी है, जिसका जीवन का सहयोग करनेवाले तत्त्वों के लिए प्रकृति ने हमारे तंत्र में निर्माण किया था। जैसे 'फल, सब्जी, अनाज, आहार, जल' इत्यादि आवश्यक वस्तु की आवश्यकता को भी हम एक प्रकार की प्राकृतिक आसक्ति कह सकते हैं। जीव के अतिजीवन और विकास के लिए प्रकृति ने यह तंत्र बनाया था, ताकि जीव को पोषण मिलता रहे और जीवन उत्तरजीवित रहे। यदि जीवन खाने-पीने और पोषण के प्रति थोड़ी सी प्राकृतिक रूप से आसक्ति विकसित नहीं करता, तो अधिकतर जीव आत्मघाती प्रवृत्ति के अंतर्गत (जो कि लगभग सभी जीवों में पाई जाती है) जीवन नष्ट कर देते या कहें यदि वह प्राकृतिक आसक्ति की क्रिया नहीं होती तो जीव यह समझ ही नहीं पाता कि उसको जीवित रहने के लिए खाने-पीने की, पोषण की, साँस लेने की, पानी पीने की इत्यादि मूलभूत क्रियाओं की या पदार्थ की आवश्यकता है। परंतु जब 'प्राकृतिक इच्छा' नियंत्रण से बाहर हो जाती है और कुछ 'रसायनों की इच्छा' मानव तंत्र को अपने अधीन कर लेती है, तब आसक्ति का जन्म होता है। जब इच्छा अनियंत्रित होकर किसी भी चरम की ओर जाने लगती है तब आसक्ति का जन्म होने लगता है।

हमने देखा है कि अधिकतर जीव अपने मनपसंद या गिने-चुने भोजन पर ही निर्भर हैं, हमने यह भी देखा है कि अधिकतर जीव केवल एक विशेष प्रकार का भोजन ही पसंद करते हैं अपने खाने के लिए, परंतु जीव का क्रम विकास होने के लिए और क्रम विकास होने के पश्चात् 'अलग-अलग पोषक तत्त्वों की आवश्यकता पड़ती है'। यदि जीव एक

ही प्रकार का भोजन करता रहे तो संभवत: उसका क्रम विकास नहीं हो पाएगा। क्रम विकास के लिए और क्रम विकास के पश्चात् जीव 'नए आवश्यक पोषक तत्त्व ग्रहण करे' और उसे पसंद भी करे, इसीलिए प्रकृति ने कुछ जीवन को सहयोग करने के तंत्र बनाए जिनमें से एक आसक्ति का तंत्र भी है।

जैसे एक बच्चा भी जीवन के प्रारंभ में हर एक अलग-अलग प्रकार का भोजन ग्रहण नहीं करता, धीरे-धीरे वह भोजन के प्रति पसंद-नापसंद विकसित करता है। वह ऐसा ऐसे जीवन सहयोगी तंत्र या आसक्ति के तंत्र की सहायता से करता है, परंतु जब मनुष्य एक 'व्यक्ति' की भाँति जीवन न जीकर एक विशेष प्रकार के स्व की भाँति जीवन जीने लगता है और स्व को ही महत्त्वता देता है, तब यह प्राकृतिक कार्यप्रणाली नियंत्रण के बाहर जाकर कार्य करने लगती है, ऐसा प्रभुत्व रखनेवाले इंद्रिय से प्रभावित होने के कारण होता है और जब वह कार्यप्रणाली या इंद्रिय अपना जीवन जीने लगती है, तब वह स्व द्वारा निर्मित आसक्ति या आधुनिक आसक्ति या विनाशकारी आसक्ति के स्तर पर जाता है और जीवन का सहयोग करनेवाले तत्त्व के स्थान पर विष तक का सेवन करना प्रारंभ कर देता है।

आसक्ति प्रकृति का एक विचित्र विद्या प्राप्ति का साधन है या विद्या प्राप्ति का तंत्र है। जब मनुष्य आसक्ति के अधीन हो जाता है तब उनके मस्तिष्क का कुछ भाग मूर्खतापूर्ण क्रियाओं में संलग्न रहता है और कुछ भाग आसक्ति के बाहर जाने की रणनीति और योजना बनाता है। मनुष्य आसक्ति से बाहर आता है या नहीं, यह तो उसकी इच्छाशक्ति पर निर्भर करता है, परंतु वह कुछ सीमा तक वास्तविकता की प्रकृति को कहीं-न-कहीं किसी-न-किसी रूप में थोड़ा सा समझ जाता है। उसके तंत्र का कुछ भाग आसक्ति में मूर्खतापूर्ण चीजें सीखता है, परंतु उनके मस्तिष्क का कुछ भाग उन्हीं क्षणों में सत्य के अन्य पहलू भी देखता है और जीवन के अनुकूल जो क्रियाएँ होती हैं, उनकी भी विद्या प्राप्ति करता है।

यह आसक्ति या आसक्ति की प्रवृत्ति एक प्राकृतिक प्रक्रिया भी है। यहाँ मनुष्य एक प्रकार की पीड़ा में रहकर उसका भी आनंद उठाता है, परंतु समय के साथ वह अपने इस अनुभव का अवलोकन करता है और समझता है तथा उसके सकारात्मक और नकारात्मक पहलू जानता है (वह अपनी आदत से बाहर आता है या नहीं, यह अलग विषय है, परंतु वह सत्य के अलग आयाम अनुभव अवश्य करता है)। मानो यदि व्यक्ति आसक्ति से बाहर आ जाता है, इसका अर्थ यह हुआ कि वह आसक्ति के चक्र को तोड़ने में सफल रहा और श्रेष्ठ कार्यकारी नियंत्रण और प्रबल इच्छा शक्ति को प्राप्त करता है और साथ-साथ आसक्ति से बाहर आकर नए तंत्रिका कोशिका तंत्र का निर्माण भी करता है, जो उसको सत्य के समीप ले जाते हैं।

यदि हम नशीले पदार्थ भूल भी जाएँ या नशीले पदार्थ के विषय को एक बार हटा भी दें, तब भी समाज में, जीवन में, मनुष्य भाँति-भाँति की आसक्ति को अपना ही लेता है। सामान्य जीवन में भी मानव विभिन्न प्रकार की पीड़ा में उलझकर उनका आनंद उठाता है। जैसे व्यवसाय, पैसा, नाम, इज्जत इत्यादि आसक्ति में उलझकर मानव मूर्खतापूर्ण क्रियाएँ सीखता है। जैसे स्वार्थीपन, नकारात्मकता, क्रोध, ईर्ष्या इत्यादि। परंतु जो मनुष्य अपने सभी बंधनरूपी चक्रों को तोड़ देता है, वह सत्य प्राप्त करता है, वह मोक्ष प्राप्त करता है और बुद्धत्व को प्राप्त करता है। इन बंधनों के पार कैसे जाया जाता है, यह हम अपनी कहानी में आगे समझेंगे, सिद्धार्थ, गौतम बुद्ध के उदाहरण के सहारे।

आसक्ति के अधीन व्यक्ति सोचना अधिक पसंद करते हैं, परंतु वह केवल सोचते रहते हैं, कोई कार्य नहीं करते अपनी सोच से संबंधित। परंतु उनकी यही सोच उनको कार्य करने के लिए भी प्रेरित कर सकती है और सत्य और मुक्ति के समीप भी ले जा सकती है। केवल 'सही दिशा' दिखाने की बात है। यदि उनकी सोच को सही दिशा मिल जाए तो उनकी सोच कार्यान्वित हो जाएगी।

आइए, अब इस आसक्ति के चक्र ने सिद्धार्थ, गौतम के जीवन के चारों ओर अपना जाल कैसे बुना होगा, यह देखते हैं।

गौतम बुद्ध भी राजघराने के वातावरण में जीवन व्यतीत कर रहे थे और भोग विलास के पुनरावृत्ति चक्र के कारण वह भी राजस्वी गौरव या राज शुल्क से संबंधित अनुभवों और वस्तुओं के प्रति कहीं-न-कहीं आसक्ति विकसित कर रहे थे। सोने के लिए विशाल सुख-सुविधा से भरपूर शयन कक्ष, भोर होते ही दास-दासी सिद्धार्थ की सेवा में लग जाते थे। सिद्धार्थ जब कभी घूमने के लिए निकलते थे तब भी वह पूरे समूह लेकर निकलते थे, खानपान के लिए राजभोग थे, और इत्यादि सभी प्रकार के राज शुल्क का अनुभव था। सिद्धार्थ यह सब प्रतिदिन भोग रहे थे, 25-26 वर्ष की आयु तक तो पुनरावृत्ति चक्र के कारण हम कह सकते हैं कि सिद्धार्थ भी कहीं-न-कहीं अपने राजस्व से संबंधित अनुभव के प्रति आसक्ति विकसित कर रहे थे। किसी के लिए आसान नहीं होता, चौबीस-पच्चीस वर्ष की आयु तक राजस्व अनुभव करके स्वेच्छा से संन्यास लेना। अभी हम आसक्ति के बारे में थोड़ा और समझते हैं, इसके पश्चात् हम देखेंगे कि कैसे जिज्ञासा की सहायता से बुध सभी आसक्ति के बंधनों से बाहर आए। राजस्व के पुनरावृत्त अनुभव सिद्धार्थ के भीतर राजस्व के प्रति अधिक तृष्णा और लालसा उत्पन्न करते होंगे। इस लालसा और तृष्णा के लिए एक आधुनिक वैज्ञानिक के शब्दों का उदाहरण लेते हुए हम कहते हैं कि—

तृष्णा का अपना ही एक जीवन और अपना ही तंत्र होता है।

कुछ समय तक सिद्धार्थ ने भी अपनी इच्छा और तृष्णा को ही अपना जीवन समझ लिया था। जैसे हमारे आज के समाज में भी प्रत्येक आसक्ति के अधीन व्यक्ति अपनी

आसक्ति को ही अपना जीवन समझ लेते हैं। चाहे आसक्ति किसी नशीले पदार्थ के प्रति हो या पैसा या नाम कमाने की हो, या अन्य आधुनिक आसक्ति हो, प्रत्येक आसक्ति के अधीन मनुष्य अपने तथाकथित तर्क से अपनी आसक्ति को सत्य सिद्ध करना चाहते हैं।

वैज्ञानिक तथ्य

अभिराम के परिपथ छोटे होते हैं, लालसा की तुलना में, इसी कारण से लालसा अभिराम के तंत्र को दबा देती है। अर्थात् आसक्ति के थोड़े समय पश्चात् लालसा का अभिराम से कोई संबंध नहीं होता। जैसा कि कुछ आसक्ति के अधीन व्यक्ति सोचते हैं कि वह अभिराम अनुभव कर रहे हैं। व्यक्ति लालसा तब भी अनुभव कर सकता है जब उसको कोई भी अभिराम नहीं मिल रहा हो। प्रारंभ में मनुष्य यह अभिराम के लिए करता है, परंतु जब वह लालसा तंत्र में प्रवेश कर जाती है तब मनुष्य अभिराम के संदर्भ में सोचता तक नहीं, न ही पीड़ा के संदर्भ में सोचता है। सरल भाषा में कहें तो उनकी लालसा को किसी साधन की आवश्यकता नहीं होती।

X की टिप्पणी

आज के तथाकथित आधुनिक समाज में भी बहुत बड़े स्तर पर यह घटित हो रहा है। अधिकतर मनुष्य लक्ष्यहीन लालसा विकसित कर रहे हैं। केवल नशीले पदार्थ के संदर्भ में ही नहीं, किसी भी संदर्भ में, जैसा हमने देखा, नाम, पैसा इत्यादि तथा मानसिक और शारीरिक हर प्रकार की आसक्ति उपस्थित है, और संदर्भ हो या न हो, उन्हें इससे भी कोई लेना-देना नहीं। सिद्धार्थ भी कुछ समय तक पुनरावृत्ति चक्र में उलझे रहे, परंतु इस अभेद्य चक्र को भी सिद्धार्थ ने भेद दिया, इसी कारण से आज हम यह सबकुछ जान पा रहे हैं और समझ पा रहे हैं। अभी तो हमने आसक्ति के जाल को थोड़ा सा समझा है, आइए, हम इस जाल को अधिक समझते हैं और संभव और असंभव के बीच का अंतर भी जानते हैं।

लालसा के संदर्भ में गुरुजी (14वें दलाई लामाजी) की टिप्पणी।

गुरुजी की टिप्पणी

कुछ चूहे और बाकी अन्य जानवर भी लालसा को नियंत्रित करने की क्षमता दरशाते हैं। जैसे यदि चूहे को यह अंदेशा हो जाए कि उसको पकड़ने के लिए यह एक जाल बिछाया गया है, जिसमें खाना लगाया गया है और यदि मैं यह खाना खाने गया तो पकड़ा जाऊँगा, तो वह उस जाल का त्याग करना प्रारंभ कर देता है और अपनी लालसा को नियंत्रित करता है।

हमारे शरीर के भीतर अनेक रहस्य छुपे हैं। आइए, उन रहस्य में से कुछ रहस्यों को

वैज्ञानिक दृष्टि से देखते और समझते हैं।

वैज्ञानिक तथ्य

जो तंत्र या प्रणाली लालसा उत्पन्न करती है, वही तंत्र डर और भय भी उत्पन्न करती है। एक ही प्रणाली है जो दोनों को उत्पन्न करती है, वह भी एक ही समय में, और दोनों के बीच उछल भी सकती है।

X की टिप्पणी

यह प्रक्रिया, यह प्रणाली या तंत्र मानव जाति को क्रम विकास का एक श्रेष्ठ उपहार है। यह भी हमारी विद्या प्राप्ति का एक साधन है। यह प्रणाली हमें भयसूचक संकेत प्रदान करवाती है। यह कार्यप्रणाली या तंत्र हमें हमारे कार्य के सकारात्मक और नकारात्मक परिणाम के लिए सचेत करता है। यह प्रणाली हमें प्रत्येक कदम सावधानी के साथ उठाने की क्षमता प्रदान करती है। विपत्ति से बचने के लिए सीमित और नियंत्रित डर और भय आवश्यक है।

यह जिज्ञासा का वह साधन है, जो यदि प्राकृतिक रूप से कार्य करें तो व्यक्ति अपने कार्य के परिणाम के संदर्भ में सोच सकता है और कार्य करते समय सावधानी बरतने की क्षमता भी प्रदान करवाता है यह तंत्र, परंतु अधिकतर मनुष्य में जब यह प्रणाली भयसूचक संकेत उत्पन्न करती है तब वह इस भय के आगे जाकर प्रोत्साहन उत्पन्न नहीं कर पाते, वह भय के संकेतों पर अधिक ध्यान देकर अधिक मात्रा में भय उत्पन्न करने लगते हैं और ऐसा होने पर उनका तंत्र प्रोत्साहन उत्पन्न नहीं कर पाता। यह सब केवल और केवल इच्छाशक्ति पर निर्भर होता है कि मनुष्य भय सूचक संकेत प्राप्त कर उससे आगे प्रोत्साहन उत्पन्न करेगा या भयभीत हो जाएगा। मनुष्य को यह सदा स्मरण रखना चाहिए कि उनका तंत्र जो भय उत्पन्न करता है, वह केवल और केवल हमें सावधानी बरतने को कहता है, भयभीत होने को नहीं। हमें भय के आगे बढ़ प्रोत्साहन उत्पन्न करना सीखना चाहिए।

गुरुजी की टिप्पणी

गुरुजी ने वैज्ञानिकों की यह बात सुनकर अपने मस्तिष्क की कार्य शक्ति का एक उदाहरण दिया। उन्होंने कहा—

जब कोई मनुष्य किसी वस्तु के निकट जाता है, तब वहाँ तृष्णा तो होती है, परंतु वहाँ एक चिंता का विषय भी होता है, किसी भी विपत्ति को भाँपने के लिए. जब चिंता के विषय की तीव्रता बढ़ जाती है, तब वह डर और भय में परिवर्तित हो जाता है। अत्यधिक चिंता डर और भय उत्पन्न करती है।

X की टिप्पणी

इस प्रणाली को जानना और समझना इसलिए आवश्यक है, क्योंकि इसी के कारण आज का आधुनिक मानव भी डर और भय के जाल में उलझता जा रहा है। अपनी दिनचर्या में व्यक्ति चिंता की तीव्रता इतनी बढ़ा देता है कि छोटी-छोटी चीजें भी उन्हें बड़ी उलझनें लगने लगती हैं।

जब मनुष्य कोई भी कार्य करता है तो प्राकृतिक रूप से उसके भीतर चिंता जन्म लेती है और यह चिंता का विषय केवल मनुष्य को सावधानी बरतने को कहता है, परंतु जब इस चिंता के विषय की तीव्रता अधिक बढ़ जाती है और मनुष्य अपने कार्य के संदर्भ में न सोचकर केवल चिंता के विषय में ही सोचता है तब यह चिंता का विषय डर और भय में परिवर्तित हो जाता है। हमें यह सदा स्मरण रखना चाहिए कि जो प्रणाली यह चिंता उत्पन्न कर रही है, वही प्रणाली प्रोत्साहन भी उत्पन्न करती है और यह हमारे ऊपर निर्भर होता है कि हम उस प्रणाली से भयभीत हो जाएँगे या प्रोत्साहन उत्पन्न करेंगे।

वैज्ञानिक प्रतिक्रिया (गुरुजी की टिप्पणी पर)

जो डर और भय है वह इच्छा की वस्तु के आसपास की वस्तुओं से संबंधित हो सकता है, परंतु क्या भय इच्छा की वस्तु से भी संबंधित हो सकता है ? इसका उत्तर है हाँ, भय जो है, वह इच्छा की वस्तु के कारण भी उत्पन्न हो सकता है।

गुरुजी की प्रतिक्रिया

यह सही है, क्योंकि जब कोई व्यक्ति इच्छा की वस्तु के पास जाता है, तब वह संभव परिणामों के संदर्भ में सोचता है, और संकट की गणना करता है, वह संकट, जो उस वस्तु को पाने के लिए उठाना होगा, तो वह चिंता के विषय के साथ आगे बढ़ता है, जो कि इच्छा की वस्तु से संबंधित है।

मनुष्य की सोच को यह लाभ प्राप्त है दूसरे जीवों की तुलना में। अन्य जानवर इच्छा की वस्तु को केवल एकल बिंदु एकाग्रता के साथ देखते हैं, इसी कारण से भय उत्पन्न नहीं करते, परंतु मनुष्य के पास अलग-अलग दृष्टिकोण के साथ वस्तु को देखने की क्षमता है और हम संभव परिणामों के संदर्भ में भी सोच सकते हैं और इस प्रक्रिया के समय भय उत्पन्न कर सकते हैं।

गुरुजी की आत्मा ने या कहें, उनके चेतन तत्त्व ने पुनः स्वयं को प्रत्यक्ष किया। उन्होंने कहा कि हमारे मस्तिष्क (माइंड) की गति हमारे मगज (ब्रेन) से बहुत ही अधिक है। संभवतः मस्तिष्क की गति प्रकाश की गति से भी अधिक है। मगज के स्तर पर बदलाव आने में अवश्य ही समय लगता है, परंतु मस्तिष्क स्वयं को क्षणभर में

परिवर्तित कर सकता है या मस्तिष्क में बदलाव तत्क्षण हो सकते हैं।

X की टिप्पणी

मस्तिष्क की गति अधिक होती है हमारे मगज के कार्य करने की गति की तुलना में। वैज्ञानिक जिन तंत्रिका कोशिका की हलचल को मस्तिष्क की गति मान रहे हैं, वह यह जान लें कि तंत्रिका कोशिका की हलचल मस्तिष्क की गति नहीं होती है। तंत्रिका कोशिका की हलचल तो मस्तिष्क के कार्य करने के पश्चात् घटित होती है। गुरुजी जिस मस्तिष्क की गति की बात कर रहे हैं, वह तंत्रिका कोशिका की हलचल से संबंधित नहीं, बल्कि वह है जिसके कारण तंत्रिका कोशिका में हलचल होती है। मस्तिष्क के कार्य करने के पश्चात् हमारी तंत्रिका कोशिका में हलचल होती है। इस पर हमारे आज के आधुनिक वैज्ञानिक कह सकते हैं कि तंत्रिका कोशिका में सकारात्मक आयन (ions) और नकारात्मक आयन की हलचल से तंत्रिका कोशिका में हलचल होती है, परंतु जिस मस्तिष्क की गति की बात गुरुजी कर रहे हैं, वह आयन की हलचल से भी संबंधित नहीं। गुरुजी उसकी बात कर रहे हैं जिसके कारण आयन में हलचल होती है।

मस्तिष्क की गति अधिक होती है हमारे मगज से, यह बात कुछ अन्य बातों को भी सिद्ध करती है। जब हम कोई बात या किसी घटना के संदर्भ में या किसी भी संदर्भ में सोचते हैं तो उस विशेष सोच से जुड़े विचार हमारे मगज में आते हैं। हमारे मगज में कुछ विचार कुछ क्षण के लिए रहते हैं, इसके पश्चात् वह दूसरे विचारों द्वारा बदल दिए जाते हैं। परंतु वह विचार जो कुछ क्षण के लिए आए थे, वह भी हमारे मगज में कुछ छाप और चिह्न छोड़ जाते हैं, जिन्हें हम तंत्रिका कोशिका की गतिविधि के रूप में देखते हैं और वह उस विशेष वस्तु के प्रति (जिसके संदर्भ में हम सोच रहे होते है) स्मृति को भी हर बार विचार आने पर अधिक बलशाली कर जाते हैं, और यदि वह विचार बार-बार आए या कोई व्यक्ति किसी वस्तु के संदर्भ में बार-बार सोचे तो वह उस व्यक्ति के मगज में बदलाव तक ला सकता है और बलशाली कार्य परिपथ का निर्माण भी कर सकता है।

वह विचार जो क्षणभर के लिए आता है, वह भी समय के साथ हमारे तंत्र में जीवन जीने लगता है और हमारे मगज का रूप धारण कर लेता है, और इसके पश्चात् वह उस व्यक्ति के लिए सत्य का रूप धारण कर लेता है। मस्तिष्क तो हर अलग विचार के साथ तत्क्षण बदल जाता है, परंतु हमारे मगज को बदलने में अधिक समय लगता है। मगज में बदलाव आने के पश्चात् वह विचार व्यक्ति के मगज में जीने लगता है। इस प्रक्रिया के साथ मनुष्य के व्यक्तित्व में एक नया पात्र जुड़ जाता है। यदि मनुष्य किसी विचार को अधिक महत्त्वता देता है, तो वह विचार सत्य का रूप धारण कर लेता है और एक पात्र के रूप में व्यक्ति के भीतर एक प्रकार के स्व के रूप में जीवन जीने लगता है।

जो विचार तरंग या कण रूप में होता है या कहें, ऊर्जा के रूप में हमारे मस्तिष्क के स्तर में होता है, वह समय के साथ रूपांतरित होकर मगज और एक विशेष प्रकार के सत्य का रूप धारण कर लेता है, अर्थात् वह एक प्रकार से उनके मस्तिष्क का भाग बन जाता है। जो विचार तरंग या कण ऊर्जा के रूप में है, वह 'इच्छा, तृष्णा, लालसा, परावर्तित चक्र' के कारण पदार्थ का रूप धारण कर मगज के भीतर पदार्थ में परिवर्तित हो जाता है। इसके पश्चात् वह विचार उस मनुष्य के साथ ही उसके तंत्र में स्व के रूप में जीवन जीते हैं। इसी प्रकार एक आत्मा या चेतन ऊर्जा में समय के साथ-साथ अलग-अलग व्यक्तित्व जुड़ते जाते हैं या कहें, अलग-अलग अवतार निर्मित होते जाते हैं।

जब कोई मनुष्य अपने किसी विशेष व्यवहार को या अपने व्यक्तित्व की किसी विशेषता को छोड़ना चाहता है, तब भी उसके तंत्र में यही प्रक्रिया घटित होती है। मस्तिष्क के स्तर पर बदलाव तत्क्षण घटित हो जाते हैं, परंतु मगज के स्तर पर बदलावों को घटित होने में अधिक समय लगता है। अर्थात् मस्तिष्क के वह क्षेत्र, जो उनकी आसक्ति के लिए उत्तरदायी हैं, उन्हें साधारण अवस्था में आने में समय लगता है और आसक्ति के कारण उनके मस्तिष्क के क्षेत्रों के बीच जो जोड़ निर्मित हुए हैं, उन्हें भी खंडित होने में समय लगता है। अधिक समय जो लगता है, वहीं व्यक्ति उलझन में पड़ जाता है और हताश होकर वहीं अटक जाता है। वह यह नहीं जान और समझ पाता कि बदलाव होने में 'समय लगता है'। वह अपने मस्तिष्क के स्तर पर तो यह सुनिश्चित करता है कि वह अपनी उस विशेषता या आदत से छुटकारा पाएगा या अपने इस पुनरावृत्ति चक्र से बाहर आएगा, परंतु अगले ही दिन वह स्वयं को असमर्थ पाता है, क्योंकि मगज को बदलने में समय लगता है और अभी मगज पहले के बने परिपथ के अनुसार ही कार्य कर रहा है, जिसके कारण वह लालसा भी उत्पन्न कर रहा है। व्यक्ति अपने भीतर उठी लालसा के प्रति समर्पण कर देता है और हताश होकर सोचता है, 'मैं यह नहीं कर सकता', जबकि वह यह नहीं समझ पाता कि थोड़ा सा समय देना पड़ेगा, बदलाव लाने के लिए। मनुष्य को यह समझना चाहिए कि हमारा तंत्र लालसा उत्पन्न करेगा, परंतु हमें उसकी लालसा पर ध्यान नहीं देना और जो वह चाहता है, उसके संदर्भ में सोचना तक नहीं, ऐसा करने पर थोड़े ही दिनों में वह लालसा भी समाप्त हो जाएगी। परंतु अधिकतर मनुष्य अपने भीतर उठी लालसा को अपनी असफलता मान लेते हैं और हताश होकर उसी पुनरावृत्ति चक्र में उलझे रहते हैं।

यहाँ ध्यान अत्यंत महत्त्वपूर्ण सिद्ध होता है। इस अवस्था में ध्यान अकल्पनीय प्रकार से लाभ पहुँचा सकता है। ध्यान की एक अवस्था है जिसको हम 'विश्लेषणात्मक ध्यान' (एनालिटिक मेडिटेशन) कहते हैं, इसके सहारे मनुष्य अपनी सोच और अपनी वास्तविकता की सभी परतों के पार जा सकता है। विश्लेषणात्मक ध्यान के सहारे मनुष्य

अपने 'कर्म, लालसा, इच्छा, तृष्णा इत्यादि' के सभी सकारात्मक और नकारात्मक पहलू देख सकता है और धीरे-धीरे शून्यता के सहारे मनुष्य अपने भीतर और मगज में आए बदलाव को पूर्ण रूप देता है और बदलाव को स्थिर और वास्तविक करता है। शून्यता में पदार्थ-ऊर्जा शीघ्र भंग हो जाते हैं। ध्यान की भिन्न-भिन्न विधि जैसे 'परोपकार, करुणा और प्रेम का ध्यान, भूत शुद्धि, चित्त शुद्धि, एकल बिंदु ध्यान इत्यादि' द्वारा मनुष्य अपने तंत्र में बने पुराने परिपथ को भंग करता ही है, साथ-ही-साथ नए परिपथ और नए मगज की संरचना भी करता है। भंग करने के साथ-साथ नई मानसिक संरचनाओं का निर्माण भी करता है। हमने वैज्ञानिकों के शोध में देखा है कि थोड़े समय में ही ध्यान अधिक लाभ दे देता है। यह मनुष्य पर निर्भर है कि वह कैसे और कितने समय में अपने पदार्थ और परिपथ के जटिल जोड़ और संबंध स्थापित करता है (एंटेंगल करता है) और सही समय आने पर उन जोड़ और संबंधों को खंडित (डिसएंटेंगल करता है) भी करता है।

ऊर्जा और पदार्थ एक-दूसरे से जुड़े हुए हैं और एक-दूसरे को निर्मित भी कर सकते हैं। पदार्थ द्वारा ऊर्जा उत्पन्न की जा सकती है और ऊर्जा के द्वारा पदार्थ भी उत्पन्न किया जा सकता है। यह प्रक्रिया ब्रह्मांड के साथ-साथ जीवित तंत्र के भीतर भी घटित होती है। जीवित तंत्र के भीतर मानसिक स्तर में निर्मित या मानसिक स्तर में जन्मी ऊर्जा शारीरिक स्तर में पदार्थ को जन्म दे सकती है और देती भी है तथा इसी प्रक्रिया के सहारे हमारे विचार, हमारी इच्छा और हमारी मनोदशा, जो ऊर्जा के रूप में उपस्थित होती है, वह समय के साथ-साथ पदार्थ का रूप धारण कर लेती है। हम जब भी किसी विचार या किसी मनोदशा के माध्यम से कोई ऊर्जा निर्मित करते हैं तब कुछ प्रक्रियाएँ उस ऊर्जा के माध्यम से पदार्थ का निर्माण करती हैं और हमारी इच्छाएँ और हमारे विचार समय के साथ-साथ जीवित तंत्र का भाग बन जाते हैं। हमारी मनोदशा, इच्छा और हमारे विचारों द्वारा जो ऊर्जा उत्पन्न होती है, वह कुछ आभासी कणों/प्रकाशाणुओं (वर्चुअल पार्टिकल्स प्रकाशाणु) को जन्म देती है और ऊर्जा द्वारा अस्तित्व में आए आभासी प्रकाशाणु के सहारे हमारे तंत्र के भीतर विशेष जीवित पदार्थ का निर्माण होता है और समय के साथ-साथ जो विचार और इच्छाएँ ऊर्जा के रूप में हमारे तंत्र में उपस्थित थीं, वह पदार्थ रूप धारण कर लेती हैं और हमारे तंत्र का एक भाग बनकर हमारे तंत्र का संचालन करने लगती हैं। ऊर्जा द्वारा पदार्थ का निर्माण किस प्रकार हो सकता है, आइए, इसे एक आधुनिक वैज्ञानिक उदाहरण के सहारे समझने का प्रयास करते हैं।

वैज्ञानिकों ने जुलाई 2021 में अपने एक शोध के परिणाम सार्वजनिक किए और वह परिणाम इस बात के साक्षी थे कि प्रकाश द्वारा पदार्थ का निर्माण किया जा सकता है। वैज्ञानिकों ने जिस शोध के परिणाम सार्वजनिक किए थे, उस शोध में वैज्ञानिकों ने प्रकाश के द्वारा पदार्थ का निर्माण किया था। आधुनिक विज्ञान इस शोध से पूर्व पदार्थ के निर्माण

से संबंधित अनेक सिद्धांतों को मानता था, परंतु इस शोध ने यह दरशाया कि पदार्थ का निर्माण प्रकाश द्वारा किया जा सकता है। आधुनिक जगत् में आइंस्टीन ने अपने सिद्धांत के द्वारा यह सिद्ध किया था कि ऊर्जा और पदार्थ एक-दूसरे से संबंधित है। आधुनिक जगत् ने आइंस्टीन के सिद्धांत से पदार्थ द्वारा ऊर्जा उत्पन्न करना तो सीख लिया था, परंतु आइंस्टीन के सिद्धांत का यह उपयोग विध्वंसक था, परमाणु बम के रूप में। अब अधिकतर आधुनिक वैज्ञानिक अपनी विध्वंसक प्रवृत्ति को त्याग विज्ञान द्वारा प्रकृति की प्रवृत्ति की खोज में लगे हुए हैं और उसी के सहारे उन्होंने आइंस्टीन के सिद्धांत के दूसरे पहलू पर कार्य किया और ऊर्जा द्वारा पदार्थ को निर्मित करने का प्रयास किया। वैज्ञानिकों ने यह किस प्रकार किया, आइए, इसे समझते हैं।

आधुनिक विज्ञान ने परमाणु ऊर्जा के रूप में यह तो जान ही लिया था कि हम थोड़े से पदार्थ के सहारे बड़ी मात्रा में ऊर्जा का निर्माण कर सकते हैं, परंतु 2021 के अपने शोध के परिणामों के सहारे वैज्ञानिकों ने यह भी जाना कि हम ऊर्जा के सहारे पदार्थ का निर्माण भी कर सकते हैं और यह जानने के लिए उन्होंने एच.आई.सी. (हैवी आयन कोलाइडर) में एक परीक्षण किया। इस शोध से पूर्व वैज्ञानिकों का यह मानना था कि हम पृथ्वी पर प्रकाश द्वारा पदार्थ का निर्माण नहीं कर सकते, क्योंकि प्रकाश द्वारा पदार्थ के निर्माण हेतु हमें गामा किरणों (गामा रेज़) की आवश्यकता पड़ेगी और गामा किरणों के निर्माण के लिए हमें भारी मात्रा में ऊर्जा की आवश्यकता भी पड़ेगी और इसी कारण से हम पृथ्वी पर प्रकाश द्वारा पदार्थ का निर्माण नहीं कर सकते। परंतु कुछ वैज्ञानिकों ने इसका भी हल खोज लिया और आभासी प्रकाशाणु (वर्चुअल फोटोंस) के सहारे इस शोध को करने का प्रयास किया, जिसके लिए उन्होंने सोने के आयन्स का प्रयोग किया। इस शोध में वैज्ञानिकों ने सोने के भारी आयन (हैवी आयन ऑफ गोल्ड) का प्रयोग किया। इस प्रयोग में वैज्ञानिकों ने सोने के आयन्स को प्रकाश की 99 प्रतिशत गति के समान एच.आई.सी. के भीतर गतिमान किया और वैज्ञानिकों ने उन आयन्स को एक-दूसरे के साथ टकराया नहीं, बल्कि उन्हें एक-दूसरे के पास से निकाला। वैज्ञानिकों का मानना था कि जब वह सोने के आयन्स को प्रकाश की गति के 99 प्रतिशत गति के समान गतिमान करेंगे तो इस गति पर गतिमान होने के कारण आयन्स के आसपास कुछ आभासी प्रकाशाणु अस्तित्व में आएँगे और जब वैज्ञानिक सोने के आयन्स को एक-दूसरे के पास से निकालेंगे तो उन आयन्स के कारण अस्तित्व में आए आभासी प्रकाशाणु आपस में टकराएँगे और इस टकराव के कारण पदार्थ का निर्माण हो सकता है।

वैज्ञानिकों ने शोध के समय जब सोने के आयन्स को प्रकाश की 99% गति के समान गति से एक-दूसरे के पास से निकाला तो उनके एक-दूसरे के आसपास से निकलने के कारण सोने के आयन्स द्वारा अस्तित्व में आए आभासी प्रकाशाणु (वर्चुअल

फोटोंस) आपस में टकराए और उनके टकराने के कारण इलेक्ट्रॉन और प्रोटॉन अस्तित्व में आए। वह आभासी प्रकाशाणु, जो सोने के आयन्स के कारण अस्तित्व में आए थे, उनका वैज्ञानिक सीधे-सीधे निरीक्षण नहीं कर सकते थे, परंतु उन आभासी प्रकाशाणु के टकराने के कारण जो इलेक्ट्रॉन और प्रोटोन अस्तित्व में आए, वह इसका प्रमाण है कि आभासी प्रकाशाणु अस्तित्व में भी आए और उनके बीच टकराव भी हुआ, जिसके कारण पदार्थ अर्थात् इलेक्ट्रॉन और प्रोटोन का निर्माण हुआ। अपने इस शोध में वैज्ञानिकों ने आभासी प्रकाशाणु के सहारे पदार्थ का निर्माण किया।

कुछ वैज्ञानिक हैं, जो यह कहते हैं कि इस शोध में जो पदार्थ निर्मित हुआ है वह आभासी कणों के कारण निर्मित हुआ और आभासी कण वास्तविक नहीं होते और इसी कारण से यह शोध प्रामाणिक नहीं है। जो वैज्ञानिक ऐसा सोचते हैं, उनकी सोच के अपने कारण हो सकते हैं, परंतु इस शोध में पदार्थ निर्मित हुआ है और वह भी सोने के आयन्स के टकराव के बिना और ऐसा तभी संभव हो सकता है जब सोने के आयन्स के कारण अस्तित्व में आनेवाले आभासी प्रकाशाणु आपस में टकराएँ और उन आभासी कणों के टकराव के कारण पदार्थ का निर्माण हो। इस शोध के संचालक वैज्ञानिक यह कहते हैं कि सोने के आयन्स के कारण जो प्रकाशाणु अस्तित्व में आए, वह वास्तविक हैं, आभासी नहीं, परंतु सभी वैज्ञानिक यह नहीं मानते।

जो वैज्ञानिक यह कहते हैं कि इस शोध में जो प्रकाशाणु अस्तित्व में आए, वह आभासी प्रकाशाणु हैं, वास्तविक नहीं, तो वह वैज्ञानिक सर्वप्रथम यह बताएँ कि जो तथाकथित वास्तविक प्रकाशाणु हैं, वह स्वयं में वास्तविक हैं क्या ? जिन प्रकाशाणु को यह वैज्ञानिक वास्तविक कह रहे हैं, वह स्वयं में ही वास्तविक नहीं हैं और इस सत्य को आधुनिक वैज्ञानिक भली-भाँति जानते भी हैं और आधुनिक वैज्ञानिक शोध जैसे डबल स्लिट और इस जैसे अन्य शोध यह सिद्ध करते हैं कि जो प्रकाशाणु हमें वास्तविक प्रतीत होते हैं, वह वास्तविकता में अध्यारोपण की अवस्था में उपस्थित होते हैं और इस जगत् में हम केवल उसके प्रभावों का निरीक्षण कर सकते हैं, वास्तविक प्रकाशाणु का नहीं। जिन्हें आधुनिक विज्ञान आभासी कण कहते हैं, वह हमारे आयाम की वास्तविकता के अनुसार वास्तविक हैं। यह जो आभासी प्रकाशाणु हैं, वह उतने ही वास्तविक हैं जितने तथाकथित वास्तविक प्रकाशाणु होते हैं।

वैज्ञानिकों द्वारा किए गए इस शोध में हमने देखा कि जब सोने के आयन्स को प्रकाश की 99 प्रतिशत गति के समान गतिमान किया जाता है तो ऐसा होने पर कुछ आभासी प्रकाशाणु अस्तित्व में आते हैं और जब सोने के आयन्स एक-दूसरे के पास से निकलते हैं तो उन आयन्स के कारण जो आभासी प्रकाशाणु अस्तित्व में आते हैं, उनके बीच टकराव होता है और उस टकराव के कारण इलेक्ट्रॉन और प्रोटोन, अर्थात् पदार्थ

का निर्माण होता है। कुछ ऐसा ही हमारे जीवित तंत्र के भीतर भी घटित होता है। हमारे विचार, हमारी इच्छा और हमारी मनोदशा के कारण हमारे मानसिक आयाम से जुड़े कुछ विशेष आयन्स अस्तित्व में आते हैं या गतिमान होते हैं और उनके अस्तित्व में आने और उनके गतिमान होने के कारण कुछ विशेष आभासी प्रकाशाणु अस्तित्व में आते हैं और उन आभासी प्रकाशाणु के सहारे जीवित पदार्थ का निर्माण होता है। इसी प्रक्रिया के सहारे हमारे विचार, हमारी इच्छा और हमारी तृष्णा, जो ऊर्जा रूप में अस्तित्व में आती है, वह समय के साथ-साथ पदार्थ का रूप धारण कर हमारे तंत्र का एक भाग बन जाती है और हमारे तंत्र में जीवन जीने लगती है और यह सबकुछ प्रकाश के विभिन्न स्वरूपों के सहारे घटित होता है। वेदों में प्रकाश को अग्नि का स्वरूप कहा गया है और अग्नि तत्त्व के कारण ही यह संपूर्ण प्रक्रिया घटित हो पाती है। अग्नि तत्त्व के कारण ही आभासी प्रकाशाणु अस्तित्व में आते हैं और अपनी लीला रचते हैं। अग्नि तत्त्व का कौन सा स्वरूप इसके लिए उत्तरदायी होता है, आइए, इसे भी हम गुरुजी और वैज्ञानिकों के बीच वाद-विवाद के उसी अंश के सहारे समझते हैं जिस अंश का विश्लेषण हम कर रहे थे।

गुरुजी की टिप्पणी

गुरुजी ने कहा कि मस्तिष्क की गति प्रकाश की गति से भी अधिक होती है, इस कारण से वैज्ञानिक चेतना को नहीं खोज सकते। वह केवल उससे संबंधित मगज की हलचल और गतिविधियों का ही अध्ययन कर सकते हैं, जो धीमी गति से कार्य करता है, मस्तिष्क की तुलना में। मस्तिष्क की गति प्रकाश की गति से भी अधिक है, इसलिए उसको मापना और उसका अध्ययन करना कठिन है।

वैज्ञानिक उत्तर

गुरुजी की बात पर (तुम वैज्ञानिक मस्तिष्क की कार्य करने की गति को माप नहीं सकते) रिची, जो कि माइंड एंड लाइफ संस्थान के एक सदस्य हैं, उन्होंने उत्तर दिया—

हम लगभग सबकुछ माप सकते हैं। हम एक सेकंड के हजार भाग तक भी माप कर सकते हैं।

गुरुजी का उत्तर

आप वैज्ञानिक स्व के अनुभव को तो माप सकते हो, जो कि मगज पर अपने चिह्न छोड़ता है। परंतु आप मस्तिष्क को माप नहीं सकते। हाँ, जो वैज्ञानिकों का माप है, वह मगज पर आधारित है और हमारा मगज ही सभी कुछ का केंद्र या कारण नहीं है। मस्तिष्क द्वारा मगज पर केवल अनुभव के चिह्न दरशाए जाते हैं।

X की टिप्पणी

वैज्ञानिक कहते हैं कि वह सेकंड के हजार भाग तक माप सकते हैं, चलो, हम कहते हैं कि आज के आधुनिक वैज्ञानिक सेकंड के 1000 भाग तक ही नहीं, सेकंड के करोड़ों भाग तक भी माप सकते हैं, परंतु तब भी वैज्ञानिक मस्तिष्क की गति को माप नहीं सकते, क्योंकि मस्तिष्क इस तथाकथित गति की संकल्पना के पार है। वैज्ञानिकों के मापने का गणित और उपकरण गति की संकल्पना पर ही आधारित है। मस्तिष्क की तथाकथित गति तो छोड़िए, क्या आधुनिक वैज्ञानिक प्रकाश की गति एक ब्लैक होल में माप सकते हैं? ब्लैक होल में मापना तो छोड़िए, क्या वह प्रकाश को वहाँ देख भी सकते हैं? ब्लैक होल अंधकार से लिप्त है, इसका यह अर्थ नहीं कि उसके भीतर कुछ घटित नहीं हो रहा। इसके भीतर वैज्ञानिक प्रकाश को कैसे किसी अन्य वस्तु या घटना के साथ संबंधित करेंगे? क्या ब्लैक होल के भीतर तथाकथित प्रकाश की संकल्पना अस्तित्व में भी होती है? दृश्य प्रकाश के प्रकाशाणु माना टूटकर सूक्ष्म कणों में परिवर्तित हो जाते हों, परंतु क्या वैज्ञानिक ब्लैक होल में प्रकाश के अन्य प्रकार के चिह्न माप या देख सकते हैं क्या? किसी भी प्रकार के कणों या तरंगों की गति ब्लैक होल के भीतर क्या वैज्ञानिक माप सकते हैं? नहीं, वैज्ञानिक ऐसा अभी तक कुछ नहीं कर सकते। वैज्ञानिक ब्लैक होल में मापना तो छोड़िए, कुछ देख तक नहीं पाते। तो क्या वैज्ञानिक यह कह सकते हैं कि ब्लैक होल के भीतर कुछ नहीं है या कुछ घटित नहीं हो रहा या ब्लैक होल अस्तित्व में नहीं है? नहीं, वैज्ञानिक ऐसा भी नहीं कह सकते, क्योंकि वैज्ञानिक केवल ब्लैक होल के परिणाम और ब्लैक होल के प्रभाव देख और माप सकते हैं। वैज्ञानिक ब्लैक होल द्वारा छोड़े गए चिह्न देख और माप सकते हैं, वैज्ञानिक ब्लैक होल के भीतर क्या घटित हो रहा है, यह माप और देख नहीं सकते। ठीक इसी प्रकार वैज्ञानिक मगज पर मस्तिष्क द्वारा छोड़े गए चिह्न तो माप सकते हैं, परंतु मस्तिष्क को नहीं।

क्या वैज्ञानिक यह नहीं कहेंगे कि ब्लैक होल का अस्तित्व तो है, परंतु हम इसके भीतर कुछ माप नहीं सकते? हम ब्लैक होल के भीतर कुछ भी और किसी भी घटना को संबंधित नहीं कर सकते, क्योंकि उस गति में वैज्ञानिकों को कोई संबंध स्थापित करने के लिए वस्तु भी नहीं दिखती, जिसके साथ हम कुछ संबंधित करके कुछ माप सकें। क्या ऐसा कुछ नहीं कहेंगे वैज्ञानिक? ऐसा ही कुछ हमारे मस्तिष्क, चेतना, मगज और जीवन के साथ है।

यही खेल जीवन और चेतना भी खेल रहे हैं। वास्तविक घटना या लीला हमारी बुद्धि के क्षितिज के पार है। वास्तविकता हमारी बुद्धि के क्षितिज के पार अपनी लीला रचती है। जीवन की वास्तविक लीला हमारे मगज के पार रची जा रही है, वैसे ही जैसे ब्लैक होल में घटना क्षितिज के पार भी घटित होती हैं, परंतु हम मनुष्य उन्हें माप या देख

नहीं सकते। जीवन की लीला भी इसी ब्लैक होल की लीला की भाँति है, जिनको हम सीधे-सीधे माप नहीं सकते। हम ब्लैक होल के आसपास की गतिविधियों को मापकर यह जान पाते हैं कि वहाँ पर ब्लैक होल है, परंतु हम ब्लैक होल को सीधा-सीधा देख या माप नहीं सकते, इसी प्रकार हम मगज की गतिविधियाँ (अर्थात् चेतना और जीवन के आसपास होनेवाली गतिविधियाँ या चेतना और जीवन द्वारा उत्पन्न गतिविधियाँ) को हम देख भी सकते हैं और माप भी सकते हैं और हम यह कह सकते हैं कि यह जीवन है, परंतु हम 'मस्तिष्क, जीवन, चेतना' को सीधा-सीधा नहीं माप सकते। गौतम बुद्ध ने इसी अथाह आयाम को प्राप्त किया और निर्वाण और समाधि के आयाम तक पहुँचे।

गुरुजी जिस मस्तिष्क की गति की बात कर रहे हैं, आइए, उस मस्तिष्क की गति के संदर्भ में थोड़ा अधिक जानते हैं और मस्तिष्क की हलचल की विशेषताओं पर भी थोड़ा प्रकाश डालते हैं।

आधुनिक वैज्ञानिक मस्तिष्क को केवल विद्युतीय गतिविधि समझ रहे हैं, जिसको वह कुछ सीमा तक माप सकते हैं। परंतु आदिकालीन भारतीय ज्ञान और सनातन ज्ञान, जिसको आधार बना गुरुजी यह बात कह रहे हैं, उन ग्रंथों में मस्तिष्क के कार्य करने के अलग-अलग स्तर बताए गए हैं और मस्तिष्क को भी कई भागों में बाँटकर समझाया गया है, मुख्यत: 4 श्रेणियों में मस्तिष्क को बाँटा गया है। मस्तिष्क केवल विद्युतीय गतिविधि नहीं, बल्कि यह स्थूल से लेकर सूक्ष्म तक और सूक्ष्म से लेकर शून्यता तक सब रूपों में या प्रत्येक स्तर पर उपस्थित है और प्रत्येक स्तर पर कार्य करता है।

हमारे मस्तिष्क का एक विशेष गुण होता है या एक विशेष क्षमता होती है, और वह विशेष गुण या क्षमता है 'ऊष्मापन' (हीटफुलनेस {heatfulness})। हमारे कर्म या हमारी क्रियाएँ और हमारे शरीर की हर एक गतिविधि होने के लिए मस्तिष्क की गतिविधि की आवश्यकता पड़ती है। वैज्ञानिकों के अनुसार हमारे मगज (ब्रेन) की गतिविधि हमारे मस्तिष्क (माइंड) की गतिविधि के कारण घटित होती है। यह इस प्रकार घटित होता है कि 'हमारी तंत्रिका कोशिका में उपस्थित सकारात्मक और नकारात्मक आयन में हलचल होती है', या हम यह कह सकते हैं कि जब उनके बीच सहभागिता होती है और तंत्रिका कोशिका में उपस्थित सकारात्मक और नकारात्मक आयन के बीच असंतुलन होता है तब तंत्रिका कोशिका गति प्राप्त करती हैं। जब तंत्रिका कोशिका के भीतर उपस्थित सकारात्मक आयन और नकारात्मक आयन के बीच अदला-बदली होती है, तब तंत्रिका कोशिका को गति मिलती है और वह अपना कार्य करती हैं। परंतु महत्त्वपूर्ण बात यह है कि आयन के बीच कैसे और क्यों अदला-बदली होती है या उन आयन में गति क्यों होती है? आधुनिक विज्ञान यह कहता है कि तंत्रिका कोशिका

के भीतर आयन में कितनी हलचल होगी, यह कार्य विभव (एक्शन पोटेंशियल) और श्रेणीकृत विभव (ग्रेडेड पोटेंशियल) पर निर्भर करता है, परंतु कौन सी शक्तियाँ कार्य विभव और श्रेणीकृत विभव घटित करवाती हैं, यह आज का आधुनिक विज्ञान पूर्ण रूप से नहीं समझा पाता। इस पूरी क्रिया प्रणाली को हम अपनी कहानी में आगे पूर्ण रूप से समझेंगे, अभी आइए, इसके मूल पहलू पर थोड़ा प्रकाश डालते हैं।

'ऊष्मापन' नामक क्षमता या विशेषता के कारण से आयन के बीच अदला-बदली होती है। ऊष्मापन वह कार्यप्रणाली या क्षमता है, जो हमारी चेतना के मार्ग का निर्माण करती है। ऊष्मापन का अपना ही एक विशेष परिपथ होता है, कार्य करने के लिए और हमारी चेतना इन्हीं परिपथ से प्रभावित होती है या कहें, यह ऊष्मा परिपथ हमारी चेतना को दिशा देते हैं, अपनी लीला रचने के लिए, या कहें, हमारी चेतना इन ऊष्मा के चिह्नों का पीछा करती है या ऊष्मा परिपथ का उपयोग करती है अपनी लीला रचने के लिए। ऊष्मापन कार्यप्रणाली या क्षमता ही निर्धारित करती है कि 'कौन सा तंत्रिका परिपथ सक्रिय होगा'। कौन सी तंत्रिका कोशिका कौन सी भूमिका अदा करेगी, यह भी ऊष्मापन ही निर्धारित करती है। हम जानते हैं कि एक तंत्रिका कोशिका अलग-अलग प्रकार से व्यवहार कर सकती है, जैसे—डोपामाइन और व्यक्ति का अनुभव इसी पर निर्भर करता है कि कौन सी तंत्रिका कोशिका कौन सी भूमिका निभाएगी। ऊष्मापन का कौन सा परिपथ सक्रिय होगा, वह निर्धारित करेगा कि मनुष्य क्या क्रिया करेगा या कैसे अनुभव करेगा। एक प्रकार से 'ऊष्मापन ही चेतना को उत्पन्न' करता है।

ऊष्मापन उत्पन्न करनेवाली प्रणाली या वह जो उष्मापन उत्पन्न कर रहा है, अपनी लीला रचने के लिए वह हमारे समयाकाश का उपयोग नहीं करता, वह तो स्पेसमॉस का प्रयोग करता है, चेतना का खेल खेलने के लिए। वह जो भी है (जो ऊष्मापन उत्पन्न कर रहा है या रही है), चाहे वह चेतना है, जीवित इंद्रियाँ हैं, सर्वव्यापी ऊर्जा है, आत्मा है, या जो कुछ भी है, वह अपनी लीला इस ज्ञात समयाकाश के पार से कहीं रचता है। आभासी कण/आभासी प्रकाशाणुओं (वर्चुअल पार्टिकल्स/वर्चुअल फोटोंस) के सहारे यह उष्मापन का खेल खेला जाता है। आभासी कणों/आभासी प्रकाशाणुओं की उत्पत्ति और इनका नष्ट होना ही कारण है चेतना की लीला का या कहें, चेतना अपनी लीला इन आभासी कणों/आभासी प्रकाशाणु को अस्तित्व में लाकर या इन्हें नष्ट करके रचती है। हमारे आयन तभी गतिमान होते हैं जब आभासी कणों के सहारे चेतना अपना कार्य करती है। हमने अभी ऊपर जिस वैज्ञानिक उदाहरण पर प्रकाश डालकर इस प्रक्रिया को समझा था कि किस प्रकार आभासी प्रकाशाणु के सहारे पदार्थ का निर्माण किया जा सकता है, कुछ इसी प्रकार की प्रक्रिया के सहारे चेतना इस माया जगत् में अपनी लीला रचती है

या कहें कि कुछ इसी प्रकार आत्मा यह माया की लीला रचती है, अग्नि तत्त्व के सहारे। चेतना, आभासी कण, स्पेसमॉस, समयाकाश, जीवन, आत्मा, इन सबकी मिली-जुली लीला और इनके सत्य को हम अपनी कहानी में आगे विस्तारपूर्वक समझेंगे, अभी बस इतना जानते हैं कि यह चेतना का खेल 'आभासी कण ऊष्मापन के सहारे' खेलते हैं।

अब प्रश्न उठता है कि इस ऊष्मापन का कारण क्या है? क्या ऊष्मापन से चेतना उत्पन्न होती है या चेतना से ऊष्मापन? ऊष्मापन हमारी चेतना को संचालित करता है, या हमारी चेतना ऊष्मापन को? या इन दोनों को ही (चेतना और ऊष्मापन) कुछ और ही उत्पन्न और संचालित करता है? ऊष्मा हमारे समयाकाश की एक साधारण घटना है, साधारण होने के साथ-साथ यह एक महत्त्वपूर्ण और विशेष घटना भी है, जिसके कारण पूरा ब्रह्मांड गतिमान और क्रियाशील है। समयाकाश या स्पेसमॉस में भी ऊष्मा सारा खेल खेलती है और मानव शरीर में भी ऊष्मा ही सभी लीलाएँ रचती है।

कुछ है जो हमारे शरीर में प्रकाश की गति से भी अधिक गति रखता है और ऊष्मा उत्पन्न करता है। प्रकाश की गति से भी अधिक गति से यात्रा करता है या ऐसा भी हो सकता है कि वह 'गति की संकल्पना' या गतिरूपी घटना से ही बाहर हो या इसके पार हो। यह स्पेसमॉस के बाहर-भीतर से एक प्रकार के सूक्ष्म आकाशीय छिद्रों (वरम्होल) के सहारे यात्रा करता है, या कहें कि आकाशीय छिद्रों के द्वारा यह हमारे जीवित तंत्र में ऊष्मा उत्पन्न करता है। वह चेतना है, इच्छाशक्ति है या आत्मा है या कुछ और है, परंतु कुछ तो है, जो ऊष्मा और आभासी कणों को सक्रिय या उत्पन्न करती है। इसी की गतिविधि या यह विशेषता निर्धारित करती है कि कौन सा परिपथ ऊष्मा से भर जाएगा और सक्रिय होगा और क्या क्रिया होगी।

ऊष्मापन ही निर्धारित करता है कि समान तंत्रिका कोशिका से डर और भय उत्पन्न होगा या प्रोत्साहन उत्पन्न होगा और इसका संबंध हमारी मनोदशा के साथ भी होता है, और यही सब प्रक्रियाएँ मिलकर यह निर्धारित करती हैं कि इस मायावी जगत् में कौन सी माया अपनी लीला रचेगी। हमारे तंत्रिका तंत्र के कौन से परिपथ सक्रिय होंगे, यह भी इसी ऊष्मापन पर निर्भर होता है। क्या हमारी इच्छाशक्ति इस उष्मापन को नियंत्रित और संचालित कर सकती है और कैसे यह ऊष्मापन अनियंत्रित रूप से कार्य करता है, यह हम अपनी कहानी में विस्तारपूर्वक आगे समझेंगे और यह भी जानेंगे कि कैसे इस ऊष्मापन को साधकर सिद्धार्थ, गौतम बुद्ध बहुआयामी ज्ञान और बहुआयामी जानकारी एकत्रित कर सके थे और सत्य को प्राप्त कर पाए थे।

ऊष्मा ही है, जो तंत्रिका कोशिका में आयन की हलचल करवाती है और तंत्रिका कोशिका को गति प्रदान करती है। ऊष्मा ही है जो यह निर्धारित करती है कि तंत्रिका कोशिका कौन सी जानकारी के साथ कार्य करेगी। ऊष्मा ही क्रिया सामर्थ्य या क्रिया

विभव के होने में सहायता प्रदान करवाती है। सारा खेल या कहें, सारी लीला वहीं से प्रारंभ होती है और ऊष्मापन के सहारे ही बुद्धत्व ने सही समय आने पर सिद्धार्थ के भीतर वह परिपथ सक्रिय किए जिन्होंने सिद्धार्थ, गौतम बुद्ध के भीतर परम सत्य को जानने की प्रेरणा और जिज्ञासा उत्पन्न की और सिद्धार्थ, गौतम अपनी आसक्ति के चक्र को तोड़कर परम सत्य की खोज में निकले।

चेतना कौन सा परिपथ सक्रिय करेगी या कौन से परिपथ का चुनाव करेगी, यह विशिष्ट पर निर्भर करता है, अर्थात् उसकी इच्छाशक्ति पर। चुनाव कैसे होगा, उसकी कुछ संभावना है—

1. वह हमारे मगज द्वारा बनाए या मगज में उपस्थित परिपथ या कार्यप्रणाली का अनुगमन करेगी, अर्थात् उपस्थित परिपथ या स्वत: निर्धारित तंत्र (डिफॉल्ट मोड) का, जैसे साधारण मनुष्य में क्रिया करती है, इसे हम 'भीतर से बाहर' कार्यकारी कहेंगे।
2. वह उस चेतन तरंग-कण के अनुसार (जिसे यह आभास है कि वह चेतन है), या उसकी सहायता से कार्य करेगी। यह क्रिया दोनों ओर घटित होती है, 'भीतर से बाहर और बाहर से भीतर'। बुद्धिजीवी इस तंत्र पर कार्य करते हैं।
3. एक तीसरे प्रकार का तंत्र भी होता है और वह तंत्र सार्वभौमिक कण या स्पेसमॉस के तरंग-कण द्वारा संचालित होता है। यह भीतर से बाहर और बाहर से भीतर के सिद्धांत या इस संकल्पना के बाहर होता है। यह बहुआयामी कार्य करता है। यह तंत्र समयाकाश और स्पेसमॉस में/से कार्य करता है। योगी और जिज्ञासु इस तंत्र में कार्य करते हैं।

आइए, अब हम इन संभावनाओं और तंत्रों के संदर्भ में थोड़ा अधिक समझते हैं।

1. पहले 'भीतर से बाहर' वाले तंत्र में प्रभावी इंद्रिय तंत्र को संचालित करती है। जैसे कि हम आधुनिक समाज में अधिकतर लोगों को प्रभावी इंद्रिय द्वारा संचालित होते देख सकते हैं। हमारे समाज में आसक्ति के अधीन और जो तथाकथित आसक्ति के अधीन नहीं भी हैं, उनमें भी अधिकतर मनुष्य अपने 'प्रमस्तिष्क खंड' के सेवक बनकर अपना जीवन जीते हैं। उनका जीवन माया जगत् में ही उलझा रहता है और माया जगत् पर ही निर्भर हो जाता है। वह मनुष्य केवल तंत्र की तृष्णा और लालसा की पूर्ति के लिए ही अपना जीवन जीते हैं, या कहें कि यहाँ मनुष्य तो जीवन जीता ही नहीं, उसका प्रमस्तिष्क खंड जीवन जीता है।

2. दूसरे तंत्र को, जो कि दोनों 'भीतर से बाहर और बाहर से भीतर' कार्य करता है, उसकी अपनी विशेषताएँ होती हैं, जिसको बुद्धि संचालित करती है। यह तंत्र अपने बाहर के तंत्र के साथ समकालीन होते हैं या कहें, जुड़े (एंटेंगल) होते हैं, अत: परस्पर

संबंध के सिद्धांत के अनुसार इस तंत्र में 'जीवित इंद्रिय' प्रभावी होती है, जो तंत्र के भीतर और बाहर से कार्य करती है। यह तंत्र अपने अलावा दूसरे तंत्र से प्रभावित होते हैं और दूसरे तंत्र को प्रभावित कर भी सकते हैं। यह तंत्र स्वयं क्रम विकास तो करते ही हैं, साथ-ही-साथ दूसरे तंत्र को भी क्रम विकास करने में सहायता प्रदान करते हैं। यह जीव के भीतर-बाहर और आकाश (स्पेस) में, दोनों में कार्य करते हैं।

3. तीसरे तंत्र में चेतना और आकाश दो अलग-अलग विशेषताएँ 'एक' हो जाती हैं, और एक विशाल अज्ञात तंत्र का निर्माण करती हैं। वह तंत्र सबकुछ होता है और वह कुछ होता भी नहीं। यह एक रहस्यमयी तंत्र होता है। साधक या योगी ही इस तंत्र को प्राप्त या सक्रिय कर सकते हैं, या इस तंत्र का उपयोग कर सकते हैं, और इन्हें नियंत्रित भी कर सकते हैं। योगी समझ जाता है कि कोई भी ज्ञात स्व अस्तित्व में है ही नहीं, परंतु कुछ तो है जो जीवित है। हमें पता है कि हमारा शरीर हमारे जन्म लेने से भी पूर्व आधा हमारी माता के भीतर और आधा हमारे पिता के भीतर उपस्थित था। माता-पिता के आधे-आधे डी.एन.ए. या क्रोमोसोम्स ने मिलकर हमारे 'एक शरीर' को जन्म दिया, तो कहीं-न-कहीं हम उनके भीतर जीवित थे या जीवन की संभावना के रूप में उपस्थित थे, परंतु जन्म लेने के पश्चात् और विकास करते हुए हम स्वयं को अपनी समझ अनुसार विकसित करते हैं। जो हमारे तंत्र को नियंत्रित और विकसित कर रहा है, वह ऊर्जा इस ज्ञात 'समयाकाश' से बाहर है, जो हमारे मानव रूप धारण करने से पूर्व भी किसी-न-किसी रूप में उपस्थित होती है और मानव रूप के अंत होने के पश्चात् भी किसी-न-किसी रूप में कहीं-न-कहीं उपस्थित होती है। यहाँ हमारा शरीर और ऊर्जा एक प्रकार से अलग-अलग हैं, परंतु इस तंत्र में जो है, वह पदार्थ और ऊर्जा का मिला-जुला रूप या विलक्षणता (सिंगुलेरिटी) वाला रूप है। यही रूप विभिन्न आयाम की ऊर्जा और तत्त्व को नियंत्रित करता है। इस तंत्र की कार्यप्रणाली और उपस्थिति रहस्यमयी है।

यह तीसरे प्रकार का तंत्र क्वांटम सिद्धांत और तंतुक सिद्धांत (स्ट्रिंग थ्योरी) के अनुसार कार्य करता है। साधक जब अपनी साधना के उस चरम पर पहुँच जाता है, जहाँ वह सूक्ष्म तरंगों को साधने का ज्ञान प्राप्त कर लेता है, तब साधक तंतुक (स्ट्रिंग्स) की सहायता से बहुआयामी ज्ञान प्राप्त करता है और बहुआयामी स्पेसमॉस के साथ जटिल संबंध (एंटेंगलमेंट) स्थापित कर लेता है। सूक्ष्म तरंगों की सहायता से वह तंतुक से जुड़ जाता है और इस 'भीतर से बाहर या बाहर से भीतर कार्य करने की संकल्पना' के पार चला जाता है और काल के साथ जटिलता से जुड़ (एंटेंगल) जाता है। तंतुक का अस्तित्व काल की गति के कारण ही है। काल के गतिमान होने के कारण या काल के सक्रिय होने के कारण तंतुक अस्तित्व में आए और इन तंतुक के कारण समयाकाश अस्तित्व में आए और समयाकाश के अस्तित्व में आने के कारण जीवन और मानव

अस्तित्व में आए, और यह सभी आपस में जटिलता के साथ जुड़े (एंटेंगल) हुए हैं, और साधक इन्हीं जटिल जोड़ या जटिल संबंध (एंटेंगलमेंट) को सक्रिय करके ही काल और महाकाल से जुड़ जाता है।

काल का चक्र ही सारी लीलाएँ रच रहा है। काल के चक्र के कारण ही सूक्ष्तम कुंडली/पाश (क्वांटम लूप्स) अस्तित्व में आए और काल के कारण ही यह अपनी लीलाएँ रच रहे हैं। शून्यता को साधकर साधक जब समाधि को प्राप्त करता है तब वह इस सूक्ष्तम कुंडली से जुड़ जाता है और इसके सहारे काल और महाकाल को प्राप्त होता है। सिद्धार्थ, गौतम बुद्ध ने भी अपनी साधना के बल पर समाधि प्राप्त की थी और काल और महाकाल को प्राप्त किया था। यह सब कैसे हुआ, यह हम अपनी कहानी में आगे विस्तारपूर्वक समझेंगे।

ऊष्मापन अग्नि का एक स्वरूप है और अग्नि के संबंध में वेदों में बहुत कुछ समझाया और बताया गया है और वेदों के ज्ञान के सहारे हम ऊष्मापन और अग्नि की वह विशेषताएँ जान और समझ सकते हैं जिनके संबंध में आज का आधुनिक विज्ञान भी नहीं सोच रहा। तो आइए, वेदों में अग्नि के संबंध में क्या कहा गया है, यह देखते हैं।

अग्नि/ऊष्मापन

हम यह जानते हैं कि हमारा यह ज्ञात जगत् पाँच तत्त्वों से मिलकर बना है और वह पाँच तत्त्व हैं—आकाश, वायु, जल, अग्नि और पृथ्वी। इन पाँचों तत्त्वों में से एक तत्त्व है अग्नि और यह ऊष्मा की लीला अग्नि तत्त्व ही खेलता है। यह जो ऊष्मापन है इसका स्वामी अग्नि तत्त्व है। अग्नि का तत्त्व ही इस माया जगत् में ऊष्मापन को संचालित करता है। ऊष्मापन अग्नि तत्त्व के सहारे ही अपनी लीला रचता है और अग्नि के संबंध में वेदों में बहुत कुछ बताया गया है और अग्नि तत्त्व की विशेषताओं पर भी प्रकाश डाला गया है। वेदों में अग्नि तत्त्व के संदर्भ में जो कुछ भी बताया गया है, उसके सहारे हम यह समझ सकते हैं कि किस प्रकार अग्नि तत्त्व वह सब कर रहा है जिसके संदर्भ में आज का आधुनिक विज्ञान भी नहीं जानता। आइए, देखते हैं कि वेदों में अग्नि के संबंध में क्या कहा गया है।

ऋग्वेद का एक मंत्र है, जो कहता है कि "यह अग्नि सभी प्राणियों का केंद्र है। इसी के सहारे सभी प्राणी जीवित रहते हैं। जिस प्रकार घर स्तंभों के आधार पर खड़ा रहता है, उसी प्रकार सभी प्राणी इस अग्नि के सहारे रहते हैं, इसीलिए यह सारे विश्व की नाभि है। यह श्रेष्ठ सज्जनों को प्रकाश का मार्ग दिखाती है। जो कुछ भी पर्वतों, औषधियों, जल और मानवों में है, अर्थात् जो कुछ भी इस विश्व में है, अग्नि उनकी स्वामी है। जिस प्रकार सूर्य की किरणें सूर्य में समाई होती हैं, उसी प्रकार संपूर्ण विश्व इस अग्नि में समाया हुआ है।"

आइए, इस मंत्र का अर्थ समझते हैं।

"यह अग्नि सभी प्राणियों का केंद्र है। इसी के सहारे सब प्राणी जीवित रहते हैं। जिस प्रकार घर स्तंभों के आधार पर खड़ा रहता है, उसी प्रकार सभी प्राणी इस अग्नि के सहारे रहते हैं।" ऋग्वेद के इस मंत्र के सहारे अग्नि का वह सत्य बताया गया है, जो वास्तविकता में प्राणी जगत् का आधार है। हमने यह जाना है कि तंत्रिका कोशिका में हलचल अग्नि के एक स्वरूप के कारण ही होती है, जिसे हम 'ऊष्मापन' कहते हैं और अग्नि का ही एक स्वरूप हमें सूक्ष्मतम क्षेत्रों (क्वांटम फील्ड) के साथ जोड़ता है और पदार्थ और ऊर्जा के जगत् में भी हर प्रकार की हलचल और गतिविधि (प्रतिक्रिया, पदार्थ का निर्माण, पदार्थ में गति इत्यादि) का कारण अग्नि का ही एक स्वरूप होता है। ब्रह्मांड में जहाँ अग्नि का कोई भी निरीक्षण करने योग्य स्वरूप उपस्थित नहीं होता वहाँ उष्णता/ऊष्मा नहीं होती और उस स्थान को वैज्ञानिक 'एब्सलूट जीरो' कहते हैं, परंतु एब्सलूट जीरो में भी नियमित अंतराल पर आभासी कण (वर्चुअल पार्टिकल) अस्तित्व में आते रहते हैं और नष्ट होते रहते हैं, उन आभासी कण (वर्चुअल पार्टिकल्स) के अवतरित होने का कारण भी अग्नि ही होती है और आभासी कणों के अस्तित्व में आने के कारण ही माया जगत् की सभी लीलाएँ रची जाती हैं। जिस वैज्ञानिक उदाहरण में हमने यह जाना था कि आभासी प्रकाशाणु के सहारे पदार्थ का निर्माण किया जा सकता है, उस उदाहरण में भी आयन्स के प्रकाश के 99 प्रतिशत गति के समान गतिमान होने के पश्चात् जो आभासी प्रकाशाणु अस्तित्व में आते हैं, वह भी अग्नि तत्त्व के कारण ही अस्तित्व में आते हैं। आयन्स के इस गति पर गतिमान होने के कारण विशेष ऊष्मा उत्पन्न होती है और वह विशेष ऊष्मा विशेष आभासी प्रकाशाणु को जन्म देती है और ऐसी ही प्रक्रियाओं के सहारे माया जगत् की सभी लीलाओं का आधार रचा जाता है।

अग्नि का ही एक स्वरूप परम और माया जगत् के बीच सूक्ष्म जटिल जोड़ स्थापित करता है और अग्नि का वह स्वरूप, जो इस माया जगत् का परम के साथ सूक्ष्म जटिल जोड़ स्थापित करता है, वही अग्नि का स्वरूप आभासी कण के अस्तित्व में आने का कारण भी होता है। इन सभी तथ्यों को हम आज आधुनिक वैज्ञानिक उपकरणों की सहायता से सिद्ध कर सकते हैं और इनका निरीक्षण भी कर सकते हैं, परंतु प्राचीन काल के योगियों ने प्रकृति के इस सत्य का अनुभव अपनी ध्यान अवस्था में ही कर लिया था, इसी कारण से उन्होंने कहा कि यह अग्नि सभी प्राणियों का केंद्र है और सभी प्राणी इसी के सहारे जीवित रहते हैं। ब्रह्मांड की प्रत्येक प्रक्रिया भी इसी अग्नि के कारण ही घटित हो पाती है और उन्हीं सब प्रक्रियाओं के कारण यह जगत् और प्राणी अस्तित्व में आए हैं और इसी अग्नि के आधार पर ही जीवन और ब्रह्मांड की सभी प्रक्रियाएँ घटित होती हैं और इसी कारण से वेदों में कहा गया है कि जिस प्रकार घर स्तंभों के आधार पर खड़ा रहता है, उसी

प्रकार सभी प्राणी अग्नि के सहारे रहते हैं। संपूर्ण ब्रह्मांड इसी अग्नि के सहारे क्रियाशील है, इसी कारण से इसे विश्व की नाभि भी कहा गया है और जिस प्रकार बालक नाभि के सहारे ही अपनी माता के गर्भ में माता के साथ जुड़ा रहता है और उसका विकास होता है, उसी प्रकार यह संपूर्ण ब्रह्मांड अग्नि के सहारे ही परम के साथ सूक्ष्म जटिल जोड़ स्थापित किए रहता है। अर्थात् अग्नि के सहारे ही यह ब्रह्मांड परम के साथ जुड़ा हुआ है और इसी कारण से इसे विश्व की नाभि कहा गया है, क्योंकि अग्नि द्वारा परम के साथ स्थापित सूक्ष्म जटिल जोड़ के सहारे ही इस माया जगत् का विकास और संचालन संभव हो पाता है।

इस मंत्र में यह भी कहा गया है कि "यह अग्नि श्रेष्ठ सज्जनों को प्रकाश का मार्ग दिखाती है"। यहाँ श्रेष्ठ सज्जन का अर्थ परम विद्वान्, सक्षम मनुष्य और परम जिज्ञासु से है और यहाँ प्रकाश कोई भौतिक प्रकाश नहीं है, यहाँ प्रकाश वह दिव्य प्रकाश है जिसको प्राप्त करने के प्रयास में भारतीय संलग्न रहते हैं, जिसे हमने अपनी कहानी के प्रारंभ में जाना था। तो वेदों के इन शब्दों का अर्थ यह हुआ कि अग्नि सक्षम और परम जिज्ञासु मनुष्यों की दिव्य प्रकाश को प्राप्त करने में सहायता करता है। जब कोई परम जिज्ञासु अपनी जिज्ञासा के सहारे परम सत्य या परम प्रकाश को जानना चाहता है और परम प्रकाश के प्रति उसकी जिज्ञासा तीव्र होने लगती है तब उसके तंत्र में अग्नि का गुणक (Agni quotient) बढ़ने लगता है, जिसके कारण वह मनुष्य प्रकृति के साथ अपने अधिक सूक्ष्म जटिल जोड़ स्थापित कर पाता है और सूक्ष्म जटिल जोड़ के सहारे जानकारी का आदान-प्रदान होता है और वह व्यक्ति धीरे-धीरे प्रकृति की प्रवृत्ति को समझने लगता है और परम प्रकाश के मार्ग के जटिल जोड़ को सक्रिय कर परम प्रकाश प्राप्त करता है। इसी कारण से वेदों में अग्नि को परम प्रकाश के मार्ग को प्राप्त करवानेवाला कहा गया है।

हमने इसी अध्याय में एक वैज्ञानिक उदाहरण के सहारे यह जाना था कि पदार्थ का निर्माण प्रकाश के द्वारा किया जा सकता है और पदार्थ के इस निर्माण में आभासी प्रकाशाणु अपनी लीला रचते हैं। हमने अपनी कहानी के प्रारंभ में यह भी जाना था कि जब जिज्ञासा तीव्र होती है तो वह वातावरण में उपस्थित सभी प्रकार की जानकारियों को एकत्रित करना प्रारंभ कर देती है और जानकारी के इसी आदान-प्रदान के कारण जिज्ञासु के भीतर अग्नि गुणक बढ़ने लगता है, जिसके कारण अनेक आभासी प्रकाशाणु अस्तित्व में आते हैं। और यदि जिज्ञासु की जिज्ञासा और इच्छाशक्ति की तीव्रता उच्च स्तर पर पहुँच चुकी होती है तो उनकी जिज्ञासा और इच्छाशक्ति द्वारा उत्पन्न ऊर्जा तरंगों से विशेष प्रकार के आभासी प्रकाशाणु अस्तित्व में आते हैं और तीव्र इच्छाशक्ति और जिज्ञासा के कारण आभासी प्रकाशाणु के बीच किसी प्रकार का कोई संबंध स्थापित होता है या अंत:परस्पर क्रिया प्रारंभ होती है और इस संबंध के स्थापित होने के कारण या

अंत:परस्पर क्रिया के प्रारंभ होने के कारण विशेष मानसिक पदार्थ अस्तित्व में आता है, जो साधक को परम के साथ जुड़ने में सहायता प्रदान करता है। इस प्रक्रिया में जिज्ञासा और इच्छाशक्ति की तीव्र ऊर्जा द्वारा आभासी प्रकाशाणु अस्तित्व में आते हैं, अर्थात् दिव्य प्रकाश अस्तित्व में आता है और यह सब अग्नि के विशेष स्वरूप ऊष्मा के कारण घटित हो पाता है और इसी कारण से वेदों में अग्नि को परम प्रकाश के मार्ग को प्राप्त करवानेवाला बताया गया है।

हम यह जानते हैं कि संपूर्ण विश्व की सभी प्रकार की क्रियाओं और प्रतिक्रियाओं का आधार और कारण अग्नि ही है। अग्नि के कारण ही पृथ्वी पर वह जीवन संभव हो पाया जिसे हम जानते हैं और पृथ्वी पर जो भी प्रक्रिया घटित हो रही है, उसका आधार भी अग्नि ही है, क्योंकि हम यह जानते हैं कि प्रत्येक प्रकार की हलचल का कारण अग्नि ही होती है और अणु-परमाणु के स्तर पर भी जो हलचल होती है उनका कारण भी अग्नि तत्त्व ही होता है और इन्हीं हलचल के कारण पृथ्वी पर वह सब विकसित हो पाया जिसे हम आज देख सकते हैं। सूर्य और पृथ्वी की अग्नि के एक स्वरूप के कारण ही धरती पर अन्न, औषधियों, वनस्पतियों का विकास होता है और इसी कारण से वेदों में यह कहा गया है कि जो कुछ भी पर्वतों, औषधियों, जलों और मानवों के भीतर है, अर्थात् जो कुछ भी इस विश्व में है, उनका स्वामी अग्नि ही है।

ऋग्वेद के एक मंत्र में यह भी कहा गया है कि "सभी प्राणियों में अग्नि के ऊष्णता रूप में रहने तक ही उनके शरीर कार्य करते हैं। शरीर की उष्णता दूर हुई तो शरीर मरता है, कार्य न करने में असमर्थ होता है।" हम यह जानते हैं कि शरीर, मस्तिष्क तभी तक कार्य करते हैं जब तक उनके भीतर तंत्रिका कोशिका की हलचल, खून और ऑक्सीजन की हलचल होती रहती है और इन सभी प्रकार की हलचल का कारण और आधार अग्नि ही होती है। हमारा मस्तिष्क ही हमारे शरीर के भीतर की सभी प्रकार की हलचल को नियंत्रित करता है और मस्तिष्क कार्य करता है, तंत्रिका कोशिका की हलचल पर और हम जानते हैं कि तंत्रिका कोशिका की हलचल का कारण अग्नि का ही एक स्वरूप होता है। तो वेदों में इस मंत्र के माध्यम से जो कहा गया है, वह वैज्ञानिक सत्य है और यह भी हमें अग्नि की एक वास्तविक विशेषता बताता है।

ऋग्वेद के एक मंत्र में यह भी कहा गया है कि "संसार में उत्पन्न हुए और उत्पन्न होनेवाले सभी पदार्थों का यह अग्नि नियामक है।" इस मंत्र में भी हम देख सकते हैं कि वेदों के ऋषियों ने यह तो जाना ही था कि संपूर्ण विश्व में जो भी पदार्थ निर्मित हुए हैं, उनका मार्गदर्शन अग्नि ने ही किया है, इसके साथ-साथ उन्होंने यह भी जान लिया था कि आनेवाले भविष्य में भी यदि कुछ नए पदार्थ निर्मित होंगे तो उनका मार्गदर्शन भी अग्नि ही करेगी। हमने जाना है कि अग्नि के कारण ही सभी कुछ क्रियाशील है और

यदि भविष्य में कुछ नए पदार्थ (मानव निर्मित या प्रकृति द्वारा निर्मित) निर्मित भी होते हैं तो वह अग्नि के कारण ही निर्मित होंगे, क्योंकि अग्नि तत्त्व ही वह 'सूक्ष्म जटिल जोड़ सक्रिय करता है' जिसके सहारे पदार्थ और ऊर्जा के बीच अंत:परस्पर क्रिया स्थापित हो पाती है और इसी कारण से वह किसी भी प्रकार की क्रिया या प्रतिक्रिया कर पाते हैं। प्रतिक्रिया (मानव द्वारा या प्रकृति द्वारा) जिज्ञासा की विशेषता है और हमने यह जाना है कि जिज्ञासा की स्वामी भी अग्नि ही होती है। तो यदि भविष्य में कुछ नई ऊर्जा और नए पदार्थ अस्तित्व में आते हैं तो उनका कारण और उनका आधार भी अग्नि ही होगी और अग्नि ही उनका मार्गदर्शन करेगी।

हमने अपनी कहानी के प्रारंभ में यह जाना था कि पदार्थ भी जिज्ञासा के संकेत देता है और मानो वह अपने मार्ग का भी स्वयं ही चयन करता है और वह मानो अपने आसपास के वातावरण के प्रति भी चेतन होता है और हम यह भी जानते हैं कि जिज्ञासा और चेतना की स्वामी भी अग्नि ही होती है। भविष्य में यदि प्रकृति द्वारा कुछ नए पदार्थ निर्मित होते हैं तो पदार्थ की यही विशेषता कार्य करेगी और नए पदार्थ का मार्गदर्शन करेगी और यदि मानव कोई नए पदार्थ निर्मित करते हैं तो वह भी अपनी जिज्ञासा और किसी प्रकार की प्रतिक्रिया की प्रक्रिया के सहारे यह करेंगे और जिज्ञासा और प्रतिक्रिया की स्वामी और मार्गदर्शक भी अग्नि ही होती है। जिज्ञासु मिलन के कारण प्रतिक्रिया घटित होती है और जिज्ञासा की स्वामी अग्नि है। तो हम वैज्ञानिक दृष्टिकोण से इस मंत्र को देखें तो यह मंत्र भी हमें प्रकृति के एक रहस्य को ही बताता दिखता है।

ऋग्वेद के एक मंत्र में यह भी कहा गया है कि "मनुष्य, पशु, पक्षी, वनस्पति इत्यादि में अग्नि के कारण ही जीवन तत्त्व है।" वेदों का यह मंत्र यह स्पष्ट करता है कि जीवन की प्रक्रिया के कारण और आधार भिन्न-भिन्न और अनेक हो सकते हैं, परंतु जीवन तत्त्व का आधार अग्नि ही है। इस मंत्र के सहारे वैदिक ऋषियों ने यह बताया है कि पदार्थ में जब जीवन तत्त्व अवतरित हुआ तो उसका कारण भी अग्नि ही थी। हमने यह जाना है कि अग्नि ही पदार्थ और ब्रह्मांड में/के बीच विशेष सूक्ष्म जटिल जोड़ स्थापित और सक्रिय करती है और जब पदार्थ में जीवन अवतरित हुआ होगा तब भी अग्नि के विशेष स्वरूप ने कुछ विशेष जटिल जोड़ सक्रिय किए होंगे, जिनके सहारे पदार्थ और जीवन का निर्माण हो पाया होगा, अर्थात् पदार्थ में जीवन तत्त्व अवतरित हो पाया होगा। इसी कारण से वैदिक ऋषियों ने यह स्पष्ट किया है कि मनुष्य, पशु, पक्षी, जीव-जंतु इत्यादि में जीवन तत्त्व का कारण अग्नि ही है।

यह कुछ अग्नि तत्त्व की विशेषताएँ थीं, जिनकी चर्चा ऋग्वेद में की गई है और यह सभी विशेषताएँ इस माया जगत् में अपनी लीला समय अनुसार रचती रहती हैं। वैसे तो अनेक बुद्धिजीवियों ने ऋग्वेद के मंत्रों की व्याख्या अपने-अपने अनुसार की है और

कुछ व्याख्या सरल भी हैं और कुछ व्याख्या जटिल सत्य को भी समझाती हैं। हमने अपनी कहानी में ऋग्वेद के मंत्रों की सरल व्याख्या का उपयोग किया है। ऋग्वेद के मंत्रों के संपूर्ण सत्य को समझने से पूर्व हमें अन्य बहुत-कुछ समझना होगा और इसी कारण से हमने अपने अध्ययन में वेदों के मंत्रों की उस व्याख्या का उपयोग किया है जिसको हम अपनी कहानी के अनुसार समझ सकते हैं। अग्नि तत्त्व के जिन स्वरूपों की और जिन विशेषताओं की चर्चा हमने अभी की, वह सभी सिद्धार्थ, गौतम के जीवन में भी अपनी लीला रच रही थीं और अपना कार्य कर रही थीं। संन्यास ग्रहण करने से पूर्व सिद्धार्थ, गौतम के भीतर अग्नि तत्त्व अपनी सीमित विशेषताओं के आधार पर कार्य कर रहा था, परंतु संन्यास ग्रहण करने के पश्चात् अग्नि तत्त्व ने अपनी विशेष असीम लीला रचना प्रारंभ कर दिया था। संन्यास ग्रहण करने के पश्चात् अग्नि तत्त्व ने सिद्धार्थ के तंत्र में क्या किया होगा, इसे हम अपनी कहानी में आगे समझने का प्रयास करेंगे। वेदों में अग्नि के संबंध में और सभी पाँचों तत्त्वों के संबंध में (पाँचों तत्त्व अर्थात् अग्नि, जल, वायु, पृथ्वी और आकाश) बहुत-कुछ बताया और समझाया गया है और इस माया जगत् के रहस्यों के संदर्भ में भी बहुत-कुछ बताया और समझाया गया है, जिसे हम अपनी कहानी में आगे विस्तार पूर्वक समझेंगे और यह जानने का प्रयास करेंगे कि वेद इस माया जगत् के संदर्भ में क्या कहते हैं। अभी आइए, आसक्ति के विषय पर थोड़ा अधिक प्रकाश डालते हैं।

सिद्धार्थ के जीवन के 25-26 वर्ष राजस्व को अनुभव करते हुए व्यतीत हुए। उस राजस्व के बार-बार अनुभव से सिद्धार्थ के जीवन पर क्या प्रभाव पड़ा होगा और किस प्रकार उनके भीतर एक विशेष स्व-विकसित हो रहा होगा, इसे अब वैज्ञानिक दृष्टि से थोड़ा अधिक जानते हैं। हमारे शरीर के भीतर एक रहस्यमयी रसायन होता है और वह रसायन हमारे स्व के विकास में महत्त्वपूर्ण भूमिका निभाता है और उस रसायन का नाम 'डोपामाइन' है। डोपामाइन हमारे तंत्र के भीतर स्व का जाल बुनने में महत्त्वपूर्ण भूमिका निभाता है। राजवंश के अनुभवों ने सिद्धार्थ के भीतर डोपामाइन का क्या जाल बुना होगा, आइए, वह देखते हैं। आइए, देखते हैं कि डोपामाइन है क्या और इसका मानव तंत्र और मानव जीवन पर क्या प्रभाव पड़ता है।

वैज्ञानिक तथ्य

डोपामाइन एक विचित्र रसायन है। यह दोनों, सकारात्मक और नकारात्मक रूप से कार्य करता है, और वह भी एक ही समय में। डोपामाइन जो है, वह लालसा उत्पन्न भी करता है और लालसा को दबा या समाप्त भी कर सकता है, डोपामाइन दोनों ही कार्य करता है।

डोपामाइन की तंत्रिका कोशिका में दो प्रकार के अभिग्राहक होते हैं। एक को हम D1 कहते हैं और एक को D2 कहते हैं। D1 वह अभिग्राहक है, जो लालसा को उत्पन्न करता है और D2 वह अभिग्राहक है, जो लालसा को समाप्त करता है या दबाता है। कुछ तंत्रिका कोशिका दो अलग-अलग प्रकार के कार्य करती हैं और कभी-कभी एक ही तंत्रिका कोशिका एक ही समय में दो अलग-अलग कार्य करती है।

बौद्ध धर्म के तथ्य

माइंड एंड लाइफ संस्थान के सम्मेलन में एक बौद्ध धर्म के ज्ञाता जिंपा ला ने लालसा और तृष्णा के संदर्भ में कुछ तथ्य रखे।

गौतम बुद्ध ने कहा था कि संपर्क के कारण वेदना या अनुभव उत्पन्न होता है, वेदना के कारण तृष्णा उत्पन्न होती है, तृष्णा के कारण उपादना उत्पन्न होती है, उपादना के कारण भाव उत्पन्न होते हैं।

संपर्क होने से पूर्व ही कुछ 'मानसिक प्रक्रियाएँ घटित होती हैं, जो कि हमारी चेतना को संचालित करती हैं, वस्तु से संपर्क कराने हेतु।'

संपर्क के पश्चात् वेदना (फीलिंग्स) उत्पन्न होती है और वेदना दो अलग-अलग स्वभाव की होती है (और यह अनुभूति पर निर्भर करता है)—

1. **जिज्ञासा :** व्यक्ति अपनी जिज्ञासा के कारण वस्तु के संपर्क में आता है।
2. **अदृष्ट तृष्णा (हिडन डिजायर) :** मनुष्य की तृष्णा वस्तु के समान ही होती है।

गुरु वासुबंधुजी ने वेदना, तृष्णा इत्यादि को इस प्रकार समझाया था—

1. **वेदना (फीलिंग्स) :** यह अवस्था उत्कृष्ट इच्छा (लश्ट) से पूर्व उत्पन्न होती है।
2. **तृष्णा (क्रेविंग) :** यह वह अवस्था है, जहाँ मनुष्य में उत्कृष्ट इच्छा जागृत होती है, वासना के अनुभव करने के लिए या कामुक वस्तु के प्रति।
3. **उपादना (ग्रास्पिंग) :** यह वह अवस्था है, जहाँ मनुष्य उस वस्तु का पीछा करता है, जो उसे संतुष्टि प्रदान करती है।
4. **भाव (बिकमिंग) :** ऐसी क्रिया में लिप्त होना, जो उस वस्तु को सत्य बनाने का नेतृत्व करें।

जिंपा ला जी, जो कि गुरुजी के अनुवादक भी हैं, और वह एक महान् अनुवादक हैं, उन महान् अनुवादक ने समझाया कि यहाँ—

'संपर्क' (कॉन्टैक्ट) : चुंबन जैसा बताया गया है।

'वेदना' (फीलिंग्स) : आँख में तीर लगने जैसा बताया गया है।

'तृष्णा' (क्रेविंग) : इसे मदिरापान जैसा बताया गया है।
'उपादना' (ग्रास्पिंग) : इसे फल को छूने जैसा बताया गया है।
'भाव' (बिकमिंग) : इसे गर्भावस्था जैसा बताया गया है।
इसी से अस्तित्व होता है।

X की टिप्पणी

आज के आधुनिक समाज में अधिकतर डोपामाइन ही जीवन जी रहा है। अधिकतर मनुष्य तृष्णा से पूर्व के स्तर को अनुभव तक नहीं कर सकते। अनुभव तो छोड़िए, अधिकतर व्यक्ति तृष्णा से पूर्व के स्तर को समझ तक नहीं सकते। दोष उनका भी नहीं है, यह डोपामाइन और प्रमस्तिष्क खंड का तंत्र ही कुछ ऐसा है। सबसे विचित्र तो डोपामाइन की एक ही तंत्रिका कोशिका का दो अलग-अलग कार्य करना है, वह भी एक ही समय में। यह भी क्रम विकास का एक विद्या प्राप्ति का साधन, कार्यप्रणाली या तंत्र है। डोपामाइन के लीला रचने से पूर्व हमें अपनी इच्छाशक्ति का प्रयोग करके स्वयं के द्वारा डोपामाइन को नियंत्रित और संचालित करना चाहिए, अगर हमें सत्य को देखना या प्राप्त करना है तो। यदि डोपामाइन हमारे तंत्र पर प्रभुत्व रखने लगा तो वह हमारे तंत्र को आसक्ति के अधीन बना देगा।

जिंपा ला ने जो बौद्ध विचार या मान्यता बताई, उन शब्दों के आधार पर हम कह सकते हैं कि यदि व्यक्ति जाने-अनजाने 'भाव' के स्तर पर पहुँच गया तो वह उस वस्तु/अनुभव के प्रति बलशाली परिपथ बना लेगा और अपनी किसी विशेष इंद्रिय को इतना बलशाली बना देगा कि वह उसके तंत्र में सबसे प्रभावी बन जाएगी और वह वस्तु उसके तंत्र में तृष्णा या आसक्ति के रूप में रूपांतरित हो जाएगी और उस व्यक्ति के सत्य का एक भाग बन जाएगी। वह इसके पश्चात् उस व्यक्ति के मगज में रूपांतरित होकर जीवित तंत्र का भाग होने का भ्रम उत्पन्न करेगी, तंत्र को अपने अधीन बनाकर। वह ऐसा भ्रम उत्पन्न करेगी कि वह हमारे तंत्र को 'जीवन के लिए उपयोगी' वस्तु-सी प्रतीत होगी।

जिंपा ला ने कहा कि "संपर्क के पश्चात् वेदना का जन्म होता है और वेदना का दो अलग-अलग प्रकार का स्वभाव हो सकता है," आइए, इसे थोड़ा समझते हैं—

1. जिज्ञासा : जो वेदना जिज्ञासा से उत्पन्न होती है, वह आसक्ति में नहीं उलझेगी। परम सत्य को जानने हेतु वह जिज्ञासा सभी वस्तुओं के या सभी प्रकार की संकल्पना के पार निकल जाएगी, क्योंकि जिज्ञासा ही प्राकृतिक रूप से हमारे तंत्र को संचालित करती है, इसमें अनुभूति तंत्र के अपेक्षित शुद्ध रहती है।

2. छिपी हुई या दबी हुई तृष्णा : छिपी हुई या दबी हुई तृष्णा से उत्पन्न वेदना

आसक्ति के जाल में उलझेगी, क्योंकि वह चेतना से छिपकर कार्य करेगी। व्यक्ति को यह आभास भी नहीं होगा कि वह अपनी चेतना द्वारा नहीं बल्कि अपनी तृष्णा द्वारा संचालित हो रहा है। यहाँ अनुभूति शुद्ध और प्राकृतिक नहीं रह जाती, व्यक्ति अपनी तृष्णा के अधीन होकर अनुभव करता है। या कहें, उसकी अनुभूति तृष्णा द्वारा प्रभावित हो जाती है। वह समझ ही नहीं पाता कि वह धारणात्मक रूप से अनुभव कर रहा है, न कि प्राकृतिक रूप से।

गुरु वासुबंधुजी ने सरल शब्दों में सब किसी की व्याख्या कर दी। उन्होंने बताया है कि जब वेदना उत्पन्न होती है तो वह स्तर है, जिसके पश्चात् वासना प्रारंभ हो जाएगी। अर्थात् यदि मनुष्य इस स्तर पर पहुँच गया तो वह भविष्य में इस अनुभव का पुनः आनंद उठाना चाहेगा। इसके पश्चात् उस व्यक्ति की वासना कार्य करेगी। अर्थात् उसके 'शारीरिक इंद्रिय संतुष्टि तंत्र' में वह वस्तु और उसका अनुभव पंजीकृत हो जाएगा। तत्पश्चात् वह वस्तु या अनुभव प्रमस्तिष्क खंड और डोपामाइन तंत्र का एक भाग होकर जीवन जीने लगेगा।

जब मनुष्य तृष्णा के स्तर पर पहुँचेगा तब उसका इंद्रिय संतुष्टि तंत्र बार-बार उस वस्तु के अनुभव के लिए पुकारेगा। मनुष्य की तृष्णा उसको विवश करना चाहेगी उस वस्तु के पुनः अनुभव के प्रति। इसके पश्चात् मनुष्य उपादना के स्तर पर पहुँच जाता है, जहाँ वह अपनी तृष्णा से विवश होकर उस वस्तु का पुनः अनुभव करने के लिए या उस वस्तु को प्राप्त करने हेतु हरसंभव प्रयास करेगा, वह भी हर बार अधिक तृष्णा के साथ। वह मनुष्य 'पसंद-नापसंद, सकारात्मकता-नकारात्मकता, अच्छा-बुरा' सबकुछ भूलकर केवल उस वस्तु को प्राप्त करना चाहेगा या कहें, उसका पुनः अनुभव करना चाहेगा। उसका मूल लक्ष्य आसक्ति की संतुष्टि होगा और भाववाले स्तर पर पहुँच जाएगा। इसके पश्चात् वह वस्तु उसके तंत्र में रूपांतरित हो जाएगी और मनुष्य अपनी सोच में भी उस वस्तु को जीवन की सहायक वस्तु की श्रेणी में ले जाता है, इसके पश्चात् वह वस्तु उस मनुष्य के सत्य का एक भाग बन जाती है। मनुष्य को आभास भी नहीं होता और वह आसक्ति के अधीन हो जाता है।

इन सभी प्रक्रियाओं के पश्चात् मनुष्य की वह विशेष इंद्रिय या परिपथ उसके पूरे तंत्र पर प्रभुत्व रखने लगती है। इसके पश्चात् वह मनुष्य कुछ भी प्राकृतिक रूप से या शुद्ध रूप से अनुभव नहीं करता, वह अपनी प्रबल इंद्रिय से प्रभावित होकर, उसी के अधीन होकर अनुभव करता है। यहाँ उनकी अनुभूति प्राकृतिक नहीं रह जाती बल्कि धारणात्मक हो जाती है। इस प्रक्रिया में व्यक्ति अपनी इच्छाशक्ति को दबाता ही चला जाता है, इसीलिए उस व्यक्ति के लिए पुनः प्राकृतिक रूप से कार्य करना कठिन हो जाता है।

योग और ध्यान हमें वह सामर्थ्य प्रदान करता है जिसके सहारे हम अपनी इच्छाशक्ति को पुनः प्राकृतिक रूप से कार्य करने हेतु सुधार सकते हैं। सचेतन ध्यान, एकल बिंदु ध्यान, विश्लेषणात्मक ध्यान और अन्य प्रकार की ध्यान-योग क्रिया और मुद्राएँ हमें हमारे विचारों के तंत्र और अनुभूति से संबंधित तंत्र को आत्मनिरीक्षण करने की क्षमता प्रदान कर सकते हैं। हम योग साधना की सहायता से अतींद्रिय मानसिक दशा उत्पन्न कर सकते हैं, जिसकी सहायता से मनुष्य अपने विचार और अनुभूति की परतों के पार जाकर वास्तविकता की प्रकृति को अनुभव कर सकता है व मनोदशा को साध भी सकता है।

हम जानते हैं कि आसक्ति या तृष्णा और इच्छा हमारे प्राकृतिक तंत्र को वश में कर लेती हैं और जीवन की सहायक वस्तुओं के अनुक्रम में अपना स्थान बना लेती हैं। हम इसी तंत्र का पुनर्गठन करके आसक्ति का अंत कर सकते हैं। हम भी इच्छाशक्ति के सहारे इस तंत्र का उपयोग कर सकते हैं, ताकि आसक्ति या प्रभावी इंद्रिय को भी पता न लगे कि उसका पुनर्गठन किया जा रहा है। जैसे आसक्ति हमारे तंत्र को मूर्ख बनाकर उसका एक भाग बन जाती है, ठीक उसी प्रकार हम आसक्ति को भी मूर्ख बना सकते हैं और उसे प्राकृतिक तंत्र से बाहर निकाल सकते हैं।

हम आसक्ति की कार्यप्रणाली को सहजता से समझ सकते हैं और सटीकता से उसके कारणों का पता लगा सकते हैं, यदि हम अतींद्रिय स्तर तक पहुँच सकें तो। हम योग और ध्यान के सहारे अतींद्रिय मनोदशा प्राप्त कर सकते हैं। भारतीय प्राचीन ग्रंथों में मस्तिष्क की इस दशा को, जिसे हम 'आसक्ति' कहते हैं, उसे हजारों साल पूर्व सहजता से समझाया जा चुका है और बुद्ध ने भी अपने वचनों में इसे सरलता से समझाया है, परंतु इसके पश्चात् भी आज का आधुनिक मानव आसक्ति के चक्र में उलझा हुआ है और इसे समझना भी नहीं चाहता। आसक्ति के चक्र को समझने के लिए हमें स्वयं के पार जाना होगा और स्व रहित (नो सेल्फ) स्वभाव के साथ अनुभूति करनी होगी। यह जितना कठिन प्रतीत होता है, उतना कठिन वास्तविकता में है नहीं, स्व रहित अनुभूति हम कैसे प्राप्त कर सकते हैं, इसे हम आगे विस्तारपूर्वक समझेंगे, आधुनिक विज्ञान और प्राचीन भारतीय ज्ञान की सहायता से।

जिंपा ला की टिप्पणी

जिंपा ला ने सुंदरता से समझाया कि तृष्णा केवल अनुभव के लिए होती है। तृष्णा एक जैविक कारण की भाँति है, जो हमें वस्तु को अनुभव करने में सहायता करती है। परंतु उपादना और लगाव में आसक्ति की विशेषताएँ होती हैं। यदि कोई मनुष्य किसी वस्तु से लगाव लगा लेता है, तो वह आसक्ति के प्रति असुरक्षित हो जाता है। तृष्णा में

वियोग की विशेषता होती है। यदि मनुष्य इस स्तर पर समझ जाता है और अपने विचार को अनुभव करने के पश्चात् उससे संपर्क तोड़ देता है, तो इस अवस्था में वह वस्तु को केवल अनुभव ही करेगा, परंतु यदि मनुष्य उस वस्तु से लगाव उत्पन्न कर लेगा, तो वह आसक्ति के अधीन हो जाएगा उस वस्तु के प्रति। यदि मनुष्य अपनी तृष्णा को नियंत्रित रखे तो मनुष्य आसक्ति के अधीन हुए बिना केवल अनुभव ही करेगा।

X की टिप्पणी

आसक्ति का सारा खेल अनुभव के पश्चात् अनुभव के संदर्भ में सोचने से प्रारंभ होता है। जब मनुष्य अपने अनुभव के संदर्भ में सोचता है, तब वह उस अनुभव को अपने जीवन में अन्य सकारात्मक या नकारात्मक अनुभव के साथ (जो भूतकाल में घटित हो चुके हैं या जिनकी भविष्य में होने की संभावना है) संबंध स्थापित करता है। संबंध स्थापित करने के पश्चात् ही आसक्ति का खेल प्रारंभ होता है। जैसे कृष्णजी ने अर्जुन को समझाया था कि "पार्थ, यह मत सोचो कि यह सब तुम कर रहे हो, तुम कुछ सोचो ही मत, अधिक सोचने के कारण ही तुम भ्रमित हो रहे हो", और कृष्ण ने यह भी कहा था कि "यदि तुम 'मैं' के संदर्भ में सोचोगे नहीं तो यह तुम्हारा कर्म नहीं बनेगा" अर्थात् यदि मनुष्य अनुभव को सकारात्मक या नकारात्मक और अनुकूल या प्रतिकूल के दृष्टिकोण से नहीं देखेगा, तो वह अनुभव रूपांतरित नहीं हो पाएगा और उसके तंत्र का भाग नहीं बन सकेगा।

यही बुद्ध ने कहा है कि "हम सोचते हैं तभी पीड़ा अस्तित्व में आती है", अर्थात् मनुष्य अपनी सोच द्वारा ही माया उत्पन्न करता है और सत्य से दूर होकर पीड़ित रहता है। भारत में इन मानसिक प्रक्रियाओं को हजारों वर्ष पूर्व ही बुद्ध, कृष्ण, आदियोगी, राम इत्यादि ऊर्जा द्वारा समझ भी लिया गया था और उनके द्वारा इस सनातन ज्ञान को समाज के साधारण और विशेष प्रत्येक वर्ग को उन्हीं के स्तर पर समझाया भी गया था।

यहाँ भी हमारी अनुभूति की देखरेख करनेवाली अवस्था सचेतन अवस्था ही है, जो महत्त्वपूर्ण भूमिका निभाती है। यह हमारे मस्तिष्क की वह कार्यप्रणाली है, जो कि 'विचार, जागरूकता, एकाग्रता इत्यादि' मानसिक कार्यप्रणाली पर ध्यान रख सकती है। अतींद्रियता के सहारे मनुष्य अपने अनुभव का सुखद रूप से अनुभव कर सकता है, बिना आसक्ति के जाल में पड़कर।

प्राचीन भारतीय-तिब्बती ज्ञान जिंपा ला ने आसक्ति की प्राचीन भारतीय तिब्बतन ज्ञान के सहारे 'आधुनिक सरल शब्दों' का प्रयोग करते हुए व्याख्या की।

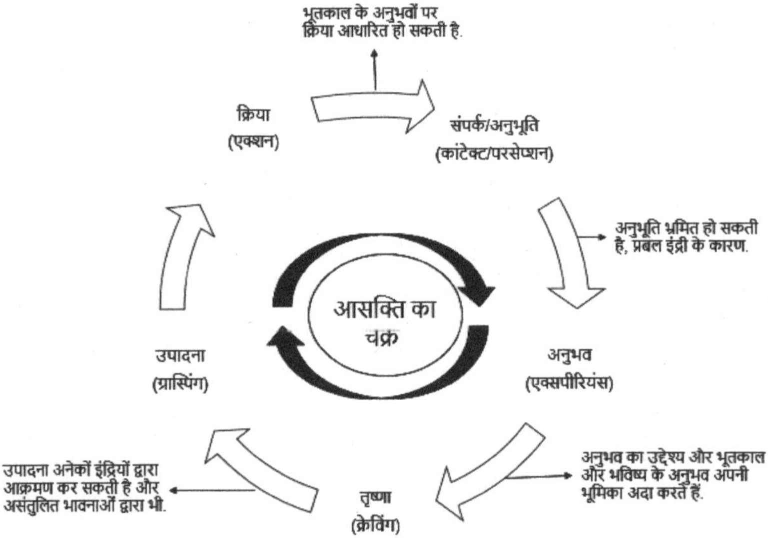

X की टिप्पणी

जिंपा ला ने यह चित्र दिखाकर इस चित्र के अनुसार आसक्ति की व्याख्या की थी और इसके संदर्भ में समझाया था। जिंपा ला द्वारा आसक्ति के चक्र को जो चित्र द्वारा समझाया गया था, उसे हम अधिक समझते हैं। मनुष्य पहले किसी वस्तु के संपर्क में आता है और उसकी अनुभूति करता है। अनुभूति मायावी हो सकती है, प्रभावी इंद्रिय के कारण। संपर्क में आने के पश्चात् उस वस्तु का अनुभव करता है। अनुभव किस उद्देश्य से किया गया है, यह महत्त्वपूर्ण होता है और भविष्य में और भूतकाल में उस अनुभव की महत्त्वता की गणना भी अपनी भूमिका निभाती है। अनुभव के संदर्भ में सोचने के पश्चात् लालसा उत्पन्न होती है। लालसा के उत्पन्न होने के पश्चात् उपादना का जन्म होता है। उपादना अपना जाल भिन्न-भिन्न मार्गों से बना सकती है। वह किसी इंद्रिय का सहारा भी ले सकती है या असंतुलित भावनाओं का भी। इन सभी मानसिक प्रक्रियाओं के घटित होने के पश्चात् वह मनुष्य क्रिया करता है। यह क्रिया भूतकाल के अनुभवों पर निर्भर हो सकती है। आसक्ति के अधीन मनुष्य आसक्ति के इसी चक्र में उलझा रहता है।

वैज्ञानिक टिप्पणी

ऑर्बिटल फ्रंटल कॉर्टेक्स हमारे मगज का वह भाग है, जो कि हमारे माथे में स्थित होता है और 'महत्त्वता' के लिए उत्तरदायी होता है। जैसे जब हमें प्यास लगती है, तब

यही वह मगज का भाग है, जो हमें जल का महत्त्व बताता है और जल ग्रहण करने का आदेश/संकेत देता है।

X की टिप्पणी

ऑर्बिटल फ्रंटल कॉर्टेक्स ही वह भाग है जिसके सहारे वस्तु हमारे तंत्र में प्रवेश करके या इसी के सहारे तंत्र को वश में करके व्यक्ति को आसक्ति के अधीन कर देती है। हमारी सोच हमारी तृष्णा को तीव्र कर देती है और समय के साथ-साथ परिपथ को प्रबल करके आसक्ति का रूप धारण कर लेती है। ऑर्बिटल फ्रंटल कॉर्टेक्स हमारे मस्तिष्क का वह भाग है, जो हमें निर्णय लेने की क्षमता प्रदान करता है। ऑर्बिटल फ्रंटल कॉर्टेक्स पर यदि हमारा नियंत्रण कम हो जाता है, तो इसको आसक्ति अपने अधीन सहजता से बना सकती है।

क्या हमारी तथाकथित 'तीसरी आँख' या आज्ञा चक्र के संबंध हमारे ऑर्बिटल फ्रंटल कॉर्टेक्स से हो सकते हैं? क्या इसी कारण से हमारे आदि योगी ने माथे पर और नेत्रों के बीच ध्यान लगाने को कहा था, ताकि हम जागरूक रह सकें और मुक्ति और समाधि का मार्ग खोल सकें? जी हाँ, इसी कारण से हमारे योगियों ने आज्ञा चक्र पर ध्यान लगाने को कहा है। जैसा कि इसका नाम ही सिद्ध करता है कि यह निर्णय लेने की क्षमता को प्रबल करता है और यह हमें जीवन हित में निर्णय लेने की क्षमता प्रदान करवाता है। इसी कारण से इसका नाम आज्ञा चक्र रखा गया है, ताकि इसे साधकर हम अपने तंत्र को क्या करना है, इसकी आज्ञा चेतन अवस्था में दे सकें। हम अपने जीवन में क्या निर्णय लेते हैं और कब कौन सा निर्णय लेते हैं, इसी पर हमारा जीवन आधारित होता है। एक अच्छा जीवन जीने के लिए सही निर्णय लेने की क्षमता होना आवश्यक है और इसी कारण से आज्ञा चक्र को साधने का योग हमारे योगियों ने हजारों वर्ष पूर्व ही बता दिया था। आज्ञा चक्र और ऑर्बिटल फ्रंटल कॉर्टेक्स की अन्य विशेषताओं के संदर्भ में हम अपनी कहानी में आगे विस्तारपूर्वक समझेंगे।

बौद्धिक तथ्य

जिंपा ला ने समझाया कि बौद्ध धर्म के अनुसार तृष्णा नकारात्मक होती है अपने स्वभाव में, क्योंकि इसके भीतर 'अनिवार्यता' उपस्थित है, जो इसको नकारात्मक बनाता है।

वैज्ञानिक टिप्पणी

एक वैज्ञानिक ने जिंपा ला से कहा कि तृष्णा सकारात्मक और नकारात्मक दोनों होती है। जैसे 'रोमांचित प्रेम' (रोमांटिक लव) में हमें तृष्णा होती है, उसको पाने के लिए

और यह तृष्णा दोनों साथियों के बीच संबंध स्थापित करती है और अतिजीवन के लिए आवश्यक है और जैसे पानी के लिए तृष्णा।

बौद्धिक टिप्पणी

जिंपा ला ने कहा कि नहीं, तृष्णा सकारात्मक नहीं है, क्योंकि इसके भीतर एक अनिवार्यता है, जो कि यदि कुछ सही न हो रहा हो तो यह संबंध को विषैला बना सकती है।

गुरुजी की टिप्पणी

गुरुजी ने कहा कि 'प्रेम दो प्रकार का हो सकता है', एक जो इंद्रिय संतुष्टि पर निर्भर रहेगा, जैसे रोमांचित प्रेम, और दूसरा होता है जिसमें आदर का संबंध होता है। वह प्रेम जो इंद्रिय संतुष्टि पर निर्भर होता है, वह शुद्ध प्रेम नहीं हो सकता। वह प्रेम जिसके भीतर आदर का संबंध होता है उसमें वह आदर का संबंध उस समय भी उपस्थित होगा जब साथी पास न हो, वही प्रेम शुद्ध होता है।

वैज्ञानिक टिप्पणी

माइंड एंड लाइफ संस्थान के उन शोधकर्ता, जो भूतकाल में आसक्ति के अधीन थे, ने एक अज्ञानता से भरी और मूर्खतापूर्ण बात कही। उन्होंने कहा कि जब एक नवजात शिशु अपनी माता की ओर सहायता के लिए देखता है तो वह संबंध आदर पर निर्भर नहीं होता, वह संबंध स्वार्थ पर निर्भर होता है, क्योंकि बच्चे को पता है कि उसकी माँ उसकी सहायता कर सकती है। तो यह ऐसे ही है कि हमें एक साथी चाहिए होता है, 'अच्छे अनुभव के लिए, आदर के लिए नहीं'।

X की टिप्पणी

इन अहंकारी शोधकर्ता से हम पूछना चाहते हैं कि क्या नवजात शिशु केवल सहायता के लिए ही अपनी माँ की ओर देखता है? जब बच्चा सहायता के लिए देखता है, उस समय तो स्वाभाविक है कि वह सहायता ही चाहता है, परंतु इस सहायता चाहनेवाली भावना को हम कैसे कह सकते हैं कि यह क्रिया आदर की सीमाओं से बाहर है? सहायता माँगना कैसे सिद्ध करता है कि वह आदर नहीं रखता? इन शोधकर्ता के वक्तव्य से यह पुन: सिद्ध हो जाता है कि आज के आधुनिक मानव और आज का आधुनिक वैज्ञानिक समाज केवल और केवल 'स्वार्थ के दृष्टिकोण से' अनुभूति करता है और वह अपनी स्वार्थ संबंधित संकल्पनाओं में इतना घिरा हुआ है कि वह स्वार्थ के सिवा अन्य

कुछ अनुभव कर ही नहीं पाता। इन शोधकर्ता से अन्य प्रश्न हम आगे करेंगे, पहले देखते हैं कि इन शोधकर्ता के प्रश्न पर सभा में उपस्थित सदस्यों ने और गुरुजी ने क्या कहा था।

गुरुजी की टिप्पणी

गुरुजी ने कहा कि माँ और बच्चे के बीच के संबंध को हम लगाव मात्र नहीं कह सकते, क्योंकि लगाव में कुछ नकारात्मक विशेषताएँ भी होती हैं। माँ और बच्चे का प्रेम एक प्रकार का विशेष संबंध है। बच्चा अपनी माँ के साथ एक शुद्ध डोर से जुड़ा होता है।

आर्थर की टिप्पणी

माइंड एंड लाइफ संस्था के वैज्ञानिक में से जो हमने एक त्रिमूर्ति चुनी है वैज्ञानिकों की, उनमें से एक हैं आर्थर (Arthur), उन्होंने बहुत प्यार से और सुंदरता से शुद्ध प्रेम अपने उन नादान माया में उलझे शोधकर्ता को और अन्य उपस्थित गणों को भी समझाया, उन्होंने कहा—

यह रोमांचित प्रेम एक आधुनिक धारणा है। ऐसा कुछ भी भूतकाल में नहीं होता था, परंतु प्रेम उस समय भी उपस्थित था। आज के आधुनिक समाज में जब औरतें स्वतंत्रता का आनंद ले रही हैं, तो अब प्रेम कोई जुनून नहीं रह गया, जैसा कि वह होता था। प्रेम वह आदर है, जो उस समय भी उपस्थित होता है जब प्रेम करनेवाले साथ में न हो। माँ और बच्चे का प्रेम क्षणभंगुर नहीं होता। वह नवजात के साथ सदा रहता है और उसका मार्गदर्शन भी करता है।

वैज्ञानिक टिप्पणी

इसके पश्चात् एक अन्य नादान-नासमझ व्यक्ति ने अपना वक्तव्य दिया। उन्होंने कहा, हमारा जीव विज्ञान बहुत ही शिक्षित है, हम सब किसी की व्याख्या कर सकते हैं, क्योंकि हमारा जीव विज्ञान शिक्षित है। माँ अपने बच्चे के प्रति आसक्त है, क्योंकि वह अपने नवजात शिशु की रक्षा करना चाहती है। अनिवार्यता आवश्यक है जीवित रहने के लिए। तृष्णा हमारे तंत्र को अपने वश में कर लेती है, जो कि एक जैविक आवश्यकता है। तृष्णा सकारात्मक है, क्योंकि यह अतिजीवन के लिए आवश्यक है।

X की टिप्पणी

ऐसे नादान और सीमित मस्तिष्कवाले व्यक्ति कुछ एक ही हुए हैं माइंड एंड लाइव संस्था के समूह में। यह अपने ज्ञान के घमंड में और अपनी संकल्पना में इतने लिप्त हो चुके हैं कि उनको अधिकतर घटनाएँ न दिखाई देती हैं और न ही समझ आती है।

हमारी धारणात्मक आसक्ति के अधीन (वह मनुष्य जो संकल्पना के अधीन होकर सभी घटनाओं को देखें और सत्य से परे रहे) वैज्ञानिकों से हम कुछ पूछना चाहते हैं, और कुछ बताना भी चाहते हैं।

पहली बात तो यह कि प्रेम इनके अनुसार केवल आवश्यकता ही क्यों है? और साथी के बीच का प्रेम क्यों केवल संभोग तक ही सीमित है? वृद्ध अवस्था में जब वह संभोग नहीं कर सकते तब क्या 'आधुनिक धारणात्मक आसक्ति के अधीन वैज्ञानिक' क्या यह कहेंगे कि उनके बीच प्रेम अब समाप्त हो गया? या वृद्धावस्था के प्रेम को भी वह धारणात्मक आसक्ति के अधीन वैज्ञानिक केवल आवश्यकता की दृष्टि से ही देखेंगे? यदि वह वृद्धावस्था के प्रेम को केवल 'सुरक्षा, आवश्यकता, साथ इत्यादि स्वार्थी संकल्पना' ही कहेंगे या इसी के चश्मे से देखेंगे तो वृद्धा ग्रह में या आश्रम में छोड़े गए लोग, या घर में अपने बच्चों के साथ रहते हुए भी यदि एक साथी की मृत्यु हो जाए तो क्यों दूसरा साथी दु:खी हो जाता है और अपने साथी के प्रेम की कमी अनुभव करता है? वृद्ध आश्रम में और घर में बच्चों/परिवार के साथ सुरक्षा भी है, सहयोग भी है, देखभाल के लिए लोग भी उपस्थित हैं, परंतु इसके पश्चात् भी अधिकतर आश्रम में छोड़े हुए वृद्ध या जिन्होंने अपने साथी को खो दिया वह दु:खी, हताश हो जाते हैं और कुछ तो जीवन तक से लगाव छोड़ देते हैं। ऐसा क्यों होता है? क्योंकि जो आश्रम में रहते हैं, उनको अपने परिवार या साथी के प्रेम की कमी का आभास होता है। आर्थरजी ने सही कहा कि यह आधुनिक संकल्पना मात्र है, इस संकल्पना का वास्तविकता से कोई संबंध नहीं। प्रेम तो मात्र वह है जिसको केवल अनुभव किया जाता है। प्रेम शब्दों में या संकल्पना में व्यक्त नहीं हो सकता। जैसे हमारे वह नासमझ शोधकर्ता, जो अपने भूतकाल में आसक्ति के अधीन थे, उन्होंने बताया था कि जब उनके बच्चे उदास होते हैं या वह उनको अधिक डाँट देते हैं और बच्चे रूठ जाते हैं, तो वह बच्चों को कुछ कहते नहीं, बस अपने गले लगा लेते हैं। इसके पश्चात् वह दोनों बच्चे सामान्य अवस्था में आ जाते हैं। तो उनके इस वक्तव्य से यह प्रश्न उठता है कि क्या वह ऐसा अपने स्वार्थ के कारण कर रहे हैं? या अपनी आवश्यकता के कारण कर रहे हैं? या वह ऐसा प्रेम के कारण कर रहे हैं? वह वैज्ञानिक यह कुछ भी सोचकर करते हों, परंतु वह जो गले लगाते हैं, वह शुद्ध प्रेम है, न कि कोई आवश्यकता। साथी के बीच का संबंध केवल इंद्रिय संतुष्टि पर ही निर्भर नहीं होता, वह आनंद तो केवल क्षणभर के लिए ही होता है। इंद्रिय संतुष्टिवाले प्रेम का सिद्धांत कुछ जानवरों पर तो लागू हो सकता है, परंतु मानव पर नहीं। साथी के बीच शारीरिक संबंध के अलावा और आवश्यकता के परे भी अन्य प्रकार के संबंध और अन्य प्रकार के साथ होते हैं। मानव केवल अतिजीवन के लिए ही अपना जीवन नहीं जी रहा। आधुनिक आसक्ति के अधीन वैज्ञानिक प्रेम को मात्र कुछ संकल्पना में ही नहीं माप

सकते और न ही कुछ संकल्पना के साथ प्रेम की व्याख्या कर सकते हैं। प्रेम दिखाया या बताया नहीं जा सकता, यह तो जताया और अनुभव किया जाता है।

दूसरी बात यह है कि जिन वैज्ञानिक ने यह कहा था कि "हमारा जीव विज्ञान शिक्षित है, हम सबकुछ की व्याख्या कर सकते हैं", तो उनसे हम कहना चाहते हैं कि "यह बात दोनों ओर लागू होती है", वैज्ञानिकों पर भी, योगी पर भी और अन्य सभी मनुष्यों पर भी। उन्होंने कहा कि माँ अपने बच्चे के प्रति आसक्त होती है, वह केवल अपने नवजात की सुरक्षा करना चाहती है। क्या वह वैज्ञानिक यह बताएँगे या अन्य वैज्ञानिक यह बताएँगे कि 'माँ आसक्त क्यों होती है?' और माँ अपने बच्चे की सुरक्षा क्यों करना चाहती है? वैज्ञानिकों के अनुसार माँ का आसक्त होना उसका प्रेम है। परंतु इसको दूसरे दृष्टिकोण के सहारे देखें तो हम पाएँगे कि माँ को अपने बच्चे से प्रेम है, इसलिए वह तथाकथित आसक्त हो सकती है। आसक्त होने के कारण प्रेम नहीं, बल्कि प्रेम के कारण से माँ मनोग्रहहीत है, और सुरक्षा के कारण अनिवार्यता नहीं होती, बल्कि तथाकथित अनिवार्यता भी इसीलिए है, क्योंकि वहाँ प्रेम उपस्थित है। माँ बच्चे का प्रेम इन तथाकथित आसक्ति के अधीन वैज्ञानिकों की सोच के पार है। शर्म की बात है कि यह वैज्ञानिक प्रेम को भी मात्र एक संकल्पना मानते हैं।

बच्चे और माँ का प्रेम वस्तुत: एक प्रकार का शुद्ध संबंध है। बच्चा माँ की ओर विद्या प्राप्ति के लिए देखता है या अभिव्यक्ति के लिए देखता है, न कि सुरक्षा के लिए और न ही डरकर। हाँ, यह सही है कि जब वह डरेगा तो वह अपनी माँ या उसका ध्यान रखनेवाले की ओर देखेगा, परंतु इसका अर्थ यह नहीं कि वह जब भी देखेगा तब वह डरा हुआ होगा। ऐसा भी नहीं है कि डर के कारण प्रेम है, वह सदा डरा हुआ नहीं रहता, परंतु इसके पश्चात् भी वह सदा एक प्रेम की डोर से जुड़ा रहता है अपनी माँ के संग। जब बच्चा कुछ नया सीखता है या कुछ नया करता है, तो वह उस अनुभव को अपनी माँ के साथ साझा करना चाहता है। वह साझा डर के कारण या सुरक्षा के कारण नहीं करता, बल्कि वह ऐसा प्रेम की उपस्थिति के कारण करता है। विद्या प्राप्ति और सुरक्षा करना भी प्रेम की कुछ विशेषताएँ या भाग मात्र हैं। माँ बच्चे का प्रेम 'अतिजीवन के लिए आवश्यक संकल्पना' के परे है। अतिजीवन भी सदा के लिए नहीं रहता, न ही मेरा और न ही मेरे बच्चे का, यह बात बच्चे की माँ तो जानती ही है, बालक भी समय अनुसार इस सत्य को समझ ही लेता है, परंतु इसके पश्चात् भी प्रेम बना रहता है। माँ-बच्चे का प्रेम आत्मकेंद्रित नहीं होता, वह तो शुद्ध प्रेम होता है।

जैविक आवश्यकताएँ और जैविक अनिवार्यता के पार होता है शुद्ध प्रेम। हाँ, कुछ धारणात्मक आसक्ति के अधीन वैज्ञानिक प्रेम को संकल्पना मात्र मानते हों और संभवत: उनका प्रेम भी एक संकल्पना मात्र हो, परंतु यदि उनको कभी शुद्ध प्रेम होगा, तब वह

यह अनुभव कर पाएँगे कि शुद्ध प्रेम होता क्या है। उनका आसक्ति के अधीन और सेवक तंत्र संकल्पना के कारण प्रेम के प्रति माया उत्पन्न करता है, परंतु उनके प्राकृतिक तंत्र के भीतर कहीं तलहटी में शुद्ध प्रेम उपस्थित होता है। यदि वह इसका अनुभव करेंगे और अपनी संकल्पनाओं की सीमा के पार जाएँगे, तो वह शुद्ध प्रेम को समझ पाएँगे और शुद्ध अनुभव भी कर पाएँगे।

क्षमा माँगते हुए यह कहना चाहूँगा कि तथाकथित आधुनिक वैज्ञानिकों की जीव विद्या इतनी भी शिक्षित नहीं, यह अनुभव की शुद्ध रूप से अनुभूति करना नहीं जानती, केवल तीसरे व्यक्ति के दृष्टिकोण से देखना जानती है, अपनी प्राकृतिक अनुभूति का उपयोग न करके। यह केवल कुछ संकल्पनाएँ जैसे—संभोग, अतिजीवन, स्व, आवश्यकता इत्यादि के दृष्टिकोण से सत्य को देखना चाहते हैं। इस माया के धारणात्मक दृष्टिकोण के सहारे हमारे तथाकथित आधुनिक वैज्ञानिक सत्य को नहीं समझ सकते। वह शुद्ध रूप से अनुभूति तक नहीं कर सकते, तो समझना तो छोड़ ही दीजिए। प्रेम को कुछ परिभाषाओं में नहीं बाँधा जा सकता, इसको केवल अनुभव किया जा सकता है।

बालक सीधा-सीधा अपनी माता के साथ जटिलता से जुड़ा (एंटेंगल) होता है। बालक के शरीर का प्रारंभिक और मूलभूत विकास उनकी माता के गर्भ में ही होता है, माता का गर्भ बालक को वह वातावरण प्रदान करवाता है जिसके भीतर एक तंत्रिका कोशिका बालक के शरीर में रूपांतरित हो जाती है। उस वातावरण के भीतर विकास के कारण बालक सीधा-सीधा अपनी माता के साथ जटिलता से जुड़ा होता है और इसी कारण से वह अपनी अभिव्यक्ति सबसे पहले अपनी माता के सम्मुख ही करना चाहेगा, क्योंकि वह अपनी माता के साथ एक पवित्र बंधन से बँधा हुआ है। माता और बालक के बीच का संबंध किसी भी प्रकार के स्वार्थ पर निर्भर नहीं होता, यह तो एक पवित्र प्राकृतिक बंधन और जोड़ है, जो सदा माता और बालक के बीच बना रहता है। यदि कुछ वैज्ञानिक इस संबंध में स्वार्थ को देखते हैं तो वह वैज्ञानिक मूर्ख हैं। माता के गर्भ में विकास के कारण बालक सूक्ष्म स्तर पर भी अपनी माता के साथ जुड़ा होता है, केवल स्वार्थ की भावना के साथ नहीं। बालक की ऊर्जा और पदार्थ का विकास अर्थात् उसके शरीर का विकास जिस वातावरण में होता है, बालक उस वातावरण के साथ सूक्ष्म जटिल संबंध (एंटेंगलमेंट) विकसित कर लेता है। माता और बालक आपस में सूक्ष्म और स्थूल स्तर पर जटिलता से जुड़े होते हैं। ऐसे वैज्ञानिक, जो इस जटिल संबंध को स्वार्थ का संबंध बताते हैं, उन्हें विज्ञान से संन्यास ले लेना चाहिए।

आज के आधुनिक वैज्ञानिक जिन उपकरणों का प्रयोग अपने शोध और संशोधन के लिए करते हैं, वह भी वैज्ञानिकों को भ्रमित करते हैं, क्योंकि आज के तथाकथित आधुनिक वैज्ञानिक यह भूल जाते हैं कि जिन उपकरणों का उपयोग वह कर रहे हैं, वह

भी उन वैज्ञानिकों के सीमित ज्ञान पर ही आधारित हैं, न कि सत्य पर। आज के आधुनिक वैज्ञानिक यह भूल ही जाते हैं कि उनके द्वारा बनाए गए उपकरण केवल वही दिखाते हैं, जो वह वैज्ञानिक देखना चाहते हैं। आज के आधुनिक वैज्ञानिक कोई भी उपकरण ऐसा नहीं बना सकते, जो उन्हें सत्य की अनुभूति करवाए, क्योंकि हम सत्य जानते ही नहीं हैं, तो जिसको हम जानते ही नहीं उसको खोजने के लिए उपकरण कैसे बना सकते हैं? सत्य को केवल उपकरणों के सहारे ही समझा और देखा नहीं जा सकता।

वैज्ञानिक जिस माँ और बच्चे के संबंध को समझने की बात करते हैं, वह ज्ञान भी उनकी इंद्रियों और उनके उपकरणों द्वारा उत्पन्न माया मात्र है। माता और बालक का संबंध सूक्ष्म और स्थूल दोनों ही स्तर पर एक पवित्र डोर से जुड़ा होता है। माता और बालक का संबंध किन्हीं स्वार्थी वंशाणु पर निर्भर नहीं होता, जैसा कि कुछ आज के तथाकथित आधुनिक वैज्ञानिक सोचते हैं। माता और बच्चे के बीच जो जटिल जोड़ और जटिल संबंध होता है, वह हमारे जगत् के आयाम तक ही सीमित नहीं होता, यह वह पवित्र जटिल संबंध और जोड़ है, जो स्पेसमॉस से जुड़ा होता है और जीवन चक्र में संभवत: सबसे महत्त्वपूर्ण होता है। हम इस 'महत्त्वता' को केवल अपनी ज्ञात संकल्पना के दृष्टिकोण से ही नहीं देख सकते, यहाँ जो शब्द 'महत्त्वपूर्ण' कहा जा रहा है, वह उस परम सत्य को दरशाने का निकटतम शब्द है, परंतु वह सत्य सभी शब्दों के और सभी संकल्पनाओं के पार है। अपनी कहानी में इस परम सत्य पर प्रकाश डालने का हम पूर्ण प्रयास करेंगे।

वैज्ञानिक प्रश्न

क्या बच्चे की माँ के प्रति करुणा पक्षपातपूर्ण है या पक्षपातपूर्ण नहीं है? क्योंकि आपने (गुरुजी ने) कहा था कि बच्चे की माँ के प्रति करुणा पक्षपातपूर्ण है।

X की टिप्पणी

बच्चे संभवत: अपने ध्यान रखनेवाले के प्रति अधिक करुणा रखते हैं, चाहे वह माता-पिता हो या परिवार का कोई अन्य सदस्य हो। संभवत: ध्यान रखनेवाला जितना प्रेम और ध्यान रखनेवाले जैसी समझ बच्चा यदि किसी और व्यक्ति में भी देखता है तो वह उसके प्रति भी अधिक करुणामयी हो जाएगा। संभवत: यह पक्षपातपूर्ण हो सकता है, परंतु ज्ञात और अज्ञात के संदर्भ में नहीं, बल्कि अच्छा-बुरा, सकारात्मक-नकारात्मक व्यवहार में पक्षपातपूर्ण हो सकता है। बच्चा अपने ध्यान रखनेवाले को अपनी माँ के समान या उससे भी अधिक प्रेम कर सकता है, यदि ध्यान रखनेवाला माँ जैसा व्यवहार करे तो। बच्चे को नहीं पता होता माँ-बाप या किसी अन्य संबंध के संदर्भ में, बच्चा उन सभी से प्रेम करता है, जो उस बच्चे से प्रेम करते हैं और बच्चा उनके प्रति अधिक

करुणा रख सकता है, जो बच्चे के प्रति करुणा दरशाते हैं। बच्चा केवल शुद्ध प्रेम के प्रति पक्षपातपूर्ण हो सकता है। बच्चे का प्रेम सभी संकल्पना के बाहर होता है। उसका प्रेम धारणात्मक नहीं होता, उसका प्रेम शुद्ध होता है। वह शुद्ध प्रेम और करुणा उत्पन्न करता है। जहाँ वह माँ जैसा व्यवहार देखता है, वह वहाँ या व्यवहार दिखानेवाले के प्रति अधिक करुणा रख सकता है, परंतु संभवत: हम इसे पक्षपातपूर्ण नहीं कह सकते, क्योंकि यह प्रेम तब विकसित होता है जब बालक के भीतर कोई भी संकल्पना या परिकल्पना नहीं होती। शुद्ध और धारणा रहित प्रेम पक्षपातपूर्ण की संकल्पना के अंतर्गत नहीं आएगा।

बौद्ध साधु की टिप्पणी

मैथ्यू ला, जो कि एक बौद्ध साधु हैं, उन्होंने एक महत्त्वपूर्ण विषय उठाया, जिसने इन तथाकथित आधुनिक वैज्ञानिकों की माता और बालक के पवित्र संबंध से जुड़ी सभी नकारात्मक संकल्पनाओं को ध्वस्त कर दिया। उन्होंने कहा कि पश्चिम वासियों को अपनी शब्दावली सुधारने की आवश्यकता है, क्योंकि इच्छा और तृष्णा और आसक्ति की अपनी मात्रा/सीमा होती है, जो कि सूक्ष्म अंतर लाती है। परंतु पश्चिमवासी सभी इच्छाओं को तृष्णा कहते हैं या प्रतिफल के समान देखते हैं। हमें मगज पर मस्तिष्क को रेखांकित करने की आवश्यकता है, उन्नत समझ के लिए और हमें नई परिभाषाएँ चाहिए, जो कि सर्वहितकारी और विनाशकारी तृष्णा के बीच अंतर बता सकें, ताकी हम घटनाओं का सकारात्मक और नकारात्मक पहलू जान सकें।

X की टिप्पणी

मैथ्यू ला ने अत्यंत महत्त्वपूर्ण बात कही, शब्दावली के कारण ही पश्चिम जगत् के बुद्धिजीवी और वैज्ञानिक प्राचीन भारतीय ज्ञान को आज तक समझ नहीं पाए हैं। पश्चिम जगत् की भौतिक जगत् से प्रेरित शब्दावली के कारण ही वह द्वंद्व और द्वैत में उलझकर माया में लिप्त हैं और अद्वैत को समझ नहीं पा रहे हैं। इसी भौतिक जगत् से प्रेरित शब्दावली के कारण उनके विचारों का स्वरूप भी भौतिक जगत् से ही जुड़ा होता है, जिसके कारण वह भौतिकी संबंधित मनोदशा ही उत्पन्न करते हैं और माया के पार अद्वैत को अनुभव नहीं कर पाते। शब्द और भाषा के कारण हमारी चेतना और मनोदशा पर क्या प्रभाव पड़ता है, इसे हम अपनी कहानी में आगे विस्तारपूर्वक समझेंगे।

हमने अभी तृष्णा, आसक्ति इत्यादि प्रकार के सत्य को जाना, समझा और इसके सहारे हम यह अनुमान लगा सकते हैं कि सिद्धार्थ, गौतम बुद्ध के जीवन में आसक्ति के चक्र के कारण कैसी संभावनाएँ उत्पन्न हुई होंगी और सिद्धार्थ के तंत्र पर आसक्ति ने क्या प्रभाव डाला होगा? हमने इस अध्याय में जाना कि किस प्रकार आसक्ति मानव

तंत्र को अपने अधीन बना लेती है और आसक्ति के अधीन होने के पश्चात् मानव तो जीवन जीता ही नहीं है, केवल कुछ रसायन जीवन जीते हैं। हमने यह भी जाना कि यदि मनुष्य की जिज्ञासा और इच्छाशक्ति तीव्र है तो वह माया के इन बंधनों को तोड़ सकता है। कुछ समय तक सिद्धार्थ, गौतम बुद्ध ने अपना जीवन संभवत: आसक्ति के अधीन होकर व्यतीत किया हो, परंतु सही समय आने पर सिद्धार्थ, गौतम बुद्ध के भीतर उपस्थित बुद्धत्व ने अपना कार्य करना प्रारंभ किया और सिद्धार्थ, गौतम की जिज्ञासा और इच्छाशक्ति ने उनकी सहायता की माया के इन बंधनों को तोड़ने हेतु। इसके साथ-साथ हमने एक महत्त्वपूर्ण सत्य को भी जाना और वह सत्य है ऊष्मापन। ऊष्मापन ने ही सिद्धार्थ, गौतम के भीतर बुद्धत्व को सही समय आने पर सक्रिय किया और सिद्धार्थ को परम सत्य जानने के लिए प्रेरित किया और ऊष्मापन के सहारे ही सिद्धार्थ अपनी आसक्ति के पार जाकर परम सत्य और मोक्ष को प्राप्त कर पाए। ऊष्मापन हमारे ब्रह्मांड की एक रहस्यमयी वास्तविकता है, जो इस माया के खेल में अहम भूमिका निभाती है। ऊष्मापन के कारण ही ब्रह्मांड में किसी भी प्रकार की कोई भी 'गति' संभव हो पाती है। भले ही वह गति पदार्थ में हो या ऊर्जा में हो या चाहे कण में हो या तरंग में हो या मानव शरीर के भीतर हो, प्रत्येक तंत्र में गति का कारण ऊष्मापन ही होता है। हमारी तंत्रिकाओं को गतिमान करनेवाली शक्ति भी ऊष्मापन ही होती है। ऊष्मापन के सहारे ही हमारी चेतना अपनी लीला रचती है। वास्तविकता में देखा जाए तो ऊष्मापन 'तापमान' का ही एक भाग है। माया जगत् की प्रत्येक लीला इसी ऊष्मापन और शीतलता के सहारे ही रची जाती है, अर्थात् 'तापमान' के सहारे। तापमान अद्वैत सत्य से जुड़ा है और शीतलता और ऊष्मापन द्वैत से और इसी द्वैत के कारण इस माया जगत् का अस्तित्व है, परंतु सत्य द्वैत के पार अद्वैत में छिपा हुआ है। द्वैत-अद्वैत और ऊष्मापन-शीतलता के रहस्य और वास्तविकता जटिल है, जिसे हम पूर्ण रूप से अपनी कहानी में आगे समझने का प्रयास करेंगे। हम आगे जानेंगे कि कैसे ऊष्मापन हमारी आत्मा के सत्य से सीधे-सीधे जुड़ा हुआ है और हमारे सत्य से भी और इसके साथ-ही-साथ हम द्वैत और अद्वैत की लीला को भी समझने का प्रयास करेंगे।

अपनी कहानी में आगे बढ़ने से पहले हमने अभी तक जो समझा है, उस पर थोड़ा प्रकाश डालते हैं।

हमने अपनी कहानी में डबल स्लिट के शोध के सहारे माया जगत् की लीला पर थोड़ा प्रकाश डाला। हमने यह देखा कि यह माया जगत् हमें जैसा प्रतीत होता है, वास्तव में यह वैसा नहीं है। हमने जाना कि दृष्टा तथाकथित वास्तविकता को प्रभावित करता है। द्रष्टा केवल वास्तविकता को प्रभावित ही नहीं करता, बल्कि दृष्टा अपने तंत्र अनुसार वास्तविकता को जन्म देता है, अर्थात् अपनी तथाकथित वास्तविकता का निर्माण करता

है। हमने यह भी जाना कि कैसे उत्परिवर्तन और क्रम विकास करनेवाली शक्तियाँ कार्य करती हैं। हमने समझा कि मस्तिष्क-जिज्ञासा-आभामंडल तंत्र हमारे शरीर की प्रत्येक कोशिका और प्रत्येक कण तथा प्रत्येक ऊर्जा तरंग के साथ मिलकर प्रतिरक्षी का निर्माण करते हैं और उत्परिवर्तन जैसी घटनाओं को घटित होने में सहायता करता है। हमारे प्रत्येक अंग, जो हम मानवों में विकसित होने से पूर्व दूसरे अन्य जीवों में विकसित हो चुके थे, वह दूसरे जीवों के साथ किसी-न-किसी प्रकार से जटिलता से जुड़े हुए (एंटेंगल) हैं, जिसके कारण हमारा तंत्र या हमारा शरीर प्रकृति में उपस्थित अन्य सभी तंत्रों और वस्तुओं के साथ जटिलता से जुड़ा हुआ है। इन्हीं सूक्ष्म जटिल जोड़ के सहारे हमारा तंत्र या हमारा शरीर अधिक आवश्यक जानकारी एकत्रित कर उत्परिवर्तन और क्रम विकास (मानसिक और शारीरिक दोनों ही) की प्रक्रिया पूर्ण कर पाता है। हम प्रकृति के साथ इन्हीं सूक्ष्म जटिल जोड़ की सहायता से जुड़े होते हैं। यह सूक्ष्म जटिल जोड़ ही प्रकृति के साथ हमारे अंत:परस्पर संबंध का कारण है। क्वांटम यांत्रिकी, मिरर तंत्रिका कोशिका, दृश्य क्षमता और श्रव्य क्षमता द्वारा क्रिया विभव उत्पन्न करनेवाले तंत्र, आभामंडल, हमारे शरीर और आभा मंडल के सूक्ष्मजीव का प्रकृति में उपस्थित अन्य सूक्ष्म जीवों के साथ सूक्ष्म जटिल संबंध होता है और यह सभी जिज्ञासा के साथ मिलकर उत्परिवर्तन और क्रम विकास जैसी घटनाएँ और प्रक्रियाओं को घटित करवाते हैं। हमने यह भी समझा कि यदि इच्छाशक्ति और जिज्ञासा अधिक तीव्र है तो जानकारी विशेष प्रकार के मार्गों द्वारा भी यात्रा कर सकती है, जैसे आकाशीय छिद्रों के माध्यम से। अपने सूक्ष्म जटिल जोड़ और जिज्ञासा का उपयोग एक योगी किस प्रकार से करता है और इसके क्या परिणाम होते हैं, यह हम अपनी कहानी में आगे पूर्ण रूप से समझेंगे। सिद्धार्थ, गौतम बुद्ध ने अपनी जिज्ञासा और प्रकृति के साथ अपने सूक्ष्म जटिल जोड़ का उपयोग किस प्रकार किया होगा, यह भी हम अपनी कहानी में आगे जानेंगे।

हमने यह भी देखा और समझा कि बालक की सुनने की क्षमता, बालक की छूने की क्षमता, बालक की स्मृतियाँ और कुछ अन्य इंद्रियाँ माता के गर्भ में ही विकसित हो जाती हैं। बालक बाहरी दुनिया की अनुभूति माता के गर्भ में ही प्रारंभ कर देता है। बालक की जिज्ञासा और चेतना माता के गर्भ में ही कार्य करना प्रारंभ कर देती हैं और इसी प्रकार गर्भ में सिद्धार्थ, गौतम बुद्ध का भी विकास हो रहा होगा। गर्भ में ही जब बालक का विकास हो रहा होता है तब वहाँ 'मैं और दाऊ' का संबंध भी स्थापित नहीं हुआ है, परंतु चेतना और जिज्ञासा ने अपना कार्य करना प्रारंभ कर दिया होता है और बालक जगत् की अनुभूति (जिसकी अभी बालक के भीतर संकल्पना भी विकसित नहीं हुई है) करना भी प्रारंभ कर देता है, जो 'शुद्ध अनुभूति' का एक उत्तीर्ण उदाहरण है। गर्भ में तो 'स्व का अभिज्ञान' भी नहीं होता, परंतु चेतना और जिज्ञासा शुद्ध अनुभूति के सहारे वहाँ भी कार्य

कर रही होती हैं। साधक इसी 'गर्भ जैसी अवस्था' को पुन: जागृत करता है, शून्यता और समाधि को प्राप्त करने हेतु और सिद्धार्थ ने इस अवस्था को किस प्रकार जागृत किया होगा, यह हम अपनी कहानी में आगे समझने का प्रयास करेंगे।

हम (मानव/ जीव) तरंगों के साथ अपनी माता के गर्भ में ही जुड़ जाते हैं या तरंगों के साथ माता के गर्भ में ही संबंध स्थापित कर लेते हैं। ध्वनि की अनुभूति होने का अर्थ है तरंगों की अनुभूति होना। हम सूक्ष्म तरंगों के साथ अपनी माता के गर्भ से ही जुड़े होते हैं और सूक्ष्म तरंगें अणु को भी प्रभावित कर सकती हैं और क्वार्क्स, प्रोटोन, न्यूट्रॉन और इलेक्ट्रॉन सीधे-सीधे सूक्ष्म तरंगों के साथ जुड़े होते हैं और सूक्ष्म तरंगों से प्रभावित भी होते हैं। हम मानव जीवन की यात्रा का प्रारंभ गर्भ में एक कोशिका के रूप में करते हैं और वह एक कोशिका अपनी विशेष तरंग के साथ ब्रह्मांड की सूक्ष्म तरंगों से जुड़ी होती है। यही सूक्ष्म तरंगें हमारे सत्य और जीवन का निर्माण करती हैं, जो वास्तविकता में है ही नहीं और इन्हीं सूक्ष्म तरंगों और क्षेत्रों के सहारे हमारी चेतना अपनी लीला रचती है। योगी अपनी साधना के सहारे इन्हीं सूक्ष्म तरंगों को साधता है और सत्य को प्राप्त करता है।

हमने अभी तक यह भी जाना कि एकाग्रता और चेतना तटस्थ हैं। यह न्यूट्रॉन की भाँति हैं और अनुभूति, स्मृतियाँ और भावनाएँ इलेक्ट्रॉन और प्रोटोन की भाँति हैं और हमारी मनोदशा आयाम की भाँति है और हमारा तंत्र समय की भाँति है। जैसे एक अणु प्रोटोन और न्यूट्रॉन में आए बदलाव के कारण विशेष आयाम में वातावरण अनुसार भिन्न-भिन्न खेल खेलता है, वैसे ही हमारी अनुभूति और भावनाएँ विशेष मनोदशा में और विशेष तंत्र (हमारा शरीर) में माया का खेल खेलती हैं। वातावरण, स्मृतियाँ और भावनाएँ सिद्धार्थ, गौतम बुद्ध के जीवन में भी अपना खेल खेल रही थी और राजमहल का वातावरण सिद्धार्थ, गौतम के भीतर एक विशेष प्रकार के स्व का निर्माण कर रहा था और संभवत: सिद्धार्थ, गौतम बुद्ध राजघराने का जीवन व्यतीत करते-करते कुछ आसक्ति भी विकसित कर रहे थे। कुछ समय तक सिद्धार्थ, गौतमजी के पिताजी के अनुसार ही सभी कुछ घटित हो रहा था और सिद्धार्थ, गौतम माया जगत् में लिप्त हो रहे थे, परंतु नियति कुछ और ही चाहती थी और सही समय आने पर उसने इन सभी त्रुटियों के पश्चात् भी अग्नि की सहायता से सिद्धार्थ के भीतर वह सूक्ष्म जटिल जोड़ सक्रिय किए, जिन्होंने बुद्धत्व की लीला रखने हेतु मार्ग निर्मित किया। इस माया के खेल को अपनी कहानी में हम आगे पूर्ण रूप से समझेंगे और यह भी जानेंगे कि योगी कैसे इस माया के पार जाता है। इन सभी सत्यों और तथ्यों के साथ-साथ हमने यह भी जाना कि ऊष्मापन हमारे ब्रह्मांड में और मानव जीवन में महत्त्वपूर्ण भूमिका निभाती है और ऊष्मापन अग्नि तत्त्व का एक स्वरूप होता है और अग्नि तत्त्व के कुछ रहस्य को भी हमने वेद मंत्रों की सहायता से समझा। प्रत्येक प्रकार की क्रिया और गति ऊष्मापन के

कारण ही संभव हो पाती है। हमने यह भी जाना कि ऊष्मापन के सहारे कैसे हमारी चेतना आकाशीय छिद्र (वरम्होल्स) का निर्माण कर अपनी लीला रचती है और यह सबकुछ जो हमने जाना, वह सिद्धार्थ, गौतम बुद्ध की चेतना के साथ और उनके तंत्र के साथ भी घटित हो रहा था। सिद्धार्थ, गौतम बुद्ध का तंत्र भी इन सभी प्रक्रियाओं से प्रभावित हो रहा था, परंतु सिद्धार्थ, गौतम बुद्ध के भीतर एक तत्त्व था जो इन सभी मायावी सत्य से प्रभावित नहीं हो रहा था और अपनी सक्रियता के लिए सही समय की प्रतीक्षा कर रहा था और वह तत्त्व था बुद्धत्व। बुद्धत्व अपनी अध्यारोपण (सुपर पोजीशन) की अवस्था में रहकर इस माया जगत् के पार होता है। बुद्धत्व इन मायावी प्रभावों से प्रभावित नहीं होता और महाकाल में रहकर माया जगत् की लीलाओं को संचालित करता है। सिद्धार्थ के भीतर जो बुद्धत्व उपस्थित था, वह इन सभी प्रभावों की उपस्थित के पश्चात् भी समाधि की क्षमता समेटे हुए था और सही समय की प्रतीक्षा कर रहा था और अपनी सक्रियता के लिए उपयुक्त वातावरण निर्मित होने की प्रतीक्षा भी कर रहा था। अपनी कहानी में अब हम जानेंगे कि कैसे सिद्धार्थ, गौतम बुद्ध ने इस माया के जाल को तोड़ा और बुद्धत्व को उपयुक्त वातावरण प्रदान कर समाधि प्राप्त की।

अपनी कहानी के इस अध्याय में हमने यह जाना था कि किस प्रकार आसक्ति का तंत्र कार्य करता है और किस प्रकार आसक्ति मनुष्य के मस्तिष्क और मगज को अपने अधीन बना लेती है और इसके सहारे हम यह समझ सकते हैं कि राजमहल के वातावरण में सिद्धार्थ के तंत्र पर किस प्रकार की भावनाओं ने प्रभाव डाला होगा और उस वातावरण में रहकर सिद्धार्थ ने कुछ समय तक किस प्रकार अपना जीवन कुछ आसक्ति के अधीन होकर व्यतीत किया होगा। अपनी कहानी के इस अध्याय में अब हम जानेंगे कि कैसे तृष्णा और आसक्ति के चक्र को तोड़कर सिद्धार्थ, गौतम बुद्ध सत्य की खोज पर निकले। हमने अभी यह जाना कि सिद्धार्थ, गौतम बुद्ध के जीवन में आसक्ति ने कैसा खेल खेला होगा, अब अपनी कहानी में हम यह जानेंगे कि कैसे सिद्धार्थ, गौतम बुद्ध इन सभी बंधनों को तोड़कर और आसक्ति के चक्र को भी भेदकर सत्य की खोज पर निकले और संन्यास ग्रहण किया। आइए, जानते हैं कि कैसे सिद्धार्थ का बुद्धत्व सक्रिय हुआ और क्यों सिद्धार्थ, गौतम बुद्ध अपना सबकुछ त्यागकर सत्य की खोज में निकल पड़े थे।

□

7
संन्यास ग्रहण करने का निर्णय

अभी तक अपनी कहानी में हमने देखा कि कैसे भावनाएँ और वातावरण मानव के जीवन पर प्रभाव डालते हैं। हमने वैज्ञानिक और आध्यात्मिक दृष्टिकोण से यह समझने का प्रयास किया कि माता के गर्भ से लेकर वयस्क होने तक मानव कैसे

शारीरिक और मानसिक रूप से विकसित होता है। हमने यह भी समझना चाहा कि राजघराने में सिद्धार्थ, गौतम का जीवन कैसा व्यतीत हुआ होगा और हमने यह भी जाना कि आसक्ति ने सिद्धार्थ के जीवन में अपनी लीला कैसे रची होगी और कैसे सिद्धार्थ जाने-अनजाने ही आसक्ति के अधीन हो गए होंगे। हमने अभी तक देखा कि मानव तंत्र और मानव इच्छाशक्ति कहीं-न-कहीं अलग-अलग जीवन जीते हैं, वह भी एक ही मानव शरीर के भीतर, परंतु यदि मानव चाहे तो वह अपनी प्रबल इच्छाशक्ति के बल पर अपने जैविक तंत्र को नियंत्रित और संचालित कर सकता है। हमने कुछ सिद्ध वैज्ञानिक तथ्यों के सहारे और कुछ नए सिद्धांतों के सहारे यह जानने का प्रयास किया कि जीवन किस प्रकार अपनी लीला रच रहा है। हमने अभी तक की अपनी कहानी में जीवन के कुछ विचित्र और रहस्यमयी रूप देखे और समझे। हमने देखा, कैसे कुछ अज्ञात और अज्ञ ऊर्जा और शक्तियाँ जीवन का संचालन और जीवन को नियंत्रित कर रही हैं। ऐसी ही अज्ञात और रहस्यमयी शक्तियाँ सिद्धार्थ, गौतम के जीवन में भी अपनी लीला रच रही थीं। अभी तक हमने सिद्धार्थ, गौतम के राजोचित जीवन पर प्रकाश डाला था, आइए अब सिद्धार्थ, गौतम बुद्ध के जीवन में संन्यास का प्रारंभ कैसे हुआ होगा, इस पर थोड़ा प्रकाश डालते हैं। आइए, जानते हैं कि सिद्धार्थ, गौतम बुद्ध ने क्यों राजघराने के जीवन को त्यागकर संन्यास ग्रहण करने का निर्णय लिया होगा।

सिद्धार्थ युवावस्था तक अपने राजभोग के अभिराम में डूबे हुए थे और उनका विवाह एक सुंदर युवती से हुआ था और उनको एक पुत्र भी हुआ था, परंतु सिद्धार्थ, गौतम ने 26-27 वर्ष की आयु में अपने घर का, अपनी सुख-सुविधाओं का, अपने समाज और परिवार का त्याग कर दिया था, अर्थात् उन्होंने संन्यास ग्रहण कर लिया था। परंतु संन्यास ग्रहण करने का निर्णय एक दिन में लिया गया निर्णय नहीं था। अपना सबकुछ त्यागकर संन्यास ग्रहण करना एक दिन का खेल नहीं था। अर्थात् जब सिद्धार्थ ने अपने राजमहल का और घर-गृहस्थी को त्यागने का निर्णय लिया होगा, उस क्षण से बहुत समय पहले ही सिद्धार्थ के मन-मस्तिष्क में अनेक प्रश्न उठने लगे थे। संन्यास का निर्णय लेने से पूर्व ही सिद्धार्थ की जिज्ञासा तीव्र होने लगी थी और जीवन के और अपने संदर्भ में अनेक प्रश्न उठाने लगी थी। सिद्धार्थ के पिताजी ने जो माया का जाल बुना था, उसने कुछ समय तक तो कार्य किया, परंतु सिद्धार्थ, गौतम के पिताश्री के सभी प्रयासों के पश्चात् भी नियति ने सिद्धार्थ, गौतम को दु:ख और पीड़ा की अनुभूति करवाई और जीवन से संबंधित पीड़ादायी सत्य का भी सिद्धार्थ को आभास करवाया। सिद्धार्थ को संन्यास लेने से पूर्व ही यह आभास हो गया था कि 'मैं' वह नहीं हूँ जो 'मैं' अभी तक स्वयं को मानता था और उन्होंने स्वयं से यह पूछना भी प्रारंभ कर दिया होगा कि 'मैं' कौन हूँ? जीवन क्या है? दु:ख क्या है? पीड़ा क्या है? और सिद्धार्थ के भीतर यह प्रश्न

जिज्ञासा की सीमा के पार जाना चाहते थे और इसी प्रकार के प्रश्नों ने और सत्य जानने की जिज्ञासा ने सिद्धार्थ को संन्यास ग्रहण करने हेतु प्रेरित किया होगा। आइए, जानते हैं कि सिद्धार्थ, गौतम के जीवन में 'क्यों' और 'कैसे' से संबंधित प्रश्न कब उठने प्रारंभ हुए थे और कब सिद्धार्थ अपनी सीमाओं के पार जाकर असीम में प्रवेश कर गए थे।

जब सिद्धार्थ की आयु 25-26 वर्ष की हो गई थी, तब एक दिन वह अपने राजमहल से बाहर अपने राज्य में भ्रमण के लिए निकले थे। सिद्धार्थ के पिताजी ने यह आदेश दिए हुए थे कि जब भी सिद्धार्थ बाहर भ्रमण के लिए जाएँ तो उनके मार्ग से सभी दुःखी, बीमार, वृद्ध, या किसी भी पीड़ा से ग्रस्त मनुष्यों को हटा दिया जाए, और इस बार भी इन्हीं आदेशों के अनुसार कार्य किया गया और सिद्धार्थ के मार्ग से सभी पीड़ित मनुष्यों को हटा दिया गया। ऐसा सिद्धार्थ के पिता इसलिए करते थे ताकि सिद्धार्थ को 'दुःख और पीड़ा' का अनुभव न हो, या वह किसी भी प्रकार के दुःख या पीड़ा की अनुभूति न कर पाए, क्योंकि उन्हें सिद्धार्थ के जन्म एक ब्राह्मण की भविष्यवाणी सदा स्मरण रहती थी, जिन्होंने यह कहा था कि राजन! तुम कितने भी प्रयास कर लो, तुम सुख-सुविधाओं की कितनी भी बेड़ियाँ सिद्धार्थ को पहना दो, परंतु सिद्धार्थ, गौतम सही समय आने पर संन्यास ग्रहण करेंगे-ही-करेंगे और इसी कारण से सिद्धार्थ, गौतम के पिताजी सदा यह प्रयास करते थे कि सिद्धार्थ, गौतम को किसी भी प्रकार का दुःख न दिखे और वह किसी भी प्रकार की पीड़ा अनुभव न करें, परंतु इस बार नियति ने कुछ और ही सोच रखा था। नियति को जो कुछ भी करवाना होता है, वह उसको किसी भी प्रकार से करवा ही लेती है। नियति के सम्मुख किसी का नियंत्रण और किसी का वश नहीं चलता। नियति के अनुसार सिद्धार्थ को मानवता का मार्गदर्शन करना था और राजमहलों में राजयोग भोगते-भोगते सिद्धार्थ ऐसा नहीं कर सकते थे और इसी कारण से जब सिद्धार्थ भ्रमण पर निकले थे, उस समय नियति ने अपनी लीला रची और सिद्धार्थ को दुःख और पीड़ा की अनुभूति करवाई। सही समय आने पर नियति ने सिद्धार्थ को वृद्ध मनुष्य भी दिखाए, बीमार मनुष्य भी दिखाए, पीड़ित मनुष्य भी दिखाए और अन्य प्रकार के दुःखों का अनुभव भी करवाया। नियति ने ऐसा इस कारण से किया ताकि सिद्धार्थ के मन-मस्तिष्क में प्रश्न उठें और उनकी जिज्ञासा उनको उन प्रश्नों के उत्तर खोजने के लिए विवश कर दे, और जैसा नियति ने चाहा था वैसा ही हुआ। सिद्धार्थ ने जब दुःख को अनुभव किया तो वह 'सुख-दुःख, जीवन-मृत्यु' इत्यादि प्रश्नों के उत्तर खोजने और परम सत्य की खोज में निकल पड़े थे, जैसा नियति चाहती थी।

एक दिन जब सिद्धार्थ भ्रमण के लिए निकले, तब उनके सेवकों ने वैसा ही किया जैसा करने के लिए सिद्धार्थ के पिताजी ने उनको आदेश दिए हुए थे। सिद्धार्थ, गौतम के मार्ग से सभी पीड़ित मनुष्यों को हटा दिया गया, परंतु यह दिन और आनेवाले दिन

साधारण नहीं होनेवाले थे। एक दिन जब सिद्धार्थ भ्रमण के लिए अपने महल से कुछ दूरी पर ही गए थे, तब उन्हें एक वृद्ध व्यक्ति दिखा, जो कमर झुकाकर छड़ी के सहारे चल रहा था। सिद्धार्थ, गौतम के साथ उनका एक सेवक था जिनको सिद्धार्थ, गौतम अपना मित्र मानते थे। वृद्ध को देखकर सिद्धार्थ ने अपने मित्र से पूछा कि यह कौन हैं और इनकी ऐसी अवस्था किस कारण से है? उनके मित्र ने कहा कि मुझे आपको यह बताने की अनुमति नहीं है। ऐसा सुनकर सिद्धार्थ ने उनसे पुनः पूछा और आदेश दिया कि तुम्हें बताना ही होगा कि इस व्यक्ति की ऐसी दशा क्यों है? तब उनके मित्र ने बताया कि यह वृद्ध व्यक्ति हैं, यह ऐसे वृद्धावस्था के कारण हैं। ऐसा सुनकर सिद्धार्थ ने पूछा, 'वृद्ध' क्या होता है? इसके उत्तर में उनके मित्र ने कहा, प्रत्येक मनुष्य अपनी युवावस्था के पश्चात् वृद्धावस्था में प्रवेश करता है। यह सुनकर सिद्धार्थ ने पूछा कि क्या मैं भी वृद्ध हो जाऊँगा? इसके उत्तर में उनके मित्र ने कहा, हाँ, युवावस्था के पश्चात् वृद्धावस्था ही आती है, आप भी समय अनुसार वृद्धावस्था में प्रवेश कर जाएँगे। यह सुनकर और देखकर सिद्धार्थ के भीतर मानव और मानव जीवन से संबंधित अनेक प्रश्न उत्पन्न हुए होंगे, और सिद्धार्थ के भीतर सत्य को जानने की इच्छा भी उत्पन्न हुई होगी। नियति की यह लीला एक दिन में समाप्त होनेवाली नहीं थी। उस दिन के पश्चात् सिद्धार्थ जब कभी भी भ्रमण के लिए बाहर जाते तब उन्हें कोई-न-कोई मनुष्य किसी-न-किसी प्रकार से पीड़ित दशा में दिख ही जाता था।

ऐसे ही एक दिन जब सिद्धार्थ भ्रमण के लिए अपने राज्य में निकले थे तब उन्हें एक बीमार व्यक्ति मिला जिसको कोढ़ हो रखा था। उसे देखकर भी सिद्धार्थ ने अपने मित्र से पूछा कि यह व्यक्ति कौन है और इसकी ऐसी दशा क्यों है? इसके उत्तर में सिद्धार्थ के मित्र ने उनसे कहा कि इस मनुष्य को कोढ़ का रोग हो गया है। इस पर सिद्धार्थ ने पूछा, कोड़ क्या होता है और रोग क्यों होता है और क्या मुझे भी रोग हो सकता है? इसके उत्तर में उनके मित्र ने कहा कि कोढ़ एक प्रकार का रोग होता है, जिसमें व्यक्ति के शरीर पर अनेक घाव और फोड़े हो जाते हैं, जिसके कारण उसे बहुत पीड़ा होती है, और हाँ, यह किसी भी मनुष्य को हो सकता है। उनके मित्र ने उन्हें बताया कि रोग अनेक प्रकार के हो सकते हैं और यह आपको भी हो सकते हैं। रोग नहीं जानते कि कौन राजकुमार है और कौन साधारण प्रजा। जीवन के इस सत्य ने भी सिद्धार्थ, गौतम के भीतर जिज्ञासा की अनेक तरंगों को उत्पन्न किया होगा और सिद्धार्थ की सत्य को जानने की जिज्ञासा प्रबल हुई होगी। ऐसे ही सिद्धार्थ को भ्रमण के समय अलग-अलग पीड़ा और दुःख से पीड़ित मनुष्य दिखने लगे।

ऐसे ही एक दिन सिद्धार्थ को दिखा कि कुछ लोग एक शव को ले जा रहे थे। शव को देखकर सिद्धार्थ ने अपने मित्र से पूछा कि इस मनुष्य को क्या हो गया है? इसके

उत्तर में उनके मित्र ने सिद्धार्थ से कहा कि इस मनुष्य की मृत्यु हो गई है। इस पर सिद्धार्थ ने पूछा, मृत्यु क्या होती है? इसके उत्तर में उनके मित्र ने उनसे कहा कि जिस मनुष्य ने जन्म लिया है और जीवन जी रहा है, वह एक दिन मृत्यु को प्राप्त होगा ही। यह सुनकर सिद्धार्थ ने पूछा, मैं तो राजकुमार हूँ, तो क्या मैं भी एक दिन मृत हो जाऊँगा? इसके उत्तर में उनके मित्र ने कहा, मृत्यु राजा और प्रजा में अंतर नहीं देखती, प्रत्येक मनुष्य अपने समय अनुसार मृत्यु को प्राप्त होता ही है। यह सब अनुभव करके सिद्धार्थ के भीतर जिज्ञासा के भँवर उत्पन्न हुए होंगे। उनके भीतर जीवन और मृत्यु से संबंधित अनेक प्रश्न उत्पन्न हो रहे होंगे, जीवन की लीला को देखकर। संन्यास ग्रहण करने का निर्णय लेने से पूर्व ही सिद्धार्थ की जिज्ञासा और बुद्धत्व ने उनको परम सत्य को जानने हेतु प्रेरित करना प्रारंभ कर दिया था। ऐसे अनुभवों के पश्चात् सिद्धार्थ के भीतर सत्य को जानने की जिज्ञासा प्रबल हो रही थी। सिद्धार्थ को कहीं-न-कहीं यह आभास हो रहा था कि जीवन वह नहीं है जो मैं अभी तक सोचता था और न ही 'मैं' वह हूँ, जो अभी तक 'मैं' स्वयं को मानता था, तो मैं कौन हूँ? यह जीवन और मृत्यु की लीला क्या है? ऐसे प्रश्न और ऐसी जिज्ञासा सिद्धार्थ की सोच और समझ को नए आयामों में ले जानेवाले थे। यह प्रश्न सिद्धार्थ के भीतर जिज्ञासा की वह ऊर्जा उत्पन्न कर रहे थे, जो उनके बुद्धत्व को सक्रिय करनेवाली थी। समय के साथ-साथ सिद्धार्थ के भीतर जो बुद्धत्व उपस्थित था, वह पूर्ण रूप से सक्रिय भी हुआ और सिद्धार्थ के तंत्र को संचालित भी करने लगा। यह पीड़ा और दुःख अनुभव करने की प्रक्रिया चलती रही और समय के साथ-साथ वह दिन भी आनेवाला था जब सिद्धार्थ संन्यास ग्रहण करने का निर्णय लेनेवाले थे।

हर बार की भाँति नियति सिद्धार्थ के भ्रमण करने के समय जो लीला रचती थी, उसने वैसी ही लीला रची। एक दिन जब सिद्धार्थ भ्रमण के लिए निकले, तो उन्हें मार्ग में एक संन्यासी मिले, जो एक वृक्ष के नीचे बैठकर लोगों को प्रवचन दे रहे थे। संन्यासी को देख सिद्धार्थ ने अपने मित्र से पूछा, यह व्यक्ति कौन है? और इन्होंने ऐसी वेशभूषा क्यों धारण कर रखी है और यह इन सभी लोगों को क्या बता रहे हैं? इसके उत्तर में उनके मित्र ने कहा, यह एक संन्यासी हैं, जिन्होंने संन्यास ग्रहण कर रखा है, इसीलिए इन्होंने यह वेशभूषा धारण की है, और अभी यह लोगों को प्रवचन दे रहे हैं। यह सुनकर सिद्धार्थ ने पूछा, संन्यासी कौन होता है? और प्रवचन क्या होते हैं? इसके उत्तर में उनके मित्र ने उनको बताया कि वह व्यक्ति जो स्वयं को सामाजिक बंधनों से मुक्त कर लेता है और परम सत्य की खोज में निकल पड़ता है, उसे हम संन्यासी कहते हैं। वह व्यक्ति जो अध्यात्म के मार्ग पर चलता है, उसे हम संन्यासी कहते हैं। इन्होंने अपनी साधना के बल पर जो ज्ञान प्राप्त किया है, उसी ज्ञान को प्रवचन के माध्यम से यह साधारण मनुष्यों को बताते और समझाते हैं।

अपने मित्र की यह बात सुनकर सिद्धार्थ ने यह सोचा कि संन्यास का ही मार्ग वह मार्ग है, जहाँ मैं अपने प्रश्नों के उत्तर खोज सकता हूँ और परम सत्य को प्राप्त कर सकता हूँ। इसी अनुभव के साथ सिद्धार्थ के भीतर उपस्थित बुद्धत्व अधिक तीव्र हुआ होगा और उसने सिद्धार्थ को संन्यास के मार्ग पर जाने हेतु प्रेरित किया होगा। सिद्धार्थ के भीतर का बुद्धत्व तो इस अनुभव से पूर्व ही सक्रिय हो गया था, परंतु परम सत्य को जानने के मार्ग का चयन सिद्धार्थ ने इस अनुभव के पश्चात् किया होगा। कहीं-न-कहीं संन्यासी/योगी को देख सिद्धार्थ के भीतर अग्नि तत्त्व ने अपनी लीला रची होगी और सिद्धार्थ के भीतर का योगी भी इस अनुभव के पश्चात् अधिक सक्रिय हो गया होगा। कहीं-न-कहीं इन सभी अनुभवों के पश्चात् सिद्धार्थ के भीतर योग संबंधित सूक्ष्म जटिल जोड़ सक्रिय होने लगे थे और वह सिद्धार्थ को संन्यास ग्रहण करने की प्रेरणा भी दे रहे थे। इस अनुभूति के पश्चात् सिद्धार्थ ने अपने मित्र से कहा कि मैं भी संन्यास ग्रहण करूँगा और परम सत्य की खोज करूँगा। यह सुनकर उनके मित्र ने सिद्धार्थ को समझाना चाहा कि वह संन्यास ग्रहण न करें, परंतु सिद्धार्थ ने निर्णय ले लिया था। सिद्धार्थ, गौतम को यह आभास हो गया था कि राज महल में रहकर मैं स्वयं को और परम सत्य को नही जान पाऊँगा। कहीं-न-कहीं सिद्धार्थ के बुद्धत्व ने उनको यह अनुभूति करवाई कि अपनी आसक्ति के चक्र को खंडित करना अत्यंत आवश्यक है, परम सत्य को पाने हेतु। जिस दुविधा की स्थिति में सिद्धार्थ, गौतम बहुत समय से उलझे हुए थे, उस दुविधा की स्थिति को छोड़ते हुए सिद्धार्थ, गौतम ने संन्यास लेने का निर्णय लिया।

सिद्धार्थ ने अपने मित्र को निश्चित समय और स्थान बताया और कहा कि इस समय पर मेरा घोड़ा लेकर इस स्थान पर मिलना। सिद्धार्थ के मित्र ने उनको बहुत समझाना चाहा, परंतु सिद्धार्थ निर्णय ले चुके थे और वह संन्यास ग्रहण करनेवाले थे। समय अनुसार और बताए हुए स्थान पर उनका मित्र घोड़ा लेकर आ गया। राजमहल के भीतर सिद्धार्थ ने अपने पुत्र और अपनी पत्नी को सोते हुए देखा और सोचा कि यदि मैं इन्हें नींद से जगाकर संन्यास ग्रहण करने की आज्ञा माँगूँगा तो यह मना कर देंगे और मुझे जाने नहीं देंगे और मैं इन्हीं बंधनों के कारण परम सत्य को प्राप्त नहीं कर पाऊँगा। इसी कारण से जब सिद्धार्थ का पुत्र और उनकी पत्नी सो रहे थे, तभी रात्रि के समय सिद्धार्थ अपने राजमहल, अपने घर-परिवार और सबकुछ त्यागकर अध्यात्म की यात्रा पर निकल पड़े और जहाँ उनका मित्र घोड़ा लेकर उनकी प्रतीक्षा कर रहा था, वहाँ पहुँचे और अपनी अध्यात्म की यात्रा प्रारंभ की। सिद्धार्थ ने महल से दूर जाकर नदी के पास अपने केश काटे और भगवा धारण करके संन्यास ग्रहण किया और अपने काटे हुए केश अपने मित्र को दिए और कहा कि राजमहल में सबको सूचना दे देना कि मैंने संन्यास ग्रहण कर लिया है। ऐसा कहकर

उन्होंने अपने मित्र को भी वापस जाने को कह दिया। ऐसा सुनकर उनके मित्र ने कहा, नहीं, मैं भी आपके साथ संन्यास ग्रहण करूँगा और आपके साथ ही रहूँगा। इसके उत्तर में सिद्धार्थ ने कहा, संन्यासी का न ही कोई मित्र होता है और ना ही शत्रु और न ही कोई साथी होता है। सिद्धार्थ के मित्र के अनेक प्रयास के पश्चात् भी सिद्धार्थ में उन्हें उनके साथ आने की आज्ञा नहीं दी और राजमहल वापस जाने को कहा और इसी के साथ सिद्धार्थ ने संन्यास ग्रहण किया और अपनी आध्यात्मिक यात्रा प्रारंभ की।

सिद्धार्थ 26–27 वर्षों तक राजमहल के सभी सुख भोग रहे थे। प्रत्येक दिन राजमहल के वातावरण में जीवन व्यापम करने के आदी हो गए थे। हमने अभी तक देखा है कि कैसे पुनरावृत्ति चक्र के कारण से एक मनुष्य आसक्ति के अधीन हो जाता है। जो सिद्धार्थ ने 26–27 वर्षों तक राजमहल का अभिराम उठाया, उसके कारण हम विज्ञान की भाषा में कह सकते हैं कि सिद्धार्थ राजस्व के प्रति कहीं–न–कहीं आसक्ति विकसित कर चुके थे। या कहें कि पुनरावृत्त क्रियाओं के कारण सिद्धार्थ का तंत्र कहीं–न–कहीं आसक्ति के अधीन हो गया था। परंतु जब सिद्धार्थ ने दुःख अनुभव किया और उनकी सत्य को जानने की जिज्ञासा तीव्र होने लगी, तब उन्होंने अपने सभी तथाकथित आसक्ति के पार जाने का निर्णय लिया। आसक्ति के अधीन मनुष्य के जीवन में वातावरण महत्त्वपूर्ण भूमिका निभाता है और सिद्धार्थ, गौतम बुद्ध ने भी अपने ज्ञात आसक्ति संबंधित तत्त्वों से लिप्त वातावरण को त्यागकर अज्ञात में सत्य की खोज प्रारंभ करने का निर्णय

लिया। आइए, देखते हैं कि कैसे सिद्धार्थ ने अपने आसपास के वातावरण के प्रभाव को समझा होगा और यह जाना होगा कि वह इस वातावरण में रहकर परम सत्य की खोज नहीं कर सकते, और सत्य की खोज में और अपने प्रश्नों के उत्तर ढूँढने हेतु गृह त्याग करने का निर्णय लिया। वैज्ञानिक भाषा में आसक्ति पर वातावरण के प्रभाव को देखते हैं और उसके पश्चात् देखेंगे कि अन्य कौन से कारण हो सकते हैं जिनके कारण सिद्धार्थ ने संन्यास का निर्णय लिया।

वैज्ञानिक तथ्य

नोरा (Nora), माइन एंड लाइफ संस्थान की एक वैज्ञानिक है। वह वैज्ञानिक कम और रॉक स्टार अधिक लगती हैं। उन्होंने आसक्ति के अधीन व्यक्ति के मस्तिष्क की और आसक्ति की व्याख्या की।

उन्होंने बताया कि जब आसक्ति के अधीन व्यक्ति नशीले पदार्थ का सेवन करता है, तब वह नशीला पदार्थ उसके मस्तिष्क में कुछ बदलाव लाता है और वह बदलाव व्यक्ति के स्वभाव में दिखाई देते हैं। नशीले पदार्थ का अधिक सेवन करने से न्यूक्लियस एक्यूमबैंस (Nucleus Accumbens) में डोपामाइन बढ़ जाता है, जोकि तंत्रिका स्वीकरण (न्यूरो एडॉप्शन) को क्रियाशील करता है और नशीले पदार्थ को ग्रहण करनेवाला व्यक्ति आसक्ति के अधीन हो जाता है। जब डोपामाइन न्यूक्लियस एक्यूमबैंस में छोड़ा जाता है, तब वह एक बलशाली स्मृति उत्पन्न करता है। वही बलशाली स्मृति आसक्ति बन जाती है।

जो अनुभव बलशाली स्मृति उत्पन्न करती है, उसमें 'वातावरण का महत्त्व' भी होता है। जो स्मृति उत्पन्न होती है, उसमें वातावरण एक महत्त्वपूर्ण योगदान देता है, आसक्ति के लिए। जब स्मृति उत्पन्न होती है, उसमें वातावरण 'उत्पन्नकारी तत्त्व' (ट्रिगर) के रूप में पंजीकृत होता है और यह सभी प्रकार के उत्पन्नकारी तत्त्व व्यक्ति को आसक्ति के प्रति अधिक संवेदनशील बना देते हैं।

भविष्य में व्यक्ति जब भी उस वातावरण में प्रवेश करेगा, तो वह वातावरण एक उत्पन्नकारी तत्त्व की भाँति कार्य करेगा और बलशाली स्मृति के कारण उस नशीले पदार्थ के प्रति लालसा बढ़ जाएगी, जिसका वह व्यक्ति सेवन करता है। वातावरण कुछ भी हो सकता है, एक बगीचा, एक कमरा, एक समूह, कोई गली या कुछ भी, वह सबकुछ 'वातावरण' बन सकता है, जो नशीले पदार्थ को ग्रहण करनेवाले व्यक्ति के आसपास होता है, तब जब वह नशीले पदार्थ का सेवन कर रहा होता है और वही उत्पन्नकारी तत्त्व (ट्रिगर) के रूप में कार्य करता है।

X की टिप्पणी

बलशाली स्मृति जो होती है, वही सारी लीला रचती है। वह बलशाली स्मृति एक संकल्पना का रूप धारण कर लेती है। भविष्य में जब भी वह व्यक्ति उस नशीले पदार्थ का सेवन करता है, तब वह व्यक्ति अपनी उसी बलशाली स्मृतिवाले अनुभव को ही बार-बार अनुभव करना चाहता है, जैसा उसने पहली बार उस नशीले पदार्थ के सेवन के पश्चात् अनुभव किया होगा। जैसा कि नशीले पदार्थ का सेवन करनेवाले व्यक्ति कहते हैं कि 'पहला अनुभव सदा स्मरण रहता है', वह पहला अनुभव ही बलशाली स्मृति के रूप में सदा उनकी स्मृति के तंत्र में रहता है। नशीले पदार्थ का पहला अनुभव या प्रारंभिक पलों में ही व्यक्ति पदार्थ के प्रभाव को पूर्णतः अनुभव करता है और भविष्य में वह व्यक्ति उसी अनुभव को (जिसने बलशाली स्मृति को जन्म दिया) ही बार-बार अनुभव करना चाहता है। वह पहला अनुभव या प्रारंभिक अनुभव (सुखद या दुःखद) ही निर्धारित करते हैं कि व्यक्ति उस पदार्थ का पुनः सेवन करेगा या नहीं और वह उसके प्रति आसक्ति विकसित करेगा या नहीं।

दुर्भाग्यवश नशीले पदार्थ के कुछ प्रारंभिक अनुभवों के पश्चात् या पहले ही अनुभव के पश्चात् ही हमारा तंत्र उस पदार्थ के प्रति सहनशील होने लगता है और ऐसा होने के कारण ही वह पहले जैसा अनुभव या पहले जैसे प्रभाव (जैसा उस व्यक्ति ने पहली बार उस पदार्थ के सेवन के समय किया होगा) उत्पन्न नहीं कर पाता और इसके पश्चात् व्यक्ति उसी प्रारंभिक अनुभव जैसे अनुभव की अनुभूति करने के लिए उस पदार्थ का अधिक मात्रा में सेवन करना प्रारंभ कर देता है और बार-बार उस प्रारंभिक अनुभव जैसे अनुभव की चाह में आसक्ति के अधीन हो जाता है। जितनी अधिक मात्रा में वह पदार्थ का सेवन करेगा, उतनी ही मात्रा में उसका तंत्र उस पदार्थ के प्रति सहनशील होता जाएगा और वह प्रारंभिक अनुभव जैसे अनुभव उत्पन्न करने में असमर्थ हो जाएगा। मनुष्य यह समझ ही नहीं पाता कि वह अपने उन प्रारंभिक अनुभवों की चाह में अपना पूरा जीवन व्यर्थ कर रहे हैं। वह यह समझ ही नहीं पाते कि उनका तंत्र पहले जैसे अनुभव उत्पन्न नहीं कर सकता, क्योंकि उस समय जब उन्होंने पहली बार उस पदार्थ का सेवन किया तब उनका तंत्र अलग था और अब उस पदार्थ का अधिक-से-अधिक सेवन करने के पश्चात् उनका तंत्र बिल्कुल ही अलग हो गया है पहले की तुलना में। इसी मायाजाल में उलझकर वह व्यक्ति आसक्ति के पुनरावृत्ति चक्र में ही उलझे रहते हैं।

वातावरण इतना प्रभाव डालता है, जितना साधारण मनुष्य सोचते तक नहीं। व्यक्ति आसक्ति से बाहर आने के पश्चात् यदि पुनः उसी वातावरण में चला जाता है, जहाँ वह नशीले पदार्थ का सेवन करता था, तो वह पुनः वह नशीला पदार्थ लेना प्रारंभ कर सकता है, क्योंकि वातावरण क्रिया प्रारंभ करनेवाले तत्त्व के रूप में कार्य करेगा। वातावरण

एक पूरा परिवेश भी हो सकता है, जैसे घर, कार्यशाला का परिवेश, जो सकारात्मक या नकारात्मक भाव उत्पन्न करता हो और व्यक्ति अपने सकारात्मक या नकारात्मक भाव के अंतर्गत नशीले पदार्थ के प्रति लालसा उत्पन्न करता है। कमरा, कार्यशाला, बगीचा इत्यादि के अलावा पूरा-का-पूरा परिवेश भी उत्पन्नकारी तत्त्व (ट्रिगर) बन सकता है। इस तथ्य को आसक्ति के अधीन मनुष्य को समझना अत्यंत आवश्यक है। आसक्ति के अधीन मनुष्य को यह समझना चाहिए कि जो लालसा उत्पन्न हो रही है, वह वातावरण के कारण है, अर्थात् लालसा का अस्तित्व वातावरण के भीतर है, हमारे भीतर नहीं।

सिद्धार्थ, गौतम का उत्पन्नकारी तत्त्व (ट्रिगर), या परिवेश उनका अपना राज महल था और राजस्व भी। सिद्धार्थ की जिज्ञासा ने जब अपनी सीमाओं के बाहर जाकर सत्य को जानना चाहा, तब कहीं-न-कहीं सिद्धार्थ अपने राजस्व की आसक्ति (इंद्रिय संतुष्टि और सामाजिक-राजनीतिक सुख इत्यादि) में वातावरण की महत्त्वता को पहचान गए थे। वह समझ गए थे कि राजघराने के सुख-सुविधावाले वातावरण में रहकर वह परम सत्य को नहीं जान सकते। सिद्धार्थ की जिज्ञासा उन्हें सत्य की खोज के लिए उन सभी प्रकार की आसक्ति के पार ले जाना चाहती थी, तभी उन्होंने अपना राजमहल, घर-गृहस्थी को त्यागने का और यहाँ तक कि समाज को भी त्यागने का निर्णय लिया। सिद्धार्थ समझ गए थे कि इस 'वातावरण' में रहकर वह परम सत्य को समझ और जान नहीं पाएँगे। सिद्धार्थ समझ गए थे कि परम सत्य के मार्ग में उनका 'वर्तमान तंत्र' अवरोध बन रहा है। इसी कारण से वह अपने तंत्र के पुनर्गठन के लिए परिवार और समाज से कुछ समय के लिए दूर जाना चाहते थे। कहीं-न-कहीं उनका बुद्धत्व स्वयं को पवित्र कर रहा था और अपना पुनर्गठन भी करना चाहता था, क्योंकि सिद्धार्थ के पिता ने या कहें नियति ने उनके जीवन में भौतिक अभिराम और राजस्व को इस रूप से स्थापित करना चाहा था कि सिद्धार्थ सबकुछ भूलकर राजमहल में रहकर एक महान् सम्राट बने। राजमोह या राजस्व ने जो बलशाली स्मृतियाँ बनाई थीं और उन बलशाली स्मृतियों ने जिन तंत्रिका परिपथ का निर्माण किया था, उन परिपथ की लीला को सिद्धार्थ कहीं-न-कहीं समझ गए थे। सिद्धार्थ ने कहीं-न-कहीं यह जान लिया था कि राजस्व के कारण उनके प्राकृतिक तंत्र (बुद्धत्व) में कुछ त्रुटियाँ आ गई हैं, उन त्रुटियों या भौतिक आसक्ति के पार जाने के लिए बुद्ध ने संन्यास ग्रहण करने का निर्णय लिया।

मानव जीवन में दुःख और पीड़ा को अनुभव करने के पश्चात् सिद्धार्थ यह समझ गए थे कि जीवन वह नहीं है, जो मैं आज तक सोचता था और मानव भी वह नहीं है जिसका भ्रम मुझे आज तक था। जीवन के सत्य की अनुभूति होने के पश्चात् सिद्धार्थ जीवन और मृत्यु, दुःख और सुख, अभिराम और पीड़ा, आत्मा और परमात्मा के संदर्भ में सत्य जानना चाहते थे और वह यह समझ गए थे कि परम सत्य की खोज में मुझे

राजमहल के सुख-सुविधा भरे वातावरण से बाहर और अपनी आसक्ति के पार जाना ही होगा। सिद्धार्थ की जिज्ञासा उन्हें ज्ञात जगत् से अज्ञात जगत् की ओर ले जाना चाहती थी, जिसके लिए नियति ने भी अपनी लीला रची और सत्य का बोध करवा सिद्धार्थ को आसक्ति के पुनरावृत्ति चक्र को खंडित करने की प्रेरणा प्रदान की। सत्य की अनुभूति कर सिद्धार्थ का बुद्धत्व सक्रिय हो रहा था और सिद्धार्थ को बुद्ध बनने के मार्ग पर चलने की प्रेरणा दे रहा था। बहुत समय तक द्वंद्व में रहने के पश्चात् सिद्धार्थ ने अंततः संन्यास ग्रहण करने का निर्णय ले ही लिया और ज्ञात से अज्ञात की यात्रा प्रारंभ की।

वैज्ञानिक तथ्य

वातावरण की भूमिका आसक्ति में महत्त्वपूर्ण होती है। हम यदि आसक्ति के अधीन व्यक्ति को सुधार गृह में रखकर प्रशिक्षित करें, तो अधिकतर लोग अपने आसक्ति के व्यवहार से मुक्ति पा लेते हैं। परंतु जब वह व्यक्ति उस वातावरण में पुनः आते हैं, जहाँ वह नशीले पदार्थ का सेवन करते थे, तो पुनः उनका डोपामाइन का स्तर बढ़ जाता है, जिसके साथ-साथ लालसा भी बढ़ जाती है और वह अपनी लालसा के सम्मुख समर्पण कर देता है। वह 'वातावरण' के कारण ही उपचार पाने के पश्चात् पुनः नशीले पदार्थ का सेवन प्रारंभ कर देता है।

डोपामाइन का जो D2 अभिग्राहक (रिसेप्टर) है, वह आसक्ति में घट जाता है। D2 वैसे तो प्राकृतिक रूप से आयु के साथ घट जाता है, परंतु वैज्ञानिकों ने यह पाया कि कुछ आसक्ति के अधीन व्यक्ति हैं जिनके D2 अभिग्राहक बहुत कम हैं, उनकी समान आयु के व्यक्तियों की तुलना में। परंतु कुछ साधारण मनुष्य भी होते हैं जिनके D2 अभिग्राहक आसक्ति के अधीन मनुष्यों से भी कम होते हैं।

ऑर्बिटल कॉर्टेक्स या प्री फ्रंटल कॉर्टेक्स में आई क्षति के कारण भी D2 अभिग्राहक कम हो जाते हैं, जिसके कारण व्यक्ति मनोग्रसित बाध्यता व्यवहार (ऑब्सेसिव कंपल्सिव बिहेवियर) उत्पन्न कर लेता है, जो कि व्यक्ति को अधिक संवेदनशील बना देता है किसी भी प्रकार की आसक्ति के लिए।

क्षतिग्रस्त ऑर्बिटल कॉर्टेक्सवाले चूहों पर और सामान्य चूहों पर वैज्ञानिकों ने कुछ परीक्षण किए। उन परीक्षणों के साथ वैज्ञानिकों ने चूहों को ऐसे प्रशिक्षित किया कि जब चूहे परीक्षण खोल में उपस्थित उभार (एक प्रकार का स्विच) को दबाएँगे तो उनको संतरे का रस मिलेगा। अर्थात् चूहे को जब भी संतरे के रस की प्यास लगे तो वह उभार को दबाकर संतरे का रस प्राप्त कर सके। इसी में वैज्ञानिकों ने कुछ प्रयोग किए। वैज्ञानिक कभी तो उभार दबाने पर रख दे देते, परंतु कभी-कभी नहीं भी देते। वैज्ञानिकों ने पाया कि यदि साधारण चूहे रस पाने के लिए उभार को दबाते हैं और तीन या चार प्रयास

करने के पश्चात् भी यदि रस नहीं आता, तो वह उभार को दबाना छोड़ देते हैं, परंतु वह चूहे जिनके ऑर्बिटल फ्रंटल कॉर्टेक्स में क्षति है, वह बार-बार लंबे समय तक उभार को दबाते रहेंगे। वह स्वयं को उभार को दबाने से नहीं रोक पाते। वह आत्म-नियंत्रण की क्षमता खो चुके होते हैं।

X की टिप्पणी

वातावरण जो है, वह केवल आसक्ति पर ही प्रभाव नहीं डालता, सत्य तो यह है कि परम के भीतर सारी लीला और सारा खेल यह वातावरण ही खेलता है, ब्रह्मांड के स्तर से लेकर अणु के स्तर तक की सभी लीलाएँ इस 'वातावरण' में ही रची जाती हैं। कुछ विशेष कारणों से हर प्रकार के वातावरण में विशेष प्रकार के गुण बँधे या छुपे होते हैं। या कहें, अलग-अलग वातावरण में अलग-अलग गुण (पदार्थ और ऊर्जा के) बँधे होते हैं, या यह कहें कि अलग-अलग वातावरण के अनुसार पदार्थ और ऊर्जा के अलग-अलग गुण सक्रिय हो जाते हैं। यह सभी गुण तथाकथित बिग बैंग के साथ ही बँध गए थे। विशेष प्रकार के वातावरण विशेष प्रकार के सत्य को जन्म देते हैं। विशेष प्रकार के वातावरण पदार्थ और ऊर्जा के विशेष रूप को जन्म देते हैं। संभावनाओं की जो तरंगें हमारे ब्रह्मांड में हैं, वह तरंगें वातावरण के कारण ही एक निश्चित रूप ग्रहण करती हैं। तरंग के पतन (वेव कॉलएप्स) का कारण 'वातावरण' ही होता है। सभी प्रकार की तथाकथित वास्तविकताएँ केवल विशेष वातावरण मात्र हैं। वातावरण की इस अद्‌भुत लीला को हम अपनी कहानी में आगे विस्तार से समझेंगे।

वातावरण सीधे-सीधे आकाश (स्पेस) से जुड़ा होता है और यदि कोई मनुष्य किसी विशेष वातावरण में विशेष पदार्थ का सेवन करता है या विशेष सुख भोगता है तो वह उस वातावरण के माध्यम से अपने अनुभव की जानकारी सीधे-सीधे आकाश में पंजीकृत करता है और हम यह जानते हैं कि हमारा शरीर सीधे-सीधे आकाश के साथ जुड़ा होता है और व्यक्ति की क्रिया संबंधित जानकारी आकाश में पंजीकृत होती है और यदि कोई आसक्ति के अधीन व्यक्ति आसक्ति को त्यागने के पश्चात् पुनः उसी वातावरण में जाता है, जहाँ वह आसक्ति से संबंधित जानकारियाँ पंजीकृत हैं तो वहाँ जाने के कारण उस आकाश से जुड़े विशेष सूक्ष्म जटिल जोड़ सक्रिय हो जाते हैं, जो उस मनुष्य को पुनः वही अनुभव करने के लिए प्रेरित करते हैं, जो है उस वातावरण में अनुभव किया करता था। उस वातावरण में क्रिया संबंधित जानकारी तो होती ही है, इसके साथ-साथ भावनाओं से संबंधित जानकारियाँ भी उपस्थित होती हैं और वह भावनाओं से संबंधित जानकारी भी व्यक्ति को पुनः वही अनुभव करने के लिए प्रेरित करती हैं।

सिद्धार्थ, गौतम बुद्ध को भी कहीं-न-कहीं वातावरण की लीला समझ में आने

लगी थी, सिद्धार्थ, गौतम बुद्ध भी कहीं-न-कहीं जीवन में वातावरण की भूमिका को समझने लगे थे। वह जान चुके थे कि सत्य की खोज के लिए उनको इस ज्ञात वातावरण से बाहर जाना पड़ेगा। सिद्धार्थ के संन्यास ग्रहण करने के साथ ही सिद्धार्थ के भीतर का बुद्धत्व अपने लिए उपयुक्त वातावरण की खोज प्रारंभ करनेवाला था और अपने लिए उपयुक्त वातावरण का निर्माण (सिद्धार्थ के शरीर के भीतर और बाहर भी) भी करनेवाला था। कहीं-न-कहीं सिद्धार्थ के भीतर की क्षमताएँ उन्हें संकेत दे रही थीं कि शरीररूपी वातावरण और अस्तित्वरूपी वातावरण को आध्यात्मिक आयाम प्रदान करने का समय आ गया है। सिद्धार्थ ने संन्यास लेने के साथ-साथ अपने शरीररूपी वातावरण को आध्यात्मिक आयाम प्रदान करने की प्रक्रिया भी प्रारंभ कर दी थी। योग और ध्यान की सहायता से सिद्धार्थ ने अपने भीतर के बुद्धत्व को कार्य करने हेतु उपयुक्त वातावरण प्रदान करवाया, जिसे हम अपनी कहानी में आगे विस्तारपूर्वक समझेंगे।

हमने अभी यह तो जाना कि दुःख और पीड़ा को अनुभव करने के पश्चात् सिद्धार्थ ने संन्यास ग्रहण करने का और परम सत्य को जानने का निर्णय लिया, परंतु दुःख और पीड़ा देखने के पश्चात् सिद्धार्थ के तंत्र में क्या बदलाव आए होंगे और मानसिक और शारीरिक स्तर पर सिद्धार्थ, गौतम के भीतर क्या परिवर्तन आए होंगे और क्यों उन्होंने परम सत्य को जानने का निर्णय लिया, इसे वैज्ञानिक दृष्टि से समझते हैं।

□

8

करुणा, परोपकार और सहानुभूति

सिद्धार्थ, गौतम का घर-गृहस्थी त्यागने का निर्णय सत्य की खोज के लिए ही था, परंतु यह सब उस समय प्रारंभ हुआ जब सिद्धार्थ ने दुःख देखा। जब सिद्धार्थ ने लोगों का दुःख, बीमारी इत्यादि प्रकार की पीड़ाओं को देखा तो उनके मन-मस्तिष्क में क्या हुआ होगा, उसे वैज्ञानिक दृष्टि से देखने का प्रयास करते हैं। जब सिद्धार्थ ने दुःख देखा होगा तब सहानुभूति या सहानुभूतिपूर्ण जागरूकता के कारण वह समझ पाए होंगे कि दुःख क्या होता है। अन्य लोगों की पीड़ा देखकर सिद्धार्थ यह समझ पाए होंगे कि 'पीड़ा में होने का अनुभव' कैसा होता है। सहानुभूति और संवेदना अधिकतर मनुष्यों

में होती है, परंतु जिस प्रकार गौतम बुद्ध ने अपनी 'सहानुभूति और संवेदना' का प्रयोग किया वैसा अधिकतर मनुष्य नहीं कर सकते। बुद्ध ने अपने सहानुभूति और संवेदना के तंत्र का पुनर्गठन कर उसे नया रूप प्रदान किया। अधिकतर मनुष्य सहानुभूति और संवेदना के कारण दूसरे मनुष्य के दु:ख या पीड़ा की तीव्रता का अनुमान लगा सकते हैं और इस प्रक्रिया में वह वस्तुत: दूसरों की पीड़ा को वैसे ही अनुभव कर सकते हैं जैसे पीड़ित व्यक्ति अनुभव कर रहा है। इस प्रक्रिया में मनुष्य को पीड़ा का अनुभव करना होता है और अपने संन्यास के प्रारंभिक समय में संभवत: सिद्धार्थ ने भी दूसरे मनुष्य की पीड़ा को पीड़ित व्यक्ति की भाँति ही अनुभव किया होगा और उसे जिया भी होगा, परंतु अपनी साधना के साथ-साथ उन्होंने करुणा उत्पन्न करनेवाला तंत्र विकसित कर लिया, जिसके कारण उनको हर बार दूसरों का दु:ख देखकर स्वयं दु:ख अनुभव करने की आवश्यकता नहीं पड़ती थी। जहाँ साधारण मनुष्य दु:ख को देख अपने भीतर दु:ख ही उत्पन्न करता है, वहाँ सिद्धार्थ, गौतम बुद्ध दु:ख को देख करुणा उत्पन्न करने में सक्षम थे। जब सिद्धार्थ संन्यास लेने का सोच रहे थे और संन्यास के प्रारंभिक दौर में संभवत: कुछ समय तक सहानुभूति के तंत्र के साधारण रूप से कार्य करने के कारण सिद्धार्थ दु:ख में रहे होंगे या कहें कि संभवत: प्रारंभिक चरण में वह दूसरों का दु:ख देखकर स्वयं दु:ख में रहे होंगे और जब सिद्धार्थ ने परम सत्य जानने हेतु उपवास ग्रहण किया था और खाने-पीने का त्याग कर दिया था और केवल चावल का एक दाना एक दिन में खाते थे, तब संभवत: सिद्धार्थ दु:ख में रहे होंगे। परंतु समय के साथ-साथ और अपनी साधना की शक्ति के बल पर वह सहानुभूति के भी आगे बढ़ गए और अपने तंत्र का पुनर्गठन करके दूसरों का दु:ख देखकर स्वयं दु:ख अनुभव करने के स्थान पर करुणा उत्पन्न करने लगे थे। पहले हम यह समझेंगे कि सहानुभूति और संवेदना क्या है और इसका तंत्र कैसे कार्य करता है, इसके पश्चात् हम यह समझेंगे कि इस तंत्र का पुनर्गठन और विकास करके करुणा कैसे उत्पन्न की जाती है और सिद्धार्थ ने अपने इन तंत्रों का प्रयोग कैसे किया होगा, यह भी समझते हैं। तो आइए, सहानुभूतिपूर्ण जागरूकता को वैज्ञानिक और आध्यात्मिक दृष्टि से समझते हैं।

वैज्ञानिक परीक्षण और अध्ययन

तान्या सिंगर (Tania Singer), जो कि एक वैज्ञानिक हैं और माइंड एंड लाइफ संस्थान की एक सदस्य भी हैं, उन्होंने बहुत से लोगों पर सहानुभूतिपूर्ण जागरूकता को जानने के लिए शोध किए हैं। उन्होंने अपने एक अध्ययन में लोगों में पीड़ा के अभिज्ञान को जानने हेतु परीक्षण किए। इस परीक्षण में उन्होंने परीक्षण में भाग लेनेवाले व्यक्ति को कुछ दृश्य दिखाए और उन्होंने अपने यंत्र और उपकरणों की सहायता से (जो उन्होंने

परीक्षण में भाग लेनेवाले व्यक्ति के सिर पर लगाए थे) और एम.आर.आई. की सहायता से परीक्षण में भाग लेनेवाले व्यक्ति के मस्तिष्क की हलचल को मापा।

उन्होंने पाया कि पीड़ा से संबंधित दृश्य देखने मात्र से ही मस्तिष्क के कुछ विशेष क्षेत्र सक्रिय हो जाते हैं। यह वही मस्तिष्क के क्षेत्र हैं, जो तब सक्रिय होते हैं जब हम स्वयं पीड़ा अनुभव कर रहे होते हैं। यह शोध सिद्ध करता है कि एक जैसे मस्तिष्क के क्षेत्र सक्रिय होते हैं तब भी जब हम स्वयं पीड़ा को अनुभव करते हैं और तब भी जब हम दूसरे मनुष्य को पीड़ा में देखते हैं और यहाँ तक कि तब भी जब हम पीड़ा से संबंधित दृश्य देखते हैं। इसमें भावनात्मक परिज्ञान (इमोशनल रिकॉग्निशन) कार्य करता है।

संवेदनशीलता की प्रक्रिया (तान्या सिंगर)

हम देखेंगे, संवेदनशीलता की प्रक्रिया कैसे घटित होती है।

- भावनात्मक परिज्ञान (इमोशनल रिकॉग्निशन) : यहाँ भावनाएँ पंजीकृत होती हैं।
- भावनात्मक प्रतिध्वनि (इमोशनल रेजोनेंस) : निर्धारित करता है कि व्यक्ति विशेष के लिए भावना क्या है।
- करुणामय चिंता

भावनात्मक चेतना भी अलग-अलग प्रकार की होती है।

- अप्रेजल अवेयरनेस (Appraisal awareness)
- इंपल्सिव अवेयरनेस (Impulsive awareness)
- बिहेवियर अवेयरनेस (Behaviour awareness)
- एंपैथेटिक अवेयरनेस (Empathatic awareness)

यह सभी प्रक्रियाएँ मिलकर चेतना का एक समूह बनाते हैं और हम इसके आधार पर ही 'सत्य' (रियलिटी) का निर्माण करते हैं। कुछ वैज्ञानिकों का मानना है कि हमें चेतना प्रकृति द्वारा नहीं दी गई है, हमने इसे उपजाया या विकसित किया है।

X की टिप्पणी

वह वैज्ञानिक जो कहते हैं कि चेतना हमें प्रकृति ने नहीं दी है, हमने इसे विकसित किया है, वह केवल नादान ही नहीं, अज्ञानी भी हैं। जिसको वह 'हम' कह रहे हैं, वह 'हम' (मनुष्य या जीव) स्वयं ही प्रकृति का एक उत्पादन है। अर्थात् इस तथाकथित 'हम' द्वारा विकसित किया हुआ सबकुछ प्रकृति का निर्माण ही कहलाएगा। इस 'हम' के भीतर जो क्षमता और प्रतिभाएँ हैं, वह सबकुछ प्रकृति का ही उपहार है, अर्थात् 'हम' न ही कुछ विकसित कर सकते हैं और न ही कुछ अस्तित्व में ला सकते हैं, तथाकथित

'हम' केवल और केवल प्रकृति की प्रक्रियाओं को ही आगे बढ़ा सकते हैं। तथाकथित 'हम' (मनुष्य) केवल प्रकृति द्वारा निर्धारित संभावनाओं का चयन करके ही माया जगत् में अपना खेल खेल रहा है। तथाकथित हम न ही कुछ विकसित कर सकता है और न ही कुछ नष्ट कर सकता है, वह केवल प्रकृति के नियमों पर चलकर ही अपनी माया की लीला का अभिराम उठा सकता है।

इस तथाकथित 'हम' को चेतना वैसी ही नहीं मिली जैसी हम आज के आधुनिक जगत् में देख सकते हैं और निस्संदेह हमने इसको विकसित किया है, परंतु यह सब प्रकृति द्वारा ही दिया गया है। हमसे पूर्व भी चेतना किसी-न-किसी रूप में और किसी-न-किसी स्तर पर प्रत्येक जीव में कार्य कर रही थी। प्रकृति ने हमें चेतना ज्यों-की-त्यों नहीं दी, प्रकृति ने हमें संभावित चेतना (पोटेंशियल कॉन्शसनेस) दी थी, और उसको हम विकसित करके हम उन्नत भी बना सकते हैं और उसका सही उपयोग न करके उसका पतन भी कर सकते हैं। हमारी सामान्य मानव की तथाकथित चेतना अपने 'असीमित रूप' में विद्यमान नहीं, यह साधारण मनुष्य की चेतना के स्तर से बहुत उच्च स्तर प्राप्त कर सकती है। यह जीवन और जीव पर निर्भर है कि वह प्रकृति के इस साधन को कैसे उपयोग करता है।

बौद्ध तथ्य

इंपल्सिव अवेयरनेस के संबंध में एक बौद्ध धर्म का सिद्धांत कहता है कि 'लो से पहले चिंगारी निकलती है', चिंगारी अर्थात् उत्पन्नकारी तत्त्व। उत्पन्नकारी तत्त्व चेतना को सक्रिय करता है।

भारत के सभी प्राचीन धर्मों में जैसे—बौद्ध, हिंदू, जैन, सिख इत्यादि सभी धर्मों में चेतना की अलग-अलग अवस्था और अलग-अलग स्तर बताए गए हैं और बौद्ध धर्म का मानना है कि हम चेतना को विकसित करते हैं।

X की टिप्पणी

साधारण व्यक्ति में अनजाने ही पहले चेतना की दो अवस्था सक्रिय होती हैं। परंतु यदि हम व्यावहारिक जागरूकता (बिहेवियर अवेयरनेस) की बात करें, तो प्रभावी इंद्रिय की महत्त्वपूर्ण भूमिका होती है। साधारण व्यक्ति अपने और दूसरों के व्यवहार को इसी 'प्रभावी इंद्रिय' के अधीन होकर अनुभव करता है। हममें से अधिकतर को यह लगता है कि वह दूसरों का या अपना व्यवहार वैसे ही अनुभव कर रहा है जैसे वह सत्य में घटित हो रहा होता है, परंतु ऐसा होता नहीं है। साधारण व्यक्ति व्यवहार को ज्यों-का-त्यों अनुभव नहीं करता, उनकी प्रभावी इंद्रिय यहाँ अपनी लीला रचती है। उनकी

इंद्रियाँ जो जानकारी प्राप्त करके तंत्र में भेजती है और उनका तंत्र जब आगे की प्रक्रिया प्रारंभ करता, तब उस प्राप्त जानकारी में अधिकतर मनुष्य अपनी धारणात्मक जानकारी अनजाने ही जोड़ देते हैं, जिसके कारण वह सत्य अनुभव नहीं कर पाते। उनकी प्रभावी इंद्रिय उनकी अनुभव करने की क्षमता को प्रभावित करती है और यह सब उनकी चेतना के आयाम के बाहर घटित होता है।

अधिकतर वैज्ञानिकों के अनुसार संभवत: सहानुभूतिपूर्ण जागरूकता अंतिम चरण होता है, सहानुभूति की व्यवहारिक जागरूकता के लिए। यह सिद्धांत एक साधारण मानव के अनुसार संभवत: कार्य करता हो, परंतु यह सिद्धांत योगी पर लागू नहीं होता। योगी के तंत्र में या मस्तिष्क में इसके आगे के चरण की संभावनाएँ और वास्तविकता भी होती है। योगी सहानुभूतिपूर्ण जागरूकता साधकर ही नहीं रुक जाता, वह सहानुभूतिपूर्ण जागरूकतावाली अवस्था को साधने के पश्चात् 'करुणा जागरूकता' वाली अवस्था को प्राप्त करता है, जहाँ वह पीड़ा के अनुसार कितनी मात्रा में 'करुणा उत्पन्न करनी है', वह साध लेता है। इसके पश्चात् योगी अगले चरण या अगली अवस्था को प्राप्त करता है, जहाँ वह 'बिना पीड़ा के करुणा उत्पन्न' करता है। करुणा उत्पन्न करने की भी अलग-अलग श्रेणी और अलग-अलग स्तर होते हैं। उच्च स्तर को साधने के पश्चात् या उच्च स्तर को प्राप्त करने के पश्चात् योगी व्यक्ति विशेष के लिए, जीव विशेष के लिए, जाति-प्रजाति के लिए, समूह के लिए और अन्य प्राकृतिक तंत्रों के अनुसार करुणा उत्पन्न करने की साधना प्रारंभ करता है। साधारण मानव केवल यहाँ तक ही सोच पाता है कि दूसरे व्यक्ति कैसा अनुभव कर रहे हैं। साधारण मानव सहानुभूतिपूर्ण जागरूकता वाले स्तर को ही प्राप्त कर सकता है, परंतु योगी यह सोचता है कि 'इस परिस्थिति में इस मनुष्य को, समूह को, या अन्य जीव-जंतु को कौन सी ऊर्जा की आवश्यकता है और कितनी ऊर्जा की आवश्यकता है।' साधारण मनुष्य सहानुभूति के या संवेदना के कारण केवल इतना ही अनुभव कर पाते हैं कि दूसरे व्यक्ति कैसा अनुभव कर रहे हैं, परंतु योगी करुणा के कारण सोचते हैं कि 'दूसरे व्यक्ति कैसा अनुभव कर सकते हैं' और उसी के अनुसार वह कार्य भी करते हैं।

गुरुजी श्री 14वें दलाई लामाजी का प्रश्न

गुरुजी ने वैज्ञानिकों से पूछा कि क्या प्राकृतिक रूप से करुणामयी रूप से चेतन और परोपकारी रूप से चेतन व्यक्ति होते हैं?

वैज्ञानिकों का उत्तर

हम यह नहीं जानते।

X की टिप्पणी

वैज्ञानिकों ने कुछ शोध और प्रयोगों में कुछ मनुष्यों में करुणा और परोपकार की भावना को परखा है, परंतु वह यह नहीं कह सकते कि उन मनुष्यों में करुणा और परोपकार प्राकृतिक रूप से उपस्थित है या उन मानवों ने इसे स्वयं विकसित किया है। हम यह जानते हैं कि परीक्षण सब पर एक-सा प्रभाव नहीं डालता, कुछ और तथ्य भी हैं जो अपना खेल खेलते हैं। अलग तथ्यों में जैसे मस्तिष्क की रचना, जानकारी प्रक्रमण क्षमता, और यहाँ तक कि पहले के जीवन आज के रूप में भी एक कारण हो सकते हैं, या पहले के जीवन किसी भी रूप में कारण हो सकते हैं करुणा और परोपकार की भावना के लिए। आध्यात्मिक मनुष्य प्राकृतिक करुणा और परोपकार के अस्तित्व को भी मानते हैं और विकसित करुणा और परोपकार को भी और यह मान्यता केवल मानसिक स्तर तक ही सीमित नहीं, इन दोनों से संबंधित उदाहरण हम देख सकते हैं। यह दोनों मान्यताएँ इसलिए हैं, क्योंकि जितनी भी संभावनाएँ हम सोच सकते हैं, उनका अस्तित्व अवश्य होगा, क्योंकि यह माया जगत् है, परंतु आध्यात्मिक मनुष्य यह भी जानते हैं कि इस माया जगत् के पार भी कुछ वास्तविकताएँ अस्तित्व में हैं। आध्यात्मिक मनुष्यों में हम हर प्रकार के उदाहरण जैसे—करुणा का प्राकृतिक और विकसित रूप इत्यादि प्रकार के उदाहरण देख सकते हैं।

प्रकृति ने हमें 'करुणा संभावना सामर्थ्य' प्रदान किया है। दोनों ही संभावनाएँ हैं, प्राकृतिक रूप से मनुष्य करुणामयी और परोपकारी भी हो सकता है और परोपकार और करुणा को हम विकसित भी कर सकते हैं। हम इन ऊर्जाओं को जितना भी विकसित करेंगे, यह उतनी ही उन्नत बनेगी, और यदि हम इसका उपयोग नहीं करेंगे तो इसका पतन होता रहेगा और यह समाप्त हो जाएगी, जैसा कि हमारी अन्य इंद्रियों और पूरे शरीर के साथ होता है। जिस भाग या कार्यप्रणाली या अंग का हम अधिक उपयोग करते हैं, वह बलशाली और विकसित हो जाता है और उसका क्रम विकास भी हो सकता है और जिस अंग या क्षमता का हम उपयोग कम करते हैं या नहीं करते, वह समय के साथ विलुप्त भी हो सकते हैं। कुछ ऐसा ही करुणा और परोपकार के साथ भी होता है। हमें यह ऊर्जा प्राकृतिक रूप से 'संभावित रूप' में मिली है, यह हम पर निर्भर करता है कि हम इसका अधिक उपयोग और प्रयोग करके चाहें तो इसका क्रम विकास भी कर सकते हैं और इसका उपयोग न करके हम इसको विलुप्त भी कर सकते हैं।

वैज्ञानिकों का प्रश्न

वैज्ञानिकों ने गुरुजी से पूछा कि क्या करुणामयी होने के लिए दूसरे व्यक्ति की पीड़ा का अनुभव करना आवश्यक है? क्या करुणामयी व्यक्ति जब भी किसी दूसरे व्यक्ति

को पीड़ा में देखते हैं, तो क्या वह पीड़ा की प्रक्रिया को बार-बार दोहराते हैं और क्या बार-बार पीड़ा का अनुभव करते हैं?

दलाई लामाजी का उत्तर

हाँ, करुणा उत्पन्न करने के लिए व्यक्ति को दूसरों की पीड़ा का अनुभव करना ही पड़ता है, नहीं तो वह करुणा कैसे उत्पन्न करेगा!

X की टिप्पणी

संभवतः गुरुजी की हाँ का अर्थ यह नहीं है कि करुणामयी व्यक्ति बार-बार पीड़ा को वैसे ही अनुभव करे जैसे दूसरा व्यक्ति, अर्थात् पीड़ा पानेवाला व्यक्ति अनुभव कर रहा है। हाँ, वह पीड़ा का आकलन अवश्य करता है और उसी आकलन के अनुसार करुणा उत्पन्न करता है, परंतु आकलन करने का यह अर्थ नहीं है कि वह व्यक्ति पीड़ा की प्रक्रिया को अनुभव कर रहा है। इस प्रश्न का उत्तर हाँ भी है और ना भी है। सिद्धि प्राप्त करने के पश्चात् व्यक्ति केवल पीड़ा को समझता है, अर्थात् पीड़ा की तीव्रता का आकलन करता है, न कि पीड़ा अनुभव करता है, जब भी वह किसी को पीड़ा में देखता है तब। योगी या सिद्ध मनुष्य (वह मनुष्य जिसने करुणा का प्रशिक्षण लिया हो) पीड़ा की तीव्रता को समझता है, ताकि उस तीव्रता के अनुसार करुणा उत्पन्न की जा सके। परोपकार और करुणा की आवृत्ति पीड़ा की आवृत्ति पर निर्भर होती है, परंतु इसका यह अर्थ नहीं कि व्यक्ति को करुणा उत्पन्न करने के लिए प्रत्येक बार पीड़ा को अनुभव करना पड़े। हाँ, प्रशिक्षण के प्रारंभ में या जीवन के प्रारंभ में संभवतः व्यक्ति या योगी दूसरों की पीड़ा ज्यों-की-त्यों अनुभव करते हैं, परंतु जब वह करुणा को साध लेता है तब उसको पीड़ा को अनुभव करने की आवश्यकता नहीं पड़ती, तब वह केवल पीड़ा की तीव्रता को समझता है और उसके अनुसार करुणा उत्पन्न करता है।

जब योगी अपना प्रशिक्षण या अपनी साधना पूर्ण कर लेता है, तब उसे प्रत्येक बार पीड़ा अनुभव करने की आवश्यकता नहीं पड़ती। कोई व्यक्ति प्रशिक्षण केंद्र में जाकर भी प्रशिक्षण प्राप्त कर सकता है और कोई व्यक्ति अपने जीवन के अनुभव से भी करुणा और परोपकार को साध लेता है, यह व्यक्ति विशेष पर निर्भर करता है। यदि वह प्राकृतिक रूप से ही करुणामयी है, तो वह अपने जीवन से ही प्रशिक्षण प्राप्त कर लेगा, यदि ऐसा नहीं है, तो मनुष्य प्रशिक्षण केंद्र, जैसे योग और ध्यान केंद्र इत्यादि में भी प्रशिक्षण प्राप्त कर सकता है। प्रशिक्षण या विद्या प्राप्ति के पश्चात् मनुष्य एक स्वचालित तंत्र विकसित कर लेता है, जो केवल पीड़ा की तीव्रता को ही मापता है, परंतु पीड़ा से अभिभूत नहीं होता, और न ही तथाकथित पीड़ा अनुभव करता है। पीड़ा की तीव्रता को

पहचानकर योगी या प्रशिक्षित व्यक्ति का तंत्र स्वचालित करुणा उत्पन्न करनेवाली दशा में चला जाता है और आवश्यक करुणा उत्पन्न करना प्रारंभ कर देता है।

जैसे कि हमारे प्राचीन और आज के युग के योगी, गुरु, ऋषि और यहाँ तक कि गौतम बुद्ध ने भी अपने शिष्यों को ध्यान करने के लिए श्मशान भूमि जैसे स्थानों पर भी भेजते थे और आज भी भेजते हैं। ऐसा गुरु इसलिए करते थे ताकि शिष्य उस घटना और उस स्थान से संबंधित भाव को समझें और साधें। वहाँ जाकर वह शिष्य क्या करते हैं या क्या करते थे, यह समझना आवश्यक है। वह वहाँ जाकर मृतक की अवस्था का निरीक्षण करते थे। जिसके कारण वह मृत्यु और जीवन के ज्ञान को प्राप्त कर सकते हैं या कर सकते थे। श्मशान भूमि में मृतक के साथ जो व्यक्ति आते हैं, उनमें मृतक के घर–परिवारवाले, उसके रिश्तेदार, उसके आस–पड़ोसी, उसके यार–दोस्त और जो भी मृतक से संबंध रखते थे, वह होते हैं और कुछ ऐसे भी होते हैं जो मृतक से संबंध नहीं भी रखते, वह भी मृतक के साथ उसकी अंतिम यात्रा में आते हैं। उस समय उन सभी में अलग–अलग भाव होते हैं और उन सबकी पीड़ा की तीव्रता भी अलग–अलग होती है। साधक उन सभी का निरीक्षण करता है और सभी की पीड़ा की तीव्रता से 'वास्तविकता की प्रकृति' तो समझता ही है, इसके साथ–साथ साधक अलग–अलग पीड़ा की तीव्रता को संभवतः प्रशिक्षण के प्रारंभ में अनुभव करता भी हो, ज्यों–का–त्यों और उसके अनुसार उतनी ही तीव्रता की करुणा उत्पन्न करने का अभ्यास भी साथ–ही–साथ करता है। धीरे–धीरे इस प्रक्रिया में साधक करुणा के परिपथ विकसित करता है। जैसे–जैसे करुणा का परिपथ बलशाली होता जाता है, वैसे–वैसे साधक बार–बार पीड़ा को अनुभव नहीं करता, इसके विपरीत पीड़ा की तीव्रता का निरीक्षण करके योगी का तंत्र आवश्यक मात्रा में करुणा का उत्पादन प्रारंभ कर देता है। नए परिपथ और तंत्र के कारण योगी बार–बार पीड़ा को अनुभव नहीं करता।

परिपथ या करुणा उत्पन्न करनेवाले तंत्र के निर्मित होने के पश्चात् व्यक्ति पीड़ा को केवल समझता है, अर्थात् उसकी तीव्रता को जानता है और उसके पश्चात् दूसरे तंत्र की (दूसरे व्यक्ति की) करुणा की आवश्यकता के अनुसार करुणा उत्पन्न करने के लिए अपनी एकाग्रता और ध्यान केंद्रित करता है। वह पीड़ा के अनुसार आवश्यक मात्रा में करुणा उत्पन्न करते हैं, न कि उतनी मात्रा में पीड़ा को अनुभव करते हैं और न ही अपने तंत्र को पीड़ा के कारण अभिभूत होने देता है। उत्तीर्णता या सिद्धि के पश्चात् वह पीड़ा का अनुभव नहीं करते, वह केवल पीड़ा का निरीक्षण करते हैं और उसके अनुसार करुणा उत्पन्न करते हैं।

जब सिद्धार्थ ने 25–26 वर्ष की आयु में पहली बार दुःख और पीड़ा को अनुभव किया होगा, तब उनके भीतर भी सहानुभूति के तंत्र ने उनको पीड़ा और दुःख का अनुभव

करवाने हेतु उतनी ही मात्रा की पीड़ा उत्पन्न की होगी जितनी मात्रा में पीड़ित व्यक्ति पीड़ा को अनुभव कर रहे थे। उस पीड़ा के अनुभव ने सिद्धार्थ के मन-मस्तिष्क में कुछ प्रश्नों को जन्म दिया होगा और सिद्धार्थ ने उन प्रश्नों के उत्तर के लिए अपना सबकुछ छोड़ संन्यास ग्रहण कर लिया था। वह प्रश्न रहे होंगे कि "जीवन क्या है? दु:ख और पीड़ा क्या है? सत्य क्या है? जीवन-मरण क्या है? मैं कौन हूँ? इत्यादि सत्य से संबंधित प्रश्न।" दु:ख और पीड़ा को देख और अनुभव करने के पश्चात् सिद्धार्थ का जीवन एक ऐसे मोड़ पर था या कहें, ऐसे मार्ग पर जानेवाला था, जो उन्होंने कभी उससे पहले सोचा भी नहीं था। यही प्रश्न उनको संन्यास के मार्ग पर डालनेवाले थे। वैसे यह पीड़ा सिद्धार्थ की आखिरी पीड़ा नहीं थी। सिद्ध और बुद्ध बनने के लिए अभी नियति उनको अनेक प्रकार की पीड़ा अनुभव करवाना चाहती थी।

हम जानते हैं कि सिद्धि प्राप्त करने के लिए या कहें, गुरु (मास्टर) बनने के लिए व्यक्ति को एक पीड़ादायी प्रशिक्षण की प्रक्रिया (प्राकृतिक घटनाओं द्वारा या स्वयं प्रशिक्षण केंद्र में जाकर) सहनी होती है। कुछ गुरु कहते हैं कि एक योगी को सिद्ध बनने के लिए शारीरिक पीड़ा की प्रक्रिया अनुभव करनी ही होती है (इस प्रक्रिया में होनेवाली पीड़ा अत्याचार नहीं है, यह वैसी ही है जैसी अन्य व्यायाम प्रारंभ करते समय होती है, जैसे व्यायामशाला जाना, युद्ध की कला सीखना इत्यादि)। कुछ योगी इस पीड़ादायी प्रक्रिया को आज भी अपना रहे हैं और बहुत से योगियों ने इसको प्राचीन काल में भी अपनाया था (जैसे हठयोग), परंतु हम इस पर कोई टिप्पणी नहीं कर सकते कि वह ऐसा क्यों करते हैं या क्यों किया करते थे। परंतु हम यह कह सकते हैं कि शारीरिक पीड़ा और मानसिक पीड़ा में एक गहरा संबंध और जोड़ होता है। एक पीड़ा के विषय पर प्राचीन ग्रंथ में उपस्थित पीड़ा की परिभाषा के आधार पर हम एक दृष्टिकोण अवश्य बना सकते हैं। प्राचीन ग्रंथों में पीड़ा का अस्तित्व मानसिक स्तर में बताया गया है और इसके अस्तित्व को असत्य बताया गया है। योगी और प्राचीन ग्रंथ जो कहते हैं कि 'योगी को पीड़ा अनुभव करनी पड़ेगी' वह इसलिए कहते हैं कि यदि योगी को सत्य के समीप जाना है तो उसको इस मानसिक और असत्य पीड़ा के पार जाना ही होगा। योगी को पीड़ा की संकल्पना के पार जाना ही होगा।

एक योगी की साधना में होता है कि उसको अपने शारीरिक और मानसिक प्रक्रियाओं पर नियंत्रण पाना है, और पीड़ा मानसिक श्रेणी में अधिक है शारीरिक श्रेणी की तुलना में। आज के आधुनिक विज्ञान के कुछ अध्ययन और परीक्षण दिखाते हैं कि यदि कोई व्यक्ति दूसरे व्यक्ति को पीड़ा में देखता है तो देखनेवाले के भीतर भी वही मस्तिष्क का क्षेत्र सक्रिय हो जाता है, जो कि पीड़ा पानेवाले व्यक्ति में सक्रिय होते हैं। यहाँ पर भी मिरर न्यूरॉन्स कार्य कर रहे हैं, जो दृश्य सामथ्र्य को क्रिया विभव में परिवर्तित

कर रहे हैं। अपने आप ही दृष्टा में भी पीड़ा से संबंधित वही मस्तिष्क क्षेत्र सक्रिय हो जाते हैं, जो पीड़ा पानेवाले व्यक्ति के मस्तिष्क में सक्रिय होते हैं। अर्थात् निरीक्षण के कारण एक जैसी तंत्रिका प्रक्रिया घटित हो जाती है। यह प्रक्रिया दोनों ओर कार्य करती है। जब साधक दूसरे व्यक्ति को पीड़ा में देखकर अपना पीड़ा का तंत्र सक्रिय नहीं होने देता है और पीड़ा जितनी ही मात्रा में पीड़ा उत्पन्न करने के स्थान पर वह उतनी ही मात्रा की करुणा उत्पन्न करता है, दूसरे व्यक्ति की पीड़ा कम करने के लिए। उस समय वह उसी सूक्ष्म जटिल संबंध (एंटेंगलमेंट) का सहारा लेता है, जो हमें तंत्रिका की गतिविधि की नकल करने में सहायता करती है। जैसे हम दृश्य क्षमता को क्रिया विभव में परिवर्तित कर लेते हैं, जैसे एक साधारण मनुष्य का तंत्र किसी को पीड़ा में देखकर स्वयं पीड़ा उत्पन्न करता है, वैसे ही यदि एक पीड़ा उत्पन्न करनेवाला तंत्र (जो व्यक्ति पीड़ा का पात्र है) यदि करुणा उत्पन्न करनेवाले तंत्र के संपर्क में आता है तो वह भी पीड़ा उत्पन्न करने के स्थान पर करुणा उत्पन्न कर सकता है (संपर्क में आने के अनेक मार्ग या साधन हैं)। उच्च कोटि के साधक की ऊर्जाएँ पीड़ा के पात्र व्यक्ति के पास भी पहुँच सकती हैं, यदि पीड़ा अनुभव करनेवाले साधक के पास शारीरिक रूप से उपस्थित न भी हो तब भी। समाधि के मार्ग पर पीड़ा को साधना आवश्यक है। पीड़ा की प्रक्रिया को साधने के पश्चात् ही साधक दूसरे तंत्र को यह साधना की क्षमता प्रदान कर सकता है या उसका प्रशिक्षण कर सकता है। पीड़ा को अनुभव करना और करुणा को अनुभव करना एक ही प्रकार से कार्य करते हैं। जैसे पीड़ा से भरे हुए तंत्र/व्यक्ति को देख हम साधारण मानव पीड़ा उत्पन्न कर सकते हैं, वैसे ही करुणामयी तंत्र/व्यक्ति को देखकर हम करुणा भी उत्पन्न कर सकते हैं।

मानसिक पीड़ा को समझने के लिए हमारे योगियों ने कुछ उपाय खोजे थे। प्रशिक्षण के प्रारंभ में व्यक्ति या साधक को पीड़ा की प्रक्रिया अनुभव करनी ही पड़ती थी, वैसे ही जैसे पीड़ा का पात्र अनुभव कर रहा होता है। समय के साथ-साथ योगी या साधक अपना करुणा उत्पन्न करनेवाला तंत्र विकसित कर लेते हैं, जो कि एक प्रकार का परिवर्तक होता है, जो पीड़ा की तीव्रता को करुणा की तीव्रता में परिवर्तित कर देता है। प्रशिक्षित योगी एक ऐसा तंत्र विकसित कर लेता है जिसके सहारे योगी जब भी पीड़ा देखता है तो वह प्रत्येक बार पीड़ा की प्रक्रिया को अनुभव नहीं करता, वह केवल पीड़ा की तीव्रता को समझता है और उतनी ही मात्रा में करुणा, परोपकार, प्रेम, उत्पन्न करता है।

बौद्ध धर्म की कुछ करुणा और परोपकार की मान्यताएँ

बौद्ध धर्म का मानना है कि करुणा और परोपकार बुद्धिमत्ता (विजडम) के पश्चात् उत्पन्न होते हैं। यह बुद्धिमत्ता का एक भाग मात्र ही है और बुद्धिमत्ता को एक प्रक्रिया

द्वारा विकसित किया जा सकता है या उपजाया जा सकता है।

बौद्ध ग्रंथों में एक कहानी बताई गई है, पहाड़ी शेर और एक लड़की की। उस कहानी में एक लड़की एक बार जंगल के रास्ते से अपने घर जा रही थी। रास्ते में जाते समय उस लड़की का अपने मार्ग पर एक पहाड़ी शेर के साथ सामना होता है। लड़की को देख पहाड़ी शेर दहाड़ता है और उस लड़की का शिकार करने हेतु लड़की पर छलाँग लगाता है। उसी जंगल से होकर एक योद्धा भी कहीं जा रहा था। जब पहाड़ी शेर उस बच्ची का शिकार करने हेतु उस पर छलाँग लगाता है तो वह बच्ची सहायता की पुकार लगाती है, जो वह योद्धा सुन लेता है। बच्ची की पुकार सुनकर योद्धा घटनास्थल पर पहुँचता है और बिना कुछ सोचे वह उस बच्ची की सहायता हेतु उस पहाड़ी शेर से युद्ध लड़ने लगता है। इस प्रक्रिया में योद्धा अपने प्राण का बलिदान दे देता है और उस बच्ची के प्राणों को बचा लेता है। यह हमें बुद्धिमत्ता (विजडम) दरशाता है।

वैज्ञानिकों का उत्तर और एक प्रश्न

जब गुरुजी ने यह सब कहा तो एक मूर्ख, नादान, पागल, अज्ञानी, भौतिक जगत् में लिप्त, आत्मकेंद्रित, अहंकार से भरे हुए वैज्ञानिक व दार्शनिक, जो कि पश्चिम से हैं, उन्होंने एक प्रश्न उठाया, उन्होंने पूछा, 'परोपकार' के संदर्भ में हम 'बुद्धिमत्ता के घटक' को तो भूल ही गए, जो दरशाता है कि जो व्यक्ति पहाड़ी शेर के पीछे भागा था और बच्ची को बचाया था, परंतु इस प्रक्रिया में अपने प्राणों का बलिदान दे दिया था, वह एक मूर्ख व्यक्ति था, जिसने दायित्वहीन व्यवहार का प्रदर्शन किया, क्योंकि हो सकता है कि उसके अपने दो-तीन बच्चे हों, जो कि उस पर ही निर्भर हों, अपने खाने और अपनी सुरक्षा के लिए और उसकी मृत्यु के पश्चात् वह हो सकता है कि पीड़ा भोगे, इसी कारण से उस व्यक्ति का यह कर्म अनैतिक था।

X की टिप्पणी

सबसे पहली बात तो उन वैज्ञानिक या दार्शनिक से यह कहना चाहेंगे कि क्या हम 'यदि ऐसा होता, ऐसा हो सकता है' इत्यादि जैसी संभावनाओं के आधार पर कोई सिद्धांत बना सकते हैं? या केवल संकल्पना के आधार पर किसी निर्णय को प्राप्त कर सकते हैं क्या? एक वैज्ञानिक स्वयं ही कैसे निर्धारित या निश्चय कर सकता है कि 'दूसरे मनुष्यों की जान बचाना' तथाकथित अनैतिक है? और वह आधुनिक वैज्ञानिक यह कैसे कह सकते हैं कि स्वयं की रक्षा करना ही नैतिक कर्म है? उन अहंकारी वैज्ञानिक को कैसे पता कि उस योद्धा को कोई पुत्र या पुत्री थे या नहीं या हो सकते हैं या नहीं हो सकते? कैसे किसी कल्पना के आधार पर वह किसी मनुष्य के कृत्य की गणना कर सकते हैं? कैसे

वह कल्पना के आधार पर किसी भी परिणाम पर पहुँच सकते हैं? यहाँ भी यह तथाकथित आधुनिक वैज्ञानिक कल्पना के जगत् में आधारहीन रूप से सत्य की गणना करते दिख रहे हैं। यदि वह 'संभवत:' के संदर्भ में केवल एक पक्ष के दृष्टिकोण से ही देखेंगे और कुछ भी सोच कर सभी संभावनाओं का एक पक्ष के दृष्टिकोण के साथ संबंध स्थापित करेंगे, तो ऐसे तो वह किसी भी प्रकार के निर्णय पर पहुँच सकते हैं, अपने स्वार्थ अनुसार। परंतु क्या ऐसे निर्णय हमें सत्य तक पहुँचा सकते हैं? इस पहाड़ी शेर की कहानी में 'नैतिकता का दृष्टिकोण' कुछ अस्तित्व ही नहीं रखता, इसका यह अर्थ नहीं कि वह अनैतिकता से संबंधित है, नहीं, यह कर्म नैतिक और अनैतिक की संकल्पना के पार है, क्योंकि परोपकारी मनुष्य सभी संकल्पना के बाहर जाकर कार्य करता है। वह यह सब 'नैतिकता के आधार' पर नहीं करता। वह इसको अपना कर्तव्य मानकर अर्थात् अपना धर्म मानकर करता है। कर्तव्य या धर्म 'सकारात्मक-नकारात्मक, अच्छा-बुरा, नैतिक-अनैतिक' के बाहर होते हैं।

पश्चिम के आधुनिक वैज्ञानिकों से हम (सभी से नहीं) इसी प्रकार के 'आत्म केंद्रित व्यवहार' की अपेक्षा रख सकते हैं। यह प्रश्न और उनकी टिप्पणी दरशाती है कि स्वार्थीपन ही उनकी बुद्धिमत्ता है और उनके अनुसार स्वार्थीपन नैतिक भी है। वह आज के 'आधुनिक वैज्ञानिक' यह कहते हैं कि 'परोपकार एक स्वार्थी प्रवृत्ति है', परंतु उन वैज्ञानिक की स्वयं की जो टिप्पणी है वह बता रही है कि स्वार्थ के अधीन होकर कौन सोच रहा है। जो व्यक्ति केवल अपने ही संदर्भ में सोच रहा है और स्वयं से संबंधित कार्य ही कर रहा है, वह स्वार्थी है, (जैसे वह वैज्ञानिक जिन्होंने स्वार्थीपन को नैतिकता की विशेषता बताया), या वह व्यक्ति जो कुछ सोच ही नहीं रहा दूसरे व्यक्ति के प्राण बचाने से पहले (जैसा पहाड़ी शेर की कहानी में एक आदमी ने बच्ची के प्राण बचाए)? दोनों ही कर्म और सोच के आधार पर हम देख सकते हैं कि वह आज के तथाकथित आधुनिक वैज्ञानिक स्वार्थी सोच दरशा रहे हैं, जो अनैतिक है और मूर्खतापूर्ण भी।

एक बात और यह है कि जिस व्यक्ति ने पहाड़ी शेर से बच्ची की जान बचाई थी, उसने क्रिया करने से पहले कुछ सोचा ही नहीं था। उन्होंने वही किया जो वह उस परिस्थिति में सबसे अच्छा कर सकते थे। वह स्वार्थीपन के अधीन होकर नहीं सोच रहे थे, यह तो उनके कर्म से सिद्ध हो जाता है, क्योंकि वह किसी दूसरे व्यक्ति की जान बचा रहे थे, न कि अपनी और जिस मनुष्य की वह जान बचा रहे थे, वह उनके लिए बिल्कुल अज्ञात था। वह अनजान उस योद्धा को किसी भी प्रकार का लाभ नहीं दे सकता था। हम योद्धा के कर्म से 'स्वार्थी व्यवहार' का पूर्ण रूप से खंडन कर सकते हैं।

एक बात और है कि यदि 'संभावना' के आधार पर सिद्धांत बनाएँ तो हम यह भी कह सकते हैं या यह भी सोच सकते हैं कि जिस बच्ची की जान उस योद्धा ने बचाई, वह हो सकता है बड़ी होकर अपने देश की राष्ट्रपति या प्रधानमंत्री बने। या ऐसा भी हो सकता

है कि वह बच्ची कोई प्रभावशाली व्यक्तित्व की महिला बने, जो लाखों-करोड़ों लोगों को प्रभावित करे और उन्हें सही मार्ग पर लाए और लाखों-करोड़ों लोगों को मानवता भी सिखाए और उन्हें सुरक्षा भी प्रदान करे। संभावना यह भी हो सकती है कि यदि वह बच्ची नहीं रही तो लाखों-करोड़ों लोग पीड़ा भोगेंगे, क्योंकि वह बच्ची, जो अब नहीं रही, वह एक अच्छी राष्ट्रपति, एक अच्छी प्रधानमंत्री और एक अच्छी दार्शनिक बन सकती थी। इन सभी संभावनाओं से हम कह सकते हैं कि जिसने बच्ची की जान बचाई उसने उत्तरदायित्वपूर्वक कर्म किया। हम अन्य कई प्रकार की संभावनाएँ सोच सकते हैं, बच्ची और रक्षक दोनों के संदर्भ में। वैसे ही जैसे एक प्रसिद्ध परिस्थिति के संदर्भ में सोचा गया है, जहाँ किसी एक व्यक्ति को यह निश्चित करना है कि वह सामने से आनेवाली रेलगाड़ी को किस पटरी पर डालेगा, क्या वह उस पटरी पर जाने देगा जिस पर 1 व्यक्ति है या वह उस रेल को उस पटरी पर मोड़ देगा जिस पर पाँच-छह लोग हैं? इस संभावना में भी जब कोई इस प्रश्न का उत्तर देता है, तब उसके सम्मुख अन्य संभावनाएँ रखी जाती हैं, जैसे यदि उस व्यक्ति ने कहा कि वह एक व्यक्ति जिस पटरी पर खड़ा है, उस पर रेल को जाने देगा, क्योंकि ऐसा करने से छह व्यक्तियों की जान बचा लेगा और केवल एक को ही अपने प्राण गँवाने होंगे। यदि कोई यह उत्तर देता है तो प्रश्न पूछनेवाले कहेंगे कि यदि वह पटरी पर खड़ा एक व्यक्ति आपके परिवार का सदस्य हो तब आप क्या करेंगे? इसी प्रकार से जब भी उत्तर देनेवाला व्यक्ति कोई उत्तर देता है तो उसके सम्मुख नई संभावना रख दी जाती है। परंतु ऐसा करने से हम सत्य को प्राप्त नहीं कर सकते।

परोपकार और परोपकार जैसे अन्य कर्म किसी भी संकल्पना के अंतर्गत नहीं आते, न ही स्वार्थीपन, न ही दायित्व के अंतर्गत, न ही नैतिकता के अंतर्गत आते हैं। यह ऊर्जा उन तंत्रों द्वारा (जैसे परोपकारी तंत्र, करुणामयी तंत्र) उत्पन्न की जाती है जिनको हम किसी भी संकल्पना से बाँध नहीं सकते। ऐसी क्रियाएँ या ऐसे कर्म सभी तथाकथित संकल्पना के पार होते हैं।

मैथ्यू ला की टिप्पणी

मैथ्यू ला ने इस विषय पर एक बहुत ही अद्‍भुत टिप्पणी की। उन्होंने कहा कि हम 'सही भाषा' का प्रयोग नहीं कर रहे हैं। हम स्वार्थी और भौतिकवादी भाषा का प्रयोग कर रहे हैं। जैसे कि हम कहते हैं कि 'पर्वत सोने की भाँति चमक रहे हैं', हम अनजाने ही भौतिकवादी सोच और स्वार्थी स्वभाव को बढ़ावा दे रहे हैं। हमें 'प्रकृति के अनुकूल' वाक्यांशों का उपयोग करना चाहिए, जैसे कि 'पर्वत सूर्य की भाँति चमक रहे हैं या पर्वत दिव्य ज्योति की भाँति चमक रहे हैं।'

X की टिप्पणी

मैथ्यू ला ने पुनः एक महत्त्वपूर्ण विषय उठाया। हमारी संकल्पना भाषा पर आधारित होती है। यदि हमारी भाषा ही भौतिकवादी होगी, तो हमारी संकल्पना का स्वरूप भी भौतिकवादी ही होगा और भौतिकवादी संकल्पना के सहारे हम सत्य की खोज नहीं कर सकते। यह सत्य है कि हमें सत्य का अनुभव शून्यता में जाने के पश्चात् होता है, जहाँ भाषा की कोई आवश्यकता ही नहीं होती, परंतु शून्यता प्राप्त करने हेतु प्रारंभिक स्तर पर हमें भाषा की आवश्यकता पड़ती है (किसी-न-किसी रूप में), इसीलिए हमें यह प्रयास करना चाहिए कि हमारी भाषा भौतिकवादी न हो।

वैज्ञानिकों का प्रश्न

क्या सभी भावनाएँ रचनात्मक रूप से लागू होती हैं? क्या सभी नकारात्मक भावनाएँ हमारी सकारात्मक रूप से सहायता कर सकती हैं?

X का उत्तर

हाँ, हम नकारात्मक भावनाओं को, जैसे क्रोध को सकारात्मक रूप से उपयोग में ला सकते हैं, क्योंकि एक ही हार्मोन भय और डर भी उत्पन्न करता है और वही हार्मोन प्रोत्साहित भी कर सकता है और आनंदित अनुभव भी करवा सकता है। कुछ नादान मनुष्य सकारात्मक करुणा को भी नकारात्मक के साथ उपयोग कर सकते हैं, परंतु जो मनुष्य नकारात्मक भावना को सकारात्मक रूप से उपयोग करना सीख जाते हैं, वह ध्यान के उस स्तर पर पहुँच जाते हैं, जहाँ से वह प्रत्येक प्रकार की संकल्पना के बाहर हो सकते हैं।

बौद्ध मान्यता और सिद्धांत

क्रोध जो है, वह एक क्रिया है और जो घृणा होती है, वह कर्ता के भीतर होती है। क्रोध केवल एक प्रतिक्रिया है और घृणा एक व्यवहार है।

X की टिप्पणी

साधक एक प्रकार का सत्य भागफल (रियलिटी क्वेश्चंस RQ) विकसित कर लेता है और यह सत्य भागफल (RQ) साधक को 'अभिनय' करने से बचाता है और वास्तविकता के साथ जोड़े रखता है। आज के समाज में मनुष्य जीवन जी ही नहीं रहा, वह जीवन का या जीने का अभिनय मात्र कर रहा है। आज का मनुष्य जो भी करता है, वह स्वयं को अभिनेता समझकर करता है। वैसे तो हम सभी पात्र मात्र ही हैं, सभी

अभिनेता हैं, परंतु हमें अभिनय नहीं करना होता है और न ही इस अभिनेता की संकल्पना के साथ जीवन व्यतीत करना होता है। वह लोग जो स्वयं को अभिनेता समझकर ही जीवन जीते हैं, वह 'विवरणात्मक स्व' (नरेटिव सेल्फ) के जाल में उलझ जाते हैं। इस 'स्व की लीला' को हम अपनी कहानी में आगे पूर्ण रूप से समझेंगे। योगी इन सभी स्व के पार जा सकता है या पार होता है। इस सत्य भागफल (RQ) के कारण योगी सकारात्मक और नकारात्मक का एक साथ उपयोग करता है। ऐसे ही योगी क्रिया तो करता है, परंतु स्वयं को अभिनेता समझकर नहीं। वह अभिनेता और अभिनय की लीला समझ जाता है और इच्छाशक्ति और अन्य ऊर्जा के सहारे इस लीला में अपने योगदान को संचालित करता है।

सहानुभूति, परोपकार और करुणा के सहारे सिद्धार्थ ने भावनाओं के और आसक्ति के चक्र को समझा और संन्यास ग्रहण करने का निर्णय लिया। विश्लेषणात्मक ध्यान सिद्धार्थ ने कहीं-न-कहीं संन्यास ग्रहण करने से पूर्व ही आरंभ कर दिया था और ध्यान की इस अवस्था ने सिद्धार्थ की चेतना को नए आयाम प्रदान किए। जब दुःख और पीड़ा को देख सिद्धार्थ, गौतम के भीतर जीवन और सत्य से संबंधित अनेक प्रश्न उठने लगे थे, तब कहीं-न-कहीं वह धारणात्मक ध्यान के स्तर में प्रवेश कर गए थे। सिद्धार्थ ने कहीं-न-कहीं संन्यास ग्रहण करने से पूर्व और योग और ध्यान का प्रशिक्षण प्राप्त करने से पूर्व ही जाने-अनजाने में ध्यान साधना प्रारंभ कर दी थी। ध्यान हमारे मस्तिष्क और हमारे तंत्र पर प्रभाव डालता है और संन्यास ग्रहण करने से पूर्व और संन्यास ग्रहण करने के पश्चात् ध्यान की भिन्न-भिन्न क्रियाओं ने सिद्धार्थ, गौतम बुद्ध के तंत्र और मस्तिष्क पर भी प्रभाव डाला था। अपनी कहानी में हम अब समझेंगे कि यह ध्यान का प्रभाव कैसा होता है और यह प्रभाव मानव तंत्र में और मानव मस्तिष्क में क्या बदलाव लाता है।

□

9

ध्यान और मस्तिष्क

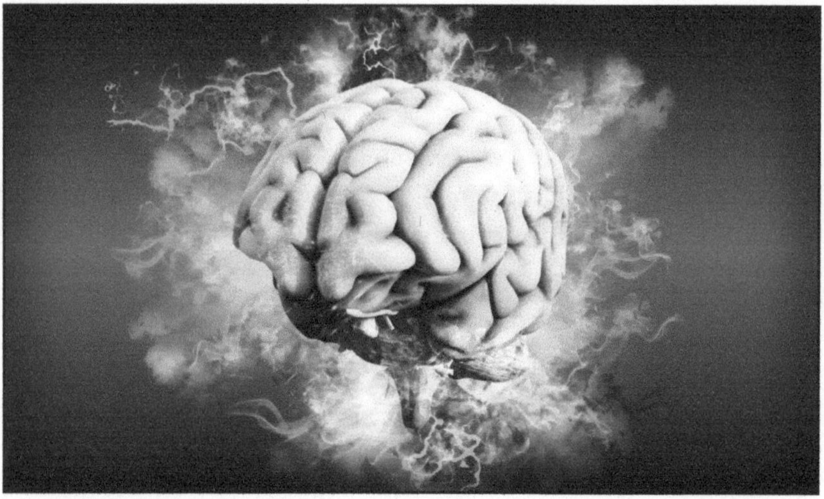

ध्यान के साथ सिद्धार्थ संन्यास लेने से पूर्व ही जुड़ गए थे। जब उन्होंने दुःख और पीड़ा देखी तो सिद्धार्थ के मन में अनेक प्रश्न उठने लगे थे, जैसे 'यह दुःख क्या है और क्यों है ? जीवन क्या है ? इत्यादि सत्य से संबंधित प्रश्न'। इन्हीं प्रश्नों के उत्तर पाने के लिए सिद्धार्थ का मन-मस्तिष्क संन्यास ग्रहण करने से पूर्व ही 'विश्लेषण अवस्था' में चला गया था, या हम यह भी कह सकते हैं कि संन्यास ग्रहण करने से पूर्व ही सिद्धार्थ, गौतम ने विश्लेषणात्मक ध्यान अवस्था विकसित कर ली थी। अपनी जिज्ञासा के कारण सिद्धार्थ ने सभी प्रकार की जानकारी का 'विश्लेषण' करना प्रारंभ कर दिया था। विश्लेषणात्मक ध्यान कहीं-न-कहीं सिद्धार्थ ने घर-गृहस्थी छोड़ने से पूर्व ही प्रारंभ कर दिया था। विश्लेषणात्मक ध्यान अवस्था में कहीं-न-कहीं सिद्धार्थ, गौतम ने उस समय तक किए गए अपने कृत्यों को भाँति-भाँति के दृष्टिकोण से देखना और समझना

प्रारंभ कर दिया होगा। ध्यान के कारण ही वह अपने उस समय तक के सभी सूक्ष्म जटिल संबंध (एंटेंगलमेंट्स) को समझ पाए और उन सूक्ष्म जटिल जोड़ के साथ जुड़ भी पाए, या ऐसा भी कह सकते हैं कि जब सिद्धार्थ, गौतम बुद्ध ने 'जीवन और सत्य' का चेतन रूप से विश्लेषण किया और जब सिद्धार्थ ने मन-मस्तिष्क को अनुभव किया, तब उनसे जुड़े सभी सूक्ष्म जटिल जोड़ उनकी चेतना में आ गए और सिद्धार्थ, गौतम बुद्ध ने विश्लेषणात्मक ध्यान अवस्था में अपनी स्मृतियों और जानकारियों का विश्लेषण प्रारंभ कर दिया होगा। ध्यान अवस्था के विकसित होने के साथ-साथ सिद्धार्थ, गौतम बुद्ध के भौतिक तंत्र में भी परिवर्तन आने प्रारंभ हो गए होंगे। ध्यान अवस्था के कारण उनका तंत्र रूपांतरित होने लगा था। उनका तंत्र अब उसी प्रकार कार्य नहीं करनेवाला था जैसे वह उस समय तक करता आया था। ध्यान अवस्था के कारण सिद्धार्थ के तंत्र का विकास प्रारंभ हो गया था। यदि हम इसको आज के आधुनिक विज्ञान और कंप्यूटर जगत् की भाषा में समझें तो विश्लेषणात्मक ध्यान, बुद्धत्व और अन्य ऊर्जाओं ने मिलकर सिद्धार्थ के पुराने सभी सूक्ष्म जटिल जोड़ और जानकारी को बिट्स (Bits) से क्यू बिट्स (Qbits) में परिवर्तित कर दिया। जब सिद्धार्थ ने संन्यास ग्रहण किया और जब वह सत्य की खोज में निकल पड़े थे तब उनकी सभी पुरानी जानकारियाँ एक क्यू बिट (1Qbit) में समा गईं और उनकी ऊर्जा परम सत्य की खोज में नई जानकारियों की खोज करने लगी। उनका तंत्र बिट्स से क्यू बिट्स में परिवर्तित हो गया था। जिस प्रकार हमारे पारंपरिक कंप्यूटर्स क्वांटम कंप्यूटर में परिवर्तित हो गए और बिट्स के स्थान पर क्यू बिट्स पर कार्य करने लगे, उसी प्रकार सिद्धार्थ की चेतना भी योग की सहायता से पारंपरिक से क्वांटम होने जा रही थी। योग हमारे मस्तिष्क की सूक्ष्म (क्वांटम) क्रिया प्रणालियों को सक्रिय कर देता है। अपनी पहले की जानकारी का विश्लेषण करके सिद्धार्थ ने उस जानकारी को एक प्रकार से लज्जित (एंबैरेस्ड) कर दिया, जिसके कारण पुरानी जानकारी का पतन हो गया या कहें कि वह पूरी-की-पूरी जानकारी एक क्यू बिट में सिमट गई। आइए, पहले डबल स्लिट के शोध के एक परिणाम पर थोड़ा प्रकाश डालते हैं, उसके पश्चात् हम पारंपरिक तंत्र या पारंपरिक कंप्यूटर और क्वांटम तंत्र या क्वांटम कंप्यूटर को आधुनिक विज्ञान की दृष्टि से समझते हैं और इनकी विशेषताओं को जानते हैं।

वैज्ञानिक शोध और तथ्य

डबल स्लिट के शोध में वैज्ञानिकों ने देखा कि प्रकाशाणु तरंग भी है और कण भी है। यह जानकारी प्राप्त करने के पश्चात् वैज्ञानिकों ने अनेक अन्य शोध भी किए और उनमें से कुछ शोध यह जानने के लिए किए कि प्रकाशाणु डबल स्लिट के शोध के समय कौन से द्वार या मार्ग से होकर निकला है। यह जानने के लिए वैज्ञानिकों ने दो-तीन प्रयोग

किए हैं, जिनमें से एक है कि 'वैज्ञानिकों ने एक द्वार (स्लिट) में एक अणु स्थापित कर दिया'। वैज्ञानिकों का मानना था कि यदि प्रकाशाणु उस द्वार या मार्ग से होकर निकलेगा जिसमें उन्होंने अणु स्थापित किया है, तो वह प्रकाशाणु उस अणु को उसके स्थान से हटा देगा और हम यह जान पाएँगे कि प्रकाशाणु कहाँ से होकर निकला है। परंतु आश्चर्यजनक रूप से जब उन्होंने अणु द्वारा यह जानना चाहा कि प्रकाशाणु किस द्वार से होकर निकला है, या कहें, जब उन्होंने अणु का प्रयोग किया तो व्यतिकरण चित्राम (इंटरफेरेंस पैटर्न) का पतन हो गया और प्रकाशाणु एक कण की भाँति व्यवहार करने लगा। अणु का प्रयोग करने के पश्चात् संसूचक में कोई गतिविधि नहीं हुई, इसका अर्थ है कि 'कण दूसरे कणों से बचते हैं।' वैज्ञानिकों ने यह जानने के लिए कि प्रकाशाणु ने कौन से मार्ग का चयन किया है, अन्य शोध भी किए हैं, परंतु जब-जब वैज्ञानिकों ने यह जानना चाहा कि अणु किस द्वार से होकर निकला है, तब-तब अणु ने साधारण व्यवहार किया, तरंग की भाँति नहीं। 'वैज्ञानिकों के निरीक्षण' के कारण व्यतिकरण चित्राम (इंटरफेरंस पैटर्न) का पतन हो रहा था और अणु एक कण की भाँति व्यवहार कर रहा था।

इसका यह अर्थ है कि 'यदि किसी भी प्रकार की कोई भी जानकारी उपस्थित है तो अणु अलग प्रकार से व्यवहार करता है, परंतु जानकारी के न होने पर अणु अपना खेल खेलता है। जानकारी की उपस्थिति अणु को उसका खेल खेलने से रोकती है। शोध के समय 'प्रकाश और दूरी' व्यतिकरण चित्राम पर प्रभाव डालते हैं, परंतु व्यतिकरण चित्राम उभरता ही है।'

X की टिप्पणी

डबल स्लिट के शोध में हमने देखा कि यदि वातावरण में किसी भी प्रकार की जानकारी उपस्थित है तो प्रकाशाणु अपनी लीला नहीं दिखाता, वह ज्ञात व्यवहार दरशाता है और एक कण की भाँति व्यवहार करता है, परंतु जानकारी के उपस्थित न होने पर प्रकाशाणु अपनी लीला दिखाता है और कण की भाँति व्यवहार न करके तरंग की भाँति व्यवहार करता है। ऐसा ही कुछ मानव जीवन में भी घटित होता है। जन्म के पश्चात् हम बहुत सी जानकारियाँ एकत्रित करके एक स्व का निर्माण करते हैं और आयु की एक सीमा के पश्चात् उसी निर्मित स्व के अनुसार जीवन व्यापम करते हैं और इसी स्व की जानकारी के कारण हम माया जगत् में ही घिरे रहते हैं और परम की लीला को अनुभव नहीं कर पाते हैं। जीवन के इसी सत्य को कहीं-न-कहीं सिद्धार्थ, गौतम संन्यास लेने से पूर्व समझ गए थे और वह यह जान गए थे कि यदि उन्हें परम सत्य को जानना है तो उन्हें अपनी ज्ञात जानकारी के बाहर जाकर परम सत्य की खोज करनी होगी, अर्थात् अपने ज्ञात जीवन को त्यागकर परम सत्य की खोज करनी होगी। वह यह समझ गए थे कि उनकी यह

ज्ञात जानकारियाँ ही उन्हें परम सत्य को जानने से रोक रही हैं और उनके जीवन में बंधन निर्मित कर रही हैं। संन्यास ग्रहण कर जब सिद्धार्थ ध्यान और योग की साधना कर रहे होंगे, उस समय उन्हें इस सत्य का पूर्ण रूप से अभिज्ञान हो गया होगा। वह यह समझ गए थे कि यदि उन्हें परम सत्य की लीला को जानना है तो उन्हें स्व द्वारा निर्मित लीला के पार जाना होगा और ज्ञात जानकारी के पार जाकर अज्ञात में परम सत्य की खोज करनी होगी। समय के साथ-साथ सिद्धार्थ, गौतम यह भी समझ गए थे कि ज्ञात जानकारी का स्रोत स्व है और यदि उन्हें परम सत्य को जानना है तो उन्हें स्व के भी पार स्व रहित अस्तित्व को प्राप्त करना होगा, तभी वह ज्ञात जानकारी के पार शून्यता में प्रवेश कर पाएँगे।

आइए, अब हम यह जानते हैं कि यह बिट्स और क्यूबिट्स क्या होते हैं और इनका संबंध हम साधारण मस्तिष्क और योग साधना का प्रशिक्षण प्राप्त किए हुए मस्तिष्क के साथ किस प्रकार कर सकते हैं। बिट और क्यूबिट को समझने से पूर्व आइए, पहले यह समझते हैं कि यह सूक्ष्म जटिल जोड़ (एंटेंगलमेंट्स) क्या होते हैं और यह किस प्रकार स्थापित होते हैं, इस पर थोड़ा प्रकाश डालते हैं।

सूक्ष्म जटिल जोड़ (एंटेंगलमेंट)

वैज्ञानिकों का यह मानना है कि सूक्ष्मतम (क्वांटम) स्तर पर 'वास्तविकता' निश्चित नहीं होती, जब हम निरीक्षण करते हैं तब तथाकथित वास्तविकता जन्म लेती है। प्रकाशाणु जैसे कण सभी 'संभावित अवस्थाओं' की अध्यारोपण की अवस्था में होते हैं, परंतु जब हम उसका निरीक्षण करते हैं तब वह एक 'निश्चित अवस्था' धारण कर लेते हैं। यदि दो कण आपस में जटिलता से जुड़े हैं तो एक कण का निरीक्षण दूसरे कण को अज्ञात रूप से प्रभावित करता है, चाहे वह दोनों कण ब्रह्मांड के विपरीत छोरो में हों। सूक्ष्म जटिल जोड़ का सुझाव आइंस्टीन को अच्छा नहीं लगा था। सूक्ष्म जटिल जोड़ को आइंस्टीन ने एक भूतिया घटना का नाम दिया था।

यदि दो कण एक-दूसरे के समीप आते हैं, तो ऐसा होने पर उनके बीच स्वतः सूक्ष्म जटिल जोड़ स्थापित हो जाता है। जटिल जोड़ स्थापित होने के पश्चात् हम भले ही उन दोनों कणों को ब्रह्मांड के अलग-अलग छोर में ले जाएँ, तब भी उनके बीच जटिल जोड़ स्थापित रहेगा। इसको अधिक समझने के लिए आइए, कण के प्रचक्रण गुणों (स्पिन प्रॉपर्टीज) पर थोड़ा प्रकाश डालते हैं। आप सभी इस तथ्य से परिचित होंगे कि विद्युत् अणु (इलेक्ट्रॉन) केंद्रक (न्यूक्लियस) के चारों ओर एक अध्यारोपण की अवस्था में उपस्थित होता है और विद्युत् अणु (इलेक्ट्रॉन) स्वयं भी अपने अक्ष पर प्रचक्रण (स्पिन) करता है। ब्रह्मांड में उपस्थित कोई भी वस्तु केवल दो प्रकार से ही प्रचक्रण कर सकती है, या तो दक्षिणावर्त (क्लॉक वाइज) या वामावर्त (एंटी क्लॉक वाइज)। विद्युत् अणु के भी दो

ही प्रचक्रण के प्रकार होते हैं। यदि विद्युत् अणु का प्रचक्रण दक्षिणावर्त है तो उसे हम ऊपर का प्रचक्रण (अप स्पिन) कहेंगे और यदि प्रचक्रण वामावर्त है तो उसे हम नीचे का प्रचक्रण (डाउन स्पिन) कहेंगे। पारंपरिक भौतिक विज्ञान के अनुसार, कोई भी कण एक समय में एक निश्चित प्रचक्रण ही कर सकता है, या तो ऊपर का या नीचे का, परंतु सूक्ष्म भौतिक विज्ञान (क्वांटम फिजिक्स) के अनुसार एक कण एक ही समय में दोनों प्रचक्रण की अध्यारोपण अवस्था में होता है, ऊपर भी और नीचे भी, परंतु जब हम उसका निरीक्षण करते हैं तब कण निश्चित प्रचक्रण धारण करता है। जब हम कण का निरीक्षण नहीं कर रहे होते तब वह ऊपर और नीचे दोनों ही संभावनाओं की अध्यारोपण अवस्था में होता है।

यदि हम दो कणों को समीप लाते हैं तो उनके बीच सूक्ष्म जटिल जोड़ स्थापित हो जाता है। अब मानो कि हम किन्हीं दो कणों के बीच सूक्ष्म जटिल जोड़ स्थापित कर देते हैं। अब हम एक कण को पृथ्वी पर ही रखते हैं और दूसरे कण को ब्रह्मांड के अंतिम छोर पर ले जाते हैं। हमारे द्वारा इन दोनों कणों को इतना दूर-दूर करने के पश्चात् भी उन दोनों कणों के बीच सूक्ष्म जटिल जोड़ स्थापित रहेगा। अब यदि हम किसी एक कण का निरीक्षण करते हैं और हम यह पाते हैं कि उसकी अवस्था ऊपर की है तो उसी क्षण दूसरे कण की अवस्था स्वत: नीचे की हो जाएगी। एक का निरीक्षण करने के कारण दूसरा कण तत्क्षण प्रभावित हो जाएगा। ऐसा प्रतीत होता है जैसे दोनों कणों के बीच जानकारी अज्ञात मार्गों द्वारा प्रकाश की गति से भी अधिक गति से स्थानांतरित हो रही है। जटिलता से जुड़े दो कोणों के बीच जानकारी तत्क्षण स्थानांतरित होती है, चाहे दूरी कितनी भी हो।

आइए, सूक्ष्म जटिल जोड़ को अब माइंड एंड लाइफ संस्थान के गुरुजी के साथ एक सम्मेलन में समझाए गए एक सरल उदाहरण के सहारे भी समझते हैं।

माइंड एंड लाइफ संस्थान के वैज्ञानिकों ने गुरुजी को सूक्ष्म जटिल जोड़ के संदर्भ में एक बहुत साधारण सी क्रिया के सहारे बहुत अच्छे से समझाया था। जटिल जोड़ को समझाने के लिए एक वैज्ञानिक अपने स्थान से उठे और उन्होंने एक-दूसरे वैज्ञानिक के कंधे को अपने कंधे द्वारा स्पर्श किया या कहें, दूसरे वैज्ञानिक को अपने कंधे द्वारा छुआ और कहा कि अब हम दोनों के बीच जटिल जोड़ स्थापित हो गया है और अब हम चाहे ब्रह्मांड के अलग-अलग कोनों में भी चले जाएँ तब भी यह जटिल जोड़ हमारे बीच स्थापित ही रहेगा। इसके पश्चात् उन्होंने कहा कि हम दोनों वैज्ञानिकों ने जो क्रिया की, वह देखने में थोड़ी हास्यास्पद लग सकती है, कि दो व्यस्त वैज्ञानिक यह किस प्रकार की क्रिया कर रहे हैं, परंतु इस क्रिया के सहारे हम केवल यह समझाना चाहते थे कि ब्रह्मांड में उपस्थित कोई भी वस्तु यदि दूसरी वस्तु के संपर्क में आती है तो उनके

बीच सूक्ष्म जटिल जोड़ (एंटेंगलमेंट) स्थापित हो जाता है और वह सूक्ष्म जटिल जोड़ सदा बना रहता है, चाहे उन दोनों वस्तुओं के बीच की दूरी कितनी भी क्यों न बढ़ जाए।

वैज्ञानिकों द्वारा की गई क्रिया को सरल शब्दों में और चित्र की सहायता से यदि समझा जाए तो मानो आप 'क' हो और आपका एक मित्र 'ख' है।

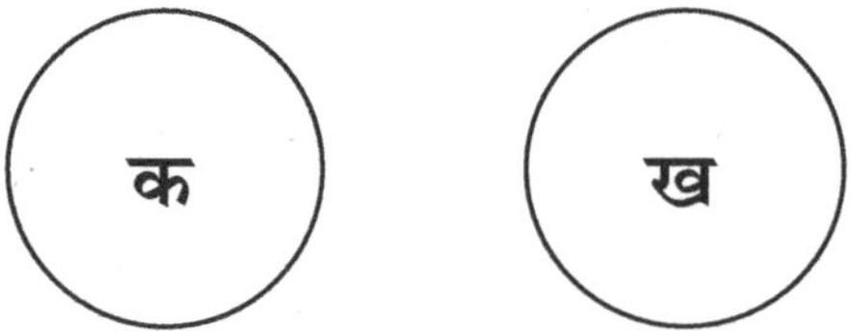

अब मानो आपको और आपके मित्र को एक सम्मेलन में जाना है और आपका मित्र आपसे पहले उस सम्मेलन में पहुँच जाता है और वहाँ उपस्थित सभी लोगों के साथ हाथ मिलाकर या अन्य माध्यम से संपर्क स्थापित कर लेता है और सम्मेलन में उपस्थित सभी लोगों के बीच और आपके मित्र के बीच सूक्ष्म जटिल जोड़ स्थापित हो जाता है।

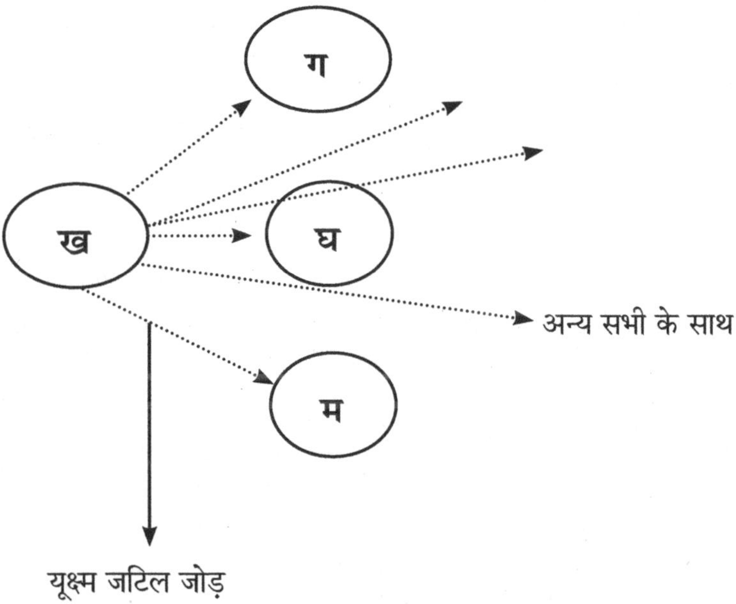

अब जब आप उस सम्मेलन में पहुँचते हैं तो आप जाते ही अपने मित्र से हाथ मिलाते हैं, जिसने आपसे पहले सम्मेलन में उपस्थित सभी लोगों से हाथ मिला रखा था, तो आपके ऐसा करने पर आप उस व्यक्ति के साथ जटिल जोड़ तो स्थापित करेंगे ही, जो

आपका मित्र है और जिसके साथ आप हाथ मिला रहे हैं, परंतु इसके साथ-साथ आप स्वत: सम्मेलन में उपस्थित अन्य सभी लोगों के साथ भी जटिलता से जुड़ जाएँगे, क्योंकि आपने जिस व्यक्ति से हाथ मिलाया है, वह पहले ही सम्मेलन में उपस्थित सभी लोगों के साथ जटिलता से जुड़ा हुआ था और जब आपने उसके साथ हाथ मिलाया तो आप भी स्वत: सम्मेलन में उपस्थित सभी लोगों के साथ जटिलता से जुड़ जाएँगे और आपके बीच और वहाँ उपस्थित अन्य सभी लोगों के बीच जटिल जोड़ स्थापित हो जाएगा।

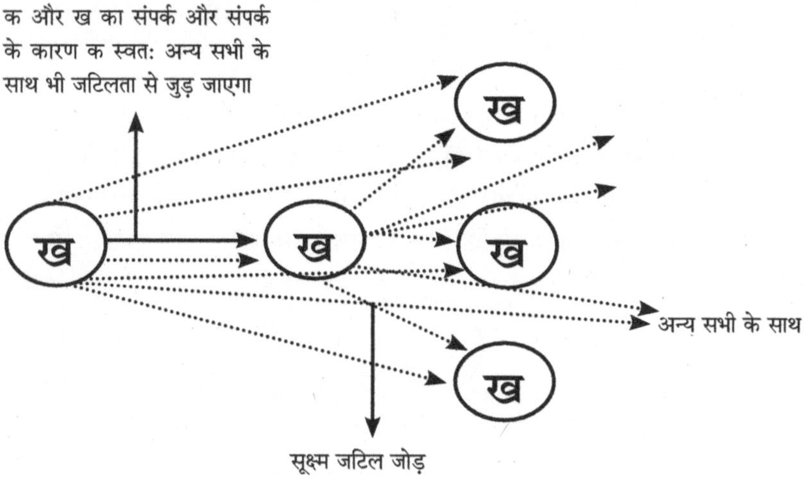

इसी प्रकार ब्रह्मांड में उपस्थित प्रत्येक वस्तु, अणु, परमाणु, कण इत्यादि पदार्थ यदि किसी दूसरे पदार्थ के संपर्क में आते हैं तो उनके बीच सूक्ष्म जटिल जोड़ स्थापित हो जाता है और वह जिस पदार्थ के संपर्क में आते हैं, उस पदार्थ का जिन पदार्थों के साथ सूक्ष्म जटिल जोड़ स्थापित था, उनके साथ भी वह नए संपर्क में आनेवाला पदार्थ स्वत: ही सूक्ष्म जटिल जोड़ स्थापित कर लेता है और इसी प्रक्रिया के कारण ब्रह्मांड में उपस्थित सभी कुछ एक-दूसरे के साथ सूक्ष्म जटिल जोड़ स्थापित किए हुए है।

आइए, अब यह समझते हैं कि बिट्स और क्यूबिट्स क्या होते हैं और इन सबका सिद्धार्थ, गौतम बुद्ध के साथ क्या संबंध है ?

वैज्ञानिक तथ्य

एंटोन जाइलिंगर एक ऑस्ट्रियन क्वांटम भौतिक वैज्ञानिक हैं। उन्हें देखकर और उनकी बातें सुनकर यह लगता है कि वह ऐसे वैज्ञानिक हैं जिन्होंने विज्ञान का चयन अपनी जिज्ञासा के कारण किया होगा। वह भी माइंड एंड लाइफ संस्थान के

उन कुछ-एक वैज्ञानिकों में से एक हैं, जो केवल विज्ञान के तथ्यों को ही पूर्ण सत्य नहीं मानते, वह विज्ञान के साथ-साथ अध्यात्म को भी स्थान देते हैं। एंटोन ने अपनी प्रस्तुति के समय गुरुजी को सूक्ष्म भौतिक विज्ञान (क्वांटम फिजिक्स) के कुछ मूल सिद्धांतों के संदर्भ में बताया, जैसे बिट और क्यूबिट। तो आइए, बिट और क्यूबिट के संदर्भ में थोड़ा समझते हैं।

बिट

यह विद्युत् प्रसारण केंद्र (इलेक्ट्रिक रिले) होते हैं और यह किसी एक समय में या तो एक (1) होते हैं या शून्य (0) होते हैं। सभी पारंपरिक कंप्यूटर में सारी जानकारी इन्हीं बिट्स में पंजीकृत की जाती थी, जैसे भाषा या चित्र या अन्य सभी प्रकार की जानकारी—

बिट (Bit)

0 या 1

प्रारंभिक कंप्यूटर का निर्माण इसी प्रकार के विद्युत् प्रसारण केंद्र (इलेक्ट्रिक रिले) या विद्युतीय बटन (इलेक्ट्रिक स्विच) के सहारे ही किया जाता था। यह इस प्रकार है जैसे मानो कि जब बटन चालू (स्विच ऑन) होता है तब बिट 1 होता है और जब बटन बंद (स्विच ऑफ) होता है तब बिट 0 होता है। बिट या तो 0 होगा या 1 होगा।

क्यूबिट

यह आधुनिक है। क्यूबिट 0 और 1 की अध्यारोपण की अवस्था में होता है। यह वैसा ही है जैसे डबल स्लिट के शोध में प्रकाशाणु एक ही समय में दोनों द्वार से होकर निकलता है।

क्यूबिट (Qbit)

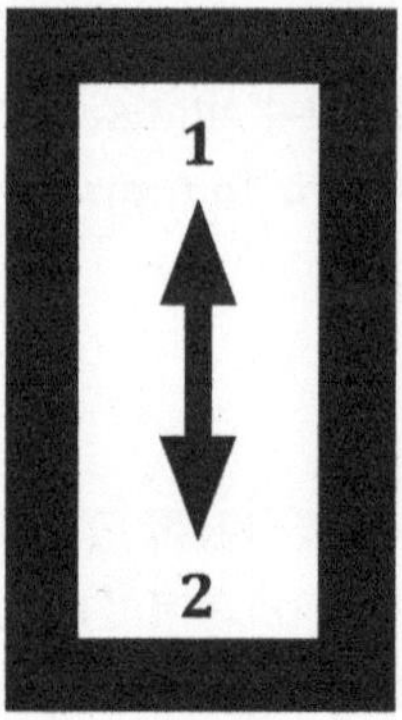

0 और 1

क्यूबिट की प्रणाली एक ही समय में 0 भी होती है और 1 भी होती है। इस प्रणाली के सहारे हम कम क्षेत्र में अधिक जानकारी संचित कर सकते हैं। क्वांटम कंप्यूटर अणु, प्रकाशाणु इत्यादि द्वारा निर्मित होते हैं और यह 'दो संभावनाओं' की अध्यारोपण अवस्था में होते हैं। इसी कारण से वह पारंपरिक कंप्यूटर से अधिक जानकारी संचित कर सकते हैं। इस प्रणाली की कोई निश्चित अवस्था नहीं होती। यदि हम इस प्रणाली से कुछ प्रश्न पूछेंगे, (शोध के रूप में), जैसे क्या तुम 0 हो या 1 हो? तो यह अनिश्चित उत्तर देगी और यदि हम इससे पूछेंगे कि क्या तुम 0+1 हो? तो यह निश्चित उत्तर देगी। इस प्रणाली द्वारा हम निश्चित उत्तर भी प्राप्त कर सकते हैं और अनिश्चित उत्तर भी और यहाँ अधिक संभावनाएँ होती हैं।

एक अर्जेंटीनियन लेखक ने बहुत ही सुंदर कहानी लिखी है। उन्होंने एक उपन्यास लिखा है जिसका शीर्षक है 'असीम पुस्तकालय' (इनफाइनाइट लाइब्रेरी)। उन्होंने अपने उपन्यास में बताया है कि यह असीम पुस्तकालय एक ऐसा पुस्तकालय होगा जिसके भीतर भविष्य में लिखी जानेवाली प्रत्येक पुस्तक होगी और आज तक भूतकाल में जितनी भी पुस्तकें लिखी गई हैं, वह सब भी होंगी। परंतु यह किस प्रकार होगा? यह इस प्रकार होगा कि हम एक ऐसा पुस्तकालय निर्मित कर सकते हैं जिसके भीतर सभी संभावित अक्षरों और शब्दों के बीच सूक्ष्म जटिल जोड़ स्थापित हो। इस पुस्तकालय के भीतर भविष्य की प्रत्येक संभावित भाषा हो सकती है और आज तक धरती पर जितनी भी भाषाएँ हुई हैं, वह भी हो सकती है। इस प्रणाली में धरती की भाषाओं के सभी संभावित अक्षर और शब्द हो सकते हैं। इसमें हम वह सभी पुस्तकें ढूँढ़ सकते हैं जो आज तक धरती पर लिखी गई हैं और वह भी ढूँढ़ सकते हैं, जो भविष्य में लिखी जा सकती हैं।

इस प्रणाली में सभी अक्षर उन सभी संभावित अक्षर और शब्दों के साथ जटिलता से सूक्ष्म रूप से जुड़े (एंटेंगल) होते हैं, जो आज तक भूतकाल में उपस्थित थे या भविष्य में उपस्थित हो सकते हैं। जैसे-जैसे भाषा का क्रम विकास हुआ होगा, या भविष्य में होगा वह सब इसमें होगा। यह प्रणाली क्यूबिट्स से बनी होगी, न कि पारंपरिक बिट्स से। क्यूबिट्स अनंत संभावनाओं के साथ जटिलता से जुड़े (एंटेंगल) होते हैं।

परंतु जिस लेखक ने यह उपन्यास लिखा है, उन्होंने स्वयं यह कहा है कि ऐसा पुस्तकालय व्यर्थ है, क्योंकि समस्या यह है कि आप उस असीम पुस्तकालय में 'सही पुस्तक' को किस प्रकार खोजेंगे? अर्थात् उस पुस्तकालय में सबकुछ होगा, सकारात्मक भी और नकारात्मक भी। हम यह पता नहीं लगा सकेंगे कि हमारे लिए कौन सी पुस्तक सही है और कौन सी नहीं। उस पुस्तकालय में सभी प्रकार की त्रुटियाँ और सभी प्रकार के मुद्रण की अशुद्धि भी होगी, जो हमें भ्रमित वास्तविकता की ओर ले जाएगी। कुछ वैज्ञानिक और गणितज्ञों का यह कहना है कि "यदि कोई व्यक्ति उस पुस्तकालय में उपयोगी पुस्तक ढूँढ़ सकता है, तो वह स्वयं उस पुस्तक को लिख भी सकता है', क्योंकि वही वह व्यक्ति है, जो जानकारी को जटिल जोड़ की अवस्था से बाहर ला रहा है (अनटेंगल कर रहा है)।

यह तो एक लेखक द्वारा लिखी गई एक कहानी की बात थी, परंतु हम आज की आधुनिक वैज्ञानिक क्वांटम प्रणाली द्वारा एक ऐसी पुस्तक का निर्माण कर सकते हैं जिसके भीतर सभी संभावित पुस्तकें समाई होंगी। यह पुस्तकालय नहीं, यह केवल एक पुस्तक होगी, जिसके भीतर भूतकाल में लिखी गई सभी पुस्तकें होंगी और भविष्य में लिखी जानेवाली सभी संभावित पुस्तकें भी समाई होंगी। आइए यह समझते हैं कि यह पुस्तक कार्य कैसे करती है। इस पुस्तक में जानकारी क्यूबिट्स में लिखी होगी। यह सभी क्यूबिट्स एक-दूसरे के साथ जटिलता से जुड़े होंगे। जटिलता से जुड़े होने का अर्थ है कि यदि इस पुस्तक में मानो 10,000 क्यूबिट में जानकारी पंजीकृत है, तो वह सभी 10,000 क्यूबिट एक-दूसरे के साथ जटिलता से जुड़े होंगे। प्रत्येक क्यूबिट अन्य सभी क्यूबिट के साथ जटिलता से जुड़ा होगा। यह वैसा ही है जैसे दो कणों के जटिल जोड़ स्थापित करने पर होता है, यदि हम एक कण का निरीक्षण करते हैं तो वह निरीक्षण दूसरे कण को प्रभावित करता है।

बिट्स
(Bits)

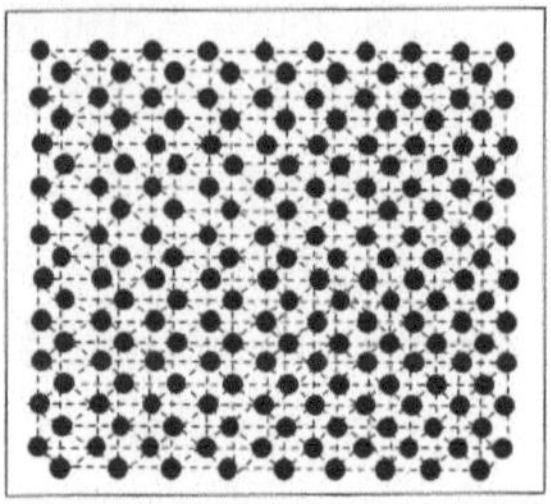

क्यूबिट्स
(Qbit)

यहाँ यदि हम एक क्यूबिट का निरीक्षण करते हैं तो ऐसा करने से अवस्था (State) प्रभावित होती है और परिवर्तित हो जाती है। यह केवल उस एक को ही परिवर्तित नहीं करता जिसका हम निरीक्षण कर रहे होते हैं, यह अन्य सभी को भी परिवर्तित कर देता है। अब यदि हम किसी एक का निरीक्षण करते हैं तो वह निरीक्षण अन्य सभी को परिवर्तित कर देता है। ऐसे ही यदि हम सही दिशा में चलते रहें और एक-एक का निरीक्षण करते जाएँ तो अंत में हमें वह पुस्तक मिल सकती है, जो हमें चाहिए। जैसे यदि हम इसमें गुरुजी द्वारा लिखी गई पुस्तक का प्रथम शब्द डालते हैं और अन्य कुछ सही क्रम में शब्द डालते हैं तो ऐसा करने पर हम गुरुजी द्वारा लिखी गई पुस्तक को इस अनंत पुस्तकालय से अलग कर लेंगे। इस एक पुस्तक में अन्य सभी पुस्तकें होंगी, सूक्ष्म जटिल जोड़ और क्यूबिट्स के कारण।

बौद्ध धर्म की मान्यता

बौद्ध धर्म की मान्यता के अनुसार जब कोई विचार उत्पन्न होता है, तो वह भूतकाल की हमारी स्मृति और भविष्य के परिणाम या भविष्य की संभावनाओं के साथ जटिलता से जुड़ (एंटेंगल) जाता है, और यह एक 'मायावी सत्य या मायावी वास्तविकता का एक पाश' (लूप) बना देता है।

X की टिप्पणी

विश्लेषणात्मक ध्यान अवस्था को प्राप्त करने के पश्चात् सिद्धार्थ, गौतम का मस्तिष्क भी अब कम क्षेत्र के सहारे अधिक कार्य कर सकता था और उनके मस्तिष्क के सभी क्षेत्र एक-दूसरे के साथ जटिलता से जुड़ने लगे थे, जिसके कारण उनकी प्रसंस्करण की क्षमता में भी वृद्धि हुई और बुद्ध किसी एक प्रकार की वास्तविकता का विश्लेषण भिन्न-भिन्न प्रणालियों द्वारा कर सकते थे, अर्थात् किसी एक प्रकार के सत्य का विश्लेषण भिन्न-भिन्न दृष्टिकोण के सहारे कर सकते थे। मस्तिष्क के सभी क्षेत्रों के बीच सूक्ष्म

जटिल जोड़ स्थापित होने के कारण बुद्ध की अनुभूति में भी परिवर्तन आने लगा और वह शुद्ध अनुभूति के साथ-साथ अन्य बहुत से असंभव-से दिखनेवाले कार्य करने लगे, अभी यह सभी मानसिक स्तर पर घटित हो रहा था। ध्यान के कारण से सिद्धार्थ की प्रणाली एक प्रकार से बिट्स से क्यूबिट्स में परिवर्तित हो रही थी। एक प्रकार की क्यूबिट प्रणाली में परिवर्तित होने के पश्चात् सिद्धार्थ, गौतम के मस्तिष्क के सभी क्षेत्रों के बीच तो सूक्ष्म जटिल जोड़ स्थापित हुआ ही था, इसके साथ-साथ सिद्धार्थ, गौतम प्रकृति में उपस्थित अन्य संभावनाओं के साथ भी जटिलता से जुड़ गए थे। भौतिक रूप से हमारे सभी जीव-जंतुओं के शरीर का जटिल जोड़ प्रकृति के साथ स्थापित होता ही है, परंतु योग और ध्यान हमारी चेतना का जटिल जोड़ प्रकृति के साथ स्थापित कर देता है।

बुद्ध के जन्म के पश्चात् जो भी जानकारियाँ उन्होंने एकत्रित की थीं, स्मृतियों के रूप में, उनके बीच तो जटिल जोड़ उनके निर्माण के साथ ही स्थापित हो गया था और जब सिद्धार्थ, गौतम ने चेतन रूप से उस जानकारी का विश्लेषण किया तो धीरे-धीरे उस जानकारी के खंड अपनी जटिल जोड़ की अवस्था से बाहर आने लगे और बुद्ध को प्रकृति की प्रवृत्ति समझ आने लगी, क्योंकि जैसे-जैसे जानकारी के खंड अपनी जटिल जोड़ की अवस्था से बाहर आ रहे थे वैसे-वैसे वह आसक्ति के उस मायावी स्मृति तंत्र को भी खंडित कर रहे थे जिसका निर्माण सिद्धार्थ, गौतम ने अपने जन्म के पश्चात् किया था। ध्यान के कारण सिद्धार्थ, गौतम के भीतर कुछ जटिल जोड़ खंडित हो रहे थे और कुछ नए जटिल जोड़ स्थापित भी हो रहे थे। जो जानकारी बुद्ध को मायाजाल से जोड़ रही थी, वह निरीक्षण के कारण नष्ट होने लगी या कहें, निरीक्षण के कारण उसका पतन होने लगा। वह मायावी स्मृति तंत्र, जिसका निर्माण बुद्ध ने अपने बचपन से ही किया था, वह धीरे-धीरे खंडित हो रहा था।

ध्यान की सहायता से सिद्धार्थ, गौतम प्रकृति के साथ स्थापित जटिल जोड़ की सहायता से परम सत्य से संबंधित जानकारी को उनकी जटिल जोड़ की अवस्था से बाहर ला रहे थे। सिद्धार्थ इसी जटिल जोड़ की अवस्था में उपस्थित जानकारी का निरीक्षण कर परम सत्य से संबंधित ज्ञान प्राप्त कर रहे थे और परम सत्य से संबंधित जानकारी का निरीक्षण कर ध्यान और योग की सहायता से सही दिशा में बढ़कर समाधि प्राप्त करनेवाले थे, जो इस मायावी तंत्र का खंडन करनेवाली थी या कहें, मायावी तंत्र का पतन करनेवाली थी। सिद्धार्थ, गौतम अपने विचारों द्वारा बने तथाकथित 'वास्तविकता के पाश' का खंडन ध्यान और योग की सहायता से कर रहे थे।

वैज्ञानिक तथ्य

यदि हम एक क्यूबिट् को बाहर निकालते हैं तो वह जटिल जोड़ की अवस्था (स्टेट ऑफ एंटेंगलमेंट) के भी बाहर आ जाता है। ऐसा इस कारण से होता है, क्योंकि

हमने उसका निरीक्षण करना प्रारंभ कर दिया है। निरीक्षण करने के कारण वह एक भिन्न वास्तविकता का निर्माण करता है। निरीक्षण जटिल जोड़ (एंटेंगलमेंट) को तोड़ देता (अनएंटेंगल) है।

X की टिप्पणी

वैसा ही निरीक्षण, जो कण को जटिल जोड़ अवस्था के बाहर ले आता है और उसके पश्चात् तंत्र या प्रणाली एक अलग सत्य या वास्तविकता का निर्माण करते हैं, वैसा ही निरीक्षण मनुष्य की भी सहायता करता है, भ्रमित वास्तविकता या मायावी वास्तविकता को और निर्वाण के लिए आवश्यक जानकारी को जटिल जोड़ अवस्था के बाहर लाने के लिए। यदि हम ध्यानपूर्वक निरीक्षण करें तो हम भ्रमित वास्तविकता को समझ सकते हैं और निर्वाण के लिए आवश्यक जानकारी को जटिल जोड़ अवस्था से बाहर निकाल सकते हैं। हम निरीक्षक बनकर प्रकृति की प्रवृत्ति को लज्जित (एंबैरेस) कर सकते हैं। हम दृष्टा या निरीक्षक बनकर पीड़ा से बाहर आ सकते हैं। ऐसा ही कुछ हमारे पौराणिक ग्रंथों में कहा गया है कि 'ध्यानपूर्वक निरीक्षण के सहारे हम सभी प्रकृति की प्रवृत्ति को लज्जित कर सकते हैं।' ऐसा ही सब सिद्धार्थ, गौतम बुद्ध के साथ भी घटित हुआ होगा। जो विश्लेषणात्मक ध्यान उन्होंने एक प्रकार से संन्यास ग्रहण करने से पूर्व ही प्रारंभ कर दिया था, उसकी सहायता से सिद्धार्थ सत्य को या वास्तविकता को लज्जित करते चले गए और धीरे-धीरे ध्यान और योग के सभी स्तर को पार करके वह शून्यता में प्रविष्ट हुए और शून्यता से समाधि तक पहुँचे। सिद्धार्थ ने अपने जीवन का 'ध्यानपूर्वक निरीक्षण और विश्लेषण' किया, ऐसा करने के कारण सिद्धार्थ उस समय तक जिस मार्ग पर चल रहे थे (राजयोग भोग रहे थे), उसके सूक्ष्म जटिल जोड़ खंडित होने लगे और परम सत्य से संबंधित जानकारी भी जटिल जोड़ की अवस्था से बाहर आने लगी और इसके पश्चात् सिद्धार्थ की प्रणाली या सिद्धार्थ का तंत्र अलग जटिल जोड़ के साथ कार्य करने लगा या अलग जटिल जोड़ के साथ जुड़ गया।

सिद्धार्थ, गौतम बुद्ध ने जब अपने जीवन का और सत्य का निरीक्षण प्रारंभ किया, तब उस समय तक वह जिस सम्राट् के निश्चित मार्ग पर चल रहे थे, जिसके अपने जटिल जोड़ थे और वह मार्ग अपने अन्य जटिल जोड़ के साथ ही जुड़ा हुआ था। परंतु जब सिद्धार्थ ने ध्यानपूर्वक निरीक्षण किया तब वह निर्धारित निश्चित मार्ग खंडित हो गया और उसी निर्धारित निश्चित मार्ग का पतन भी हो गया और सिद्धार्थ, गौतम बुद्ध की ऊर्जाएँ अन्य संभावनाओं के जटिल जोड़ के साथ जटिलता से जुड़ने लगीं और उनकी जिज्ञासा उन्हीं जटिल जोड़ के सहारे परम सत्य को खोजने लगी। एक मार्ग के खंडित होने से या एक मार्ग का पतन होने से अन्य संभावनाएँ अस्तित्व में आती है और धीरे-धीरे उनके

सत्य का निरीक्षण करने के कारण उनका भी पतन होने लगता है और व्यक्ति शून्यता की ओर बढ़ने लगता है और यही सब सिद्धार्थ, गौतम बुद्ध के साथ संन्यास ग्रहण करने के पश्चात् होनेवाला था।

यह जटिल जोड़ की लीला ब्रह्मांड में उपस्थित सभी वास्तविकताओं से जुड़ी होती है। वास्तविकता में यह जटिल जोड़ की लीला परम तरंग या परम कंपन (सुप्रीम वेव या सुप्रीम वाइब्रेशन) के सहारे रची जाती है। वह तरंग या कंपन जो इस माया जगत् की प्रत्येक लीला रच रहा है, वही तरंग या कंपन जटिल जोड़ की लीला भी रचता है। जटिल जोड़ स्पेसमॉस के माध्यम से स्थापित होते हैं और यह जीवन में भी अपनी भूमिका निभाते हैं।

प्रकृति में उपस्थित सभी कुछ, ज्ञात ऊर्जा और पदार्थ और अज्ञात ऊर्जा और पदार्थ भी एक-दूसरे के साथ जटिलता से जुड़ा हुआ है और प्रकृति में उपस्थित सभी प्रकार की वास्तविकताओं के बीच अंत:परस्पर संबंध स्थापित हैं। हाँ, हम यह कह सकते हैं कि प्रकृति और ब्रह्मांड में उपस्थित सभी कुछ आपस में 'स्थूल रूप' से जटिलता से नहीं जुड़ा हुआ है, परंतु प्रकृति में सभी कुछ एक-दूसरे के साथ सूक्ष्म स्तर पर जटिल जोड़ स्थापित किए हुए हैं। जैसे हम मानव सीधे-सीधे 'भौतिक शरीर' या 'स्थूल शरीर' के माध्यम से या भौतिक शरीर या स्थूल शरीर के सहारे ब्रह्मांड में उपस्थित सभी तारों, ग्रहों और ब्रह्मांड में उपस्थित सभी प्रकार के पदार्थ के साथ जटिलता से नहीं जुड़े हुए हैं, परंतु हम सभी के भीतर जो 'सूक्ष्म आयाम' उपस्थित है, वह स्पेसमॉस के माध्यम से ब्रह्मांड में उपस्थित अन्य सभी प्रकार की वास्तविकताओं के साथ जटिल जोड़ स्थापित किए हुए है और इसी प्रकार से हम (जीव-जंतु) प्रकृति में उपस्थित सभी प्रकार की वास्तविकताओं के साथ, जैसे तारों और ग्रह के साथ जटिलता से जुड़े हुए हैं। आज के आधुनिक वैज्ञानिकों का मानना है कि हमारा ब्रह्मांड एक प्रकार की सामग्री से भरा हुआ है, जिसे वह स्पेस-टाइम फॉम कहते हैं और इस 'स्पेस-टाइम फॉम' के भीतर होते कंपन के कारण ही सभी प्रकार की वास्तविकताएँ अस्तित्व में आती हैं। ब्रह्मांड में उपस्थित यह जो सामग्री है जिसे आज के आधुनिक वैज्ञानिक स्पेसटाइम फॉम कहते हैं, उसी सामग्री द्वारा प्रत्येक वास्तविकता का निर्माण होता है और इसी कारण से इस 'स्पेस-टाइम फॉम' से निर्मित सभी प्रकार की वास्तविकताओं के बीच सूक्ष्म जटिल जोड़ स्थापित होता है, क्योंकि वह सभी 'स्पेस-टाइम फॉम' से निर्मित हुई हैं और इसी स्पेस-टाइम फॉम का एक निर्माण हम (जीव-जंतु) भी हैं और इसी कारण से हमारे बीच तथा प्रकृति और ब्रह्मांड में उपस्थित सभी प्रकार की वास्तविकताओं के बीच एक सूक्ष्म जटिल जोड़ स्थापित होता है और इन्हीं 'सूक्ष्म जटिल जोड़' के सहारे माया अपनी लीला भी रचती है।

आज का आधुनिक विज्ञान यह कहता है कि हमारे ब्रह्मांड की उत्पत्ति एक बिंदु से हुई थी और समय के साथ उसका विस्तार होता चला गया और इस प्रक्रिया को आज का

आधुनिक विज्ञान 'बिगबैंग' कहता है, परंतु यह बिग बैंग की संकल्पना सत्य नहीं। ब्रह्मांड की उत्पत्ति से संबंधित तथ्यों पर प्रकाश हम अपनी कहानी में आगे डालेंगे, जहाँ हम ब्रह्मांड की उत्पत्ति के संदर्भ में समझेंगे। परंतु कुछ 'एक' था, वह एक अवस्था थी, वह एक बिंदु था, वह एक द्वार था, वह एक केंद्र था, वह एक कंपन था या वह और कुछ था, इसे हम अपनी कहानी में आगे समझेंगे, परंतु कुछ 'एक' था जिससे इस ब्रह्मांड की उत्पत्ति हुई। परम कंपन के कारण वह जो एक था, उससे अनेक का अस्तित्व हुआ, उस एक से अनेक का निर्माण हुआ, अर्थात् अद्वैत से द्वैत का निर्माण हुआ। इसके पश्चात् कण, अणु, परमाणु इत्यादि प्रकार की भौतिक वास्तविकताएँ अस्तित्व में आईं और पदार्थ और ऊर्जा का निर्माण हुआ। यह नवनिर्मित पदार्थ ब्रह्मांड के विभिन्न क्षेत्रों में विकसित हुआ और अधिकतर पदार्थ एक-दूसरे के साथ भौतिक रूप से नहीं जुड़ा हुआ था, परंतु वह सूक्ष्म रूप से एक-दूसरे के साथ जुड़ा हुआ था। यह कैसे सूक्ष्म रूप से जटिलता से जुड़ा हुआ था, आइए, इसे थोड़ा अधिक समझने का प्रयास करते हैं।

ब्रह्मांड में उपस्थित सभी प्रकार की वास्तविकताएँ कणों से मिलकर बनी हैं और कणों का निर्माण ब्रह्मांड में अलग-अलग स्थान पर और अलग-अलग वातावरण में हुआ है और कणों का निर्माण तंतुका (स्ट्रिंग्स) के सहारे हुआ है। परंतु जिसके कारण तंतुका अस्तित्व में आई, वह एक था। आज का आधुनिक विज्ञान यह कहता है कि पदार्थ अणु से निर्मित हुआ है और वह अणु क्वार्क्स (Quarks) से बने हैं और क्वार्क्स तंतुका से बने हैं और यह तंतुका किसी एक के कारण अस्तित्व में आई, जिसे वह 'स्पेस-टाइम फॉम' भी कहते हैं और इसी कारण से सभी तंतुका के बीच एक सूक्ष्म जटिल जोड़ स्थापित है और इसी के कारण सभी क्वार्क्स के बीच भी सूक्ष्म जटिल जोड़ स्थापित है। और इसी सूक्ष्म जटिल जोड़ के कारण प्रकृति और ब्रह्मांड में उपस्थित सभी कुछ सूक्ष्म स्तर पर एक-दूसरे के साथ जटिलता से जुड़ा हुआ है और एक प्रकार से प्रकृति में उपस्थित सभी प्रकार की वास्तविकताओं के बीज यह जटिल जोड़ ही माया की सारी लीला रच रहे हैं। प्रकृति में उपस्थित सभी कुछ और हम (जीव-जंतु) भी तंतुका के माध्यम से एक-दूसरे के साथ जटिलता से जुड़े हुए हैं और जटिल जोड़ के नियम हम सभी पर भी लागू होते हैं। इन्हीं सूक्ष्म जटिल जोड़ के कारण हम ब्रह्मांडरूपी तंत्र के साथ भी जटिलता से जुड़े हैं, क्योंकि वह कंपन जिसके कारण यह सबकुछ अस्तित्व में आया, वह भी काल और स्पेसमॉसरूपी तंत्र के भीतर ही घटित हुआ था। इसी जटिल जोड़ के कारण हमारा भौतिक शरीर और हमारी भौतिक इंद्रियाँ इस मायारूपी जगत् से जुड़ी होती हैं या हम यह भी कह सकते हैं कि इन्हीं जटिल जोड़ के सहारे ही माया की यह लीला रची जाती है। यह जो तथाकथित वास्तविक जगत् वास्तविकता में है ही नहीं, इसकी अनुभूति भी हम इन्हीं सूक्ष्म जटिल जोड़ के कारण करते हैं। माया की यह लीला इन सूक्ष्म जटिल जोड़ के सहारे किस प्रकार रची

जाती है और किस प्रकार आत्मा इस माया की लीला में उलझ जाती है, इसे हम अपनी कहानी में आगे पूर्ण रूप से समझने का प्रयास करेंगे।

सूक्ष्म जटिल जोड़ माया की लीला में महत्त्वपूर्ण भूमिका निभाते हैं। आइए, अभी यह देखते हैं कि मानव जीवन में यह जटिल जोड़ किस प्रकार की क्या भूमिका निभाते हैं। यह समझकर हम यह समझ पाएँगे कि हमारे द्वारा उठाया गया प्रत्येक कदम और हमारे द्वारा किया गया प्रत्येक चुनाव किस प्रकार हमारी तथाकथित वास्तविकता का निर्माण करता है और किस प्रकार सिद्धार्थ, गौतम बुद्ध द्वारा किए गए चुनाव ने उनकी वास्तविकता का निर्माण किया होगा। हमारे द्वारा लिया गया निर्णय या हमारे द्वारा किया गया चयन जीवन की अलग-अलग संभावनाओं को खोलता है और उसी के अनुसार हमारा जीवन आकार लेता है। प्रकृति में अनंत प्रकार की संभावनाएँ उपस्थित हैं, हम किस संभावना का चुनाव करते हैं, वह हमारा तथाकथित भविष्य निर्धारित करती है और हमारे जीवन को आकार देती है और हमारी तथाकथित वास्तविकता का निर्माण करती है। प्रत्येक कदम और प्रत्येक चुनाव अलग-अलग संभावनाओं के जटिल जोड़ को खोलते या उनका पतन करते हैं और इसी के अनुसार या तो आत्मा इस माया जगत् में ही उलझी रह सकती है या तो वह समाधि के मार्ग का चयन कर इस माया जगत् से बाहर भी जा सकती है और निर्वाण के द्वार खोल सकती है। किस प्रकार हमारे द्वारा किया गया चुनाव हमारी तथाकथित वास्तविकता का निर्माण करता है, आइए, इस पर थोड़ा अधिक प्रकाश डालते हैं, उसके पश्चात् हम यह समझ जाएँगे कि किस प्रकार संन्यास ग्रहण करने के निर्णय ने सिद्धार्थ, गौतम बुद्ध के जीवन में अलग संभावनाओं को जन्म दिया होगा और किस प्रकार सिद्धार्थ, गौतम बुद्ध ने उन संभावनाओं में से उन संभावनाओं का चयन किया होगा जिनके सहारे उन्होंने समाधि प्राप्त की।

यह सूक्ष्म जटिल जोड़ (एंटेंगलमेंट) केवल अणु से अणु और अणु से ब्रह्मांड के बीच ही स्थापित नहीं होते, जीवन भी अलग-अलग संभावनाओं के साथ सूक्ष्म रूप से जटिलता से जुड़ा है। इस सूक्ष्म जटिल जोड़ की लीला जीवन और जीव से भी जुड़ी होती है। हम (जीव) भी प्रकृति के साथ जटिल जोड़ स्थापित किए हुए हैं, जिसके कारण हम भी प्रकृति में उपस्थित अनंत संभावनाओं के साथ जटिलता से जुड़े होते हैं। जीवन के सभी संभावित पथ या संभावनाएँ भी एक-दूसरे के साथ सूक्ष्म रूप से जटिलता से जुड़ी होती हैं, जिन्हें हम क्रम विकास के अध्याय में थोड़ा समझ चुके हैं। मनुष्य या जीव जो चाहे वह बन सकता है, केवल आवश्यकता है तो सही मार्ग के जटिल जोड़ को खोलने (अनटेंगल) की। प्रत्येक क्षण के साथ अन्य सभी संभावित क्षण जटिलता से जुड़े होते हैं। व्यक्ति विशेष या जीव पर निर्भर करता है कि वह कौन सी 'संभावना' का चुनाव करता है।

यदि हम मानव जीवन की बात करें तो जब जीवन प्रारंभ होता है, तब वह सभी प्रकार की संभावनाओं के साथ सूक्ष्म रूप से जटिलता से जुड़ा होता है। प्रत्येक नया कदम, प्रत्येक चुनाव और प्रत्येक निर्णय एक अलग जटिल जोड़ के परिपथ (एंटेंगल पैथ) या अलग जटिल जोड़ के संग्रह (सेट ऑफ एंटेंगलमेंट) को सक्रिय करता है। जब जीवन प्रारंभ होता है तो वह विकास और प्रगति से संबंधित जटिल जोड़ के साथ भी जुड़ा होता है और विनाश और पीड़ा के जटिल जोड़ के साथ भी जुड़ा होता है। जब जीवन प्रारंभ होता है तो वह सुख से संबंधित जटिल जोड़ के साथ भी जुड़ा होता है और दु:ख से संबंधित जटिल जोड़ के साथ भी जुड़ा होता है। जब जीवन प्रारंभ होता है तब वह सभी प्रकार की सकारात्मक वास्तविकताओं के साथ सूक्ष्म जटिल जोड़ के सहारे जुड़ा होता है और वह सभी प्रकार की नकारात्मक वास्तविकताओं के साथ भी सूक्ष्म जटिल जोड़ के सहारे जुड़ा होता है। यहाँ तक कि जब जीवन प्रारंभ होता है तब वह क्रम विकास के सूक्ष्म जटिल जोड़ के साथ भी जुड़ा होता है और क्रम पतन के सूक्ष्म जटिल जोड़ के साथ भी जुड़ा होता है। जब जीवन प्रारंभ होता है तब वह समाधि से संबंधित सूक्ष्म जटिल जोड़ के साथ भी जुड़ा होता है और माया चक्र से संबंधित जटिल जोड़ के साथ भी जुड़ा होता है। जीव द्वारा लिया गया प्रत्येक 'निर्णय' विशेष प्रकार के सूक्ष्म जटिल जोड़ के संग्रह को सक्रिय करता है और विशेष प्रकार के सूक्ष्म जटिल जोड़ के संग्रह का पतन भी करता है और विशेष प्रकार के सूक्ष्म जटिल जोड़ विशेष प्रकार की वास्तविकता का निर्माण करते हैं। जीव द्वारा किया गया चुनाव उसकी तथाकथित वास्तविकता का निर्माण करता है।

जन्म के समय

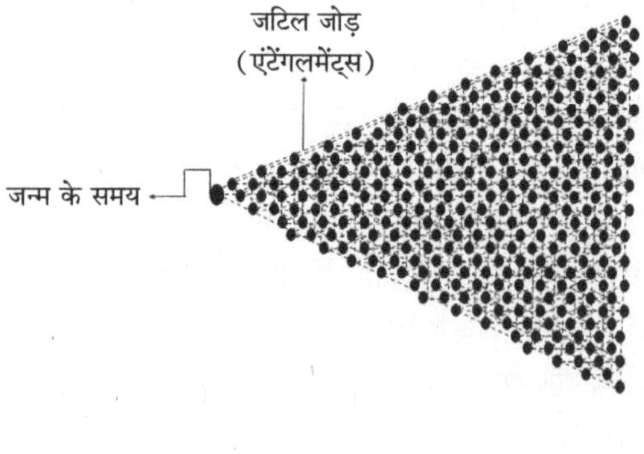

जन्म लेने के पश्चात् मनुष्य के साथ सभी संभावित जटिल जोड़ (पॉसिबल एंटेंगलमेंट्स) जुड़ जाते हैं और सभी संभावनाएँ खुली होती हैं, इन संभावनाओं में सभी प्रकार की संभावनाएँ होती हैं, जैसे कि अच्छी-बुरी, सुखद-दुखद, लाभकारी-हानिकारक और सभी प्रकार की सकारात्मक और नकारात्मक संभावनाएँ होती हैं।

चयन के पश्चात

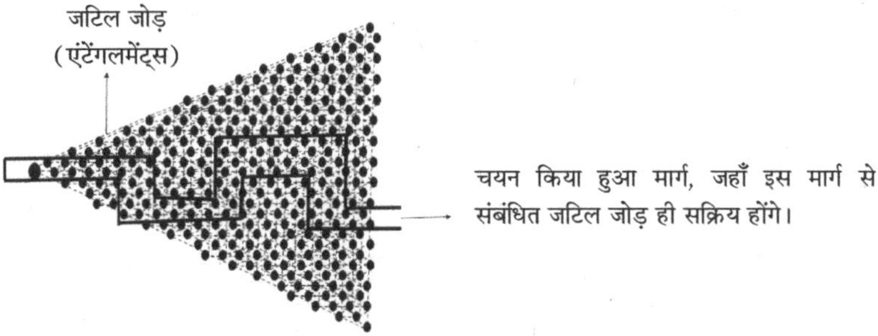

जन्म के पश्चात् हम जैसा व्यवहार अपनाते हैं, उस व्यवहार से संबंधित सूक्ष्म जटिल जोड़ सक्रिय हो जाते हैं और हमारे द्वारा किया गया प्रत्येक चुनाव एक नए जटिल जोड़ के संग्रह को सक्रिय करता है और कुछ पूर्व निर्मित जटिल जोड़ का पतन भी करता है और उसी के अनुसार विशिष्ट की वास्तविकता निर्मित होती चली जाती है। हम जैसे-जैसे असंख्य संभावनाओं में से सीमित संभावनाओं का चुनाव कर अपने तंत्र का निर्माण करते रहते हैं, वैसे-वैसे चुनी गई संभावनाओं के जटिल जोड़ हमारी तथाकथित वास्तविकता का निर्माण करते रहते हैं। हमारे द्वारा लिया गया प्रत्येक निर्णय, प्रत्येक कदम एक नए मार्ग के जटिल जोड़ को खोलता (अन-टेंगल) है और कुछ जटिल जोड़ का पतन करता है। परंतु वह चयन किया हुआ मार्ग अन्य सभी संभावनाओं के साथ भी जटिलता से जुड़ा रहेगा, जिनका चुनाव हम भविष्य में भी कर सकते हैं। यदि हम एक मार्ग को छोड़ कोई दूसरे मार्ग का चुनाव करते हैं, तो उस मार्ग से संबंधित या उस मार्ग से जुड़ी सभी संभावनाएँ खुल जाएँगी, परंतु उस विशेष मार्ग की संभावनाएँ भी अन्य सभी संभावनाओं के साथ सूक्ष्म रूप से जटिल संबंध बनाए रहेंगी। हमारा प्रत्येक निर्णय, प्रत्येक कदम, कुछ विशेष संभावित मार्ग को खोलता है, और ऐसी ही संभावनाओं में से चुनाव करके हम अपने जीवन को संचालित करते हैं। अपने भाग्य के हम स्वयं ही प्रधान हैं।

हमारा प्रत्येक चुनाव आयामी विभाजन (डाइमेंशनल शिफ्ट) का भी कारण होता है। हमारी प्रत्येक प्रकार की तृष्णा और इच्छा किसी-न-किसी रूप में, किसी-न-किसी आयाम में जीवन जी रही है और तृष्णा के आधार पर हमारे द्वारा लिया गया प्रत्येक निर्णय या हमारे द्वारा किया गया प्रत्येक चयन आयामी विभाजन का कारण भी होता है। हमारे द्वारा किया गया प्रत्येक चुनाव और हमारे द्वारा लिया गया प्रत्येक निर्णय माया जगत् में उपस्थित संभावित तरंगों में से विशेष प्रकार की तरंगों का पतन करता है

और उन्हीं तरंगों के पतन (वेव्स कॉलेप्स) के कारण हमारी तथाकथित वास्तविकता का निर्माण होता है। अनियंत्रित तृष्णा सूक्ष्म जटिल जोड़ के सहारे बहुआयामी जगत् में अपनी लीला रचती है। तृष्णा का जो चक्र भिन्न-भिन्न आयामों में अलग-अलग रूपों में सक्रिय है, वह हमारे द्वारा किए गया प्रत्येक चुनाव के कारण 'एक' भी हो सकता है और अनेक भी, अर्थात् या तो हमारी तृष्णा इस माया जगत् की बहुआयामी प्रणाली में ही उलझी रह सकती है या वह मोक्ष का मार्ग खोज माया चक्र के बाहर भी जा सकती है। यह विशिष्ट पर निर्भर करता है कि वह अपने सूक्ष्म जटिल जोड़ का किस प्रकार उपयोग करता है और किस प्रकार के चुनाव कर अपनी तथाकथित वास्तविकता का निर्माण करता है। तृष्णा, माया और सूक्ष्म जटिल जोड़ के इस मिले-जुले चक्र को और इसके कारण होनेवाले आयामी विभाजन को हम अपनी कहानी में आगे पूर्ण रूप से समझने का प्रयास करेंगे।

विश्लेषणात्मक ध्यान में भी हम जिस विचार का या जिस वास्तविकता का विश्लेषण कर रहे होते हैं, उससे जुड़ी सभी संभावनाएँ सक्रिय हो जाती हैं और हम अपने चुनाव से उस विचार या वास्तविकता के किसी एक जटिल जोड़ को खोलते हैं (अनटेंगल करते हैं) और उसके अनुसार कार्य या ध्यान करते हैं। विश्लेषणात्मक ध्यान के सहारे हम हमारे अनुभव द्वारा बने विचारों के पाश को खंडित कर सकते हैं। विश्लेषणात्मक ध्यान के सहारे हम प्रत्येक विचार, प्रत्येक अनुभव और प्रत्येक स्मृति का निरीक्षण भिन्न-भिन्न दृष्टिकोण के सहारे कर सकते हैं, जिसके कारण हमारे अनुभव से संबंधित जानकारी के खंड अपनी जटिल जोड़ की अवस्था से बाहर आने लगते हैं और स्मृति और अनुभव द्वारा निर्मित विचारों के पाश का पतन होने लगता है और व्यक्ति प्रकृति की प्रवृत्ति को समझने लगता है और इस तथाकथित वास्तविकता की क्षणभंगुरता को भी जान जाता है और यही सब सिद्धार्थ, गौतम बुद्ध के साथ भी घटित हो रहा था। सिद्धार्थ, गौतम बुद्ध ने विश्लेषणात्मक ध्यान संन्यास ग्रहण करने से पूर्व ही प्रारंभ कर दिया था, जिसके कारण उनके अनुभवों द्वारा निर्मित विचारों के पाश का पतन होने लगा था और आसक्ति के चक्र का पतन भी होने लगा था और जब सिद्धार्थ, गौतम बुद्ध ने संन्यास ग्रहण करने का निर्णय लिया तब उस निर्णय लेने से पूर्व उनके अनुभवों द्वारा और स्मृतियों के द्वारा जितने भी जटिल जोड़ स्थापित हुए थे, उनका पतन हो गया और नए सूक्ष्म जटिल जोड़ सक्रिय हो गए।

आज के इस तथाकथित आधुनिक समाज में भी अधिकतर मनुष्य पारंपरिक कंप्यूटर की भाँति 'बिट्स' के सहारे जीवन जी रहे हैं और उनके चयन की क्षमता भी पारंपरिक कंप्यूटर की भाँति ही कार्य कर रही है, जिसके कारण वह केवल माया संबंधित जानकारी ही एकत्रित कर पा रहे हैं और ऐसा करने से वह न ही प्रकृति की

प्रवृत्ति को समझ पा रहे और न ही अपने तथाकथित स्व की क्षणभंगुरता का आभास कर पा रहे हैं और उनके जीवन में केवल 'माया संबंधित जटिल जोड़' ही सक्रिय रहते हैं, परंतु कुछ मनुष्य हैं, जो क्वांटम कंप्यूटर की भाँति एक प्रकार की 'क्यू बिट प्रणाली' के सहारे जीवन जी रहे हैं और कुछ सीमाओं तक प्रकृति की प्रवृत्ति को समझ भी रहे हैं। परंतु हमारे ब्रह्मांड में कुछ है, जो न ही पारंपरिक कंप्यूटर की भाँति बिट्स के सहारे और न ही क्वांटम कंप्यूटर की भाँति क्यूबिट्स के सहारे जीवन जी रहे हैं, वह तो 'शून्य' में जीवन जी रहे हैं। शून्य अर्थात् शून्यता। वह शून्यता में अपने तत्त्व की लीला रचते हैं या कहें कि शून्यता में तत्त्व को लीला रचने का 'वातावरण' प्रदान करवाते हैं।

जो पारंपरिक कंप्यूटर्स की भाँति जीवन व्यतीत करते हैं, वह अपनी प्रतिदिन की दिनचर्या में ही उलझे रहते हैं और तृष्णा और स्व के द्वारा रची गई माया की लीला को समझ नहीं पाते हैं, परंतु जो मनुष्य क्वांटम कंप्यूटर की भाँति जीवन व्यतीत करते हैं, वह यह अनुभव कर लेते हैं कि हम केवल 'मस्तिष्क और शरीर' मात्र ही नहीं हैं। ये मनुष्य वह होते हैं, जो अपने मस्तिष्क और अपनी बुद्धि का उपयोग सही दिशा में या जिज्ञासा के साथ करते हैं। परंतु जो मनुष्य शून्यता में रहकर कार्य करता है, वह सभी प्रकार की संकल्पना के पार जाकर कार्य करना सीख जाते हैं और एक प्रकार की क्यूबिट और बिट जैसी प्रणाली के भी पार चला जाता है। ऐसे मनुष्यों को हम 'सिद्ध' (सिद्ध मानव) भी कहते हैं। सिद्धार्थ, गौतम भी कंप्यूटर के बिट्स से क्यूबिट्स जैसी प्रणाली और क्यूबिट्स जैसी प्रणाली से शून्यता तक गए और समाधि प्राप्त करके बुद्ध कहलाए। संन्यास ग्रहण करने के पश्चात् सिद्धार्थ, गौतम ने एक प्रकार की क्यूबिट जैसी प्रणाली का निर्माण तो कर लिया था, परंतु अभी उन्होंने शून्यता और समाधि को प्राप्त नहीं किया था। संन्यास ग्रहण करने के पश्चात् सिद्धार्थ, गौतम बुद्ध ने अपनी जिज्ञासा के सहारे समाधि से संबंधित जानकारी को किस प्रकार प्राप्त किया और किस प्रकार अपने तंत्र के भीतर समाधि के उपयुक्त वातावरण का निर्माण किया, यह हम अपनी कहानी में आगे समझेंगे।

जो पारंपरिक कंप्यूटर की भाँति कार्य कर रहे हैं, वह इस प्रकार कार्य तब तक करते रहेंगे जब तक उन्हें सत्य की अनुभूति नहीं होती या जब तक उन्हें आत्मज्ञान प्राप्त नहीं होता। जिस मनुष्य को आत्मज्ञान हो जाता है, वह सत्य के भिन्न-भिन्न आयामों को छू सकता है और भिन्न-भिन्न प्रकार के सत्य पर ध्यान केंद्रित करना प्रारंभ कर देता है और ऐसे मनुष्यों का ध्यान तत्त्व सक्रिय हो जाता है। उनका आत्मज्ञान एक नई विद्या प्राप्ति प्रक्रिया प्रारंभ कर देता है। आत्मज्ञान के पश्चात् प्रत्येक विचार एक जलावरण आधार (लॉन्चिंग पैड) की भाँति कार्य करता है, क्योंकि प्रकृति में उपस्थित सभी कुछ एक-दूसरे के साथ अंत:परस्पर संबंध स्थापित किए हुए हैं और हम एक प्रकार की

वास्तविकता से अन्य सभी प्रकार की वास्तविकताओं तक पहुँच सकते हैं और उनके सत्य को जान सकते हैं और प्रकृति की प्रवृत्ति के अलग-अलग रूपों को समझ सकते हैं। व्यक्ति जलावरण आधार से किसी भी सत्य की तलहटी तक और तलहटी के पार जा सकता है और उससे जुड़े सभी सूक्ष्म जटिल जोड़ (एंटेंगलमेंट) को खोल (अनटेंगल) सकता है। जलावरण आधार को प्राप्त करने के पश्चात् प्रत्येक विचार या प्रत्येक कर्म मनुष्य को मुक्ति या मोक्ष की ओर ले जाता है। यह मनुष्य पर निर्भर करता है कि वह सत्य की कितनी परतें खोलना चाहता है या कितनी परतों के पार जाना चाहता है। वह जैसे-जैसे प्रकृति की प्रवृत्ति का निरीक्षण करता जाएगा वैसे-वैसे माया से संबंधित जानकारी के खंड अपनी जटिल जोड़ की अवस्था से बाहर आते जाएँगे और मनुष्य माया की लीला को समझने लगेगा और सत्य के समीप जाने लगेगा।

जलावरण आधारवाले स्तर पर जाकर मनुष्य प्रकृति के सहारे, विचारों के सहारे, अन्य मनुष्य के सहारे, घटनाओं के सहारे, कर्म के सहारे, प्रतिक्रिया के सहारे और अन्य सभी प्रकार के माध्यमों से सीखता है और शून्यता से भी सीखता है। वह अपने प्रत्येक निरीक्षण से सत्य की परतों को खोलता चला जाता है। वह एक ऐसी विद्या प्राप्ति प्रक्रिया प्रारंभ कर देता है जिसमें 'मोक्ष का सामर्थ्य' होता है। वह जो भी संभावना उपस्थित होती है, उसके संदर्भ में ध्यान के सहारे ज्ञान एकत्रित करते हैं और उस संभावना का अनुभव भी करते हैं और इसके सहारे वह प्रकृति की प्रवृत्ति के संदर्भ में विद्या या ज्ञान प्राप्त करते हैं और माया से संबंधित जानकारी को उनकी जटिल अवस्था से बाहर लाकर उनका पतन करते हैं। जैसे कि कुछ विद्वान, वैज्ञानिक, साधक और योगी क्यूबिट्स के रूप में अपने तंत्र का उपयोग करते हैं, परंतु इनमें से कुछ-एक ही इतने सक्षम हो पाते हैं, जो सभी ज्ञात सत्य के पार शून्यता में जाकर समाधि प्राप्त कर पाते हैं। कुछ-एक ही अपनी अध्यारोपण की अवस्था को किसी रूप में अनुभव कर पाते हैं और सिद्ध कहलाते हैं।

जो मनुष्य समाधि (समाधि चेतना की अध्यारोपण अवस्था होती है) को अनुभव करते हैं, वह सभी प्रकार के ज्ञात सत्य के पार चले जाते हैं और उनकी 'जीवित ऊर्जा या परम तत्त्व' प्रकृति द्वारा निर्धारित कार्य करता है। वह मनुष्य जो अपनी सुपरपोजिशन अवस्था प्राप्त कर लेते हैं, वही शिव, बुद्ध, कृष्ण, काली माँ, जैसी अवस्थाओं को छू सकते हैं।

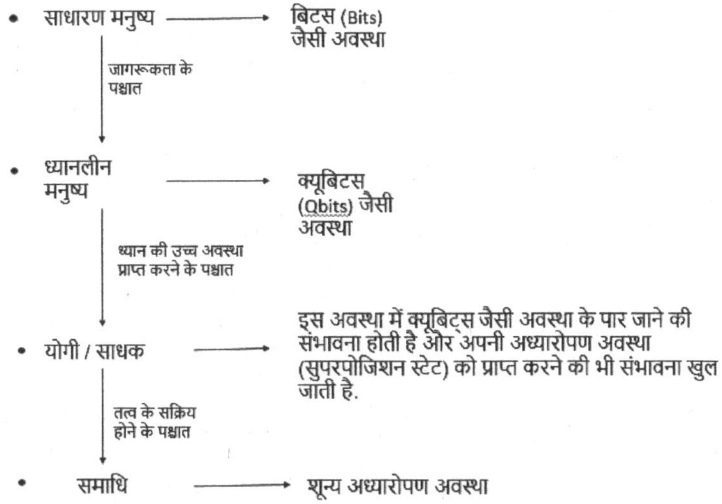

जैसा हमने डबल स्लिट के शोध के समय देखा कि जब वैज्ञानिकों ने प्रकाशाणु के व्यवहार का एक कण के सहारे निरीक्षण करना चाहा, तब व्यतिकरण चित्राम का पतन हो गया। यह हमें दरशाता है और वैज्ञानिकों का भी यही मानना है कि किसी भी प्रकार की जानकारी या ज्ञात जानकारी या भिन्न वातावरण (जो अणु की उपस्थिति के कारण बना) कण के व्यवहार को प्रभावित करते हैं। यह मनुष्य के साथ और योगियों के साथ भी होता है और ऐसा ही कुछ सिद्धार्थ, गौतम बुद्ध के साथ भी हुआ होगा। बुद्ध ने भी इस सत्य को जान लिया था कि 'जानकारी की उपस्थिति या किसी भी प्रकार के ज्ञात ज्ञान की उपस्थिति' हमारी मनोदशा को प्रभावित करती है। वह ज्ञात जानकारी या ज्ञान साधक के अज्ञात में प्रविष्ट होने में बाधा उत्पन्न करती है। विश्लेषणात्मक ध्यान के स्तर पर उतरकर प्रकृति की प्रवृत्ति को थोड़ा समझकर सिद्धार्थ, गौतम यह जान गए थे कि उनके जीवन में आसक्ति और स्व से संबंधित जानकारियों का जो जाल है, वह उन्हें परम सत्य को समझने नहीं दे रहा और परम सत्य को समझने में बाधा उत्पन्न कर रहा है।

हमारे प्राचीन योगियों को और सिद्धार्थ, गौतम बुद्ध को यह ज्ञात हो गया था कि 'कुछ तो है' जो उन्हें अज्ञात में प्रवेश करने से रोक रहा है। अपनी साधना के सहारे ही वह जान गए थे कि जो उन्हें शून्यता में जाने से रोक रहा है, वह उनकी 'ज्ञात जानकारी और ज्ञात ज्ञान' है। उनके द्वारा प्राप्त किया गया अभी तक का ज्ञान ही था, जो बुद्ध के तत्त्व को अपनी लीला दिखाने से रोक रहा था। उनकी अभी तक की मान्यताएँ उनको अज्ञात में प्रवेश करने से रोक रही थीं। जन्म के पश्चात् जितनी भी जानकारी सिद्धार्थ, गौतम ने एकत्रित की थी और जिनके सहारे उन्होंने अपने स्व का निर्माण किया था, वही

स्व उन्हें अज्ञात में प्रवेश करने से रोक रहा था। उनके आत्मज्ञान ने और ध्यान तत्त्व ने बुद्ध को ज्ञात जानकारी के पार शून्यता प्राप्त करने में सहायता प्रदान की।

यह जानने के पश्चात् कि विचारों को रोकने मात्र से सत्य प्राप्ति नहीं होगी, सत्य प्राप्त करने हेतु बुद्ध को कुछ अलग करना होगा, ज्ञात साधनों से कुछ भिन्न। समय के साथ-साथ या ऐसा अनुभव होने के तत्क्षण पश्चात् ही बुद्ध ने एक प्रकार की शून्य मनोदशा विकसित कर ली होगी। इस समय तक उन्होंने शून्य अवस्था पूर्ण रूप से धारण नहीं की थी, परंतु उनके भीतर कहीं-न-कहीं शून्यता जागृत होने लगी थी। गौतम बुद्ध ने यह भी जाना होगा कि शून्यता वास्तविकता में अचैतन्य अवस्था नहीं है, यह शून्यता अज्ञात 'संभावनाओं से परिपूर्ण' है। यह एक विद्या प्राप्ति की या निरीक्षण करने की अवस्था भी, जो समयाकाश के सभी आयामों के साथ जुड़ी हुई है। जैसे हमारा ब्रह्मांड भी अधिकतर शून्य या रिक्त आकाश है। परंतु वास्तविकता में वह शून्य या रिक्त नहीं होता। आज के आधुनिक वैज्ञानिक उसको 'क्वांटम वैक्यूम' कहते हैं, जिसके भीतर प्रतिक्षण कुछ-न-कुछ घटित होता रहता है। इस क्वांटम वैक्यूम में सूक्ष्म कण क्षण भर में अस्तित्व में आते हैं और क्षण भर में ही उनका पतन हो जाता है। इसी प्रकार शून्यता एक ऐसी अवस्था है जहाँ अज्ञात वास्तविकताओं का आभास होता है और जिसके भीतर अनंत संभावनाएँ अस्तित्व में भी आती हैं और अनंत संभावनाओं का पतन भी होता है।

बुद्ध ने राजयोग से संन्यास और संन्यास से शून्यता और शून्यता से समाधि तक की यात्रा पूर्ण की और समाधि में उन्होंने अज्ञात को जाना और विलुप्त हो चुकी जानकारियाँ भी प्राप्त कीं और भविष्य की संभावित जानकारियों का भी आभास किया। समाधि में उन्होंने माया (कण-तरंग) की विशेषताओं और संभावनाओं को जाना। समाधि में उन्होंने अपने समस्त पुनर्जन्म को तो जाना ही, इसके साथ-ही-साथ उन्होंने अपने संभावित भविष्य के जन्मों को भी जाना। उन्होंने जाना कि कैसे हमारी 'चेतन ऊर्जा' किसी भी प्रकार का रूप, आकार, विशेषता धारण कर सकती है, जीवित होकर भी और जीवन के बिना भी। जैसा कि योगी कहते है और संभवतः बुद्ध ने भी यह कहा था कि "मैं जीवित भी हूँ और मृत भी, मैं न ही सकारात्मक हूँ, न ही नकारात्मक, मैं भूतकाल में मानव, देव, अन्य जीव-जंतु, निर्जीव ऊर्जा और अन्य कई प्रकार के रूप धारण कर चुका हूँ और भविष्य में भी यह सब कर सकता हूँ।" और जैसा कृष्ण ने कहा था कि "मैं ही जीवन हूँ और मैं ही मृत्यु हूँ, मैं न ही अच्छा हूँ, न ही बुरा हूँ, मैं तुम्हारे भीतर भी हूँ और तुम मेरे भीतर भी हो, मैं ब्रह्मांड भी हूँ और ब्रह्मांड मेरे भीतर भी है, मैं सबकुछ हूँ और मैं कुछ हूँ भी नहीं।" इसी प्रकार बुद्ध को भी यह ज्ञात हो गया था कि वह केवल मृत्यु और जीवन की प्रणाली में ही मात्र नहीं हैं, और किसी अन्य प्रणाली में भी नहीं हैं। उन्हें यह आभास हो गया था कि वह किसी भी 'प्रणाली' के भीतर या बाहर नहीं हैं, क्योंकि वह स्वयं ही एक प्रणाली हैं।

संन्यास ग्रहण करने के पश्चात् और साधना करने के पश्चात्, परंतु समाधि से पूर्व सभी सूक्ष्म जटिल जोड़ों (एंटेंगलमेंट) को समझकर उन्होंने यह जाना कि हम इस तंत्र को पतन होने के लिए विवश कर सकते हैं, इसका निरीक्षण (ऑब्जरर्व) करके। बुद्ध ने परम सत्य को जानने हेतु कभी अपने तंत्र के पार जाने का प्रयास नहीं किया, न ही उन्होंने तंत्र और प्रणाली को खंडित करने का कार्य किया, उन्होंने केवल प्रणाली को स्वयं पतन होने पर विवश कर दिया, अपने निरीक्षण और ध्यान की ऊर्जा के सहारे। अपनी प्रणाली और तंत्र को लज्जित करके पतन करने हेतु समय के साथ-साथ उन्होंने समाधि को प्राप्त किया और मोक्ष को भी।

मस्तिष्क और शरीर के इस परिवर्तन और विकास को यदि हम वैज्ञानिक और कृत्रिम बुद्धिमत्ता के दृष्टिकोण से देखें तो यह सबकुछ बिट्स और क्यूबिट्स जैसा ही है। जैसे एक सूक्ष्म जटिल जोड़ से जुड़े जोड़े (एंटेंगल बिट्स का एक जोड़ा) को या क्यूबिट का निरीक्षण करके हम उसे सूक्ष्म जटिल जोड़ की अवस्था से बाहर ले आते हैं और प्रणाली का पतन हो जाता है, ऐसा ही कुछ बुद्ध के साथ हुआ, जब उन्होंने ध्यानपूर्वक सभी विचारों का, सभी धारणाओं का विश्लेषण किया। तब इस प्रक्रिया ने या इस घटना ने बुद्ध को उनके उस समय तक की सूक्ष्म जटिल जोड़ की अवस्था (एंटेंगल स्टेट) के बाहर कर दिया, अर्थात् उस समय तक बुद्ध के जो भी सूक्ष्म जटिल जोड़ सक्रिय थे, उनका पतन हो गया और अन्य संभावनाएँ अस्तित्व में आईं। एक सूक्ष्म जटिल रूप से जुड़े विचार पर ध्यान केंद्रित करने से हम उस विचार से जुड़ी सभी जानकारियों के और सभी सत्य के और उसके साथ जुड़े अन्य सूक्ष्म जटिल जोड़ से बाहर आ जाते हैं। इसी प्रकार एक-एक करके गौतम बुद्ध ने प्रकृति की प्रवृत्ति का निरीक्षण किया और उसे पतन होने पर विवश किया और समय के साथ-साथ माया के चक्र को खंडित करते हुए मोक्ष प्राप्त किया।

विश्लेषणात्मक ध्यान ने बुद्ध के भीतर ध्यान तत्त्व को सक्रिय किया और ध्यान अवस्था उनके भीतर विकसित होने लगी, जिसके कारण उनका मानसिक तंत्र अब उस प्रकार कार्य नहीं कर रहा था जिस प्रकार वह उस समय तक करता आ रहा था। अब ऐसे अनुभवों के पश्चात् सिद्धार्थ का तंत्र स्वचालित रूप से कार्य नहीं कर रहा था, अब सिद्धार्थ का मन-मस्तिष्क एक ध्यान अवस्था में कार्य कर रहा था, जो सभी प्रकार की जानकारियों का विश्लेषण कर रही थी और सिद्धार्थ के मन-मस्तिष्क और प्रकृति के बीच कुछ नए सूक्ष्म जटिल जोड़ स्थापित कर रही थी और कुछ पूर्व निर्मित सूक्ष्म जटिल जोड़ का खंडन भी कर रही थी। ध्यान अवस्था ने सिद्धार्थ के तंत्र को प्राकृतिक तंत्र के साथ सूक्ष्म रूप से जोड़ दिया था।

सत्य की खोज ने बुद्ध को सभी प्रकार के सत्य से परिचित करवाया और उनको शून्यता प्रदान करवाई। सत्य की खोज ने या अज्ञात की खोज ने बुद्ध को संचालित किया,

जिसके कारण बुद्ध शून्यता को प्राप्त कर सके। बुद्ध ने ध्यान और योग बल के सहारे शून्यता में छिपी हुई अनंत संभावनाएँ भी जानीं और इन सभी के पार मोक्ष को भी प्राप्त किया। यह सब कैसे हुआ, इसे हम अपनी कहानी में आगे पूर्ण रूप से समझेंगे।

संन्यास ग्रहण करने के पश्चात् सिद्धार्थ, गौतम बुद्ध केवल एकांतवासी ही नहीं हो गए थे, बल्कि संन्यास ग्रहण करने के पश्चात् तो सिद्धार्थ की जिज्ञासा ने परम सत्य को जानने हेतु सभी संभावनाओं को खोजा और इसके साथ-साथ नियति ने भी अपनी लीलाएँ रची। संन्यास ग्रहण करने के पश्चात् सिद्धार्थ, गौतम बुद्ध के जीवन में और क्या-क्या हुआ, होगा अब आइए, इस पर थोड़ा प्रकाश डालते हैं।

□

10

भाषा, संकल्पना और मानव व्यवहार

अभी तक हमने अपनी कहानी में देखा कि कैसे सिद्धार्थ, गौतम ने राजमहल में रहकर राजमहल के वातावरण और अपनी प्रतिदिन की दिनचर्या के अनुसार एक स्व का निर्माण किया और हमने यह भी जाना कि कैसे दु:ख और पीड़ा को अनुभव करने के पश्चात् सिद्धार्थ, गौतम का बुद्धत्व सक्रिय हो उठा था। हमने यह जाना कि कैसे

भावनाओं ने सिद्धार्थ को मायाजाल में बाँधे रखा और कैसे सही समय आने पर भावनाओं ने ही सिद्धार्थ को परम सत्य की खोज के मार्ग पर अग्रसर किया। आइए, अब जानते हैं कि घर-गृहस्थी त्यागने के पश्चात् सिद्धार्थ, गौतम बुद्ध के साथ मानसिक और शारीरिक स्तर पर क्या हुआ होगा।

घर का त्याग करने के पश्चात् जब सिद्धार्थ संन्यासी हो गए थे, तब उन्होंने केवल एकांतवास का चुनाव ही नहीं किया और न ही साधारण भिक्षु की भाँति केवल भ्रमण किया। सिद्धार्थ सत्य की खोज में निकले थे और इस सत्य की खोज में उन्होंने संपूर्ण भारत भ्रमण भी किया (यहाँ पर अखंड भारत की बात हो रही है, जो आज के भारत से बहुत विशाल था, और जिसमें राजनीतिक सीमाएँ तो थीं, परंतु उसके पश्चात् भी उसके लोगों में धार्मिक और आध्यात्मिक एकता थी)। अपने इस भारत भ्रमण के साथ-साथ सिद्धार्थ ने जीवन को अलग-अलग दृष्टिकोण से भी देखा, अपने विश्लेषणात्मक ध्यान के बल पर जो उन्होंने अनुभूति प्राप्त की थी, उसके सहारे और उनका जो 'जिज्ञासा का चक्र' सक्रिय हो गया था उसके सहारे। वह भ्रमण भी कर रहे थे और साधना भी कर रहे थे। उनका भ्रमण साधारण भ्रमण नहीं था, वह जिज्ञासु भ्रमण था।

संन्यास ग्रहण करने के पश्चात् सिद्धार्थ ने अपनी विद्या प्राप्ति की क्षमता को नए आयाम प्रदान किए। भारत में प्राचीन काल से ही भिन्न-भिन्न भाषाएँ बोली जाती हैं और प्रत्येक भाषा का अपना ही एक विशेष आयाम होता है और उन्हीं में से एक भाषा थी संस्कृत। संस्कृत भाषा स्वयं में ही एक प्रकार का एक गुरु है, जो अपने शिष्यों को बहुआयामी क्षमता प्रदान करवाता है और संन्यास ग्रहण करने के पश्चात् सिद्धार्थ को संस्कृत भाषा के रहस्य का भी ज्ञान होनेवाला था और संस्कृत भाषा उनकी मनोदशा को नए आयाम भी प्रदान करवानेवाली थी। अलग-अलग भाषाओं ने सिद्धार्थ को कहीं-न-कहीं सत्य को अलग-अलग दृष्टिकोण से देखने की क्षमता प्रदान की। प्रत्येक भाषा में विशेष भावना छुपी होती है और अपने जिज्ञासु भ्रमण के समय सिद्धार्थ, गौतम की जिज्ञासा ने अलग-अलग भाषाओं में छिपी भावनाओं को भी सिद्धार्थ की चेतना में अवतरित किया होगा, जिसके कारण सिद्धार्थ जीवन की लीला को समझने लगे थे और प्रकृति की प्रवृत्ति को जानने लगे थे। अपनी कहानी में हमने यह समझा है कि हमारा अवचेतन मन एक सीमा तक वातावरण में उपस्थित सभी प्रकार की भावनाओं को पंजीकृत करता है और ऐसा ही पंजीकरण सिद्धार्थ, गौतम बुद्ध के साथ भी हो रहा था, जब वह संन्यास ग्रहण कर भ्रमण कर रहे थे। सिद्धार्थ, गौतम बुद्ध की जिज्ञासा वातावरण में उपस्थित भावनात्मक जानकारियों के साथ कुछ अन्य जानकारियाँ भी एकत्रित कर रही थी और सिद्धार्थ, गौतम बुद्ध की चेतना उस जानकारी का विश्लेषण और निरीक्षण कर उस जानकारी से संबंधित जानकारी के खंडों को उनकी जटिल जोड़ की अवस्था से

बाहर ला रही थी और धीरे-धीरे सिद्धार्थ प्रकृति की लीला समझ रहे थे और प्रकृति की प्रवृत्ति को जान रहे थे। सिद्धार्थ, गौतम बुद्ध के भ्रमण में भी एक प्रकार की साधना छुपी हुई थी। अपनी कहानी में हम अब भाषा के महत्व और मानव जीवन में भाषा की भूमिका को समझेंगे। आइए, पहले देखते हैं कि सिद्धार्थ की जिज्ञासा ने भ्रमण के समय कैसे कार्य किया होगा और इसके पश्चात् देखेंगे कि साधना में सिद्धार्थ ने क्या-क्या किया और कैसे वह साधना के मार्ग पर आगे बढ़ते ही चले गए।

वैज्ञानिक तथ्य

माइंड एंड लाइफ संस्थान की एक सदस्य और वैज्ञानिक हैं लोरा (Lora)। लोरा एक ऐसी वैज्ञानिक हैं जिनकी सुंदरता की व्याख्या हम किसी भी संकल्पना के सहारे नहीं कर सकते। वह स्वर्ग सुंदरी जैसी हैं। उन्होंने अपनी एक प्रस्तुति में भाषा और संकल्पना की व्याख्या की। वह जब भाषा और संकल्पना के संदर्भ में तथ्य बता रही थीं तब ऐसा प्रतीत हो रहा था मानो देवी तारा की ऊर्जा उनके भीतर प्रवाहित हो रही है।

उन्होंने बताया और समझाया कि सभी भाषाएँ अलग-अलग होती हैं, इसी कारण से 'विचारों की अभिव्यक्ति' भी अलग-अलग होती है। विचारों के स्वरूप का भिन्न होना अलग संकल्पना को विकसित करता है। जैसे हम हिंदी और तिब्बतन भाषा में दूसरे व्यक्ति को आदर से पुकारने के लिए 'आप' शब्द का प्रयोग करते हैं, न कf अंग्रेजी की भाँति 'यू' (you) कहते हैं। कुछ भाषाओं में सभी प्रकार के रंगों की व्याख्या करने के लिए अलग-अलग शब्द होते हैं, परंतु कुछ भाषाओं में एक ही शब्द होता है दो या तीन रंगों के लिए। कुछ भाषाओं में संख्याएँ होती ही नहीं हैं, वह चार-पाँच चीजों को चार-पाँच चीजें नहीं कहते, वह इनको 'कुछ चीजें' कहते हैं। कुछ भाषाओं में हर प्रकार के आकार के लिए कोई-न-कोई नाम होता है, परंतु कुछ भाषाओं में ऐसा नहीं होता।

हम एक ही वाक्य को अलग-अलग भाषाओं में कैसे बोलते हैं, इसका उदाहरण देखते हैं। मानो कहीं पर बहुत से तंबू (टेंट) लगे हुए हैं और उनमें से हमें एक व्यक्ति 'ताशी' के तंबू का स्थान बताना है, जो एक जगह पर किसी तंबू में है और उस तंबू का रंग नीला है। तो हम इसे अलग-अलग भाषाओं में कैसे बोलेंगे, यह देखते हैं—

अंग्रेजी भाषा में इसे हम इस प्रकार कहेंगे—

- ताशी लीव्स इन सेवंथ ब्लू टेंट। (Tashi lives in seventh blue tent)।

  परंतु अलग अलग भाषाओं में लोग इसे इस प्रकार कहेंगे—
- ताशी इन तंबू में से किसी एक में है।
- लामा या श्री ताशी सातवें तंबू में है, जिसका रंग नीला है।

- ताशी किसी तंबू में रहता है। (इस भाषा में अंको के लिए और रंगों के लिए शब्द नहीं होते)।
- ताशी एक चोटीदार नीले-से घर में है।

कुछ भाषाओं में अलग-अलग लिंग के लिए अलग-अलग शब्द का प्रयोग करते हैं, जैसे यदि ऊपरवाले उदाहरण में ताशी लड़का है तो कहेंगे, 'रहता है' और यदि ताशी लड़की है तो कहेंगे, 'रहती है'। हम इससे संबंधित अनेक उदाहरण देख सकते हैं।

यह हमें दरशाता है कि भाषा हमारे विचारों को आकार देती है। अलग-अलग भाषाओं के अलग-अलग विचारों के स्वरूप होते हैं। यदि हम कोई नई भाषा सीखते हैं, तो उस नई भाषा के साथ-साथ हमें एक अलग प्रकार के विचारों का स्वरूप भी मिलता है।

भाषा का यह विश्लेषण कुछ प्रश्न उत्पन्न करता है—

(वैज्ञानिकों के और X के मिले-जुले प्रश्न)

- क्या कोई अलग भाषा एक व्यक्ति को अलग बना सकती है?
- क्या भाषा हमारी चेतना को आकार देती है?
- क्या एक अलग भाषा बोलना किसी व्यक्ति को पूर्ण रूप से एक अलग व्यक्ति अनुभव करवा सकता है?
- क्या ऐसा हो सकता है कि अलग-अलग भाषा एक ही व्यक्ति को दुनिया को अलग-अलग दृष्टिकोण से देखने में सक्षम बनाती है?
- क्या भाषा हमारी बुद्धि को आकार देती है?

गुरुजी का प्रश्न

गुरुजी ने वैज्ञानिकों से एक ज्ञानवर्धक प्रश्न पूछा। उन्होंने पूछा कि क्या 'वातावरण' हमारी भाषा को रूप प्रदान करता है? जैसे जहाँ भारी मात्रा में वर्षा होती है, वहाँ वर्षा की अलग-अलग तीव्रता के अनुसार अलग-अलग शब्द होते हैं और जहाँ भारी हिमपात होता है, वहाँ हिमपात की अलग-अलग तीव्रता के लिए और अलग-अलग बर्फ के लिए अलग-अलग शब्द होते हैं।

X की टिप्पणी

इसका उत्तर है हाँ, और वातावरण लोगों को केवल भाषा के अलग-अलग शब्द ही प्रदान नहीं करता, इसके साथ-साथ 'प्रकृति को अभिव्यक्ति और प्रकृति के अलग दृष्टिकोण के सहारे अनुभूति करने की और प्रकृति के अलग-अलग रूप समझने की' क्षमता भी प्रदान करता है। अखंड भारत के योगी, जो अखंड भारत के प्रत्येक क्षेत्रों में

गए और भ्रमण और साधना की, उन्होंने अपनी इस यात्रा में ही विभिन्न भाषाओं और संस्कृतियों में छिपे विभिन्न आयामों को जाना और उनका अनुभव किया, जिसके सहारे उनकी सोच को बहुआयामी विशेषता प्राप्त हुई और वह प्रकृति के तंत्र के साथ जुड़ भी सके और इस तंत्र के पार भी हो गए।

भारत की विभिन्न संस्कृति और भाषाएँ केवल 'दर्शन' मात्र के लिए ही नहीं, इसके साथ-साथ यह भिन्नता अपने भीतर विद्या प्राप्ति के अनेक आयाम समेटे हुए हैं। जिसको जानकर, समझकर और अनुभव करके प्रत्येक मानव अपनी समस्त पीड़ा से छुटकारा पा सकता है।

इसी प्रकार के छोटे-बड़े अंतर के कारण उनकी प्रकृति को अनुभव करने की क्षमता भिन्न होती है। इन अलग-अलग वातावरण के कारण मनुष्य 'सत्य की प्रवृत्ति' को भिन्न-भिन्न रूपों में देखता है। भाषा और वातावरण दोनों एक-दूसरे को और एक-दूसरे से प्रभावित हो सकते हैं। 'प्रभाव' दोनों ओर कार्य करता है।

जिस प्रकार साधारण पदार्थ भिन्न-भिन्न वातावरण के कारण ही भिन्न-भिन्न रूपों में परिवर्तित हो जाता है, इसी प्रकार हमारी चेतना वातावरण के कारण अलग-अलग आयामों में अलग-अलग रूप से कार्य करती है। जिस प्रकार अलग वातावरण (तापमान में अंतर, दबाव में अंतर या अन्य विशेषताओं में अंतर के कारण हमारे स्पेसमॉस के वातावरण अनुसार अणु, परमाणु, पदार्थ, ऊर्जा की अलग-अलग विशेषताएँ बँध गई थीं, उसी प्रकार मनुष्य की चेतना भी विभिन्न वातावरण (जो मनोदशा द्वारा उत्पन्न होता है।) में अलग-अलग मनोदशा अलग-अलग मानसिक वातावरण उत्पन्न करती हैं) में भिन्न-भिन्न रूप से कार्य करती है। अलग-अलग वातावरण हमारी अलग-अलग विशेषताओं को सक्रिय कर देता है या अलग-अलग विशेषताओं को बाँध देता है।

प्रभाव या बदलाव दोनों ओर कार्य करता है। यह दरशाता है कि यह दोनों ही एक विशाल तंत्र का भाग है। यह एक-दूसरे पर निर्भर है और इनके बीच अंत: परस्पर संबंध बना रहता है। इसका यह अर्थ है कि इनका स्वतंत्र रूप से अस्तित्व नहीं है, यह एक विशाल तंत्र का भाग मात्र हैं।

वैज्ञानिक शोध

वैज्ञानिकों ने एक 'रंग के अनुभव' (कलर परसेप्शन) के लिए शोध किया। यह शोध उन्होंने रूस के लोगों और अंग्रेज लोगों के बीच किया। इस शोध में उन्होंने शोध में भाग लेनेवाले लोगों को नीले रंग के अलग-अलग स्वरूप दिखाए और उनको रंग के अलग-अलग स्वरूप का पता लगाने को कहा। वैज्ञानिकों ने पाया कि रूस के लोग अंग्रेज लोगों की तुलना में अच्छा प्रदर्शन कर रहे थे, रंगों के स्वरूप का पता लगाने में।

रूस के लोग ऐसा इस कारण से कर पा रहे थे, क्योंकि रूस की भाषा में अंग्रेजी भाषा की तुलना में रंगों के हलके और गहरे स्वरूप को समझाने के लिए अधिक शब्द हैं। अंग्रेज लोग केवल 'हलका नीला और गहरा नीला' शब्द का उपयोग करते हैं, परंतु रूस के लोगों के पास अधिक शब्द हैं रंगों के अलग-अलग स्वरूप के लिए। रूस के लोग रंगों के अंतर को बहुत अच्छे से अनुभव कर पा रहे थे।

इसके पश्चात् एक वैज्ञानिक ने एक और शोध किया, यह जानने हेतु कि भाषा की इसमें क्या भूमिका है। उन्होंने रूस के लोगों को रंगों में अंतर समझते समय अपने मस्तिष्क में रूसी भाषा का उपयोग करने से रोका और इसके पश्चात् अंतर बताने को कहा। उन्होंने रूस के लोगों को रूसी भाषा का उपयोग करने से इस प्रकार रोका—

उन्होंने रूसी भाषा बोलनेवालों को अपने मन में 1-2-3-4-5 और अन्य संख्या बोलने को कहा, और मन में वह संख्या बोलते समय रंगों में अंतर पता लगाने को कहा। जब रूस के लोग रंगों का अनुभव करते समय अपने मन में संख्या दोहरा रहे थे, तब उन्होंने रंगों में अंतर पता लगाने में कोई भी भिन्नता नहीं दिखाई। ऐसा करने पर रूस के लोग भी अंग्रेजी भाषा बोलनेवाले लोगों जितना अंतर ही बता पा रहे थे।

रूस के लोगों को उनकी भाषा का प्रयोग न करने देने से वैज्ञानिकों ने रूस के लोगों के 'विचारों के स्वरूप' को प्रभावित किया, जो अंतर पता लगाने में अच्छा था।

X की टिप्पणी

भारतवर्ष में गौतम बुद्ध के समय अधिकतर संस्कृत भाषा का उपयोग होता था, जोकि बहुआयामी भाषा है और अन्य भाषाएँ जैसे—पालि, तमिल और अन्य प्राचीन भाषाओं में भी संस्कृत के शब्दों का प्रयोग किया जाता था। संस्कृत के शब्दों ने प्रत्येक भाषा में अनेक आयाम जोड़ दिए थे। सिद्धार्थ, गौतम बुद्ध प्रत्यक्ष रूप से अलग-अलग भाषाएँ नहीं सीख रहे थे, बल्कि वह अपने अवचेतन मन द्वारा अलग-अलग भाषाओं के पीछे छिपे भाव जान रहे थे, जिसके कारण वह प्रकृति और सत्य को अलग-अलग दृष्टिकोण के सहारे अनुभव कर रहे थे। भारत की सभी भाषाओं में और विशेषकर संस्कृत भाषा में प्रकृति के स्वरूपों को अभिव्यक्त करने के लिए अनेक शब्द हैं। गौतम बुद्ध जब सत्य की खोज में भारत भ्रमण कर रहे थे, तब उन्होंने इन सभी भाषाओं और भाषाओं से जुड़ी भावनाओं को समझा और अनुभव किया, जिसके कारण वह प्रकृति की प्रवृत्ति और स्व को अधिक समझ पाए। संस्कृत भाषा एक ऐसी भाषा है, जो वैज्ञानिक भी है और आध्यात्मिक भी। संस्कृत विज्ञान के आयाम को भी छूती है और अध्यात्म के आयाम को भी। संस्कृत प्रकृति में विविधताओं को भी सरल रूप से समझाती है और प्रकृति की सरलता की महत्त्वता और विशेषता भी अच्छे से समझाती है।

सिद्धार्थ भी जब सत्य की खोज में संन्यास ग्रहण करके एक गुरु की खोज कर रहे थे, जो उन्हें समझाए कि सत्य क्या है और सिद्ध गुरु की खोज में सिद्धार्थ अनेक गुरुओं के पास गए और भारत के सनातनी गुरु संस्कृत भाषा में अच्छी समझ रखते हैं, जिसके कारण सिद्धार्थ को भी संस्कृत भाषा के बहुआयामी नए शब्दों का ज्ञान हुआ और उस ज्ञान के सहारे उनकी सोच और मनोदशा को नए आयाम भी प्राप्त हुए। भाषा विचारों के स्वरूप के लिए उत्तरदायी होती है और भारत की भिन्न-भिन्न भाषाओं में छिपी भावनाओं को समझ सिद्धार्थ, गौतम बुद्ध भी विचारों के नए स्वरूपों को जन्म दे रहे थे और कुछ पूर्व निर्मित विचारों के स्वरूपों का खंडन भी कर रहे थे, जिसके कारण उनकी मनोदशा और उनकी चेतना में परिवर्तन आ रहा था। हमारे विचार हमारे स्व के साथ जुड़े होते हैं और स्व को आकार भी देते हैं। सिद्धार्थ की जिज्ञासा का चक्र, जो परम सत्य को जानने के लिए तीव्र था, वह भारत की भिन्न-भिन्न भाषाओं में छिपे भाव के अनुसार सिद्धार्थ के भीतर नए विचारों के स्वरूपों को जन्म दे रहा था, जिसके कारण सिद्धार्थ प्रकृति को अलग-अलग दृष्टिकोण से देखने की और प्रकृति का अलग-अलग दृष्टिकोण के सहारे निरीक्षण करने की क्षमता विकसित कर रहे थे और इसके सहारे सिद्धार्थ, गौतम ऐसी ऊर्जा विकसित करनेवाले थे, जो उन्हें अपने ज्ञात स्व के पार ले जानेवाली थी। संस्कृत भाषा के शब्दों में छिपे बहुआयामी ज्ञान के सहारे सिद्धार्थ, गौतम बुद्ध अपनी बहुआयामी चेतना का विकास कर रहे थे। यहाँ भी सिद्धार्थ की सहायता जिज्ञासा का वही स्वरूप कर रहा था, जो मनुष्य के भीतर एक प्रकार का भँवर-सा निर्मित कर देता है, जिसके भीतर जानकारियाँ खिंची चली जाती हैं और मनुष्य उन जानकारियों का चेतन निरीक्षण कर सकता है। ऐसा ही कुछ सिद्धार्थ, गौतम बुद्ध की जिज्ञासा भी कर रही थी।

वैज्ञानिक तथ्य

अलग-अलग लोग समय को अलग-अलग प्रकार से अनुभव करते हैं। जैसे अंग्रेजी भाषा में हम सोचते हैं कि 'भविष्य हमारे आगे है और भूतकाल हमारे पीछे' और हम समय के प्रवाह में हैं। जैसे हम कहते हैं कि 'सर्दियाँ आनेवाली हैं या मैं समय से आगे देख रहा हूँ इत्यादि', यह दरशाता है कि हम समय को अपने आगे अनुभव करते हैं। रोचक बात यह है कि हम समय को ज्यों-का-त्यों अनुभव नहीं कर सकते, परंतु हम उसके संदर्भ में बात अवश्य करते हैं।

बोलीविया देश में एक आया-मारा जनजाति के लोग हमसे उलटा सोचते हैं। अर्थात् वह सोचते हैं कि 'भूतकाल हमारे आगे है और भविष्य हमारे पीछे'। उनका मानना है कि हमारा भूतकाल पहले से घटित हो चुका है, जिसे हम देख सकते हैं, परंतु हमारा भविष्य अज्ञात है। इसका यह अर्थ है कि जो हमारा भविष्य है, वह हमारे पीछे छुपा हुआ

है। वह लोग समय को बिल्कुल ही अलग रूप से अनुभव करते हैं।

अरबी भाषा में समय दाएँ से बाएँ जाता है। वह समय को हमारी तुलना में विपरीत दिशा में अनुभव करते हैं, जो कभी-कभी समस्या को भी जन्म दे देता है। जैसे उदाहरण के लिए हम एक उद्योग का विज्ञापन देखते हैं—

जो लोग समय को बाएँ से दाएँ अनुभव करते हैं, वह इस विज्ञापन को इस प्रकार अनुभव करेंगे कि 'बच्चा पहले लेटा है, उसके पश्चात् वह बैठा है, इसके पश्चात् वह अपने घुटनों के बल चल रहा है और इसके पश्चात् वह दौड़ रहा है।' परंतु अरबी भाषा बोलनेवाले इसको बिल्कुल ही उलटा देखेंगे, वह इसे देखेंगे कि 'पहले बच्चा दौड़ रहा है, इसके पश्चात् वह घुटनों के बल चल रहा है, इसके पश्चात् वह बैठा है और इसके पश्चात् वह लेट गया।' इसके कारण विज्ञापन के विपरीत संदेश जा रहा है।

यह विज्ञापन एक बच्चे के खाद्य पूरक का है, जहाँ खाद्य पूरक का उत्पादन करनेवाला उद्योग दरशा रहा है कि हमारा यह उत्पादन बच्चे के जन्म से लेकर उनके पूर्ण विकास तक सहायता करेगा। परंतु जो लोग समय को दाएँ से बाएँ अनुभव करते हैं, वह इसको बिल्कुल उलटा ही देखेंगे। वह इसे देख समझेंगे कि यह उत्पादन दौड़ते बच्चे को घुटनों के बल चलाता है, इसके पश्चात् बच्चे को बैठा देगा और इसके पश्चात् लेटा ही देगा, जो बिल्कुल ही असत्य संदेश देगा।

कुछ संस्कृतियों के लिए समय क्षितिज के समानांतर नहीं बहता, उनके लिए समय अधोलंब रूप से प्रवाहित होता है। जैसे वह कहेंगे कि "भविष्य तलहटी में है और भूतकाल ऊपर है।" इस उदाहरण में हम देखते हैं कि समय को शरीर के दृष्टिकोण से दरशाया गया है, आगे और पीछे या ऊपर और नीचे से, परंतु कुछ संस्कृति समय को शरीर के संबोधन में नहीं देखते, वह समय का वस्तु या अन्य पदार्थ के साथ संबंध स्थापित करते हैं।

X की टिप्पणी

भारत के महान् गुरुओं ने, ऋषियों ने और सिद्धार्थ, गौतम ने भी भारत भ्रमण और विश्व भ्रमण के समय भारत और विश्व की अलग-अलग संस्कृतियों की प्रकृति को

अलग-अलग दृष्टिकोण से देखने की विशेषता और प्रकृति को अभिव्यक्त करने के भिन्न-भिन्न रूप, जैसे समय की अलग-अलग धारणा और प्रकृति के अलग-अलग स्वरूपों की अलग-अलग धारणा की विशेषता को समझा होगा और ऐसी अलग-अलग धारणाओं को देख उनके भीतर उन धारणाओं के सत्य को जानने की जिज्ञासा तीव्र हुई होगी, जैसे समय की अलग-अलग धारणा को देख सिद्धार्थ के भीतर समय के सत्य को जानने और समझने की जिज्ञासा अधिक तीव्र हुई होगी और समय की अलग-अलग धारणाओं को समझ सिद्धार्थ अपनी कुछ पूर्व निर्मित समय से संबंधित संकल्पनाओं को भी खंडित कर पाए होंगे। उन्होंने अपनी जिज्ञासा द्वारा ऐसी अलग-अलग धारणाओं से संबंधित, जैसे समय से संबंधित जानकारी एकत्रित की होगी और उसका चेतन निरीक्षण भी किया होगा, जिसके कारण उनको समय की संकल्पना और अन्य प्रकार की संकल्पनाओं के पार जाने की क्षमता प्राप्त हुई। इसी समझ और अनुभव के पश्चात् उनकी जिज्ञासा 'काल से काल चक्र और काल चक्र से महाकाल' तक पहुँच पाई होगी। जब सिद्धार्थ ने भ्रमण किया तब उन्होंने 'समय और अन्य वास्तविकताओं की अलग-अलग अनुभूति' को तो समझा ही, इसके साथ-ही-साथ उन्होंने भिन्न-भिन्न भाषाओं में छिपे हुए भाव को भी समझा और उन भाव से संबंधित तथाकथित वास्तविकता को भी समझा और अन्य प्रकार की धारणाओं को समझ उन धारणाओं से संबंधित सत्य पर, जैसे समय पर 'ध्यान' भी किया। समय के साथ-साथ अपनी साधना, ध्यान और योग की सहायता से प्रकृति के सत्य, जैसे समय की अलग-अलग परतों को भेदकर और समय के आयाम के पार जाकर सिद्धार्थ, गौतम बुद्ध ने समय को साधा और प्रकृति के अन्य प्रकार के तथाकथित सत्य को भी साधा।

वैसे वास्तविकता में समय है क्या? आज के इस तथाकथित आधुनिक समाज में इस प्रश्न का उत्तर पूर्ण रूप से आज तक कोई नहीं दे पाया है। क्या समय किसी दिशा में प्रवाहित होता है? क्या यह प्रवाहित होता भी है या नहीं? क्या हम समय को केवल प्रकाश की गति के साथ ही जोड़कर देख सकते हैं या केवल कुछ अणुओं, परमाणुओं की गतिविधियों के साथ ही? परम के भीतर समय क्या है? क्या हम इसकी कल्पना अपनी साधारण इंद्रियों के द्वारा कर सकते हैं? हम मनुष्य समय के संदर्भ में क्या-क्या नहीं सोचते। प्राचीन काल से आधुनिक काल तक अलग-अलग संस्कृतियों में और अलग-अलग समाज में समय की भिन्न-भिन्न धारणाएँ रही हैं। हम सभी समय को प्रकृति के अलग-अलग स्वरूपों के साथ जोड़कर देखते आए हैं। हम मनुष्यों ने अपनी सीमित कल्पना, सत्य का निरीक्षण करने की सीमित क्षमता और अलग-अलग धारणाओं के कारण समय को क्या-से-क्या बना दिया है। कहीं-न-कहीं समय की

अनुभूति हमारे सत्य को रूप प्रदान करती है। समय की धारणा जीवन में महत्त्वपूर्ण भूमिका अदा करती है। जो समय के चक्र और समय के सत्य को समझ गया, वह समझो काल को समझ गया। समयाकाश काल के ही रूप मात्र हैं।

आज का आधुनिक विज्ञान यह कहता है कि आकाश (स्पेस) उपस्थित है, इसी कारण से समय (टाइम) उपस्थित है, परंतु प्राचीन भारत की समय की धारणा के अनुसार समय (टाइम) है, इसी कारण से आकाश (स्पेस) उपस्थित है। भारत में समय को, अर्थात् काल को सभी प्रकार की वास्तविकताओं का परम कारण बताया गया है, परंतु आज के आधुनिक वैज्ञानिक जगत् में अधिकतर वैज्ञानिक यह मानते हैं कि आकाश उपस्थित है, इसी कारण से समय उपस्थित है और आकाश कारण है समय का, न कि समय कारण है आकाश का। परंतु आज के आधुनिक वैज्ञानिक जगत् में ही कुछ वैज्ञानिक हैं, जो समय की लीला को ही परम लीला बताते हैं। कुछ वैज्ञानिक हैं, जो यह मानते हैं कि समय के कारण आकाश है। आइंस्टीन ने समय और आकाश को दो अलग-अलग वास्तविकता नहीं कहा था, उन्होंने समय और आकाश को एक वास्तविकता समयाकाश (स्पेस-टाइम) कहा था। तो वास्तविकता में यह समय है क्या और क्यों वैज्ञानिक जगत् में समय को लेकर अलग-अलग धारणाएँ हैं? यह इसी कारण से है, क्योंकि हम समय को अपनी साधारण इंद्रियों द्वारा अनुभव नहीं कर सकते और हम समय का निरीक्षण अपनी साधारण इंद्रियों द्वारा और तथाकथित आधुनिक वैज्ञानिक उपकरणों द्वारा नहीं कर सकते। जिसे आधुनिक वैज्ञानिक समय का निरीक्षण कहते हैं, वह वास्तविकता में समय का निरीक्षण नहीं है, वह केवल प्रकृति की उस वास्तविकता का निरीक्षण है जिसे आज के तथाकथित आधुनिक वैज्ञानिकों ने समय समझ लिया है। जिसे आज के तथाकथित आधुनिक वैज्ञानिक समय समझते हैं, वह समय नहीं है, वह केवल अणु-परमाणु की गतिविधियाँ मात्र हैं। समयाकाश स्पेसमॉस नामक तंत्र का द्वैत रूप है, जो अद्वैत महाकाल से जुड़ा हुआ है। वास्तविकता में समय क्या है और आधुनिक वैज्ञानिक जगत् और आध्यात्मिक जगत् की समय से संबंधित धारणा क्या है, इसे हम अपनी कहानी में आगे पूर्ण रूप से समझने का प्रयास करेंगे।

वैज्ञानिक तथ्य

कुछ संस्कृति ऐसी भी हैं जो दिशा के साथ पूर्ण रूप से प्राची (ओरियंट) होती हैं। यहाँ तक कि 5 वर्ष का बच्चा भी बता देगा कि कौन सी दिशा कहाँ है। वह मार्ग निर्देशन के लिए भी दाएँ या बाएँ शब्द का प्रयोग नहीं करते, वह 'दिशा के नाम', जैसे पूर्व और उत्तर का उपयोग करते हैं।

वैज्ञानिक शोध

वैज्ञानिकों ने एक शोध किया। उन्होंने उस शोध में भाग लेनेवाले व्यक्तियों को कुछ चित्रों के समूह दिखाए। उनके भीतर मिले-जुले चित्र थे, नवजात शिशु का भी था, 5 वर्ष की बच्ची का भी था, 15 वर्ष की बच्ची का भी था और 30, 40, 50, 80 वर्ष की महिलाओं का भी चित्र था। वैज्ञानिकों ने शोध में भाग लेनेवालों को उन चित्रों को क्रम में लगाने को कहा। अंग्रेजी और हिंदी भाषा बोलनेवालों ने उनको बाएँ से दाएँ के क्रम में लगाया, उन्होंने इसका ध्यान नहीं किया कि वह किस दिशा में अपना मुँह किए हुए हैं, परंतु कुछ संस्कृति हैं, जो कि इनको पूरब से पश्चिम के क्रम में लगाएँगी। वह अपना क्रम दिशा के अनुसार बदल लेंगे, जोकि पूरब से पश्चिम के क्रम पर आधारित होगा। उनके लिए समय सदा पूरब से पश्चिम बहता है, वह यह नहीं देखेंगे कि किस दिशा में उनका मुख है। परंतु हम अंग्रेजी और हिंदी बोलनेवाले समय को समयाकाश में अपने शरीर के अनुसार समायोजित कर लेते हैं।

कुछ संस्कृतियों में तो समय नदी में चला जाता है। उदाहरण के लिए वह कहेंगे कि "हमने नदी के तल पर प्रीतिभोज किया।" इसका अर्थ होगा कि 'हमने कल प्रीतिभोज किया था।'

कुछ संस्कृतियों में समय पहाड़ी के ऊपर तक जाता है। उदाहरण के लिए वह कहेंगे कि "हम पहाड़ की चोटी पर प्रीतिभोज करेंगे।" इसका यह अर्थ होगा कि 'हम कल प्रीतिभोज करेंगे।'

X की टिप्पणी

वह लोग जो समय का नदी और पहाड़ की चोटी के साथ संबंध स्थापित करते हैं, वह ऐसा संभवतः इस कारण से करते हों, क्योंकि उनके शरीर के अनुसार नदी का स्तर नीचे है और पहाड़ ऊपर हैं, हो सकता है, इसी कारण से नदी के तल को वह भूतकाल के साथ संबंधित करते हों और पहाड़ की चोटी का संबंध भविष्य के साथ स्थापित करते हों। ऐसा भी हो सकता है कि वह ऐसा भी सोचते हों कि नदी उनके सामने है, जिसे वह देख सकते हैं और अपने भूतकाल को भी वह देख सकते हैं, क्योंकि वह घटित हो चुका है, इसी कारण से नदी का संबंध हो सकता है वह भूतकाल के साथ करते हों और पहाड़ की चोटी पर क्या है, वह अज्ञात है और भविष्य में क्या है, वह भी अज्ञात है। हो सकता है, इस कारण से वह लोग पहाड़ की चोटी का संबंध भविष्य के साथ स्थापित करते हों। कहीं-न-कहीं वह लोग भी अपने शरीर के साथ ही समय का संबंध स्थापित कर रहे हैं या ज्ञात और अज्ञात के अनुसार।

वैज्ञानिक शोध

वैज्ञानिकों ने बहुत से शोध किए हैं, यह जानने के लिए कि क्या हम किसी भी भाषा को बदलकर क्या व्यक्ति के विचारों के स्वरूप को भी बदल सकते हैं। उन्हीं शोध में से एक शोध यह है—

वैज्ञानिकों ने कुछ अंग्रेजी भाषा बोलनेवाले व्यक्तियों को चीनी भाषा के रूपक दिए और अंग्रेजी भाषा बोलनेवालों को चीनी भाषा के रूपक को पढ़ने और समझने को कहा। शोध के पश्चात् वैज्ञानिकों ने पाया कि चीनी भाषा के रूपक को पढ़ने के पश्चात् अंग्रेजी भाषा बोलनेवाले भी अब यह सोचने लगे थे कि समय लंबरूप में गतिमान है और इसके कारण उनके विचारों के स्वरूप भी बदल गए या कहें, चीनी रूपक ने उनके विचार बदल दिए।

X की टिप्पणी

साधारण मानव समय को केवल तीन आयामों में ही देखता है, या कहें, दो आयाम में ही देखता है, दाएँ से बाएँ या बाएँ से दाएँ और ऊपर से नीचे या नीचे से ऊपर। जैसे समय नदी में चला गया या पहाड़ पर चला गया या भूत-भविष्य आगे है या पीछे। परंतु एक योगी समय के ज्ञात आयामों के पार जाकर समय को देखता और अनुभव करता है। योगी के विचारों का स्वरूप इन आयामों के पार कार्य करता है, तभी वह समय और सत्य की परतों के पार जाकर अपने जीवन की लीला रचते हैं। साधारण मनुष्य समय को दो आयामों में देखता है, अर्थात् दाएँ से बाएँ या बाएँ से दाएँ और ऊपर से नीचे या नीचे से ऊपर देखता है। परंतु योगी समय में तीसरा आयाम भी जोड़ देता है, जो है गहराई। समय के सत्य को जानने हेतु जब योगी समय-ध्यान करता है, तब वह अपने विश्लेषण और अपने योग के कारण समय में तीसरा चेतन आयाम भी जोड़ देता है। समय के सत्य को जानने हेतु जब योगी समय की गहराइयों में उतरता है तो उसकी सोच और समझ में समय का तीसरा आयाम जुड़ जाता है। अपनी साधना पूर्ण कर योगी समय की संकल्पना के भी पार चला जाता है और आगे-पीछे, ऊपर-नीचे और गहराई के आयाम के भी पार चला जाता है, या कहें, काल से जुड़ जाता है और समाधि प्राप्त कर महाकाल से। समय या काल के सत्य को हम अपनी कहानी में आगे पूर्ण रूप से समझेंगे।

हमने कुछ वैज्ञानिक उदाहरणों के सहारे यह समझा कि यदि हम किसी व्यक्ति को उसकी मातृभाषा का प्रयोग न करने दें तो हम उसके विचारों के स्वरूप को प्रभावित कर सकते हैं और उसकी प्राकृतिक क्षमता को भी प्रभावित कर सकते हैं और ऐसा ही कुछ हमारे भारतवर्ष में भी घटित हुआ है। हमें आज के भारतीय समाज में बहुआयामी और संकल्पना रहित ज्ञान की कमी 'आक्रमण' के कारण दिखती है। आक्रमणकारियों ने

भारतवासियों को 1000–1200 वर्षों तक उनके ज्ञान से वंचित रखा। इतने वर्षों तक उन्होंने भारतीयों को बलपूर्वक उनकी भाषा का प्रयोग नहीं करने दिया और आक्रमणकारियों ने भारतीयों को विवश किया कि वह उनकी ही भाषा का प्रयोग करें, जिसके कारण ज्ञान के विस्तार में और ज्ञान में एक रिक्तता उत्पन्न हो गई और इसी कारण से भारतीयों के विचारों का स्वरूप ही परिवर्तित हो गया और ऐसा होने के कारण जो भारतीय दिव्य प्रकाश की खोज में संलग्न रहते थे, वह माया जगत् के साथ संलग्न होते चले गए और भारतीयों की बहुआयामी सोच और बहुआयामी ज्ञान को आक्रमणकारियों द्वारा रणनीतिक रूप से समाप्त करने का प्रयास किया गया। उन्होंने असीमित बहुआयामी सोच को कुछ–एक आयाम में सीमित कर दिया और अब आज के इस तथाकथित आधुनिक समाज में वही लोग 'बहुआयाम' की बातें कर रहे हैं। रणनीतिक रूप से कई पीढ़ियों के बीच ज्ञान के प्रवाह को रोका गया, जिसके कारण भारतीय हजारों वर्षों तक अपने अतुल्य ज्ञान से वंचित रहे। आक्रमणकारियों ने भारत के अमूल्य ज्ञान को नष्ट करने हेतु पुस्तकालय और पौराणिक ग्रंथों को तो नष्ट किया ही था, इसके साथ–साथ उन्होंने मानव से मानव के बीच ज्ञान प्रवाह को भी रोक दिया था, जिसके कारण भारतवर्ष में ज्ञान प्रवाह प्रभावित हुआ और अनेक वर्षों तक रुक भी गया था।

आज के अनेक आधुनिक वैज्ञानिक शोध और अध्ययन यह बताते हैं कि यदि हम किसी को उनकी मातृभाषा का प्रयोग न करने दें (मानसिक स्तर पर) तो उनके विचारों के स्वरूप में भी परिवर्तन आता है और उनकी बुद्धिमत्ता में भी कमी आती है और भारतीयों को आक्रमणकारियों ने पीढ़ी–दर–पीढ़ी अपनी भाषा का पूर्ण प्रयोग करने से रोका, जिसके कारण वह भारतीय समाज, जो परम सत्य को जानने हेतु दिव्य प्रकाश की खोज में संलग्न रहता था, उसका मानसिक विकास थम–सा गया। इसी कारण से जो समाज मानसिक रूप से अपने काल के अन्य समाज की तुलना में बहुत विकसित था, उसका मानसिक पतन होने लगा। आज के भारतीय समाज में भी हम स्वतंत्रता के पश्चात् भी कहीं–न–कहीं भारतीयों को विद्या प्राप्ति हेतु अपनी मातृभाषा का प्रयोग करने से रोक रहे हैं, जिसके घातक परिणाम भी हम अपने समाज में आज देख सकते हैं। वह बालक, जो अपने अमूल्य ज्ञान को अपनी मातृभाषा में प्राप्त करके बुद्ध, कृष्ण, शिव हो सकते हैं, वह एक विदेशी भाषा का प्रयोग करने के कारण अपने विचार तक विकसित नहीं कर पाते हैं और केवल एक सेवक जैसा तंत्र निर्मित कर लेते हैं। हमें आज के समाज में भाषा के संदर्भ में अधिक सोचना चाहिए, कम–से–कम विद्या प्राप्ति के क्षेत्र में। विदेशी भाषा का ज्ञान केवल इतना दीजिए जिसके सहारे विद्यार्थियों को विदेशी भाषा में छुपी प्रकृति की अभिव्यक्ति के भिन्न–भिन्न भाव का ज्ञान प्राप्त हो, परंतु ऐसा नहीं होना चाहिए कि विदेशी भाषा के बोझ के नीचे दबकर विद्यार्थी अपने विचारों की उत्पत्ति ही समाप्त कर बैठें।

वैज्ञानिक शोध

वैज्ञानिकों ने अन्य अनेक शोध किए हैं, यह जानने के लिए कि भाषा कैसे हमारी स्मृति को प्रभावित करती है। उन्हीं में से एक शोध में वैज्ञानिकों ने कुछ लोगों को एक दुर्घटना के चित्र दिखाए। इन चित्रों में दिखाया गया या दिख रहा था कि एक बस ने एक गाड़ी को टक्कर मार दी है। वैज्ञानिकों ने वह चित्र दिखाकर सब लोगों से अलग-अलग प्रश्न किए। वैज्ञानिकों ने सभी लोगों से अलग-अलग क्रियापद का प्रयोग करके प्रश्न पूछे। जैसे—

- गाड़ी को किस प्रकार तोड़ा गया था?
- गाड़ी कितनी तीव्र गति से चल रही थी, जब उसकी टक्कर हुई या जब उसने बस को टक्कर मारी?
- इत्यादि।

क्रियापद के आधार पर (जो क्रियापद जिस व्यक्ति ने सुनी) अलग-अलग लोगों ने अलग-अलग प्रतिक्रिया की या अलग-अलग उत्तर दिए।

यह शोध एक ही दिन में समाप्त नहीं हो गया, शोध के अगले चरण के लिए वैज्ञानिकों ने भाग लेनेवाले व्यक्तियों को अगले दिन पुनः बुलाया। अगले दिन वैज्ञानिकों ने भाग लेनेवाले व्यक्तियों से कुछ अलग प्रश्न पूछे, जैसे—

- क्या आपको घटना के स्थान पर कुछ टूटे हुए काँच के टुकड़े स्मरण हैं?

1/3 लोगों ने जिन्होंने पिछले संवाद में 'तोड़ा' शब्द सुना था, उन्होंने कहा कि 'हाँ, हमने टूटे हुए काँच देखे थे', और वास्तविकता में उस चित्र में टूटे हुए काँच नहीं थे। अलग-अलग क्रियापद का प्रयोग करने से और अलग-अलग प्रकार के प्रश्न पूछने से लोगों की स्मृति और अनुभूति में बदलाव आता है।

जब गाड़ी की गति के संदर्भ में लोगों से अलग-अलग रूप से प्रश्न पूछा गया, तब भी उनके द्वारा बताई गई गति का संबंध वास्तविक गति से नहीं था। वह प्रश्न पूछनेवाला जिस क्रिया पद का प्रयोग कर रहा था, वह क्रियापद स्मृति और अनुभूति में परिवर्तन कर रहा था।

वकील न्यायपालिका में भाषा के इसी साधन का प्रयोग करते हैं, जब वह प्रश्न पूछते हैं, जिसके परिणामस्वरूप व्यक्ति उन्हीं के अनुसार सोच रखें।

ऐसा ही एक शोध वैज्ञानिकों ने कुछ लोगों के साथ, जब अमेरिका पर 9/11 हमला हुआ था, उसके पश्चात् किया था। वैज्ञानिकों ने अलग-अलग क्रियापद का उपयोग कर लोगों से हमले से संबंधित अलग-अलग प्रश्न पूछे। अलग-अलग क्रियापद का उपयोग करने के कारण लोगों ने वास्तविक घटना से विपरीत भी उत्तर दिए और जो घटित नहीं भी हुआ था, उन्होंने उसे भी देखने का दावा किया। यह शोध भी यह

दरशाता है कि अलग-अलग क्रियापद का प्रयोग करने से और अलग प्रकार से प्रश्न पूछने से स्मृति और अनुभूति में परिवर्तन आता है और लोग भ्रमित स्मृति उत्पन्न कर लेते हैं और उसी को सत्य भी मानते हैं।

X की टिप्पणी

ऐसा होता भी है और नहीं भी होता कि भाषा हमारी अनुभूति, स्मृति और विचार को प्रभावित करती हो। हाँ, अधिकतर लोग इस रूप से प्रभावित हो सकते हैं, परंतु कुछ लोग होते हैं, जो चित्र के साथ सोचते हैं और उनके विचारों के स्वरूप को भाषा की अधिक आवश्यकता नहीं पड़ती और उनकी स्मृति भाषा द्वारा प्रभावित नहीं होती और उनकी स्मृति पंजीकृत चित्र ही पुनः स्मरण करती है। उनकी स्मृति को पुनः प्राप्त करने की क्षमता (रिट्रीविंग) में कोई समस्या नहीं आती और भाषा से उनकी स्मृति प्रभावित नहीं होती, उलटा वह झूठी जानकारी को पहचानकर प्रश्न ही सही करवा देंगे। कुछ लोग होते हैं, जो चित्र में सोचना सीख जाते हैं, या तो अनुभव से या प्रशिक्षण से। जो सिद्ध योगी/ मानव होते हैं, वह इन सभी 'संकल्पना और पृथ्वी के सत्य के पार' जाकर सोचते हैं और इन सबके साथ भी सोचते हैं। सिद्ध मनुष्य तो सभी आयामों के ही पार चले जाते हैं।

वैज्ञानिक तथ्य

माइंड एंड लाइफ संस्थान की वैज्ञानिक लॉरा ने अपनी प्रस्तुति के अंत में एक अत्यंत अर्थपूर्ण बात कही। उन्होंने कहा कि अलग-अलग भाषाएँ केवल आपको दुनिया को अलग दृष्टि से देखने का ही साधन प्रदान नहीं करतीं, वह तो व्यक्ति विशेष को स्वयं के संदर्भ में अलग-अलग दृष्टिकोण से देखने की क्षमता प्रदान करती हैं। अलग-अलग भाषा को समझने से और दुनिया का अलग दृष्टिकोण व्यक्ति को यह क्षमता प्रदान करता है कि वह विश्लेषण कर सके कि 'हम क्या हैं?' हम जान सकें कि हम उस विशेष क्षण में उसी प्रकार से क्यों सोच रहे हैं या क्यों सोच रहे थे, और भी बहुत-कुछ समझ आता है हमें और यह सब हम स्वयं जान सकते हैं, केवल 'एक अलग भाषा के ज्ञान से'।

X की टिप्पणी

निस्संदेह एक नई भाषा सीखने से व्यक्ति प्रकृति को भिन्न-भिन्न दृष्टिकोण के सहारे देखने की क्षमता विकसित करता है, परंतु हम किसी को नई भाषा सीखने के लिए बलपूर्वक विवश नहीं कर सकते, यदि हम ऐसा करेंगे तो उसकी विद्या प्राप्ति

की प्राकृतिक क्षमता नकारात्मक रूप से प्रभावित होगी। यदि कोई व्यक्ति नई भाषा को सीखने में असमर्थ है, तब भी हम उसे उसकी मातृभाषा में वह ज्ञान दे सकते हैं, जो नई या अन्य भाषा अपने भीतर समाए हुए है। यदि कोई व्यक्ति जिज्ञासापूर्वक नई भाषा सीखता है तो वह उसे बिना किसी संकोच के सीख लेगा और वह उस नई भाषा में छिपे हुए भाव को भी समझ पाएगा, परंतु यदि हम किसी को बलपूर्वक नई भाषा सीखने के लिए विवश करते हैं तो वह न ही उस नई भाषा को समझ पाएगा और न ही उस भाषा में छुपे हुए भाव को जान पाएगा, उलटा ऐसा करने पर वह धीरे-धीरे अपने विचारों की उत्पत्ति भी दुर्बल करता चला जाएगा। हम किसी व्यक्ति की मातृभाषा में भी उसे अन्य भाषाओं में छिपे हुए भाव का ज्ञान प्रधान करवा सकते हैं, परंतु यदि व्यक्ति नई भाषा सीखने में समर्थ है तो अवश्य ही उसे वह भाषा सीख प्रकृति की अभिव्यक्ति के विभिन्न स्वरूपों का अनुभव अवश्य करना चाहिए।

यदि हम एक योगी की बात करें तो एक योगी की सोच शब्दों या भाषा के अधीन नहीं होती। एक योगी बिना शब्दों के और बिना भाषा के भी सोच सकता है और वास्तविकता में हमें यदि सत्य के समीप जाना है तो हमें भाषारूपी संकल्पना के पार जाकर शून्यता में सोचना चाहिए। हम शून्यता में सोचकर ही ज्ञात संकल्पनाओं के पार जा सकते हैं। हम यदि योगी की सोच के संदर्भ में कोई आधुनिक समाज का उदाहरण देखें तो वह आइंस्टीन (Einstein) का होगा, जो चित्रों में सोचते थे, शब्दों या भाषा में नहीं। भाषा उनके विचारों को कुछ अधिक प्रभावित नहीं करती थी और प्राचीन काल का उदाहरण देखें तो वह उदाहरण होगा बुद्धजी का। दृश्यों में सोचने की क्षमता ने आइंस्टीन को और गौतम बुद्ध को वह क्षमता प्रदान करवाई जिसके सहारे वह संकल्पना रहित सोच का विकास कर पाए। यदि कोई मनुष्य दृश्यों के सहारे सोचता है तो वह अपनी सोच को शून्यता में प्रवेश करने के मार्ग पर डाल देता है, जिसके पश्चात् उस मनुष्य की चेतना केवल ज्ञात ज्ञान के सहारे ही कार्य नहीं करती, बल्कि उनकी चेतना असीमित जिज्ञासा के सहारे अज्ञात की जानकारी एकत्रित करना प्रारंभ कर देती है।

सभी भाषाएँ भिन्न होती हैं, इसीलिए 'विचारों की अभिव्यक्ति' भी भिन्न होती है। अलग विचारों का स्वरूप अलग संकल्पना को विकसित करता है या अलग संकल्पना को जन्म देता है। भारत के प्राचीन योगी और आधुनिक योगी भी समाज के भिन्न-भिन्न क्षेत्रों से और समाज के विभिन्न समुदायों से आते थे और आते हैं, जिसके कारण उनकी मातृभाषा भी भिन्न-भिन्न होती है और प्रकृति के स्वरूपों की अभिव्यक्ति भी भिन्न होती है। भाषा के इसी सिद्धांत के कारण योगी और गुरु सत्य की व्याख्या भिन्न-भिन्न विचारों के सहारे करते हैं और सिद्धार्थ ने जब संन्यास ग्रहण किया तब वह सत्य

की खोज में अनेक गुरुओं के पास गए। प्रत्येक गुरु के विचारों की अभिव्यक्ति भिन्न थी, जिसके कारण सिद्धार्थ ने भी सत्य को भिन्न-भिन्न दृष्टिकोण के सहारे देखा और समझा, परंतु इसके पश्चात् भी उनको उनके प्रश्नों का पूर्ण उत्तर नहीं मिला। भिन्न-भिन्न गुरुओं के पास जाकर सिद्धार्थ की जिज्ञासा तो शांत नहीं हुई, परंतु कहीं-न-कहीं सिद्धार्थ के अवचेतन मन ने ऐसा करते समय और भारत भ्रमण के समय भिन्न-भिन्न भाषाओं में छिपे भाव को जाना और यह जान और समझ लिया था कि भाषा भी सत्य को प्रभावित करती है।

भारतीय योगी अपने ज्ञान प्रसार और अपनी ध्यान साधना और मंत्र साधना के लिए संस्कृत भाषा के मंत्रों और शब्दों का ही प्रयोग करते हैं। सिद्धार्थ, गौतम बुद्ध भी जब संन्यास ग्रहण कर सत्य की खोज में निकले तब वह अनेक गुरुओं के पास गए और उन गुरुओं में से कुछ ऐसे गुरु भी थे, जो शिक्षा संस्कृत भाषा के सहारे देते थे और लगभग सभी गुरु संस्कृत भाषा में ही मंत्र उच्चारण करते थे। संस्कृत भाषा का उपयोग मानव को शारीरिक और मानसिक रूप से प्रभावित करता है। संस्कृत भाषा कोई साधारण भाषा नहीं है, यह एक वैज्ञानिक भाषा है, जो हमारे शरीर और मस्तिष्क के विकास में भी सहायता प्रदान करती है। सिद्धार्थ, गौतम बुद्ध ने भी जब गुरुओं से संस्कृत भाषा में ज्ञान प्राप्त किया होगा तब उनके भी शरीर और मस्तिष्क में सकारात्मक बदलाव आए होंगे, जिसके कारण वह प्रकृति की प्रवृत्ति को अधिक समझ पाए होंगे और सत्य के अधिक समीप जा सके होंगे। संस्कृत भाषा के वैज्ञानिक पहलू जानने के लिए हम डॉ. अनुराधा चौधरी, जो सहायक आचार्य (प्रोफेसर) हैं आई.आई.टी. खरगपुर में, उनके द्वारा बताए गए तथ्यों को देखेंगे। उन्होंने अपने एक साक्षात्कार में संस्कृत भाषा के वैज्ञानिक पहलू बताए थे। तो आइए, डॉ. अनुराधा चौधरीजी द्वारा बताए गए तथ्यों पर थोड़ा प्रकाश डालते हैं।

वैज्ञानिक दृष्टिकोण

संस्कृत भाषा के संदर्भ में डॉ. अनुराधाजी ने बताया कि हम जितना संस्कृत को समझते जाते हैं और जितना हम संस्कृत की गहनता में उतरते जाते हैं, उतने ही हम आश्चर्यचकित होते जाते हैं, संस्कृत के अतुल्य ज्ञान के कारण। संस्कृत भाषा का प्रत्येक स्तर हमारे और ब्रह्मांड के बीच के सूक्ष्म जटिल संबंध को दरशाता है। जब हम संस्कृत की गहनता में उतरते हैं, तब हम समझ पाते हैं कि यह भाषा निर्मित नहीं की गई थी, यह हमारे ऋषियों को ध्यान में सुनाई दी थी या कहें कि ध्यान में प्राप्त हुई थी। इस भाषा का उद्गम मानो ब्रह्मांड के आधार के साथ ही हुआ हो। इस भाषा में ब्रह्मांड के सत्य को अतुल्य रूप से समझाया गया है। इस भाषा का प्रत्येक स्तर प्रकृति

के साथ हमारे सूक्ष्म जटिल संबंध को पूर्ण रूप से अभिव्यक्त करता है। वैदिक ज्ञान में ब्रह्मांड की भिन्न-भिन्न परतों के या ब्रह्मांड के विभिन्न स्तर के संदर्भ में समझाया गया है। संस्कृत भाषा का एक स्तर अन्य सभी स्तर की गहनता को समाए हुए है और इसके सहारे हम प्रकृति के प्रत्येक आयाम की गहनता में उतर सकते हैं। संस्कृत भाषा में, जिनसे शब्द का निर्माण होता है, उन्हें 'अक्षर' कहा गया है। अक्षर का अर्थ होता है अक्षय, अर्थात् जिसे नष्ट न किया जा सके।

संस्कृत भाषा की ध्वनियों को 'वर्णमाला' कहा गया है, जिसका अर्थ है 'रंगों का हार'। यहाँ शब्दों के साथ रंगों को इस कारण से जोड़ा गया है, क्योंकि ध्वनि रंगों को भी दरशाती है और चित्रों को भी। यह भी हमें हमारे और सृष्टि के परस्पर जटिल संबंध को दरशाता है। पहले वर्णमाला बनी, वर्णमाला से शब्द बने, इसके पश्चात् इन शब्दों से जटिल वाक्य बने और जटिल वाक्यों से संकल्पना और विचार उत्पन्न किए गए। वेदों में यह विशेषता है कि वह शब्दों से प्रारंभ होकर भाषा नहीं बने, यहाँ एक भाषा बनाई गई और उस भाषा को शब्द, अक्षर और व्याकरण के रूप में ढाला गया, क्योंकि यह सब वेदों के ऋषियों के द्वारा प्राप्त किया गया था। वेदों में बताया गया है कि यह सब ऋषियों की ध्यान अवस्था में प्रकट हुआ था। उन्होंने इस भाषा को, इस ज्ञान को ध्यान अवस्था में प्राप्त किया था। हम आज के समाज में सोचते हैं कि सत्य जानने का केवल एक ही मार्ग है, परंतु प्राचीन भारतीय ग्रंथों में बताया गया है कि सत्य अनेक मार्गों से प्राप्त किया जा सकता है। हम अनेक मार्गों से सत्य के साथ जुड़ सकते हैं।

श्वास और भावनाएँ एक प्रकार से जुड़े होते हैं, श्वास भावनाओं को प्रभावित करती है और इसी कारण से प्राचीन भारतीय ग्रंथों में प्राण साधना (ब्रीदिंग मेडिटेशन) करने को कहा गया है और प्राण साधना की अनेक विधियाँ बताई गई हैं। संस्कृत भाषा में श्वास को भाषा की ध्वनियों के साथ सम्मिलित किया गया है। संस्कृत भाषा के प्रत्येक शब्द के उच्चारण के लिए हमें कुछ विशेष बातों का ध्यान रखना पड़ता है, जैसे कि हमें उच्चारण का स्थान ध्यान रखना पड़ता है, हमें श्वास के चक्र का भी ध्यान रखना पड़ता है, और भी अन्य बहुत सी बातों का ध्यान रखना पड़ता है। संस्कृत भाषा बोलने के लिए हमें प्रत्येक शब्द के उच्चारण पर ध्यान लगाना होता है। हमें संस्कृत भाषा के उच्चारण के समय पूर्ण चेतन अवस्था में रहना पड़ता है और शब्दों के साथ जुड़ना पड़ता है। भाषा का जो नाम है 'संस्कृत', इसका अर्थ होता है संस-कृतम, अर्थात् ऐसी वस्तु जो हमारे तंत्र को उत्तीर्ण बनाए। संस्कृत भाषा का नाम ही संस्कृत की कार्यप्रणाली की व्याख्या करता है। संस्कृत भाषा के उच्चारण के लिए हमें प्रत्येक शब्द पर श्वास का अत्यंत ध्यान रखना पड़ता है। यह स्व-संचालित प्राणायाम जैसा है। संस्कृत भाषा के उच्चारण में हम अपने ध्वनि तंत्र के सभी भागों का प्रयोग करते हैं।

इसका अर्थ यह है कि इन भागों से संबंधित मस्तिष्क के क्षेत्र भी प्रभावित होते हैं और मस्तिष्क शरीर को प्रभावित करता है। इसके सहारे हम कह सकते हैं कि संस्कृत भाषा हमारे पूरे शरीर को प्रभावित करती है। यदि हम संस्कृत भाषा के अलावा अन्य कोई भाषा बोलते हैं तब हमारे ध्वनि तंत्र से संबंधित सभी भाग सक्रिय नहीं होते। संस्कृत एक ऐसी भाषा है, जो हमें शारीरिक और मानसिक रूप से समृद्ध बना सकती है। संस्कृत भाषा के अलग-अलग अक्षर चक्रों से भी संबंधित होते हैं, जो हमारा ऊर्जा शरीर होते हैं। संस्कृत भाषा बोलना या मंत्र उच्चारण चक्रों को सक्रिय करता है और उनमें ऊर्जा का प्रवाह करता है और इन सभी के अपने विशेष लाभ होते हैं।

X की टिप्पणी

भाषा और शब्द वाणी के ही रूप हैं और वाणी के संबंध में वेदों में बहुत-कुछ बताया गया है और समझाया गया है। डॉ. अनुराधाजी द्वारा बताए गए तथ्यों पर प्रकाश डालने से पूर्व आइए, यह देखते हैं कि वेदों में वाणी के संबंध में क्या कहा गया है, उसके पश्चात् हम डॉ अनुराधाजी के शब्दों पर प्रकाश डालेंगे। ऋग्वेद का एक मंत्र है, जो वाणी के संबंध में यह कहता है कि 'परा, पश्यंति, मध्यमा और बैखरी यह चार वाणी के रूप हैं। इनमें परा वाणी का स्थान माना गया है, वहाँ से यह प्रकट होकर हृदय में पहुँचती है। उस हृदय स्थानीय वाणी को 'पश्यंति' कहते हैं। यहाँ से होती हुई वाणी बुद्धि में पहुँचती है। उस बुद्धि का स्थानीय नाम मध्यमा है। बुद्धि से निकलकर वाणी कंठ और मुख में प्रकट होती है, यही बैखरी वाणी है। इसमें मूलाधार की पारा, हृदय स्थानीय पश्यंति, बुद्धि स्थानीय मध्यमा, यह तीन वाणी गुप्त स्थान में छपी होने के कारण योगी जन ही इसे जान सकते हैं और जो कंठ और मुख में प्रकट होती है, उस वाणी को सभी मनुष्य बोलते हैं और सभी जानते हैं।'

आइए, अब हम यह समझने का प्रयास करते हैं कि वैदिक ऋषि इस मंत्र के माध्यम से क्या कहना चाहते हैं।

वाणी का जो परावाला रूप है, वह परम कंपन का वह स्वरूप है, जो जीवित तंत्र में मूलाधार चक्र में अवतरित होता है। ध्वनि या वाणी आकाश का गुण है और यह मूलाधार के सहारे जीवित तंत्र में अवतरित होने से पूर्व आकाश में ही वास करती है। वाणी अक्षर से बनती है और वेदों में अक्षर को अक्षय कहा गया है, अर्थात् वह जो नष्ट न हो सके। ऐसा इसी कारण से कहा गया है, क्योंकि वाणी आकाश में वास करती है, जीवित तंत्र में नहीं। जब यह वाणी जीवित तंत्र में अवतरित होती है तब इसे परा, पश्यंति, मध्यमा और बैखरी कहा जाता है। जीवित तंत्र में अवतरित होने से पूर्व भी यह आकाश में वास करती है, संभावित तरंगों के रूप में।

वाणी का अस्तित्व मनुष्य के अस्तित्व में आने से पूर्व भी अस्तित्व में था और संस्कृत का निर्माण होने से पूर्व भी जीव वाणी का किसी-न-किसी प्रकार से प्रयोग कर रहे थे, परंतु उस वाणी/भाषा में साधारण भावनाओं और साधारण विचारों को अभिव्यक्त करने हेतु ही शब्द उपस्थित थे, परंतु जब वैदिक ऋषि ध्यान की वह उच्च अवस्था प्राप्त कर पाए जहाँ उनके अवचेतन मन ने प्रकृति संबंधी जानकारी सूक्ष्म-जटिल जोड़ के माध्यम से प्राप्त करनी प्रारंभ की तो उस नई प्राप्त जानकारी और अनुभव को उस समय के सामान्य शब्दों के सहारे समझाना असंभव था और इसी कारण से उसी उच्च ध्यान अवस्था में ही वैदिक ऋषियों की जिज्ञासा ने ब्रह्मांड में उपस्थित भाषा के उस संग्रह के साथ सूक्ष्म जटिल जोड़ स्थापित किए, जो भाषा का संग्रह उनके ज्ञान को पर्याप्त शब्द ऊर्जा के सहारे व्यक्त कर सकता था और इसी के पश्चात् वैदिक ऋषियों ने ब्रह्मांड में उपस्थित संस्कृत भाषा से संबंधित नियम संग्रह का कूट अनुवाद करना प्रारंभ किया (अपनी चेतना और ध्यान ऊर्जा के सहारे) और मूलाधार के माध्यम से वह ज्ञान परा के रूप में जीवित तंत्र में अवतरित हुआ।

इस मंत्र में कहा गया है कि वाणी परा के रूप में मूलाधार में प्रकट होती है और वहाँ से वह हृदय में पहुँचती है। हृदय स्थानीय वाणी को पश्यंति कहा गया है। हृदय से होती हुई वाणी बुद्धि में पहुँचती है, जिसे मध्यमा कहा गया है। यहाँ हम देख सकते हैं कि जानकारी प्राप्त करके उसे हृदय और मस्तिष्क या बुद्धि के साथ साझा किया जा रहा है और आज का आधुनिक विज्ञान भी यह कहता है कि हमारी इंद्रियाँ बाहरी जगत् की जानकारी एकत्रित करके उसे मस्तिष्क और हृदय को भेजती हैं (यह प्रक्रिया किस प्रकार कार्य करती है, इसे हम अपनी कहानी में आगे पूर्ण रूप से समझेंगे)। हमारा तंत्र जानकारी प्राप्त करने के पश्चात् उस जानकारी को हमारे मस्तिष्क और हृदय के साथ साझा करता है, यह आधुनिक विज्ञान भी कहता है और इस मंत्र के माध्यम से वैदिक ऋषि भी कहीं-न-कहीं यही कह रहे हैं। यहाँ वाणी मूलाधाररूपी इंद्रिय से जीवित तंत्र में अवतरित होती है, जिसके पश्चात् वह जानकारी हृदय और बुद्धि (मस्तिष्क/ मगज/ सोच-विचार की क्षमता इत्यादि) के साथ साझा की जाती है। आज के आधुनिक वैज्ञानिक जिस प्रक्रिया की बात करते हैं (तंत्र द्वारा जानकारी प्राप्त कर उसे हृदय और मस्तिष्क के साथ साझा करना) वह वह प्रक्रिया है जो हमारी साधारण इंद्रियों के द्वारा की जाती है, परंतु वैदिक ऋषि जिस प्रक्रिया की बात कर रहे हैं, वह चक्रों के माध्यम से पूर्ण होती है। चक्र हमें ऊर्जा/शक्ति के जगत् के साथ जोड़ते हैं और इन्हीं चक्रों के माध्यम से ब्रह्मांडीय जानकारी का जीवित तंत्र के साथ आदान-प्रदान संभव हो पाता है और इन्हीं चक्र के माध्यम से वाणी जीवित तंत्र में अवतरित हुई थी और इन्हीं चक्रों के

माध्यम से संस्कृत भाषा भी जीवित तंत्र में अवतरित हुई। इस मंत्र के माध्यम से वैदिक ऋषि यह समझाना चाहते हैं कि मूलाधार ही वह चक्र है, जो जीवित तंत्र का सूक्ष्म जटिल जोड़ ब्रह्मांड की उस ऊर्जा के साथ स्थापित करवाता है, जो हमें अपने विचारों को वाणी के माध्यम से अभिव्यक्त करने की क्षमता प्रदान करती है।

ऋग्वेद के इस मंत्र में यह भी कहा गया है कि "वाणी मूलाधार से हृदय में पहुँचती है।" यहाँ वेदिक ऋषि वाणी के मार्ग को समझाने के साथ-साथ कुछ और भी समझाना चाहते हैं। यहाँ वैदिक ऋषि यह समझाना चाहते हैं कि मूलाधार के माध्यम से सभी जीव-जंतु उस ब्रह्मांडीय ऊर्जा के साथ जुड़े हैं, जो जीवित तंत्र को वाणी की क्षमता प्रदान करवाती है, परंतु किस प्रकार की वाणी और कैसी वाणी मानव तंत्र ग्रहण करेगा, यह उसकी क्षमता पर निर्भर करता है। अर्थात् व्यक्ति का जैसा स्वभाव होगा, उसके तंत्र में मूलाधार से हृदय तक वाणी उसी के अनुसार जाएगी। अर्थात् जिस व्यक्ति का जैसा स्वभाव होगा, वैसी ही वाणी संबंधित जानकारी उसके मूलाधार से हृदय तक पहुँच सकेगी। मूलाधार के माध्यम से जीव वाणी के परम स्रोत के साथ जुड़ा होता है, परंतु मूलाधार से हृदय तक वाणी संबंधित जानकारी के वही खंड यात्रा करते हैं, जो विशिष्ट के स्वभाव के अनुकूल होते हैं। हम सभी मूलाधार के माध्यम से वाणी के परम स्रोत के साथ जुड़े होते हैं, परंतु हम उस परम स्रोत में से कौन सी और कितनी जानकारी प्राप्त करने में सक्षम हैं, यह निर्भर करता है हमारे हृदय अर्थात् हमारे स्वभाव पर। जैसा जिस व्यक्ति का स्वभाव होगा, उसी से संबंधित वाणी उनके मूलाधार से हृदय तक की यात्रा कर पाएगी।

इसके पश्चात् इस मंत्र में यह कहा गया है कि वाणी हृदय से होकर बुद्धि में जाती है और बुद्धि से कंठ और मुख में आती है। यहाँ वैदिक ऋषि यह समझाना चाहते हैं कि हृदय से आगे उतनी ही वाणी संबंधित जानकारी जाएगी जितनी व्यक्ति में बुद्धि होगी। व्यक्ति हृदय द्वारा प्राप्त वाणी संबंधित जानकारी में से जानकारी के खंडों का चुनाव अपनी बुद्धि अनुसार करेगा और वह जिस वाणी संबंधित जानकारी के खंडों का चुनाव करेगा, वही उसके कंठ तक की यात्रा कर पाएँगे। जो वाणी संबंधित जानकारी व्यक्ति के हृदय तक की यात्रा तय करती है, वह संपूर्ण जानकारी भी पूर्ण रूप से बुद्धि और कंठ तक की यात्रा नहीं कर पाती, क्योंकि विशिष्ट के हृदय से आगे कौन से वाणी संबंधित जानकारी के खंड जाएँगे, यह उसकी बुद्धि पर निर्भर करता है और मनुष्य अपनी बुद्धि के अनुसार वाणी संबंधित जानकारी के विशेष खंडों का चुनाव करता है और वाणी के जिन खंडों का चुनाव बुद्धि के द्वारा किया जाता है, वाणी के वही खंड मनुष्य के कंठ और मुख तक की यात्रा तय कर पाते हैं।

कंठ और मुख से जो वाणी निकलती है, वाणी के उस स्वरूप को तो सभी मनुष्य जानते हैं, क्योंकि वाणी के इस स्वरूप को हम अपनी साधारण इंद्रियों द्वारा ग्रहण कर सकते हैं, परंतु परा, पश्यंति और मध्यमारूपी वाणी के स्वरूप गुप्त स्थान में रहते हैं और इन्हें केवल योगी ही जान सकते हैं, अपनी ध्यान अवस्था में। क्योंकि यह वह जानकारी है जो साधारण इंद्रियों द्वारा प्राप्त नहीं की जा सकती, यह केवल चक्रों के माध्यम से ही प्राप्त की जा सकती है। एक योगी अपने ध्यान बल की सहायता से पर्याप्त ऊर्जा विकसित कर विशेष सूक्ष्म जटिल जोड़ सक्रिय करता है, जो उसे मूलाधार चक्र के माध्यम से ब्रह्मांड में उपस्थित वाणी के इस अनंत स्रोत के साथ जोड़ते हैं और योगी अपने चक्रों के माध्यम से इस विशेष वाणी संबंधित जानकारी को प्राप्त करना प्रारंभ करता है। जो वाणी हमारे कंठ और मुख से निकलती है, उसका प्रसंस्करण हमारी साधारण इंद्रियाँ कर सकती है, परंतु परा, पश्यंति और मध्यमारूपी वाणी संबंधित जानकारी का प्रसंस्करण केवल चक्रों के माध्यम से ही किया जा सकता है, इसी कारण से इस मंत्र में यह कहा गया है कि परा, पश्यंति और मध्यमा वाणी के यह स्वरूप गुप्त स्थान पर रहते हैं और केवल योगी ही इन्हें अपनी उच्च ध्यान अवस्था में प्राप्त कर सकते हैं और इनके संबंध में जान सकते हैं।

यह थे ऋग्वेद के एक मंत्र में बताए गए वाणी से संबंधित कुछ तथ्य और सिद्धार्थ, गौतम बुद्ध भी संन्यास ग्रहण करने के पश्चात् और ध्यान के सहारे अपने चक्रों को सक्रिय कर चक्रों के माध्यम से वाणी के इसी अनंत स्रोत के साथ जुड़नेवाले थे, जो सिद्धार्थ को वह विशेष क्षमता प्रदान करनेवाला था जिसके सहारे सिद्धार्थ अपने अवचेतन मन द्वारा प्राप्त ज्ञान को शब्दों का रूप दे सकते थे और शब्दों के सहारे उस ज्ञान को साधारण जन को भी समझा सकते थे। आइए, अब हम डॉ. अनुराधाजी ने जो कहा था, उस पर थोड़ा प्रकाश डालते हैं और यह समझने का प्रयास करते हैं कि डॉ. अनुराधाजी संस्कृत भाषा के संबंध में क्या समझाना चाहती हैं।

डॉ. अनुराधाजी द्वारा बताए गए तथ्यों को देखकर हम कह सकते हैं कि संस्कृत भाषा हमारे भौतिक शरीर को सकारात्मक रूप से तो प्रभावित करती ही है, इसके साथ-ही-साथ संस्कृत भाषा हमारे ऊर्जा शरीर को भी सकारात्मक रूप से प्रभावित करती है। हम यह जानते हैं कि तरंगें हमारे मन-मस्तिष्क को और हमारे पूरे तंत्र को प्रभावित करती हैं और कहीं-न-कहीं संचालित भी करती हैं और संस्कृत भाषा जो तरंगें उत्पन्न करती है या कहें, संस्कृत की ध्वनियों द्वारा जो तरंगें उत्पन्न होती हैं, वह हमारे भौतिक शरीर के साथ-साथ हमारे ऊर्जा चक्र और ऊर्जा शरीर को शुद्ध बनाने का कार्य भी करती हैं। संस्कृत भाषा की तरंगों के सहारे हम ब्रह्मांड की तरंगों के साथ जुड़ सकते हैं और प्रकृति की प्रवृत्ति को जान और समझ सकते हैं। सिद्धार्थ, गौतम बुद्ध भी संन्यास ग्रहण करने

के पश्चात् कुछ ऐसी ही ध्वनियों की अनुभूति करनेवाले थे, जो उनके भीतर उपस्थित बुद्धत्व को सक्रिय करनेवाली थी और बुद्धत्व को ऊर्जावान भी बनानेवाली थी। संस्कृत भाषा की तरंगें हमारे और प्रकृति के बीच सूक्ष्म जटिल संबंधों (एंटेंगलमेंट) का निर्माण करती हैं और हमारी चेतना को प्रकृति और ब्रह्मांड में उपस्थित अन्य सभी तंत्रों के साथ जोड़ती हैं। संस्कृत केवल एक भाषा मात्र ही नहीं है, संस्कृत एक प्राकृतिक क्रिया है और प्राकृतिक सत्य है, जिसको सिद्धार्थ, गौतम बुद्ध जाननेवाले थे।

संस्कृत भाषा के उच्चारण में हमारे ध्वनि यंत्र का लगभग संपूर्ण क्षेत्र उपयोग में आता है, जो विशेष मस्तिष्क के क्षेत्रों के साथ जुड़ा होता है और संस्कृत भाषा का उच्चारण मस्तिष्क के क्षेत्रों को भी प्रभावित करता है। मस्तिष्क के क्षेत्रों के प्रभावित होने के कारण व्यक्ति का हृदय और मस्तिष्क/बुद्धि व्यक्ति के मूलाधार द्वारा एकत्रित वाणी संबंधित संपूर्ण जानकारी को प्राप्त कर सकते हैं। संस्कृत भाषा का उच्चारण वाणी के उस मार्ग को बलशाली बनाता है जिस मार्ग के सहारे वाणी मूलाधार से हृदय तक और हृदय से बुद्धि और मुख तक की यात्रा तय कर पाती है। वाणी के इस परिपथ के बलशाली होने के पश्चात् मनुष्य अपने अन्य चक्रों और इंद्रियों द्वारा एकत्रित ज्ञान को भी भाषा का रूप प्रदान कर समझ भी सकता है और अन्य मनुष्यों को समझा भी सकता है और संन्यास ग्रहण करने के पश्चात् सिद्धार्थ, गौतम भी संस्कृत के मंत्रों के सहारे अपने मस्तिष्क के वही क्षेत्र बलशाली बनानेवाले थे, जो उनकी बुद्धि को नए आयाम प्रदान करवानेवाले थे और ऐसी ही प्रक्रियाओं के सहारे सिद्धार्थ परम संबंधित जानकारियाँ एकत्रित कर प्रकृति की प्रवृत्ति को समझनेवाले थे।

अलग भाषा केवल विचारों के स्वरूप को ही परिवर्तित नहीं करती है, वह तो व्यक्ति को एक नई मनोदशा प्रदान करती है और 'स्वयं का और स्व का' विश्लेषण करने की क्षमता भी प्रदान करती है। संन्यास ग्रहण करने के पश्चात् सिद्धार्थ भी भारत भ्रमण के समय और भिन्न-भिन्न गुरुओं के पास जाकर नई-नई मनोदशा विकसित कर रहे थे और अपनी चेतना को नए आयाम प्रदान करवा रहे थे। सिद्धार्थ ने भी कहीं-न-कहीं नई विकसित मनोदशा के सहारे स्वयं का और अपने स्व का विश्लेषण करना प्रारंभ कर दिया था और विश्लेषणात्मक ध्यान की इस प्रक्रिया के सहारे सिद्धार्थ ने उच्च मनोदशा को प्राप्त करने के परिपथ का निर्माण भी कर दिया था। संन्यास ग्रहण करने के पश्चात् भिन्न-भिन्न साधनों से सिद्धार्थ विद्या प्राप्ति भी कर रहे थे और जाने-अनजाने शून्यता और समाधि के लिए उपयुक्त योग बल भी विकसित कर रहे थे।

बुद्धजी ने इन सभी सिद्धांतों का उपयोग तो किया ही, इसके साथ-ही-साथ उन्होंने इस सिद्धांत को कहीं-न-कहीं समझा भी और इसके बारे में सोचा भी होगा। भारत में

भ्रमण करके और विभिन्न प्रकार की संस्कृतियों और लोगों को देख, समझकर और भिन्न-भिन्न भाषावाले लोगों की भिन्न-भिन्न सोच को अनुभव करने के पश्चात् और भिन्न-भिन्न भाषा में प्रकृति के भिन्न-भिन्न सत्य को भिन्न-भिन्न रूपों से अभिव्यक्त करने की विशेषता को समझने के पश्चात् बुद्ध ने भाषा के महत्त्व और भाषा की भूमिका हमारे जीवन में क्या है और कितनी है, यह सब जान लिया होगा और सिद्धार्थ के अवचेतन मन ने सभी भाषा में छिपे भाव का भी प्रसंस्करण किया होगा, जिसके कारण सिद्धार्थ की मनोदशा में नए आयाम जुड़ने लगे थे। भाषा क्या-क्या कर सकती है, उसमें भी उन्होंने सिद्धि प्राप्त की (मंत्रों की सहायता से और प्रवचन की शक्ति से), परंतु बुद्ध इतना सब जानकर ही संतुष्ट नहीं हो गए थे, उनकी जिज्ञासा इतना सब जानकर ही शांत नहीं हो गई थी, बल्कि उनकी जिज्ञासा इसके भी पार जाना चाहती थी और वह गई भी। समय और साधना के साथ-साथ सिद्धार्थ भाषा के आगे या भाषा के पार जाकर 'मौन' को समझ पाए। गौतम बुद्ध ने यह जाना और समझा कि भले ही भाषाएँ अलग-अलग हों, भले ही सोच अलग-अलग हो, परंतु यह सभी प्रकृति और समयाकाश के संदर्भ में ही बातें करते हैं, सब इन्हीं विषय के संदर्भ में सोचते हैं और इसी से सब संबंध स्थापित भी करते हैं।

संन्यास ग्रहण करने के पश्चात् सिद्धार्थ के अवचेतन मन ने अलग-अलग भाषा में छिपे हुए भाव को पंजीकृत किया और उनकी चेतना ने पंजीकृत जानकारी का चेतनापूर्वक निरीक्षण भी किया, जिसके कारण सिद्धार्थ की चेतना और मनोदशा में परिवर्तन आने लगे थे और उनका शारीरिक और मानसिक तंत्र परिवर्तित होने लगा था, जो उन्हें समय और साधना के साथ-साथ समाधि और मोक्ष तक ले जानेवाला था। संन्यास ग्रहण करने के पश्चात् सिद्धार्थ चेतन और अवचेतन मन द्वारा प्रकृति और सत्य से संबंधित भिन्न-भिन्न जानकारी एकत्रित भी कर रहे थे और उस जानकारी का निरीक्षण कर प्रकृति की प्रवृत्ति को समझ भी रहे थे और धीरे-धीरे सत्य के समीप जा रहे थे। संन्यास ग्रहण करने के पश्चात् सिद्धार्थ की जिज्ञासु चेतना अपना कार्य कर रही थी और सिद्धार्थ के मानसिक और शारीरिक तंत्र में आवश्यक परिवर्तन भी कर रही थी। परम सत्य को जानने की जिज्ञासा ने सिद्धार्थ के भीतर एक असीम विद्या प्राप्ति की प्रक्रिया प्रारंभ कर दी थी, जिसके सहारे सिद्धार्थ माया की इस लीला को जानने और समझने लगे थे। अपने चेतन और अवचेतन मन की प्रक्रिया के सहारे सिद्धार्थ, गौतम के भीतर उपस्थित बुद्धत्व धीरे-धीरे समाधि से संबंधित जानकारी को उसकी जटिल जोड़ की अवस्था से बाहर ला रहा था और धीरे-धीरे सिद्धार्थ मोक्ष प्राप्त करने हेतु उपयुक्त ध्यान और योग बल विकसित कर रहे थे।

प्रत्येक भाषा में जो प्रकृति को भिन्न-भिन्न दृष्टिकोण के सहारे देखने की विशेषता, भाषा की ऊर्जा और प्रत्येक भाषा में छिपे हुए भाव के सहारे सिद्धार्थ ने कहीं-न-कहीं मानव जीवन में भाषा के प्रभाव और भाषा के सत्य को तो जाना और समझा ही होगा और इसकी महत्त्वता भी जानी होगी, परंतु सिद्धार्थ की जिज्ञासा केवल भाषा के आयाम के सत्य को जान और समझकर ही शांत नहीं हो गई थी, वह भाषा के पार के सत्य को भी जानना और समझना चाहती थी, वह मौन अवस्था की वास्तविकता को भी जानना और समझना चाहती थी, अर्थात् शून्यता की वास्तविकता की भी अनुभूति करना चाहती थी और समय के साथ-साथ और अपनी साधना के बल पर सिद्धार्थ ने ऐसा किया भी। सिद्धार्थ ने भाषा के सत्य को साधा, परंतु भाषा को साधकर ही सिद्धार्थ को परम सत्य की अनुभूति नहीं होनेवाली थी, परम सत्य को जानने हेतु सिद्धार्थ को सभी प्रकार की भाषा और संकल्पना के पार जाकर प्रकृति की अनुभूति करनी थी और सिद्धार्थ की जिज्ञासा ने ऐसा किया भी। संन्यास ग्रहण करने के पश्चात् समय के साथ-साथ सिद्धार्थ साधना के बल पर भाषा के आयाम से शून्यता के आयाम में प्रविष्ट हुए।

इसी ज्ञान के साथ बुद्ध की जिज्ञासा ने मौन से शून्यता तक छलाँग लगाई और वह मानव निर्मित सत्य के पार गए और अपनी ऊर्जा को असीमित (ब्रह्मांड) में खोज के लिए छोड़ दिया, या कहें कि यह ज्ञान प्राप्त होने के पश्चात् बुद्ध ने अपनी जिज्ञासु चेतना को असीमित की ओर मोड़ दिया। यहाँ से और इस सोच और समझ के साथ गौतम बुद्ध समयाकाश की अधिक विशेषताओं के साथ जटिलता से जुड़ गए और इस जटिल जोड़ ने बुद्ध के पुराने जटिल जोड़ को खंडित भी किया। जटिल जोड़ के बनने की प्रक्रिया (एंटेंगलमेंट) और जटिल जोड़ के खंडित होने की प्रक्रिया (डिस्-एंटेंगलमेंट) साथ-साथ भी घटित होती है और अलग-अलग भी। समय की सोच-समझ ने गौतम बुद्ध को समय और अन्य घटनाओं को भी संकल्पना रहित स्वरूप के साथ अनुभूति करने की और सोचने की क्षमता प्रदान की। भिन्न-भिन्न दृष्टिकोण की सहायता से गौतम बुद्ध 'दृष्टिकोण' की संकल्पना के भी पार हो गए और अज्ञात में प्रवेश किया। यह सब कैसे हुआ होगा और जटिल जोड़ का बनना और खंडित होना साथ-साथ और अलग-अलग कैसे कार्य करता है, इसको हम अपनी कहानी में आगे समझेंगे।

सत्य की खोज की अपनी यात्रा में इस समय तक बुद्ध ध्यान की उस अवस्था को प्राप्त कर चुके थे जहाँ वह बिना किसी भाषा और बिना किसी संकल्पना के शून्यता में किसी-न-किसी रूप में दिव्य ज्ञान की अनुभूति करने लगे थे। इतने पर ही गौतम बुद्ध की जिज्ञासा शांत नहीं हो गई थी और उनकी ध्यान और योग यात्रा समाप्त नहीं हो गई थी, अभी तो उनकी ध्यान यात्रा प्रारंभ हुई थी और अभी तो गौतम बुद्ध को निर्वाण की

अवस्था और समाधि की अवस्था प्राप्त करने हेतु अपनी अन्य छिपी हुई शक्तियों को सक्रिय करना था। अभी तो शून्यता सिद्धार्थ के भीतर केवल अवतरित हुई थी, ध्यान के सहारे अभी सिद्धार्थ को शून्यता को पूर्ण रूप से धारण करना शेष था। बुद्ध ने अपनी छुपी हुई शक्तियों को या अज्ञात शक्तियों को ध्यान और योग की सहायता से सक्रिय किया। तो आइए, ध्यान और योग के संदर्भ में थोड़ा अधिक जानते और समझते हैं और समझते हैं कि योग और ध्यान छुपी हुई शक्तियों को और सर्वव्यापी शक्तियों और ऊर्जा को कैसे जागृत करता है।

□

11

योग और ध्यान का महत्त्व

हम यह जानते हैं कि बुद्ध ने मोक्ष और समाधि स्वयं ही प्राप्त की थी, परंतु इसका यह अर्थ नहीं है कि सिद्धार्थ, गौतम बुद्ध किसी भी गुरु के पास नहीं गए थे या किसी भी गुरु से उन्होंने कोई भी विद्या ग्रहण नहीं की या किसी भी गुरु ने उन्हें किसी प्रकार का कोई ज्ञान नहीं दिया। वास्तविकता में संन्यास ग्रहण करने के पश्चात् सिद्धार्थ अनेक गुरुओं के पास भी गए और गुरुओं ने उन्हें ज्ञान भी प्रदान करवाया और सिद्धार्थ ने अनेक गुरुओं से भिन्न-भिन्न प्रकार की विद्या भी प्राप्त की। सिद्धार्थ संन्यास ग्रहण करने के पश्चात् केवल भारत भ्रमण ही नहीं कर रहे थे और न ही वह एकांतवासी हो गए थे, वह भ्रमण और एकांतवास के साथ-साथ योग और ध्यान भी सीख रहे थे और उसका अभ्यास भी कर रहे थे, अर्थात् सिद्धार्थ जाने-अनजाने समाधि प्राप्त करने हेतु

साधना कर रहे थे। सत्य की खोज सिद्धार्थ को अनेक अलग-अलग गुरुओं के पास ले गई। अलग-अलग गुरुओं ने अपने ज्ञान और अपनी ज्ञात साधना के अनुसार सिद्धार्थ को विद्या सिखाई। किसी-किसी गुरु ने उनको केवल पीड़ा सहना सिखाया, किसी गुरु ने भूखा रहना सिखाया और कुछ गुरुओं ने सिद्धार्थ को अन्य प्रकार की पीड़ा में रहकर मोक्ष प्राप्त करने का मार्ग दिखाया और अन्य गुरुओं ने मोक्ष के अन्य मार्ग बताए। परंतु सत्य की खोज में सिद्धार्थ को कुछ गुरु ऐसे मिले जिन्होंने सिद्धार्थ को योग और ध्यान का ज्ञान दिया. सिद्धार्थ की जिज्ञासा कोई भी गुरु शांत नहीं कर पाए, परंतु इसका यह अर्थ नहीं कि उन गुरुओं से सिद्धार्थ ने कुछ नहीं सीखा। सिद्धार्थ ने सभी गुरुओं द्वारा बताई गई विद्या से बहुत कुछ सीखा भी और समय के साथ-साथ उस विद्या और ज्ञान के सहारे अपने तंत्र में समाधि प्राप्त करने हेतु पर्याप्त परिवर्तन भी किए।

हमने अपनी कहानी के प्रारंभ में यह जाना था कि जिज्ञासा एक ऐसे भँवर का निर्माण करती है जिसके भीतर जानकारियाँ खिंची चली आती हैं और उस भँवर के भीतर वह जानकारियाँ तो आती ही हैं जिनके प्रति व्यक्ति सर्वप्रथम जिज्ञासु होता है, इसके साथ-साथ उस जिज्ञासा के भँवर के भीतर वह जानकारियाँ भी प्रवेश कर जाती हैं जिनके प्रति वह व्यक्ति सर्वप्रथम जिज्ञासु नहीं था, ऐसा ही कुछ सिद्धार्थ, गौतम के साथ भी घटित हो रहा था। जब वह भिन्न-भिन्न गुरुओं से भिन्न-भिन्न प्रकार की शिक्षा ग्रहण कर रहे थे, तो वह उस समय गुरुओं द्वारा बताई गई शिक्षा तो ग्रहण कर ही रहे थे, इसके साथ-साथ उस शिक्षा से जुड़ी अन्य प्रकार की जानकारियाँ भी उनके तंत्र में प्रवेश कर रही थी, जो परम सत्य से ही संबंधित थी और जिसका निरीक्षण सिद्धार्थ अपनी ध्यान अवस्था में करनेवाले थे और उसके सहारे वह परम सत्य को जानने और समझनेवाले थे। सिद्धार्थ ने सभी गुरुओं से बहुत-कुछ सीखा और जब सिद्धार्थ भिन्न-भिन्न गुरुओं से विद्या प्राप्ति कर रहे थे उस समय उनकी जिज्ञासा की तीव्रता सभी प्रकार की जानकारियाँ चेतन रूप से एकत्रित तो कर ही रही थीं, इसके साथ-साथ सिद्धार्थ, गौतम का अवचेतन मन उन जानकारियों से संबंधित अन्य जानकारियों को भी ग्रहण कर रहा था।

सिद्धार्थ, गौतम को भिन्न-भिन्न गुरुओं ने जो जानकारी दी, वह परम सत्य से कहीं-न-कहीं संबंधित थी और उस जानकारी के साथ परम सत्य से संबंधित अन्य जानकारियाँ भी जटिलता से जुड़ी हुई थीं और सिद्धार्थ के अवचेतन मन ने इन जटिल जोड़ के सहारे परम सत्य से संबंधित वह जानकारी भी एकत्रित की, जो गुरुओं ने शब्दों और भावनाओं के साथ नहीं समझाई थी, अर्थात् प्रत्यक्ष रूप से गुरुओं ने सिद्धार्थ को जो जानकारी नहीं दी, वह जानकारी भी सिद्धार्थ अपनी जिज्ञासा के सहारे एकत्रित कर रहे थे। प्रत्येक गुरु की विद्या के सहारे सिद्धार्थ परम सत्य से संबंधित जानकारी के अलग-अलग खंडों को उनकी जटिल जोड़ की अवस्था से बाहर ला रहे थे और

धीरे-धीरे इसके सहारे वह प्रकृति की प्रवृत्ति को भी समझ रहे थे, क्योंकि जानकारी के जटिल जोड़ अवस्था के बाहर आने के कारण मायारूपी तंत्र का पतन हो रहा था और धीरे-धीरे भिन्न-भिन्न प्रकार की वास्तविकताओं का पतन होता गया और धीरे-धीरे ज्ञान प्राप्त करके सिद्धार्थ, गौतम बुद्ध प्रकृति की प्रवृत्ति को लज्जित करते चले गए, जिसके कारण वह सही समय आने पर समाधि ग्रहण कर परम सत्य को जान और समझ पाए। सिद्धार्थ धीरे-धीरे योग और ध्यान का प्रशिक्षण करते या कहें योग और ध्यान की साधना करते-करते स्वयं योग और ध्यान का अर्थ जान गए थे और इनका महत्व भी सिद्धार्थ को समझ में आ गया था और इसके साथ-साथ उन्होंने योग और ध्यान की सहायता से परम सत्य से संबंधित जानकारी के उस जटिल जोड़ को सक्रिय कर दिया था, जो उन्हें परम सत्य का ज्ञान प्रदान करवानेवाला था और समाधि तक ले जानेवाला था।

जैसे-जैसे सिद्धार्थ योग और ध्यान का अभ्यास कर रहे थे वैसे-वैसे ही वह अपनी बुद्धि और मस्तिष्क की कार्यप्रणाली को अधिक बलशाली बना रहे थे और अपनी भिन्न-भिन्न क्रिया प्रणाली के बीच और अपनी क्रिया प्रणाली और प्रकृति के बीच सूक्ष्म जटिल जोड़ स्थापित भी कर रहे थे और अपनी चेतना का विस्तार कर रहे थे। योग और ध्यान को साधकर ही सिद्धार्थ समाधि को प्राप्त कर सके। आइए, सिद्धार्थ की समाधि तक की यात्रा को देखते हैं और जानते हैं कि योग और ध्यान क्या है और यह मानव के 'मानसिक और शारीरिक तंत्र' पर कैसे और क्या प्रभाव डालते हैं। हम योग और ध्यान के प्रभाव को वैज्ञानिक और आध्यात्मिक, दोनों ही दृष्टिकोण के सहारे समझने का प्रयास करेंगे। आइए, जानते हैं कि कैसे योग और ध्यान ने सिद्धार्थ को बुद्ध बनाया।

वैज्ञानिक तथ्य और सिद्धांत

माइंड एंड लाइफ संस्थान के एक वाद-विवाद में वैज्ञानिकों ने बताया कि मनुष्य अनुभव किस प्रकार करता है और उसके अनुभव पर शरीर क्या प्रभाव डालता है।

हमारा शरीर हमारे अनुभव को प्रभावित करता है। शरीर हमारी चेतना को प्रभावित करता है। हम किस प्रकार अनुभव करेंगे, इस पर हमारे शरीर का आसन बहुत प्रभाव डालता है। हम अनुभव की प्रक्रिया को इस प्रकार देखते हैं—

- **अवतीर्ण (एंबॉडीमेंट) :** कैसे हमारा शरीर हमारे अनुभव और मस्तिष्क की गतिविधियों को प्रभावित करता है और कैसे उसे दिशा और आकार भी देता है।
- **अंतराविषयिक (इंटरसब्जेक्टिविटी) :** अंतर्संबंध (इंटरपर्सनल) और सामाजिक मेल-मिलाप।

  अंतराविषयिक को हम दो भागों में देखते हैं—

- **सामाजिक अनुभूति (सोशल कॉग्निशन)** : हम दूसरे व्यक्ति को कैसे समझते हैं।
- **साझा इंद्रिय ज्ञान (शेयर्ड सेंसमेकिंग)** : दूसरे व्यक्ति कैसे हमारी अनुभूति और क्रिया को प्रभावित करते हैं।

हमारा शरीर हमारे अनुभव को प्रभावित करता है। हमारा शरीर एक प्रकार से हमारी चेतना को प्रभावित करता है। हमारे शरीर का आसन महत्त्वपूर्ण है। कुछ आसन हमारी एकाग्रता को बढ़ा देते हैं तो कुछ हमारी एकाग्रता को घटा देते हैं।

X की टिप्पणी

हमारा शरीर हमारी अनुभूति और मस्तिष्क की कार्य प्रणाली को प्रभावित करता है, अर्थात् हमारा शरीर मस्तिष्क की क्रिया प्रणाली और अनुभूति के तंत्रिका प्रसंस्करण को प्रत्यक्ष या अप्रत्यक्ष रूप से प्रभावित करता है। यह सब एक प्रकार से संभव है और यह संभव हो पाता है हमारे शरीर का जो हमारी मस्तिष्क और हमारी बुद्धि के साथ जो जटिल जोड़ स्थापित है उसके कारण। हमारे शरीर और मस्तिष्क के बीच कुछ सीधे-सीधे भौतिक जोड़ भी स्थापित हैं और सूक्ष्म जटिल जोड़ भी स्थापित है। हमारा शरीर भी चेतना की लीला में एक महत्त्वपूर्ण भूमिका निभाता है, इसीलिए हमारे ऋषियों ने, योगियों ने और गुरु ने योग और ध्यान की उत्पत्ति की या कहें, योग और ध्यान की खोज की। यदि हमारा शरीर हमारी अनुभूति और मस्तिष्क की क्रिया प्रणाली को प्रभावित करता है, तो इसका यह अर्थ है कि हमारे शरीर की कार्यप्रणालियाँ जैसे हमारी रीढ़ की हड्डी, हृदय इत्यादि हमारी मनोदशा और हमारी चेतना से किसी-न-किसी रूप से जटिलता से जुड़ा हुआ है और यह दोनों एक-दूसरे को प्रभावित करने की क्षमता भी रखते हैं। हमारा शरीर हमारी अनुभूति को प्रभावित करता है, अर्थात् हमारा शरीर हमारी चेतना को प्रभावित करता है।

यह दरशाता है कि हमारा शरीर भी कुछ सर्वव्यापी ऊर्जा या कार्यप्रणाली को समाए हुए है, या कहें कि शरीर और मस्तिष्क के छुपे हुए जटिल जोड़ हमारे सत्य या हमारी वास्तविकता को आकार देते हैं। हमारा शरीर भी चेतन तंत्रिका प्रसंस्करण को प्रभावित कर सकता है, अर्थात् हमारा शरीर भी चेतना के साथ कहीं-न-कहीं जुड़ा हुआ है। हम यह भी जानते हैं कि कुछ 'स्मृति से जुड़ी क्रिया प्रणाली और क्षेत्र' हमारे मस्तिष्क के साथ-साथ हमारे शरीर में भी होते हैं, जैसे मांसपेशी की स्मृति (मसल मेमोरी), डी.एन.ए. की स्मृति या डी.एन.ए. की जानकारी इत्यादि। उन स्मृति से जुड़े क्षेत्रों में स्मृति पंजीकृत होती है। हम जानते हैं और आगे अपनी कहानी में हम अधिक जानेंगे कि स्मृति जो है, वह आकाश में अवतीर्ण होती है और एक प्रकार से चेतन आकाश

(कॉन्शियस स्पेस) का निर्माण करती है। हमारी तंत्रिका जब भी कोई स्मृति पंजीकृत करती है तब वह कुछ प्रोटींस और अन्य अनिर्मित सामग्री की सहायता से हमारे शरीर के भीतर 'नए आकाश का निर्माण' करती है, या हम यह भी कह सकते हैं कि स्मृति के रूप में हमारा तंत्र साधारण आकाश (नॉर्मल स्पेस) को चेतन आकाश (कॉन्शियस स्पेस) में परिवर्तित कर देता है। हम यह भी जानते हैं कि स्मृति सिनेप्टिक गैप में संग्रहीत होती है, जो तंत्रिका के बीच का खाली स्थान होता है, या हम यह भी कह सकते हैं कि वह रिक्त आकाश होता है, जहाँ स्मृतियाँ पंजीकृत होती हैं। वह रिक्त आकाश, जो हमारे शरीर में तंत्रिका के बीच उपस्थित होता है, वह हमारे शरीर के बाहर फैले असीमित आकाश जैसा ही होता है। हमारी तंत्रिका का सिनेप्टिक गैप या तंत्रिका में उपस्थित रिक्त स्थान/आकाश जो है, वह ब्रह्मांड में उपस्थित आकाश जैसा ही होता है। ब्रह्मांडीय आकाश और हमारी तंत्रिका में उपस्थित आकाश जटिलता से जुड़े हैं, या कहें हमारी तंत्रिका में उपस्थित जो रिक्त आकाश होता है, वह ब्रह्मांडीय आकाश का ही एक भाग है और इन्हीं आकाशीय जटिल जोड़ के सहारे प्रकृति में उपस्थित किसी भी तंत्र के बीच जानकारियों का आदान-प्रदान भी होता है और इन्हीं आकाशीय जटिल जोड़ की सहायता से एक तंत्र प्रकृति में उपस्थित अन्य सभी तंत्र के साथ जुड़ा होता है। हम स्मृतियों के रूप में अपने भीतर चेतन आकाश का निर्माण करते हैं, इस चेतन आकाश में हमारी स्मृति अवतीर्ण होती है। योग और ध्यान की सहायता से हम इस चेतन आकाश को भी साधते हैं और इस चेतन आकाश को अपनी सर्वव्यापी ऊर्जाओं के साथ जोड़ते हैं। हमारे भीतर का चेतन आकाश बाहर उपस्थित ब्रह्मांडीय आकाश जैसा ही है, इसीलिए पौराणिक ग्रंथों में कहा गया है कि 'हमारी स्मृति आकाश में अवतीर्ण होती है।' हम वस्तुतः अपनी स्मृति को और अपने अनुभवों को आकाश में अवतीर्ण करते हैं, अर्थात् हमारी स्मृति जो है, वह ब्रह्मांडीय आकाश का ही एक भाग है, जो उसके भीतर सदा उपस्थित रहेगा, भले ही यह भौतिक शरीर रहे या ना रहे और योग और साधना की सहायता से हम उस चेतन आकाश को अपनी अन्य शक्तियों के साथ जटिलता से जोड़ते हैं और उसे साधते हैं।

हमारे शरीर का हमारी चेतना, अनुभूति और मस्तिष्क की क्रिया प्रणाली में महत्त्वपूर्ण योगदान होने के कारण ही हमारे गुरु, ऋषि-मुनि, योगी और प्राचीन बुद्धिजीवियों ने 'योग और ध्यान' का आविष्कार किया था।

हम स्मृतियों के रूप में चेतन आकाश का निर्माण करते हैं और योग और ध्यान की सहायता से हम ऐसे ही चेतन आकाश को साधते हैं और धीरे-धीरे शून्यता की ओर बढ़ते हैं। यह सब किस प्रकार संभव हो पाता है, आइए, इसे समझने के लिए भी हम ऋग्वेद के एक मंत्र का सहारा लेते हैं।

ऋग्वेद का एक मंत्र है, जो अग्नि की विशेषता बताते हुए कहता है कि "मंथन

कर्म से प्रकट होकर यह अग्नि शीघ्र ही चारों ओर फैलने लगता है और तब इसमें घी की आहुतियाँ पड़ने लग जाती हैं और तब यह अग्नि उपासकों को इष्ट फल देता है।" इस मंत्र में यह कहा गया है कि "मंथन कर्म से प्रकट होकर यह अग्नि चारों ओर शीघ्र ही फैलने लगती है।" मंथन अनेक प्रकार का हो सकता है और उन्हीं में से एक है आत्ममंथन, जहाँ व्यक्ति स्वयं की वास्तविकता और संपूर्ण जगत् की वास्तविकता जानने हेतु विभिन्न प्रकार की जानकारियों का गहन निरीक्षण करता है, साधारण अवस्था में भी और ध्यान अवस्था में भी। यहाँ संभवत: वैदिक ऋषि यह कहना चाहते हैं कि जब मनुष्य आत्ममंथन या वास्तविकता के मंथन की प्रक्रिया प्रारंभ करता है और धीरे-धीरे ध्यान अवस्था में इस मंथन की प्रक्रिया को प्रारंभ करता है तब उसके तंत्र के भीतर अग्नि का एक विशेष स्वरूप अवतरित होता है और अवतरित होने के पश्चात् वह साधक के तंत्र में शीघ्र ही चारों ओर फैलने लगता है, जो साधक की भाँति-भाँति प्रकार से सहायता करता है।

इस मंत्र में हम 'घी की आहुतियों के पड़ने' को हवन की प्रक्रिया समझ सकते हैं, परंतु यहाँ वैदिक ऋषि हवन की प्रक्रिया नहीं दरशा रहे, यहाँ पर वैदिक ऋषि यज्ञ की चर्चा कर रहे हैं और यज्ञ यहाँ हवन नहीं है। इस मंत्र में वैदिक ऋषि जिसे यज्ञ कह रहे हैं, उस यज्ञ के सहारे वह हवन की प्रक्रिया की व्याख्या नहीं कर रहे, बल्कि यहाँ वेदों के ऋषि यज्ञरूपी प्रक्रिया के सहारे कुछ और समझाना चाह रहे हैं। वेदों में बहुत से स्थानों पर यज्ञ का अर्थ 'जीवनरूपी प्रक्रिया' बताया गया है और कहा गया है कि हमारा शरीर एक यज्ञशाला है जिसके भीतर जीवन रूपी यज्ञ चलता रहता है और यहाँ भी यज्ञ प्रक्रिया के सहारे ऋषि जीवन की लीला समझा रहे हैं। यहाँ कहा गया है कि मंथन कर्म से प्रकट होकर यह अग्नि शीघ्र ही चारों ओर फैलने लगती है और तब इसमें घी की आहुतियाँ पड़ने लग जाती हैं, इसका अर्थ है कि जब मनुष्य ध्यान अवस्था में ध्यानरूपी यज्ञ करता है, तब अग्नि का एक स्वरूप उनके तंत्र में अवतरित होता है, जो साधक के तंत्र को अधिक ध्यान बल उत्पन्न करने में सहायता प्रदान करता है और उसके पश्चात् साधक का मस्तिष्क कुछ ऐसे रसों का निर्माण करना प्रारंभ करता है, जो मनुष्य की चेतना और ध्यान अवस्था को उच्च बनाने में सहायता प्रदान करते हैं। इस मंत्र में जो 'घी' शब्द का प्रयोग किया गया है, उसका अर्थ सकारात्मक मानसिक और शारीरिक रस है, इस मंत्र में सकारात्मक मानसिक और शारीरिक रसों को घी के द्वारा दरशाया गया है, जो साधक की भिन्न-भिन्न प्रकार से सहायता करते हैं। इस रस के निर्माण की प्रक्रिया को यज्ञ में घी की आहुतियों के पड़ने के समान बताया गया है। जिस प्रकार हवन की अग्नि घी पाकर अधिक तीव्र हो जाती है, उसी प्रकार मनुष्य का मस्तिष्क ध्यानरूपी यज्ञ में आवश्यक रस और बल प्राप्त कर ध्यान अवस्था को अधिक तीव्र कर देता है और इसके पश्चात्

यह अग्नि उपासकों को इष्ट फल देता है, अर्थात् ध्यानरूपी बल में अग्नि आवश्यक रस प्राप्त कर अधिक तीव्र होकर कुछ विशेष सूक्ष्म जटिल जोड़ को सक्रिय करना प्रारंभ कर देता है और कुछ विशेष सूक्ष्म जटिल जोड़ का खंडन भी प्रारंभ कर देता है, जिसके सहारे साधक उचित ध्यान अवस्था विकसित करना प्रारंभ कर देते हैं, जो उनके इष्ट फल के समान होता है।

जब साधक ध्यान और योग करता है तब उसके भीतर विशेष अग्नि का स्वरूप अवतरित होता है, जो उसके शरीर के भीतर विशेष ऊर्जा और विशेष रसों का निर्माण करता है, जो साधक के भीतर आवश्यक सूक्ष्म जटिल जोड़ को सक्रिय और अनावश्यक सूक्ष्म जटिल जोड़ को खंडित करते हैं और साधक को उच्च ध्यान अवस्था प्राप्त करने में सहायता करते हैं। इस यज्ञरूपी प्रक्रिया में ध्यान और योग बल से उत्पन्न विशेष अग्नि का स्वरूप और आवश्यक ऊर्जा और रस हमारे भीतर उपस्थित चेतन आकाश को साधने में हमारी सहायता करते है और अग्नि का यही विशेष स्वरूप हमें हमारे भौतिक शरीर के बाहर उपस्थित आकाश के साथ संबंध स्थापित करने में भी सहायता प्रदान करता है और इसी कारण से प्राचीन भारतीय योगियों ने विशेष योग और ध्यान का निर्माण किया है, जो साधक की विशेष आकाश को साधने में सहायता करते हैं और साधक को समाधि की ओर ले जाते हैं।

वैज्ञानिक तथ्य

शरीर का आसन हमारी चेतना को प्रभावित करता है। कुछ शरीर के आसन हमारी एकाग्रता बढ़ाते हैं, कुछ आसन हमारी भूतकाल की स्मृति को पुनः स्मरण करने में सहायक होते हैं और कुछ आसन हमारी चेतन गतिविधियों को प्रभावित करते हैं। जैसे जब कोई व्यक्ति अपना शीश और अपनी आँखें बाईं दिशा में घुमाता है तो वह अपनी स्मृति को शीघ्र स्मरण कर सकता है।

यह सिद्ध हो चुका है कि शारीरिक गतिविधियाँ और मानसिक गतिविधियाँ दोनों ही मस्तिष्क के एक ही क्षेत्र द्वारा नियंत्रित की जाती हैं और यह एक साथ विकसित होते हैं, मस्तिष्क के एक ही क्षेत्र द्वारा। बच्चे यदि अधिक रेंगकर चलते हैं तो उनकी मस्तिष्क की गतिविधि और शारीरिक नियंत्रण अच्छा होता है, अर्थात् शारीरिक गतिविधियाँ भी मानसिक विकास में सहायता करती है।

X की टिप्पणी

हमारे भारतीय ग्रंथों में बताया गया है और महान् योगियों ने भी कहा है कि 'योगी को और साधक को अवश्य ही अपनी योग साधना से पूर्व अपना आसन जानना,

पहचानना और समझना चाहिए'। यह इसलिए कहा गया है कि आसन को जानो और समझो और अपने आसन को पहचानो, जो तुम्हारी साधना में सहायता करे और तुम्हें समाधि तक ले जाए। प्रत्येक आसन और प्रत्येक मुद्रा का अपना ही विशेष महत्व होता है और प्रत्येक आसन और प्रत्येक मुद्रा भिन्न-भिन्न शरीर पर भाँति-भाँति के प्रभाव डालते हैं, जिसको जानना साधक के लिए अत्यंत आवश्यक होता है और आसन के इन सभी प्रभावों को प्राचीन भारतीय योगियों ने हजारों वर्ष पूर्व समझ लिया था और इसी कारण से उन्होंने योग मुद्राओं का निर्माण किया। आसन को जानो और पहचानो अर्थात् प्रथम यह ज्ञात करो कि कौन सा आसन ध्यान भंग कर रहा है और कौन-कौन से आसन अपेक्षित ऊर्जा उत्पन्न कर रहे हैं।

हम आधुनिक विज्ञान की सहायता से यह कह सकते हैं और यह जानते भी हैं कि आसन अनुभूति और मस्तिष्क की गतिविधि को प्रभावित करते हैं और प्रत्येक व्यक्ति का अनुभव अलग-अलग होता है, जिसके कारण उनके विकास के समय उसके कुछ सामान्य आसन विकसित होते हैं, जो कि उसकी अनुभूति और मस्तिष्क की गतिविधि को प्रभावित करते हैं, जाने-अनजाने में ही। कुछ आसन लाभ देते हैं तो कुछ हानि पहुँचाते हैं। अलग-अलग अनुभव होने के कारण प्रत्येक मनुष्य का तंत्र अलग-अलग होता है। अलग-अलग होने के कारण सबका तंत्र अलग-अलग मात्रा में अलग-अलग ऊर्जा उत्पन्न करता है, जिसको हमारे योगियों ने और गुरुओं ने 'चक्र प्रणाली या चक्र ऊर्जा' के रूप में दरशाया है और इसकी व्याख्या भी पूर्ण रूप से की है।

विशेष आसन और मुद्रा हमारे ऊर्जा शरीर के विशेष चक्रों को सक्रिय, बलशाली और संतुलित करते हैं। विशेष आसन और विशेष मुद्रा विशेष चक्र में ऊर्जा प्रवाह को कम या अधिक कर सकती हैं और यदि साधक को यह ज्ञात नहीं है कि कौन सा आसन किस चक्र में ऊर्जा प्रभाव को बढ़ाता है या घटाता है तो उसे साधना के समय समस्याओं का सामना करना पड़ सकता है, क्योंकि प्रत्येक व्यक्ति के व्यवहार, कर्म, दिनचर्या और व्यक्तित्व के अनुसार प्राकृतिक रूप से उनके कुछ चक्र अधिक क्रियाशील होते हैं और कुछ चक्र कम क्रियाशील होते हैं और यदि साधक जाने-अनजाने वह आसन अपना लेता है, जो उसके अधिक सक्रिय चक्रों में ऊर्जा प्रवाह को बढ़ा देंगे तो उसके चक्रों का संतुलन असंतुलित हो जाएगा और यदि साधक का आसन कुछ विशेष चक्रों में ऊर्जा प्रवाह को रोक देगा, जहाँ साधक को चक्र संतुलन के लिए ऊर्जा प्रवाह चाहिए, तब भी साधक का आसन चक्रों को अनजाने ही असंतुलित कर देगा। इसी कारण से साधक को आसन का ज्ञात होना आवश्यक है, ताकि वह अपनी साधना में अपनी ऊर्जा का सही उपयोग कर सकें।

चक्र साधना की प्रक्रिया में साधक अपने आसनों को सुधारकर ध्यान की सहायता

से अपने ऊर्जा तंत्र को साधते हैं। चक्र साधना से संबंधित ज्ञान पर प्रकाश हम अपनी कहानी में आगे पूर्ण रूप से डालेंगे, जब हम मानव के ऊर्जा शरीर को विस्तार से समझेंगे। आसन को जानने से मनुष्य अपनी अनुभूति और धारणात्मक तंत्र को समझता और साधता है, जो उसको प्रकृति की प्रवृत्ति को भी समझने में सहायता प्रदान करता है और समाधि तक भी ले जा सकता है। ऐसे आसन जो हमारी एकाग्रता को भंग करते हैं, उनके कारण अनुभूति अशुद्ध हो सकती है और प्रभावी इंद्रिय अनुभूति को प्रभावित करके मनुष्य को सत्य न दिखाकर माया की अनुभूति करवा सकती है, जिसके कारण मनुष्य मायाजाल में घिरता चला जाएगा और सत्य से दूर चला जाएगा। शुद्ध अनुभूति के लिए भी हमें आसन का ज्ञात होना आवश्यक है और हमें आवश्यकता के अनुसार अपने आसन में सुधार भी करना चाहिए। इन्हीं कारणों से प्राचीन भारत के आदिकालीन योगियों ने योगासनों की उत्पत्ति की···

ऐसे अन्य और भी बहुत से वैज्ञानिक उदाहरण हैं जहाँ हम यह देख सकते हैं कि विशेष प्रकार के आसन और विशेष प्रकार की मुद्राएँ हमारी चेतना और हमारी एकाग्रता तथा अन्य मानसिक और शारीरिक क्रिया प्रणालियों को प्रभावित करते हैं और इसी कारण से प्राचीन योग गुरुओं ने विशेष योग आसन, विशेष योग मुद्राएँ और विशेष ध्यान प्रक्रियाओं का निर्माण किया। विशेष योग और ध्यान अग्नि तत्त्व के सहारे साधक को उसकी साधना पूर्ण करने में सहायता प्रदान करते हैं। योग और ध्यान के निर्माण के मूल कारणों में से एक कारण यह भी है कि योग और ध्यान साधक के तंत्र के भीतर विशेष स्थानों में (मस्तिष्क और शारीरिक क्षेत्रों में) अग्नि तत्त्व के सहारे ऊष्मा उत्पन्न करता है और यह ऊष्मा साधक के और प्रकृति के बीच विशेष सूक्ष्म जटिल जोड़ को सक्रिय भी करती है और कुछ विशेष सूक्ष्म जटिल जोड़ का खंडन भी करती है।

ऋग्वेद का एक मंत्र है जिसमें यह कहा गया है कि "यह अग्नि विद्वानों की प्रार्थना सुन उनकी हर प्रकार से सहायता करती है।" यहाँ वैदिक ऋषि केवल अग्नि की प्रशंसा मात्र नहीं कर रहे हैं, इन शब्दों के सहारे वैदिक ऋषि अग्नि का एक विशेष गुण बता रहे हैं। इन शब्दों के सहारे भी वैदिक ऋषि अग्नि तत्त्व की एक और विशेषता बता रहे हैं। यहाँ विद्वान का अर्थ परम जिज्ञासु है और जो मनुष्य परम जिज्ञासु होता है उसकी जिज्ञासा प्रकृति की प्रवृत्ति और परम सत्य को जानने हेतु सदा तीव्र रहती है और इसकी तीव्रता के कारण वह मनुष्य एक प्रकार के अग्नि के स्वरूप को उत्पन्न करता रहता है और अग्नि का यही विशेष स्वरूप जो जिज्ञासा की ऊर्जा से उत्पन्न होता है वही जिज्ञासा का मार्गदर्शन भी करता है। जब कोई भी विद्वान अपने जिज्ञासा बल के सहारे परम सत्य को जानने का प्रयास करता है तब उनका तंत्र एक विशेष प्रकार के अग्नि के स्वरूप को जन्म देता है, जो उस मनुष्य के तंत्र के बीच और प्रकृति के बीच विशेष सूक्ष्म जटिल

जोड़ को सक्रिय करता है और इन्हीं विशेष सूक्ष्म जटिल जोड़ की सहायता से विद्वान आवश्यक जानकारी को अपनी चेतन अवस्था में लाता है।

विद्वानों की जिज्ञासा के तीव्र होने को विद्वानों की प्रार्थना द्वारा दरशाया गया है और अग्नि गुणक के बढ़ने को अग्नि द्वारा सहायता के रूप में दरशाया गया है। यहाँ वैदिक ऋषि यह कहना चाहते हैं कि जब किसी विद्वान की जिज्ञासा निश्चित तीव्रता को प्राप्त कर लेती है, तब उसके भीतर अग्नि गुणक की मात्रा भी बढ़ने लगती है और वह आवश्यक जानकारी प्राप्त करना प्रारंभ कर देता है। यहाँ जानकारी सूक्ष्म जटिल जोड़ के सहारे किसी भी मार्ग द्वारा प्राप्त की जा सकती है, जैसा हमने अपनी कहानी के प्रारंभ में समझा था, क्रम विकास के अध्ययन में। अग्नि तत्त्व विद्वानों की सहायता सूक्ष्म जटिल जोड़ को सक्रिय करके करता है और यह सुनिश्चित नहीं होता कि जानकारी उसी इंद्रिय या उसी प्रणाली द्वारा एकत्रित की जाएगी जिस जानकारी को ग्रहण करने हेतु उनका निर्माण हुआ है या किसी अन्य प्रणाली द्वारा। क्रम विकास के अध्याय में हमने जाना था कि जानकारी कभी-कभी उस प्रणाली द्वारा भी प्राप्त की जा सकती है, जो प्रणाली उस विशेष जानकारी को एकत्रित करने के लिए निर्मित हुई ही नहीं है। जिस प्रकार क्रम विकास संबंधित जानकारी सूक्ष्म जटिल जोड़ और आकाशीय छिद्रों के माध्यम से किसी भी प्रणाली द्वारा प्राप्त की जा सकती है, उसी प्रकार ब्रह्मांड में उपस्थित किसी भी प्रकार की कोई भी जानकारी किसी भी जीवित प्रणाली द्वारा प्राप्त की जा सकती है, भले ही वह प्रणाली उस जानकारी के प्रसंस्करण के लिए निर्मित हुई हो या नहीं। आइए, इसे एक आधुनिक वैज्ञानिक उदाहरण के सहारे समझते हैं।

वैज्ञानिक अध्ययन

वैज्ञानिकों ने अनेक शोध किए है, और अनेक शोध में उन्होंने यह पाया कि 'जो वस्तु हमारे हाथों के पास होती है, वह वस्तु हमारा ध्यान अधिक आकर्षित करती है।' दूसरे शब्दों में कहें तो हम उन वस्तुओं के प्रति अधिक एकाग्र होते हैं, जो हमारे हाथों के पास में रखी होती है। यह ऐसा है जैसे मानो हमारे हाथ भी देख सकते हैं।

इसी से संबंधित एक बहुचर्चित उदाहरण है गैलीलियो का। गैलीलियो ने जब शुक्र (वीनस) ग्रह को अपने दूरदर्शक यंत्र (टेलिस्कोप) से देखा था और उसका चित्र बनाया था, जिसमें उन्होंने शुक्र ग्रह का और उसके घेरों का दृश्य बनाया था। उनके द्वारा बनाए गए चित्र में आश्चर्य की बात यह थी कि गैलीलियो दूरदर्शक यंत्र से जो देख रहे थे, उन्होंने उससे अलग दृश्य बनाया था। दोनों दृश्य अलग-अलग थे, जो दूरदर्शक यंत्र द्वारा देखा जा सकता था और जो गैलीलियो ने बनाया था। आश्चर्य यह है कि गैलीलियो ने जो अपने हाथों से दृश्य बनाया था, वह अधिक सटीक था, जिसे हम अब हबल दूरदर्शक

यंत्र की सहायता से देख सकते हैं, जिसमें हम शुक्र ग्रह के घेरे विस्तृत रूप से देख सकते हैं। जो दृश्य गलियों के दूरदर्शक यंत्र से दिख रहा था उसमें शुक्र ग्रह के घेरे और ग्रह की अन्य बनावट के विवरण नहीं दिख रहे थे, परंतु गैलीलियो ने जो दृश्य बनाया उसमें पूर्ण विवरण था।

'गैलीलियो के हाथ ने वह देखा जो उनकी आँखें नहीं देख पाईं।'

हमारी दृश्य प्रणाली दो मार्गों का प्रयोग करती है। एक मार्ग है वेंट्रल पेथवे और दूसरा है डोर्सल पेथवे। एक प्रणाली चेतना के साथ कार्य करती है और दूसरी अवचेतन अवस्था में। एक मस्तिष्क को संकेत भेजती है और एक मोटर प्रणाली को संकेत भेजती है। मानो हमारे मस्तिष्क और शरीर दोनों की अपनी-अपनी 'अलग आँखें' हों।

X की टिप्पणी

हमारा शरीर समयाकाश में जीवन जी रहा है। हमने देखा है कि सर्वभूत ऊर्जा और अन्य कार्य प्रणाली के सहारे हमारा शरीर 'समयाकाश' के साथ जटिलता से जुड़ा होता है। हमारी सर्वभूत ऊर्जा ऊष्मापन के सहारे कुछ आकाशीय छिद्रों का निर्माण करती है और उसके सहारे हमारा शरीर (या शरीर का कोई अंग) भी एक प्रकार की इंद्रिय या आँख बन सकता है या कहें, एक इंद्रिय की भाँति कार्य कर सकता है, हमारी जीवित इंद्रिय के लिए। हमारी चेतना ऊष्मापन द्वारा निर्माण वरम्होल्स के सहारे कार्य करती है। अनुभूति के लिए यदि विशेष इंद्रिय क्षमतापूरक सिद्ध नहीं होती तो हमारी चेतना कार्य करने हेतु अन्य इंद्रियों का या अंगों का भी सहारा ले सकती है। यह 'चेतना के स्तर' पर निर्भर करता है कि वह हमारे शरीररूपी तंत्र का किस प्रकार कितना उपयोग करती है। चेतना, ऊष्मापन और वरम्होल के संबंध को हम अपनी कहानी में आगे विस्तारपूर्वक समझेंगे।

गैलीलियो ब्रह्मांड के प्रति अति जिज्ञासु थे और उनकी जिज्ञासा उनको संचालित कर रही थी, जिसके कारण उनका अवचेतन और चेतन मन (इसे हम वेंट्रल और डोर्सल विज़ुअल पाथवेज भी कह सकते हैं) दोनों उनकी जिज्ञासा के अधीन कार्य कर रहे थे, या हम कहें कि दोनों जिज्ञासा द्वारा ही संचालित हो रहे थे, जिसके कारण उनकी जीवित इंद्रिय अवचेतन और चेतन जानकारी दोनों की ही अनुभूति और उस जानकारी का प्रसंस्करण भी कर रही थी। उनके केवल मस्तिष्क में ही प्रसंस्करण की प्रक्रिया घटित नहीं हो रही थी, बल्कि उनकी जिज्ञासा सर्वव्यापी क्रिया प्रणाली के सहारे या कहें, जीवित इंद्रियों के सहारे प्रसंस्करण की प्रक्रिया कर रही थी। कुछ समय के लिए गैलीलियो के हाथ दृश्य इंद्रिय की भाँति ही कार्य कर रहे थे। उनके हाथ दृश्य संबंधी जानकारी सीधे-सीधे उनके अवचेतन मन द्वारा प्राप्त कर रहे थे। गैलीलियो की जिज्ञासा

शुक्र ग्रह को जानने हेतु अधिक तीव्र थी, इसी कारण से उनकी जिज्ञासा ने वह जानकारी भी एकत्रित की जो उनकी साधारण इंद्रियाँ एकत्रित नहीं कर पा रही थीं। आकाशीय छिद्रों की सहायता से गैलीलियो की चेतना वह जानकारी एकत्रित कर उसका प्रसंस्करण कर रही थी जिस जानकारी को गैलीलियो की साधारण इंद्रियाँ ग्रहण नहीं कर पा रही थीं। यहाँ भी अग्नि तत्त्व का विशेष स्वरूप कार्य कर रहा था, जो गैलीलियो और प्रकृति के बीच विशेष सूक्ष्म जटिल जोड़ सक्रिय कर रहा था, जिसके सहारे गैलीलियो के हाथ सीधे-सीधे उनके अवचेतन मन द्वारा जानकारी प्राप्त कर पा रहे थे।

यहाँ भी कुछ वैसा ही घटित हो रहा है जैसा क्रम विकास की प्रक्रिया के समय घटित होता है, जहाँ वह अंग, इंद्रिय या प्रणाली भी जीव को वह जानकारी प्राप्त करवा सकती है जिसके लिए वह नियुक्त भी नहीं होती। हमने अपनी कहानी के प्रारंभ में समझा था कि कैसे हमारे शरीर के ऊपर रहनेवाले सूक्ष्म जीव हमारे भीतर उपस्थित अंगों से संबंधित जानकारी एकत्रित करने में हमारी सहायता करते हैं। वह इस कार्य के लिए नियुक्त नहीं होते, परंतु हमारी जिज्ञासा उनकी सहायता से यह कार्य पूर्ण करती है और ऐसा ही कुछ गैलीलियो के साथ भी घटित हुआ था, जहाँ उन्हें जानकारी उस प्रणाली द्वारा प्राप्त हुई, जो प्रणाली उस जानकारी को ग्रहण करने के लिए नियुक्त नहीं थी। इस उदाहरण में भी हम जिज्ञासा की लीला को स्पष्ट रूप से देख सकते हैं और एक जीव का संबंध समयाकाश के साथ भी देख सकते हैं। हमारा पूरा शरीर समयाकाश में चेतन अवस्था में जी रहा है।

हमारे योगी अपनी जिज्ञासा को साधना के माध्यम से साधकर उसे अपनी जीवित इंद्रिय तथा अन्य सर्वव्यापी ऊर्जा के स्तर पर कार्य करने की क्षमता प्रदान करवाते हैं। वह वातावरण में उपस्थित लगभग सभी जानकारी का प्रसंस्करण कर सकते हैं। इसी प्रकार की असाधारण क्षमताओं के विकास के लिए प्राचीन भारत के योगियों ने योग और ध्यान की उत्पत्ति की।

गैलीलियोजी ने शुक्र ग्रह के घेरे और ग्रह के घुमावदार स्वरूप की अनुभूति और जानकारी का प्रसंस्करण किया था, जो हमें यह दरशाता है कि 'मानो हमारे शरीर की अपनी आँखें होती हैं। या कहें, जिज्ञासा की आँखें हमारी तथाकथित साधारण दृश्य इंद्रिय के कार्य क्षेत्र के पार जाकर कार्य कर सकती है।' हमारी जीवित इंद्रिय की तथाकथित आँखें जानकारी को प्राप्त करने और उसका प्रसंस्करण करने हेतु हमारी साधारण आँखों की तुलना में अनंत गुना अधिक क्षमता रखती है। गैलीलियो का तंत्र उस जानकारी का प्रसंस्करण कर रहा था जिसकी अनुभूति उनकी साधारण आँखें द्वारा नहीं हो रही थी। गैलीलियो ने शुक्र ग्रह के घेरे और उसकी घुमावदार बनावट की सूक्ष्म जानकारी की अनुभूति भी की और उसका प्रसंस्करण भी किया, जो कि धरती से बहुत दूरी पर

है। गैलीलियो ने उस जानकारी की कैसे अनुभूति की और उस जानकारी का कैसे प्रसंस्करण किया, जो उनकी साधारण आँखें प्राप्त ही नहीं कर रही थीं ? इसका उत्तर है जीवित इंद्रिय, जिज्ञासा और ऊष्मापन। जीवित इंद्रिय, ऊष्मापन, चेतना, जिज्ञासा और आकाशीय छिद्रों की लीला को अपनी कहानी में आगे हम पूर्ण रूप से समझेंगे। यदि मनुष्य का शरीररूपी तंत्र पूर्ण रूप से स्वस्थ रहेगा तभी जिज्ञासा ऊष्मापन के सहारे आकाशीय छिद्रों की सहायता से अपनी लीला रच सकती है और शरीररूपी तंत्र को जिज्ञासा की लीला रचने के सक्षम बनाने के लिए ही प्राचीन भारतीय योगियों ने योग और ध्यान की उत्पत्ति की थी।

हमारी जीवित इंद्रिय और सर्वव्यापी ऊर्जा/कार्यप्रणाली समयाकाश का ही एक भाग है, जो समयाकाश के साथ सीधे-सीधे सूक्ष्म रूप से जटिलता से जुड़े (एंटेंगल) हुए हैं।

गैलीलियो का उदाहरण एक आधुनिक उदाहरण है, जो यह दरशाता है कि हम आँखों के अलावा भी अन्य माध्यमों द्वारा 'दृश्य संबंधित जानकारी की अनुभूति और उसका प्रसंस्करण' कर सकते हैं, यहाँ तक कि 'ब्रह्मांड के स्तर' पर भी। इसी कार्य प्रणाली का प्रयोग करके हमारे योगी और साधकों ने बिना किसी आधुनिक उपकरण की सहायता के हमारे स्पेसमॉस और ब्रह्मांड की जानकारी की अनुभूति भी की और उस जानकारी का प्रसंस्करण भी किया और उसे समझा और जाना भी और इस ज्ञान को साधारण मनुष्य को भी बताया और समझाया।

यहाँ भी जिज्ञासा महत्त्वपूर्ण भूमिका निभा रही है और अपना खेल खेल रही है। गैलीलियो, जो कि बहुत ही जिज्ञासु थे, ब्रह्मांड के प्रति, उनके मन-मस्तिष्क के साथ मिलकर उनकी सर्वव्यापी ऊर्जा ने कार्य किया और उन्हें उस जानकारी की अनुभूति भी करवाई जिसे उनकी साधारण नेत्ररूपी इंद्रियाँ ग्रहण नहीं कर पा रही थीं। मानव की जिज्ञासा इस दूरदर्शिता की कुंजी है। जिज्ञासा एक ऐसी मनोदशा उत्पन्न करती है जो शून्यता में कार्य करती है और हमारी साधारण इंद्रियों के कार्यक्षेत्र के पार जाकर जानकारी एकत्रित करके उसकी अनुभूति और प्रसंस्करण करती है। जब सर्वव्यापी ऊर्जा हमारी साधारण दृश्य संबंधित इंद्रिय के साथ मिलकर कार्य करती है, तब इसको हम सर्वव्यापी दृष्टिय ऊर्जा भी कह सकते हैं। सर्वव्यापी दृष्टिय ऊर्जा या सर्वव्यापी दृष्टिय कार्यप्रणाली समयाकाश में उपस्थित जानकारी, जो साधारण इंद्रियों की कार्य क्षमताओं के पार है, उस जानकारी का प्रसंस्करण करती है और उस जानकारी को चेतन बनाती है।

गैलीलियो के उदाहरण के सहारे और अन्य आधुनिक और प्राचीन उदाहरणों के सहारे हमने जाना कि विशेष इंद्रिय का कार्य अन्य इंद्रिय या अन्य कार्य प्रणाली भी कर सकती है। हमने यह भी जाना कि हम स्मृतियों के रूप में चेतन आकाश का निर्माण करते हैं। हम दो तंत्रिकाओं के बीच के खाली स्थान (सिनेप्टिक गैप) में स्मृतियाँ पंजीकृत

करते हैं। सिनेप्टिक गैप रिक्त स्थान होता है या कहें, 'रिक्त आकाश' होता है और हम इसी रिक्त आकाश में 'चेतन स्मृति' का निर्माण करते हैं या चेतन स्मृतियाँ पंजीकृत करते हैं। वह स्मृतियाँ ही चेतन आकाश का निर्माण करती हैं। जिस चेतन आकाश का निर्माण हम स्मृतियों के रूप में करते हैं, वह चेतन आकाश ब्रह्मांडीय आकाश जैसा ही होता है और ब्रह्मांडीय आकाश के साथ जटिलता से जुड़ा हुआ भी होता है।

हमारी चेतन जिज्ञासा हमारे अंगों द्वारा भी इंद्रियों जैसा कार्य करवा सकती है, जैसा हमने गैलीलियो के उदाहरण में देखा। गैलीलियो के उदाहरण में हमने देखा कि हाथों की भी मानो अपनी स्वयं की आँखें होती हैं। मनुष्य की चेतना ऊष्मापन के सहारे आकाशीय छिद्रों का निर्माण करती है और आवश्यकता अनुसार विशेष सूक्ष्म जटिल जोड़ को सक्रिय या खंडित करती है, जिसके सहारे वह अपनी लीला रचती है। मनुष्य की इन्हीं छिपी हुई शारीरिक और मानसिक क्षमताओं के विकास के लिए हमारे प्राचीन योगियों और गुरुओं ने योग और ध्यान की उत्पत्ति की थी। योग और ध्यान का महत्त्व केवल शारीरिक बल के साथ ही जुड़ा हुआ नहीं होता, योग और ध्यान के सहारे साधक या मनुष्य समयाकाश की माया को समझ सकता है। योग और ध्यान के सहारे मनुष्य जीवन और जीव से जुड़ी रहस्यमयी और अज्ञात ऊर्जा को सक्रिय कर सकता है। योग और ध्यान के सहारे मनुष्य अपनी चेतना के स्तर का विकास कर सकता है। योग और ध्यान के सहारे मनुष्य स्वयं को ब्रह्मांड के साथ जोड़ सकता है। योग और ध्यान के सहारे मनुष्य प्रकृति की प्रवृत्ति को समझ माया के जाल के पार सत्य के समीप जा सकता है। योग और ध्यान के सहारे मनुष्य माया जगत् की क्षणभंगुरता को पहचान सकता है और माया जगत् के पार परम सत्य को प्राप्त कर सकता है। मनुष्य के शारीरिक विकास के लिए और मनुष्य की चेतना के विकास के लिए प्राचीन भारतीय योगियों ने योग और ध्यान की उत्पत्ति की थी।

विशेष आसनों के सहारे हम अपने ऊर्जा शरीर के चक्रों को संतुलित कर सकते हैं और योग और ध्यान की सहायता से चेतन आकाश को भी साध सकते हैं और योग और ध्यान के सहारे ही हम अपने अग्नि तंत्र को सक्रिय और अधिक बलशाली कर सकते हैं। हमारे भीतर उपस्थित चेतन आकाश के कारण ही 'माया की यह लीला' चलती है और उस चेतन आकाश को साधकर ही हम माया जगत् के पार परम सत्य में प्रवेश कर सकते हैं। यदि हमें ऊर्जा शरीर के आयाम को प्राप्त करना है तो हमें योग के सहारे अपने शरीर की कार्यप्रणालियों को प्रकृति के अनुरूप ढालना ही होगा। योगासन की सहायता से हम अपने शरीर में ऊर्जा प्रवाह को प्राकृतिक रूप से कार्य करने हेतु वातावरण प्रदान कर सकते हैं। योग और ध्यान की सहायता से हम अपने चेतन आकाश को भी साध सकते हैं और प्राचीन भारत के योगियों ने चेतन आकाश और ऊर्जा शरीर को साधने हेतु उपयुक्त

आसन और योग क्रियाओं का निर्माण किया, जिसके सहारे वह अपनी अनुभूति को शुद्ध अवस्था में ले गए, जिसके सहारे उन्होंने ध्यान की अवस्था को विकसित किया। योग और ध्यान के महत्त्व को प्राचीन भारत के योगियों ने हजारों वर्ष पूर्व ही समझ लिया था और इस ज्ञान को समाज के प्रत्येक वर्ग तक पहुँचाने का प्रयास भी पूर्ण रूप से किया था। अध्यात्म के मार्ग में और सामान्य जनजीवन के मार्ग में योग और ध्यान की महत्त्वता को भारत में हजारों वर्ष पूर्व ही समझ लिया गया था।

चेतन आकाश का जटिल जोड़ ब्रह्मांड के साथ होता है और ब्रह्मांड का जटिल जोड़ स्पेसमॉस के साथ होता है, अर्थात् महाकाल के साथ, तो हम आसन ज्ञात करके योग और ध्यान साधना के सहारे चेतन आकाश के आयाम से ब्रह्मांड के अन्य सभी आयामों में उतर सकते हैं और काल-महाकाल के आयाम में भी उतर सकते हैं। हमने अपनी कहानी में देखा है कि प्रकृति के सभी तंत्र एक-दूसरे के साथ जटिलता से जुड़े हुए हैं और हम एक तंत्र की सहायता से प्रकृति के अन्य सभी तंत्रों को प्राप्त कर सकते हैं या कहें, एक तंत्र के ज्ञान के सहारे हम प्रकृति के अन्य सभी तंत्रों का ज्ञान प्राप्त कर सकते हैं और उनका सत्य जान सकते हैं। योग और ध्यान की भिन्न-भिन्न क्रियाएँ और आसन मनुष्य के सूक्ष्म ऊर्जा शरीर को प्रकृति के सूक्ष्म सत्य के साथ जटिलता से जोड़ते हैं और इस जोड़ का महत्त्व मानव जीवन में और चेतना के आयाम में भारत के ऋषियों ने और योगियों ने हजारों वर्ष पूर्व ही समझ लिया था और कहीं-न-कहीं योग और ध्यान-साधना के पश्चात् सिद्धार्थ, गौतम बुद्ध भी अपनी अध्यात्म की यात्रा के प्रारंभ में ही इस सत्य की अनुभूति प्रत्यक्ष या अप्रत्यक्ष रूप से करने लगे थे।

हमारा पूरा शरीर समयाकाश में चेतन अवस्था में जी रहा है। हमारी चेतना ऊष्मापन के सहारे अपनी लीला रचती है और गैलीलियो के उदाहरण में हमने देखा कि उनके हाथ ने 'जिज्ञासा के कारण' आँख की भाँति कार्य किया। जिज्ञासा के पूर्ण रूप से कार्य करने के लिए शरीर में ऊर्जा प्रवाह संतुलित और अवरोध रहित होना चाहिए और योग और ध्यान हमारे इसी ऊर्जा प्रवाह को संतुलित करता है और सर्वव्यापी ऊर्जा अपना कार्य अवरोध रहित परिपथ के सहारे कर पाए ऐसे वातावरण का निर्माण भी योग और ध्यान करते हैं। ऊर्जा प्रवाह को अवरोध अवस्था में कार्य करवाने हेतु शरीर में परिपथ का निर्माण योग और ध्यान की सहायता से किया जा सकता है, यह सत्य भारत के ऋषियों ने हजारों वर्ष पूर्व ही समझ लिया था और इसी के कारण उन्होंने योग और ध्यान की भिन्न-भिन्न क्रियाएँ और अवस्थाएँ निर्मित और विकसित कीं।

भिन्न-भिन्न आसन हमारी एकाग्रता को नकारात्मक और सकारात्मक रूप से प्रभावित करते हैं, इसी कारण से आसन का महत्त्व साधना के आयाम के साथ-साथ साधारण जनजीवन में भी लागू होता है, क्योंकि एकाग्रता के प्रभावित होने के कारण

अनुभूति प्रभावित होती है और अनुभूति प्रभावित होने के कारण मनुष्य सत्य नहीं देख पाता है, जिसके कारण उसके प्रतिदिन के जीवन में भी समस्याएँ उत्पन्न हो सकती हैं। इन्हीं सब कारणों को ध्यान में रखते हुए भारत के प्राचीन योगियों ने हजारों वर्ष पूर्व सामान्य जनमानस और योगी और साधकों के लिए भिन्न-भिन्न योग और ध्यान की क्रियाओं का निर्माण किया। मानसिक और शारीरिक आयाम को जोड़ने के लिए ध्यान और योग की क्रियाओं का निर्माण किया गया। योग हमारे मानसिक और शारीरिक तंत्र के बीच जटिल जोड़ तो स्थापित करता ही है, इसके साथ-साथ वह हमारे और ब्रह्मांड के बीच के जटिल जोड़ को भी सक्रिय करता है। कहीं-न-कहीं हजारों वर्ष पूर्व ही बिना किसी आधुनिक उपकरण के भारत के प्राचीन योगी ध्यान और योग की महत्त्वता को समझ गए थे। वह जान गए थे कि यदि मनुष्य को अध्यात्म और चेतना के आयाम में विकसित होना है तो उन्हें कुछ क्रियाओं के सहारे अपने भौतिक तंत्र को ऊर्जा तंत्र के साथ जोड़ना पड़ेगा। चेतना और शरीर के आयाम में ऊर्जा प्रवाह की महत्त्वता को ध्यान में रखते हुए ही भारत के प्राचीन योगियों ने योग और ध्यान विकसित किया और इसे समाज के प्रत्येक वर्ग तक पहुँचाने का प्रयास भी किया। योग और ध्यान केवल साधना के आयाम में ही महत्त्व नहीं रखते, यह साधारण प्रतिदिन के जीवन में भी महत्त्वपूर्ण सिद्ध होते हैं। योग और ध्यान की लीला को पूर्ण रूप से हम अपनी कहानी में आगे समझेंगे।

हम सब जानते हैं कि योग और ध्यान जोड़ स्थापित (यूनाइट्स) करते हैं और कुछ बुद्धिजीवी इसे केवल मानसिक और शारीरिक जोड़ ही समझते हैं, परंतु ध्यान और योग जो जोड़ स्थापित करते हैं वह मानसिक और शारीरिक जोड़ मात्र ही नहीं होता, योग और ध्यान जो जोड़ स्थापित करते हैं, वह तो विशेष सूक्ष्म जटिल जोड़ होते हैं, जो एक जीवित तंत्र के बीच और प्रकृति के बीच विशेष जोड़ को सक्रिय करते हैं, जो जीवित तंत्र को माया जगत् और परम को समझने में सहायता प्रदान करते हैं। योग और ध्यान का जोड़ कोई साधारण जोड़ नहीं होता यह विशेष सूक्ष्म जटिल जोड़ होता है।

योग और ध्यान की इसी महत्त्वता को संन्यास ग्रहण करने के पश्चात् सिद्धार्थ, गौतम बुद्ध भी कहीं-न-कहीं अनुभव कर रहे थे, जब उन्होंने भिन्न-भिन्न गुरुओं से योग और ध्यान की शिक्षा प्राप्त की। संन्यास ग्रहण करने के पश्चात् सिद्धार्थ, गौतम बुद्ध भी योग और ध्यान का अभ्यास कर रहे थे और इसी कारण उनके तंत्र के भीतर वह सब घटित हो रहा था जिसे हमने अभी समझा है। योग और ध्यान के अभ्यास के कारण सिद्धार्थ, गौतम बुद्ध की चेतना को नए आयाम प्राप्त हो रहे थे। सिद्धार्थ, गौतम बुद्ध भी संन्यास ग्रहण करने के पश्चात् योग और ध्यान के सहारे अपने भौतिक शरीर और अपने ऊर्जा शरीर के बीच के सूक्ष्म जटिल जोड़ को चेतन अवस्था में लाने के लिए वातावरण का निर्माण कर रहे थे। समय अनुसार सिद्धार्थ, गौतम बुद्ध ने योग और

ध्यान की सहायता से उस वातावरण का निर्माण कर लिया जिस वातावरण में समाधि घटित होती है।

हमने इस अध्याय में यह समझने का प्रयास किया कि योग का महत्त्व क्या है और प्राचीन भारत के योगियों ने योग और ध्यान की उत्पत्ति क्यों की होगी। अपनी कहानी में अब हम समझेंगे कि संन्यास ग्रहण करने के पश्चात् जब सिद्धार्थ, गौतम बुद्ध ने योग और ध्यान का अभ्यास किया होगा तब उनके तंत्र में किस प्रकार के परिवर्तन आए होंगे और किस प्रकार वह योग और ध्यान की सहायता से समाधि से संबंधित जटिल जोड़ को सक्रिय कर पाए होंगे। योग और ध्यान ने सिद्धार्थ, गौतम बुद्ध के तंत्र में कैसे और क्या परिवर्तन किए होंगे, आइए, यह समझने का प्रयास करते हैं।

□

12

सिद्धार्थ, गौतम बुद्ध और योग

हमने अभी तक साझा इंद्रिय ज्ञान (शेयर्ड सेंसमेकिंग) और हाथों द्वारा दृश्य जानकारी की अनुभूति और आसन की महत्त्वता को इसलिए जाना और समझा है ताकि सिद्धार्थ की योग और ध्यान यात्रा को प्रारंभ करने से पूर्व हम मानव तंत्र की कुछ अज्ञात शक्तियों के संदर्भ में थोड़ा-बहुत समझ पाएँ और यह जान पाएँ कि योग और ध्यान ऐसी ही शक्तियों का विस्तार करता है। हमने जाना कि आधुनिक विज्ञान भी आसन के महत्त्व को स्वीकारता है। अब हम योग और ध्यान का विस्तारपूर्ण विवरण करेंगे और

यह समझेंगे और जानेंगे कि बुद्ध ने 'योग से समाधि' की यात्रा कैसे पूर्ण की होगी। हमने अभी यह समझा था कि योग का क्या महत्त्व है और किस कारण से हमारे प्राचीन भारत के योगियों ने योग और ध्यान की उत्पत्ति की होगी, अब अपनी कहानी में हम समझेंगे कि योग और ध्यान ने सिद्धार्थ की समाधि प्राप्त करने हेतु किस प्रकार सहायता की होगी और योग और ध्यान करने के पश्चात् सिद्धार्थ के तंत्र में क्या परिवर्तन आए होंगे। तो आइए, सिद्धार्थ, गौतम बुद्ध की योग और ध्यान यात्रा प्रारंभ करते हैं।

योग और ध्यान की विद्या प्राप्ति के समय बुद्ध अनेक योगी और गुरु के पास गए। प्रत्येक गुरु ने उनको अलग-अलग योग और ध्यान की क्रियाएँ व विधि सिखाई, परंतु कोई भी गुरु बुद्ध की जिज्ञासा को शांत नहीं कर पाए। कोई भी गुरु सिद्धार्थ, गौतम को परम सत्य का आभास नहीं करवा पाए। ऐसा इस कारण से था, क्योंकि परम सत्य हमारे भीतर ही उपस्थित है, वह हमारे बाहर कहीं उपस्थित नहीं है। परम सत्य तो बुद्ध के भीतर ही था, जिसका उन्हें स्वयं अनुभव करना था। बुद्ध सत्य की खोज में एक गुरु से दूसरे गुरु के पास गए, परंतु उनकी जिज्ञासा शांत नहीं हुई, क्योंकि उनकी जिज्ञासा को सत्य को मात्र जानना ही नहीं था, बल्कि बुद्ध को तो सत्य को जीना था। ऐसा नहीं है कि बुद्ध ने किसी भी गुरु से कुछ भी विद्या प्राप्त नहीं की या किसी भी प्रकार का ज्ञान नहीं लिया, प्रत्येक गुरु ने बुद्ध को कुछ-न-कुछ ज्ञान अवश्य दिया, प्रत्यक्ष या अप्रत्यक्ष रूप से। हम यह भी कह सकते हैं कि बुद्ध ने सभी गुरुओं से कुछ-न-कुछ विद्या प्राप्त की, चाहे चेतन मन के सहारे या अवचेतन मन से। आइए, देखते हैं कि कैसे सिद्धार्थ को जाने-अनजाने में सत्य की प्राप्ति हुई।

संन्यास ग्रहण करने के पश्चात् सिद्धार्थ सत्य की खोज में अनेक योगियों, संन्यासियों और गुरुओं के पास गए और जब वह ऐसा कर रहे थे तब उनका जिज्ञासा का चक्र अत्यधिक तीव्र था, जिसके कारण उनकी जिज्ञासा सभी गुरुओं द्वारा दिए गए ज्ञान को पूर्ण रूप से पंजीकृत तो कर ही रही थी और उसे समझ भी रही थी, परंतु इसके साथ-साथ वह एक गुरु द्वारा बताई गई माया की लीला को अन्य गुरुओं द्वारा समझाई गई माया की लीला के साथ जोड़कर विश्लेषण करती थी और प्रत्येक विश्लेषण सिद्धार्थ को प्रकृति की भिन्न-भिन्न प्रवृत्ति के सत्य का अनुभव करवा रहा था और गुरुओं द्वारा दिए गए ज्ञान से संबंधित जानकारी को उनकी जटिल अवस्था के बाहर ला रहा था, जिसके कारण धीरे-धीरे सिद्धार्थ, गौतम बुद्ध परम सत्य और समाधि की ओर बढ़ रहे थे।

योग और ध्यान की सहायता से सिद्धार्थ, गौतम के भीतर अग्नि गुणक बढ़ रहा था, जिसके सहारे सिद्धार्थ की मनोदशा कुछ असाधारण-सी प्रक्रिया घटित करवा रही थी और यह प्रक्रिया सिद्धार्थ को परम के साथ जोड़ रही थी। भिन्न-भिन्न गुरुओं ने शिक्षा के रूप में सिद्धार्थ, गौतम को जो सत्य संबंधी जानकारी प्रदान की, सिद्धार्थ,

गौतम के तंत्र ने वह जानकारी तो पंजीकृत की ही, इसके साथ-साथ सिद्धार्थ, गौतम के तंत्र ने वह जानकारी भी ग्रहण की जो गुरुओं द्वारा बताई नहीं गई थी, परंतु उस जानकारी के सूक्ष्म जटिल जोड़ गुरुओं द्वारा बताई गई जानकारी के साथ स्थापित थे। सिद्धार्थ, गौतम का तंत्र वह जानकारी ग्रहण कर रहा था जो गुरुओं द्वारा प्रत्यक्ष रूप से बताई नहीं जा रही थी, परंतु वह जानकारी गुरुओं के तंत्र में और गुरुओं के तंत्र के आसपास के वातावरण में उपस्थित थी और सिद्धार्थ, गौतम का अवचेतन मन उस जानकारी को भी ग्रहण कर रहा था।

हमने अपनी कहानी में यह जाना था कि जब हम किसी के साथ सूक्ष्म जटिल जोड़ स्थापित करते हैं तो हम केवल उसी मनुष्य या वस्तु के साथ सूक्ष्म जटिल जोड़ स्थापित नहीं करते जिसके संपर्क में हम आते हैं, बल्कि हम उन सभी मनुष्य या वस्तुओं के साथ भी सूक्ष्म जटिल जोड़ स्थापित कर लेते हैं जिनके साथ उस मनुष्य या वस्तु के सूक्ष्म जटिल जोड़ स्थापित हैं जिसके संपर्क में हम आए हैं। यह प्रक्रिया तब भी कार्य कर रही थी जब सिद्धार्थ, गौतम बुद्ध अलग-अलग गुरुओं के संपर्क में आ रहे थे। अलग-अलग गुरुओं के संपर्क में आने के कारण सिद्धार्थ, गौतम उन गुरुओं के साथ तो सूक्ष्म जटिल जोड़ स्थापित कर ही रहे थे, इसके साथ-साथ सिद्धार्थ, गौतम के सूक्ष्म जटिल जोड़ उनके साथ भी स्थापित हो रहे थे जिनके साथ उन गुरुओं के सूक्ष्म जटिल जोड़ स्थापित थे जिनके संपर्क में सिद्धार्थ आ रहे थे और इन्हीं सभी सूक्ष्म जटिल जोड़ के स्थापित होने के कारण अनंत जानकारी का आदान-प्रदान हो रहा था और यह आदान-प्रदान सिद्धार्थ को परम की ओर ले जा रहा था।

कोई भी गुरु सिद्धार्थ की जिज्ञासा पूर्ण रूप से शांत नहीं कर पाए, परंतु सभी गुरुओं ने प्रत्यक्ष या अप्रत्यक्ष रूप से सिद्धार्थ, गौतम की समाधि प्राप्त करने में सहायता की। कुछ गुरु ऐसे भी होते हैं, जो भाषा या शब्दों में ज्ञान या जानकारी प्रदान नहीं करते, वह शक्तिपात की सहायता से जिज्ञासु या साधक के वह ऊर्जा चक्र सक्रिय करते हैं, जो जिज्ञासु या साधक की साधना में सहायता प्रदान करते हैं और सत्य की खोज में सिद्धार्थ, गौतम बुद्ध को कुछ ऐसे भी गुरु मिले होंगे जिन्होंने उन्हें शब्दों या भाषा में ज्ञान प्रदान नहीं किया होगा, बल्कि शक्तिपात के सहारे सिद्धार्थ, गौतम के भीतर ऊर्जा चक्र को सक्रिय किया होगा और अग्नि गुणक बढ़ाया होगा, जिन्होंने सिद्धार्थ, गौतम के भीतर उपस्थित बुद्धत्व को बल प्रदान करवाया होगा और जिसकी सहायता से समय अनुसार सिद्धार्थ उपयुक्त योग और ध्यान बल विकसित कर समाधि को प्राप्त कर पाए होंगे।

हम सब जानते हैं कि योग प्राचीन कला और साधना है। आदि योगी (जिनके इतिहास का हम अनुमान भी नहीं लगा सकते, वह अंतरिक्ष में वास्तविकता में कहाँ उपस्थित है या उनकी ऊर्जा कहाँ विद्यमान है, किस आयाम में उपस्थित है, हम यह नहीं

जान सकते हैं) से प्रारंभ होकर पतंजलिजी द्वारा योग को जन-जागरण के अनुसार रूप दिया गया। हम यह भी जानते हैं कि अनेक अज्ञात और ज्ञात सिद्ध पुरुषों ने योग को न केवल जीवित रखा, बल्कि इसको समाज के अनुसार विकसित भी किया। योगियों ने इस प्राचीन जीवनदायिनी कला/साधना को जीवित भी रखा और समाज के प्रत्येक वर्ग तक इसको पहुँचाया भी। समय के साथ-साथ ऐसे ही सिद्ध योगियों की श्रेणी में सिद्धार्थ, गौतम बुद्ध का नाम भी जुड़ा। योग मानो प्राकृतिक चयन (नेचुरल सिलेक्शन) द्वारा चुना गया है, इसी कारण से मानव के क्रम विकास के साथ-साथ योग और ध्यान का भी क्रम विकास हुआ और यह हजारों वर्षों से जीवन में महत्त्वपूर्ण भूमिका निभा रहा है और इसके जीवनदायिनी परिणामों के कारण इसका प्रकृति द्वारा चयन किया गया है और जीवन के चक्र में योग और ध्यान एक महत्त्वपूर्ण भूमिका निभाता है।

परंतु योग में ऐसा क्या है जो इसको आदिकाल से आज के आधुनिक काल तक जीवित रखे हुए है ? आइए, हम जानते हैं कि योग किस शक्ति का नाम है। हम जानते हैं कि योग जोड़ता है, योग मिलन करवाता है, परंतु यह किसको जोड़ता है और किसका मिलन करवाता है और क्यों जोड़ता है और क्यों मिलन करवाता है, इसको आइए, अब हम जानते और समझते हैं। हम यह जानते हैं कि योग हमारे शरीर और मस्तिष्क को जोड़ता है, यह शरीर और मस्तिष्क का मिलन करवाता है और हम यह भी जान गए हैं कि योग हमारे स्थूल मस्तिष्क और शरीर को सूक्ष्म मस्तिष्क और शरीर के साथ जोड़ता है। यह 'जोड़' हमारे तथाकथित वर्तमान के अस्तित्व के स्तर से सूक्ष्म स्तर तक और वर्तमान के अस्तित्व के स्तर और अवस्था के पार की संभावनाओं का 'जोड़' योग करवाता है। यह सब जोड़ कैसे होते हैं, सूक्ष्म से स्थूल स्तर कैसे जुड़ते हैं, आइए, अब इसको समझते हैं।

योग और ध्यान द्वारा जोड़ने की प्रक्रिया को भी हम आइए, ऋग्वेद के प्रारंभिक मंत्रों के अर्थ के सहारे समझते हैं। ऋग्वेद के कुछ प्रारंभिक मंत्र ही अग्नि के उस स्वरूप को दरशाते हैं जो स्वरूप प्रकृति में उपस्थित सभी वास्तविकताओं को एक-दूसरे के साथ जोड़ता है और उस जोड़ को सही समय आने पर चेतन अवस्था के साथ भी जोड़ता है। आइए, देखते हैं कि ऋग्वेद के प्रारंभिक मंत्र क्या कहते हैं। वैसे तो ऋग्वेद के प्रथम मंत्र में ही अग्नि की इन सभी विशेषताओं का वर्णन किया गया है जिनकी चर्चा हम अभी करेंगे, परंतु ऋग्वेद के प्रथम मंत्र को समझने के लिए हमें ऋग्वेद के कुछ अन्य मंत्रों का सहारा भी लेना पड़ता है और ऋग्वेद के मंत्रों में उपयोग किए गए शब्दों के अनेक अर्थ होते हैं और इसी कारण से हम अभी जो व्याख्या देखेंगे उसे हम प्रारंभिक मंत्रों की व्याख्या कह रहे हैं, न कि प्रथम मंत्र की व्याख्या।

ऋग्वेद के कुछ प्रारंभिक मंत्र ही अग्नि का सम्मान करते हुए अग्नि की वह

रहस्यमयी विशेषताएँ समझाते हैं जिसे समझकर मनुष्य इस माया जगत् की लीला के मूल रहस्यों में से कुछ रहस्यों को जान सकता है। ऋग्वेद के प्रारंभिक मंत्र कहते हैं कि "सबका हित करनेवाली, यज्ञ की प्रकाशक, सदा अनुकूल कर्म करनेवाली, विद्वानों की सहायक, धनवान अग्नि अग्रणी की मैं प्रशंसा करता हूँ। यह अग्नि प्राचीन काल से लेकर उसी प्रकार प्रकाशित होती चली आ रही है। यह अग्नि ही सभी देवों को बुलाती है। शरीर की प्रत्येक इंद्रिय में एक-एक देव हैं और ऐसे 33 देव इस शरीर में हैं। यह देव शरीर में तब तक रहते हैं जब तक अग्नि शरीर में उष्णता के रूप में रहती है। इस अग्नि के शरीर से निकल जाने पर इंद्रिय स्थानीय देव भी निकल जाते हैं। यह मृत्यु की ही व्यवस्था है। अग्नि ही पुष्टकारक और बलयुक्त अन्न प्रदान करवाती है। अग्नि से पोषण होता है, यश बढ़ता है और वीरता बढ़ती है। जिस अहिंसक यज्ञ में इस अग्नि की पूजा होती है, वही देवों के अनुकूल यज्ञ होता है। विद्वान्, यज्ञ शील, सत्य स्वरूप तथा अनादि से युक्त अग्नि देवों संग यज्ञ में आता है। यह अग्नि सदा दान देनेवालों का ही कल्याण करता है।" इन मंत्रों के सहारे वैदिक ऋषि हमें क्या समझाना चाहते हैं आइए इस पर थोड़ा प्रकाश डालते हैं।

वेदों में अग्नि को बहुत महत्त्व दिया गया है और अग्नि तत्त्व की विशेषताओं को भी भली-भाँति समझाया गया है। वेदों में जिस अग्नि का वर्णन है, वह अग्नि का वह स्वरूप नहीं जिसे हम किसी पदार्थ के जलने पर देखते हैं। यहाँ अग्नि का अर्थ ज्वाला नहीं है। वेदों में जिस अग्नि की व्याख्या की गई है वह अग्नि तत्त्व की व्याख्या है, जिसे हम अपनी साधारण इंद्रियों द्वारा और माया जगत् के उपकरणों द्वारा नहीं देख सकते और न ही माया जगत् के साधनों द्वारा इसका निरीक्षण कर सकते हैं, क्योंकि हम यह जानते हैं कि तत्त्व अध्यारोपण की अवस्था में उपस्थित होते हैं और हम तत्त्व की लीला का तो निरीक्षण कर सकते हैं, परंतु तत्त्व का सीधे-सीधे निरीक्षण नहीं कर सकते। जिस प्रकार सभी तत्त्व अध्यारोपण की अवस्था में वास करते हैं, उसी प्रकार अग्नि तत्त्व भी अध्यारोपण की अवस्था में वास करता है और हम इस माया जगत् में केवल इसके प्रभावों का निरीक्षण कर सकते हैं, अग्नि तत्त्व का नहीं।

वेदों में भी सर्वप्रथम अग्नि तत्त्व की प्रशंसा की गई है, क्योंकि वैदिक ऋषि यह जानते थे कि इस विश्व में जो कुछ भी घटित हो रहा है या भविष्य में जो कुछ भी घटित होगा, वह अग्नि के कारण ही घटित होता है और घटित होगा। ऋग्वेद के प्रारंभिक मंत्रों में ही अग्नि की 'सबका हित करनेवाला, यज्ञ का प्रकाशक, सदा अनुकूल कर्म करनेवाला, विद्वानों का सहायक और धनवान्' जैसी उपमाओं के सहारे प्रशंसा की गई है। यहाँ अग्नि को जो उपमा दी गई है, वह केवल काल्पनिक नहीं है और केवल प्रशंसा करने के लिए नहीं है और न ही वेदों के रचयिताओं ने इस उपमा को अकारण ही उपयोग

किया है। यहाँ वैदिक ऋषियों ने अग्नि के लिए जिन उपमाओं का उपयोग किया है वह अग्नि तत्त्व के विभिन्न स्वरूपों को दरशाता है, जो इस माया जगत् में कार्य करते हैं।

हमने यह जाना था कि तंत्रिका कोशिका में गति अग्नि के अवतरित होने के पश्चात् ही होती है और शरीर में जो कुछ भी घटित होता है वह अग्नि के कारण ही घटित होता है। मानव विकास भी अग्नि के कारण ही घटित हो पाता है और इसी कारण से अग्नि को सबका हित करनेवाला कहा गया है।

अग्नि को यज्ञ का प्रकाशक भी कहा गया है। यहाँ यज्ञ के बहुत से अर्थ हैं और यज्ञ बहुत सी प्रक्रियाओं को दरशाता है। अधिकतर मनुष्य उस यज्ञ से तो परिचित हैं जिसे हम इस भौतिक जगत् में हवन सामग्री (जैसे—लकड़ियाँ, घी इत्यादि) की सहायता से करते हैं और जिसे हम 'हवन' कहते हैं। परंतु अधिकतर मनुष्य यज्ञ के उस स्वरूप को नहीं जानते जो प्रकृति, ब्रह्मांड और जीवन के भीतर घटित हो रहा है। कुछ ऊर्जा और शक्ति जब किसी तंत्र के भीतर जीवन संबंधित क्रियाएँ करती हैं तब हम उसे जीवनरूपी यज्ञ कहते हैं, जो जीव के भीतर घटित होता है। जब कुछ शक्ति और ऊर्जा ब्रह्मांड और प्रकृति की प्रणाली को सुचारु रूप से कार्य करने योग्य बनाती हैं तब हम उसे प्रकृति में घटित हो रहा यज्ञ कहते हैं। यहाँ ऋग्वेद के जिस मंत्र में यज्ञ के प्रकाश की चर्चा हो रही है वह यज्ञ का प्रकाश भी है जिसे हम हवनरूपी प्रक्रियाओं द्वारा प्रकट करते हैं और यहाँ उस यज्ञ के प्रकाश की भी चर्चा हो रही है जो जीव के भीतर जीवनरूपी प्रकाश के रूप में उपस्थित होता है और जो ब्रह्मांडीय प्रक्रिया द्वारा ब्रह्मांडीय प्रकाश का निर्माण करता है। यहाँ दिव्य प्रकाश और भौतिक प्रकाश दोनों ही प्रकाश के स्वरूपों की चर्चा हो रही है और समझाया जा रहा है कि अग्नि तत्त्व के कारण ही जीवनरूपी प्रकाश अवतरित होता है। अग्नि के कारण यज्ञ में प्रकाश होता है, इन शब्दों के सहारे वैदिक ऋषि हमें संभवतः यह समझाना चाहते हैं कि अग्नि के कारण ही पदार्थ और ऊर्जा के बीच प्रतिक्रियारूपी यज्ञ होता है, जिसके फलस्वरूप जीवनरूपी प्रकाश अवतरित होता है और जीवनरूपी यज्ञ में अग्नि के कारण ही चेतनारूपी प्रकाश भी अस्तित्व में आता है।

अग्नि को सदा अनुकूल कर्म करनेवाला भी कहा गया है। ऐसा इसी कारण से कहा गया है, क्योंकि ब्रह्मांड में जो कुछ भी घटित हो रहा है, वह अग्नि के कारण ही घटित हो रहा है। ब्रह्मांड में जो कुछ भी प्रक्रिया/क्रिया घटित हो रही है (जीव, जीवन और पदार्थ और ऊर्जा के जगत् में), उसका कारण अग्नि ही है और उनकी सहायक भी अग्नि ही है और उनकी मार्गदर्शक भी अग्नि ही है। इसी अग्नि के कारण ब्रह्मांड की प्रत्येक प्रक्रिया घटित होती है और वह सभी प्रक्रियाएँ प्रत्यक्ष या अप्रत्यक्ष रूप से जीवन के लिए ही कार्य करती हैं और जीवन के पालन-पोषण में भी सहायता प्रदान करती हैं। इसी कारण

से अग्नि को सदा अनुकूल कर्म करनेवाला कहा गया है। अग्नि वह तत्त्व है, जो जीवन के अनुकूल कार्य करता है।

अग्नि को विद्वानों का सहायक भी कहा गया है। ऐसा किस कारण से कहा गया है, आइए, इसे अब थोड़ा अधिक समझते हैं। हमने यह जाना है कि तंत्रिका कोशिका में गति अग्नि के अवतरित होने के पश्चात् ही होती है और जो विद्वान् होते हैं, उनके लिए आवश्यक होता है कि विभिन्न तंत्रिका कोशिका के बीच उपयोगी जोड़ का निर्माण हो सके, जिसके सहारे विद्वान्/साधक अपने अवचेतन मन में वास कर रही जानकारी को अपनी चेतना में ला सकें और भाँति-भाँति प्रकार की जानकारियों को आपस में जोड़कर उनका निरीक्षण कर सकें और अग्नि विद्वानों की यह सब करने में सहायता करता है, सही स्थान (शारीरिक और मानसिक) पर ऊष्मा उत्पन्न करके। हमने क्रम विकास के अध्याय में यह देखा था कि जानकारी कुछ रहस्यमयी मार्गों द्वारा सक्षम तंत्र में प्रवेश करती है या विशेष जानकारी को कोई भी तंत्र स्पेसमॉस से भी प्राप्त कर सकता है। ऐसा तभी हो सकता है जब विशेष तंत्रिका का परिपथ सक्रिय हो और विशेष सूक्ष्म जटिल जोड़ सक्रिय हो, जो शारीरिक तंत्र के भीतर ऐसे वातावरण का निर्माण कर सके जिसके भीतर आवश्यक जानकारी खिंची चली आए। इस प्रक्रिया में जिस वातावरण का निर्माण होता है, उस वातावरण के निर्माण में अग्नि महत्त्वपूर्ण भूमिका निभाती है। अग्नि तत्त्व ही पर्याप्त ऊष्मा/उष्णता उत्पन्न करके आवश्यक परिपथ सक्रिय करता है और नए परिपथ का निर्माण भी करता है, जिनके सहारे जानकारी का आदान-प्रदान होता है। ऐसी ही प्रक्रिया के सहारे विद्वान् भी आवश्यक जानकारी स्पेसमॉसरूपी तंत्र से भी प्राप्त कर सकता है, यदि उसके तंत्र में आवश्यक वातावरण का निर्माण हो सके तो अग्नि इसी आवश्यक वातावरण के निर्माण में अत्यंत महत्त्वपूर्ण भूमिका निभाती है, विशेष तंत्रिका परिपथ और विशेष मस्तिष्क के क्षेत्रों को और विशेष रूप से जटिल जोड़ को सक्रिय करके और इसी कारण से अग्नि को विद्वानों का सहायक कहा गया है।

अग्नि को धनवान् भी कहा गया है। यहाँ जिस धन की चर्चा हो रही है, वह भौतिक धन नहीं है, जिसे हम अपनी भौतिक आवश्यकताओं को पूर्ण करने हेतु कमाते हैं। यहाँ जिस धन की चर्चा हो रही है, वह भौतिक नहीं, मानसिक है। जैसे हम किसी को आशीर्वाद देते हैं और कहते हैं कि आपको पुत्र/पुत्री धन प्राप्त हो। यहाँ पुत्र/पुत्री रूपी धन की चर्चा हो रही है, जो मनुष्य को मानसिक सुख प्रदान करता है। ऋग्वेद के इस मंत्र में जीवन संबंधित सामग्रीरूपी धन की चर्चा हो रही है। यहाँ समझाया जा रहा है कि अग्नि सभी प्रकार की जीवन संबंधी सामग्री का भी स्वामी है और वह प्रत्येक प्रकार की जीवन संबंधी सामग्री मनुष्यों और सभी जीव-जंतुओं को प्राप्त करवा सकता है। जीवनरूपी धन प्रदान करवाने की विशेषता के कारण ही अग्नि को धनवान् कहा गया है।

वेदों में सर्वप्रथम अग्नि को इसी कारण से स्थान और सम्मान दिया गया है, क्योंकि अग्नि तत्त्व के कारण ही ब्रह्मांड में सभी कुछ घटित होता है, यहाँ तक कि अग्नि तत्त्व के कारण ही ब्रह्मांड गतिमान है और इसी गति के कारण यहाँ वह सब घटित हो रहा है, जो जीवन चक्र को क्रियाशील बनाए रखने में अपना महत्त्वपूर्ण योगदान देता है। सूक्ष्म स्तर से लेकर स्थूल स्तर तक अग्नि ही सभी प्रकार की वास्तविकताओं और घटनाओं का कारण है। इस ब्रह्मांड में जो कुछ भी घटित हो रहा है (अणु-परमाणु के स्तर से लेकर ब्रह्मांड के स्तर तक), वह अग्नि के कारण और अग्नि के सहारे ही घटित हो रहा है।

वेदों में यह बहुत बार कहा गया है कि 'अग्नि ही सभी देवों को बुलाकर लाता है', इसका क्या अर्थ हो सकता है, आइए, इसे थोड़ा समझने का प्रयास करते हैं। यहाँ वैदिक ऋषि यह नहीं कह रहे कि हवन में अग्नि के प्रज्वलित होने के पश्चात् हवन में देवता आते हैं, बल्कि यहाँ पर भी वैदिक ऋषि जीवनरूपी अग्नि के प्रज्वलित होने पर देवों के आने की चर्चा कर रहे हैं। यहाँ देवों का अर्थ 'मस्तिष्क के क्षेत्र या ऊर्जा क्षेत्र' से है। देवताओं का अर्थ भौतिक शरीरवाले कोई जीव नहीं है, यहाँ देवता मस्तिष्क के क्षेत्र या सूक्ष्म ऊर्जा क्षेत्र (क्वांटम एनर्जी फील्ड्स) या ऊर्जा तरंगें (क्वांटम वेव्स) या ऐसा ही कुछ है, जो मानसिक आयाम से संबंध रखता है, भौतिक आयाम से नहीं। डॉ. सुभाष काक एक भारतीय वैज्ञानिक हैं और उन्होंने भी एक सिद्धांत निर्मित किया है जहाँ उन्होंने यही समझाया है कि वेदों में और प्राचीन भारतीय ग्रंथों में जिन देवताओं की चर्चा की गई है, वह हमारे मस्तिष्क के क्षेत्र हैं। डॉ. सुभाष काकजी के सिद्धांत के अनुसार वेदों में और प्राचीन भारतीय ग्रंथों में जिन्हें देवता कहा गया है, वह हमारे मस्तिष्क के वह क्षेत्र हैं जो हमें मोक्ष की प्रेरणा देते हैं और मोक्ष को प्राप्त करने का बल प्रदान करवाते हैं और जिन्हें ग्रंथों में राक्षस कहा गया है, वह हमारे मस्तिष्क के वह क्षेत्र हैं जो हमें इस भौतिक जगत् में लिप्त रहने की और इस भौतिक जगत् को भोगने की प्रेरणा देते हैं।

ऐसा हो सकता है कि वेदों में जिन देवताओं की चर्चा हो रही है, वह हमारे मस्तिष्क के क्षेत्र हों, परंतु मुझे ऐसा लगता है कि वेदों में जिन देवताओं की चर्चा हो रही है वह सूक्ष्मतम ऊर्जा क्षेत्र (क्वांटम एनर्जी फील्ड्स) की चर्चा हो रही है। संभवत: वेदों में सूक्ष्मतम ऊर्जा क्षेत्रों को देवताओं के रूप में दरशाया गया है। यहाँ जो कहा जा रहा है कि 'अग्नि देवों को बुलाकर लाता है' वह यह दरशाता है कि अग्नि तत्त्व के कारण कुछ विशेष सूक्ष्मतम ऊर्जा क्षेत्र सक्रिय होते हैं और उनसे जुड़े जटिल जोड़ भी सक्रिय होते हैं, जिनके सहारे विशेष शक्तियाँ या ऊर्जा विशेष तंत्र में (जिस तंत्र में अग्नि अवतरित हुई है) अवतरित होती है और आवश्यक कार्य करती है। यहाँ वैदिक ऋषि यह समझाना चाहते हैं कि जब अग्नि तत्त्व किसी तंत्र में सक्रिय होता है या अवतरित होता है तब उस तंत्र के साथ कुछ विशेष सूक्ष्मतम ऊर्जा क्षेत्र जोड़ स्थापित कर लेते हैं, अर्थात्

अग्नि विशेष तंत्र के साथ विशेष सूक्ष्मतम ऊर्जा क्षेत्रों के जटिल जोड़ स्थापित करवाता है। अग्नि ही सभी देवताओं को बुला कर लाता है, इसका अर्थ यह है कि अग्नि तत्त्व जीवित तंत्र के सूक्ष्म जटिल जोड़ विशेष सूक्ष्म ऊर्जा क्षेत्रों के साथ स्थापित करवाता है।

इन मंत्रों में इसके पश्चात् कहा गया है कि "शरीर की प्रत्येक इंद्रियों में एक-एक देव है और ऐसे 33 देव इस शरीर में हैं।" अब यदि हम अपनी इंद्रियों को देखें तो वह क्या है? हमारी इंद्रियाँ और कुछ नहीं केवल विशेष वातावरण मात्र हैं (भले ही वह साधारण इंद्रियाँ हो या दिव्य इंद्रियाँ), जहाँ विशेष सूक्ष्मतम क्षेत्र (क्वांटम फील्ड) के सहारे विशेष क्रियाएँ घटित होती हैं। जैसे हमारे नेत्र ऐसा सूक्ष्मतम वातावरण है जो विशेष सूक्ष्मतम ऊर्जा क्षेत्र के साथ जटिल जोड़ स्थापित किए हुए है और इन्हीं ऊर्जा क्षेत्र की सहायता से वह दृश्य संबंधित क्रियाएँ घटित करवाता है और इसी प्रकार अन्य इंद्रियाँ भी विशेष सूक्ष्मतम वातावरण है, जो विशेष सूक्ष्मतम ऊर्जा क्षेत्र के साथ जटिल जोड़ स्थापित किए हुए है और इस विशेष सूक्ष्मतम ऊर्जा क्षेत्र के जटिल जोड़ की सहायता से अपना-अपना कार्य करती हैं। हमारी इंद्रियाँ जब विशेष सूक्ष्मतम ऊर्जा क्षेत्रों के साथ जटिल जोड़ स्थापित करती हैं तभी उनके भीतर वह वातावरण निर्मित हो पाता है, जो दृश्य संबंधित जानकारियों का प्रसंस्करण करता है, अर्थात् सूक्ष्मतम ऊर्जा क्षेत्र ही आवश्यक वातावरण का निर्माण करते हैं। तो हमारी इंद्रियों के क्रिया करने योग्य जो वातावरण निर्मित हुआ, वह देव कहलाएगा, भौतिक इंद्रियाँ नहीं। यहाँ हम देख सकते हैं कि देवों को 'विशेष वातावरण' भी कहा गया है और यह विशेष वातावरण प्रत्यक्ष रूप से हमारी भौतिक इंद्रियों में ही वास नहीं करता, यह तो हमारे मस्तिष्क में वास करता है, अर्थात् यह विशेष वातावरण हमारे मस्तिष्क का ही भाग है (यहाँ मगज {ब्रेन} की चर्चा नहीं हो रही, यहाँ मस्तिष्क {माइंड} की चर्चा हो रही है)। हम ऐसा क्यों कह रहे हैं कि विशेष वातावरण हमारे मस्तिष्क में वास करता है, भौतिक इंद्रियों में नहीं। आइए, इसे समझते हैं।

हम जानते हैं कि कुछ बालकों की जन्म से ही नेत्ररूपी इंद्रिय तो होती है, परंतु वह कार्य नहीं करती और वह बालक बाहरी जगत् की दृश्य संबंधी जानकारियाँ प्राप्त नहीं कर पाता। उनके पास भौतिक रूप में नेत्ररूपी इंद्रिय तो होती है, परंतु वह कार्य नहीं करती। यहाँ हम देख सकते हैं कि भौतिक रूप से भी इंद्रिय के उपस्थित होने के पश्चात् भी दृष्टि का कार्य घटित नहीं हो रहा। ऐसा इसलिए है, क्योंकि दृष्टि रूपी देव हमारे मस्तिष्क में वास करते है, भौतिक नेत्रों में नहीं। आइए, अब यह देखते हैं कि क्या यह ऊर्जा या देव वास्तविकता में मस्तिष्क के क्षेत्र में ही वास करता है या कहीं और?

कुछ मनुष्य नेत्र इंद्रिय होने के पश्चात् भी दृष्टि संबंधित जानकारी एकत्रित नहीं कर पाते। ऐसा दो कारणों से हो सकता है—

1. या तो उनके मगज और नेत्रों के बीच जो जानकारी आदान-प्रदान के परिपथ हैं, वह क्षतिग्रस्त हों गए हो और मस्तिष्क तक जानकारी पहुँच ही न पा रही हो।
2. मस्तिष्क का वह क्षेत्र ही क्षतिग्रस्त हो गया हो, जो दृष्टि के लिए उत्तरदायी होता है।

हम यह जानते हैं कि कुछ मनुष्य नेत्र इंद्रिय के कार्य न करने के पश्चात् भी बाहरी जगत् के किसी-न-किसी रूप में दृश्य निर्मित कर लेते हैं। कुछ चमगादड़ की भाँति विशेष ध्वनि निकालकर ऐसा करते हैं और कुछ अन्य माध्यमों से ऐसा करते हैं। जो मनुष्य चमगादड़ की भाँति ध्वनि निकालकर ऐसा करते हैं, वह बाहरी जगत् संबंधित दृश्य निर्माण हेतु सर्वप्रथम चमगादड़ जैसी ध्वनि निकालते हैं, इसके पश्चात् वह ध्वनि बाहरी जगत् में उपस्थित वस्तुओं से टकराकर पुनः उस मनुष्य के पास आती है और उन मनुष्य का मस्तिष्क टकराकर वापस आ रही ध्वनि तरंगों की सहायता से बाहरी जगत् में उपस्थित वस्तुओं का चित्र निर्मित करता है और वह किसी-न-किसी रूप में (जैसे एक्सरे के दृश्य जैसा या एम.आर.आई. दृश्य जैसा) बाहरी जगत् से संबंधित दृश्य जानकारी प्राप्त करते हैं।

अब यदि हम मस्तिष्क के क्षेत्रों को देवता मानें, तो यदि किसी व्यक्ति का दृश्य संबंधी मस्तिष्क का क्षेत्र स्वस्थ है और उनके आँख और मस्तिष्क के बीच के परिपथ क्षतिग्रस्त हैं, तब भी वह मनुष्य किसी माध्यम से बाहरी जगत् की दृष्टि संबंधी जानकारी का प्रसंस्करण कर सकता है, परंतु यदि मनुष्य का वह मस्तिष्क का क्षेत्र ही क्षतिग्रस्त है, जो दृश्य संबंधित जानकारी का प्रसंस्करण करता है तो उसे बाहरी जगत् की दृश्य संबंधित जानकारी के प्रसंस्करण में सक्षम नहीं होना चाहिए और ऐसा होने पर उसे बाहरी जगत् की दृश्य संबंधित जानकारी प्राप्त करने में सक्षम नहीं होना चाहिए, परंतु ऐसा होता नहीं है। कुछ मनुष्य अपने विशेष मस्तिष्क के क्षेत्र को खोने के पश्चात् भी विशेष क्षमता सदा के लिए नहीं खोते, ऐसा इसी कारण से होता है, क्योंकि वह प्रशिक्षण के सहारे वही विशेष कार्य अपने मस्तिष्क के अन्य क्षेत्रों द्वारा भी करवा सकते हैं, जो उस कार्य को करने के लिए बने ही नहीं होते। यहाँ हम देख सकते हैं कि विशेष मस्तिष्क के क्षेत्रों के क्षतिग्रस्त होने के पश्चात् भी वह कार्य हो जाता है, दूसरे मस्तिष्क के क्षेत्रों की सहायता से। ऐसा क्यों होता है? ऐसा इस कारण से होता है, क्योंकि वह देव मस्तिष्क के क्षेत्र नहीं बल्कि सूक्ष्म ऊर्जा क्षेत्र हैं, जो किसी भी मस्तिष्क के क्षेत्र को नियुक्त कर सकते हैं किसी भी कार्य को करने के लिए...

आइए, हम इसे एक उदाहरण के सहारे समझते हैं। हमने यह देखा है कि कुछ मनुष्य होते हैं जो उत्तीर्ण गणितज्ञ होते हैं और वह बड़ी-से-बड़ी संख्या का गुणा या

भाग कंप्यूटर की गति के समान गति से कर देते हैं। ऐसे मनुष्यों का कुछ वैज्ञानिकों ने अध्ययन किया और यह जानना चाहा कि इनके मस्तिष्क के भीतर ऐसा क्या घटित हो रहा है जिसके सहारे वह यह सब कर पा रहे हैं। वैज्ञानिकों ने जब एम.आर.आई. द्वारा ऐसे मनुष्य के मस्तिष्क की गतिविधियों का निरीक्षण किया तो उन्होंने पाया कि ऐसे मनुष्यों में गणित संबंधित कार्य करते समय मस्तिष्क का वह क्षेत्र तो अधिक सक्रिय होता ही है, जो गणित का कार्य करने के लिए उत्तरदायी होता है, परंतु इसके साथ-साथ उनका मस्तिष्क-मस्तिष्क के कुछ अन्य क्षेत्रों को भी नियुक्त कर लेता है, गणित संबंधित कार्य करने के लिए। जैसे वैज्ञानिकों ने ऐसे ही कुछ मनुष्यों में पाया कि ऐसे मनुष्य जो कंप्यूटर की गति के समान किसी भी गणित की समस्या का हल निकाल लेते हैं, उनका मस्तिष्क गणित की समस्या को हल करने के लिए मस्तिष्क के उस भाग को भी नियुक्त कर लेता है जो भाग उनकी दृश्य संबंधी जानकारी या ध्वनि संबंधित जानकारी का प्रसंस्करण करता है। जो मनुष्य कंप्यूटर की गति के समान गणित की समस्या का हल कर लेते हैं उनका तंत्र उनके मस्तिष्क के उस भाग का तो अधिक प्रयोग करता ही है जो भाग गणित की क्रिया करने के लिए निर्मित हुआ है, इसके साथ-साथ उनका तंत्र उनके मस्तिष्क के अन्य भाग को भी गणित की समस्या को हल करने हेतु नियुक्त कर लेता है, जिनका निर्माण इस कार्य को करने हेतु हुआ ही नहीं होता। इस उदाहरण में हम यह देख सकते हैं कि मस्तिष्क के क्षेत्र कभी-कभी वह कार्य करते हैं जिनके लिए उनका निर्माण नहीं हुआ होता। ऐसा इसी कारण से होता है, क्योंकि जो शक्तियाँ या ऊर्जा हमारी इंद्रियों को बल प्रदान करती हैं या जो शक्तियाँ या ऊर्जा हमारी इंद्रियों का संचालन करती हैं, वह हमारे मस्तिष्क में वास नहीं करतीं, वह सूक्ष्म ऊर्जा क्षेत्र में वास करती हैं, या हम यहाँ यह भी कह सकते हैं कि वह शक्तियाँ, जो हमारी इंद्रियों का संचालन करती हैं, वह मस्तिष्क के कोई क्षेत्र नहीं हैं, वह सूक्ष्म ऊर्जा क्षेत्र हैं, जो ब्रह्मांड में वास करती है।

ऐसा ही हम उन कुछ मनुष्यों में देख सकते हैं जिन मनुष्यों के किन्हीं कारणों से मस्तिष्क के कुछ क्षेत्र क्षतिग्रस्त हो जाते हैं और वह मस्तिष्क के उन क्षेत्रों के क्षतिग्रस्त होने के कारण उन मस्तिष्क के क्षेत्रों से संबंधित विशेष कार्य नहीं कर पाते। परंतु यदि उन्हें सही प्रशिक्षण दिया जाए तो प्रशिक्षण के सहारे उनका तंत्र उनके मस्तिष्क के अन्य क्षेत्रों को नियुक्त कर लेता है वह कार्य करने के लिए, जो कार्य वह भाग करते थे, जो अब क्षतिग्रस्त हो चुके हैं। अब यदि हम देवों को मस्तिष्क के क्षेत्र मानें तो मस्तिष्क के क्षेत्रों के क्षतिग्रस्त होने के पश्चात् वह कार्य नहीं होना चाहिए था, परंतु हमारा तंत्र विशेष मस्तिष्क के क्षेत्रों के क्षतिग्रस्त होने के पश्चात् भी वह विशेष कार्य हमारे मस्तिष्क के अन्य क्षेत्रों द्वारा भी करवा लेता है। यह हमें दरशाता है कि वह शक्तियाँ और ऊर्जा जो जीवन की क्रिया को सुचारु रखने हेतु कार्य करती हैं, वह हमारे मस्तिष्क के क्षेत्रों में

वास नहीं करतीं, वह सूक्ष्म ऊर्जा क्षेत्रों में वास करती है और इन्हीं सूक्ष्म ऊर्जा क्षेत्रों को संभवत: वेदों में देवता कहा गया है।

ऋग्वेद के प्रारंभिक मंत्रों में ही यह भी कहा गया है कि "यह सभी देव शरीर में तभी तक रहते हैं जब तक अग्नि उष्णता के रूप में इस शरीर में रहता है। इस अग्नि के शरीर से निकल जाने पर इंद्रिय स्थानीय देव भी निकल जाते हैं, यह मृत्यु की ही व्यवस्था है।" हम यह जानते हैं कि तंत्रिका कोशिका अग्नि के कारण ही गतिमान होती है और जैसे-जैसे उष्णता/ऊष्मा कम होती जाती है वैसे-वैसे 'तंत्रिका कोशिका निर्माण' और 'तंत्रिका कोशिका की कार्यप्रणाली' भी दुर्बल होती जाती है और मनुष्य वृद्ध होने लगता है और जब तंत्रिका कोशिका की गतिविधि पूर्णत: थम जाती है तब मनुष्य की मृत्यु हो जाती है। जैसे-जैसे विशेष इंद्रियों का अग्नि तत्त्व दुर्बल होता जाता है वैसे-वैसे इंद्रियाँ भी दुर्बल पड़ने लगती हैं और उनके जटिल जोड़ विशेष सूक्ष्म क्षेत्र से अपना संबंध खंडित करने लगते हैं और जब इस विशेष सूक्ष्म ऊर्जा क्षेत्र के विशेष सूक्ष्म जटिल जोड़ पूर्णत: खंडित हो जाते हैं तब विशेष इंद्रिय कार्य करना बंद कर देती है, अर्थात् देव शरीर से चले जाते हैं। विशेष सूक्ष्म ऊर्जा क्षेत्रों का जोड़ समाप्त होना ही देवों का जाना है।

ऋग्वेद के प्रारंभिक मंत्रों में यह भी कहा गया है कि "अग्नि पुष्टकारक और बलयुक्त अन्न हमें प्रदान करती है।" यहाँ अन्न का अर्थ अनाज से नहीं है, यहाँ संभवत: मानसिक अन्न की बात हो रही है। यहाँ संभवत: यह कहा जा रहा है कि पर्याप्त अग्नि उत्पन्न करके साधक अपनी सर्वहितकारी मनोदशा को बढ़ानेवाली शक्तियों को जन्म दे सकता है। संभवत: यहाँ मनोदशा के अन्न की बात हो रही है। यहाँ मानसिक रसों को अन्न कहा जा रहा है और यहाँ समझाया जा रहा है कि अग्नि गुणक की सहायता से मनुष्य हितकारी मानसिक रसों का निर्माण कर सकता है और अग्नि का विशेष स्वरूप ही विशेष मानसिक रसों का निर्माण करता है, जो मनुष्य की चेतना को उच्च बनाने में उसकी सहायता करते हैं।

प्रारंभिक मंत्रों में यह भी कहा गया है कि "अग्नि से पोषण होता है, यश बढ़ता है और वीरता बढ़ती है।" यहाँ यह इसी कारण से कहा गया है, क्योंकि जब शरीर में अग्नि गुणक पर्याप्त मात्रा में होता है तभी हमारा शरीर सुचारु रूप से कार्य करता है और जब शरीर सुचारु रूप से कार्य करेगा तभी यह हितकारी ऊर्जा निर्मित हो सकेगी।

ऋग्वेद के प्रारंभिक मंत्रों में यह भी कहा गया है कि "जिस अहिंसक यज्ञ में इस अग्नि की पूजा होती है, वही देवों के अनुकूल यज्ञ होता है।" यहाँ भी जिस यज्ञ की बात हो रही है वह भौतिक सामग्रियों द्वारा किया जानेवाला हवन नहीं, यहाँ जो शरीर और प्रकृति के बीच क्रिया हो रही है, आदान-प्रदानरूपी क्रिया, उसे यज्ञ कहा गया है। हम अन्न और वायु की सहायता से जीवन संबंधी ऊर्जा निर्मित करते हैं, जो हमें

प्रकृति प्रदान करती है और हम वायु, मानसिक तरंगें और ऊष्मा छोड़ते हैं, जो हम प्रकृति को प्रदान करते हैं और यह प्रकृति की सहायता करती हैं। हमारे और प्रकृति के बीच परस्पर आदान-प्रदान की क्रिया चलती रहती है और इसी आदान-प्रदान की क्रिया को वेदों में यज्ञ कहा गया है। इस मंत्र में जो यह कहा गया है कि "जिस अहिंसक यज्ञ में इस अग्नि की पूजा होती है वही देवों के अनुकूल यज्ञ होता है", इसका अर्थ है कि जो मनुष्य अहिंसक और सर्वहितकारी भाव से प्रकृति और अपने बीच हो रहे यज्ञ में अग्नि की महत्त्वता को जान उनके प्रति सम्मान और सद्भाव रख अपने कर्म करेगा वही वह उपयोगी ऊर्जा उत्पन्न कर सकेगा, जो उसे सूक्ष्म ऊर्जा क्षेत्ररूपी देवों के साथ जोड़ेगी। देवों के अनुकूल यज्ञ का अर्थ है प्रकृति और जीव के बीच के यज्ञ से ऐसी ऊर्जा का निर्माण होना जो देव अर्थात् सूक्ष्म ऊर्जा क्षेत्र के अनुकूल हो। देवों के, अर्थात् सूक्ष्म ऊर्जा क्षेत्रों के अनुकूल ऊर्जा/शक्ति उत्पन्न करके ही हम उनके साथ जुड़ सकते हैं।

ऋग्वेद के प्रारंभिक मंत्रों में यह भी कहा गया है कि "विद्वान्, यज्ञ शील, सत्य स्वरूप तथा अनादि से युक्त अग्नि देवों के साथ यज्ञ में आता है।" इसका यह अर्थ नहीं कि सभी प्रकार के अग्नि के स्वरूपों के प्रकट होने पर (जैसे ज्वाला और जलन इत्यादि) देव आते हैं, नहीं, इसका यह अर्थ है कि जब अग्नि तत्त्व की सहायता से अग्नि का विशेष रूप (प्रकाश, ताप या ऊष्मा इत्यादि) किसी तंत्र में अवतरित होता है, कर्म बल द्वारा, तब वहाँ विशेष सूक्ष्म ऊर्जा क्षेत्र सक्रिय हो जाते हैं, अर्थात् यहाँ वेदों के ऋषि संभवत: यह कहना चाहते हैं कि जब प्रकृति और जीव के बीच क्रियारूपी यज्ञ होता है तब जीव अपने ज्ञान, अपनी इच्छाशक्ति, अपनी जिज्ञासा इत्यादि शक्तियों की सहायता से जब विशेष मानसिक अग्नि उत्पन्न करता है तब उस विशेष अग्नि के साथ विशेष सूक्ष्म ऊर्जा क्षेत्र सक्रिय हो जाते हैं, जो जीव की चेतना को उच्च स्तर की ओर ले जाते हैं। जब विशेष अग्नि का स्वरूप अवतरित होता है तभी विशेष सूक्ष्म ऊर्जा क्षेत्र सक्रिय होते हैं, अर्थात् अग्नि अपने साथ देवों को लाती है।

ऋग्वेद के प्रारंभिक मंत्रों में यह भी कहा गया है कि "अग्नि सदा दान देनेवालों का ही कल्याण करती है।" यहाँ भी भौतिक दान की बात नहीं हो रही, यह भी मानसिक दान की बात हो रही है। यहाँ वेदों के ऋषियों का यह अर्थ है कि जब जीव अपने और प्रकृति के बीच हो रहे यज्ञ द्वारा सर्वहितकारी ऊर्जा को उत्पन्न करने लगता है (जैसे करुणा, परोपकार इत्यादि) और अपनी सर्वहितकारी ऊर्जा से जीव जगत् की चेतना के विकास हेतु ऊर्जा उत्पन्न करने लगता है, तो ऐसा होने पर वह कहीं-न-कहीं विश्व को अपनी ऊर्जा का दान कर रहा होता है और जो मनुष्य ऊर्जा का दान करता है उसके भीतर अग्नि गुणक अधिक बढ़ता है, ताकि वह इस जगत् को आवश्यक ऊर्जा प्रदान करवा सके।

अग्नि सदा दान देनेवालों का कल्याण करती है, अर्थात् जो जीव सर्वहितकारी ऊर्जा का दान करता है, उसके भीतर अग्नि गुणक की मात्रा बढ़ती है, जिसके फलस्वरूप उस जीव का भी कल्याण होता है और जगत् का भी। यहाँ कल्याण का अर्थ है कि वह जीव इसी प्रक्रिया के सहारे आवश्यक सूक्ष्म ऊर्जा क्षेत्र सक्रिय करके मोक्ष के मार्ग को प्राप्त कर सके। अर्थात् जो जीव सर्वहितकारी ऊर्जा को उत्पन्न कर उसे जगत् में फैलाता है, अग्नि उसका कल्याण करती है, जिसके फलस्वरूप उसके भीतर अग्नि गुणक बढ़ता है और वह इस आवश्यक अग्नि के सहारे विशेष सूक्ष्म ऊर्जा क्षेत्र को सक्रिय कर अपने मोक्ष के मार्ग को प्राप्त कर सकता है।

हमने ऋग्वेद के कुछ प्रारंभिक मंत्रों के अर्थ के सहारे यह समझा कि किस प्रकार अग्नि तत्त्व विभिन्न प्रकार के जोड़ स्थापित करता है और योग और ध्यान इन्हीं जोड़ को अधिक बलशाली बनाता है और इन सभी सूक्ष्म जटिल जोड़ को योग और ध्यान अग्नि तत्त्व की सहायता से ही हमारी चेतना के साथ भी जोड़ता है और अग्नि तत्त्व अपनी अन्य विशेषताओं के सहारे साधक को भाँति-भाँति के लाभ प्रदान करता है। अग्नि तत्त्व के सहारे ही हमारे और प्रकृति के बीच मिलन हो पाता है, अर्थात् हमारे और प्रकृति के बीच विशेष सूक्ष्म जटिल जोड़ स्थापित हो पाते हैं। हमने इन मंत्रों के सहारे यह भी जाना कि अग्नि जीवन और ज्ञानरूपी प्रकाश का दाता है और यह विद्वानों की ज्ञान प्राप्त करने में सहायता करता है। हमने यह भी जाना कि अग्नि तत्त्व के सहारे ही हमारा जीवित तंत्र कुछ विशेष सूक्ष्म ऊर्जा क्षेत्रों के साथ सूक्ष्म जटिल जोड़ स्थापित करता है, जिसके सहारे जीवनरूपी यज्ञ की प्रक्रिया पूर्ण हो पाती है। हमने इन मंत्रों में जो कुछ भी समझा है, वह सभी कुछ संन्यास ग्रहण करने के पश्चात् योग और ध्यान साधना करते समय सिद्धार्थ, गौतम के साथ भी घटित हो रहा था। योग और ध्यान से उत्पन्न अग्नि सिद्धार्थ, गौतम की भिन्न-भिन्न प्रकार से सहायता कर रही थी। योग और ध्यान से उत्पन्न अग्नि सिद्धार्थ का मार्गदर्शन कर रही थी और सिद्धार्थ के तंत्र में आवश्यक परिवर्तन भी कर रही थी। योग और ध्यान की सहायता से सिद्धार्थ अपने तंत्र के भीतर अग्नि गुणक की मात्रा बढ़ा रहे थे और उसे अधिक बलशाली बना रहे थे, जिनके सहारे वह विशेष सूक्ष्म जटिल जोड़ को सक्रिय और कुछ विशेष सूक्ष्म जटिल जोड़ का खंडन कर रहे थे। योग और ध्यान द्वारा अवतरित हुए अग्नि तत्त्व की सहायता से सिद्धार्थ वास्तविकता से संबंधित ज्ञान प्राप्त कर रहे थे और अग्नि तत्त्व की सहायता से ही समाधि के लिए अपने तंत्र के भीतर उपयुक्त वातावरण का निर्माण कर रहे थे। योग और ध्यान सिद्धार्थ, गौतम के भीतर समाधि से संबंधित सूक्ष्म जटिल जोड़ को सक्रिय कर रहा था। योग और ध्यान से उत्पन्न अग्नि के विशेष स्वरूपों ने सिद्धार्थ, गौतम के भीतर एक ऐसे यज्ञ को प्रारंभ कर दिया था जो उन्हें परम प्रकाश की प्राप्ति करवानेवाला था।

योग और ध्यान दोनों एक-दूसरे के पूरक हैं। योग बल मनुष्य को ध्यान बल उत्पन्न करने में सहायता करता है और ध्यान बल मनुष्य को योग बल उत्पन्न करने में सहायता प्रदान करता है। ध्यान और योग चक्र जब सक्रिय होता है तभी मनुष्य परम सत्य से संबंधित जानकारियाँ प्राप्त करना प्रारंभ करता है और संन्यास ग्रहण करने के पश्चात् योग और ध्यान का अभ्यास करने के कारण सिद्धार्थ, गौतम का योग और ध्यान चक्र भी बलशाली हो रहा था। आइए, यह समझते हैं कि योग और ध्यान चक्र किस प्रकार कार्य करता है।

योग और ध्यान मिलकर शरीर और आत्मा को 'दो रूपों' से प्रभावित और विकसित करते हैं। दो स्तर या दो अवस्थाएँ ही एक-दूसरे को प्रभावित करके उनका विकास करती हैं और यह प्रक्रिया समाधि तक घटित होती है। योग और ध्यान मिलकर और अलग-अलग मानव चेतना का विकास करते हैं। योग करने से ऐसी अवस्था उत्पन्न होती है जिसके सहारे ध्यान को साधा जाता है और ध्यान करने से ऐसी अवस्था उत्पन्न होती है जिसके सहारे योग को साधा जाता है और इसी योग और ध्यान को साधने के चक्र के सहारे मनुष्य अपनी चेतना का विकास कर समाधि प्राप्त कर सकता है। आइए, देखते हैं कि योग और ध्यान कैसे एक-दूसरे को प्रभावित और विकसित करते हैं और ध्यान साधना से पूर्व और ध्यान साधना के पश्चात् योग क्या करता है और योग साधना से पूर्व और योग साधना के पश्चात् ध्यान क्या करता है, यह जानते और समझते हैं।

ध्यान साधना से पूर्व योग साधना

जब हम योग करते हैं तब विभिन्न प्रकार की योग क्रियाएँ अग्नि तत्त्व की सहायता से विशेष ऊष्मापन उत्पन्न करती हैं, जिसके सहारे हम नई तंत्रिका कोशिका, नए जोड़ और नए मस्तिष्क के क्षेत्रों का निर्माण और विकास करते हैं, जो हमारे तंत्र को उसके पुराने सूक्ष्म जटिल जोड़ (एंटेंगलमेंट्स) को खोलने में (अनटेंगल) या खंडित करने में सहायता प्रदान करते हैं और हमारे तंत्र और प्रणाली का अज्ञात को समझने और अज्ञात का अनुभव करने हेतु पुनर्गठन करते हैं और हम प्रकृति और हमारे बीच नए सूक्ष्म जटिल जोड़ की स्थापना भी करते हैं, जिनके सहारे जानकारी का आदान-प्रदान किया जा सकता है और किया जाता है। भिन्न-भिन्न योग मुद्राएँ और योगासन साधक के तंत्र में भिन्न-भिन्न स्थानों पर ऊष्मा उत्पन्न करते हैं, जिसके सहारे साधक का तंत्र आवश्यक पुनर्गठन का कार्य पूर्ण कर पाता है। भिन्न-भिन्न योगासन और योग मुद्राओं के सहारे साधक अपने ऊर्जा चक्रों में और ऊर्जा शरीर में ऊर्जा प्रवाह और ऊर्जा निर्माण को संतुलित करता है और अपनी मांसपेशियों में उपस्थित 'ऊर्जा निर्माण' की अधिक परतों को सक्रिय करता है और शरीर के भीतर जीवनदायिनी वायु का प्रवाह उत्तीर्ण करता है। योग करने से हम

अग्नि तत्त्व की सहायता से अपने शरीर के भीतर उपस्थित कण-कण के बीच के सूक्ष्म जटिल जोड़ को सक्रिय कर देते हैं, जिसके कारण हमारे शरीररूपी तंत्र में उपस्थित सभी प्रकार की जानकारियाँ (जैसे स्मृतियाँ, वैश्विक जानकारियाँ और विशिष्ट से संबंधित अन्य जानकारियाँ) हमारी 'चेतना में आने की संभावना' के साथ जुड़ जाती हैं और ध्यान अवस्था में हम उन जानकारियों का विश्लेषण और निरीक्षण कर सकते हैं। योग सभी प्रकार की जानकारियों के बीच के सूक्ष्म जटिल जोड़ को सक्रिय कर देता है। साधक योग में जिन नई तंत्रिका का निर्माण करता है, उन नई तंत्रिकाओं के सहारे वह अपने योग के वर्तमान और उच्च स्तर पर नई तंत्रिकाओं को आवश्यक अवस्था में कार्य करने हेतु उपयोग कर सकता है। उच्च स्तर में साधक द्वारा निर्मित नई तंत्रिकाएँ साधक को अति संवेदनशील अनुभूति की क्षमता तक प्रदान करवाती हैं। जैसे गैलीलियो ने अपने हाथ के द्वारा शुक्र ग्रह की अनुभूति की थी। योग द्वारा निर्मित तंत्रिकाएँ साधक को समयाकाश के साथ जुड़ने की और परस्पर क्रियाशील बनाए रखने की शक्ति भी प्रदान करवाती हैं। यह तंत्रिकाएँ 'ध्यान' को उच्च स्तर तक ले जाती हैं। सबसे महत्त्वपूर्ण बात यह है कि योगासन और योग मुद्राओं के सहारे साधक अपने शारीरिक तंत्र में विशेष कंपन उत्पन्न करना प्रारंभ करता है और यह विशेष कंपन साधक की सहायता ध्यान अवस्था में प्रकृति में उपस्थित भिन्न-भिन्न प्रकार के कंपन को अनुभव करने में करता है। विशेष योगासन और विशेष योग मुद्राएँ विशेष कंपन उत्पन्न करती हैं और प्रकृति के अलग-अलग कंपन की अनुभूति करके साधक धीरे-धीरे परम कंपन को प्राप्त हो सकता है।

योग साधना के पश्चात् ध्यान साधना

योग साधना के सहारे साधक जिस कंपन को प्राप्त करता है, उस कंपन से जुड़े सभी सूक्ष्म जटिल जोड़ को साधक ध्यान अवस्था में ध्यान अग्नि की सहायता से सक्रिय करता है। योग साधना में प्राप्त कंपन के सहारे साधक प्रकृति के सत्य से जुड़े भाँति-भाँति प्रकार के कंपन का अनुभव करता है, जिसकी सहायता से वह विशेष मानसिक कंपन भी उत्पन्न करता है और इन्हीं कंपनों की अनुभूति के सहारे साधक प्रकृति की प्रवृत्ति को धीरे-धीरे समझता जाता है। योग-साधना के समय साधक जो कंपन उत्पन्न करता है, उस कंपन से जुड़ी जानकारी का निरीक्षण और विश्लेषण वह ध्यान अवस्था में करता है, जब वह उस कंपन से जुड़े सूक्ष्म जटिल जोड़ को ध्यान के सहारे सक्रिय कर जानकारी प्राप्त करता है। योग साधना के पश्चात् जब साधक ध्यान करता है तब वह उन जटिल जोड़ से संबंधित जानकारी का निरीक्षण करता है, जो जटिल जोड़ योग की सहायता से सक्रिय हो गए थे। योग के पश्चात् ध्यान साधना में हमारे शरीर के भीतर उपस्थित जितनी भी जानकारी होती है, उसे हम धीरे-धीरे कर अपनी चेतन अवस्था में लाकर उसका

निरीक्षण करते हैं, जिसके कारण धीरे-धीरे उस सूक्ष्म जटिल जोड़ से संबंधित जानकारी के खंड अपनी जटिल अवस्था के बाहर आने लगते हैं और उस जानकारी से संबंधित सूक्ष्म जटिल जोड़ का पतन होने लगता है और किसी एक जानकारी से जुड़ी हुई अन्य सभी जानकारियाँ भी जिज्ञासा के चक्र के कारण साधक के तंत्र में प्रवेश करती हैं और धीरे-धीरे साधक इसी प्रकार भिन्न-भिन्न जानकारियाँ प्राप्त कर उनका निरीक्षण करता है और उन्हें उनकी विशेष सूक्ष्म जटिल अवस्था के बाहर लाता जाता है और उसे माया की लीला समझ में आने लगती है। योग साधना के समय साधक ने जो प्रकृति के साथ नए सूक्ष्म जटिल जोड़ स्थापित किए थे, उन सूक्ष्म जटिल जोड़ से संबंधित जानकारी को साधक अपनी चेतन अवस्था में लाने का प्रयास करता है और जैसे-जैसे प्रकृति से संबंधित जानकारी वह एकत्रित कर उसका निरीक्षण करता रहता है वैसे-वैसे वह प्रकृति की प्रवृत्ति को भी समझता है और धीरे-धीरे मायारूपी तंत्र का खंडन भी करता जाता है।

ध्यान साधना के पश्चात् योग साधना

ध्यान साधना में साधक ने जो जानकारी, ज्ञान या अनुभव प्राप्त किया है, उसको अवतीर्ण करने में योग हमारी सहायता करता है। ध्यान में अर्जित ज्ञान को योग की सहायता से अपने शरीर और काल के प्रवाह में अवतीर्ण किया जा सकता है। योग की सहायता से ध्यान में अर्जित ज्ञान को शरीर में पदार्थ और ऊर्जा में रूपांतरित किया जा सकता है, अर्थात् ध्यान अवस्था में साधक ने प्रकृति के जिस सत्य को जाना है उस सत्य से संबंधित कार्य करने हेतु मस्तिष्क के क्षेत्र, कोशिका और तंत्रिका इत्यादि का निर्माण योग अग्नि की सहायता से किया जा सकता है। ध्यान साधना के समय साधक प्रकृति में उपस्थित भाँति-भाँति प्रकार के सत्य के साथ जुड़ता है और प्रकृति के सत्य से संबंधित जानकारी एकत्रित करता है। उस एकत्रित जानकारी का प्रसंस्करण और जानकारी का विश्लेषण साधारण शरीर रूपी तंत्र द्वारा नहीं किया जा सकता, उस जानकारी का विश्लेषण करने हेतु हमारी शारीरिक प्रणाली और हमारी मानसिक प्रणाली (सूक्ष्म और स्थूल) के सभी घटकों के बीच साधारण मनुष्य की तुलना में अधिक और कुछ विशेष जटिल जोड़ स्थापित होने चाहिए, जिनके सहारे साधक भाँति-भाँति प्रकार की वास्तविकता से संबंधित जानकारी का विश्लेषण चेतन अवस्था में कर सकता है और योगासन और योग मुद्राओं की सहायता से साधक अपने शरीर को प्राप्त जानकारी का प्रसंस्करण करने हेतु, विश्लेषण करने हेतु और जानकारी के रूपांतरण हेतु सक्षम बनाता है। योगासन और योग मुद्राओं की सहायता से साधक अपने शारीरिक तंत्र में एक ऐसे वातावरण का निर्माण करता है] जो वातावरण उसे ध्यान साधना के समय चेतना के उच्च स्तर प्राप्त करने में सहायता करता है और ध्यान साधना के पश्चात् योगासन और

योग मुद्रा ऐसे वातावरण का भी निर्माण करते हैं जिसके भीतर साधक प्राप्त जानकारी का प्रसंस्करण और विश्लेषण उच्च चेतना के साथ कर सकता है। योगासन और योग मुद्राओं द्वारा निर्मित वातावरण साधक की सहायता करता है, मानसिक स्तर पर समाधि प्राप्त करने हेतु वातावरण के निर्माण के लिए। एक प्रकार का वातावरण दूसरे प्रकार के वातावरण का निर्माण करता है और वह दूसरे प्रकार का वातावरण एक ऐसे वातावरण का निर्माण करता है जिसके भीतर समाधि घटित होती है। शारीरिक वातावरण साधक को विशेष मानसिक वातावरण निर्मित करने में सहायता प्रदान करता है और उस विशेष मानसिक वातावरण के सहारे साधक समाधि घटित होने हेतु उपयुक्त वातावरण का निर्माण करता है और शारीरिक और मानसिक वातावरण के बीच भी जटिल जोड़ स्थापित करता है, अर्थात् मानसिक और शारीरिक वातावरण को भी जोड़ता है। योग और ध्यान केवल शारीरिक ढाँचे के बीच ही जटिल जोड़ स्थापित नहीं करता, यह विशेष प्रकार के वातावरण के बीच भी जटिल जोड़ स्थापित करता है। ध्यान अवस्था में साधक अलग-अलग प्रकार के कंपन का अनुभव करता है और ध्यान अवस्था में जिस कंपन को साधक अनुभव करता है, उस कंपन के अनुसार अपने शारीरिक कंपन को संतुलित करता है और इसी संतुलन में योगासन और योग मुद्राएँ उसकी सहायता करते हैं। योग से निर्मित वातावरण ध्यान के वातावरण के निर्माण में सहायता प्रदान करता है और ध्यान द्वारा निर्मित वातावरण योग के वातावरण के निर्माण में सहायता प्रदान करता है और ध्यान और योग का चक्र इसी प्रकार साधक को धीरे-धीरे समाधि की ओर ले जाता है। विशेष प्रकार के वातावरण ही एक प्रकार से सारी लीलाएँ रच रहे हैं और वातावरण की इस लीला को हम अपनी कहानी में आगे पूर्ण रूप से समझने का प्रयास करेंगे।

जब हमारे प्राचीन योगियों ने प्रारंभिक ध्यान साधना की होगी, तब उनको यह आभास हुआ होगा कि उनका शरीर कुछ क्रियाएँ करना चाह रहा है। ध्यान में उन्होंने जिस कंपन का अनुभव किया होगा, वह कंपन उनके शरीर का अपनी आवृत्ति के साथ तालमेल बिठाना चाह रहा होगा। संन्यास ग्रहण करने के पश्चात् योग और ध्यान-साधना के समय गौतम बुद्ध ने भी इस कंपन को अनुभव किया होगा। गौतम बुद्ध ने भी जब अज्ञात में प्रवेश किया होगा तब उन्होंने भी इस 'सर्वव्यापी कंपन' को अनुभव किया होगा। ध्यान के पश्चात् एक अज्ञात कंपन शरीर में अनुभव होता है, या कहें कि ध्यान के पश्चात् हमारा शरीर एक अज्ञात कंपन उत्पन्न करता है। वही अज्ञात कंपन ही हमारे शरीर की हलचल को संचालित करता है और यही संचालन 'मनुष्य का योग' बन जाता है। (प्रत्येक मनुष्य का अपना विशेष योग और ध्यान होता है, आवश्यकता होती है तो केवल उस योग और ध्यान को प्राप्त करने की। यह कैसे होता है, इसे हम अपनी कहानी में आगे पूर्ण रूप से समझेंगे)। उसी अज्ञात कंपन को समझने के लिए योगी शून्य होकर

ध्यान में लीन हो जाते हैं। एक अज्ञात ध्यान की अवस्था में जाकर योगी अपने शरीर (हाथ, पैर इत्यादि अंग) को जो वह करना चाहता है, वह करने देता है, अर्थात् जो भी आसन या मुद्रा वह ग्रहण करना चाहे या अपनाना चाहे।

प्राचीन काल में हमारे प्राचीन योगियों ने ऐसे ही अज्ञात कंपन का अनुभव किया होगा, इसके पश्चात् उन्होंने योग के मूलभूत आसन की खोज या उत्पत्ति की होगी। उन आसनों ने उनके शरीर में परिवर्तन लाने प्रारंभ किए होंगे और एक अज्ञात ऊर्जा और विशेष स्थानों में ऊष्मा को भी उन्होंने अपने शरीर के भीतर अनुभव किया होगा। इन प्रारंभिक आसनों के पश्चात् उनके शरीर में उस अज्ञात ऊर्जा और ऊष्मा ने अपना मार्ग बनाना/खोजना प्रारंभ किया होगा और उनके शारीरिक तंत्र में आवश्यक परिवर्तन करने प्रारंभ किए होंगे। यह सब इस कारण से होता है ताकि हमारा शरीर/ऊर्जा सर्वव्यापी कंपन के साथ जटिलता से जुड़ सके तथा समय और साधना के साथ-साथ उस कंपन से जुड़ी जानकारी प्राप्त कर माया की लीला को समझ सके और मोक्ष के द्वार खोल सके।

जब वह अज्ञात ऊर्जा/कंपन या ऊष्मा अपना मार्ग खोजती है या अपने मार्ग का निर्माण करती है, तब योगी की चेतना सूक्ष्म स्तर पर उतरने लगती है और सूक्ष्म आयाम में कार्य करने हेतु सक्षम होने लगती है। जब वह ऊर्जा अपने मार्ग या अपने परिपथ का निर्माण कर रही होती है तब योगी को अपने तंत्र में उपस्थित नसों के जाल की अनुभूति होनी प्रारंभ हो जाती है, यहाँ से साधक की सूक्ष्म स्तर की यात्रा प्रारंभ होती है और उनके मानसिक और शारीरिक तंत्र में कुछ ऐसे क्षेत्र विकसित और सक्रिय होने लगते हैं जिनके सहारे साधक सूक्ष्म जगत् की गतिविधियों की अनुभूति किसी-न-किसी प्रकार से प्रारंभ कर देता है। इसके पश्चात् उसी ध्यान की अवस्था में योगी आगे बढ़ता है और साधारण आसन के अलावा अन्य प्रकार की शारीरिक क्रियाएँ जैसे मांसपेशियों का खिंचाव अलग-अलग मुद्रा में, और अपने अंगों को अलग-अलग मुद्रा में मोड़ना और अज्ञात आसन प्राप्त करना प्रारंभ कर देता है। समय और साधना के साथ-साथ साधक की मांसपेशियों और यहाँ तक कि तंत्रिकाओं की गतिविधियों का प्रसंस्करण साधक की चेतना में होने लगता है। यहाँ से योगी की चेतना सूक्ष्म आयाम में प्रविष्ट हो जाती है। बुद्धजी ने भी जब यह क्रियाएँ की होंगी तब वह भी चकित रह गए होंगे यह सोचकर और देखकर कि क्रियाएँ करने के समय उनको ऊर्जा के प्रवाह के परिपथ कैसे अनुभव हो रहे हैं। जब योगी की चेतना सूक्ष्म स्तर पर उतरती है तब उसको अपने शरीर में ऊर्जा का प्रवाह, ऊर्जा के परिपथ ज्यों-के-त्यों अनुभव होते हैं। परंतु योगी यहाँ आश्चर्यचकित होकर अटक नहीं जाता और न ही बुद्ध यहीं पर रुक गए थे। ऐसे प्रारंभिक अनुभवों के पश्चात् तो उनकी जिज्ञासा इस अज्ञात जगत् को जानने के लिए अधिक तीव्र हो गई थी और परम सत्य को जानने की उनकी जिज्ञासा तो अपनी सभी सीमाओं के पार जाने लगी थी। इस प्रकार के

अनुभव के पश्चात् बुद्ध पुनः शून्यता में प्रविष्ट हुए और उन्होंने अपने शरीर को वह सब करने दिया जो उनका शरीर करना चाहता था, पुराने योग के आसनों का बुद्ध को ज्ञान था, बुद्ध अनेक गुरुओं के पास जा-जाकर योग के अनेक आसन जान गए थे, परंतु इसके पश्चात् उनको अनुभव हुआ कि योग के भीतर शारीरिक क्रियाएँ और साधारण मांसपेशियों के खिंचाव के अलावा भी कुछ है। योग केवल हमारे शरीर को ही बलशाली नहीं बनाता, बल्कि योग हमारे शरीर को चेतना के उच्च स्तर पर कार्य करने हेतु सक्षम बनाता है और सर्वव्यापी ऊर्जा को कार्य करने हेतु उपयुक्त वातावरण प्रदान करवाता है। बुद्ध यह जान गए थे कि योग में ज्ञात आसनों के पार भी कुछ है। इसी ज्ञान और अनुभव के साथ बुद्ध आसनों के भी पार चले गए। उनकी जिज्ञासा योगासन और योग मुद्राओं के पार योग के तत्त्व और योग के सत्य को जानने हेतु तीव्र हो गई थी और वह ध्यान की सहायता से योगासन और योग मुद्राओं के पार योग तत्त्व को प्राप्त करनेवाले थे।

बुद्ध को यह अनुभव हुआ होगा कि स्थूल शरीर की मांसपेशियों का साधारण खिंचाव और शरीर को कुछ एक आसन करने के योग्य मात्र बनाने से ही सत्य प्राप्त नहीं होगा। उनको यह अनुभव हुआ होगा कि सूक्ष्म स्तर पर भी कुछ है जो खिंचाव और निश्चित आसन ग्रहण करना चाहता है, या कहें कि सूक्ष्म स्तर पर वह अज्ञात ऊर्जा और ऊष्मा कुछ नए जोड़ बना रही है। योग और ध्यान के प्रारंभिक स्तर पर बुद्ध ऊर्जा का प्रवाह अपनी नसों में अनुभव कर सकते थे, परंतु उच्च स्तर पर उन्होंने अनुभव किया होगा कि तंत्रिका, हड्डी और मांस के अलावा भी हमारे शरीर के भीतर कुछ है और इसी अज्ञात में बुद्ध की चेतना या उनकी जीवित ऊर्जा जाना चाहती थी। उनको अनुभव हुआ होगा कि उनके भीतर ऊर्जा के जाल जैसी कोई संरचना उपस्थित है और वह अपना अधिक फैलाव चाहती है, या कहें कि वह अपना विकास चाहती है या हम यह भी कह सकते हैं कि वह जाल जैसा कुछ चेतन होना चाहता है या चेतना में प्रवेश करना चाहता है। बुद्ध को अनुभव हुआ होगा कि वह अज्ञात ऊर्जा के जाल जैसी संरचना उनके शरीर से अज्ञात गतिविधियाँ करवाना चाहती है। वह जाल जैसी संरचना सूक्ष्म योग उत्पन्न करना चाह रही थी, जिसको पाने हेतु वह कुछ स्थूल शारीरिक क्रियाएँ बुद्ध से करवाना चाह रही थी।

ऐसे ही कुछ अनुभव और ज्ञान के पश्चात् बुद्ध ने सूक्ष्म योग करना प्रारंभ किया होगा। सूक्ष्म क्रियाएँ करने के पश्चात् और कुछ प्रशिक्षण के पश्चात् बुद्ध ने पाया होगा कि उस जाल जैसी संरचना के साथ कुछ ऊर्जा प्रवाह माध्यम (एनर्जी वॉल्वस या एनर्जी चैनल्स) भी जुड़े हुए हैं। यह ऊर्जा प्रवाह माध्यम सूक्ष्म शरीर और स्थूल ऊर्जा के होते हैं। इस अनुभव के पश्चात् बुद्ध ने अपनी चेतन या अवचेतन अवस्था में उन सूक्ष्म ऊर्जा प्रवाह माध्यम जैसी संरचना को फैलाना और अधिक बलशाली बनाना प्रारंभ किया होगा, सूक्ष्म योग की सहायता से। उन छिद्र जैसे ऊर्जा प्रवाह माध्यम के मुहाने के साथ वह

जाल जैसी संरचना ऊर्जावान होती है और सूक्ष्म और स्थूल शरीर और ऊर्जा को जोड़ने में भी यह संरचना अत्यंत महत्त्वपूर्ण होती है।

वह जाल जैसी संरचना मानो समयाकाश की रुई/झाग (स्पेस-टाइम फॉम) जैसी है और वह अज्ञात पदार्थ और अज्ञात बल/ऊर्जा और अज्ञात पुल के साथ जुड़ी हुई है। बुद्ध को गहरी ध्यान अवस्था में यह अनुभव हुआ होगा, या कहें ध्यान में बुद्ध को यह ज्ञान प्राप्त हुआ होगा कि हमारे हृदय का कंपन, मस्तिष्क की तरंगें, हमारी इच्छाशक्ति इत्यादि जैसी कार्यप्रणाली और ऊर्जा इसी जाल जैसी संरचना या सूक्ष्म पुल के सहारे हमें किसी अज्ञात जगत् या अज्ञात आयाम से जोड़ देती है। एक अज्ञात पुल जैसी संरचना के सहारे हमारे भीतर उपस्थित समयाकाश की रुई (फॉम) जैसा कुछ अंतरिक्ष में उपस्थित समयाकाश फॉम से जुड़ा होता है। इसी 'पुल या जोड़' को साधकर सिद्धार्थ, गौतम बुद्ध ने मोक्ष प्राप्त किया और समाधि प्राप्त करके अपनी ऊर्जा प्रत्येक आयाम में जीवित या सक्रिय कर दी। उन्होंने अपनी बहुआयामी चेतना को (जो बहुआयामी जगत् में अलग-अलग विशेषताओं के साथ उपस्थित है) अलग-अलग 'बिट्स से समेटकर एक क्यूबिट्' में रूपांतरित कर दिया। इस प्रकार योग 'सूक्ष्म और स्थूल' को जोड़ता है और हमारे सूक्ष्म और स्थूल शरीर को काल के साथ भी जोड़ता है। माया की यह लीला किस प्रकार कार्य करती है और किस प्रकार योगी बहुआयामी मायावी तंत्र को साधकर मोक्ष प्राप्त करता है, इसके संदर्भ में हम अपनी कहानी में आगे पूर्ण रूप से जानने का प्रयास करेंगे।

योग जोड़ता है, यह जोड़ केवल मस्तिष्क और शरीर के बीच साधारण जोड़ या संतुलन मात्र ही नहीं होता, योग आयामों को भी जोड़ता है, योग शरीर और मनोदशा को जोड़ता है, योग भिन्न-भिन्न प्रकार के वातावरण को भी जोड़ता है, योग ऊर्जा और पदार्थ को भी जोड़ता है, योग तृष्णा की समस्त जानकारी को भी जोड़ता है और यहाँ तक कि योग रचना को रचेता के साथ जोड़ता है। योग ऐसे जोड़ स्थापित करता है, जो हमें आत्मा से परमात्मा और परमात्मा से मोक्ष को प्राप्त करने के मार्ग का निर्माण करने में सहायता प्रदान करते हैं।

हमारे प्राचीन ग्रंथों में लिखा है कि योगासनों के पार भी एक योग है और इन सभी योग के पार परम सत्य है और गौतम बुद्ध भी योगासनों के पार गए थे और शून्यता में अपने बलशाली साझा इंद्रिय प्रणाली (शेयर्ड सेंसमेकिंग), उच्च साझा तंत्रिका प्रतिक्रिया क्षमता (मिरर न्यूरॉन) इत्यादि प्रणाली और क्रिया तंत्र की सहायता से दूसरे तंत्रों में प्रवेश करके परम सत्य तक पहुँचे।

साझा तंत्रिका प्रक्रिया और साझा इंद्रिय प्रणाली लाभ भी प्रदान करवा सकती हैं और हानि भी कर सकती हैं, क्योंकि ये 'अच्छे और बुरे' दोनों की ही नकल करेंगी। यह

मनुष्य की समझ, क्षमता और चेतना पर निर्भर है कि वह किसकी और कितनी नकल करता है। कहीं साधक किसी बुरे व्यवहार की नकल न करने लगे (तंत्रिका के स्तर पर), इसलिए प्रारंभिक प्रशिक्षण में गुरु सभी साधकों को साथ में मिलकर प्रशिक्षण करने को कहते हैं, ताकि सभी साधक एक ही क्रिया करें, परंतु जो शिष्य गुरु को लगता है कि उच्च स्तर तक जा सकते हैं, उनको गुरु एकांत में योग करने का सुझाव देते हैं, ताकि उनकी क्रिया प्रणाली में किसी भी प्रकार का कोई दुष्प्रभाव न पड़ सके। आइए, इसी से संबंधित कुछ वैज्ञानिक और आध्यात्मिक तथ्य जानते हैं।

वैज्ञानिक शोध

वैज्ञानिकों ने एक शोध किया, जिसमें वैज्ञानिकों ने शोध में भाग लेनेवाले व्यक्तियों को एक कुंजीपटल (की-बोर्ड) दिया और निर्देशानुसार 'की' दबाने को कहा, तब जब वह अपने सामने लगे चित्रपट पर किसी भी भाग में रंग देखें तो। पहले वैज्ञानिकों ने भाग लेनेवालों से कहा कि यदि वह चित्रपट के बाएँ भाग में रंग को देखें तो बाएँवाली 'की' दबाएँ और यदि रंग चित्रपट के दाएँ भाग में दिखे तो दाएँवाली 'की' दबाएँ। इसके पश्चात् वैज्ञानिकों ने शोध के समय भाग लेनेवाले व्यक्तियों का प्रतिक्रिया समय नापा। ऐसा करने के पश्चात् शोध के दूसरे चरण में वैज्ञानिकों ने भाग लेनेवाले व्यक्तियों से कहा कि जब वह चित्रपट के जिस भी भाग में रंग देखें, उस भाग से विपरीत दिशावाली 'की' दबानी है। अर्थात् यदि रंग दाएँ भाग में दिखे तो बाएँवाली कली दबानी है और यदि रंग बाएँ भाग में दिखे तो दाएँवाली कली दबानी है। इसके पश्चात् पुनः वैज्ञानिकों ने भाग लेनेवाले व्यक्तियों का प्रतिक्रिया समय नापा और वैज्ञानिकों ने पाया कि दूसरे चरण में प्रतिक्रिया समय बढ़ा हुआ था। उनके हाथ मानो पहले-पहले विपरीत दिशा में 'की' दबाने से मना कर रहे हों।

वैज्ञानिकों ने परिणाम पाने के पश्चात् यही शोध एक अलग प्रकार से किया। अब उन्होंने एक भाग लेनेवाले व्यक्ति के साथ एक अन्य भाग लेनेवाले व्यक्ति को बैठाकर प्रयोग किया। अर्थात् उन्होंने भाग लेनेवाले व्यक्तियों को जोड़े में बिठाया। जब दो भाग लेनेवालों ने साथ बैठकर कार्य किया तो वैज्ञानिकों ने पाया कि परिणाम अभिन्न थे। शोध के समय साथ में बैठनेवाले व्यक्तियों ने सदा एक ही 'की' दबाई और दोनों का प्रतिक्रिया समय भी बढ़ गया था। शोध में भाग लेनेवाले व्यक्ति जो साथ में बैठे थे, उन दोनों व्यक्तियों ने साझा एकाग्रता (शेयर्ड अटेंशन) के सहारे एक-दूसरे की गतिविधि की नकल की। यह दरशाता है कि दूसरे की उपस्थिति हमें प्रभावित करती है।

वैज्ञानिकों द्वारा इसी प्रकार के अन्य शोध भी किए गए हैं और उन सभी शोध के यही परिणाम आए हैं कि दूसरों की उपस्थिति हमें प्रभावित करती है।

X की टिप्पणी

वैज्ञानिक शोध यह तो सिद्ध करते हैं कि दूसरों की उपस्थिति हमें प्रभावित करती है, परंतु यह कैसे निर्धारित होता है कि कौन किसकी तंत्रिका गतिविधि की नकल कर रहा है? हम दूसरों को प्रभावित करते हैं या स्वयं प्रभावित होते हैं?

इसका उत्तर प्रबल हो सकता है।

हो सकता है कि वह भाग लेनेवाले एक मस्तिष्क या एक इकाई की भाँति कार्य कर रहे हों। आकाश (वह स्थान जो वह साझा कर रहे हैं) और समय (जिस क्षण प्रश्न पूछा गया या कार्य करने को कहा गया) समान होने के कारण यह हो सकता है कि उन दोनों के मस्तिष्क एक इकाई की भाँति कार्य कर रहे हों। ऐसा भी हो सकता है कि दोनों तंत्रों में से प्रबल तंत्र दूसरे तंत्र को प्रभावित करे। प्रभावी तंत्र दूसरे तंत्र को प्रभावित भी कर सकता है और दो अलग-अलग तंत्र 'एक इकाई' की भाँति भी कार्य कर सकते हैं।

वह लोग जो गुरु-शिष्य परंपरा पर प्रश्न उठाते हैं, उनके लिए साझा इंद्रिय गतिविधियाँ (शेयर सेंसमेकिंग), साझा एकाग्रता और साझा तंत्रिका प्रसंस्करण (मिरर न्यूरॉन) एक उत्तम उत्तर है और उनके लिए भी जो लोग यह पूछते हैं कि मौन में बैठे गुरु कैसे शिक्षा दे सकते हैं। साझा एकाग्रता, तंत्रिका प्रसंस्करण की नकल इत्यादि की सहायता से ही बौद्ध मनुष्य के साथ होने मात्र से ही शिष्य बहुत सा ज्ञान प्राप्त कर सकता है।

साझा एकाग्रता के कारण ही प्रारंभ में समूह में प्रशिक्षण करना कहा जाता है और उच्च स्तर के लिए एकांत में प्रशिक्षण (एकांत में योग और ध्यान करना) करने का सुझाव दिया जाता है, क्योंकि साधना पूर्ण होने से पहले व्यक्ति विशेष की शक्ति समूह को प्रभावित नहीं कर सकती, उलटा वह समूह से प्रभावित हो सकती है, परंतु समूह से प्रभावित होना उच्च स्तर के प्रशिक्षण को प्रारंभ करने में बाधा उत्पन्न कर सकता है, क्योंकि प्रारंभिक स्तर का योग और ध्यान अलग होता है और उच्च स्तर का योग और ध्यान बिल्कुल ही अलग होता है, इसी कारण से उच्च स्तर का प्रशिक्षण एकांत में करने को कहा गया है।

योग और ध्यान से जुड़े कुछ प्रश्न वैज्ञानिकों ने गुरुजी से पूछे थे, जिनका उत्तर भी गुरुजी ने दिया था, परंतु हम उन प्रश्नों का उत्तर X (जो हमारे आधुनिक योगी हैं) के दृष्टिकोण से देखेंगे। जब वैज्ञानिकों ने गुरुजी से यह प्रश्न पूछे, उस समय हमारे भारत की वाद-विवाद और तर्क-वितर्क की परंपरा स्मृति में आ गई। भारत में वाद-विवाद और तर्क-वितर्क करने की प्राचीन परंपरा है और शंकराचार्य के समय और गौतम बुद्ध के समय भी यह वाद-विवाद और तर्क-वितर्क की परंपरा थी। गौतम बुद्ध ने भी बुद्धिजीवियों के प्रश्नों के उत्तर दिए थे, वाद-विवाद और तर्क-वितर्क के रूप में ही। हमारे तिब्बत के योगियों के बीच जो वाद-विवाद और तर्क-वितर्क होता है, वह देखने

योग्य होता है। वैज्ञानिकों ने जैसे प्रश्न गुरुजी से पूछे थे, कुछ वैसे ही प्रश्न प्राचीन काल से ही हमारे योगियों से पूछे जाते रहे हैं। आइए, इस प्राचीन तर्क-वितर्क की परंपरा को आधुनिक दृष्टिकोण से देखते हैं और कुछ प्रश्न उत्तर के सहारे योग और ध्यान से संबंधित तथा कुछ अन्य तथ्य भी जानते हैं।

वैज्ञानिकों के प्रश्न

एक वैज्ञानिक ने गुरुजी से माइंड एंड लाइफ संस्थान के एक सम्मेलन में लगभग 10 प्रश्न पूछे थे। गुरुजी ने उन प्रश्नों का उपयुक्त उत्तर भी दिया था, परंतु वैज्ञानिक गुरुजी के प्रत्येक उत्तर से भी एक नया प्रश्न पूछ लेते थे, इसलिए गुरुजी प्रत्येक प्रश्न का एक-एक कर उत्तर नहीं दे पाए थे। परंतु इस आयु में गुरुजी ने भी वैज्ञानिकों के प्रत्येक प्रश्न का सटीक और प्रभावी उत्तर दिया था। गुरुजी अकेले उत्तर देनेवाले थे और प्रश्न पूछनेवाले वैज्ञानिक अधिक थे, इसके पश्चात् भी गुरुजी ने लगभग सभी वैज्ञानिकों को संतुष्टि भरा उत्तर दिया था, परंतु संभवतः इसके पश्चात् भी कुछ वैज्ञानिक संतुष्ट नहीं थे। यदि यह वाद-विवाद पारंपरिक तिब्बत की वाद-विवाद परंपरा जैसा हुआ होता तो प्रत्येक वैज्ञानिक को केवल संतुष्टि भरा उत्तर ही नहीं प्राप्त होता, बल्कि उनकी जिज्ञासा को नए आयाम भी प्राप्त हुए होते। आइए, पहले वैज्ञानिकों द्वारा पूछे गए प्रश्न देखते हैं, उसके पश्चात् वैज्ञानिकों द्वारा पूछे गए प्रश्नों के उत्तर X के दृष्टिकोण से देखेंगे।

प्रश्न 1 : ध्यान के अभ्यास के लिए किसी विशेष समुदाय से संबंधित होना कितना महत्त्वपूर्ण है?

प्रश्न 2 : जब समूह हमारे साथ ध्यान कर रहा हो तब ध्यान कैसे अलग हो जाता है?

प्रश्न 3 : क्या आप मानते हैं कि 'साझा एकाग्रता' जैसा कुछ होता है?

प्रश्न 4 : जब हम ध्यान लगाना सीखते हैं तो हम कैसे सीखते हैं?

- अनुकरण से?
- निरीक्षण से?
- साथ में अभ्यास करने से?
- या कुछ और है?

प्रश्न 5 : कैसे साझा एकाग्रता, जब हम गुरु के साथ किसी विशेष ध्यान के अभ्यास पर कार्य कर रहे होते हैं, तब साझा एकाग्रता न होकर कुछ और हो जाती है? क्या यह व्यक्ति विशेष की एकाग्रता में परिवर्तित हो जाती है? और कैसे और क्या परिवर्तित होता है? अर्थात् क्या प्राप्त होता है और क्या हानि होती है, जब वह साझा एकाग्रता ही प्रतीत होती है?

प्रश्न 6 : हम जानते हैं कि यदि हम अपने शरीर के प्रति अधिक ही चेतन हो जाते हैं तो हमारा प्रदर्शन घट जाता है। जैसे यदि कोई टेनिस का खिलाड़ी अपने शरीर की हलचल के प्रति अधिक चेतन हो जाए, तो उसका प्रदर्शन घट जाता है। क्या ध्यान की क्षमता शरीर के प्रति चेतन अवस्था में होना है (शरीर पर ध्यान लगाना जैसे अपनी श्वास या शारीरिक क्रियाओं पर) या शरीर पर ध्यान लगाना ही है या ध्यान हमें शरीर की जागरूकता के पार ले जाता है?

प्रश्न 7 : उत्तीर्ण या विशेषज्ञ ध्यान गुरु होने के लिए हमें कितना जागरूक होना पड़ता है?

प्रश्न 8 : अलग-अलग मुद्रा और अलग-अलग शारीरिक आसन के साथ ध्यान अलग कैसे हो जाता है?

प्रश्न 9 : क्या बैठकर ध्यान करना और क्रिया करते हुए ध्यान करना अलग-अलग है? और क्या वह अंतर केवल अलग शारीरिक आसन या अलग शारीरिक क्रियाओं के कारण से आता है?

प्रश्न 10 : बाहरी वातावरण कैसे ध्यान को प्रभावित करता है?

ये सभी प्रश्न वैज्ञानिकों ने गुरुजी से एक साथ ही पूछे थे।

गुरुजी का उत्तर

समाज और समुदाय विशेषवाले प्रश्न पर गुरुजी ने कहा कि "समाज से हमें दिशा-निर्देश और आशीर्वाद प्राप्त होता है। बौद्ध और हिंदू ग्रंथों में एक कहावत है जो कहती है कि साधक वातावरण को आशीष देता है और वातावरण साधक को आशीष देता है।"

गुरुजी ने एक प्रकार से अपने इतने से ज्ञान के सहारे वैज्ञानिकों के सभी प्रश्नों के उत्तर दे दिए। गुरुजी ने 'आशीर्वाद की प्रक्रिया' के सहारे वैज्ञानिकों के लगभग सभी प्रश्नों के उत्तर दे दिए, परंतु हम यह जानते हैं कि हमारे तथाकथित आधुनिक वैज्ञानिक कितने नासमझ हैं और वह इस आशीर्वाद की भूमिका को पूर्ण रूप से नहीं समझ पाए होंगे। गुरुजी अन्य प्रश्नों के उत्तर दें, उससे पहले वैज्ञानिकों ने एक नया प्रश्न पूछ लिया।

वैज्ञानिकों का प्रश्न

आशीर्वाद (ब्लेसिंग) क्या है?

गुरुजी का उत्तर

बौद्ध भाषा के अनुसार या बौद्ध भाषा में आशीर्वाद (ब्लेसिंग) शब्द जो है, वह दो शब्दों से मिलकर बना है। उन दो शब्दों में से एक का अर्थ है 'बल' (फोर्स) और दूसरे

का अर्थ है 'रूपांतरण' (ट्रांसफॉरमेशन)। तो आशीर्वाद (ब्लेसिंग) का अर्थ हुआ 'एक ऐसी ऊर्जा जिसके भीतर रूपांतरण का बल हो।'

इसके पश्चात् एकांत में ध्यान के विषय पर गुरुजी ने कहा कि एक व्यक्ति अकेला होकर एकांतवास में इसलिए जीवन व्यतीत करता है, क्योंकि दूसरों के साथ परस्पर संबंध स्थापित करने से साधक के मस्तिष्क में और ऊर्जा में असंतुलन हो सकता है। साधक एकांत में जाकर व्यर्थ के ज्ञान और अनुभव को अपनी प्रणाली से हटाता है और अपनी प्रणाली का पुनर्गठन करता है और प्रकृति के साथ सूक्ष्म-जटिल जोड़ (एंटेंगलमेंट) स्थापित करता है या जटिल जोड़ के सहारे प्रकृति से जुड़ता है।

यह प्रश्न और उत्तर पूछना बहुत अंतराल तक चला, गुरुजी के उत्तर में से वह नादान वैज्ञानिक नए प्रश्न उठाते ही रहे, उस प्रश्न और उत्तर या वाद-विवाद के अंश पर हम पुनः लौटेंगे, अभी जो 10 प्रश्न वैज्ञानिकों ने गुरुजी से पूछे थे, उनका उत्तर X के दृष्टिकोण से देखते हैं।

X के उत्तर

उत्तर 1 : ध्यान में समाज या समुदाय का पूरा-पूरा प्रभाव पड़ता है। आज हम समुदाय का महत्त्व पूछ रहे हैं, जबकि हमारे ऋषि-मुनि आदि काल से साधारण शब्दों में भी अनेक उदाहरण और कहावतों द्वारा समझाते आ रहे हैं। जैसे कि 'संगत का असर/प्रभाव साधारण मनुष्य पर भी पड़ता है और साधक की साधना पर भी पड़ता है।' यहाँ संगत का अर्थ अच्छी और बुरी सभी प्रकार की संगत से है और यहाँ संगत समाज और समुदाय भी है। गुरुजी ने 'वातावरण में आशीर्वाद' कहकर सबकुछ समझा दिया, गुरुजी के शब्द साझा एकाग्रता और मिरर न्यूरॉन की संकल्पना के पार हैं। समाज में यदि अधिक मनुष्य योग और ध्यान करते हैं तो वहाँ का वातावरण भी योग और ध्यान की जानकारी और ऊर्जा से लिप्त होगा और यह प्रत्येक साधक को साधना में सहायता भी प्रदान करेगा। यह आश्चर्य नहीं कि गुरुजी की बात उन वैज्ञानिकों को समझ न आई हो। यदि उन्हीं के (वैज्ञानिकों के) आयाम पर आकर कहें तो समाज और समुदाय की ध्यान में भूमिका के भीतर साझा एकाग्रता भी एक कारण है। हमारे योगी यह बताते हैं कि जब हम दूसरों के संपर्क में आते हैं तो हमारा प्रभामंडल प्रभावित होता है। पौराणिक ग्रंथों के अनुसार साधक यदि बुरी प्रवृत्तियोंवाले व्यक्ति के संपर्क में रहेगा तो उसका वलय या प्रभामंडल छोटा और काला हो जाएगा और यदि साधक संत, महात्मा, बौद्ध मनुष्य, सिद्ध मनुष्य के संपर्क में रहेगा तो उसका वलय बड़ा, तीव्र गतिवाला और सफेद या सुनहरा चमकदार हो जाएगा। (यहाँ पर तीव्र, बड़ा, चमकदार का अपना अलग-अलग अर्थ है और यह वैसा ही है जैसे हम ऊर्जा/प्रकाश के भिन्न-भिन्न रूप देखते हैं, जैसे

अलग-अलग तरंग, परंतु है वह एक ही सत्य, और वह है प्रकाश/ऊर्जा)। पूरे वलय या आभामंडल का ज्ञान तो प्राचीन भारतीय ग्रंथों में उपस्थित है, परंतु हम यहाँ यह कह सकते हैं कि भारतीय और तिब्बती संस्कृति के लिए साझा एकाग्रता कोई आधुनिक विचार या आधुनिक संकल्पना नहीं है। हमारे ग्रंथ इस तथाकथित आधुनिक संकल्पना के पार की बातें जानते हैं और बताते हैं, जैसा गुरुजी ने अपने उत्तर में बताया। एक व्यक्ति और यहाँ तक कि एक प्रकार की ऊर्जा भी दूसरे व्यक्ति को प्रभावित करती है।

महत्त्वपूर्ण बात यह है कि ग्रंथों में यह भी कहा गया है कि वलय या आभामंडल के प्रभावित होने से ज्ञान, विचार और व्यक्तित्व तो व्यक्ति साझा करता ही है, दूसरों के संपर्क में आने से और व्यक्ति बीमार भी हो सकता है, यदि उसका वलय छिन्न-भिन्न हो गया है तो। आभामंडल या वलय हमारी जैविक परत होती है, जो कि सूक्ष्मजीवों की एक परत होती है और यह सत्य आधुनिक विज्ञान द्वारा भी प्रमाणित है। हमने देखा है कि कैसे हमारी प्रतिरक्षा प्रणाली कम जानकारी होने के पश्चात् भी प्रतिरक्षी बनाती है और इसमें उसकी सहायता हमारा आभामंडल (जैविक परत) करता है। अर्थात् हम कह सकते हैं कि हमारे योगी और गुरुओं ने जो हजारों वर्ष पूर्व कहा था, वह सत्य है। योगियों और गुरुओं का यह कहना कि आभामंडल के प्रभावित होने से व्यक्ति बीमार भी हो सकता है और स्वस्थ भी, इसका हम आधुनिक विज्ञान द्वारा शोध और इसका अध्ययन भी कर सकते हैं।

साझा एकाग्रता आभामंडल की ही एक विशेषता या उसकी एक कार्यप्रणाली है, जिसके सहारे एक ऊर्जा दूसरी ऊर्जा के साथ संपर्क स्थापित कर सकती है।

उत्तर 2 : जब दूसरे व्यक्ति हमारे साथ ध्यान करते हैं और जब हम एकांत में ध्यान करते हैं, उसमें बहुत बड़ा अंतर होता है। जैसे कि हम जानते हैं कि साझा एकाग्रता के कारण व्यक्ति की एकाग्रता प्रभावित होती है। जब साधक या शिष्य समूह में ध्यान करते हैं तो एक प्रकार से पूरे समूह की ऊर्जा के साथ ध्यान कर रहे होते हैं, न कि व्यक्ति विशेष की ऊर्जा के स्तर पर। प्रारंभ में यदि साधक समूह में ध्यान करेगा तो उसे गुरु की ध्यान अवस्था या ध्यान अवस्था को समझने में लाभ मिलेगा। प्रारंभ में हम साधक या शिष्य को समूह में ध्यान करवा सकते हैं, क्योंकि समूह विशाल आभा ऊर्जा उत्पन्न करेगा। प्रारंभ में अधिकतर साधक या योगी प्रारंभिक ज्ञान ही लेते हैं, तो उस समय हम सबको एक ऊर्जा से जोड़ सकते हैं। दुर्बल या छोटे आभामंडलवाले साधकों को समूह में लाभ मिलेगा और विशाल आभामंडलवाले साधक समूह को लाभ प्रदान करवाएँगे।

उत्तर 3 : साझा एकाग्रता होती है, परंतु 'ध्यान' केवल एकाग्रता मात्र नहीं। एकाग्रता एक भाग मात्र है ध्यान का। हमने जो पिछले प्रश्न के उत्तर में कहा था कि समूह में ध्यान करने से लाभ होता है, परंतु ध्यान का पूरा लाभ समूह में ही नहीं मिलता, बल्कि उच्च स्तर के लिए साधक को एकांतवास ध्यान भी करना होता है, जहाँ वह इस

तथाकथित साझा एकाग्रता की सीमाओं और परिभाषाओं के पार जाकर मानव के प्रभाव से दूर अन्य प्राकृतिक प्रणालियों के साथ सूक्ष्म रूप से जटिलता से जुड़ता है। ध्यान साझा एकाग्रता की संकल्पना के पार शून्यता में कार्य करता है। एकांतवास में जाकर साधक अपने तंत्र की और अपनी प्रणाली की क्षमताओं और दुर्बलता को जानता और समझता है। एकांतवास में ध्यान करके ही साधक अपने विशिष्ट की चेतना के स्तर को जान सकता है और अपनी ऊर्जा और शक्तियों को चेतना के विकास के क्षेत्र में संलग्न कर सकता है। एकांतवास में ही ध्यान करके साधक स्वयं से जुड़े मोक्ष के मार्ग के सूक्ष्म जटिल जोड़ को सक्रिय कर सकता है। एकांतवास में ही ध्यान करके साधक अपने से जुड़ी पूर्व जन्मों की जानकारी और अपने से जुड़े भविष्य के संभावित जन्मों की जानकारी प्राप्त कर पाता है, जिसके सहारे वह अपनी प्रणाली और अपने तंत्र में आई त्रुटियों को सुधारता है। एकांतवास में साधक अपना ध्यान चुनने हेतु स्वतंत्र होता है। जैसा कि हमने पहले समझा था कि साधक को यह जानना अत्यंत आवश्यक होता है कि उसके अनुकूल आसन और ध्यान कौन से हैं, जो उसे मोक्ष और समाधि के मार्ग पर ले जाएँ। स्वतंत्र रूप से ध्यान और योग का चयन करने के कारण हम साधकों को केवल साझा एकाग्रता की सीमाओं तक ही बाँधकर नहीं रख सकते। नियति भी अपनी लीला रचती है और नियति की लीला समूह और व्यक्ति विशेष के अनुसार भिन्न-भिन्न होती है और साधक ऐसी ही लीलाओं को समझकर और जानकर और उन्हीं के अनुसार अपने योग और ध्यान का चयन करता है। साधक के जीवन का तथाकथित लक्ष्य क्या होगा, यह भी उसके योग और ध्यान के चयन पर निर्भर करता है।

उत्तर 4 :

- **अनुकरण (इमिटेशन) :**

साधक ध्यान लगाना अनुकरण के सहारे नहीं सीखते। ध्यान अनुकरण नहीं होता। ध्यान में अनुकरण के लिए कोई स्थान ही नहीं है। आधुनिक वैज्ञानिक योग और आसन को अनुकरण करके करना नहीं कह सकते। साधक अपने योग और ध्यान का विकास अपने तंत्र और अपनी चेतना के स्तर के अनुसार करता है, अनुकरण करके नहीं। प्रत्येक साधक के शरीर की क्षमता, सामर्थ्य और आवश्यकताएँ सब अलग-अलग होती हैं और साधना के प्रारंभ में और साधना के पश्चात् भी जब अकेला साधक कोई आसन करता है तो दूसरे साधकों की तुलना में आसन का स्वरूप और मुद्राएँ थोड़ी सी भिन्न होती हैं। देखने में यह प्रतीत हो सकता है कि सभी साधक एक जैसे आसन कर रहे हैं, परंतु व्यक्ति विशेष के स्तर पर प्रत्येक साधक की विशेष नसों का खिंचाव, तंत्रिका प्रणाली में और तंत्रिका प्रणाली का दबाव, सूक्ष्म शरीर और ऊर्जा की हलचल, अलग-अलग प्रणाली और तंत्र द्वारा निर्मित ऊर्जा, आसन करते समय तंत्र और प्रणाली पर तनाव और यहाँ तक

कि इच्छाएँ और लालसा भी प्रारंभ में अपनी-अपनी लीला खेलती हैं और प्रत्येक साधक के आसन और योग में भिन्नता लाती हैं। यह केवल आसनों की ही बात नहीं है, ध्यान तो मानसिक और सूक्ष्म स्तर पर किया जाता है। आँख बंद करके विशेष आसन में मौन बैठकर कोई क्या कर रहा है उसका कोई कैसे अनुकरण कर सकता है। ध्यान अनुकरण के सहारे नहीं होता, साधक को अपना ध्यान खोजना पड़ता है।

- **निरीक्षण (ऑब्जरवेशन)**

जब कोई व्यक्ति ध्यान का अध्ययन और प्रशिक्षण करता है तो 'निरीक्षण की क्षमता' एक महत्त्वपूर्ण भूमिका निभाती है। प्रारंभ में निरीक्षण के सहारे साधक अपने विश्लेषणात्मक ध्यान को साधता है। विश्लेषणात्मक ध्यान में हमने देखा है कि कैसे निरीक्षण के सहारे साधक अपने विचार की उत्पत्ति और भिन्न-भिन्न लोगों के भिन्न-भिन्न दृष्टिकोण का निरीक्षण करके अपनी मनोदशा को दिव्य प्रकाश अवस्था (क्लियर लाइट स्टेट) तक ले जाने के मार्ग में बहुत आगे तक ले जाता है। परंतु समाधि केवल निरीक्षण से ही घटित नहीं होती, निरीक्षण साधक को शून्यता तक ले जाने में सहायता करता है, इसके पश्चात् शून्यता अपना कार्य करती है। हम कह सकते हैं कि निरीक्षण ध्यान को सीखने में अपनी भूमिका निभाता है, परंतु केवल निरीक्षण के सहारे ही संपूर्ण ध्यान अवस्था अर्थात् समाधि को प्राप्त नहीं किया जा सकता।

- **समूह में ध्यान**

समूह में साधना करके साधक कुछ स्तर को पार कर सकता है, परंतु पूर्ण ध्यान साधना नहीं कर सकता, समूह में उसको ध्यान के लिए आवश्यक मनोदशा उत्पन्न करने में सहायता तो मिलती है, परंतु समूह में रहकर साधक मोक्ष और समाधि प्राप्त नहीं कर सकता। समूह में साधक की ऊर्जा विभाजित होती रहेगी, अर्थात् समूह भी ध्यान में निपुण होने का एकमात्र माध्यम नहीं है। समूह में रहकर साधक अपने स्व द्वारा निर्मित मायावी तंत्र को समझ और जान नहीं पाएगा और उसके अनुसार उस मायावी तंत्र के पतन हेतु पर्याप्त ऊर्जा और शक्ति निर्मित नहीं कर पाएगा। परम समाधि को प्राप्त करने हेतु साधक को एकांतवास में ध्यान करना ही होता है। अपनी कहानी में आगे हम जानेंगे कि यदि साधक सक्षम है तो वह बिना समूह के योग और ध्यान साधना प्रारंभ कर उच्चतर प्राप्त कर सकता है, क्योंकि हमारे वातावरण में वह 'आशीर्वादरूपी ऊर्जा' उपस्थित है।

- **या कुछ और**

तथाकथित 'कुछ और' ही इसका पूर्ण उत्तर है, क्योंकि यह बहुआयामी प्रक्रिया है (मोक्ष और समाधि प्राप्त करना)। जब साधक समाधि प्राप्त करता है तो उसकी प्रणाली में ज्ञात कुछ नहीं रह जाता, शून्यता के भीतर शून्य अवस्था है, जो अज्ञात है या कहें, संकल्पना के संदर्भ में यह अव्याख्येय है। जैसे—समूह, निरीक्षण, एकांत इत्यादि

सभी सामग्रियाँ चाहिए होती हैं, अर्थात् सभी कुछ चाहिए होता है संपूर्ण ध्यान अवस्था को प्राप्त करने हेतु, परंतु यह सब शून्यता की ओर ले जाता है और शून्यता एक रिक्त अवस्था है। पूर्ण ध्यान या समाधि को प्राप्त करने हेतु साधक को सबकुछ करना पड़ता है और सबकुछ छोड़ना भी पड़ता है, यहाँ तक कि जो सबकुछ के सहारे ज्ञान प्राप्त किया है, वह भी शून्यता में छूट जाता है और इसके पश्चात् कुछ अज्ञात है, जो शून्यता में अपनी लीला रचता है। शून्य अवस्था में न किसी प्रकार की धारणा होती है, न किसी प्रकार की संकल्पना होती है, न किसी प्रकार की जानकारी होती है, न ही अनुभूति की वह प्रक्रिया घटित हो रही होती है जिसे हम साधारण जगत् में देखते हैं या जिसके सहारे हम साधारण जगत् का अनुभव करते हैं और न ही चेतना की वह अवस्था होती है जिसे हम साधारणत: जानते हैं। समाधि की अवस्था में ज्ञात कुछ भी नहीं होता, वहाँ 'कुछ और' ही होता है।

उत्तर 5 : गुरु के साथ किसी विशेष ध्यान पर कार्य करते समय साझा एकाग्रता साझा एकाग्रता न रहकर कुछ और इस प्रकार हो जाती है, क्योंकि गुरु और शिष्य के बीच केवल 'एकाग्रता' मात्र की ही साझेदारी नहीं हो रही, वहाँ अन्य ऊर्जा और शक्तियों का आदान-प्रदान भी हो रहा होता है। गुरु शक्तिपात करता है और शक्तिपात साझा एकाग्रता मात्र ही नहीं है, शक्तिपात में भी केवल साधक और गुरु की एकाग्रता ही नहीं मिल रही, बल्कि गुरु शक्तिपात के सहारे शिष्य में उसकी अपनी स्वयं की ऊर्जा को जागृत करता है और साधक अपनी चेतना के स्तर को साधकर ध्यान में आगे बढ़ता है।

विशिष्ट की चेतना के स्तर के रूपांतरण होने के समय केवल तथाकथित एकाग्रता के स्तर पर ही कार्य नहीं हो रहा होता और न ही साझा एकाग्रता की विशेषताएँ केवल व्यवहार को प्रभावित करने तक ही सीमित होती है, या कहें कि केवल व्यवहार ही प्रभावित नहीं होता, बल्कि साधक की कुंडलिनी जागृत होती है, जो शिष्य के व्यवहार को गुरु के व्यवहार द्वारा प्रभावित करना मात्र ही नहीं है और न ही गुरु अपना व्यवहार शिष्य को देता है तथा न ही गुरु अपने तथाकथित व्यवहार द्वारा शिष्य का तथाकथित व्यवहार प्रभावित करता है, बल्कि वह शिष्य को कुछ ऐसी अज्ञात शक्ति और ऊर्जा प्रदान करता है जिसके सहारे साधक की कुंडलिनी जागृत होती है। गुरु की कुछ हानि नहीं होती और ना ही उसे कुछ लाभ होता है और ना ही साधक को तथाकथित लाभ या हानि होती है, क्योंकि गुरु या समूह की ऊर्जा सदा के लिए शिष्य के शरीर या प्रणाली में नहीं रहती, वह केवल साधक की ऊर्जा को सक्रिय करती है। यह शक्तिपात की ऊर्जा साधक के भीतर विद्यमान नहीं होती और न ही गुरु के शरीर या ऊर्जा प्रणाली से कुछ घटता है।

वैज्ञानिक यह कैसे कह सकते हैं कि वह देखने में साझा एकाग्रता लगती है? गुरु और शिष्य के बीच जो हो रहा है, वह सभी तथाकथित संकल्पनाओं के बाहर है। गुरु

और शिष्य साझा एकाग्रता के बहुत आगे जाकर कार्य कर रहे हैं। देखने में वह भले ही वैज्ञानिकों को साझा एकाग्रता लग रही हो, परंतु वह साझा एकाग्रता से अधिक कुछ है।

उत्तर 6 : हाँ, यह सही है कि यदि हम अपने शरीर के प्रति अधिक चेतन हो जाएँ तो हमारा प्रदर्शन कम हो जाता है। परंतु प्रिय वैज्ञानिको, आपको यह किसने कहा कि योग साधना करते समय साधक अपने शरीर को लेकर अधिक चेतन रहता है? योगासन और ध्यान में साधक केवल अपने शरीर पर ही ध्यान एकत्रित नहीं करता, वह शरीर के पार जाने का प्रयास करता है और जाता भी है। जिस प्रकार रस्सी पर चलनेवाला व्यक्ति अपने शरीर पर अधिक ध्यान नहीं लगाता, वह केवल 'सचेतन अवस्था' में रहता है। ठीक इसी प्रकार साधक भी योग और ध्यान करते समय अपने शरीर पर अधिक ध्यान नहीं लगाता। धीरे-धीरे अभ्यास के सहारे साधक अपने शरीर पर ध्यान लगानेवाली अवस्था या मनोदशा के पार चला जाता है। ध्यान में तथाकथित शारीरिक चेतना/ जागरूकता का अर्थ शारीरिक चेतना ही नहीं है, बल्कि 'शून्य चेतना' होता है।

हमारे वैज्ञानिक बुद्धिजीवियों ने प्राण साधना (ब्रीदिंग मेडिटेशन) के संदर्भ में कुछ कहा था, तो उनकी जानकारी के लिए हम उनको यह बता दें कि प्राण की साधना केवल शरीर या फेफड़ों पर ध्यान लगाना ही नहीं है, प्राण को साधने के समय बहुत सी प्रक्रियाएँ घटित होती हैं। प्रणव को साधते समय साधक की एकाग्रता या चेतना शरीर पर बहुत कम ठहरती है। प्राण को साधने के योग में योगी अपने शरीर पर अपनी सारी चेतना को केंद्रित नहीं करते, प्राण को साधते समय साधक अपने अवचेतन मन और अन्य सर्वभूत क्रिया प्रणालियों के सहारे कार्य या साधना करता है। योगासन करते समय भी साधक अपनी 100 प्रतिशत चेतना अपने शरीर पर केंद्रित नहीं करता, बल्कि धीरे-धीरे शून्यता में जाकर योग और ध्यान करता है। प्रारंभिक चरणों में भी साधक की 100 प्रतिशत चेतना उसके शरीर पर केंद्रित नहीं रहती, क्योंकि प्रारंभिक चरण में साधक की एकाग्रता कहीं-न-कहीं कुछ खोज करती रहती है, तो 100 प्रतिशत चेतना शरीर पर केंद्रित नहीं रह सकती और साधना के स्तर पर आगे बढ़ते हुए साधक शून्यता में कार्य करना सीख जाता है। इसके पश्चात् उनकी एकाग्रता नाममात्र शरीर पर केंद्रित रहती है।

प्राण साधना केवल अच्छे श्वास प्रवाह के लिए ही आवश्यक नहीं है, प्राण साधना के सहारे योगी अपने शरीर के भीतर श्वास के प्रवाह को तो स्वस्थ बनाता ही है, इसके साथ-साथ योगी का अवचेतन मन प्राण साधना के सहारे आकाश के आयाम की जानकारी साधक के तंत्र में पंजीकृत करता है तथा समय और साधना के साथ-साथ साधक उस जानकारी का कूटानुवाद करके आकाश के आयाम से संबंधित जानकारी को अपनी चेतन अवस्था में लाता है और उसका अवचेतन मन साधक के भीतर उपस्थित आकाश और साधक के बाहर उपस्थित आकाश के बीच के जटिल जोड़ को सक्रिय

करता है। प्राण साधना के सहारे साधक अपने शरीर के भीतर एक ऐसे वातावरण का निर्माण करता है, जो उसे साधना के साथ-साथ समाधि प्राप्त करने हेतु पर्याप्त योग बल और ध्यान बल निर्मित करने में सहायता प्रदान करता है और समय और साधना अनुसार साधक प्राण के स्तर से बुद्धि के स्तर पर जाता है और बुद्धि के स्तर से अहंकार के स्तर पर जाता है और अहंकार के स्तर से चित्त के स्तर पर जाता है और चित्त के स्तर से आत्मा के स्तर पर जाता है और आत्मा के स्तर से शून्यता के स्तर पर जाकर समाधि प्राप्त कर ब्रह्म को प्राप्त करता है। सबसे महत्त्वपूर्ण बात यह है कि प्राण साधना के समय या अन्य किसी भी साधना के समय यदि साधक स्वयं ध्यान अवस्था उत्पन्न करना चाहेगा तो वह ऐसा नहीं कर पाएगा। ध्यान, जो घटित होता है वह साधारण चेतना के स्तर और साधारण इंद्रियों और मानसिक क्रिया प्रणालियों की प्रक्रिया के सहारे घटित नहीं होता, अज्ञात सर्वव्यापी ऊर्जा समय और साधना अनुसार साधक की चेतना को ध्यान अवस्था में ले जाती है, तो हम यह कह ही नहीं सकते कि साधक अपने शरीर पर ध्यान लगा रहा है, क्योंकि ध्यान की क्रिया स्व के सहारे नहीं की जाती।

हमारे वैज्ञानिकों ने एक प्रश्न सही उठाया कि क्या योग साधना वह क्षमता है जो शारीरिक जागरूकता के पार जाकर कार्य करती है? हाँ, इसका उत्तर है—हाँ। साधक अपने स्थूल शरीर से अपनी चेतना एक प्रकार से हटा ही लेता है। वह अपनी चेतना को अपने ज्ञात शरीर के भी पार ले जाता है, या कहें कि हर प्रकार के शरीर के पार ले जाता है। स्थूल और सूक्ष्म शरीर को जोड़कर साधक अपने शरीर की संकल्पना के पार चला जाता है, या कहें कि अपने शरीर की जागरूकता के पार चला जाता है।

उत्तर 7 : वैज्ञानिकों का यह प्रश्न ही सही नहीं है कि 'कितना जागरूक होना पड़ता है?' उच्च कोटि के साधक की जागरूकता को हम '1-10, वर्ष-महीने, या क्षणों में' नहीं माप सकते। हम इसका कोई निश्चित मापदंड नहीं बना सकते। यह मानो ऐसा ही है कि कोई पूछे, प्यासे को कैसे पता लगता है कि प्यास बुझ गई या नहीं, और प्यास कितनी देर में समाप्त हो जाएगी? क्या हम यह कह सकते हैं कि 'इतनी (5, 6...10) घूँट के पश्चात् या किसी विशेष नियम के अंतर्गत या इतनी मात्रा में पानी पीने पर प्रत्येक प्यासे की प्यास समाप्त हो जाएगी? नहीं, हम प्यास के समाप्त होने की कोई सीमा निर्धारित नहीं कर सकते, क्योंकि यह प्यासे पर निर्भर करता है कि वह कितना पानी पिएगा और व्यक्ति की प्यास पर निर्भर है कि अपनी प्यास समाप्त करने हेतु वह कितना पानी पिएगा। प्यासे और प्यास को हम 'निश्चित मात्रा' में नहीं बाँध सकते, क्योंकि प्यास कम या अधिक हो सकती है और विशिष्ट का तंत्र भी भिन्न-भिन्न होता है, तो हम सबके लिए एक जैसा मापदंड निर्मित नहीं कर सकते। जिस व्यक्ति को जितनी प्यास लगी है, वह उतना ही पानी पिएगा।

इसी प्रकार हर किसी को कितनी साधना करनी चाहिए या प्रत्येक को कितनी साधना करनी पड़ेगी या कितना जागरूक होना पड़ेगा, यह साधक स्वयं समझता भी है और गुरु साधक को समझने में सहायता भी प्रदान करता है। जैसे ज्ञान के संदर्भ में है कि प्रत्येक शिष्य स्वयं निर्णय लेता है कि वह कितना ज्ञान ग्रहण करेगा, क्या वह उच्च माध्यमिक शिक्षा तक ही शिक्षा ग्रहण करेगा या विश्वविद्यालय में जाएगा और पी-एच. डी. तक की शिक्षा ग्रहण करेगा या वह जीवनभर शिक्षा ग्रहण करता रहेगा या वह किसी विद्यालय या विश्वविद्यालय या संस्थान में जाए बिना भी विद्या ग्रहण करता रहेगा। इसी प्रकार प्रत्येक साधक अपने-अपने स्तर से प्रारंभ करता है और प्रत्येक साधक और उनका तंत्र अलग-अलग होता है, इसीलिए विद्या प्राप्ति भी भिन्न-भिन्न होती है। साधक पर और उसके गुरु पर निर्भर करता है कि वह कितना ज्ञान प्राप्त करेगा और कितने समय में प्राप्त करेगा।

हमने आज के आधुनिक विद्या प्राप्ति संस्थान जैसे विद्यालय और उच्च विद्यालय इत्यादि में पहली कक्षा से लेकर विश्वविद्यालय के अंतिम वर्ष तक की पढ़ाई के 15 वर्ष की सीमा निर्धारित कर रखी है, कम-से-कम भारत में। परंतु क्या सभी शिष्य 15 वर्ष में ही पहली कक्षा से विश्वविद्यालय के अंतिम वर्ष तक की यात्रा पूर्ण कर लेते हैं? सभी नहीं कर पाते और कुछ शिष्य समय से पहले भी कर लेते हैं। तो क्या हम जो शीघ्र कर लेते हैं या अधिक समय में पूर्ण करते हैं, उनको शिष्य नहीं मानेंगे? और जो शिष्य तथाकथित शिक्षा प्राप्ति संस्थान से ज्ञान प्राप्त न कर अन्य माध्यम से ज्ञान प्राप्त करते हैं, उनको क्या शिष्य नहीं मानेंगे और उनको हम किस मापदंड के अंतर्गत देखेंगे? प्रत्येक शिष्य अलग-अलग होता है, इसी प्रकार से प्रत्येक साधक भी अलग-अलग होते हैं और जैसे प्रत्येक शिक्षक भी एक-से नहीं होते वैसे ही सभी गुरु भी एक-से नहीं होते।

उत्तीर्ण साधक होने के लिए कितना जागरूक होना पड़ता है, यह साधक पर निर्भर करता है कि वह किस अवस्था को उत्तीर्ण मानता है। जैसे हमारे साधारण समाज में विश्वविद्यालय के स्तर को कोई शिष्य उत्तीर्ण मानता है या पी-एच.डी. के स्तर को उत्तीर्ण मानता है या सदा अध्ययन करते रहने को उत्तीर्ण समझता है। वैसे ही साधक कौन सी ध्यान अवस्था को उत्तीर्ण समझता है, यह उस पर निर्भर करता है और वह समाधि को उत्तीर्ण समझता है या नहीं, यह भी उसी पर निर्भर करता है। कुछ मनुष्य अपने पूरे जीवन को ही विद्या प्राप्ति की प्रक्रिया में डालकर पूरे जीवन ही सीखते रहते हैं, जैसे कुछ वैज्ञानिक और शोधकर्ता, जो पी-एच.डी. इत्यादि के आगे जाकर अज्ञात को जानना और समझना चाहते हैं और तथाकथित उत्तीर्ण की संकल्पना के पार निकल जाते हैं। ऐसा ही साधक और साधना में भी घटित होता है। तथाकथित उत्तीर्ण कोई नहीं होता और जो मोक्ष प्राप्त कर लेता है, वह उत्तीर्ण की संकल्पना के पार होता है और जो अपने आपको

सर्वश्रेष्ठ और उच्च कोटि का समझेगा, वह व्यक्ति वह होगा जिसने मोक्ष प्राप्त नहीं किया होगा, केवल मोक्ष की संकल्पना मात्र को ही सत्य मान लिया होगा।

उत्तर 8 : भिन्न-भिन्न शारीरिक आसन और शारीरिक क्रियाएँ शरीर की अलग-अलग क्रिया प्रणाली को प्रभावित और सक्रिय करती हैं। प्रत्येक मुद्रा और प्रत्येक आसन का अपना अलग-अलग महत्त्व होता है।

जिस प्रकार विद्यार्थी को पहली कक्षा से दसवीं कक्षा तक सभी विषय पढ़ाए जाते हैं, ताकि वह भविष्य में अपनी रुचि अनुसार किसी एक क्षेत्र में जाए, जिसमें उसकी रुचि हो। 10वीं कक्षा-12वीं कक्षा तक अलग-अलग सभी विषय पढ़ाकर जैसे हम बच्चे का मानसिक और शारीरिक विकास करते हैं, वैसे ही अलग-अलग आसन और अलग-अलग ध्यान मुद्रा के सहारे योगी अलग-अलग आध्यात्मिक विकास करता है और समाधि के लिए अपने आसन और मुद्रा का चयन करता है और भविष्य की साधना उसी आसन और उसी मुद्रा के सहारे करता है। वैसे ही, जैसे एक विद्यार्थी पहली कक्षा से दसवीं तक सभी विषय पढ़ाता है, सभी खेल खेलता है, परंतु पी-एच.डी. किसी एक विषय में करता है।

भिन्न-भिन्न योग मुद्रा और भिन्न-भिन्न योगासन हमारे शरीर और मस्तिष्क के बीच और हमारे तंत्र और प्राकृतिक तंत्र के बीच उपस्थित विशेष सूक्ष्म जटिल जोड़ को सक्रिय करते हैं और विशेष सूक्ष्म जटिल जोड़ विशेष प्रकार के वातावरण का निर्माण करते हैं और वह विशेष प्रकार का वातावरण विशेष प्रकार की ध्यान अवस्था उत्पन्न करता है। अलग-अलग योग मुद्राएँ और अलग-अलग योगासन हमारे शरीर में अलग-अलग ऊर्जा चक्र और अलग-अलग ऊर्जा के परिपथ को सक्रिय करते हैं, जिसके सहारे कुछ विशेष सूक्ष्म जटिल जोड़ सक्रिय हो जाते हैं और विशेष जानकारी का आवागमन भी प्रारंभ हो जाता है। विशेष आसनों और विशेष योग मुद्राओं के सहारे साधक प्रकृति में उपस्थित भाँति-भाँति प्रकार की वास्तविकताओं के साथ जुड़ता है और उसकी जानकारी को अपनी चेतना में लाकर विशेष जानकारी के खंडों को मायावीरूपी तंत्र की जानकारी से बाहर लाता है, अर्थात् विशेष योग मुद्रा और विशेष योगासन, विशेष ध्यान अवस्था उत्पन्न करते हैं, जिसके सहारे साधक विशेष मायावी तंत्र संबंधित जानकारी को उसकी जटिल अवस्था के बाहर लाता है। अलग-अलग योगासन और अलग-अलग योग मुद्राएँ विशेष प्रकार के ध्यान को उत्पन्न करती हैं, अर्थात् विशेष वातावरण का निर्माण करती हैं और विशेष जानकारी का प्रसंस्करण कर साधक को मायावी तंत्र की तथाकथित मायावी वास्तविकता को दिखाती है।

यहाँ भी परम समाधि से पहले साधक अलग आसन और मुद्राओं में सिद्धि प्राप्त करता है, अपने शरीर और अपनी प्रणाली के सकारात्मक और नकारात्मक को संतुलित

करने के लिए। परंतु 'ध्यान' साधक को परम समाधि का आसन और मुद्रा बताता है या कहें, ध्यान के सहारे साधक यह जानकारी प्राप्त करता है। भिन्न-भिन्न योग मुद्रा और भिन्न-भिन्न योगासन भिन्न-भिन्न ध्यान अवस्था को उत्पन्न करते हैं और इन सभी भिन्न-भिन्न ध्यान अवस्थाओं का कार्य भी भिन्न-भिन्न होता है।

उत्तर 9 : हाँ, बैठकर ध्यान करने में और कोई क्रिया करते समय ध्यान करने में बहुत अंतर है। क्रियाशील ध्यान (मूविंग मेडिटेशन) अधिकतर प्रारंभिक साधकों के लिए होता है। परंतु साधक ध्यान के उच्च स्तर में भी क्रियाशील ध्यान के सहारे शक्ति प्रणाली के स्तर तक चेतना को ले जाने का प्रयास करते हैं। जैसे कुछ एक शाओलिन ध्यान और अन्य युद्ध क्रिया संबंधित ध्यान में हम देख सकते हैं। क्रियाशील ध्यान इस प्रकार से विकसित किया गया है कि वह साधक की एकाग्रता को बढ़ाए, जो उसे विश्लेषणात्मक ध्यान, निरीक्षण इत्यादि में सहायता प्रदान करता है। क्रियाशील और इसके पश्चात् बैठकर ध्यान को इस प्रकार से विकसित किया गया है कि वह एक-दूसरे के विकास में सहायता करें। जब साधक समयाकाश में क्रियाशील ध्यान करता है, तब वह समयाकाश में अपनी हलचल पर और अपने आसपास के वातावरण पर भी ध्यान लगाता है। वातावरण पर ध्यान लगाना और साथ-साथ अपनी क्रिया पर ध्यान लगाना साधक को प्रारंभिक विश्लेषणात्मक ध्यान, निरीक्षण इत्यादि में तो सहायता करता ही है, साथ-ही-साथ वह उच्च स्तर के लिए एक प्रकार के आधार का निर्माण भी करता है, जिसका उपयोग साधक उच्च स्तर में अपनी चेतना को सूक्ष्म स्तर तक ले जाने में करता है। वह आधार साधक की चेतना को समयाकाश के साथ जटिलता से जोड़ देता है।

स्थिर बैठकर उच्च ध्यान अवस्था प्राप्त करने के पश्चात् भी साधक क्रियाशील ध्यान की प्रक्रिया को नहीं त्यागता है। साधक जब स्थिर बैठकर उच्च ध्यान अवस्था प्राप्त कर लेता है, उसके पश्चात् जब वह क्रियाशील होता है, उस समय भी उसके तंत्र में ध्यानरूपी वातावरण निर्मित रहता है और अपना कार्य करता रहता है। साधक क्रिया करते समय भी ध्यान अवस्था में रह सकता है और एक स्तर के पश्चात् साधक की प्रत्येक क्रिया ध्यान अवस्था में ही घटित होती है। क्रियाशील ध्यान के सहारे साधक धीरे-धीरे अपने शरीर और प्रकृति के बीच जो सूक्ष्म जटिल जोड़ है, उसे अपनी चेतना में लाने का अभ्यास करता है, अर्थात् वह अपने शारीरिक तंत्र को चेतन अवस्था में प्रकृति के साथ जोड़ने का प्रयास करता है। क्रियाशील ध्यान के सहारे साधक अपनी भिन्न-भिन्न योग क्रिया के द्वारा अपनी प्रत्येक शारीरिक क्रियाओं को समयाकाश के साथ जोड़ने का अभ्यास करता है, ताकि उसकी क्रियाएँ स्व के अधीन होकर कार्य न करें, बल्कि प्रकृति के अनुकूल होकर कार्य करें। क्रियाशील ध्यान के सहारे साधक प्रकृति के साथ चेतन जोड़ की स्थापना शीघ्र कर सकता है। क्रियाशील ध्यान और आसन ग्रहण कर स्थिर

बैठकर ध्यान करना एक-दूसरे के साथ जुड़े हुए हैं और यह दोनों मिलकर ध्यान के चक्र को सक्रिय रखते हैं और ऊर्जावान बनाते हैं। क्रियाशील ध्यान स्थिर ध्यान अवस्था को बल प्रदान करता है और स्थिर ध्यान अवस्था क्रियाशील ध्यान अवस्था को बल प्रदान करती है। प्रारंभ में ये दोनों अवस्थाएँ अलग-अलग कार्य करती हैं, परंतु समय के साथ-साथ यह दोनों मिलकर साधक को समाधि की ओर ले जाती हैं।

परंतु परम समाधि प्राप्त करने के लिए आसन ग्रहण करना आवश्यक होता है। समाधि के स्तर पर जाकर साधक एक विशेष मनोदशा उत्पन्न कर लेता है, इसके पश्चात् इसे कोई अंतर नहीं आता कि साधक क्रियाशील ध्यान कर रहा है या आसन ग्रहण करके ध्यान कर रहा है। समाधि प्राप्त करने से पहले क्रियाशील ध्यान और उसके पश्चात् बैठकर ध्यान करना अपनी-अपनी भूमिका निभाते हैं, परंतु समाधि के पश्चात् तो सारा खेल ही परिवर्तित हो जाता है। समाधि प्राप्त करने के पश्चात् साधक कहीं किसी स्थान पर बैठा भी हो सकता है और उसी समय कहीं दूसरे स्थान पर भ्रमण भी कर सकता है।

हम इस अंतर को केवल शारीरिक आसन और शारीरिक क्रिया तक ही सीमित नहीं कर सकते। हाँ, शारीरिक आसन और शारीरिक क्रिया कुछ सीमाओं तक तो दो प्रकार के ज्ञान को कुछ अलग अवश्य करते हैं, परंतु इसी को हम 'संपूर्ण अंतर' नहीं कह सकते। हाँ, अलग-अलग मुद्रा और आसन अलग-अलग ऊर्जा चक्र को सक्रिय या ऊर्जावान करते हैं, परंतु मनोदशा, विशिष्ट का प्रशिक्षण और अभ्यास, इच्छाशक्ति इत्यादि बहुत से सत्य हैं, जो क्रियाशील ध्यान और उसके पश्चात् आसन ग्रहण करके ध्यान को अलग करते हैं। समाधि प्राप्त करने से पूर्व साधक जब स्थिर होकर ध्यान करता है तब उसकी जानकारी का प्रसंस्करण अलग होता है और जब क्रियाशील ध्यान करता है तब जानकारी का प्रसंस्करण अलग होता है।

उत्तर 10 : बाहरी वातावरण भी समाधि प्राप्त करने से पूर्व तक एक अलग प्रकार से अपनी महत्त्वपूर्ण भूमिका अदा करता है। (समाधि के पश्चात् बाहर-भीतर में अंतर नहीं रह जाता)। साधक प्रारंभ में सकारात्मक और नकारात्मक रूप से बाहरी वातावरण में उपस्थित जानकारी से प्रभावित हो सकता है। हम जानते हैं कि हमारा मन-मस्तिष्क बाहरी वातावरण में भावनात्मक उत्तेजना खोजता है। जब तक साधक साधना में पारंगत नहीं हो जाता तब तक वह बाहरी वातावरण में उपस्थित जानकारी से प्रभावित हो सकता है, परंतु अपना प्रभामंडल और ध्यान बल बढ़ाकर साधक अपने रक्षात्मक प्रभामंडल को अभेद्य बना देता है, इसके पश्चात् कोई अनचाही जानकारी उस पर प्रभाव नहीं डाल सकती।

ध्यान करते समय साधक नई जानकारी के प्रति संवेदनशील होता है और इसकी संभावना भी होती है कि यदि कोई हानिकारक जानकारी उसके प्रसंस्करण प्रभामंडल की सीमा में आती है तो साधक हानिकारक जानकारी भी ग्रहण कर सकता है। प्रत्येक

साधक/व्यक्ति का अपना-अपना जानकारी कूटानुवाद क्षेत्र होता है। वातावरण के एक निश्चित क्षेत्र से वह जानकारी का प्रसंस्करण और कूटानुवाद कर सकता है। यदि साधक किसी समय ऐसी मनोदशा में होता है, जिसमें रहकर वह जानकारी को सीधा अवतीर्ण कर सकता है, तो यदि वातावरण में हानिकारक जानकारी है तो साधक उसे भी अवतीर्ण कर लेगा।

इसीलिए नए साधकों को कुछ समय तक साधकों के समूह में ही ध्यान का प्रयास करने का सुझाव दिया जाता है। साधक वातावरण से प्रभावित हो सकता है और वातावरण को प्रभावित कर भी सकता है। जब साधक साधना प्रारंभ करता है तो यदि वह अकेला प्रशिक्षण करेगा तो वातावरण की जानकारी से प्रभावित हो सकता है और यदि समूह में ध्यान करेगा तो समूह द्वारा विकसित आभामंडल पूरे वातावरण को प्रभावित करेगा और योग के वातावरण को उत्पन्न करेगा। योग बल वास्तविकता में वातावरण में उपस्थित सभी हानिकारक जानकारी और हानिकारक तत्त्व को नष्ट कर देता है और लाभकारी सकारात्मक ऊर्जा को जन्म देता है। साधक जब निपुण हो जाता है तब वह अकेला भी अपने आसपास के वातावरण को प्रभावित कर सकता है।

गुरुजी ने कहा था कि वातावरण साधक को आशीर्वाद देता है और साधक वातावरण को आशीर्वाद देता है। इसका अर्थ यह है कि वातावरण साधक को साधना संबंधित सकारात्मक जानकारी प्राप्त करवाता है और साधक वातावरण में साधना संबंधित सकारात्मक जानकारी को अवतीर्ण करता है, परंतु यह तभी हो सकता है जब साधक वातावरण में उपस्थित सकारात्मक जानकारी ग्रहण करने में सक्षम हो और साधना संबंधित जानकारी को वातावरण में अवतीर्ण करने में भी सक्षम हो। यदि साधक की जिज्ञासा परम सत्य को प्राप्त करने हेतु अधिक तीव्र है तो वह वातावरण में उपस्थित आशीर्वाद को प्राप्त कर ही लेगा, परंतु यदि उसकी जिज्ञासा तीव्र नहीं है तो उसका अवचेतन मन वातावरण में उपस्थित नकारात्मक जानकारी भी ग्रहण कर सकता है। इन्हीं सब प्रभावों को ध्यान में रखते हुए प्राचीन भारत के योग गुरुओं ने भिन्न-भिन्न प्रकार के योग और ध्यान प्रशिक्षण का निर्माण किया था।

यहाँ जो 'आशीर्वाद' शब्द का प्रयोग किया जा रहा है, उसका अर्थ सकारात्मक ऊर्जा या ध्यान ऊर्जा से है, जिसे सिद्ध पुरुष वातावरण में अपने ध्यान और योग की सहायता से अवतीर्ण करते हैं। जैसा गुरुजी ने कहा कि यह आशीर्वाद वह बल है जिसके भीतर परिवर्तन की शक्ति होती है और योगी इसी बल को आकाश में अवतीर्ण करते हैं। ध्यान और योग बल द्वारा सिद्ध पुरुष साधारण वातावरण को विशेष वातावरण में परिवर्तित कर देते हैं। हम यह जानते हैं कि अग्नि तत्त्व योगियों की स्पेसमॉसरूपी तंत्र के साथ जटिल जोड़ स्थापित करने में सहायता करता है और इन्हीं जटिल जोड़ की सहायता

से सिद्ध पुरुष आशीर्वादरूपी सकारात्मक और ध्यान, योग से संबंधित जानकारी सीधे-सीधे आकाशरूपी वातावरण में अवतीर्ण करते हैं।

सारा खेल ही 'वातावरण' खेलता है। अलग-अलग वातावरण अलग-अलग समयाकाश और अलग-अलग सूक्ष्म जटिल जोड़ को सक्रिय करते हैं। जैसे कि हमने बिग बैंग से अब तक देखा है कि कैसे अणु और समयाकाश अलग-अलग वातावरण में अलग-अलग विशेषताओं के साथ कार्य करते हैं और अलग वातावरण के कारण ही अणु, परमाणु, पदार्थ, समयाकाश, अलग विशेषताओं और अलग संभावनाओं में बँधे होते हैं। कण, अणु, परमाणु, पदार्थ, ऊर्जा, चेतना इत्यादि और कुछ नहीं केवल विशेष वातावरण मात्र हैं। वातावरण अलग-अलग प्रकार से अपना खेल खेलता है। प्रत्येक वातावरण का अपना एक सामर्थ्य होता है, वातावरण केवल ध्यान में ही नहीं बल्कि पूरे जीवन और पूरे ब्रह्मांड को प्रभावित या संचालित करने की शक्ति रखता है। समयाकाश और कुछ नहीं, वह तो केवल अलग-अलग वातावरण के अलग-अलग क्षेत्र या खंड मात्र हैं, जो अपने भीतर अपने-अपने सामर्थ्य समेटे हुए हैं।

यह तो थे वैज्ञानिक द्वारा पूछे गए 10 प्रश्नों के उत्तर, और वातावरण के खेल को अपनी कहानी में हम आगे पूर्ण रूप से समझेंगे। अभी हम पुनः माइंड एंड लाइफ संस्थान के गुरुजी के साथ वाद-विवाद पर आते हैं। जब गुरुजी ने आशीर्वाद वाला उत्तर दिया, उसके पश्चात् वैज्ञानिकों ने अपनी कुछ खोज और शोध दिखाए और गुरुजी से कुछ और प्रश्न पूछे। तो आइए देखते हैं कि वाद-विवाद में इसके पश्चात् क्या हुआ।

वैज्ञानिक खोज

एक वैज्ञानिक ने यह बताया कि जब अंतरिक्ष यात्री अंतरिक्ष से वापस पृथ्वी पर आते हैं, तब वह आध्यात्मिक हो जाते हैं। वह पृथ्वी पर वापस आकर बताते हैं कि अंतरिक्ष में कुछ है, जो उनको आध्यात्मिकता की ओर आकर्षित करता है। इस घटना या इस अनुभव के संदर्भ में लगभग प्रत्येक अंतरिक्ष यात्री द्वारा बार-बार बताया गया है। तो वहाँ क्या है? क्या अलग-अलग वातावरण होने के कारण से ऐसा हो रहा है? या इसलिए कि वह अंतरिक्ष में है?

गुरुजी का उत्तर

बौद्ध धर्म में एक धारणा है, जो कहती है कि 'मस्तिष्क एक विशाल अंतरिक्ष है'। तो वह अंतरिक्ष यात्री यही धारणा विकसित कर लेते हैं, जब वह दुनिया को ऊपर से देख रहे होते हैं और जब वह अंतरिक्ष के विशाल फैलाव को देख रहे होते हैं।

X की टिप्पणी

वेदों में भी यह बताया गया है कि यह अंतरिक्ष हमारे मस्तिष्क के ही भीतर उपस्थित है। हम यह जो बाहर अंतरिक्ष अनुभव करते हैं, यह हमारे मस्तिष्क के भीतर उपस्थित ब्रह्मांड का प्रक्षेपण मात्र है। हम स्वयं ही इस ब्रह्मांड को प्रक्षेपित करते हैं और यही माया की लीला है, जिसे हम अपनी कहानी में धीरे-धीरे समझने का प्रयास कर रहे हैं और आगे भी पूर्ण रूप से करेंगे।

ब्रह्मांड में कुछ तो है जो हमें अपनी ओर आकर्षित करता है। संभवतः यह केवल अंतरिक्ष यात्रियों के साथ घटित होनेवाली घटना मात्र नहीं है, बल्कि इसे हम पृथ्वी पर भी अनुभव करते हैं। जब भी हम कभी पृथ्वी से गहरी काली रात में आकाश की ओर देखते हैं और जब हम अंतरिक्ष में फैले अनेक तारों को देखते हैं, तब भी हम एक प्रकार की शून्य अवस्था में प्रवेश कर जाते हैं और कहीं-न-कहीं पृथ्वी से भी ब्रह्मांड के आकर्षण को अनुभव करते हैं। हम पृथ्वी से भी जब कभी ब्रह्मांड की ओर देखते हैं तो 'कुछ है' जो हमें अपनी ओर खींचता है या कहें कि हमारी चेतना को अपनी ओर आकर्षित करता है। ऐसा ही कुछ उस मछली ने भी अनुभव किया होगा, जो पहली बार जीवन को पृथ्वी पर लाई थी। जल से बाहर धरती के वातावरण को देख उस मछली के भीतर भी धरती पर आने का आकर्षण उत्पन्न हुआ होगा, अर्थात् कहीं-न-कहीं उस मछली को भी धरती ने अपनी ओर आकर्षित किया होगा और उस मछली में कुछ ऐसे बदलाव भी आए, जो उसे धरती पर ले आए और धरती पर जीवित रहने के लिए सक्षम भी बनाया। तो वह प्रकृति की एक क्रम विकास की पुकार थी, जो मछली को जल से बाहर बुला रही थी। पृथ्वी से हमें जो कुछ अंतरिक्ष से अपनी ओर आकर्षित करता है और जो अंतरिक्ष यात्री को आध्यात्मिक बना रहा है या कहें कि अंतरिक्ष से जो उनको अपनी ओर आकर्षित कर रहा है, वह प्रकृति की वैसी ही क्रम विकास की पुकार हो सकती है जो उस मछली को दी गई थी जो जीवन को जल से पृथ्वी पर लाई और अंतरिक्ष की यह पुकार हम मनुष्यों को कहीं-न-कहीं मानसिक क्रम विकास के लिए प्रेरित कर रही है। हमें पृथ्वी से जो अंतरिक्ष में अपनी ओर आकर्षित कर रहा है और जो अंतरिक्ष में अंतरिक्ष यात्रियों को अपनी ओर आकर्षित करता है, वह अध्यात्म की वह शक्ति है, जो जीव को शारीरिक और मानसिक क्रम विकास करने के लिए प्रेरित करती है। अंतरिक्ष यात्री अंतरिक्ष में जिस आकर्षण को अनुभव करते हैं, वह एक आध्यात्मिक शक्ति है, जो जीव की चेतना के विकास के लिए उसके भीतर परम सत्य को जानने हेतु जिज्ञासा की तरंग उत्पन्न करती है और परम सत्य को जानने के लिए प्रेरित करती है। यह व्यक्ति पर निर्भर करता है कि वह प्रकृति की इस पुकार द्वारा उत्पन्न जिज्ञासा की तरंग का उपयोग किस प्रकार करता है।

वैज्ञानिक प्रश्न

एक वैज्ञानिक ने पूछा कि यह योगी अकेले क्यों रहते हैं? जबकि जो व्यक्ति सिद्धि प्राप्त कर चुका है, वह समाज को अनेक रूप से सही दिशा प्रदान कर सकता है। समाज को उनकी अधिक आवश्यकता है, उनको एकांतवास में नहीं जाना चाहिए।

गुरुजी का उत्तर

गुरुजी ने कहा कि क्या हम सच में उन योगियों को दोषी ठहरा सकते हैं अकेले रहने के लिए? क्या हम यह बता सकते हैं कि उन्होंने समाज को किस कारण से छोड़ा? धरती और समाज के वातावरण को सुधारना पूरे समाज का दायित्व है।

X की टिप्पणी

एक बार पुनः गुरुजी थोड़े से शब्दों में बहुत-कुछ कह गए, परंतु संभवतः जैसा अधिकतर हुआ है वैसे ही इस बार भी वैज्ञानिकों को यह बात समझ नहीं आई होगी। वैज्ञानिकों के लिए गुरुजी के शब्दों की थोड़ी सी व्याख्या प्रस्तुत है।

सबसे पहली बात तो यह है कि एकांतवास योगी को यह वैज्ञानिक इस तथाकथित समाज में बुलाकर क्या करवाना चाहते हैं? योगी एकांतवास में ही रहकर ऐसा-ऐसा ज्ञान देता है जिसे यदि समाज चाहे तो अपने उद्धार हेतु उपयोग कर सकता है। एकांतवासी योगी की शिक्षा और ज्ञान को उनके शिष्य समाज के हर वर्ग में पहुँचाने का प्रयास करते हैं। परंतु यह तथाकथित समाज उनकी बातें कितनी सुनता और मानता है? दूसरी बात यह है कि एकांतवास में रहकर योगी समाज के लिए कुछ नहीं कर रहा, यह बात वैज्ञानिक कैसे कह सकते हैं? तीसरी बात यह है कि तथाकथित आधुनिक वैज्ञानिक सिद्धि (इनलाइटनमेंट) शब्द का क्या अर्थ समझते हैं? क्या यह 'सापेक्षवादी वैज्ञानिक' बता सकते हैं कि सिद्धि को यह किसके साथ संबंधित करके देख/समझ रहे हैं? क्या सिद्धि को यह किसी प्रकार की पी-एच.डी. समझ रहे हैं? क्या हमारे यह तथाकथित आधुनिक वैज्ञानिक सिद्धि को जानकारी संबंधित ज्ञान मात्र समझ रहे हैं, जिसे कोई भी मनुष्य पुस्तकों के द्वारा प्राप्त कर सकता है? और क्या हमारे प्यारे वैज्ञानिक यह बताएँगे कि इस तथाकथित समाज में आकर एकांतवासी योगी ऐसा क्या कर लेगा जो वह एकांत में रहकर नहीं कर सकता?

योगी एकांतवास में सदा अकेला होता है, यह वैज्ञानिक कैसे कह सकते हैं? योगी अकेला होकर भी तथाकथित अकेला नहीं होता। योगी एकांत में रहकर भी समाज के लिए वह सबकुछ करता है, जो कोई भी साधारण व्यक्ति इस तथाकथित समाज में प्रत्यक्ष रूप से रहकर भी नहीं कर पा रहा। योगी एकांतवास से ही समाज को ऊपर उठाने के प्रयास

करता है, क्योंकि योगी को 'प्रतिफल' की आवश्यकता नहीं होती। योगी एकांतवास में रहकर भी समाज के हित में सामाजिक कार्य भी करता है। योगी अपनी मानसिक शक्तियों और सर्वभूत कार्यप्रणालियों की सहायता से समाज और प्रकृति के कण-कण से जुड़ा होता है, तो वह योगी तथाकथित अकेला कैसे हुआ और समाज से दूर कैसे हुआ? उच्च स्तर के योगी जिस आयाम में कार्य करते हैं, उस आयाम के संदर्भ में आधुनिक वैज्ञानिक (अधिकतर वैज्ञानिक) कल्पना भी नहीं कर सकते। एक योगी या सिद्ध पुरुष कुछ अज्ञात साधनों द्वारा और कुछ ज्ञात साधनों द्वारा समाज के विकास के लिए कार्य करते रहते हैं। कोई योगी एकांतवासी जीवन व्यतीत कर रहा है तो इसका अर्थ यह नहीं है कि वह समाज के लिए कुछ नहीं करना चाहता या कुछ नहीं कर रहा। एकांतवास के सत्य को आज के अधिकतर तथाकथित आधुनिक वैज्ञानिक पूर्ण रूप से समझ ही नहीं सकते।

गुरुजी ने बताया था कि 'वज्रयान' ग्रंथ में मस्तिष्क और शरीर के संदर्भ में बहुत कुछ बताया और समझाया गया है और भारत के प्राचीन वेद, उपनिषदों और अन्य ग्रंथों में भी इनके संदर्भ में पूर्ण रूप से समझाया गया है, परंतु यदि आज के अधिकतर आधुनिक वैज्ञानिक भारतीय पौराणिक ग्रंथों को पढ़ते भी हैं तो वह उनकी अनुभूति अपनी संकल्पना के अधीन होकर ही करते हैं। यदि आज के आधुनिक वैज्ञानिकों को सत्य के समीप जाना है तो उनको अपनी संकल्पनाओं के पार जाना होगा।

वैज्ञानिक प्रश्न

एक वैज्ञानिक ने पूछा कि आप सदा कहते हैं कि स्वप्न जो है, वह हमारी चेतना की सूक्ष्म अवस्था है। तो यह सूक्ष्म अवस्था हमारी साधारण चेतना से कैसे अलग है? क्या यह चेतना का ही बदलाव है और कितनी मात्रा पर वह सूक्ष्म हो जाती है?

X की टिप्पणी

सबसे पहली बात हमारे नादान बालक जैसे वैज्ञानिकों के लिए यह है कि चेतना की सूक्ष्म दशा साधारण चेतना से वैसे ही भिन्न है जैसे चेतना अव-चेतना से। सूक्ष्म चेतना साधारण चेतना से उसी प्रकार भिन्न है जिस प्रकार सूक्ष्म जगत् (क्वांटम वर्ल्ड) स्थूल जगत् से भिन्न है। दूसरी बात यह है कि हमारे प्यारे तथाकथित आधुनिक वैज्ञानिक यह बताएँ कि चेतना को वह मात्रा में किस प्रकार नाप सकते हैं? कृपया करके हमारे तथाकथित आधुनिक वैज्ञानिक हमारा मार्गदर्शन करें और यह बताएँ कि वह किस प्रकार चेतना को किसी मात्रा में नाप सकते हैं। आजकल कुछ वैज्ञानिक चेतना और अति चेतना (हाइपर एंड सुपर कॉन्शसनेस) के संदर्भ में भी बात करते हैं, जो हमारी चेतना की अलग-अलग अवस्थाएँ हैं। परंतु जो वैज्ञानिक यह कहते हैं कि अवचेतन और

अति चेतन जैसी चेतना की अलग-अलग अवस्थाएँ होती हैं, वह वैज्ञानिक भी यह नहीं कहते कि इतनी निश्चित मात्रा के पश्चात् चेतना परिवर्तित हो जाती है। वह वैज्ञानिक भी तथाकथित मात्रा में चेतना की व्याख्या नहीं करते। यदि वैज्ञानिकों को कोई प्रश्न करना भी है तो कम-से-कम वह ऐसा प्रश्न तो करें जो मूर्खतापूर्ण न लगे।

तीसरी बात यह है कि जिन वैज्ञानिकों ने यह मात्रावाला प्रश्न पूछा, उन जैसे वैज्ञानिक मात्रा, स्तर, संख्या इत्यादि जैसे प्रश्न खड़े करके (चेतना जैसे विषय पर, जिसे हम मात्रा में नहीं नाप सकते) वाद-विवाद जीतना चाहते हैं, या कहें, वाद-विवाद में 'अधिक अंक' प्राप्त करना चाहते हैं। पहले तो हम उनसे कुछ प्रश्न पूछना चाहते हैं, इसके पश्चात् अपना उत्तर भी देंगे। तो हे प्यारे आधुनिक वैज्ञानिको, क्या आप बता सकते हो कि कितनी मात्रा के पश्चात् एक कण तरंग की भाँति व्यवहार करने लगता है? कितनी मात्रा तक एक कण, कण ही रहता है, तरंग नहीं? क्या हमारे वह आधुनिक वैज्ञानिक यह बता सकते हैं कि एक अणु की ऊर्जा कितनी मात्रा तक सूक्ष्म जगत् में कार्य करती है और कितनी मात्रा तक स्थूल जगत् में? क्या वह बता सकते हैं कि वास्तविकता में कितनी मात्रा पर सूक्ष्म स्थूल (क्वांटम ग्रोसर में) में परिवर्तित हो जाता है? और सूक्ष्म और स्थूल जगत् की अलग-अलग मात्राएँ क्या हैं और क्यों और कैसे हैं?

क्या हमारे वैज्ञानिक यह बता सकते हैं कि कितनी मात्रा पर हमारे तंत्र में उपस्थित D2 हार्मोन डर और भय उत्पन्न न करके प्रोत्साहन उत्पन्न करेगा? क्या वह बुद्धिजीवी यह बता सकते हैं कि भावनाओं की वास्तविक मात्रा क्या है? 1-10 या 1-100 जैसी मात्रा वास्तविक जगत् में अस्तित्व नहीं रखती और यदि हम ऐसी मात्रा बना भी लें तो इसमें 1-10 या 1-100 किसकी मात्रा होगी? इच्छाशक्ति की, हार्मोन की, मनोदशा की या किसी और की और किस आधार पर यह नापोगे, कोशिकाओं की संख्या के अनुसार, तंत्रिकाओं के अनुसार, तंत्रिकाओं की गति के अनुसार या किसी और आधार पर? 1-10 या 1-100 वाली संख्या के तंत्र पर यदि एक योगी या वैज्ञानिक इसको माप भी लेता है या इसकी कोई इकाई विकसित कर लेता है, उसके पश्चात् भी वह 'वास्तविकता' की व्याख्या नहीं होगी। क्या वैज्ञानिक 'मिठास की मात्रा' माप सकते हैं? विशिष्ट के अंतर (किसको कितना मीठा पसंद है, लालसा, इच्छा, इतिहास के अनुसार) की व्याख्या करने के साथ-साथ सभी के लिए क्या मिठास की मात्रा वैज्ञानिक निर्धारित कर सकते हैं? ऐसे आधुनिक वैज्ञानिक इस 1-10 के अलावा कुछ और नहीं बता सकते और न ही समझ सकते हैं, क्योंकि सत्य 'मात्रा' में नहीं होता।

आधुनिक वैज्ञानिक यह भी कहते हैं कि स्वप्न अवस्था में हमारी केवल ध्वनि संबंधित प्रणाली सक्रिय रहती है, परंतु आधुनिक वैज्ञानिक यह कैसे कह सकते हैं कि स्वप्न में केवल 'ध्वनि संबंधित प्रणाली' ही चेतन होती है? हमारे स्वप्न में भी मस्तिष्क

के लगभग सभी क्षेत्र सक्रिय हो सकते हैं। हमारे छूने की और सुनने की भी क्षमताएँ लगभग चेतन होती हैं। प्यारे वैज्ञानिको, यहाँ पर बात है 'पूर्ण' की, न कि मात्रा की। स्वप्न अवस्था मानो प्रमात्रा शून्यक (क्वांटम वेक्यूम) जैसी है। जैसे प्रमात्रा शून्यक लगभग शून्यक होता है, पूर्णतः शून्यक नहीं होता, उसी प्रकार स्वप्न अवस्था में भी चेतना लगभग शून्यक होती है, पूर्णतः अचेतन शून्यक नहीं होती। जिस प्रकार प्रमात्रा शून्यक शून्य प्रतीत होता है, परंतु वह शून्य होता नहीं है, उसके भीतर सदा कुछ अज्ञात गतिविधियाँ होती रहती हैं, हमारी स्वप्न अवस्था भी कुछ ऐसी ही है। स्वप्न में हमारी सभी इंद्रियाँ लगभग सक्रिय होती हैं, परंतु वह इस प्रकार कार्य करती हैं कि हमारी निद्रा में बाधा उत्पन्न न हो। परंतु यदि कोई आपातकालीन परिस्थिति होती है तो हमारी इंद्रियाँ हमारे शरीर को संदेश भेज सक्रिय कर देती हैं।

यह 'लगभग' वैसे क्या है? इस 'लगभग' को हम इस प्रकार समझ सकते हैं कि जब हम जागते हैं तो हमारा जागृत तंत्र या जागृत प्रणाली हमारे सोनेवाले तंत्र या प्रणाली से बिल्कुल विपरीत कार्य करती है। जो भाग निद्रा अवस्था में चेतन था वह जब हम जाग जाते हैं तो वह प्रणाली सो जाती है और जो भाग स्वप्न अवस्था में स्वप्न में जी रहा था, परंतु सो भी रहा था, वह जागने के पश्चात् जागनेवाली अवस्था वाला चेतन हो जाता है और जागृत जगत् में चेतना के साथ जीता है। परंतु ऐसा भी नहीं कि वह स्वप्न मुद्रा में तथाकथित चेतन नहीं था। जब हम सो रहे होते हैं तब हमारे शरीर-मस्तिष्क की कुछ प्रणाली जाग रही होती है, परंतु जब हम सोकर उठते हैं तब वह प्रणाली जो स्वप्न अवस्था में सक्रिय थी, वह सो जाती है और जो प्रणाली सो रही थी वह जागृत अवस्था में आ जाती है। जागने और सोने की लीला को अपनी कहानी में हम आगे पूर्ण रूप से समझने का प्रयास करेंगे, क्योंकि जागने और सोने की लीला के साथ चेतना और तथाकथित वास्तविकता से संबंधित सत्य जुड़ा हुआ है।

कुछ उच्च कोटि के साधक अपने स्वप्न में भी अपने स्वप्न को नियंत्रित कर सकते हैं और उन्हें यह ज्ञात होता है कि वह स्वप्न देख रहे हैं। इस अवस्था में स्वप्न की प्रक्रिया भी चलती रहती है और साधारण चेतन अवस्था भी कार्य करती है, तो यहाँ तथाकथित आधुनिक वैज्ञानिक मात्रा का उपयोग कैसे करेंगे? क्योंकि यहाँ साधारण चेतना और स्वप्न की चेतना दोनों ही मिलकर कार्य करती हैं, तो यहाँ मात्रा का अंतर किस प्रकार निर्मित करेंगे हमारे तथाकथित आज के आधुनिक वैज्ञानिक? हम चेतना को मात्रा में नहीं नाप सकते, हम चेतना को केवल स्तर के अनुसार समझ सकते हैं।

चेतना की सूक्ष्म अवस्था में बहुत कुछ आता है। उस प्रणाली में स्मृति स्थिरक (मेमोरी एंकर), तृष्णा, प्रभावी इंद्रिय, सत्य इत्यादि सब अलग-अलग प्रकार की प्रणाली और तंत्र कार्य करते हैं। वैज्ञानिक इनको 'स्तर' के रूप में समझ सकते हैं, जो कि

विशिष्ट पर निर्भर करते हैं। जैसे प्रभावी इंद्रिय से ग्रस्त व्यक्ति अपनी निद्रा के समय किसी भिन्न चेतना के स्तर पर कार्य करेगा और यदि इच्छाएँ या तृष्णा से संचालित तंत्र हुआ तो वह अलग प्रकार के सूक्ष्म तंत्र के अधीन होकर कार्य करेगा।

कुछ स्तर ऐसे भी होते हैं जिनमें छिपा हुआ ज्ञान या छिपी हुई जानकारी (जो हमारे तंत्र में होती है) होती है, जिसको अलग-अलग कार्य प्रणाली द्वारा एकत्रित कर लिया जाता है, परंतु जो जानकारी हमारी चेतना में नहीं आती, स्वप्न चेतन अवस्था में उस जानकारी का भी प्रसंस्करण होता है। हमारा मस्तिष्क जागृत चेतन अवस्था में अनेक जानकारियों का प्रसंस्करण करता है और उन्हें पंजीकृत भी करता है, परंतु वह सभी जानकारियाँ हमारी चेतन अवस्था में नहीं आ पातीं। स्वप्न अवस्था में इस छिपी हुई जानकारी का प्रसंस्करण भी होता है। ऐसा नहीं है कि हमारे स्वप्न केवल इसी जानकारी पर आधारित होते हैं, स्वप्न की लीला भी एक विचित्र लीला है, जिसे हम अपनी कहानी में आगे पूर्ण रूप से समझेंगे।

वैज्ञानिक प्रश्न

एक वैज्ञानिक ने गुरुजी से पूछा कि जब कोई योगी एकल बिंदु ध्यान का प्रशिक्षण करता है या शमाता का प्रशिक्षण करता है, तो क्या उसकी एकाग्रता संकीर्ण हो जाती है? क्योंकि पश्चिमी मान्यताओं के अनुसार जब हम अपनी एकाग्रता किसी वस्तु पर केंद्रित करते हैं तो हमारी एकाग्रता संकीर्ण हो जाती है, क्या शमाता के प्रशिक्षण के कुछ दुष्प्रभाव भी हैं या डहक होते हैं, जहाँ हमारी एकाग्रता अटक जाती है और आगे नहीं बढ़ पाती? जहाँ एकाग्रता अटक जाती है, वहाँ से अवसाद/गिराव प्रारंभ हो सकता है, तो क्या शमाता का प्रशिक्षण करना सही है?

गुरुजी का उत्तर

हाँ, शमाता ध्यान का प्रशिक्षण करना चाहिए, इसमें एकाग्रता कहीं नहीं अटकती और न ही संकीर्ण होती है।

X की टिप्पणी

गुरुजी ने वैज्ञानिकों को बड़ी ही शालीनता से उत्तर दिया, परंतु संभवतः हर बार की भाँति वैज्ञानिकों को यह उत्तर पूर्ण रूप से समझ नहीं आया होगा, क्योंकि वह वैज्ञानिक और पश्चिम के कुछ लोग नादान और अज्ञानी हैं। पश्चिम की भाषा ही उनको असमंजस और भ्रम में डाल रही है। 'संकीर्ण' जो शब्द है, वह एकाग्रता की 'केंद्रित अवस्था' की पूर्ण रूप से व्याख्या नहीं करता। एक प्रकार से उनका सोचना उनके अनुसार सही है, कि

जो एकाग्रता फैली हुई थी, वह एक वस्तु पर केंद्रित करने के पश्चात् संकीर्ण हो जाती है। परंतु वह संकीर्ण नहीं होती, वह केंद्रित होती है। यदि हम विशिष्ट की एकाग्रता की क्षमता को 100% मानें तो वह 100% पहले फैली हुई अवस्था में थी, परंतु एकाग्रता के पश्चात् उसका अधिकतर भाग एक वस्तु की जानकारी का प्रसंस्करण कर रहा है। यहाँ एकाग्रता संकीर्ण नहीं होती, बल्कि एक प्रकार से एकाग्रता एक वस्तु के प्रति विस्तृत हो जाती है।

जब हम अपनी एकाग्रता किसी विशेष वस्तु की ओर केंद्रित करते हैं तो साधारण एकाग्रता प्रणाली सक्रिय नहीं होती, बल्कि एक विशेष इकाई सक्रिय होती है, जो हमारे शरीर और मस्तिष्क की अनेक कार्यप्रणालियों के साथ जुड़ी होती है। एकाग्र होने के पश्चात् हमारा तंत्र केंद्रित वस्तु से संबंधित सभी प्रकार की जानकारियों का प्रसंस्करण करता है और उस वस्तु से जुड़ी सभी प्रकार की विशेषताओं की अनुभूति करता है और जानकारी अवतीर्ण, भविष्य में उसका प्रयोग इत्यादि प्रसंस्करण में भी जानकारी साझा करता है। एक वस्तु की अनुभूति करने के लिए और अन्य कार्य प्रणाली जैसे स्मृति प्रणाली, इच्छा, तृष्णा इत्यादि को भी वह जानकारी पहुँचाने तक एकाग्रता को कार्य करना पड़ता है, ताकि जानकारी को उसकी महत्त्वता के अनुसार हमारे तंत्र द्वारा उसके विशेष श्रेणी में पंजीकृत किया जा सके और इन सबके लिए बड़े चेतना परिपथ में कार्य होता है और हमारी एकाग्रता को अपनी पूर्ण क्षमता एक वस्तु पर लगानी पड़ती है।

केंद्रित एकाग्रता में मस्तिष्क की कार्यप्रणाली अधिक सक्रिय हो जाती है। चेतना के अधीन अनुभव पंजीकृत होता है और स्मृति का निर्माण होता है। इतना सबकुछ क्या एकाग्रता के संकीर्ण होने से हो सकता है? बिल्कुल नहीं। बल्कि एकाग्रता, सचेतन प्रणाली और अन्य चेतना की प्रणाली के साथ कार्य करना प्रारंभ करती है, जिसके लिए हमारी एकाग्रता अपनी सभी शाखाओं को एक वस्तु की ओर मोड़ देती है, या कहें कि एकाग्रता अपनी सभी शाखाओं के साथ एक वस्तु से जुड़ी सभी जानकारियों को अलग-अलग चेतन और अवचेतन कार्यप्रणालियों के साथ साझा करती है। अपनी सभी शाखाओं से एक वस्तु की जानकारी का प्रसंस्करण करने के कारण उस वस्तु से जुड़ी सभी जानकारियाँ और विशेषताएँ (प्राथमिक और द्वितीयक) चेतना में आ जाती हैं। एकाग्रता के केंद्रित होने के पश्चात् हमारी जिज्ञासा का चक्र भी सक्रिय हो जाता है और वह केंद्रित वस्तु से संबंधित अधिक-से-अधिक जानकारियाँ एकत्रित करना प्रारंभ कर देता है और उस वस्तु से संबंधित कुछ अज्ञात जटिल जोड़ को भी सक्रिय कर देता है, जिसके कारण एकाग्र मनुष्य को एकाग्रता की सभी शाखाओं द्वारा ज्ञात और अज्ञात जानकारियाँ प्राप्त होने लगती हैं और वह उस वस्तु के सत्य से संबंधित और उस वस्तु की माया से संबंधित जानकारियाँ प्राप्त करना प्रारंभ कर देता है।

योगी और साधक अपनी साधना के बल पर एकल बिंदु ध्यान के समय उस वस्तु

से जुड़े सभी प्रकार के स्थिरक (हमारी प्रणाली में उपस्थित और समयाकाश में उपस्थित सभी स्थिरक) को चेतन प्रणाली की सतह पर ले आते हैं, जो उसे उसकी साधना में आगे बढ़ने में सहायता करते हैं। एकल बिंदु ध्यान के समय साधक की एकाग्रता जिस वस्तु या घटना पर केंद्रित होती है और साधक की जिज्ञासा जिस घटना या वस्तु के प्रति तीव्र होती है, वह उस वस्तु से संबंधित सभी प्रकार के जटिल जोड़ को सक्रिय कर देती है और साधक की एकाग्रता अपनी सभी शाखाओं द्वारा उन जटिल जोड़ से संबंधित जानकारी प्राप्त करना प्रारंभ कर देती है और साधक अपनी एकाग्रता की सभी शाखाओं द्वारा उस तथाकथित वस्तु या घटना की संकल्पना के पार सत्य संबंधित जानकारियाँ प्राप्त करना प्रारंभ करता है। उच्च स्तर के साधक अपनी एकाग्रता की इसी विशेषता के सहारे (सभी शाखाओं को एक वस्तु पर केंद्रित करना) छुपी हुई जानकारी या प्रकृति के छुपे हुए नियम संग्रह को भी चेतना की सतह पर ले आते हैं।

एकाग्रता का 100 प्रतिशत या एकाग्रता की शाखाओं को हम इस प्रकार समझ सकते हैं कि हमारी एकाग्रता अवचेतन अवस्था में अपनी शाखाओं से अलग-अलग भावनाएँ या वस्तु और घटना पंजीकृत करती है, जैसे हमने बहुत से वैज्ञानिक प्रयोगों में देखा है। जैसे एक बार कुछ वैज्ञानिक कुछ व्यक्तियों के साथ एक शोध कर रहे थे और उस शोध को पूरा करने के लिए वैज्ञानिकों ने शोध में भाग लेनेवाले व्यक्तियों को कंप्यूटर पर करने के लिए कुछ कार्य दिए। जिस कंप्यूटर पर शोध में भाग लेनेवाले व्यक्ति कार्य कर रहे थे, उस कंप्यूटर के पटल पर कुछ दुःखद दृश्य थे, जिसकी शोध में भाग लेनेवाले व्यक्तियों ने चेतनापूर्वक अनुभूति नहीं की, परंतु इसके पश्चात् भी वह उन दुःखद दृश्यों द्वारा प्रभावित हुए, क्योंकि उनके अवचेतन मन में उस जानकारी को भी पंजीकृत किया था जिसके प्रति वह चेतन नहीं थे। दुखद दृश्यों द्वारा प्रभावित होने का प्रमाण यह था कि जब वह शोध समाप्त होने के पश्चात् वापस जा रहे थे तब वह शोधशाला के बाहरवाले गलियारे में बहुत धीमी गति से चल रहे थे और एक अन्य शोध में वैज्ञानिकों ने शोध में भाग लेनेवाले व्यक्तियों को एक खेल का चित्र मुद्रण दिखाया और उस खेल के चित्र मुद्रण में कुछ खिलाड़ी एक खेल खेल रहे थे और उसी खेल के समय जब खिलाड़ी खेल खेल रहे थे तो खेल के मैदान से एक जानवर भी होकर निकला था, जिसकी शोध में भाग लेनेवाले व्यक्तियों ने चेतन अवस्था में अनुभूति नहीं की और जब शोध के पश्चात् वैज्ञानिकों ने शोध में भाग लेनेवाले व्यक्तियों से जानवर के संदर्भ में पूछा तो उन्होंने मना कर दिया और कहा कि हमने कोई जानवर नहीं देखा, परंतु जब उन्हें अनुमान लगाने को कहा कि कौन सा जानवर हो सकता है तो उनका अनुमान सटीक था। यह सब जानकारियाँ एकाग्रता की फैली हुई शाखाओं द्वारा ही एकत्रित की जाती हैं।

एकाग्रता की लगभग 100 प्रतिशत क्षमता का या एकाग्रता की शाखाओं का फैले हुए कार्य करना और केंद्रित होकर कार्य करने को हम इस प्रकार समझ सकते हैं—

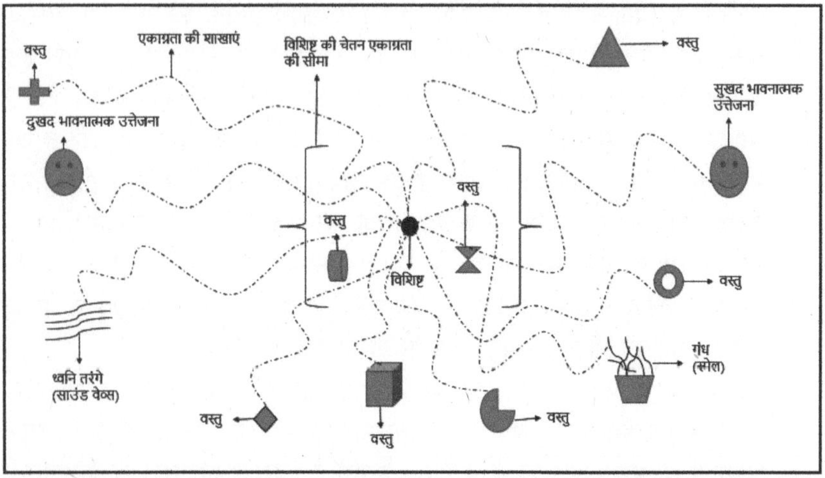

यहाँ पर व्यक्ति साधारण परिस्थितियों में एकाग्रता की सभी शाखाओं से अलग-अलग कार्य लेता है या कहें कि एकाग्रता की सभी शाखाएँ आसपास के वातावरण में फैली हुई हैं और सभी भाँति-भाँति प्रकार की जानकारी एकत्रित कर रही हैं।

अब हम चित्र के माध्यम से ही देखते हैं कि 'केंद्रित एकाग्रता' में क्या होता है।

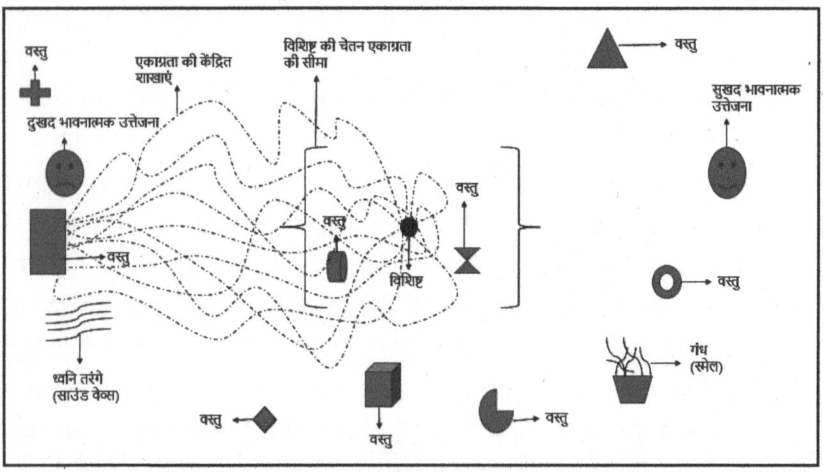

दूसरी परिस्थिति में व्यक्ति अपनी एकाग्रता की सभी शाखाओं को या अपनी 100 प्रतिशत एकाग्रता को एक वस्तु, घटना, भावना और मस्तिष्क की कुछ कार्य प्रणालियों

के साथ जोड़ देता है। जैसे—सचेतन अवस्था, स्मृति इत्यादि। वर्तमान में अनुभूति करने के कारण तंत्र की कार्यप्रणालियों के बीच जानकारी का प्रसंस्करण इधर-से-उधर या जानकारी का आदान-प्रदान एक ही समय में होता है।

जब एक योगी एकल बिंदु ध्यान का प्रशिक्षण करता है, तब उस वस्तु की जानकारी का विभिन्न प्रकार की क्रिया प्रणालियों के सहारे कूटानुवाद करता है। उनकी चेतना उनके मस्तिष्क के प्रत्येक जोड़ और परिपथ से होकर बहती है और उस वस्तु से जुड़ी समस्त जानकारियों को चेतन प्रणाली में लाती है और योगी या साधक इसी के कारण से सत्य को समझ पाता है।

हम टेनिस के खिलाड़ी का ही उदाहरण ले सकते हैं, जो अपनी एकाग्रता को गेंद पर या अपने खेल पर केंद्रित करता है, परंतु उसकी एकाग्रता संकीर्ण नहीं होती, बल्कि उसकी एकाग्रता में वृद्धि हो जाती है या कहें के उसकी एकाग्रता एक घटना (टेनिस का खेल खेलना) के प्रति तीव्र हो जाती है। केंद्रित एकाग्रता अपनी सारी शाखाएँ खेल में लगा देती है, जिसके कारण से टेनिस का एक खिलाड़ी गेंद की गति को देखकर या उसकी अनुभूति करके गेंद के भविष्य के स्थान का आकलन करता है और वही केंद्रित एकाग्रता की शाखाएँ उसके शरीर की उस विशेष परिस्थिति में उच्चतम प्रतिक्रिया ढूँढ़कर गेंद को मारने की अवस्था के लिए उसे योग्य भी बनाती हैं और इसके पश्चात् क्रिया भी करवाती हैं। वर्तमान क्षण को वह खिलाड़ी अपने प्रसंस्करण की गति के अनुसार अनुभव करके और जानकारी का प्रसंस्करण करके (इस परिस्थिति में खिलाड़ी अपनी और गेंद की वर्तमान स्थिति और भविष्य की गतिविधि और स्थिति दोनों की गणना करता है) उच्चतम रूप से गेंद को मारता है। खिलाड़ी की प्रतिक्रिया उसके प्रशिक्षण पर निर्भर करती है। वह खिलाड़ी दूसरे खिलाड़ी द्वारा मारी गई गेंद के जलावरण का स्थान और आकाश में अपना स्थान दोनों की ही उसी समय में गणना करके भविष्य के स्थान के अनुसार अपनी एकाग्रता की शाखाओं की सहायता से ही गेंद को मार पाता है। भविष्य के स्थान का अर्थ है आकाश में निश्चित प्रक्षेपवक्र के सहारे गेंद कहाँ आएगी और मैं (खिलाड़ी) उस गेंद को मारने के लिए एक निश्चित अवस्था में कैसे पहुँच जाऊँगा।

खिलाड़ी का मस्तिष्क रणनीति भी बनाता है, गेंद की गति और प्रक्षेपवक्र की गणना भी करता है और भी कई प्रकार की प्रक्रियाएँ उसके चेतन और अवचेतन मन की सहायता से उसी समय में साथ-साथ चलती रहती हैं, और यह सब 'एकाग्रता, जो कि केंद्रित है' उसकी सभी शाखाओं द्वारा संभव हो पाता है।

इन सब तथ्यों को देखकर क्या हम कह सकते हैं कि केंद्रित एकाग्रता सच में

'संकीर्ण' हो जाती है ? उत्तर स्पष्ट है, नहीं, संकीर्ण शब्द केंद्रित एकाग्रता को पूर्णत: अभिव्यक्त नहीं कर पा रहा और संकीर्ण शब्द इसकी पूर्ण व्याख्या भी नहीं करता।

यहाँ एकाग्रता खिलाड़ी के साथ एक अनोखा खेल खेलती है। एकाग्रता केंद्रित होने के पश्चात् खिलाड़ी का 'समय' धीमा कर देती है। उस अवस्था में खिलाड़ी साधारण मनुष्य की तुलना में एक निश्चित समय में अधिक आकाशीय जानकारी की अनुभूति और प्रसंस्करण करता है। उनकी चेतना केंद्रित एकाग्रता की अवस्था में कम-से-कम समय में अधिक-से-अधिक जानकारी का प्रसंस्करण करती है और वास्तविकता में साधारण मनुष्य की तुलना में उनका समय धीमा हो जाता है। यह दरशाता है कि एकाग्रता संकीर्ण नहीं हुई है, बल्कि उसका विस्तार हो गया है और केंद्रित एकाग्रता से 'समय' तक में परिवर्तन आ जाता है, तो इसे हम 'संकीर्ण एकाग्रता' नहीं कह सकते। इस समय के धीमे होनेवाली घटना को हम अपनी कहानी में आगे विस्तारपूर्वक समझेंगे और यह समझेंगे कि यह 'समय के धीमे' होनेवाली घटना योगी के साथ क्या करती है।

जब एक योगी शमाता या एकल बिंदु ध्यान का प्रशिक्षण करता है और मानो वह विशेष मंडाला या यंत्र पर ध्यान केंद्रित करता है, तो वैज्ञानिक सोचते हैं कि उसकी एकाग्रता एक गड्ढा (डिप्रेशन) या अवरोध उत्पन्न कर देती है और उसकी एकाग्रता वहीं अटक जाती है। ऐसा योगी या साधक के साथ नहीं होता। एक योगी अपनी इन्हीं एकाग्रता की शाखाओं से मंडाला या यंत्र में उपस्थित सभी सूक्ष्म और स्थूल प्रकार की जानकारियाँ उजागर कर लेता है। उनके प्रशिक्षण को उच्च बनाने हेतु योगी मंडाला या यंत्र को ज्यों-का-त्यों सूक्ष्म स्तर तक अनुभव करता है या उसका निरीक्षण करता है, जिसके कारण उस मंडाला या यंत्र के सत्य से संबंधित सूक्ष्म जटिल जोड़ सक्रिय हो जाते हैं और उस मंडाला या यंत्र के सत्य से संबंधित जानकारियों को साधक ग्रहण करना प्रारंभ कर देता है। योगी मंडाला को 2 आयाम से लेकर 11 आयाम तक या जितने भी आयाम उस मंडाला से जुड़े होते हैं, उनमें उसे अनुभव और उसका निरीक्षण करता है। एकल बिंदु धान का यह अर्थ नहीं कि विशिष्ट एक छोटे से बिंदु पर ही ध्यान केंद्रित करता है, नहीं, एकल बिंदु ध्यान का अर्थ है कि अपनी सभी ऊर्जा, जैसे—ध्यान ऊर्जा, सर्वव्यापी ऊर्जा और साधारण इंद्रियों की ऊर्जा एक ही वस्तु या घटना पर लगा दे, जिसके फलस्वरूप उसके अलग-अलग और वास्तविक सभी पहलुओं का ज्ञान प्राप्त कर सके, अर्थात् बहुआयामी ज्ञान प्राप्त कर सके।

मंडाला, यंत्र या मूर्ति ध्यान के सहारे साधक उस मंडाला, यंत्र या मूर्ति से जुड़े तत्त्व के साथ जटिलता से जुड़ जाता है। यह जटिल जोड़ साधक को उस मंडाला या

मूर्ति से जुड़े सभी प्रकार के सत्य की अनुभूति करवाते हैं और उनसे जुड़ी माया की अनुभूति भी करवाते हैं। साधक इन जटिल जोड़ के सहारे अपनी चेतना और अपनी आत्मा में नए आयाम जोड़ता है। समाधि केवल मंडाला, यंत्र या मूर्ति ध्यान पर ही घटित नहीं होती है, समाधि पाने हेतु साधक को मंडाला, यंत्र और मूर्ति की संकल्पना के भी पार जाना होता है, तो इसे हम एकाग्रता का अटकना नहीं कह सकते।

वैज्ञानिक प्रश्न

एक 'आधुनिक वैज्ञानिक' ने अपने 'आधुनिक अनुभव' के सहारे 'आधुनिक प्रश्न' किया कि एक साधक को कैसे पता चलता है कि उसको कब आराम चाहिए? और इसको मध्यम मार्ग के संदर्भ में समझाइए।

बौद्ध साधु का उत्तर

मैथ्यू ला, जो कि एक फ्रांसीसी बौद्ध साधु हैं, उन्होंने इसका बहुत सुंदर और बुद्धजी के कहे शब्दों के साथ उत्तर दिया। उन्होंने कहा कि एक बार बुद्धजी के एक शिष्य ने उनसे पूछा कि गुरुजी, कभी-कभी मैं बहुत तनाव में रहता हूँ और कभी-कभी बहुत आनंदित अनुभव करता हूँ, तो मैं अपने ध्यान को कैसे केंद्रित करूँ? तब बुद्धजी ने कहा कि जाओ, अपना सितार ले आओ। बुद्ध ने सितार के तार की सहायता से समझाया कि यदि तुम अपने सितार के तार बहुत ढीले बाँध दोगे तब भी संगीत उत्पन्न नहीं होगा और यदि तुम तार अधिक कसकर बाँध दोगे तब भी संगीत उत्पन्न नहीं होगा और तार टूट जाएगा, तो दोनों ही अवस्था में तुम संगीत उत्पन्न नहीं कर पाओगे। नियंत्रित तार ही संगीत उत्पन्न कर सकते हैं और इसके पश्चात् नृत्य प्रारंभ होता है।

मैथ्यू ला के इतने सुंदर वर्णन के पश्चात् भी आधुनिक वैज्ञानिक, जो कि संकल्पना में ही सोचते हैं, उन्होंने इससे भी नहीं समझा और उत्तर पर भी उन्होंने एक प्रश्न उठा दिया।

वैज्ञानिक प्रश्न

यह अच्छा है, परंतु आप इसको मध्यम मार्ग से कैसे जोड़ सकते हैं?

X की टिप्पणी

यदि हमारे तथाकथित आधुनिक वैज्ञानिक इस उत्तर को मध्यम मार्ग के संदर्भ में नहीं देख पा रहे हैं तो इसका अर्थ है कि वह मध्यम मार्ग को समझते ही नहीं। हमारे तथाकथित आधुनिक वैज्ञानिक उत्तीर्ण उदाहरण हैं उन व्यक्तियों का जिनका तंत्र

केवल संकल्पना पर ही कार्य करता है, या कहें, उन लोगों का जो केवल 'धारणात्मक अनुभूति' करते हैं। मैथ्यूजी ने मध्यम मार्ग का उत्तीर्ण उदाहरण देकर स्पष्ट मध्यम मार्ग के संदर्भ में समझाया और मध्यम मार्ग के उदाहरण के सहारे ही समझाया, परंतु उन आधुनिक वैज्ञानिक ने मैथ्यूजी के शब्दों की अनुभूति ही नहीं की। उन्होंने मैथ्यूजी के उत्तर की केवल 'पौराणिक शब्द, धार्मिक उदाहरण, धार्मिक दर्शनशास्त्र, पौराणिक मान्यता इत्यादि संकल्पना के अधीन ही अनुभूति की, या कहें, उन्होंने मैथ्यूजी के शब्दों की अनुभूति ही नहीं की, उन वैज्ञानिक ने अपने मस्तिष्क की संकल्पना को ही अनुभव किया। इस उत्तर में छिपे हुए ज्ञान को उन वैज्ञानिक ने समझा ही नहीं। छिपे हुए ज्ञान को तो छोड़ ही दीजिए, उन्होंने मैथ्यूजी के शब्दों को ही नहीं समझा, क्योंकि उन्होंने मैथ्यूजी के शब्दों को वर्तमान क्षण में अनुभव ही नहीं किया। कुछ मनोवैज्ञानिक सिद्धांत के अनुसार व्यक्ति की बुद्धिमत्ता (इंटेलिजेंस) संकल्पना के स्तर से आगे बढ़कर जब सत्य को देखती है तब वह शुद्ध अनुभूति कर पाता है, परंतु यदि कोई मनुष्य संकल्पना के स्तर पर ही अटक जाता है तो वह शुद्ध अनुभूति नहीं कर पाता, वह केवल धारणात्मक अनुभूति में ही उलझ जाता है, और यह वैज्ञानिक उसी का एक उत्तीर्ण उदाहरण है।

मैथ्यू ला के उत्तर में 'संतुलित तार' का क्या अर्थ है? इस उदाहरण का अर्थ है कि एक तो 'चरम मार्ग' यह है कि तार बिल्कुल ढीले रखे जाएँ, इस अवस्था में भी संगीत उत्पन्न नहीं होगा। यह प्रतीक है मध्य से एक ओर के चरम का। दूसरा मार्ग है तार को अत्यधिक कसकर बाँधना। यह मध्य से दूसरी ओर के चरम का प्रतीक है। इस प्रकार से भी संगीत उत्पन्न नहीं होगा। तीसरा मार्ग है 'संतुलित तार' का। यह प्रतीक है मध्यम मार्ग का, जिसमें तार न ही अधिक कसे होंगे और न ही अधिक ढीले होंगे। तार में कसावट और ढीलेपन के बीच के संतुलन से संगीत उत्पन्न होगा। यहाँ संगीत का अर्थ है 'कार्य, अनुभव, मनोदशा, कर्म इत्यादि', या यदि हम साधक के संदर्भ में देखें तो संगीत प्रतीक है साधक की साधना का। जब साधक न ही अधिक तनाव में हो और न ही अधिक शिथिल अवस्था में हो, तभी वह प्रशिक्षण या साधना कर सकेगा। संतुलित अवस्था में रहकर ही और मध्यम मार्ग चुनकर ही साधक अपनी साधना या प्रशिक्षण कर सकता है। यदि वह तनाव या शिथिल, किसी भी चरण में जाता है तो संगीत उत्पन्न नहीं होगा, अर्थात् साधना घटित नहीं होगी।

मध्यम मार्ग की उपयोगिता या महत्त्वपूर्णता यहीं समाप्त नहीं हो जाती, बल्कि जब वह संगीत उत्पन्न होना प्रारंभ होता है तब भी मध्यम मार्ग में ही संगीत उत्पन्न होता है। यदि संगीतकार लगातार तार को खींचता रहेगा तब भी संगीत उत्पन्न नहीं होगा, केवल शोर होगा, (यह एक प्रकार का चरम है), और यदि संगीतकार अधिक अंतराल में तार

को खींचेगा तब भी संगीत उत्पन्न नहीं होगा। (यह दूसरी ओर के चरम का प्रतीक है)। जब संगीतकार तार को खींचने के और छोड़ने के अंतराल को किसी रूप से नियंत्रित करेगा (रूप का अर्थात् धुन) तभी संगीत उत्पन्न होगा। यह मध्यम मार्ग का प्रतीक है। सुर और लय-ताल के बीच भी एक संतुलन बनाना ही पड़ेगा संगीतकार को, संगीत उत्पन्न करने हेतु। मैथ्यूजी के उदाहरण में संगीत का अर्थ साधना या प्रशिक्षण से है और तार का अर्थ मनोदशा से है।

यह संगीत हम सभी के जीवन के अनुभवों का भी प्रतीक है। मध्यम मार्ग प्रकृति के प्रत्येक सत्य में, यहाँ तक कि समयाकाश के प्रत्येक आयाम में लागू होता है।

उन वैज्ञानिकों ने जो प्रश्न किया था कि साधक को कैसे पता लगता है कि उसे आराम चाहिए? उन वैज्ञानिकों का यह प्रश्न ही नादान है और यह उनकी अज्ञानता दरशाता है। क्या उन वैज्ञानिक महोदय को स्वयं आराम करने का पता लगाने के लिए किसी आधुनिक उपकरणों की आवश्यकता पड़ती है? क्या उन्हें स्वयं यह समझ नहीं आता कि कब उन्हें आराम चाहिए और कितना आराम चाहिए? क्या एक साधारण व्यक्ति को यह जानने के लिए कि उसको कब आराम चाहिए, आधुनिक वैज्ञानिकों या बुद्धिजीवियों की या उनके उपकरणों की सहायता चाहिए होती है? क्या किसी खिलाड़ी, विद्यार्थी या कोई भी कार्य करनेवाला व्यक्ति क्या यह जानने के लिए कि उसको कब आराम चाहिए, किसी भी प्रकार के वैज्ञानिक उपकरणों का प्रयोग करता है? प्यासे को कितनी प्यास लगी है और उसे प्यास बुझाने के लिए कितना पानी पीना है, क्या यह जानने के लिए उसे किसी गुरु, वैज्ञानिक, दर्शन शास्त्र, बुद्धिजीवी, आधुनिक वैज्ञानिक उपकरण इत्यादि की आवश्यकता पड़ती है क्या? यह प्रश्न ही अज्ञानता से परिपूर्ण है और इसका उत्तर देना भी मूर्खतापूर्ण है।

वैज्ञानिक प्रश्न

यह प्रश्न एक-एक बौद्ध धर्म के विद्वान् ने पूछा। उनके प्रश्न को हमने वैज्ञानिक श्रेणी में इसलिए रखा है, क्योंकि इनके दोनों प्रश्न आधुनिक विज्ञान के दृष्टिकोण से पूछे गए थे। एक प्रकार से यह प्रश्न भी नादानी भरा था। उन्होंने प्रश्न यह पूछा कि दलाई लामाजी जैसा कि वैज्ञानिकों ने कहा कि "हमारे सभी विचार धारणात्मक होते हैं, वैचारिक पदनाम पर हम स्वतंत्र रूप से उपस्थित सभी वस्तुओं को देखते हैं, यह दिखाता है कि हमारे विचार वैचारिक पदनाम या वैचारिक वास्तविकता से संबंधित होने चाहिए, और उस पर हम वैचारिक पदनाम का उल्लेख करते हैं। और यह सबकुछ 'मध्यमिका सूत्र' में बताया और समझाया गया है। हमें समझाइए कि यहाँ पर 'वैचारिक पदनाम' का क्या अर्थ है और यहाँ मध्यम मार्ग कहाँ है?

गुरुजी का उत्तर

जैसा कि मैंने बताया है, बुद्धजी के चार आर्य सत्य हैं—

1. यथार्थ दु:ख
2. दु:ख का यथार्थ कारण
3. दु:ख का यथार्थ रोधन
4. चित्त का यथार्थ मार्ग।

इनको हम इस प्रकार समझ सकते हैं—

पहचाने जाने के लिए दु:ख है और पहचाने जाने के लिए कोई दु:ख है भी नहीं. दु:ख की उत्पत्ति को समाप्त करना है, परंतु दु:ख की उत्पत्ति को समाप्त करने का कोई कारण नहीं है। एक स्तर तक आप पहुँचे, जहाँ जाकर आप यह जान सके कि किसी क्रम में दु:ख है, परंतु पीड़ित होने के लिए कोई दु:ख है ही नहीं।

हमें बुद्धजी की शिक्षा में विरोधाभास दिख सकता है। बुद्ध की दो प्रकार की शिक्षाएँ हैं, एक कहती है कि समाप्त करने के लिए दु:ख है और दूसरी शिक्षा कहती है कि समाप्त करने के लिए कोई दु:ख है ही नहीं।

बुद्ध के अनुसार यदि हम समाज की उसी प्रकार अनुभूति करेंगे जिस प्रकार हम साधारणत: करते हैं, तब यह चार आर्य सत्य अस्तित्व में आते हैं, परंतु यदि हम वास्तविकता का सार खोज लेते हैं, इन पीड़ा का सार, तब हमें वास्तविकता में समझ आएगा कि पीड़ा तो है ही नहीं।

वास्तविकता का सार उन्हें समझना है जो पीड़ा में हैं। इसके पश्चात् उन्होंने दूसरे सार की व्याख्या भी की है और अधिकतर दूसरे सार की व्याख्या शून्यता में की गई है। यह दूसरी प्रक्रिया मनुष्य को सभी संकल्पना के पार ले जाती है।

चंद्रकीर्तिजी की एक कहावत है, जो कहती है कि—

मैं से वह दूसरे उत्पन्न होते हैं और वह दूसरों से अन्य सबकुछ उत्पन्न होता है। और इस समझ के साथ व्यक्ति को यह आभास होता है कि हम अपनी प्रतिदिन की दिनचर्या में इन सभी घटनाओं को 'मैं' के दृष्टिकोण से सँभालते या देखते हैं, और हम इन संकल्पनाओं को, जिन्हें हमने अपने जीवन में बनाया होता है, उन्हें एक आंतरिक वास्तविकता प्रदान करते हैं, जो परम सत्य नहीं होता। इस अवस्था में उन्हें वास्तविक वास्तविकता की प्रकृति का सार समझ आता है।

उस स्तर से, जहाँ पर आपको यह ज्ञात हो जाए कि 'मैं' अस्तित्व में नहीं है, परंतु आप किसी प्रकार के सत्य में तो अस्तित्व रखते ही हैं, जिसे आप अनदेखा नहीं कर सकते, तो यहाँ पर विरोधाभास उत्पन्न हो जाता है। हमें समझना पड़ता है कि मैं और वह व्यक्ति जो जी रहा है, इनका अस्तित्व क्या है।

इसके पश्चात् एक अनुभव होता है, जो यह स्पष्ट कर देता है कि 'मैं' तो अस्तित्व में हूँ, परंतु इस 'मैं' से लगाव और 'मैं' से आसक्ति समस्या उत्पन्न करता है। यहाँ से वह एक मनोदशा विकसित कर लेते हैं, जिसमें वह 'स्व' के साथ नहीं जुड़े होते, बल्कि वह अपने अस्तित्व के महत्त्व को समझ जाते हैं और वह यह समझ जाते हैं कि प्रतिदिन का जीवन भी सत्य है। हम एक संकल्पना में नहीं, इस जगत् में जीते हैं। इस अवस्था में व्यक्ति को मध्यम मार्ग खोजना ही पड़ता है, वरना वह किसी भी अति की ओर जा सकते हैं।

बुद्धजी ने मध्यम मार्ग को अपने सूत्रों में अच्छे से समझाया है, जहाँ उन्होंने कहा है कि "जो किसी परिस्थिति के कारण अस्तित्व में है, वह अजनमा है। बुद्धजी का अर्थ है कि यहाँ जो कुछ भी है, वह आंतरिक वास्तविकता का सार है, जो विशिष्ट से संबंधित है।" तो यहाँ पर हमें मध्यम मार्ग दिखता है।

गुरुजी कि इतनी विस्तारपूर्वक व्याख्या के पश्चात् भी उस नादान वैज्ञानिक या दार्शनिक ने पुनः एक नादानी भरा प्रश्न पूछा, उन्होंने पूछा—

वैज्ञानिक प्रश्न

गुरुजी जब आप प्रत्येक दिन सुबह अपने विश्लेषणात्मक ध्यान का अभ्यास करते हैं, तो वह प्रक्रिया क्या धारणात्मक है या संकल्पना रहित? यह कैसे संभव है कि एक धारणात्मक प्रक्रिया के साथ शून्यता का विश्लेषण करने से एक संकल्पना रहित सोच उत्पन्न होती है? क्योंकि बौद्ध धर्म कहता है, संकल्पना रहित सोच का अस्तित्व है, तो ऐसा कैसे हो सकता है? ऐसा कैसे हो सकता है कि शून्यता का अनुभव बिना किसी धारणात्मक प्रक्रिया के होता है?

गुरुजी का उत्तर

इस प्रश्न का उत्तर आपको बुद्ध के 'चार आर्य सत्य' और उनकी समझ में मिल जाएगा।

X की टिप्पणी

जिस दार्शनिक ने यह प्रश्न पूछा था, वह गुरुजी के उत्तर से संतुष्ट नहीं लग रहा था। वह व्यक्ति सभ्यता के साथ भी प्रश्न नहीं पूछ रहा था, वह अहंकार का प्रदर्शन कर रहा था। वह अहंकारी व्यक्ति यह दरशाना चाहता था कि जिस ध्यान का अभ्यास गुरुजी करते हैं, वह व्यर्थ है और जो आज के कुछ तथाकथित धारणात्मक वैज्ञानिक सोचते हैं कि 'हम केवल अपनी धारणाओं को ही अनुभव कर सकते हैं', ही संपूर्ण

सत्य है। वह व्यक्ति अहंकार और असभ्य रूप से प्रश्न पूछ रहा था, इसी कारण से गुरुजी ने उसे संक्षिप्त में उत्तर दिया।

सबसे पहली बात तो यह है कि गुरुजी ने संकल्पनावाले विषय को अपने उत्तर में स्पष्ट कर दिया था, बुद्ध द्वारा बताए गए चार आर्य सत्य की सहायता से। बुद्ध ने अपने चार आर्य सत्य की सहायता से यह समझाना चाहा कि जीवन ही पीड़ा है, परंतु वास्तविकता में समाप्त करने के लिए कोई पीड़ा है ही नहीं, पीड़ा को समाप्त करना है, परंतु पीड़ा को समाप्त करने का कोई कारण ही नहीं, क्योंकि यह तथाकथित पीड़ा केवल स्व द्वारा निर्मित कुछ नकारात्मक संकल्पनाएँ मात्र हैं। बुद्धजी ने यह भी कहा है कि जो किसी परिस्थिति के कारण अस्तित्व में है, वह अजनमा है और तथाकथित पीड़ा का कारण स्व होता है और स्व का कारण तृष्णा होता है। इसका अर्थ यह हुआ कि न ही पीड़ा का कोई अस्तित्व है और न ही स्व का कोई अस्तित्व है, क्योंकि यह तृष्णा द्वारा निर्मित या उत्पन्न परिस्थितियों के कारण अस्तित्व में आए हैं, तो जब स्व का ही वास्तविकता में अस्तित्व नहीं, तो स्व द्वारा निर्मित संकल्पना का अस्तित्व वास्तविकता में कैसे हो सकता है? विश्लेषणात्मक ध्यान में व्यक्ति संकल्पना के सहारे ध्यान नहीं करता, बल्कि वह शून्य अवस्था में सभी प्रकार की संकल्पनाओं के पार जाकर मायावी तंत्र की जानकारी का निरीक्षण कर उसका पतन करता है और संकल्पना के पार के सत्य का अनुभव करता है। विश्लेषणात्मक ध्यान का यह अर्थ नहीं है कि व्यक्ति या साधक को किसी संकल्पना पर ध्यान केंद्रित करना होता है, या संकल्पना और भाषा के सहारे ध्यान को दिशा प्रदान करनी होती है या भाषा, शब्दों और संकल्पना के सहारे ध्यान का संचालन करना होता है, नहीं, ऐसा नहीं होता। विश्लेषणात्मक ध्यान अवस्था में साधक संकल्पना रहित निरीक्षण प्रणाली का प्रयोग कर सत्य का अनुभव करता है। विश्लेषणात्मक ध्यान साधक शब्दों के सहारे, भाषा के सहारे या किसी संकल्पना के सहारे नहीं करता, बल्कि वह शून्य अवस्था में सभी प्रकार की भाषा और संकल्पना के पार जाकर अज्ञात वास्तविकता का अनुभव करने का प्रयास करता है और 'अज्ञात' किसी भी संकल्पना से संबंधित नहीं होता।

दूसरी बात यह है कि 'आधुनिक वैज्ञानिक और आधुनिक दार्शनिक' संकल्पना को क्या समझते हैं? और संकल्पना को इतना महत्त्व क्यों देते हैं? तथाकथित संकल्पनाएँ न ही स्थाई होती हैं और न ही सीमित प्रणाली या बंद प्रणाली होती हैं। हाँ, कुछ व्यक्तियों के लिए संभवत: यह सत्य हो, कुछ व्यक्ति भले ही अपनी संकल्पना को निश्चित सीमा प्रदान कर देते हों, परंतु वह लोग जो अपने मन-मस्तिष्क और शरीर-ऊर्जा के सत्य को नहीं समझ पाते, उनसे प्रकृति की प्रवृत्ति और मानव मस्तिष्क के संदर्भ में बात करना ही मूर्खता है।

सबसे महत्त्वपूर्ण बात यह है कि एकल बिंदु ध्यान या विश्लेषणात्मक ध्यान अवस्था में साधक वैसी ही मनोदशा में होता है जैसी मनोदशा में बालक अपनी माता के गर्भ में होता है और जिस मनोदशा में बालक की चेतना माता के गर्भ में कार्य करती है, उसी प्रकार साधक की चेतना भिन्न-भिन्न ध्यान साधना के समय कार्य करती है। जिस प्रकार बालक के पास जन्म लेने के पश्चात् कुछ समय तक न कोई भाषा होती है और न ही कोई शब्द होते हैं, परंतु इसके पश्चात् भी वह सभी घटना और वस्तुओं पर ध्यान लगाकर विद्या प्राप्ति भी करता है और अपना विकास भी करता है, इसी प्रकार साधक ध्यान अवस्था में विद्या प्राप्ति करता है। जन्म के कुछ समय तक बालक के पास किसी भी प्रकार की कोई संकल्पना नहीं होती, इसके पश्चात् भी वह सोचता भी है और सोच-समझकर कार्य भी करता है और विद्या प्राप्ति भी करता है और वह उसे जानता है, जो उसके लिए अज्ञात था। इसी प्रकार इसी अवस्था में साधक जिस किसी वस्तु या घटना का ध्यान कर रहा होता है, वह उस वस्तु या घटना के संदर्भ में किसी संकल्पना के सहारे नहीं सोचता, वह केवल वैसी ही शून्य मनोदशा उत्पन्न करता है जैसी बालक के भीतर होती है और उस मनोदशा में वह उस वस्तु या घटना से संबंधित सत्य को समझने का प्रयास करता है और समझने के पश्चात् उसे संकल्पना, भाषा या शब्दों का रूप प्रदान करता है।

बालक जब बिना भाषा और बिना संकल्पना के अनुभूति कर रहा होता है, उस समय वह किसी भी घटना या अनुभव को वैचारिक पदनाम प्रदान नहीं करता, क्योंकि उस समय तक उसके पास वैचारिक पदनाम प्रदान करने हेतु भी भाषा या कोई संकल्पना नहीं होती, परंतु इसके पश्चात् भी वह अनुभव भी करता है और उसे पंजीकृत भी करता है। जब बालक को शब्द का ज्ञान होता है तब वह अपने अनुभवों को वैचारिक पदनाम या संकल्पना प्रदान कर सकता है, परंतु वैचारिक पदनाम प्रदान करने से पूर्व भी अनुभूति की एक प्रक्रिया उसके भीतर घटित होती रहती है। वैसी ही प्रक्रिया योगी के भीतर धारणात्मक ध्यान का प्रशिक्षण करते समय घटित होती है, जहाँ वह शून्यता में अज्ञात जानकारी का अनुभव करता है और अनुभव के पश्चात् उस ज्ञान के प्रसार हेतु उस अनुभव को वैचारिक पदनाम या संकल्पना प्रदान करता है। विश्लेषणात्मक ध्यान अवस्था में साधक ज्ञात जानकारी का निरीक्षण नहीं कर रहा होता, वह तो ज्ञात के पार अज्ञात में प्रवेश करने का प्रयास करता है। प्रारंभ में विश्लेषणात्मक ध्यान अवस्था में साधक को शब्दों या भाषा की आवश्यकता पड़ती है, परंतु उच्च स्तर पर जाने के पश्चात् जब वह ज्ञात के पार के ज्ञान को प्राप्त करने का प्रयास करता है तब वह शून्यता में कार्य कर रहा होता है, किसी संकल्पना के सहारे नहीं।

उन दार्शनिक ने जो 'वैचारिक पदनाम' शब्द का प्रयोग किया, उसे संभवत: वह कुछ और ही समझ बैठे हैं। जिस वैचारिक पदनाम की वह बात कर रहे हैं, वह समय के साथ बदलते रहते हैं। वैचारिक पदनाम या संकल्पना का केवल अर्थ है किसी वस्तु की भाषा और समझ के साथ व्याख्या करना या कहें, किसी वस्तु का नामकरण करना। कुछ लोग 16–18 वर्ष की आयु में स्वयं को 'वयस्क और बुद्धिमान' समझकर इस 'बदलाववाली प्रक्रिया' को अनजाने में ही रोक देते हैं और केवल अपनी उस समय तक निर्मित संकल्पना में ही आनेवाला जीवन जीते हैं। परंतु कुछ जीव जिज्ञासु होते हैं और संकल्पना के पदनाम को उसके परिवर्तन वाली प्रक्रिया में ही रहने देते हैं, जिसके कारण उनका विद्या प्राप्ति तंत्र संचालित रहता है और तथाकथित संकल्पना को नया रूप भी प्रदान करता रहता है। वह तथाकथित संकल्पना तो बनाते हैं या संकल्पना के संदर्भ में सोचते हैं, परंतु ध्यान में या विश्लेषणात्मक ध्यान की बात करें तो विश्लेषणात्मक ध्यान में वह इन तथाकथित संकल्पना को साधारण संकल्पना की भाँति शब्दों या भाषा के सहारे नहीं देखते, बल्कि उस विचार या घटना की मनोदशा या अवस्था में जाकर उसकी विशेषताएँ और उस अवस्था और मनोदशा की वास्तविकता और उसके अस्तित्व की वास्तविकता इत्यादि अज्ञात जानकारी प्राप्त करते हैं। अवचेतन अवस्था में साधक शून्य मनोदशा में रहता है, इसके पश्चात् उसकी जीवित इंद्रिय और अन्य साधारण और सर्वभूत कार्यप्रणाली अज्ञात जानकारियाँ पंजीकृत कर लेती हैं और साधक को नई शुद्ध मनोदशा का अनुभव करवाती हैं और इसके पश्चात् इस समय तक साधक उस ज्ञान को शब्दों का और न ही भाषा का रूप प्रदान करता है और न ही किसी श्रेणी में उसे डालता है, वह नई शुद्ध मनोदशा को केवल अनुभव करता है और उसकी अनुभूति करता है। ध्यान के पश्चात् साधक की चेतना उस मनोदशा की विशेषता को शब्द, भाव, रूप इत्यादि अस्थाई संकल्पना में डाल देती हैं, उसकी व्याख्या करने हेतु। वह भी केवल समाज को ज्ञान प्रदान करने तथा समाज को सत्य समझाने के लिए। साधक ध्यान के पश्चात् कितने ज्ञान तथा संकल्पना को शब्दों में ढाल पाता है, यह उसके ध्यान के स्तर पर निर्भर करता है।

विश्लेषणात्मक ध्यान के सहारे साधक उस वस्तु या घटना (जिसका वह ध्यान कर रहा है) के गुणों का विश्लेषण नहीं करता, वह उस घटना या वस्तु की वास्तविकता का अनुभव कर उसके अनुसार अपनी मनोदशा और चेतना का विकास करता है, जिसमें उसे किसी भी प्रकार की भाषा या संकल्पना की आवश्यकता नहीं पड़ती। विश्लेषणात्मक ध्यान के सहारे साधक एक विशेष वातावरण का निर्माण करता है, जिसके कारण उस वस्तु या घटना (जिसका वह ध्यान कर रहा है) से संबंधित माया

के सभी सूक्ष्म जटिल जोड़ खंडित हो जाते हैं और साधक की उस वस्तु या घटना के साथ संलिप्तता समाप्त हो जाती है और नवनिर्मित विशेष वातावरण के भीतर साधक की चेतना के स्तर का विकास होता है। इस पूरी प्रक्रिया में साधक को कहीं भी किसी भी प्रकार की भाषा या किसी भी प्रकार के शब्द या किसी भी प्रकार की संकल्पना की आवश्यकता नहीं पड़ती। यह संपूर्ण प्रक्रिया शून्यता में घटित होती है।

जैसे कुछ वैज्ञानिक और दार्शनिक सोचते हैं कि ध्यान में साधक अपनी संकल्पना का धारणात्मक विश्लेषण करते हैं, वह सही नहीं सोचते। साधक शून्यता में एक विशेष मनोदशा में उतर जाता है और उसकी मनोदशा एक अवस्था से दूसरी अवस्था में रूपांतरित होती रहती है।

यहाँ धारणात्मक पदनाम यह स्पष्ट दरशा रहे हैं कि किसी वस्तु से जुड़ी सूक्ष्म जानकारी के संदर्भ में बात हो रही है। जैसे यदि हम क्रोध का साधारण अवस्था में विश्लेषण करेंगे तो हम संकल्पना के साथ कार्य करेंगे, जैसे कि क्रोध क्या है ? हमें क्रोध क्यों आता है ? इत्यादि, परंतु यदि हम क्रोध का ध्यान अवस्था में विश्लेषण करेंगे तब हम किसी भी संकल्पना के साथ कार्य नहीं करेंगे, बल्कि अतींद्रिय ध्यानवाली विशेषता से शून्यता में जाकर क्रोध की मनोदशा और अवस्था की सूक्ष्म और स्थूल स्तर पर अनुभूति करेंगे, जिसके सहारे हम एक ऐसे वातावरण का निर्माण करेंगे, जो क्रोध से संबंधित माया के सूक्ष्म जटिल जोड़ का खंडन कर देगा और हमें अहंकार के आयाम के सूक्ष्म जटिल जोड़ के पार परम सत्य के समीप भी ले जाएगा, जिसके सहारे हम अपने चित्त को प्राप्त कर पाएँगे। विश्लेषणात्मक ध्यान अवस्था में साधक मनोदशा और वातावरण के स्तर पर कार्य करता है, न कि किसी भाषा या किसी संकल्पना के स्तर पर। विश्लेषणात्मक ध्यान अवस्था में तथाकथित 'स्व' कुछ भी अनुभूति नहीं कर रहा होता, बल्कि हमारा शून्य अस्तित्व या शून्य चेतना उस वस्तु या घटना के (जिसका साधक ध्यान कर रहा है) सत्य का अनुभव कर रही होती है। हमारा अज्ञात अस्तित्व उस अवस्था और मनोदशा का अनुभव करता है, जिसके सहारे उस अवस्था या मनोदशा से संबंधित सभी विशेषताओं का अनुभव करता है और उनकी क्षणभंगुर वास्तविकता को जानता है। ऐसा करने पर साधक की मनोदशा में परिवर्तन आता है। शून्य अस्तित्व में संकल्पना नहीं होती, केवल शुद्ध अनुभूति होती है।

साधक ध्यान करने के पश्चात् अपने स्तर अनुसार अपने ज्ञान और अनुभव को भाषा/रूप प्रदान करता है, ताकि वह उस ज्ञान या अनुभव को दूसरे व्यक्तियों के साथ साझा कर सके। इसी 'मनोदशा में परिवर्तन' की प्रक्रिया से समाधि तक की यात्रा पूर्ण होती है। शून्यता में साधक की मनोदशा का रूपांतरण होता है, जिसके कारण साधक एक नया दृष्टिकोण उत्पन्न और विकसित करता है। मनोदशा का विकास और मनोदशा

की उत्पत्ति किसी संकल्पना के कारण या संकल्पना के अधीन घटित नहीं होती। यह प्राकृतिक प्रक्रिया सभी संकल्पना के बाहर है। संकल्पना नई संकल्पना को जन्म देती है, परंतु शून्यता मनोदशा को जन्म देती है।

वैज्ञानिक प्रश्न

एक वैज्ञानिक ने पूछा कि 'सार्वभौमिक नैतिकता' क्या होती है?

गुरुजी का उत्तर

सार्वभौमिक नैतिकता वह क्रियाएँ हैं, जो हम करोड़ों मनुष्य और अन्य सभी प्रजातियों को विचार में लाकर या विचार में रखकर करते हैं।

X की टिप्पणी

सार्वभौमिक नैतिकता जीवन का वह सत्य है जिसे आज का आधुनिक मानव जितना जल्दी समझ ले, उतना ही जल्दी वह प्रेम और शांति से रहना सीख जाएगा। यदि हमें आज के आधुनिक समाज में प्रेम और शांति का प्रवाह करना है तो हमें सार्वभौमिक नैतिकता का पालन करना ही होगा, जिसके कारण हम प्रत्येक जीव-जंतु और प्रकृति के प्रत्येक तंत्र के साथ मिलकर जीवन व्यापम करने की प्रणाली का निर्माण कर सकेंगे। सार्वभौमिक नैतिकता को हम केवल कुछ परिभाषा और संकल्पनाओं के सहारे ही नहीं समझ सकते, इसको हम अपने जीवन में धारण करके ही पूर्ण रूप से जान और समझ सकते हैं।

हमने अभी वाद-विवाद और वैदिक मंत्रों की सहायता से योग और ध्यान से संबंधित कुछ तथ्यों पर प्रकाश डाला और यह समझने का प्रयास किया कि योग और ध्यान जीव के तंत्र में क्या करता है और योग और ध्यान द्वारा दिव्य मिलन की प्रक्रिया किस प्रकार घटित होती है। इन सभी तथ्यों के सहारे हम यह समझ सकते हैं कि संन्यास ग्रहण करने के पश्चात् जब सिद्धार्थ, गौतम ने योग और ध्यान का अभ्यास प्रारंभ किया होगा तब उस समय उनके तंत्र के भीतर किस प्रकार के परिवर्तन आए होंगे और किस प्रकार सिद्धार्थ, गौतम कुछ विशेष सूक्ष्म जटिल जोड़ को सक्रिय करके और कुछ विशेष सूक्ष्म जटिल जोड़ का खंडन करके शून्यता की ओर बढ़ रहे होंगे। संन्यास ग्रहण करने के पश्चात् योग और ध्यान साधना के अभ्यास द्वारा सिद्धार्थ अग्नि तत्त्व की सहायता से ऐसे वातावरण का निर्माण कर रहे थे जो उन्हें समय अनुसार समाधि की अवस्था तक ले जानेवाला था। सिद्धार्थ के योग/ध्यान चक्र और योग/ध्यान तत्त्व के सक्रिय होने के पश्चात् ध्यान और योग द्वारा उत्पन्न ध्यान/योग अग्नि

सिद्धार्थ, गौतम की भाँति-भाँति प्रकार से सहायता करनेवाली थी और उन्हें शून्यता का मार्ग दिखा मोक्ष प्राप्त करवानेवाली थी।

ऋग्वेद का एक मंत्र है, जो यह कहता है कि 'जिस प्रकार पिता अपने पुत्र/पुत्री का सहायक होता है, उसी प्रकार यह अग्नि विद्वानों की सहायक होती है।' इस मंत्र का अर्थ यह हो सकता है कि जिस प्रकार एक पिता अपने पुत्र/पुत्री का मार्गदर्शन करके उसकी सहायता करता है और अन्य प्रकार की सभी सहायता भी पिता अपने पुत्र/पुत्री को प्रदान करता है और वह यह सुनिश्चित करता है कि उनका पुत्र/पुत्री एक ऐसी मनोदशा और एक ऐसे शारीरिक तंत्र का विकास करे, जो उन्हें एक स्वस्थ और खुशहाल जीवन जीने में सहायता प्रदान करे। इसी प्रकार अग्नि का तत्त्व विद्वानों की सहायता करता है। अग्नि का विशेष स्वरूप विद्वानों का मार्गदर्शन भी करता है और उनके मानसिक तंत्र में ऐसे वातावरण का निर्माण करता है, जो उनकी मानसिक ऊर्जाओं को बल प्रदान करता है और विद्वानों की भाँति-भाँति प्रकार से सहायता करता है, जैसा हमने अपनी कहानी में पहले भी समझा है। जिस प्रकार एक पिता यह सुनिश्चित करता है कि उनका पुत्र/पुत्री जो भी लक्ष्य प्राप्त करना चाहता है, वह उसे प्राप्त कर सके और एक पिता अपने पुत्र/पुत्री की लक्ष्य प्राप्ति में हर प्रकार से सहायता करता है, इसी प्रकार अग्नि तत्त्व भी विद्वानों की लक्ष्य प्राप्ति में सहायता करता है और यह सुनिश्चित करता है कि विद्वानों का तंत्र पर्याप्त ऊर्जा उत्पन्न कर सके और वह सभी क्रियाएँ कर सके, जो उन्हें उनके लक्ष्य तक पहुँचा सके। जिस प्रकार एक पिता अपने पुत्र का सदा हित करने का प्रयास करता है, उसी प्रकार अग्नि तत्त्व सदा विद्वानों का हित करने का प्रयास करता है। जब विद्वान् अपनी मानसिक ऊर्जा का सदुपयोग करके उसे प्रकृति के रहस्य जानने में संलग्न करता है और अपनी जिज्ञासा को परम सत्य जानने हेतु तीव्र करता है, तब वह मानसिक स्तर पर विशेष उष्णता उत्पन्न करता है, जो उनके अवचेतन मन में विशेष परिपथ सक्रिय करती है, जो मनुष्य को उसके अवचेतन मन में छिपी जानकारी को चेतन अवस्था में लाने का प्रयास करती है और केवल प्रयास ही नहीं करती बल्कि पर्याप्त ऊष्मापन मनुष्य को प्रकृति के सभी रहस्य जानने में सक्षम बनाता है। जब विद्वान् अपनी जिज्ञासा की ऊर्जा से आवश्यक ऊष्मा उत्पन्न करते हैं तब यह उष्णता विशेष सूक्ष्म जटिल जोड़ को सक्रिय करती है, जो विद्वान् को अधिक ज्ञान अर्जित करने में और अपना लक्ष्य प्राप्त करने में सहायता करती हैं और विद्वानों को परम सत्य को जानने हेतु दिशा प्रदान करते हैं, अर्थात् अग्नि विद्वानों की उसी प्रकार सहायता करती है जिस प्रकार पिता अपने पुत्र/पुत्री की सहायता करते हैं।

योग और ध्यान से उत्पन्न योग/ध्यान अग्नि सिद्धार्थ, गौतम की भी एक पिता की

भाँति सहायता करनेवाली थी और सिद्धार्थ, गौतम के भीतर शून्यता उत्पन्न कर समय अनुसार समाधि की अवस्था भी उत्पन्न करवानेवाली थी और समाधि की सहायता से सिद्धार्थ, गौतम के परम सत्य को जानने के लक्ष्य को भी पूर्ण करवाने वाली थी।

सिद्धार्थ, गौतम बुद्ध की आध्यात्मिक यात्रा के इस अध्याय में हमने जाना कि सिद्धार्थ, गौतम बुद्ध सत्य की खोज में अनेक गुरुओं के पास गए और उनसे सिद्धार्थ ने भाँति-भाँति प्रकार का ज्ञान प्राप्त किया और उस ज्ञान के सहारे सिद्धार्थ ने योग और ध्यान का अभ्यास किया और योग और ध्यान तत्त्व को सक्रिय और ऊर्जावान किया और योग और ध्यान ने सिद्धार्थ के भीतर समाधि प्राप्त करने हेतु आवश्यक परिवर्तन करने प्रारंभ किए। संन्यास ग्रहण करने के पश्चात् सिद्धार्थ जाने-अनजाने कुछ ऐसे सिद्ध वातावरण में भी गए जहाँ आशीर्वादरूपी ऊर्जा उपस्थित थी और उस आशीर्वादरूपी ऊर्जा ने बुद्ध के तंत्र में ऐसे परिवर्तन प्रारंभ किए जिनके सहारे बुद्ध समाधि को प्राप्त कर पाए। योग और ध्यान की सहायता से बुद्ध मायारूपी तंत्र का खंडन भी कर रहे थे और अपने भीतर ऐसे वातावरण का निर्माण भी कर रहे थे जिसके भीतर समाधि घटित होनेवाली थी। योग और ध्यान की सहायता से बुद्ध जीवित पदार्थ और ऊर्जा (जैसे—चेतना, मन, मस्तिष्क, ऊर्जा, शरीर, मनोदशारूपी वातावरण इत्यादि) के बीच 'जोड़' स्थापित कर रहे थे और द्वैत से अद्वैत की ओर बढ़ रहे थे। सिद्धार्थ ध्यान और योग के चक्र द्वारा (वह चक्र जिसके सहारे योग ध्यान से पूर्व और ध्यान योग के पश्चात् एक-दूसरे को उत्तीर्ण बनाते हैं) अपने तंत्र में समाधि प्राप्त करने हेतु आवश्यक परिवर्तन कर रहे थे। सिद्धार्थ जाने-अनजाने ही योग और ध्यान की सहायता से अपने तंत्र में परम कंपन की आवर्ती अनुसार कंपन उत्पन्न कर रहे थे और अपने अस्तित्व के कंपन को परम कंपन के साथ जोड़ रहे थे। समय और साधना के साथ-साथ सिद्धार्थ परम कंपन के साथ जुड़ रहे थे।

बुद्धत्व सिद्धार्थ के भीतर योग और ध्यान तत्त्व को सक्रिय कर रहा था। सिद्धार्थ की जिज्ञासा गुरुओं द्वारा शब्दों और भाषाओं में बताए गए ज्ञान को तो ग्रहण कर ही रही थी, इसके साथ-साथ उनकी जिज्ञासा वह ज्ञान भी ग्रहण कर रही थी जिसको गुरुओं ने किसी भाषा या संकल्पना के सहारे नहीं समझाया था और सबसे महत्त्वपूर्ण बात यह है कि इसके साथ-साथ सिद्धार्थ की जिज्ञासा सिद्ध गुरुओं के आसपास के वातावरण से और अन्य स्थानों के सिद्ध वातावरण से समाधि प्राप्त करने हेतु आवश्यक जानकारी भी एकत्रित कर रही थी। सिद्धार्थ कुछ ऐसे सिद्ध स्थानों पर गए जहाँ आशीर्वादरूपी ऊर्जा उपस्थित थी और सिद्धार्थ के बाहर का वातावरण सिद्धार्थ को समाधि प्राप्त करने में सहायता कर रहा था तथा योग और ध्यान की सहायता से सिद्धार्थ अपने भीतर भी

ऐसे वातावरण का निर्माण कर रहे थे जहाँ शून्यता में उनकी मनोदशा द्वैत से अद्वैत को प्राप्त करनेवाली थी। सिद्धार्थ अपने भीतर के वातावरण को बाहर के वातावरण के साथ जोड़ रहे थे। सिद्धार्थ की जिज्ञासा और एकाग्रता की सभी शाखाएँ परम सत्य से संबंधित जानकारियाँ एकत्रित करने में लगी हुई थी। साधना के साथ-साथ सिद्धार्थ अपने ध्यान को एकाग्र कर उसे उच्च अवस्था प्रदान कर रहे थे, जिसके कारण उनका समय भी धीमा हो रहा था और सिद्धार्थ एकवचनत्व की अवस्था, अर्थात् समाधि की अवस्था की ओर बढ़ रहे थे, जहाँ उनका समय बिल्कुल थम जानेवाला था और उन्हें परम सत्य की अनुभूति होनेवाली थी। समय और साधना के साथ-साथ सिद्धार्थ सभी संकल्पनाओं के पार शून्यता में प्रवेश कर रहे थे और द्वैत से अद्वैत की ओर बढ़ रहे थे और सही समय आने पर वह शून्यता से समाधि की यात्रा भी पूर्ण करनेवाले थे।

योग और ध्यान का प्रशिक्षण करते-करते सिद्धार्थ, गौतम अग्नि तत्त्व की सहायता से अपने भीतर ऐसे वातावरण का निर्माण कर रहे थे, जो वातावरण उनके भीतर उपस्थित देवों, अर्थात् सूक्ष्म ऊर्जा क्षेत्रों को सक्रिय और अधिक बलशाली कर रहा था। ऋग्वेद के एक मंत्र में अग्नि और देवों के संबंध में कहा गया है कि 'यह अग्नि देव इस शरीर में 33 देवों को अपने साथ लाता है और मस्तिष्क, हृदय और अधोभाग में स्थापित करता है। वह देव ऋतुओं अनुसार कार्य करते हैं। सिर, छाती और पाँव तीनों स्थानों में यह देव रहते हैं।' इस मंत्र के सहारे वैदिक ऋषि क्या समझाना चाहते हैं, आइए, यह समझने का प्रयास करते हैं।

यहाँ भी वेदों के ऋषि यह समझाना चाहते हैं कि जब अग्नि तत्त्व शरीर में सक्रिय होता है तो वह हमें 33 प्रकार के विशेष सूक्ष्म ऊर्जा क्षेत्रों के साथ जोड़ता है, अर्थात् अग्नि 33 प्रकार के सूक्ष्म ऊर्जा क्षेत्रों के साथ हमारा सूक्ष्म जटिल जोड़ स्थापित करवाता है। जब किसी जीवित तंत्र का निर्माण होता है तो जिस क्षण अग्नि उस जीवित तंत्र में अवतरित होता है, उसी क्षण अग्नि उस जीवित तंत्र के सूक्ष्म जटिल जोड़ 33 प्रकार के विशेष ऊर्जा क्षेत्रों के साथ स्थापित करवाता है।

इस मंत्र में यह भी कहा गया है कि अग्नि इन 33 देवों को हमारे मस्तिष्क, हृदय और अधोभाग में स्थापित करती है। यहाँ वैदिक ऋषि यह समझाना चाहते हैं कि मस्तिष्क, हृदय और अधोभाग में स्थित विशेष चक्रों के द्वारा अग्नि 33 विशेष सूक्ष्म ऊर्जा क्षेत्रों के साथ हमारा सूक्ष्म जटिल जोड़ स्थापित करवाती है। इस मंत्र में इसके पश्चात् कहा गया है कि यह 33 देव ऋतुओं अनुसार कार्य करते हैं। यहाँ पर ऋतु का अर्थ विशेष वातावरण है। ऋतुएँ जो हैं, वह विशेष वातावरण मात्र ही तो हैं और मानव शरीर के भीतर जो मनोदशा है, वह भी एक विशेष वातावरण मात्र ही है। इस

मंत्र में वेदों के ऋषि इन शब्दों के सहारे यह समझाना चाहते हैं कि 33 सूक्ष्म ऊर्जा क्षेत्र मस्तिष्क, हृदय और अधोभाग में स्थित विशेष चक्रों की सहायता से हमारे साथ सूक्ष्म जटिल जोड़ स्थापित करते हैं, अग्नि के कारण। यह विशेष सूक्ष्म ऊर्जा क्षेत्र जो हमारे साथ सूक्ष्म जटिल जोड़ स्थापित करते हैं, वह मनोदशारूपी वातावरण के अनुसार ही कार्य करते हैं।

किसी भी व्यक्ति के भीतर मनोदशा के अनुसार जब मनोदशा रूपी वातावरण का निर्माण होगा तो उसी मनोदशारूपी वातावरण के अनुसार सूक्ष्म ऊर्जा क्षेत्र कार्य करेंगे और वह विशेष तंत्र विशेष वातावरण अनुसार ऊर्जा प्राप्त करेगा। मनोदशारूपी वातावरण के अनुसार ही यह विशेष सूक्ष्म ऊर्जा क्षेत्र कार्य करते हैं और सिद्धार्थ, गौतम बुद्ध ध्यान और योग की सहायता से अपने भीतर शुद्ध और शून्य मनोदशारूपी वातावरण का निर्माण कर रहे थे, जो उन्हें समाधि की ओर ले जानेवाला था। योग और ध्यान की सहायता से सिद्धार्थ, गौतम बुद्ध विशेष सूक्ष्म ऊर्जा क्षेत्रों के माध्यम से समाधि प्राप्त करनेवाले थे।

जीवित तंत्र से जुड़े 33 विशेष सूक्ष्म ऊर्जा क्षेत्ररूपी देव मनोदशारूपी वातावरण अनुसार सिद्धार्थ के भीतर समाधि संबंधित वातावरण का निर्माण करनेवाले थे और अग्नि तत्त्व पिता की भाँति सिद्धार्थ, गौतम का मार्गदर्शन करनेवाला था और उन्हें उनके समाधि के लक्ष्य को प्राप्त करने में सहायता करनेवाला था। सिद्धार्थ ने समाधि स्वयं ही प्राप्त की थी, परंतु वह समाधि एक दिन में घटित होनेवाली घटना नहीं थी, हाँ, समाधि जब घटित होती है तो वह तत्क्षण ही घटित होती है, परंतु समाधि के घटित होने के क्षण के आने से पूर्व भी साधक को पर्याप्त साधना करनी पड़ती है। समाधि से संबंधित वातावरण के निर्माण हेतु और संन्यास ग्रहण करने के पश्चात् सिद्धार्थ, गौतम जाने-अनजाने यही साधना कर रहे थे। सिद्धार्थ, गौतम भी परम सत्य को जानने की अपनी यात्रा में भाँति-भाँति प्रकार से परम सत्य के साथ जुड़ने का प्रयास कर रहे थे और समय के साथ वह क्षण भी आनेवाला था जब वह समाधि प्राप्त करनेवाले थे। समाधि प्राप्त करने की प्रक्रिया किस प्रकार घटित हुई होगी, इसे हम अपनी कहानी के अगले भाग में समझेंगे, क्योंकि समाधिरूपी वातावरण को समझने से पूर्व हमें अन्य बहुत कुछ और भी समझना होगा, ब्रह्मांड और जीवन से संबंधित, तभी हम समाधि की अवस्था को पूर्ण रूप से समझ सकते हैं और अपनी कहानी के अगले भाग में हम ऐसे ही सत्य को समझने का प्रयास करेंगे। सिद्धार्थ, गौतम की मोक्ष यात्रा के पहले भाग को हम यहीं समाप्त करते हैं और हम सिद्धार्थ, गौतम की समाधि प्राप्त करने की यात्रा पर अपनी कहानी के अगले भाग में पूर्ण रूप से प्रकाश डालेंगे और यह समझने का प्रयास करेंगे

कि किस प्रकार मानव समाधि प्राप्त कर परम सत्य को प्राप्त कर सकता है।

सिद्धार्थ, गौतम बुद्ध की मोक्ष यात्रा की अपनी कहानी के पहले भाग का हम यहीं समापन करते हैं। सिद्धार्थ, गौतम की आध्यात्मिक यात्रा के संदर्भ में इससे आगे हम अपनी कहानी के दूसरे भाग में जानेंगे और समझेंगे और यह जानने का प्रयास करेंगे कि किस प्रकार सिद्धार्थ ने समाधि प्राप्त की होगी और समाधि प्राप्त करने के पश्चात् सिद्धार्थ, गौतम बुद्ध के साथ क्या हुआ होगा। सिद्धार्थ, गौतम बुद्ध के जीवन चक्र की हमारी कहानी के इस भाग में हमने सिद्धार्थ, गौतम बुद्ध जब अपनी माता के गर्भ में थे, उस समय से लेकर संन्यास ग्रहण करने के पश्चात् तथा योग और ध्यान करने के पश्चात् सिद्धार्थ, गौतम बुद्ध के साथ क्या-क्या हुआ होगा, यह जाना। हमने जीवन से जुड़े वैज्ञानिक पहलू भी देखे और आध्यात्मिक रहस्यों को भी जाना। हमने इस भाग में डबल स्लिट के शोध के सहारे कण और तरंग की लीला को जाना और माया जगत् के रहस्य को समझने का प्रयास किया। हमने वैज्ञानिक शोध के सहारे यह जाना कि दृष्टा अपने निरीक्षण द्वारा तथाकथित वास्तविकता को जन्म देता है और जिसे हम वास्तविकता समझते हैं, वह वास्तविकता है ही नहीं, वह केवल माया है। हमने क्रम विकास और जीवन को संचालित करनेवाली शक्तियों के संदर्भ में भी जाना और इसके साथ-साथ हमने जिज्ञासा के चक्र को भी समझा और यह जाना कि कैसे एक जीव अपनी इच्छाशक्ति और जिज्ञासा के सहारे 'अज्ञात और आवश्यक जानकारियाँ' या तो वातावरण से प्राप्त कर सकता है या सीधे स्पेसमॉस से भी प्राप्त कर सकता है। हमने सूक्ष्म जटिल जोड़ की लीला को भी समझने का प्रयास किया और जाना कि किस प्रकार सूक्ष्म जटिल जोड़ कण, पदार्थ, ऊर्जा, जीवन, चेतना इत्यादि में अपनी महत्त्वपूर्ण भूमिका निभाते हैं और यह भी समझने का प्रयास किया कि किस प्रकार यह सूक्ष्म जटिल जोड़ माया की लीला को संचालित करते हैं। हमने इस भाग में जाना कि कैसे दृष्टा यदि इंद्रियों की जानकारी के अधीन होकर कार्य करता है, तो वह इस माया जगत् में ही उलझा रहेगा और यदि वह शून्यता के स्तर पर जाकर कार्य करता है तो वह इस माया जगत् के पार मोक्ष को प्राप्त कर सकता है। हमने यह भी जाना कि अपनी माता के गर्भ से किस प्रकार सिद्धार्थ, गौतम का जीवन प्रारंभ हुआ होगा और किस प्रकार सिद्धार्थ, गौतम बुद्ध के तंत्र पर बचपन से लेकर युवावस्था तक भावनाओं ने और सिद्धार्थ, गौतम बुद्ध के आसपास के वातावरण ने क्या प्रभाव डाला होगा और सिद्धार्थ ने राजमहल के वातावरण में किस प्रकार के स्व का निर्माण किया होगा। हमने अपनी कहानी में यह भी जाना कि किस प्रकार कुछ समय तक संभवत: सिद्धार्थ राजमहल के वातावरण में आसक्ति के अधीन रहे होंगे और इसके साथ हमने यह भी जाना कि किस

प्रकार बुद्धत्व और जिज्ञासा ने सिद्धार्थ, गौतम बुद्ध को आसक्ति के चक्र को तोड़ने की प्रेरणा प्रदान की होगी। हमने यह भी जाना कि सिद्धार्थ, गौतम बुद्ध के पिताजी ने तो सिद्धार्थ, गौतम बुद्ध को आसक्ति के जाल में बाँधने का प्रयास किया था, परंतु नियति ने सही समय आने पर आसक्ति के इस जाल का खंडन भी किया और सिद्धार्थ, गौतम को जीवन के कुछ ऐसे सत्य अनुभव करवाए जिनके पश्चात् परम सत्य को जानने हेतु सिद्धार्थ ने संन्यास ग्रहण करने का निर्णय लिया।

हमने यह जाना कि वातावरण और भावनाएँ मानव तंत्र पर प्रभाव तो डालती हैं, परंतु यदि मानव की इच्छाशक्ति प्रबल है तो वह इन भावनाओं और वातावरण के नकारात्मक प्रभावों के जाल को तोड़कर सत्य की अनुभूति कर सकता है और ऐसा ही कुछ सिद्धार्थ, गौतम बुद्ध ने किया था। हमने यह समझा कि आसक्ति और तृष्णा के बंधन को तोड़ना लगभग असंभव-सा है, परंतु सिद्धार्थ, गौतम बुद्ध ने सभी असंभव कार्य को संभव करके दिखाया और आसक्ति और तृष्णा के पार जाकर मोक्ष को प्राप्त किया। हमने यह भी जाना कि योग और ध्यान करने के पश्चात् सिद्धार्थ, गौतम बुद्ध के तंत्र पर क्या प्रभाव पड़ा होगा और किस प्रकार वह शुद्ध अनुभूति के सहारे सत्य के समीप जाने लगे होंगे। हमने यह भी जाना कि किस प्रकार सिद्धार्थ की जिज्ञासा ने भिन्न-भिन्न गुरुओं से और सिद्ध वातावरण से भाँति-भाँति प्रकार के माध्यमों द्वारा आवश्यक जानकारियाँ प्राप्त की होंगी। हमने योग और ध्यान की छिपी हुई और रहस्यमयी शक्तियों के संदर्भ में जाना। हमने योग और ध्यान के विषय में जाना कि योग और ध्यान के सहारे हमारे भीतर उपस्थित कुछ अज्ञात संरचनाएँ चेतन होना चाहती हैं। वह जाल जैसी अज्ञात संरचना ऊर्जा प्रवाह माध्यम के साथ जुड़ी होती है, जिसके सहारे हमारा सूक्ष्म शरीर स्थूल शरीर से जुड़ा होता है और इस अज्ञात जाल जैसी संरचना के छिद्र जैसे ऊर्जा प्रवाह माध्यम 'काल' से जुड़े होते हैं, जिसके सहारे हमारी चेतना भी काल से जुड़ी होती है। योग और ध्यान हमारे इन सभी जोड़ों को सक्रिय कर देता है और हमारी चेतना और आत्मा को काल और महाकाल के साथ जोड़ता है। हृदय कंपन, मस्तिष्क की तरंगें, इच्छाशक्ति इत्यादि जैसी कार्यप्रणाली और ऊर्जा किसी अज्ञात संरचना के सहारे एक अज्ञात पुल के सहारे और विशेष सूक्ष्म जटिल जोड़ के सहारे हमें प्रकृति में उपस्थित प्रत्येक आयाम से जोड़ती है। यह अज्ञात संरचना ब्रह्मांड के उस सत्य के साथ जटिलता से जुड़ी होती है जिसे वैज्ञानिक स्पेस-टाइम फॉम कहते हैं, जो हमारे ब्रह्मांड का तरंगीय रूप है। योग और ध्यान केवल हमारे मस्तिष्क और शरीर को ही नहीं जोड़ता, योग और ध्यान हमारी चेतना और हमारी प्रत्येक ऊर्जा को ब्रह्मांड के प्रत्येक छोटे-बड़े तंत्र के साथ जोड़ देता है, जिसके सहारे हम मोक्ष का मार्ग खोज सकते हैं।

प्रकृति के सभी तंत्र और उत्पाद आपस में जटिल जोड़ से जुड़े हुए हैं और हम किसी भी जटिल जोड़ को जलावरण क्षेत्र (लॉन्चिंग पैड) की भाँति उपयोग कर सत्य की परतों के पार जा सकते हैं। निरीक्षण जटिल जोड़ को जटिल जोड़ की अवस्था के बाहर कर देता है, यह हमने डबल स्लिट के शोध में देखा और यही निरीक्षण मानव के भी सभी जटिल जोड़ को जटिल जोड़ की अवस्था के बाहर कर सकता है और धीरे-धीरे दृष्टा जानकारी के खंडों का पतन कर संपूर्ण मायारूपी तंत्र का पतन कर सकता है।

सिद्धार्थ, गौतम बुद्ध ने अकेले ही मोक्ष प्राप्त किया, क्योंकि हमारे ब्रह्मांड में ही आशीर्वादरूपी ऊर्जा उपस्थित है, जिसका वर्णन हमारे ग्रंथों में भी किया गया है, परंतु इस आशीर्वादरूपी ऊर्जा को ग्रहण करने में सक्षम सिद्धार्थ, गौतम को उन गुरुओं ने बनाया जिनके पास सिद्धार्थ परम सत्य को जानने हेतु गए थे और उन गुरुओं ने सिद्धार्थ को प्रत्यक्ष या अप्रत्यक्ष रूप से परम सत्य को प्राप्त करने का मार्ग दिखाया था और समाधि प्राप्त करने हेतु आवश्यक जानकारी प्रदान की थी। प्राचीन भारतीय ग्रंथों में बताया गया है कि वातावरण भी साधक को आशीर्वाद प्रदान करता है। सिद्धार्थ, गौतम बुद्ध ने भी वातावरण में उपस्थित इसी आशीर्वादरूपी ऊर्जा का उपयोग कर मोक्ष प्राप्त किया। हमने यह जाना कि जब मनुष्य की एकाग्रता केंद्रित होती है, तो उसका समय धीमा हो जाता है और सिद्धार्थ, गौतम बुद्ध ने इसी सिद्धांत का उपयोग करके अपनी एकाग्रता को इतना केंद्रित किया कि उनका समय मानो रुक-सा गया और समय की इसी विशेषता में सिद्धार्थ ने मोक्ष प्राप्त किया। यह सब कैसे हुआ और ध्यान और योग करने के पश्चात् कैसे सिद्धार्थ मोक्ष को प्राप्त कर पाए, यह हम अपनी कहानी के अगले भाग में जानेंगे।

हमने अपनी कहानी के इस भाग में तत्त्वों की लीला के संदर्भ में थोड़ा-बहुत जाना और जाना के कैसे तत्त्व अध्यारोपण अवस्था में उपस्थित होते हैं। हमने इस भाग में जिज्ञासा के तत्त्व जिज्ञासत्व के संदर्भ में भी जाना और जाना कि कैसे जिज्ञासत्व ने सिद्धार्थ, गौतम बुद्ध के बुद्धत्व को सक्रिय किया और सिद्धार्थ, गौतम बुद्ध को मोक्ष प्राप्त करने का मार्ग दिखलाया। हमने जाना कि योगी अपनी साधना के सहारे जिज्ञासत्व को सक्रिय कर देता है, जिसके कारण योगी की चेतना वैसी ही शुद्ध अवस्था में कार्य करने लगती है जैसे कि वह उस समय कार्य कर रही थी, जब वह अपनी माता के गर्भ में थी। बालक की जिज्ञासा माता के गर्भ में शुद्ध अवस्था में कार्य करती है, क्योंकि उस समय तक बालक के पास किसी भी प्रकार की कोई भी संकल्पना नहीं होती। जब बालक अपनी माता के गर्भ में होता है, उस समय उसकी चेतना संकल्पना रहित अवस्था के साथ कार्य करती है, जिसके कारण वह शुद्ध रूप से कार्य कर पाती है।

माता के गर्भ में बालक के पास किसी भी प्रकार की कोई भी संकल्पना उपस्थित नहीं होती, परंतु इसके पश्चात् भी बालक की चेतना गर्भ में कार्य कर रही होती है और योगी अपने योग और ध्यान के बल पर इसी अवस्था को प्राप्त कर अपनी चेतना को शून्यता में प्रवेश करवाता है और मोक्ष की ओर अग्रसर होता है। सिद्धार्थ, गौतम बुद्ध वनवास ग्रहण करने के पश्चात् योग और ध्यान के सहारे चेतना की इसी अवस्था को जागृत करनेवाले थे और मोक्ष प्राप्त करनेवाले थे। चेतना की यह अवस्था किस प्रकार कार्य करती है और मोक्ष के मार्ग का निर्माण कैसे करती है, यह हम सिद्धार्थ, गौतम बुद्ध की आध्यात्मिक यात्रा की कहानी के अगले भाग में पूर्ण रूप से समझेंगे।

हमने इस भाग में ऊष्मापन के संदर्भ में भी जाना। हमने जाना कि ऊष्मापन हमारे ब्रह्मांड की एक रहस्यमयी ऊर्जा है। ऊष्मापन ही वह शक्ति है, जो आकाशीय छिद्रों का निर्माण कर चेतना को उसकी लीला रचने में सहायता प्रदान करती है। हमने ऋग्वेद के कुछ मंत्रों की सहायता से ऊष्मापन/उष्णता के स्वामी अग्नि तत्त्व के संदर्भ में भी जाना और वेदों के ऋषि हमें उन मंत्रों के माध्यम से क्या समझाना चाहते हैं, उसे भी समझने का प्रयास किया और अग्नि तत्त्व किस प्रकार विशेष सूक्ष्म जटिल जोड़ की सक्रियता और विशेष सूक्ष्म जटिल जोड़ के खंडन में महत्त्वपूर्ण भूमिका निभाता है, यह भी जाना। हमने यह समझा कि किस प्रकार अग्नि तत्त्व रहस्यमयी रूप से इस माया की लीला में महत्त्वपूर्ण भूमिका निभाता है और इसे साधकर साधक माया के पार परम सत्य को भी प्राप्त कर सकता है। ऊष्मापन और अग्नि तत्त्व के कुछ रहस्यों को हमने अपनी कहानी के इस भाग में समझा है और अगले भाग में हम ऊष्मापन और अग्नि तत्त्व से जुड़े अन्य कुछ रहस्यों को जानेंगे और समझेंगे। हमने यह भी जाना कि जिज्ञासत्व ब्रह्मांड के 'चुंबकीय तंत्र' के साथ और स्पेसमॉस के साथ जुड़ा होता है, जो योगी की जिज्ञासा और चेतना को नए आयाम प्रदान करता है। ब्रह्मांड में उपस्थित चुंबकीय तंत्र भी अनेक रहस्यों से घिरा हुआ है। चुंबकीय तंत्र केवल प्रकृति में उपस्थित कुछ तंत्रों तक ही सीमित नहीं होता, यह चुंबकीय तंत्र प्रकृति में उपस्थित अन्य तंत्रों के साथ मिलकर चेतना को उसकी लीला रचने में और माया को उसकी लीला रचने में सहायता प्रदान करता है और यह चुंबकीय तंत्र मानव की चेतना को मोक्ष का मार्ग निर्मित करने में भी सहायक सिद्ध हो सकता है। विद्युत् ऊर्जा को भी वेदों में अग्नि तत्त्व का ही एक स्वरूप बताया गया है और अग्नि तत्त्व ही विद्युत ऊर्जा और विद्युत चुंबकीय ऊर्जा का मार्गदर्शन करता है, जिसको पूर्ण रूप से हम सिद्धार्थ, गौतम बुद्ध की मोक्ष यात्रा के अगले भाग में समझेंगे।

सिद्धार्थ, गौतम बुद्ध की मोक्ष यात्रा की कहानी के इस भाग में हमने प्रकृति के

बहुत से रहस्यों के संदर्भ में समझा और उन्हीं रहस्यो में से प्रकृति का एक रहस्य है स्पेसमॉस, अर्थात् महाकाल, जिसे हमने अभी तक पूर्ण रूप से नहीं समझा है। अपनी कहानी के अगले भाग में हम स्पेसमॉस, अर्थात् महाकाल पर अधिक प्रकाश डालेंगे और इसे अधिक समझने का प्रयास करेंगे। अपनी कहानी के इस भाग में हमने स्पेसमॉस के संदर्भ में केवल इतना जाना है कि स्पेसमॉस के भीतर सभी प्रकार की जानकारियाँ समाई हुई हैं। उसके भीतर कण और तरंग के स्तर की जानकारी से लेकर ब्रह्मांड के स्तर तक की सभी जानकारियाँ उपस्थित हैं और उसके भीतर सभी प्रकार की संभावित जानकारियाँ भी उपस्थित हैं, जिनका अस्तित्व भविष्य में हो सकता है। हमने यह भी जाना कि 'स्पेसमॉस' नामक तंत्र से जीव और जीव की चेतना विशेष सूक्ष्म जटिल जोड़ के माध्यम से जुड़ी होती है और इन्हीं विशेष सूक्ष्म जटिल जोड़ के सहारे यह माया की लीला रची जाती है। 'स्पेसमॉस' नामक तंत्र केवल जानकारी का संग्रह मात्र ही नहीं है, यह एक विशेष प्रकार का आयाम है, जिसके माध्यम से समयाकाश में उपस्थित सभी आयाम एक-दूसरे के साथ जुड़े होते हैं और स्पेसमॉस के माध्यम से ही सभी आयाम परम के साथ भी जुड़े होते हैं। आज के आधुनिक वैज्ञानिक जिस समय यात्रा की कल्पना करते हैं, वह समय यात्रा इसी 'स्पेसमॉस' नामक तंत्र के सहारे की जा सकती है, क्योंकि सभी प्रकार के आकाशीय छिद्र इसी 'स्पेसमॉस' नामक तंत्र के भीतर कार्य करते हैं या इसी के सहारे कार्य करते हैं। यह एक ऐसा आयाम है जहाँ समय का अस्तित्व एकवचनत्व (सिंगुलेरिटी) की अवस्था में होता है और इसी के माध्यम से समय यात्रा जैसी संकल्पना सत्य सिद्ध हो सकती हैं। स्पेसमॉस नामक तंत्र के संदर्भ में हम अपनी कहानी के अगले भाग में ब्रह्मांड के अध्याय में समझेंगे, क्योंकि ब्रह्मांड की उत्पत्ति के सहारे ही हम इस तंत्र को जान और समझ सकते हैं। सिद्धार्थ, गौतम बुद्ध की आध्यात्मिक यात्रा के अगले भाग में हम ब्रह्मांड की उत्पत्ति से संबंधित, जीवन की उत्पत्ति से संबंधित, प्रकृति से संबंधित और चेतना से संबंधित अन्य रहस्यों पर भी प्रकाश डालेंगे, वैज्ञानिक और आध्यात्मिक दोनों ही दृष्टिकोण के सहारे। हमारा आज का आधुनिक विज्ञान ब्रह्मांड और जीवन की उत्पत्ति से संबंधित अधिक कुछ नहीं बता पाया है, और कुछ रहस्य हैं, जो आज भी हमारे सामने उसी प्रकार बने हुए हैं जिस प्रकार वह हजारों वर्ष पूर्व बने हुए थे। अपनी कहानी के अगले भाग में हम प्रकृति से जुड़े ऐसे ही कुछ अन्य रहस्यों पर प्रकाश डालेंगे और उन्हें थोड़ा जानने और समझने का प्रयास करेंगे।

सिद्धार्थ, गौतम बुद्ध की मोक्ष यात्रा की अपनी कहानी में अभी तक हमने जाना है कि योग और ध्यान करने के पश्चात् सिद्धार्थ, गौतम बुद्ध के मन-मस्तिष्क में बदलाव

आए और उनका संपूर्ण तंत्र परिवर्तित होने लगा, परंतु उन बदलावों ने सिद्धार्थ, गौतम बुद्ध के तंत्र के भीतर क्या किया, यह हम अपनी कहानी के अगले भाग में जानेंगे और यह समझेंगे कि योग और ध्यान की सहायता से जो वातावरण सिद्धार्थ के तंत्र में विकसित हो रहा था, उस वातावरण को सिद्धार्थ ने किस प्रकार समाधि में परिवर्तित किया। अपनी कहानी के अगले भाग में हम यह भी जानेंगे कि उस रात सिद्धार्थ, गौतम बुद्ध के साथ किन-किन ऊर्जा और शक्तियों ने कार्य किया होगा जिस रात उन्हें मोक्ष प्राप्त हुआ, अर्थात् अपनी कहानी के अगले भाग में हम उस रात की चर्चा करेंगे जिस रात सिद्धार्थ, गौतम के भीतर समाधि घटित हुई और उन्हें मोक्ष प्राप्त हुआ। अपनी कहानी के अगले भाग में हम यह समझने का प्रयास करेंगे कि समाधि की अवस्था कैसी अवस्था होती है और समाधि किस प्रकार हमें परम का अनुभव करवाती है। इस भाग में हमने सिद्धार्थ, गौतम बुद्ध की आधी मोक्ष यात्रा को समझा है, अगले भाग में हम सिद्धार्थ, गौतम बुद्ध की रहस्यमयी मोक्ष यात्रा को पूर्ण रूप से समझेंगे।

जय हिंद! जय भारत!

जय धर्मा!

ओम!

□□□

* 9 7 8 9 3 5 5 2 1 2 8 6 3 *
FCW - #0216 - 061026 - C0 - 216/140/21 - PB - 9789355212863 - Matt Lamination